THE EMLIT PROJECT

THE EMLIT PROJECT

EUROPEAN
MINORITY
LITERATURES
IN
TRANSLATION

edited by
PAULA BURNETT *Brunel University*
with

ANNA AGUILAR-AMAT *Autonomous University of Barcelona*
JEAN BOSCO BOTSHO *Autonomous University of Barcelona*
ELEONORA CHIAVETTA *University of Palermo*
BÉNÉDICTE LEDENT *University of Liège*
MARIA CARLA MARTINO *University of Palermo*
SOFÍA MUÑOZ VALDIVIESO *University of Málaga*
CHRISTINE PAGNOULLE *University of Liège*
HARALD TANZER *University of Regensburg*
MARIA THURMAIR *University of Regensburg*

BRUNEL UNIVERSITY PRESS

LONDON

First published in 2003 by

Brunel University Press
Uxbridge UB8 3PH
UK

THE EMLIT PROJECT:

ISBN 1-902316-36-3

This project has been carried out with the support of the
European Community. The content of this project does
not necessarily reflect the position of the European
Community, nor does it involve any responsibility on
the part of the European Community.

Cover design: Richard Mitchell

Acknowledgements

I would like to express my thanks to my fellow co-ordinators across Europe. When I put the idea to them back in the autumn of 2001, they willingly joined in the project and have pursued it with ongoing enthusiasm and commitment, despite having to fit it around punitive schedules of other commitments. It has been a busy twelve months but a productive one. This has been a distinctively collaborative project, and I could not have wished for better partners. I am particularly grateful to Claire Tylee, who has lent her good judgment and her good humour, as well as her practical support, unfailingly. It has been a particular satisfaction to involve other colleagues, William Leahy and Deborah Philips, in the translations also, which makes it feel like a department enterprise.

We have all depended to some extent on the expertise of others, generously shared. In fact, a small army of people in many countries has enabled the project to come to fruition. As well as my co-translators Paola Marchionni and Emilia Ippolito, I wish to mention Debjani Chatterjee of Sheffield, John Barnie of Aberystwyth, the staff of Kala Sangam of Bradford, and Louise Hosking and Salwa Salib of the Al-Furqān Islamic Heritage Foundation of Wimbledon, who have all made a special contribution. I am sure each of the project's co-ordinators in the different countries has a similar list. We thank them all.

Above all it is to the writers whose work appears here that we are indebted. Without them there would be no project, and its merits derive from theirs. Our project should be seen as a commemoration of all those writers everywhere who are dedicated to writing in the language they love, without regard to whether it may bring them fame or fortune.

I would like to add a personal dedication of the project to Joyce Lorimer, whose teaching at Chelmsford County High School first gave me a love of languages, and to Caroline Pogson and Anup K. Sharma, surgeons of St. George's Hospital, Tooting, *sine qua non.*

Paula Burnett

CONTENTS

I. Originals

Textes originaux / Originaltexte / Testi in lingua originale / Textos originales 5

II. English Translations   **69**

IV. German translations / deutsche Übersetzungen   235

Deutschland

Italien

Spanien

Großbritannien

Germania

THE EmLIT PROJECT

Introduction

"…we are translated men. It is normally supposed that something always gets lost in translation; I cling, obstinately, to the notion that something can also be gained."

Salman Rushdie, "Imaginary Homelands"

THE EmLIT PROJECT presents a sample of European Minority Literatures in Translation—literary texts written in a number of European Union countries in minority languages of two types, those of ancient origin within Europe and those associated with more recent migration. They are given here with translations into the five most widely understood European languages—English, French, German, Italian and Spanish. The original literary works, in nineteen different minority languages, form the opening section of the book. The rest of the volume is divided into sections presenting translations of all these originals into the five mainstream languages, in the above order. EmLIT's primary purpose is to support a range of writers, until now known principally to their own language community, and to bring them to a different readership—potentially a huge readership worldwide—but there is also another objective: to hold an unfamiliar mirror up to Europe. These literary texts are a compelling reminder of the cultural diversity which is typical of Europe especially today, and of how easily the different dominant cultures of the mainstream languages can overlook the artistic riches unfolding, in various tongues, in their midst. All the writers are, in a sense, naming what Europe means, in a fresh way, which is why the book's cover design is based on the word "Europe" in some of the project's languages. This project has been carried out with the support of the European Community under its Culture 2000 programme.

Universities in five European Union states, under the leadership of Brunel University, London, have worked together on the project, making a selection of texts from writers living in their own countries, and producing a set of translations in their respective national languages. Two universities in Spain, the University of Málaga and the Autonomous University of Barcelona, have collaborated to put forward a body of writing in Galician and Arabic (Málaga), and Catalan, Gun and Amazic (formerly known as Berber) (Barcelona). As well as different parts of Spain, this brings areas as diverse as West and North Africa, Egypt, Palestine and Iraq into the frame, through European residents with ancestral or personal links to those places. The University of Palermo contributes texts in Sicilian, an ancient language which is still in use, and in Albanian, which is not only the language of many new migrants but has survived in some villages of southern Italy as the language of Albanian communities whose ancestors fled from Turkish persecution in the fifteenth century. From Germany the University of Regensburg offers texts in Sorbian, a Slavic language now confined to two small areas of the east around Cottbus and Bautzen, and also texts in Turkish and Greek from writers whose personal history is a manifest of the post-World War II policy of attracting workers to the former West Germany. The University of Liège in Belgium contributes texts in two regional languages which evolved alongside French—Walloon and Picard—and also writings in Lingala, a language brought to Europe by migrants from Subsaharan Africa, particularly the Congo region. Britain's contribution is divided between texts in two of the ancient Celtic languages of the British Isles, Scottish Gaelic and Welsh, and writings in four of the many South Asian languages in use in the UK today: Hindi, Urdu, Bengali and Sinhala. Obviously the postcolonial history of the European empires is evident in some of these demographic patterns.

Europe is clearly no one thing, and never has been, with its complex and always changing history of the movement and mingling of peoples, their cultures and their languages. Celtic languages were once spoken throughout the British Isles, for example, but newcomers imposed new languages, out of which English, itself a hybrid, emerged. In some instances a language associated today with relatively recent migration may actually have been in use in the country of arrival for several centuries, as is the case with Arabic in Spain, or Albanian in Italy. It is worth remembering that every minority language is in some sense a majority language too—developing historically as the principal language of a distinct community, and serving still as the main language of a particular group, whether that be as large as the population of Catalunya or as small as a single family, somewhere in Europe, isolated from other speakers of their mother tongue. To help understanding of the specific circumstances, each European minority language represented in the project comes with notes on its social and linguistic position, and for each author there is a short biography.

Clearly, definitions of what constitutes a language—whether a dialect is a language, for instance—and of what constitutes a minority group are recurrent topics of academic discussion. However, for the purposes of this project it will be self-evident that the terms are interpreted broadly. Any language used by a minority in demographic terms (measured against the national population) is here regarded as a minority language. That said, Catalan is clearly in a very different position, socially, from, say, Scottish Gaelic, in terms of numbers of speakers and the prognosis of the language's future. Certain of the "minority" languages in the project, here representing minority communities within Europe, are spoken by huge populations elsewhere. Writers using languages such as Hindi, Urdu, Bengali and Arabic have a potentially enormous global readership. Other languages in the project are under threat of extinction. Initial plans, in fact, included a language which proved to have already effectively crossed that great divide, Caló in Spain. However, there are also some success stories. Sorbian, for instance, has been brought back from the brink since the 1960s by social policy, with academic support from the University of Leipzig. The situation of a language is never static, and the best strategies to keep a minority's language fully alive, as bilingualism and assimilation become the norm, are still under discussion.

Not surprisingly, some of the works address the question of language itself, and the issues around translation, which, with their practical and philosophical dimensions, are a further subject of academic debate. The relationship between source language and target language is not simple, and there are many strategies of translation. Since secondary translation—or a translation of a translation—clearly raises particular difficulties and potential distortions, it is necessary to point out that this project could not happen without an openness to what might also be gained. We have used every opportunity to consult with the authors—who are often the primary translators—and the fine-tuning of the finished translations has in many cases been a collaborative enterprise.

The project's translations are not, generally, the kind of literary translation which makes free with the original. On the contrary, we have attempted to be as faithful as possible to the tone and form of the original works, while hoping that our translations have literary merit of their own. It has been a challenge to see whether in some of the target languages we could come closer to some of the formal properties of the original than perhaps proved possible in its first translation into a mainstream language. Even faced with an original text in a language whose script a translator does not understand, it is possible to "read" the repeated patterns indicating rhyme, for instance. The rhyme in the poems in Urdu, for example, in the opening section, is visible to the reader with no Urdu, through the repetition of line-end patterns—once it is understood that the Arabic script is written from right to left. Readers are invited not to pass over the book's first section—the originals in all their minority languages—but to open their eyes to how they look, their specificity and different grace on the page. Clearly a translation cannot be the same as the original. The work becomes, in a sense, a new work. There will be some losses, but there may also be some gains. It is hoped that the project may, by juxtaposing with the original works a complete set of translations into the five target languages, invite comparison between the versions, for language students and others, and heighten language awareness.

There has probably never been a collection quite like this before. The EMLIT project brings between the covers of one book a body of work of real substance and great interest, with a wide generic range. There are dramas, comic and serious, prose, including stories and memoirs, and poems of many kinds, including such a revered form as the Urdu ghazal. It was not always easy to choose. For reasons of scale, some material had to be left out of the book, but a slightly extended version of the project is available online in Brunel University's free-access e-journal *EnterText* (www.brunel.ac.uk/faculty/arts/EnterText). Since an integral part of a language's identity is its distinctive music, an introduction to the particular sound of some of EMLIT's languages is provided in the book's accompanying CD. There is, after all, a pleasure to be had from listening to a language's music, whether understood or not.

For many readers of the project, it may come as a surprise to find that in the midst of our contemporary communities, which often seem to be homogenizing all too fast, there is such a hidden wealth of varied writing. Languages are as precious a resource as living species. Like them, they have evolved over many thousands of years, and their preservation ought to be accorded a similar importance. However, the impact of new communication technologies and the extremely rapid global expansion of English mean that many languages are under threat, and that even a position that seems secure today may prove vulnerable in one or two generations. If we care about the loss of languages, we need to raise our awareness of minority language communities now, and work to make them more rather than less visible. Many of those who will produce the literature of the future have difficult choices to make about the language in which to write. Hopefully the EMLIT project may encourage some of the bilingual writers not to abandon their rarer language, by demonstrating that choosing to write in a minority language does not have to entail isolation. One of the project's unforeseen consequences has been to inspire a bilingual writer, who had stopped writing in her mother tongue, to resume…. It is a beginning.

Paula Burnett

London
July 2003

ORIGINALS

Textes originaux
Originaltexte
Testi in lingua originale
Textos originales

SCOTTISH GAELIC / GÀIDHLIG

Aonghas Macneacail

an tùr caillte

snàmh anns an eabar ghleadhrach
eadar freumhaichean
mo dhà chànan
an tè tha dearg
a' ruith na dealan brisg tro m' fhèithean
's an tèile
            coimheach, coingeis, eòlach
mum sheice mar eideadh ciomaich 's mi
sìneadh meuran mo thuigse, mo lèirsinn
a-mach thar nan sgrìob-thonn
gus bàighean an t-saoghail a ruigheachd
gus tràighean an t-saoghail a ruigheachd
thar shligeach briste nan lid
gus cànain an t-saoghail a ruigheachd

ged nach biodh tu ach
               thar chaolais
tha faobhar
       eadar ar briathran

seinneamaid laoidh don
chainnt a sheas binn
seinneamaid maoladh
dhan sgàinear

Maoilios Caimbeul

3.3.2000

Ann am Mosambique
tuiltean uabhasach. Rugadh
leanabh ann an craoibh.

Chan eil fhios againn
gu bheil sinn beò. Chan eil sinn
beò, 's dòcha, tioram.

Bho seo a-mach bidh

na craobhan a' sgiamhail rium
nuair bhios e sileadh.

Itean a' Tuiteam

A' tòiseachadh a' tuigsinn
nach fhoghain a bhith seinn
ged a tha an t-òran brèagha –
nach eil an t-seinn gu mòran feum
nuair a tha gunna ris an eanchainn
agus an t-eunadair 'na spàrr dhen chèids
anns a bheil sinn a' torghan.
Sinn a' faicinn nan speuran fad' às
tro na h-uinneagan meanmnach;
a' sianail airson nan àirdean.
A' cluinntinn urchraichean dlùth is fad' às
agus an uair sin na teachdairean –
itean o chèin
a' tuiteam on fhànas.

Meg Bateman

Ealghol: Dà Shealladh

Choimhead mi an t-seann chairt-phuist,
na taighean mar fhàs às an talamh,
na h-aonaichean nam baidealan os an cionn,
nan comharra air mòrachd Dhè,
mus d' rinneadh goireas de bheanntan,
no sgaradh eadar obair is fois,
eadar an naomh is an saoghalta…
is shìn mi chun a' bhodaich i.

"Eil sin cur cianalas ort, a Lachaidh?"
dh'fhaighnich mi, 's e na thosd ga sgrùdadh.
"Hoigh, òinseach, chan eil idir!
'S e cuimhne gun aithne a bh' agam oirrese,"
is stiùir e ri bò air thùs an deilbh.
"Siud a' Leadaidh Bhuidhe, an dàrna laogh aig a' Leadaidh Ruadh –
dh'aithnichinn, fhios agad, bò sam bith
a bhuineadh dhan àite seo rim bheò-sa."

WELSH / CYMRAEG

Twm Morys

Un Bore Oer

Un bore oer, yn lês brau
O'i anadl o a minnau,
Aethom i weld gwyrth y môr
Fel mabinogi'n agor.

Gwenu wnaeth yr hogyn aur:
Yn y brwgaetsh a'r brigau'r
Oedd esgyrn mân y gwanwyn,
A'i gri o hyd o gae'r ŵyn.

Ond roedd rhew yn yr ewyn,
A minnau'n gweld mannau gwyn
Ei fabinogi'n agor,
A'i drem o hyd ar y môr.

Wrth Glywed Sais yn Siarad

Gofynnodd i'r criw a wyddai rhywun
Hanes adwy i sbio'n sydyn
Ar y tŷ roedd am ei brynu: Bryn 'Raur?
Yn y cymylau'r oedd y cae melyn.

A melyn, melyn, rhwng y cymylau,
Y rhydai irwair ar hyd ei erwau;
Dôi co' am lond y caeau yn disgyn,
A chroen dyn yn felyn fel afalau.

A dyna gau eu calonnau cul, uniaith,
How-fflemio, a thremio, a throi ymaith,
Canu'n flêr am amser maith, a phasio
Y ceid anghofio'r cŵd anghyfiaith.

Pan â'r heniaith i ben y penrhynnau,
I ble'r a'r rhain, y parablwyr enwau,
Ac ar eu min y llinyn llannau mân
A Chymru gyfa'n gân yn eu genau?

Roedd dau 'mhen dyddiau'n twtio'r hen ddyddyn,
A newidiwyd ei enw o wedyn;
Lle bu'r aur yn lliwio bryn a throthwy,
Ni welen' hwy trwy'r adwy ond rhedyn.

Y Sawl Sy'n Fy Nhrosi i

Erbyn iddo 'nerbyn i,
A 'mynedd a 'nhu mewn-i

Wedi mynd, a heb waed mwy,
Heb anadl, yn bibonwy,

Gall hwn, fel meddyg â lli,
Fy agor heb gyfogi,

A heb lanast, trawsblannu,
Tywallt ei hun i'r twll du.

Wedi gwneud y gwniadwaith,
Ni welwch ôl ei law chwaith.

A rhoed y doctor wedyn
Arnaf i yr enw a fynn.

BENGALI / BANGLA

Shamim Azad

Shohochor

শামীম আজাদ
সহচর

খুব মনে করতে চেষ্টা করছিলাম
এ বছরটা কেমন ছিলো
এককটি মাস, দিনমান, প্রহর।
কে ছিল আমার সাথে
সে কি আমারই মতো পরবাসী কেউ?
ভাবতে চেষ্টা করছিলাম
কী ছিল মনে, ফুর্তিভরা রাতে
ড্যাফোডিল ভ্যালিতে
ক্যার্নিভ্যালে, গভীর অন্ধকারে
টিউবের অনন্ত তিমিরে
কে এসেছিল উড়ে
ট্রাফালগার স্কোয়ারে, কবুতরের পায়ে?

যে আমি চলেছি পূরবাচল ছাড়িয়ে
তার আঁচলে কী বেঁধে দিয়েছিল মা?
যে নিত্য জড়িয়ে রাখে আমাকে
ছাড়ে না কিছুতেই
ছাড়েনি কখনো
সুখে দুঃখে অনুতাপে
এই প্রবাসে প্রবল প্রদাহে
মতি স্থির করা বাজুবন্দ হয়ে
আমার আর্ত বুকের
নিয়মিত-নিশ্চিত পেন্ডুলাম যেন
ঠোঁটের ওপর লেগে থাকা নিদ্রাহীন
রাত্রির কবিতা
সে আমার আজন্ম সম্পদ, বর্ণমালা ।।

Saleha Chowdhury

Eeshwar Sankranto Kabita

ঈশ্বর সংক্রান্ত কবিতা
সালেহা চৌধুরী

ঈশ্বর বাবু লেনে গিয়ে ডাকি ঈশ্বর ঈশ্বর
ভগবান দাস লেনে ভগবার ভগবান
আল্লা রাখার মোড়ে আল্লাহ আল্লাহ জপি
খোদ বক্স পাড়ায় খোদা
ক্রাইষ্ট চার্চ গির্জায় রবিবারে গিয়েছিলাম একবার
আর নজরুলের গোস্ত রুটির মসজিদ
মন্দিরের দরজার এপারে থাকে অন্ত্যজ নামের আর সব প্রানী
কাশি গয়া বৃন্দাবনে পাভাদের ভিড়ে ম্যানি ব্যাগ সামলাই
আজমিরে ধর্ম ব্যবসায়ীর কবলে পড়ে সর্বস্বান্ত
লালসালুর মাজার   ব্যবসায় রম রমা পয়সা বানায় মজিদের দল
ঈশ্বর বাবু লেনে বৃথা   উচ্চস্বরে ডাকা ঈশ্বর ঈশ্বর।

ঘরে ফিরতে দুহাতের দুটো ভারি ব্যাগ দেখে
বাসে, জায়গা ছাড়ে আজকের দিনের কান ফুটো এক তরুন
দরজা খুলে দোকান থেকে বেরিয়ে আসতে সাহায্য করেছিল
তেমনি এক টাট্টু আঁকা মানুষ
 ঠান্ডায় চা খেতে ডাকে দু রাস্তা আগের করিম চাচা
বলে "এসো, ঘরে ঢুকবার আগে এক কাপ চায়ে
শরীর গরম করে নেবে"
হাতের বাজারের ভারি ব্যাগ হাত থেকে কেড়ে নেয়
আমার স্বল্প চেনা প্রতিবেশি
ঘর পর্যন্ত চলে আসে নিঃশব্দে

এক টুকরো স্ফুলিঙ্গের মত ইশ্বর বাবুর
অস্তিত্ব
ইশ্বর বাবু লেনে নয়, আল্লা রাখার মোড়ে নয়, ক্রাইস্ট চার্চ গির্জায় নয়
"অঢেল গোস্ত রুটির মসজিদে" নয়
এক কাপ চায়ে, বাসের উঠে যাওয়া সিটে, দুটি হাতের সাহায্যে
আর এমনি ছোট খাটো নানা কাজে।

URDU

Basir Sultan Kazmi

Ghazal

باصر سلطان کاظمی

غزل

دمِ صبح آندھیوں نے جہیں رکھ دیا مسل کے
وہی ننھے ننھے پودے تھے گھنے درخت کل کے

نئے ساتھیوں کی دھن میں تری دوستی کو چھوڑا
کوئی تجھ سا بھی نہ پایا ترے شہر سے نکل کے

وہی رسمِ کم نگاہی وہی رات کی سیاہی
مرے شہر کے چراغو یہاں کیا کرو گے جل کے

نئے خواب میری منزل نہ آب میرا ساحل
تمہیں کیا ملے گا یارو مرے ساتھ ساتھ چل کے

سرِ شام آج کوئی مرے دل سے کہہ رہا ہے
کوئی چاند بھی تو نکلے کوئی جام بھی تو چھلکے

Saqi Farooqi

Maut' Ki Khushba

مَوت کی خُوشبو

ساقی فاروقی

جُدائی

محبّت کے دریائے خوں کی

معاون ندی ہے

وفا

یاد کی شاخِ مرجاں سے

لپٹی ہوئی ہے

دل آرام و عشّاق سب

خوف کے دائرے میں کھڑے ہیں

ہواؤں میں بوسوں کی باسی مہک ہے

نگاہوں میں خوابوں کے ٹوٹے ہوئے آئینے ہیں

دِلوں کے جزیروں میں

اشکوں کے نیلم چُھپے ہیں

رگوں میں کوئی رودِ غم بہہ رہا ہے

مگر درد کے بیج پڑتے رہیں گے

مگر لوگ ملتے بچھڑتے رہیں گے

یہ سب غم پُرانے

یہ ملنے بچھڑنے کے موسم پرانے

پرانے غموں سے

نئے غم اُلجھنے چلے ہیں

لبوں پر نئے نیل

دل میں نئے بیج پڑنے لگے ہیں

غنیم آسمانوں میں

دشمن جہازوں کی سرگوشیاں ہیں

ستاروں کی جلتی ہوئی بستیاں ہیں

اور آنکھوں کے رادار پر

صرف تاریک پرچھائیاں ہیں

ہمیں مَوت کی تیز خوشبو نے پاگل کیا ہے

امیدوں کی سرخ آبدوزوں میں سے

تباہی کے کالے سمندر میں

بہتے چلے جا رہے ہیں

کراں تاکراں

ایک گاڑھا کیلا دھواں ہے

زمیں تیری مٹّی کا جادو کہاں ہے؟

HINDI

Padma Rao

पदमा राव

Pratiksha

" प्रतीक्षा "

कुछ कहा नहीं मैंने
देखती रही
पानी की पतली धार
और दो अनछुई किरणों को ।
हाथों में तुमने समेटा था
एक छोटे से समन्दर को ।
एक चेहरा डूबता, तैरता
ढूँढता रहा तरल सपनों को ।
रोटियों के द्वीप में सेंकती रही
पिघलने लगा था खून
तपती उंगलियों में – पारे की तरह ।
" मैं आकर खा लूंगा "
खटकते द्वार और तुम्हारे शब्दों
की युगलबंदी
चूल्हे के गिर्द नाचती रही ।

मूक भय के आंयने टंगे हैं दीवार से
दिखते हैं इनमें अनगिनत चेहरे ।
टूटा फाटक सर मारता है हवा के सीने पर,
बेमकसद तवा जलता रहा सारा पहर ।
दो रोटियाँ बाजरे की
आंचल में रखी हैं छुपा कर
देखती हूँ राह एक पहचानी खटखटाहट की
आवारा पत्ते की सरसराहट की ।

SINHALA

වනපෙත නිවහන

ඩේසි අබේ

Daisy Abey

Woodland Grove

කුණාටු සපුරා වසන්තය ඇරඹුණි
ගත සිත කිලිපොලා අහස පොළොව තෙත බරව්
හිරිගඩු නංවන සුළං හමා එද්දි
සුදු බිත්තියෙන් කොටු වුණ මේ පාළු නිවහනේ
හුදකලාවේ ගත කෙළෙමු

තුන්සිය වසරකට පෙර
මේ නිවස අබියස තනි සොහොන් බිමකි
සාගත වසංගත පැතිරි මළවුන් නිමක් නැත
වැපල් වවුන් නගරය අමුසොහොනකට පෙරළිණි
උණුසුම් සිරුරු නොගැඹුරු පසින් යටවුණි
කැඩුණු බිදුනු තාප්පයේ සිදුරු අතරින් එබී බලන්නේ
ඔවුන්ගේ මැකි යන සෙවනැලිය

අන්ධකාරය පැතිරෙන මොහොතේ, වන පෙදෙස දෙදරවා
සැරිසරන ජායා, ළදරුවන් දරා ගත් යුවතියන්
ඔවුන්ගේ සිහින් වැලපීම් මැද, සිප වැලද
එකිනෙකා කනට කොදුරන්නේ
ගෙවී ගිය සමයක රහස් පණිවිඩයි

මළ හිරු බටහිර අහසේ සැඟවුණා
සිතල රෑ යාමයේ පාළුව බිද හරින්නේ
මැන්ඩෙලා මැදුර අසලින් මතුව යලි බිදි යන
ගිණිකෙළි ගිගුරුම් හඬ සහ රන්වන් ආලෝකයයි
මුළු රැයම යුද බිමකි. තරු සහ වලා සටනකි.

සිසිල් සදරැස් අතරින් නැහැවී බාදිය පසුබසියි
සැඟවුනු ඇට සැකිලි කාලයෙන් වැසි යයි
මිදුම් පටලයේ පැටලුනු ජනෙල් කවුලුව අසල
සුදෝ සුදු හිම බරිත තණබිමේ නොකඩවා රඟන
ලිහිණියා ගොදුරක් සොයා යයි

උදුන මත දුම් නගන දිය බදුන දෙස
නොසැලි බලා සිටියෙමි
එදා ගෙවී ගොස් යලි දිනක් උදා විය
අවසන් වරට දොරගුළු වසා තද කර, ගිනි ගත් හදවතින්
වනතෙ නිවහනෙන් සමු ගෙන නික්මුනෙමු....

" වැපල් වවුන් " යනු එංගලන්තයේ ලිඩ්ස් නගරයට අයත් ප්‍රදේශයකි

PICARD

Rose-Marie François

El punition

Vin l'rue du Temp', à Douvregne, à l'fin des années quarante.

– A r'vwor!
– A r'vwor d'allè!
– Si on n'sè vwo pu on s'escrira!
– Su' n' fweill' de chou avè n'plume dè cat!

No rionn' comme deux sottes, comme on pet l'fée à c'n'âge-là: sept ans, possièpe huit... min én coup sec em' saisit: emm mamére a toquè au carreau avè s'n'édex, qu'elle erdresse pou moustrer qu'elle è mèchante eyè pou m'fée rintrer. J'enn pè niè jwer su' l'rue, j'enn pè niè parler picard. Jè l'sée biè, min qu'c'in bong...
Adonc mè v'là qu'ej rint' in rwéquiant mes solè tout pleins d'hierp eye d' berdouille. C'coup-ci, elle n'a riè à r'dire là-dzeur.

– Prends ton ardoise et ta touche.
Misére! Enn punition!
– Ecris dix fois: *Je ne peux pas parler patois.*
Dix fois! Pour mi elle est sotte! Ej' n'arai min jamais fini aujord'hui!
– Il faut -s à *patois*?
– Le Larousse est derrière toi.

Le-La-rousse. Le La ... Les! I d'a deux, foû foû foû grands, ingrinquié tout in haut (niè d'in cèrisiè, malheureusemint, min) d'el bibliothèque. D'habitût', jè n'pè niè les print. C'est pou çoulà qu'on l'z a mis lô-vau, autint dire al coupette d'el' pierche couverte. Ej pousse enn cayére dèvin mi: in grimpant d'zeur, j'arrive tout jusse, min qu'c'in b'zangt! Eyè i faut co fée attintion de nie keyi su l'paoche des sales biettes qui m'font triâner d'peû: *reptiles*, avè l'boa constrictor bleu à taques gaunes qui r'mue su'l'paoche sins djamin s'in daller. El' vwo d'emm' mamére résonne vin mes oreilles: *Tu ne peux pas parler patois. Tu ne peux pas parler, pas toi. Tu ne peux pas parler. Tu ne peux pas...* I faut én -s à l'feigne. Elle arot pu m'dire qu'ej l'avo biè d'vinè. Tout met'nant i fô co r'mett à plache el' mastodonte, sinon i va co spitè des clô d'chabot. Dix fwo, eye i fée si biau à l'huche! Mes larmes in queyant su m'n'ardwose trinsformtè m'n ècriture in cafouillages dè carabouyas.
D'jai tout scrî, jusqu'au d'bout. Min comme vo veyez, ej' n'ai niè fé çou qu'i fallot, co pire : ej'cwo biè qu'em curiosité pour les langues doit dater d'es'timps-là. A l'heure qu'il è, ej' d'ai biè tripotè n'quinzaine. Em mamére vi co. Souvînt, j'li dis merci pou c'punition-là. L'est bè seur, elle n'a niè fé queyi l'mouchon qu'elle arot biè volu. Min i' m'chenne à vî qu'emm' mamére in r'lisant l'affére dira cô én coûp : « tu vois, à quelque chose malheur est bon ».

WALLOON / WALON

Paul-Henri Thoùmsin / Paul-Henri Thomsin

T'ès co d'adram', djônèsse!

T'ès co d'adram', djônèsse! Roûvèye di fé sins-misse:
Lès såhons qui corèt bout'ront foû tès mèhins.
Ni lêt nin 'nn' aler t' fwèce. Si t' vèye n' èst qu' on fougnis',
Grawe è ti-åme, ti veûrès qu't' as dès bruzis å-d'vins.
Lêt ragoter tès vîrs! Tot doûs, n'a rin qui broûle!
S' i t' fåt tot èt tot dreût, tès fîrtés s' énûl'ront.
Mète on vwèle so tès sognes, dji sé, t'as l'coûr qui groûle
Mins, a n'fé qu'çou qu'ti vous, tès boneûrs sèfok'ront.'
Prind l'tins dè beûre tès djôyes å sûr di tès-îdèyes,
Sins t' lèyi èwalper dès brîhes dès bouhe-tot-djus.
Cwand t'årès tchûzi t'vôye, ahoute dèl "tro-z-åhèye",
Rote tot dreût, sins låker: tès lêds sondjes sèront djus!

Moûse

Moûse, qui v's-èstez bèle!... Dji n' sé pocwè mins dji v's-a todi tofér loukî avou lès-oûy d'on hanteû po s'mon-coeûr... Avou lès-oûy d'in-éfant po s'mame, télefèye!...

Tot m'porminant a cabasse avou vos, a tot côp bon, dji fêt 'ne pitite ahote po 'lèyî adîre di vos can'dôzerèyes… Adon, mi coûr si nèye divins vos corants èt vos prumîs côps d' êwe tchèrièt bin lon èvôye mèhins èt tracass'rèyes... Èt mi, come di djusse, mi, dji m'lêt fé... Èt dj' a bon... Bon po d'bon!

Come ine mam'zèle qu'a mètou s' bèle novèle robe di sôye, vola qu' Moûse si mète a danser... Doûcemint... Tot doûcemint... Lèdjîre... Tote lèdjîre... So l'bètchète di sès pîds... C' è-st-ine valse... Ine valse qui m' èwalpèye pitchote a midjote... Ine valse qui m'prind d'vins lès brès' di sès treûs tins... Èt qui crèh, l' êr di rin, disqu' a m' ahètchî d'vins lès toûbions di sès miråcolèyes... Ine muzike qui m' fêt piède li tièsse d' èsse toûrnis' ... Èt mi qu' èst la, sins bodjî, sins moti, a loukî Moûse toûrner, toûrner et ratoûrner ... A houmer sès tchôtès sinteûrs... A creûre qu'èle danse, rin qu' por mi... Awè, rin qu' por mi!... A mådjiner qu' èle rèye, por mi tot seû ... Awè, por mi tot seû!... A sondjî qu'éle mi fêt veûy si cwér di feume, rin qu'a mi ... Rin qu'a mi!... Adon, dji roûvèye qui l'tins coûrt, ossi vite qui sès-êwes... Al djote, ci batê la qui m'vint sètchî foû d'mes sondj'rèyes!

Mins Moûse ni m' lêt nin å rés'... C'èst co lèy qui m'vint rapåfter, å moumint qui l' vrêye raface mès brîhes... Èt dj' a bon, co 'ne fèye! Bon come ci n' èst nin possibe! Bon, la qu' èle mi prind so s' hôt èt qu' èle mi gruzinêye lès mots qu' i fåt po fé riv'ni on sourîre divins mès-oûy... Po fé riv'ni 'ne doûce påye é mi-åme ... Adon, come in-èfant, come "si"-èfant, dji m' lê andoûler d' sès mamêyes... Dji m' lê cadjoler... Dji m' lê k'fièstî... Dji v's-èl pou dîre: èle n'a måy loukî a sès ponnes po m' gåter.

Qui v' sonle-t-i? Èle m'a minme diné lès pus bês d' sès trézôrs... Dès trézôrs qui nou prince so l'tére ni s'pôreût payî! Awè, por mi, divant qui l'vèsprêye n'atome, èlle a fêt r'glati, so sès-êwes, dès mèyes di p'tits bruzis d'on rodje solo. Por mi, èlle a tiré l'pôrtrêt dès loumîres di Lîdje, è plin coûr d'ine bleûve nut'. Por mi, èlle a rafristé lès-après-l'-dîner d'on sèfokant meûs d' djulèt'. Èle m' a nanné di s'tchôde vwès, la qu' lès fîves dès toûrmints m' èspêtchît di sèrer mès-oûy. Èlle a fêt cori d'vins mès vonnes lès fwèces di s'song'. Èle m'a-st-apris a djåzer s' lingadje, on franc lingadje qui coûrt so sès lèpes pôy dès razannêyes. On fris' lingadje, parèy qui l' êwe d'on sûr, qu'a fêt passer l'seû d' ine bèle cowêye di jénéracions èt qui ramouy'rè co, dimin, s'i plêt-st-a Diu, li gozî dès p'tits-èfants a v'ni... Èle m'a dné l'min po m'rafranki, adon qu' dji féve mes prumîs pas so l' vôye di mès scriyèdjes!

Moûse, qui sèreû-dj' sins vos ? Dji v' deû tot èt, avou mi, c' èst tot Lîdje qu'a 'ne bèle tchance di s'poleûr racoufter divins vos brès'!

Moûse "mame"... Moûse "mon-coeûr"... Dji v's-inme vormint!

Marcel Slangen

Li batch ås çans

Sinne 1

Emile: Quéne bone pîhe ! C'èst dè souke al loce, fré Lorint, çoula t'gote è bûzê come dèl låme. Ti n'as qu'a sèrer lès-oûy èt ti r'veûs l'frût', li fleûr, lès jèbes dizos l'åbe èt t'ès la, ståré, påhûle...

Lorint: T'as todi bon, sés-se, t'ès la a magnî 'ne pîhe qui l'Itålyin t'a d'né la qu'èlle èsteût a mitan tchamossêye... èt ti veûs l'paradis !

Emile: Mande èscuse, Moncheû, mins vos 'nn'avez boke èt minton ! Ni m'vin nin gåter m'plêzîr hin ènocint. I m'a d'né 'ne kêsse avou quéquès pîhes on pô trop maweûres po-z-èsse vindowes. Tchamossêyes? Va-dje taper èvôye cisse lale qu'a-st-ine pitite tètche? Et l'coûtê? A qwè chèv'-t-i l'coûtê, Lorint ? Li coûtê, nosse copleû d'tos lès djoûs, qui côpe lès bons bokèts, qui pwète li crosse di pan al boke, qui fêt sogne télefèye qwand t'èl mosteûre insi, ås d'lahîs droug'teûs avou leûs-oûy di veûle,qui t'sonnerît po 'ne clouche, qwand leûs vonnes brèyèt mizére !

Lorint: Quéne afère po on coûtê...èt po 'ne pîhe todi!

Emile: I n'fåt jamåy måker l'ocåzion di s'ralètchî lès deûts, fré Lorint, ni dè tûzer a çou qui n's-èstans. Louke, vola 'ne feume qu'ènnè va avou s'sètchê d'pîhes è s'banstê: c'èst lèy qu'a payî lès nosses.

Lorint: Qui racontes-tu la don asteûre ?

Emile: Ben awè. Hoûte on pô: Lino, l'Itålyin, lès vind on pô pus tchîr, tot tûzant qu'ènnè va pîède quéques eunes avou l'tcholeûr ou ôte tchwè. Et c'èst cèsse lale qui nos-avans po rin ! Adon pwis l'feume qui lès-a payî bon-z-èt tchîr, avou l'tcholeûr qu'i fêt oûy, dimin èle lès magnerè come dji lès magne asteûre !

Lorint: T'ènnè fês, sés-se twè, dès contes !

Emile: N'avans-ne nin bin l'tins d'ènnè fé ?

Lorint: O siya, n'a rin qui cût so l'feû...

Emile: Louke, èco 'ne saqwè: sés-se bin qui d'vins lès grandès mohones, on deût
magnî 'ne pîhe avou on coûtê èt 'ne fortchète ?

Lorint: Ine fortchète? On coûtê, dji vou co bin, mins 'ne fortchète... T'ès co sûr an trin
di m'bal'ter !

Emile: C'èst portant come dji t'èl di. On djoû, dji vèya minme onk qui po fé come lès-
ôtes, fa potchî l'frût' qui rôla disqu'a d'zos l'tåve !

Lorint: Dis, Emile, lèyans-l' årés' avou çoula sés-se, ti m'vas fé nåhî si timpe å matin,
a tant   djåzer. Dji m'va foumî 'ne cigarète. Ti n'såreûs creûre çou qu'çoula fêt
dè bin, cink munutes sins tûzer a rin, a loukî l'foumîre èt a sinti s'cèrvê pus
lèdjîr...

Emile: I n'èst nin co lèdjîr assez parèt ? Nèni fré, c'èst po t'fé assoti...Mins ti fomes co
todi, mågré qu'ti hawes come on tchin tos lès-å matin?

Lorint: Dis, on n'a dèdja pus qu'çoula...

    Emile: Pus qu'çoula! On dîreût on vî qui s'done bone concyince po s'payî 'ne
pitite frawe! Pus qu'çoula! Et magnî, èt beûre, houmer l'êr èt l'solo ?

Lorint: Dis, ti n'mi vas nin r'procher dè foumî hin asteûre ?

Emile: Nèni cIètes, vî stoumac'. I n'måkereût pôr pus qu'çoula !

Lorint: Pace qui l'ôte djoû la: dji d'mandéve ine pèce po m'dîner a deûs k'méres qwand
vo 'nnè la eune qui d'ha tot 'nn'alant: "Il demande pour manger, mais il a pour
fumer!" Qui t'sonle-t-i don, l'sètche gade ?

Emile: Qui vous-se, fré, tos lès bwègnes contes sont bons po lès bordjeûs qwand-i
volèt spågnî 'ne clouche ! Tchance èt tot qu'èle ni t'a nin consî d'ovrer. Come
mi l'ôte djoû: "Cherchez plutôt du travail, celui qui veut vraiment en trouve
toujours". A madame, li dèri-dje: Dji m'tûze quéque fèye tot mwért, dji cwîr,
dji m'casse li tièsse

                          Po trover on mwèyin d'ariver al ritchèsse.
                          Por mi çou qu'èst bin sûr, c'èst qui ci n'sèrè nin
                          Tot-z-ovrant qu'on såreût s'sètchî l'tièsse foû dès strins.
                          Dè tins dè vî bon Diu, ça s'féve mutwèt...Asteûre,
                          I fåt po parvini bin dès-ôtes piceûres !

    T'åreûs vèyou s'tièsse !

Lorint: Dji n'comprin todi nin qu't'åyes qwité on s'fêt' mèstî. Ti vas r'qwèri çoula come
on piou foû d'ine tchåsse...Ti d'véves portant avu l'succès, lès çans', lès feumes
po l'pus sûr...

Emile: Et qwè èco? Po onk qui ti veûs insi è t'tièsse, ènn'a cint' qui djouwèt po rin,
divant treûs pèlés dèl famile ou dès k'nohances ou qui crèvèt d'mizére, come
nos-ôtes, mins avou tos lès mås d'tièsse, lès couraterèyes. Fé blanke panse po-
z-avu on role ! Et po djouwer qwè ? I n'a nin qu'dès Tåtî sés-se : dès piéces di
patronèdje, dès contes a bouyotes, dès cisses qui n'fèt minme pus tchoûler lès
grands-méres, dès-ôtes qu'on n'djowe qui po fé plêzîr a l'ôteûr qui s'a fêt on
nom tot fant qwè, dji t'èl dimande. Dès mèsses dèl djowe qui t'lèyèt planté
come on på, la so li scanfår, èt dès-ôtes qui contèt avu dès-îdèyes èt qui
t'mascråwèt l'piéce. Adon, li pé veûs-se, qwand ti t'as sansouwé po t'mète ti
role è cèrvê, qwand ti t'dis:"Awè, c'èst po ç'côp chal"... èt qu'on lîve li teûle so
quéquès djins pus djinnés qu'twè d'èsse leûs si pô. Dismètant qu'chal...
Tins, vous-se ine pîhe ?

Sinne 2

On pèrsonèdje passe,louke åtoû d'lu, sins qu'nos deûs-omes n'î prindèsse astème. I catche ine saqwè d'zos lès papîs d'on batch ås crasses qu'èst so l'sinne èt sôrtèye.

Prumîr ajant: Dihez vos-ôtes, lès rôbaleûs, n'avez-ve nin vèyou passer 'ne saquî?

Emile: Mande èscuse, nosse mêsse, mins nos n'èstans nin dès rôbaleûs, nos-èstans dès S.D.F. come on dit asteûre "sans domicile fixe". Vèyez-ve li difèrince: asteûre on n'èst pus aveûle, on-èst "non-voyant";on n'èst pus mèsbrudjî, on-èst"moins-valide"... Nos-ôtes, c'èst parèy, d'avance on n'aveût nou "domicile"; asteûre on-èst "sans domicile fixe": c'èst dèdja on pô come s'on 'nn'aveût onk!

Deûzinme ajant: As-se fini twè, avou tos tès rantchårs qui dji n'î comprin gote? On v's-a d'mandé si v's-avez vèyou passer 'ne saquî, awè ou nèni.

Lorint: Pah! on 'nnè veût savez, passer dès djins. Si v'savîz l'pô qui s'arèstèt po nos d'ner ine houlêye pèce...ou 'ne sôr ou l'ôte,come Lino l'Itålyin, qui nos-a d'né ine kêsse di pîhes, a hipe blèssêyes...

Prumîr ajant: Mins qwè èst-ce çoula po dès canèmanes don s'i v'plêt? On v'lêt dèdja la påhûles, a n'rin fé, adon qu'dès bons bordjeûs s'vinèt plinde qui vos-èhalez l'pavêye èt d'ner on måva ègzimpe ås-èfants... Et po 'ne fèye qui l'sôcièté a dandjî d'vos, on n'vis pout rin sètchî d'sûtî. Et lès quéquès çans' qui vos ramèh'nez ni chèrvèt qu'a v'fé sô, po l'pus sûr !

Emile: A ça, Mècheûs dès"forces de l'ordre", i m'arive dè beûre,
"Mins dji beû-st-a mèzeûre èt måy qu'ine gote al fèye.
"Si dj'so quéque fèye macasse, çoula proûve a l'îdèye
"Qui dji n'pwète nin bwèsson."

Deûzinme ajant: Qwè èst-ce çoula po on lingadje? Chéf, dj'a lès pinses qui n's-avans-st-a fé a deûs-ènocints...

Prumîr ajant: Adon, po l'dièrin côp, èt tapez djus avou vos hwègnes mèssèdjes· n'avez-ve vèyou passer nolu?

Lorint: Siya !

Deûzinme ajant: Tot l'minme ! Et quî èsteût-ce ?

Lorint: Li feume qu'aveût-st-atch'té dès pîhes a Lino ! Ti rapinses-tu, Emile?

Prumîr ajant: Nos n'avans vormint rin a sètchî foû d'cès deûs boubièts la. On v'djåse d'in-ome, nos-ôtes, onk qui vint dè fé on måva côp al banke dèl cwène èt qu'i s'a sinweté èvôye avou l'magzô.

Lorint: A bon, èl faléve dîre tot dreût...

Deûzinme ajant: Vos l'avez vèyou?

Lorint: Nèni.

Prumîr ajant: Alè, ç'côp chal, ni pièrdans pus nosse tins avou cès deûs ènocints.

LINGALA

Boyikasse Buafomo

Bwaka nzoto

Aa bayaya, na Mikili mokili eza danger. Opesi mbwa mbwa aboyi. Olukaka makambo okozwa. Likolo emonaka na nse, nse na likolo. Ata mai ya komela, awa ekomaka mabanga.

Olingi mpenza, mnana mai, oyeba ?

Likambo eza te. Fungola miso mpe yoka ngai malamu. Eza makambo ya batchékula, ya bangunda. Eza kaka likambo ya bakobo te, kasi… Yo moko, "avantout", kanisa mpe luka eyano:

Kobwaka nzoto eza nini?

Yo wana na Miguel mokolo moko o "débarquer" na Bruxelles métro Porte de Namur, en plein quartier Matongé to na Paris a XVIIIème. Bien coiffé, bien rasé… opelisi nzoto na Jianni Versatché to Yamamoto, kasi « Kkanda » to « Bapapiers » ? Yo kipante, makambu eye eza makambu na yo tè. Lokola mbwa olandi mikuwa. Bamikonzi ya « filosofi » ya « temps présent » kombo Werasson, Koffi Olomidé otie liboso, Simaro Masiya, Kabassélé Tabou Ley to Franco Luambo Makiadi obwaki na fulu.

Libanga ?

Ndenge moko. Yo oza pèpèlè, makambo ya mikolo nyoso lokola kosukola basani, kokomba ndako, kofuta nadako, baminda to bamoto, makambo ekokani na yo. Ata moi misu emonaka !

Nini lisusu ?

Buku, batchic mponakotanga makambo ya mokili ? Biki obuka banda kala, olingi kozongela yango te. Nini etikali ? Kobwaka nzoto. Ngunda to batchékula ekoki? Okotanga mibeko ekofungola yo miso ndenge nini ? Soki masuwa eza ekonana moto ezalaka liboso to makolo ?

Okoti to okoti te

- ➤ Okoti to okoti te ?
- • Nazali nakati
- ➤ Nakoyoka yo te.
- • Nazali mpenza nakati-kati.
- ➤ Lokola supu ya mai-mai

- •   Ya solo ?
- ➢ *Mampuya etondi kanga*
  motema mwana ya mama.
  Mokongo ekufi kanga
  motema mwana ya mama.
- •   Ngai naza na mapuya te. Banzele na Mikili bakokweya mikolo
  Nyoso. Sans problèmes.
- ➢ Okoti to okoti te ?
- •   ……………………
- ➢ Na Mikili bamomi bango moko bakufa mitolu to kipante, babomaka kaka
  mibali n a bango okongo? Mwana mai, sala keba na malali ya bachaussettes!
  Libala yo na nani, O Tata Mampuya ?

SORBIAN / SERBŠĆINA

Róža Domašcyna

Wliw swětnišća na lóšt

w lěće inwazije mejskich brukow
ze želwinu a křidłom z wocla
zběhnychu wši brónje we wólnym
padźe padnychu bruki znak
widźo swětnišćo zhubichu lóšt
do lětanja a praća tak zwosta
wšam wšědnjacy triumf

Hdyž chcych, zo by było

Při jězoru to bě. Ty praješe
pěknosće. Kóždej
hodźinje přikazach: Budź
moja. Hodźina po hodźinje
zańdźe z lochkej nohu
při wodźe, słowa stejachu
njeprajene při mni. Pohib,
krok dozady bě to jeničke,
štož zamóch. Sprostła, kajkaž běch.
Chcych, zo by było. Myslach:
Wšón čas so mi přilehnje. Hodźina
po hodźinje wotbi. Ty praješe
pěknosće. Kóždej. Praješe
słowa. Te
mějach wzać.

W módrym domskim pod Bismarckowej wěžu

za F.P.

skoro kaž po stworjenju: kamilki a poprik
w kachlach woheń před durjemi wobraz witki
w rěce na wotwobroćenym stawidle
pozabyteho herbstwa zakryta błuzna
we wudwjernu zarězy kak smój narostłoj
z mjenami narownych kamjenjow
kotrychž swědkaj smój při kuchinskim blidźe
worjechi łuskajo kaž słowa
wšu módrinu swět a bóh wě ...

złeho ducha před durjemi
njetopyrja z woclowym kusadłom

zapowěsni wokno rjeknješ
wućehnješ stawidło
hładkuješ barby ze železkom
zarosćeny dom
wurosćene zarězy
skamjenjene worjechi
wěm hišće ze zawrjenym wokom
woneho čorneho wonka
w jeho nosu naju čuch

Njeje dosć

za kěrchowom w Čelnom

kěrchow smy z płachtami zapójsnyli
na zemrětych so přehršili
dlěši puć žiwjenja wuwěšćili
za nami stop pojstajili

sćěny smy wysoke sćahnyli
bagry smy na dźěło pósłali
zemrětych kosće sej wuryli
čestnje su něhdy jich hrjebali

do bowow třěski smy sypnyli
znamjenja na nje smy sčinili
je do panoptika stajili
tam herbstwa zbytki su wostali

Kito Lorenc

Mój krótki zymski dźeń

prudźiš jantarowe swětło
twój módry sćin rosće
mjez trawu nabruń płowej
chowaš kosmy swojich
zwěrjatow w polu
a wulke woči njewustupuja
z dólčkow

daš na štomach jemjeli płodźić
woškrot a sněhi

škropawe sčiniš
a skradźu dychaš
do lódzymnych rukow
błyšć na lěšćinje sy
a zabarbiš wjerbu

zo mylić njecham
dalši wotběh
a starać chcu so
zo njenapadnu
kaž stopa
so póduše pušći
lochko

Szeroki Bor

Hober Dobry
wujědźe z drjewjaneje
třěchi, na ramjo konja
ćisnje a dumpoce
do borowicow.

Jeho žónka
wulěze zespody
kruwy, z blachowym
zwónčkom, mlokapołnym
drypoce do wsy.

Na sćežorje
klepoce młynske koło
z baćonjacym pyskom.
Přez prózne lisćo
mikoce jězork.

Za rόžkom
čaka wόń hejduški,
babyduški. Dźeń dobry
prόzdniny. Do widźenja
dźěćatstwo.

„Hołbik dwě bělej nόžce ma"

ha jednoh dnja přiwjedźech swoju lubku
sobu domoj a předstajich ju žonje
Moja žona brune wόćko Wona mόdre
Moja žona muškota Wona popjer
Moja žona ju rodźeše Wona ju tež
Ja jo tež Konik wjesle zaskaka

Nichtó zrudnje njezapłaka Wot tehdy
snědachmy z tych třoch talerčkow
škličkow z tymi třomi łžičkami tak
dźěłachmy so do lóšta a próška do
pósta a posta Bórze dachu nam to
wjetše bydlenčko a moja žona
přiwjedźe swojoh druhoh a moja lubka
přiwjedźe swojoh druhoh a wobaj družbje
přiwjedźeštaj swojej družce Jako tón
bydlenski blok dóstachmy božičkecy
te paternostry do njebjes dele z njebjes
ludźičkecy běchmy to drustwo Potom
wobydlachmy město naposledk kraj tu
běchmy wšitcy mjez nami žiwi pod
nowymi, towaršnostnymi poměrami
Nětk hakle dóndźe anonymny list
Wy hewak wonajki basniski subjekt Wy
Tuž cofnych hołbika muškotu popjer konika
mějach so zjawnje stronu Mějće so
derjedom ludźimje lubujće so wam ha

Štož su te kachle

Ha štož su te kachle
kotrež sym jej darił
dokelž je dwě lěće
hižo trjebał njejsym
da sym je jej zatepił
te kachle ha prajach
Dwě lěće te kachle
hižo tepił njejsym
ha sym žno zabył
kak so te tepja
Ha wona praješe Widźiš
čłowjek njetrjeba hakle
zemrěć zo by zabył
Ha ja prajach Wěš ty
da móžemy tež hnydom
dale žiwi wostać

Lubina Hajduk-Veljkovićowa

Mały duch Rafael

Mónika bydleše w starym měsće. Tam su domy włóžne a maja pod třěchu hišće hornju łubju. Na łubi wěšeja maćerje drasty na sušenje, a kóždy ma mały wotdźěl za stare wěcy. Tež Mónicyne klanki tam wotpočowachu.

Jednoho dnja chcyše Mónika swojej klance nowu drastu zešić, a tuž poběhny na łubju, zo by sej klanku dele přinjesła. To wuhlada tam w róžku, hdźež je ćma, ducha. Nic někajke šerjenje, ně, małeho ducha.

„Štó ty sy?", so wona wopraša.

„Ty mje widźiš?", wotmołwi duch z prašenjom.

„Haj. Cyle derje samo. Maš brune, kudźerkate włosy."

„Kudźerkate, haj? Ja njejsym so hišće ženje widźał", wjeseleše so mały duch.

„Haj, maš zelenu košlu zwoblěkanu, a brune cholowy", wopisowaše jeho Mónika dale.

„A kajkej mam woči?", prašeše so duch wćipny.

„Zelenkojtej. Ale nětko mi praj, štó ty sy", praješe Mónika.

„Ja sym Rafael. Sym tu hižo jara dołho."

„A čehodla so tu chowaš?", běše nětko Mónika wćipna.

„Dokelž, dokelž, ach, hańbuju so, to rjec", bórboleše duch Rafael.

„Derje. Ja so hańbuju, zo njemóžu rjenje pisać, to mje wučerka přeco naswari", wuzna Mónika.

„A ja so hańbuju, zo njemóžu lětać", přizna nětko Rafael.

„Ty sy prawy duch, kiž móže lětać?!", dźiwaše so Mónika.

„Ně, ja njemóžu lětaš. To je tón špak. Tohodla sedźu tu sam a so chowam."

„A nimaš ty žadyn strach?"

„Ně. Čeho da měł so bojeć?", rjekny na to duch Rafael.

„Ludźi."

„Ně. Dołhož je tu łubja, móžu tu wostać. Ale to mi ničo njepomha."

„Čehodla?"

„Dokelž njezestarju. Hdyž sy duch, dyrbiš so kóžde lěto tam wróćić, hdźež sy so narodźił. Potom wo lěto zestariš. A mje je maćerka stajnje sobu wzała. Ale jónu běch jej přećežki, a wot toho časa hižo njezestarju."

„Nó", měnješe Mónika, „to njeje tola tak zlě. Potom wostanješ stajnje mały duch."

„By da ty chcyła stajnje mała wostać?", rozmjerza so nětko duch Rafael.

„Ně. Wězo nic."

„Hladam kóždy dźeń přez woknješko na ptački, kak wone lětaja. Ale hdyž spytam sam lětać, so ničo njehibnje."

„Ale ty nimaš scyła křidlešce", praji Mónika.

„Duchi móža bjez křidłow lětać."

„Aha", měješe Mónika mysličku, „potajkim dyrbiš sej to cyle jara přeć, a potom tež polećiš."

A duch Rafael spytaše sej to přeć, zo so jemu hłowa pyrješe, ale ničo so njesta. Mała Mónika bjezradna na njeho hladaše.

„Wopisuj mi raz městno, hdźež sy so narodźił!"

„Haj, to je stary, wulkotny hród. Hižo dołho tam nichtó njebydli. Murje su chłódne a tołste, rjane šěre, ćmowošěre, zelenošěre a druhdy samo slěbrošěre. My chowachmy so deleka w pincy, hanjachmy po ćěmnych chódbach, durje překrasnje kwičachu, rjećazy na sćěnach móžachmy třasć, zo sami ze strachom třepotachmy. A přez mału škałobu smy na dwór lěćeli. Tam rosćachu kopřiwy ...“

„Ah“, zakřikny Mónika. „Ty lećiš.“

Haj, woprawdźe, duch Rafael bě so tróšku do powětra zběhnył. Ale při Mónicynym wukřiku zaby na swój rjany wobraz a zaso přizemi.

„Ja ničo njewidźu.“

„Dołhož sy powědał, sy kusk lećał, a potom sy so nastróžił a zaso dele přišoł.“

„Ja so njenastróžu“, praješe duch Rafael kruće.

„Tola. Sym to widźała“, wobstejěše Mónika na jeje wobkedźbowanjach. „Powědaj dale.“

„Haj, a na dworje smy kopańcu hrali. Ale nic z bulom, ale z rosowej kulu. Ja móžach ze wšěch najlěpje rosowy bul skuleć. Takle to dźe“, chcyše jej duch Rafael pokazać, kak to čini. Dyrbješe pak dele hladać, zo by ju widźał. Dele! „Zaplacane“, jemu wujědźe. „Ja móžu woprawdźe lětać!“

A nětko poča wón po cyłej łubi lětać kaž nalětni wětřik, Mónika njemóžeše so dodźiwać, kajki bě so naraz změnił. Njesedźeše hižo zrudny w róžku, ale cychnowaše a hewrjekaše po łubi kaž młody psyk.

„Dyrbju zaso dele“, měnješe wona po chwilce.

„Měj dźak, zo sy mje lětać nawučiła“, podźakowa so Rafael wot horjeka pola njeje.

„Ně, ně, ty sy hižo lětał móhł, jenož njejsy do toho wěrił“, wotmołwi jemu Mónika. Jako bě hižo na schodźe, so hišće raz wobroći a widźeše, kak spěje duch Rafael přez třěšne wokn ješko.

Nětko dopomni so na swoju klanku, dźěše sej po nju a potom wopušći hornju łubju.

GREEK / ΕΛΛΗΝΙΚΆ

Μιχάλης Πατεντάλης / Michalis Patentalis

Ο ΑΠΕΝΑΝΤΙ

Ο γείτονας μου
Πήρε καινούργιο αυτοκίνητο
Μετοχές
Γυναίκα
Σπίτι
Έπιπλα
Βιάγκρα
Καρδιά
Μνήμα
Μόνο θεό δεν άλλαξε.
"Θεός σχωρέσ' τον".

GILETE CONTOUR ή
η Πρώτη διαφημίση στο Αφγανιστάν

"Εις το όνομα του Πατρός και του Υιού"
          και του παγκόσμιου μένους.

Η νύχτα ξυρίζει τα γένια της
          με λεπίδα βγαλμένη απο δισκοπότηρο.

Πασαλειμμένη με λίγο φυστικοβούτυρο
          "καθ' εικόναν και ομοίωσιν".

Στους πρόποδες η μέρα από ένα λάθος
          μετράει ψιθύρους σιωπής μεταμφιεσμένη.

Την ώρα που ένας δούλος επιστρέφει
          την ματαιότητά του ατσαλάκωτη.

Κι εσύ κοιτάζεις στον καθρέφτη κατ' εξαίρεσιν
          χτενίζοντας τη γλώσσα τη δασύτριχη.

Απόγονε του Κάιν, μήπως είσαι
          ο ορειβάτης του θανάτου που κουτσαίνει.

Γιώργος Λίλλης / Giorgos Lillis

ΤΟ ΠΙΟ ΒΑΘΥ ΑΠΟ ΤΑ ΦΟΡΕΜΑΤΑ ΤΗΣ ΘΑΛΑΣΣΑΣ

Έξω απ' τα τείχη της πόλης
με το βουητό του ανέμου συντροφιά
πήρα τον ανήφορο που οδηγούσε στο σημείο αυτό
όπου θα έβλεπα τη θυσία του ήλιου στη νύχτα.
Οι νεράιδες έπαιζαν πεντόβολα με τα λιγοστά άστρα
κι ερχόταν από μακριά η σελήνη με το ποδήλατο.
Χωμένος στην πλαγιά κοιτάζω το πιο βαθύ
από τα φορέματα της θάλασσας.

Η πρώτη συνειδητή εξορία
έρχεται μέσα απ' αυτά τα νερά.

ΟΤΙ ΒΟΥΛΙΑΖΕΙ ΕΙΝΑΙ ΕΞΩ ΑΠΟ ΤΟ ΦΡΟΥΡΙΟ ΜΟΥ

Πρόδωσε ο ήλιος ξανά και πέταξε πάνω μας το μαύρο δίχτυ.
Βροχή ξαφνική,
όπως αεράκι μεσημεριανό όταν κοιμάσαι
αμέσως κρυώνεις
ψάχνοντας σεντόνι να σκεπαστείς.

Φρούριό μου ένα παράθυρο. έστω μικρό,
μα αρκεί για να κατοχυρώσω την εικόνα του κόσμου δική μου.
Να λεω πως όχι, ό,τι και να γίνει σήμερα θα κάθομαι εδώ
κοιτώντας όπως εγώ θέλω τη βροχή κι αργότερα
τη νύχτα έτσι όπως τη βλέπω πάντα να 'ρχεται καλπάζοντας
   ρίχνοντας από το καλάθι της,
      σπορέας τ' ουρανού κι αυτή,
 άστρα και σκοτάδι.
Να μην πω για τη σελήνη στην αριστερή μεριά
ξύνοντας την πλάτη της στις πολυκατοικίες και μετά παίρνοντας στροφή
να γίνεται το στέμμα του πίσω βουνού.
Μόνο για λίγο.
Ύστερα δεν μπορώ να δω. Την κλέβει ο διπλανός ενοικιαστής.
Θα μπορούσε ο τυχερός να την καμαρώσει
πλέον βασίλισσα,
αλλά ποτέ δεν τον έχω δει έξω να κοιτά.
Περίεργοι άνθρωποι. Το θαύμα ποζάρει δίπλα τους
κι αυτοί το ψάχνουν αλλού.
                    Μάταια.

Οι σταγόνες έχουν ντύσει το τζάμι.
Φυτό με τις πρωινές δροσοσταλιές
στα γυάλινα φύλλα του.
Το δωμάτιο κήπος κι εγώ κηπουρός.
Γεμίζει μυρουδιά εξαίσια ο στίχος, χρώματα πολλά,

η ψυχή ηρεμεί.

Από 'δω μπορώ να δω τα αυτοκίνητα και τους περαστικούς
στο πεζοδρόμιο και τα σπίτια ως πέρα
το φορτηγό που κάθε μέρα έρχεται και ξεφορτώνει
κάτω απ' το σπίτι,
μα δεν το κάνω.
Επιμένω στα πουλιά που τσιμπούν γαλάζιο
γεμίζουν ουρανόσκονη πετώντας
στον αέρα που χορεύει τα δέντρα
στην κούπα που χύνει το μαβί της δύσης
στη βροχή που γεμίζει τα λούκια κι ακούς τα βράδια
τον περίεργο αχό του νερού σαν ποτάμι.
Μη νομίσετε πως έχω κάποια ιδιαίτερη θέα εδώ που ζω.
Η ανάγκη μ' έκανε κι εμένα, όπως κι εσάς
να συγκατοικήσω μ' αυτές τις πολιτείες που βιαστικά χτίστηκαν
δεν έχουν τίποτα σημαντικό να παρουσιάσουν
παρά μονάχα μεγάλες λεωφόρους
οικήματα το ένα δίπλα στο άλλο.

Κάποτε το αποφάσισα. Να πάρω το μικρό τραπέζι
να το τοποθετήσω δίπλα στο παράθυρο
να στήσω τη γραφομηχανή μου εδώ για να βοηθώ
τη σκέψη να εισχωρήσει στη λεηλασία της σιωπής γράφοντας.
Αργότερα έπιανα τον εαυτό μου να χάνεται για ώρες
όχι σε συγκεκριμένες εικόνες του έξω
αλλά σε πράγματα που δεν είν' εύκολο να εξηγήσω
της μνήμης ρωγμές,
φωτογραφίες του μέσα ουρανού
ωσάν κινηματογραφιστής άγνωστης χώρας μακρινής.
Συνήθως τέτοιες ώρες ο καφές κρύωνε
δεν άκουγα ούτε μουσική ούτε φωνή.
                    Τίποτα.
Περίεργη αιώρηση, ανάμεσα στο αδιόρατο και το πραγματικό.
Φυσούσε θυμάμαι και ήταν άσπρο σκοτάδι εντός.
Κι εγώ σχοινοβάτης. Από το παράθυρο στην άλλη άκρη του βουνού.
Χωρίς να τραυματιστώ απ' το τζάμι που διέσχιζα
ως την ερημιά.

Οι συκοφάντες γείτονες έλεγαν πως τρελάθηκα
μα εγώ ήξερα
και τους λυπόμουν που δεν κατάφεραν να δουν οι καημένοι
ό,τι δεν μπορούσα να περιγράψω γιατί φοβόμουν
μην φτάνοντας στο πολύ δεν αντέξουν.

Ειδικά όταν η γραφομηχανή γινόταν η μηχανή του χρόνου
και με ταξίδευε στις παραλίες που κοιμήθηκε
ο Οδυσσέας κουρασμένος
βλέποντας το ίδιο παράξενο όνειρο.

Ό,τι βουλιάζει είναι έξω από το φρούριο μου.

TURKISH / TÜRKÇE

Yüksel Pazarkaya

ATKESTANESI

Sen Türk'sün

Stefan, iki ders arasında okul bahηesinde Ender'e "Sen Alman değilsin," dedi. Bugün niçinse Ender'le koşmaca oynamak istemiyordu. Bir neden göstermek için de, "Sen Alman değilsin ki," dedi. Ender şaştı kaldi bu işe. En çok sevdiği sınıf arkadaşı, okulda en ηok oynadığı ηocuk Stefan'dı. "Neden?" diye sordu.

Stefan anlamadı. Ne demek, "neden?" Yoksa, Alman mı sanıyor Ender kendini? "Alman değilsin işte," dedi. "Sen, benim gibi Alman değilsin."

Ender'in kara, güzel gözleri donuklaştı. Bir suç işlemişcesine ürperdi içi. Gönlünde bir şeyler kırıldı. Sustu. Başını eğdi. Ayrıldı oradan. O gón hiç konuşmadı Stefan'la bir daha. Dersleri izleyemedi. Öğretmeni dinleyemedi. Kafası durmadan büyüyormuş gibi ağırlaştı.

Alman Kestaneleri

Bir de geçen sonbaharda böyle olmuştu. Semtin ufacık, şirin, çiçek çiçek, ağaç ağaç bir parkι var Sonbaharda güzel uluyor. Atkestaneleri semtin bütün çocuklarını ηekiyor. Çocuklar, taş atıp ağaçlardan atkestanesi düşürüyorlar. Çok toplayanlar, götürüp hayvanat bahçesine satıyor. Fillere, develere yem. Bazıları, okula gφtürüyor. Matematik dersinde kullanıyorlar. Okula gitmeyen küçükler de zıpzıp diye oynuyor atkestaneleriyle.

Öğretmen, "Her çocuk on tane getirsin," dedi. Sınıfta 34 ηocuk var. Her çocuk on tane atkestanesi getirince, 340 tane eder. Bununla da güzel küme alıştırmaları ve aritmetik işlemler yapılabilir.

Ender öğleden sonra parka gitti. İki çocuk taşlarla atkestanesi düşürüyor. Arkadaşları değil, ama onları tanıyor. Semtlerinde her zaman gφrüyor.

Ender, onların yanına geldi. Yerde gφrdüğü bir kestaneye eğildi. Öbür çocuklardan biri, "Çek elini!" dedi. Ender, "Ben de kestane toplamak istiyorum," dedi. İkinci çocuk, "Toplayamazsın, bunlar Alman kestanesi," dedi. Ender anlamadı. Birinci ηocuk ekledi: "Sen Alman değilsin!" Sonra ikincisi, "Sen yabancısın," dedi. Gelip dikildiler Ender'in başına. Elini yerdeki kestaneye uzatmış kaldı φyle. Bir karış daha eğilse, alacak kestaneyi. Ama uzanamadı. Başı yukarıya, çocuklara dönük, eğilmiş kaldı bir süre. Sonra dineldi. Kestaneyi almadan elbette. Dili tutulmuş gibiydi. "Park herkesin, herkes kestane toplayabilir," demek istediyse de, ötekiler sözünü ağzında tıkadılar Ender'in. "Sen yabancısın. Bunlar Alman kestanesi. Dokunursan, gφrürsün gününü," diye gözünü korkuttular.

Ender'in kafası karıştı. Dφğüşsem mi şunlarla, diye geçirdi kafasından. Sonra bir ona bir buna baktı. İki kişiyle döğüşmek akıllı bir iş değil, diye düşündü. Bir daha onlara bakmadan çekip gitti.

Ben Neyim?

O gün eve gelince, annesine bazı şeyler sormuştu Ender. Ama annesi üzerinde durmadı bu soruların. Geŋiştirdi.

Stefan'la aralarında geŋen olaydan sonra, bütün gün kafasını kurcalayan soruyu artık ŋözmek kararındaydı Ender. Eve adımını atar atmaz annesinin yόzüne çarptı sorusunu:

"Anne, ben neyim?"

Bu, annesi için beklenmedik bir soruydu. O da aynı biçimde karşılık verdi:
"Ender'sin."

"Adim Ender, biliyorum. Onu sormadım. Ama ben neyim?" diye όsteledi Ender.

Annesi, "Gel önce içeriye gir. Çantanı bırak, ayakkabılarını ŋıkar, dedi.

Ender, "Olur," dedi. "Ama sen de bana söyle, neyim ben?"

Bu kez annesi, Ender şaka yapıyor, bilmecemsi bir şey soruyor sandı.

"Okul çocuğusun," dedi.

Ender bozuldu.

"Benimle alay ediyorsun," dedi. "Ben sana soruyorum, ben neyim, diye. Yani ben Alman mıyım, Türk müyüm, neyim?"

Hoppala! Annesi hoşlanmıyordu böyle sorulardan. Çünkü karşılığı góç geliyordu ona. Ne dese? Aslında güç bir soru değil. Biliyor sorunun kesin karşılığını. Ama bakalım bunu anlayabilecek mi Ender? Benimseyecek mi? Benimseyebilecek mi? Benimsese bile, bunun ona bir yararı olacak mı?

Anası da babası da Tόrk Ender'in. Türkiye'de doğdular, büyüdüler, okula gittiler. Almanya'ya yalnız çalışmak, para kazanmak için geldiler. Almancayı hiç de o kadar iyi bilmiyorlar. Onlar bazen Almanca konuşurken, Ender'in gülmesi tutuyor. Çünkü bazı şeyleri yanlış söylüyorlar. Doğru konuşamıyorlar.

Ama Ender'in durumu değişik. Almanya'da doğdu. Çocuk yuvasına gitti. Şimdi birinci sınıfta. Alman okulunda. Alman ŋocukları hep arkadaşları. Sınıflarında birkaŋ yabancı ŋocuk daha var. Biri dışında, hepsi gόzel Almanca konuştuğu için, Ender ayrım yapmıyor, yapamıyor, bu Alman, bu değil, diye.

Yalnız bin Alfonso var. Alfonso'ya acıyor biraz Ender. Alfonso, φteki çocuklar gibi güzel konuşamıyor Almancayı. Ender, Alfonso'nun dili dönmüyor sanıyor. Çocuklar bebekken konuşamazlar ya, Alfonso ona büyümüş bir bebek gibi görünüyor.

Ender Türkçe de konuşuyor, ama Almanca gibi değil. Almanca sözler karıştırıyor Tόrkçe konuşurken. Anadil gibi öğrendiği, Almanca. Alman çocuklarından ayrı değil. Alman çocukları hiç Türkçe bilmedikleri için, aralarında bir ayrılık olduğu duygusuna kapılıyor. Ama sınıfta ders, okul bahçesinde oyun başlayınca, çabuk kaçıyor bu duygu. Hele Stefan'la oynarken, böyle bir duygunun içine düşmesi olanaksız.

İşte bunun için çok şaşırdı Stefan'ın sφzlerine. Ya Stefan bir daha hiç oynamazsa onunla? O zaman çok yalnız kalacak. Canı sıkılacak.

Ender'in Babası Bocalıyor
Akşam Ender'in babası işinden eve döndü. Daha kapı açılınca, Ender sordu:
"Baba, ben Türk müyüm, Alman mıyım?»
Babası afalladı.
"Niçin soruyorsun?" dedi biraz düşünüp.
"Bilmek istiyorum," dedi Ender kesin.
"Ne olmak istersin sen, Türk mü, Alman mı?" dedi babası.
"Hangisi daha iyi?" diye sordu bu kez Ender? "İkisi de iyi oğlum," dedi babası.
"Öyleyse, Stefan niçin oynamadı bugün benimle?"
Ender, kendisini bütün gün üzen derdini açıkladı bφylece.
"Niçin oynamadı?" diye sordu babası.
"Sen Alman değilsin, dedi. Ben neyim, baba?"
"Oğlum, sen Türk'sün, ama Almanya'da doğdun," dedi babası çaresiz.
"Ama benim adım gibi adı yok Alman ηocukların."
Babası kekelemeye başladı şimdi.
"Senin adın Tórk adı," dedi. "Gózel değil mi Ender adı?"
Adını seviyordu Ender.
"Güzel, ama öteki çocuklarınki gibi değil," dedi.
"Olmasın, güzel ya, ona bak!" dedi babası.
"Ama Stefan benimle oynamıyor artık."
Ender'in babası yutkundu. Boğazı boğulurcasına tırmalandı. Nice sonra, "ázülme sen," dedi Ender'e. "Ben yarın Stefan'la konuşurum. Oynar gene seninle. Şaka yapmıştır."
Ender sustu.

SICILIAN / SICILIANU

Nino De Vita

Bbinirittèdda

I

A triricijànni 'u cori
      s'innamura.

           I pinsèra,
p'i strinciùti e i vasàti
− nnall'ortu, 'n mezz'â sudda,
fenu ri pagghialòra −
siccànti mi stravijàvanu
dda nnìcchia ri mmiòlu.

Aràciu
        − aràciu aràciu −
pi' scansàri a me' patri
(«O vili, vili,
vài a sturijàri, vili!»)
mi nni niscì.

        Tirài
'a mizzìna; e a stricàri
'a pèvula passài
p'a porta sfasciddàta
ri l'addinàru.

        'U suli,
'n funnu, a sguicijàri 'a chiesa,
s'abbijàva ammusciùtu
nnê salini.

II

Scaffi comu purpàni,
asciùtti, nn'a trazzèra:
cuta e surga ri rroti
ri carrèttu; e ggirànnu
r'u firrijàtu nnall'ortu
ri Michilùzzu, agghi
'n fila, fasèdda, cucuzzèddi
           e un peri

ri ficu: ziparèddu
nnê stagghiatùra
                e 'u ggiummu
r'a lupa chi spuntàva
rrussigna ri nnê favi.

'Nfilannu, roppu 'a turri,
p'a vanèdda ri Ùcciu
Bbacijàcca, un agnunèddu:
arìanu, cicòria,
rrarìci e piddusìnu,
àccia spicàta, marvi
e troffi ri spinèdda
nnô canali, ascippàta,
cu rraricùm'ô suli

− talijàva 'u cirrinciò
curiùsu; 'a curalònga,
cu' 'i ammi allicchittàti,
scantàta, svulazzàu −

             'u jardinèddu
ri Niculau Àgghiu
e 'a catàsta ri Bbettu
Scagghiajàzzi c 'u fumeri
friscu ri vacca prena.

III

Ah comu caminàvu
cu' 'i manu nnê sacchètti
assicutànnu un'ùmmira
− una facci − ri fimmina
chi 'n testa tuppulijàva.

Mura ri petri vasci
scinnènnu r'u timpùni
ri Cutusìu: allupàti,
allippàti
         cu' i cafòcchi
ri terra, o sbacantàti:
mintàstru e cardunèddu,
faiddùna ri dduccàra,
rrunzi siccàti...

          'A ntisi
− 'a ntisi, sì, 'a ntisi −
comu un lamentu 'a vuci.

E arrè, arrè, nnall'aria,
− ri fimmina.…

       Ggirài
'a testa p'addabbànna
r'i zzabbàra; e, sicùru,
passànnu ri nnô largu, mi 'nfilài
nnê spichi: 'i rreschi, longhi,
puntùti, m'asciunnàvanu
'i vrazza.

IV

Era addèva, jittàta
ncap'u furmentu: 'i manu
nnô stòmmacu a bballùni,
'a vesta ncapu 'i cosci
            e sbattulijàva
'a testa.

      'A canuscì.
Bbinirìtta ri nnomu,
figghia r'u zzi' Carmelu
Alògna, 'u jurnatèri
chi stava nn'a trasùta
r'a fiurèdda.
Caminàva latìna
− avia l'occhi ri focu −
passànnu 'n mezzu 'u bbagghiu:
i capìddi a ccurìna
e 'u pettu ggijà vuncijàtu.
'Un mi nn'avìa addunàtu
mai, mentri 'a talijàvu
− c'u livatèddu 'n manu
o una quartàr'ô cijàncu −
gginiùsa, ch'aspittàva,
cunchijàtu nnô bbiddìcu,
un piccirìddu.

      «Un figghiu»
mi rissi, muzzicànnusi
un labbru. «Aspèttu un figghiu».

Arristài comu petra
fénnula; e, tinnirìnu,
mi vinni 'a cunfusiòni.
'I circàvu, firrijànnu
l'occhi, 'i paròli: ô 'n peri
rrussu ri papparìna,

'i spichi ri furmentu
'n funnu, fin'â ll'alìvi
                      e ncapu 'i manu
r'idda, nnall'occhi chiusi
e aperti.…

                Arricialàu
Bbinirìtta, addizzànnu
'a testa, abbracatìzza.
«Vai nni ronna Ggiùlia, 'a cucina
ri mè matri» mì rissi
«e pòrtala nni mia, ma prestu,
curri!»

V

Stava nnall'addinàru
ronna Ggiùlia, c'u pani
e un pumaròru 'n manu.

Pistijàva.
             'I muddichèddi
cci scutulàv'ê addìni.
(Chi scijàrra − un micimàci −
ri pizzulùna, 'n cursa.…)

Un nneu cu' tanti pila
avia annivuriùtu
e rross'ô 'n piricinu
r'a vucca, l'occhi nichi
comu i porci, e un murriùni
assistimàtu 'n testa.

R'i pirtùsa r'a rriti
cci parlai.
          Jittau
'u pani, 'u pumaròru,
si pulizzijàu 'i manu
nnô falàri
          e nniscìu.

VI

Truvàmu Bbinirìtta, com' un sàccu
ri màssa, abbannunàta.
Ciatàva, runguliùsa.
Nn'a frunti, nné mascìddi
suràta e tutt'allòngu

ô coddu; l'occhi smorti
e 'a facci una ggiannòria.

«Canzìati» mi rissi ronna Ggiùlia.

Ammiccijàva,
            tuccava.…

                        Si vutàu
versu ri mia. «'U duttùri,
curri a chiamàri, sùbbitu»
mi rissi.
«No, 'u duttùri no»
satàu Bbinirìtta.
«Allùra ti purtàmu
'n casa» cci rissi ronna Ggiùlia,
azzènti.
«'N casa no,
no, 'n casa no» prijàu,
spavintàta, 'a picciòtta.

                        Ronna Ggiùlia
s'aijsàu. «Va chiàma
a quarcunu» mi vucijàu.
                        «A so matri
a so patri, a ccuegghiè,
 va! »

VII

Trasì rintr'a pinnàta,
 ri cursa.

            Ru' minùti
e pidalànnu forti
arrivài nnô munzèddu
ri casi, a San Leonàrdu.

Tuppulijài nnô villìnu
'mmiancùtu r'u duttùri.
'A zzi' Cicca, attimpàta,
c'u càmmici, i capìddi
a ttuppu e 'u mussu rrussu
rapìu.

Paròli mentri l'ariu
turchinu si facìa
ri cìnniri (un carrèttu
passàva trantuliùsu

r'a strata: 'i ligna a ttòmita
e fenu, 'u viddanèddu
cu' 'a còppula e un canùzzu
puntùtu sutt'ô fusu).

Scutìa, arrinnùta, 'a testa
'a zzi' Cìcca, parlànnu.
         «'Un c'è» ricìa.
«Chiù ttardu.... »

         'I vrazza larghi,
'n cruci.

«'Un c'è. Cchiù ttardu, 'un c'è»
mi rripitìa turnànnu
        e sbattulijànnu
cu' 'a ciasciatìn'a rrota
nnê scaffi r'u violu.

Ô passu signalijàtu
– cc'eranu cicalèddi,
ggiuràni chi cantàvanu –
firmai.

   Sdivacài
'a bbicichètta ncapu
ri zzabbàri
       e sbiaccànnu
troffi r'affucamùli,
òriu, anghi ri vecchia,
trasì rintr'ô furmèntu.

      'Un cc'era nuddu.

Nnô 'n'àngulu una jazza,
rannùta – una stramèra –
ri spichi ammattucàti,
scapizzàti...

VIII

Nni ronna Ggiulia 'a casa
'nfascijàta ri silènziu e picca luci;
puru nni Bbinirìtta: striscitèddi
fracchi ri nnê pirsijàni
chiusi.

Passài r'a vaniddùzza
chi ddun'ô 'n piricinu

r'a turri, e m'affaccijài
nnê casi attòrn'ô puzzu.
Nnô silìri, assittàtu,
Vàrtulu Scannapècuri
avìa a so' figghiu 'Nzulu
nnê rinòcchia, a cavàddu,
e cci ricìa «Amunìnni»
tinènnulu p'i manu
«emu a Palèrmu, a Rroma,
o nicu meu, a ddi-ddì»
e trantulijàva 'i ammi.
Scaccanijàva 'u nutrìcu
cu' ddu' rintùzzi suli…

A zzi' Ddia, c'u vacìli
nnê manu, paparijàtu,
niscìu nnô purticàli
e gghittàu, a vintàgghiu,
nìvur'a lavatìna
'n mezz'ô chijànu.

                    «O Ninuzzu»
mi rissi «â nnàutra nnìcchia
ti piscàvu» rrirènnu
sgangulàta.

'I salutài 'nfilànnu
'u passu tra 'a catàsta
e 'a ggebbia ri me' zzi'
Ggilòrmu.
            Nnô 'n pirtùsu
ri pagghialòra, ô scuru,
sùpira zziddi e pìsciu,
stocca ri fenu, ggiumma
ri cannarìgna, 'a chijàpa
ri Liddu Ticchitìcchi,
vecchia, cu' i ciaravèddi
'nchiusi sutt'ô tinèddu.

IX

Un corpu
            − e sbarrachijàti
'i pirsijàni, ri luci
'u jornu alluviunàu
'a stanza: San Leonardu
a mmuru, 'u Crucifissu,
                    e nnô 'n'agnùni
un tàvulu, ru' seggi

allàt'ô lettu; un pijàttu
nn'a cascia, sbacantàtu.

«E' tardu?» addummisciùtu
– nnô 'n ùvitu appuijàtu
                 e 'a manu misa
a pappèra – ciatài.
«E' matinàta storta»
rissi me' matri «storta:
ri nsùbbitu, 'sta notti,
murìu Bbinirìtta».
«Morta?» quasi vucijài.
«Morta» rissi me' matri
«morta: a quìnnici anni…. »

X

'A vitti. Era svuncijàta,
tisa Bbinirittèdda:
liscia nnê cijànchi e ncapu
'a panza: un vistitèddu
curtu fin'ê rrinòcchia
                 e una curùna
'n manu.

So' matri, 'a zzi' Marètta,
assittàt'ô capìzzu,
rossa, c'u bbusciulàru,
musculijànnusi 'a facci
accupàta «'Un ci pozzu
pinsàri…. » sdillinijàva.
«'Sta figghia mia ammastràta,
'stu trisòru...
             O svinturàta.
E comu pozzu avìri
Cunòrtu…. »

           A trattinìanu
Razzièdd'a Siccia e Tuzza
Facciràma, p'i vrazza.

«E cu fù, eu, cu fù»
ricìa 'a zzi' Marètta
«chi cci chiantài i chiova
ô Signùri, cu fù,
ricitimìllu, eu?»
E 'u zzi' Carmèlu Alogna,
nnô 'n'agnuni, arrunchijàtu,
cu' 'i manu nnê rrinòcchia

«'Un torna cchiù, ammàtula,
'un torna» rripitìa.

A zzi' Marètta, carma,
cu' tantìcchia ri cijàtu
accumincijàu a cuntàri:
«Pi' tutt'u jornu 'n casa
'stesi, 'nchiffaràta,
'sta figghia mia: lavàu,
stiràu e arrisittàu
'i rrobbi….
Fù ri notti,
ri nsùbbitu. Un passàggiu
ri sangu?
            O figghia mia
Bbona…. »
            S'a strincèru,
'i fimmini r'allàtu,
cchiù fforti
            – «E bbonu, bbonu…. » –
ora c'a zzi' Marètta,
annachijànnusi 'a testa
vucijàva «O sangu mèu,
sangu r 'i vini, cijàtu…. »

                        'Un mi nn'avìa
addùnàtu. Puntùti,
l'occhi ri ronna Ggiùlia,
appena chi muvì
'a testa, s'appizzàru
ê mèi: raccumannàvanu,
quitànnu,
            amminazzàvanu….

                        'I scuddài,
sdignàtu, e mi nni scivi
fora.

Alivi e minnuliti,
tùrtuli, cucciuvì.

                    E nn'a vaddata
calìbbisi, rranati,
jardina e mura 'n petra,
i pirittuna 'n terra
arripudduti….

ALBANIAN / ARBËRESH

Zef Skjiro Majit / Giuseppe Schirò Di Maggio

Lule Të Shumta Ka Gjinestra

dramë në një akt

Studi i dramaturgut.

DRAMATURGU, ANXHELA, XHORXHA, MATEU,

DRAMATURGU – *(Përpara kompjuterit. I bien te dera.)* Kush ë!
ANXHELA – *(Nga jashtë)* Na.
DRAMATURGU – *(Ngrëhet të zbyllënj)* Na kush!
XHORXHA – *(Nga jashtë)* Kushedi kush jemi!
DRAMATURGU – *(Zbyll)* Ah, ju!
ANXHELA – Prisje tjerë gjinde?
DRAMATURGU – Jo. Hyni, kam gëzim ngaherë çë ju shoh!
MATEU – Edhe na të shohjëm tyj!
DRAMATURGU – *(Merr vend prapa skrivanisë)* T'ujij!
XHORXHA – Ish e shkruaje gjagjë? *(Shënon kompjuterin dhezur)*
DRAMATURGU – Mah, ashtu, një ide të shihja si dilëj shkruar....
ANXHELA – Jerdhëm të të bëjëm një propostë...
DRAMATURGU – Thuamëni.
MATEU – Kemi folur ndër nesh...
DRAMATURGU – Mirë!
XHORXHA – Ngase bie pesëdhjetëvjetori i Purteles së Gjinestrës...
DRAMATURGU – E ndëlgova; por flini...
XHORXHA – Te kjo ndodhje ngë i duhej të vëjëm sipër një pjesë teatrale?
DRAMATURGU – Mbi Purtelen u ka shkruar një buri libresh e artikujsh, çë janë dramatikë vetëm ashtu si i zgleth. Çë nevojë kemi për një dramë më shumë.
XHORXHA – Ngë ë më shumë. Ë drama jonë, do t' thom qellur në skenë ngak na.
DRAMATURGU – Ngë ë shërbes i lehtë të shkruash një dramë origjinale mbi Purtelen! Ë sikurse shkruan një libër për skollët: dihet atë çë ndodhi...
ANXHELA – Mënd t' kërkoje. Këtu ke tre personazhe.
XHORXHA – *(Anxhelës)* Aktorë do t' thuash. Personazhet i nxier jashtë ai çë shkruan.
ANXHELA – Ëj, dej' t' thëshja aktorë: veç neve, kemi grupin...
DRAMATURGU – Më pëlqen se kini besë tek u, por jam i ndërdyshëm.
ANXHELA – Përçë i ndërdyshëm!
DRAMATURGU – Ë një temë çë do kujdes. Mos më ndëlgoni lik. Ë një temë çë do kujdes si sprovë dramatike origjinale. Do t' thom: arbëreshët e Horës e gjitonët tanë të Murtilavet e të tjeravet horë, kanë rruar mbi likurën e tyre tragjedhinë e Purteles: panë të vdisjën të dashurit e tyre, atje ishën edhe fëmijë, panë ngjyrën e gjakut, i gjegjën hjaurin. Disa nga ata çë mirrjën pjesë te festa e të Parës së Majt të atëhershme janë

edhe sot të gjallë, megjithëse pleq: do t'ish një publik shumë i vëmendshëm e kritik. Një gjë ë të bëhet festa e përkujtimit me të folura, këngë e muzikë, njetër gjë të bëhet të kenë gjellë pameta – në një autor ka këtë zotësi, – ata momente tragjikë.

XHORXHA – Një thërrime mënd t' kërkoje!

DRAMATURGU – Ngë e di... Ë një temë shumë e zbyllur bindjevet ngë thom politike, por letrare. Mënd t'vinjë jashtë një tekst emfatik...

MATEU – Kam besë jo. Kur ke shkruar pjesë dramatike, të kanë dalë mirë, edhe se të përziera me të qeshurit, por një të qeshur të hidhur e ironik.

ANXHELA – O ë dreja te mos gjesh aktorë të mirë...

XHORXHA – Na, për shembull...

DRAMATURGU – Jo, jo, vleni shumë ju. Por drama ë më e vështirë se komedia...

XHORXHA – Ëj, e ndëlgova: problemi rri te të dërtuarit e te të qellurit në skenë!

ANXHELA – Aty del jashtë ndërdyeja jote: aktori diletant ngë e i mirë të marrënj një rol dramatik.

DRAMATURGU – Mos i zmadho kaq fjalët. Në e mëson si nget, aktori diletant mënd të bënj mirë te skena.

MATEU – Në ti ke në mendje se ngë ë shërbes jyni të vëmë sipër një dramë, atëherë mënd t' mbylljëm të folurit.

DRAMATURGU – Kur flet me këtë rëndësi, Mate', më bind për të kundërtën: ti je na dëfton dramën e atij çë ngë di të lozënj dramë...

ATA, MARGERITA KLESHERI, XHOVANI MENJA, SERAFINO LASKARI, FRANÇESKO VIKARI, VITO ALOTA, XHORXHO KUSENCA, TRE DJEM, NJË VAJZË

Hyjën Të Vrarit e Purteles. Gruaja veshur me xhipun e xhëllonë të zez, tjerët me të veshurën e bukur të festës 1 Maj 1947. Vajza ka vestën e bardhë. Gjashtë të vrarit vijën te mesi i skenës; tre djemtë e vajza rrinë një thërrime më nj'anë.

M. KLESHERI – Jemi këtu, të thërritur nga mendja, me gjithë se ngë na thërritët për emër... Ishëm te mendimet taj e mendimi ë elementi brënda të çilit mënd të shkojëm më lehtë...

ANXHELA – U trëmba!

XHORXHA – Kush jini?

M. KLESHERI – Ngë duket? Jemi të vdekurit e Purteles së Gjinestrës! Na të Horës e ata katër fëmijë të Murtilavet... *(Shënon me dorë djemtë e vajzën.)*

DRAMATURGU – Përçë jini këtu?

XH. MENJA – Kishët në mendje neve e jemi këtu...

DRAMATURGU – Jerdhët njize; ngjer më nani ngë kam vendosur gjë .

XH. MENJA – E andaj tundu. Ngë duam të na thërrini më kot.

DRAMATURGU – Atë ç' ish' e i thëshja miqvet tim: ngë dua të ju thërres më kot!

M. KLESHERI – Një herë çë na thërritët, ki' t' shkruaje dramën tënë.

DRAMATURGU – E u këtë ngë dua: ngë më pëlqen të bënj se edhe për lodër gjindja ka t' vdesënj te skena!

XH. MENJA – Por me të vërtetë jemi të vdekur na. Për ne ka rëndësi vetëm të qëndronjë kujtimi i egërsirës së vdekjes tënë.

DRMATURGU – U ka shkruar shumë për maqilinë e Purteles së Gjinestrës!

S. LASKARI – Dej' t' thëshja një fjalë edhe u. Shumë u ka shkruar për Purtelen e Gjinestrës; po më shumë nga ana e politikës se nga ana njerëzore, do t' thom e vdekjes së vërtetë, e dhëmbshme, e nganjeriu tek na....

MATEU – Ngë më duket se ë kështu. Këtu te Hora kini klënë nderuar si njerëz individualë vdekur te vrasja e Purteles! Emret taj janë gdhëndur te guri e te zembrat e gjindes! E te libret o artikujt shkruar për ju ndihet hjidhia e drama...

S. LASKARI – E di, vërtet ashtu ë. Megjithatë, më duket sikurse shkruhet pak për ne flijë çë ngë patëm si të ruheshim e vdiqëm padashur...

M. KLESHERI –*(Dramaturgut)* Në të vjen rëndë o më mirë në ngë do të na bësh të vdesjëm te skena, atëherë kërko të na bësh të rrojëm...

DRAMATURGU – Ë gjithë një shërbes. E pra, më lypsen aktorët...

XHORXHA – Shkak i rremë ë ky çë je merr: aktorët gjënden, këtu ke tre vetë e tjerët janë të gatshëm të marrjën pjesë te shfaqja...

DRAMATURGU – Ngë ë kështu e lehtë puna. E thom më e ndëlguashme tue bërë një shembull: kush tek ju tre ë i gatshëm të marrënj rolin e të vdekurvet te vrasja? *(Pret përgjegje.)* Ngë më jipni përgjegje? Shërbes i arsyeshëm: kush tek ju ë i gatshëm të vdesënj te skena edhe vetëm si lodër? Ti, Anxhela?

ANXHELA – Përçë e dreth kaq problemin!

DRAMATURGU – Ngë jam e e dreth. Lypa vetëm thelimën tëj të vdisni te skena edhe për lodër!

M. KLESHERI – Thomse e ndëlgova. Në aktorët thonë jo kanë ligjë. Mosnjeri do të vdesënj, as edhe për të luar. Mortja ngë mënd të luhet te teatri. Mortja, gjithë e gjithë ajo e dhunshme, të vjen ngrah, ë si një mal çë të bie sipër e të shtyp... U, për shembëll, kisha gjellën time, kisha ëndrrat time, do t' thom ëndrrat time ishën për gjashtë bijtë tim, për të jardhurën e tyre: ngë mënd të më kish shkuar kurrë për krei të bëhesha flijë e mbrisë së tjerëvet. *(Vijën projektuar pjesë të filmavet mbi Purtelen, çë dëftojën viktimat çë bien).* Ngë di as edhe kush më vrau. Ndiejta thertur gjirin: vura dorën, ngava një lëng të ngrohtë, gjaku jim... Të thom se ai gjak ish si një garofall i kuq o si e ngjyemja e kuqe e flamurit të punëtorëvet ë sikurse je bën poezi. Ish gjaku jim ai, ngë ish poezi: gjaku i njëi gruaje tridhjetë e shtatë vjeç, bijë të popullit. Isha atje te Purtelja për festën e të Parës së Majit. *(Vijen projektuar skenat e fillimit të gëzuar të festës.)* Dëshiroja të ndodhesha atje, të mirrja pjesë, të jipja ndihmën time ashtu me vetën time të kurmëme... E përkundra vdiqa! E di. Prania jime ë nani e përjetshme, atje te rrëzat në mes të Picutës e të Kumetës; por ky shërbes do të më ngushullonjë kurrë për vdekjen time më para se qëroi e se lashë vetëm gjashtë bijtë tim? E ndëlgoni: gjashtë bij, gjashtë herë e jardhura e shkëlqyeme çë ëndërrija për ata? E përkundra vdiqa! E ata katër fëmijë aty të Murtilavet *(I shënon)*, vrarë kështu, te vjeçtë më të buta, i shihni? I mora si bij ata fëmijë të mjerë: vajza kish nëntë vjeç, e ndëlgoni? – nëntë vjeç! – djelmët ndo vit më shumë. Te çila jetë kemi rruar? Te çila jetë rroni ju sot, me atë çë ndodhi?

F. VIKARI – *(Dramaturgut)* Ngë di çë ke te kryet të shkruash ti, por mënd thuash me fjalë atë çë ndiejta u, si ata, tek ai mument kur qumbi më therti? Dhëmbja e fortë të shohësh këputur kurmin tënd kopili, po edhe më shumë dhëmbja e humbët se ka t' lësh me dhunë, thom me dhunë, të lësh me dhunë gjellën kur ke njëzet e tre vjeç, kur gjithqish janë përpara teje, megjithëse e jardhura ë pa siguri e i duhet të luftosh kush e di sa të mënd të rrosh me nder me shërbëtyrën tënde? Të griz të gjesh një aktor çë dëfton pameta atë çë ndiejta u te mumenti kur bala o balët, kush i numëroi!, më shqorrën misht! *(Tjerat pamje me zhurmë e vdekje të marra nga filmat mbi Purtelen).*

DRAMATURGU – E ë për këtë shërbes çë mendonj se ngë ë si të bëhet të shkruhet një dramë, si mënd të thom, me vend...

V. ALOTA – U ahierna kisha njëzet vjeç. Thuamëni në mënd të vdiset njëzet vjeçish! Kisha një dishirim të math të bëja festë me miqtë tim e shokë – e kush njëzet vjeçish ngë e ka dishirimin të bënjë festë! –, çë pra festa ish të haje kakoçej të zier, të parat bathë, ndo thele udhosi prurë nga ndo mik, se na ngë e shërbejëm te shpia jonë. Mëma më kish dhenë një bukë e madhe, çë dukej një hënzë rrumbullake: një bukë njëi kili! Në ja kisha bërë t'e haja të tërë? Kini ndërdye? Ëj se ja kisha bërë! Në kisha pasur qëroin! M'u duk se gjithë mali me hyj te misht! Mish të njëi djali njëzet vjeçish, shejt Perëndi! Një skupitatë më bëri të ndahesha ndysh! Më jerdhi po një mendim te kryet: mëma ku ë? Mendoja se mëma mënd t'ish e mirë të më mbyllej gjakun çë derdhej, çë dilëj ajashta nga kurmi jim si nga një gurrë: ëj, më jerdhi te kryet gjallë gjallë gurra e "Kroit të Badeut": ë atje çë ujët buron ashtu!

XH. KUSENCA – U, kur streksi shërbesi, kisha dyzet'e dy vjeç! Më i madhi i këtyreve çë janë me mua! Në më kishën lypur të jipja gjellën për idealin, thomse kisha thënë jo. Përkundra gjellën e dhashë vërtet. Se gjaku jim, si ai i miqvet tim, shërbeu të qillëj përpara të drejtat e punëtorëvet, të qillëj përpara gjithë njerëzit, më paguan për dhëmbjen çë ndiejta të zbirja gjellën. Ju do t' bëni teatër mbi tragjedhinë tënë. Ngë di kuj mënd t'i shërbenjë. Ngë deja se edhe na të ishëm pjesë të festavet çë nani bëhen sa t'i japjën Horës një patentë si vend i njohur turizmi. Do t' thom: të jemi me tru. Një shërbes ë të bësh të vijën turistrat për Pashkë e për Ujët të Pagëzuam, njetër shërbes ë t'i bësh të vijën për të Parën e Majit. Na dej' t' ishëm mbajtur jo si monumente çë vërehen, por si njerëz çë kanë t'i thenë gjagjë edhe brezevet të ri.

S. LASKARI – Dej' t' dija si mënd të dëftosh mua vdekur sapo bërë pesëmbëdhjetë vjeç! Por isha një burrë ahierna, një punëtor! Ë me ndëlgim të vdesës pesëmbëdhjetë vjeçish?

DRAMATURGU – E ë për këtë çë mendonj se vjen rëndë të qillet te skena si nget historia juaj.

M. KLESHERI – Si vete o si ngë vete, të bëhet festë o të shkruhet, del gjithmonë si kujtim per ne, vdekur atje lart te Purtelja. Edhe se gazetat do të flasjën për këtë pesëdhjetëvjetor, edhe se do të shkruhen tjerë libre o të mbjidhen tjerë film, një lule shëmbëllore, si mënd të jetë një dramë teatrale, ë shëng dashurije. Vëre', sparta, "gjinestra jonë", ka shumë lule: u zbyllën e u rritën, ka pesëdhjetë vjet e këtei, te degët e saja të blerta; ti mënd t'i shtoje një lule spartës… Në ti shkruan mosgjë, mosgjë ë një nderje çë lypset.

ANXHELA – E kush mënd të vishet me rolin tëj! Zë fill e e mendonj si profesori: mosnjeri mënd të jetë i përgatitur të lozënj rolin tëj, gjithegjithë atë të vdiset në skenë, edhe për lodër.

XHORXHA – Vënë kështu, problemi ë i rëndë të zglidhet. Kush mënd të shprehënj me vend te një skenë teatri dhëmbjen se ka t' lësh gjellën, ngë thom vetëm për dhëmbjen e kurmit, por për atë të tmerrshme se ka t'dalësh nga kjo jetë…

MATEU – E andaj ë po të bëhet mosgjë.

M. KLESHERI – Mosgjë ë një nderje çë lypset, ë mosgjë! E pra përçë ju aktorë jerdhët këtu?

ANXHELA – Mendojëm se ngë ki' t' na vij aqë rëndë të flitej për ju…

XHORXHA – Ngë u kishëm vëshur me pethkat tuaja…

M. KLESHERI – Ngë mënd t'vishij kurrë me pethkat tona: ajo juaja ë gjithë një lodër të pavërtetë, por kjo lodër mënd të shërbenjë të na kujtojën edhe te skena e njëi teatri.

MATEU – E nani mosnjeri na nxier ka kryet se aktorët ngë janë të mirë të…

M. KLESHERI – Mendonj se edhe aktorët profesionistë ngë ki' t' ishën të mirë të na përfaqësojën te skena…

Zbyllet një tendë e studit; Kryebanditi rri ulur, Banditi, ndanëz tij, rri shtuara. Të dy kanë armët e kanë kapuçin, çë i pështron gjithë kryet. Çudi te gjithë tjerët. Viktimat e masakrit shkojnë te skenari i sfondit. Një heshtjë e trazuar mbretëron për praninë e dy banditëvet.

DRAMATURGU, ANXHELA, XHORXHA, MATEU, KRYEBANDITI, BANDITI.

DRAMATURGU – Kush jini?!

KRYEBANDITI – Kush jemi? Ngë e di. Dua t'e di ngak ju.

DRAMATURGU – Përçë me armë e kapuç?

KRYEBANDITI – Në ka t' los rolin tim, dua të mbahem i panjohur.

DRAMATURGU – Ngë dua personazhe të panjohur. Nxirrni kapuçin.

KRYEBANDITI – Ngë mënd. Neve na lypën një punë dimostrative, për të çilën i duhet aftësi e fshehtësi: ngë mënd nxierjëm gjë. Veç të vrarëvet, ngë mënd t' mos jenë këtu edhe ata çë vrasjën! E na jemi ata të sulmit!

DRAMATURGU – Ngë mënd të vëhet në skenë një dramë pa dijtur kush na rri te ana! E pra ngë kam dishirim të vë gjagjë në skenë: ngë dua as edhe për të luar të ju jap thelimën t'i shkrihni gjindes pa mbrojtje!

KRYEBANDITI – Pa mbrojtje? Ata ngë janë gjinde pa mbrojtje! Janë gjinde të rrëzikshme. Janë gjinde çë mendojën. Çë zënë fill e mendojën, për pak të jetë. Por mendojën. Kanë mendimet, idetë, idealet! Janë gjinde të rrëzikshme! Rrriten nga ditë më shumë: bëhen fulë, popull: populli çë mendon ë i rrëzikshëm! U kam një ngarkim shumë të lehtë: të i shkreh idevet! Në arrënj t'i shkreh te kryet atyreve ë edhe më mirë: atje ë qëndra e mendimevet!

DRAMATURGU – Por jini aktorë ju o personazhe? Si flet më duke shumë i bindur për atë çë ka t' bësh!

KRYEBANDITI – Pjesën time e mësova mirë. Jam aktor kur vepronj për anë të të tjerëvet e jam personazh kur vepronj për anën time!

DRAMATURGU – E te kjo ndodhje?

KRYEBANDITI – Kleva grizur të i jipja një mësim popullit aty te Purtelja e Gjinestrës. Më dhanë këshill të shkreh n'ajër, sa t'i trëmb: shkrehjevet i trëmben gjithë! Me të vërtetë mënd të ndodhet se për fat të zi ndo balë qumbi të arrënj te fula, më thanë! Të shkreh n'ajër! Çë vjç' me rarë? Ki' t' bëja aktorin çë shkreh n'ajër: bum, bum! E sosja tiatrin! U dua t'i shtonj gjagjë jimi! Kësaj luzmje rrugace i vete mirë po kjo! Marr vend aty te një brinjë e Picutës e i urdhëronj timvet të ndreqjën syun te shengji! Ka t' jetë një festë e të Parës së Majit ashtu si thom u! *(Jipet pjesa filmi e banditëvet çë marrjën vend të shkrehjën).*

DRAMATURGU – Nxirrni kapuçin!

MATEU – Ngë mënd: e liga ngë ka faqe!

ANXHELA – Ndutu mirë kështu: e liga e ka një faqe, çë thënë me fjalë të tjera vje' më rarë: e liga ë njerì me kurm! Se pra ë ai, me kryet e tij, çë bën të ligën, o ë vetëm një ekzekutor material, dërguar ka tjerët, kam besë se ngë ndërron shumë!

XHORXHA – Ashtu ë; por i ftes më shumë, për të ligën çë bën, ekzekutori material o ai çë e dërgon?

MATEU – Më duket shërbes i drejtë se i ftes më shumë ai çë e dërgon! Ë ai çë jep urdhërin; jetri bën sa ai çë e dërgon i thotë të bënjë! Në një dënon vetëm ekzekutuesin e të ligës, dërguesi mënd t' ve të gjenjë njetër ekzekutues: burimi i të ligës ë kush urdhëron!

KRYEBANDITI – Mua më kanë taksur shumë shërbise: e thom pameta, më dërguan të bëja një shërbëtyrë, por u dua t'i shtonj gjagjë jimi. Ju arrën?

DRAMATURGU – Ngë kam te kryet të shkruanj një dramë me personazhe çë pështrojën fixhën, çë ngë duan të nxierjën façerën!

KRYEBANDITI – E andaj! Kush ë ai çë do të nxierënj façerën! Thomse një ditë kjo histori do të jetë zbëluar te gjithë pjesët e saja: kush pati këtë rol, kush pati atë rol! Por këto shërbise ngë bëhen kurrë hapët! Thomi se zbëlon dërguesit njetër qind vjet! Kujt ka t'i shërbenjë! Të ndërrohet historia? E do të gjënden kurrë dërguesit? Këtu e nani, shërbesi çë ka rëndësi ë rezultati i të shkrehurit: ca të vdekur e populli pengohet! Njetër qind vjet, edhe të dalënj jashtë e vërteta, do t'i shërbenjë vetëm të bëhen të bukur libret e historisë! Në e vërteta vij zbëluar, thomi, njetër dhjetë vjet, mënd të jipëj një rezulat të mirë; por njetër qind vjet ngë vlen!

DRAMATURGU – Zotëri, u kam ca shërbëtyrë të bënj, deja se të folurit të mbyllej këtu!

MATEU – Mosgjë ka t'bëjëm?

DRAMATURGU – Je ti i gatshëm të luash rolin, në skenë – ndëlgohet –, të luash rolin e banditit çë i shkreh turmës së gëzuar e pa mbrojtje?

MATEU – Të thom hapët jo!

DRAMATURGU – E andaj ku ka t'i gjenj aktorët? Mosnjeri do të marrënj barrën – por edhe nderin – të përfaqësonj të dëmtuarit, të qellënj në skenë mundimin e tyre, ankthin të ndodhesh te pika e humbjes së gjellës, ankthin se ngë ke rruar te një jetë e drejtë, se ka t' lësh pa përkrahje gjashtë bij te vjeçtë më të buta! Mosnjeri do të marrënj pjesën e agresorit, çë apostafat vete i shkreh gjindes pa mbrojtje! Do t' më thoni si mënd të jipet një dramë pa aktorë?

Mbyllet tenda e Kryebanditi e Banditi zhduken, ndërsa paraqiten pameta Viktimat.

DRAMATURGU, ANXHELA, XHORXHA, MATEU, TË VDEKURIT

M. KLESHERI – Çë bëni?

ANXHELA – Mosgjë!

XH. MENJA – Mënd t' ju i japjëm na ca ide mbi momentet më parë se maqilia, e me siguri më mirë se na ngë mënd t'ju i rrëfyenj njeri; mbi momentet çë jerdhën prapa ngë dimë: ishëm të vdekur...

XH. KUSENCA – Si u gdhi e Para e Majit, qielli ish si ka klënë thuajse nga herë tek ajo ditë: arnuar me hapësira qiellore e me mjegulla të stërbardha, por horizonti ish i lirë. Si vura kryet jashta shpisë të vëreja qëroin, një gjitone, gjymsa në gjumë, më jep e trazuar mirëditën, qaset e më rrëfyen ëndrrën sapo bërë: dihet se ëndrrat e bëra kur lypset pak të gdhihet vërtetohen! Por këtë e ndëlgova pranë. U ngë jam një çë i ka besë këtyre shërbiseve, edhe kjo i duhet! Por gjitonja më rrefyen ëndrrën: kish ëndërrijtur fytyrën e stërmadhe të Picutës pështjellë nga nata – e dini sa ë e zezë Picuta te netët pa hënëz – e këtu e këtje çë çileshin lumine, qirinj më duket se thëshëj; çileshin flakëza: ish sikurse një dorë e madhe e madhe me një shkreps i dhizëj nani te rrëzat nani te brinjët nani pothuajse te majat: një Picutë varresh si te dita 2 e Nëntorit, kur gratë ven' e dhezjën lumine të vdekurvet! Gjitonja më truan të mos vete te Gjinestra e të mos bënj t'i ve njeri; ajo thuajse kish bindur të shoqin e të bijtë të mos i vejën. E kush i ka besë ëndrravet të gravet! Edhe i shoqi edhe të bijtë vanë atje te Purtelja, si gjithe ata çë kishën organizuar festën e 1 të Majit. Thomse ndonjeri te Hora e dij atë çë ki' t' ndodhej. Por ishën kushtet plot me dre e ndërdye, për luftërat politike e shoqërore të atyre viteve, çë bëjën të mendohej se atje te Purtelja ki' t' streksëj ndo gjagjë. Me një fjalë vetëm, ngë i pata besë ëndrrës së gruas. Vrapova të përgatitesha e u ndodha te përpjekja...

F. VIKARI – Ish bukur të shihje gjithë ata gjinde në urdhër, çë mbëlojën rrugën e madhe thuajse nga Kryqja aposhta, kush kaluar te mushqit të stolisur bukur, kush më këmbë, me të veshurën e festës, të ngjypeshin më parë drejt qacës e pra glatë rrugës çë qell te Gjinestra. E atje te Purtelja e Gjinestrës mbjidheshin punetorët e horëvet këtej ndanëz: ngypeshin nga Murtilat, nga Sën Çipirreli, nga Partiniku e përpiqeshin me tjerët shoq. Përçë të gjithë ndiheshim vëllezër, të bashkur nga një fat i njëllojshëm: na të Horës, arbëreshë, ata nga horët ndanëz, lëtinj, çë luftojëm sa të mirësojëm gjëndjen e të gjithëve, ngase kur flitej për punë e për shërbëtyrë ngë diljën privilegje të njëi horje kundra tjetrës, se të gjithë te një ndodhje ishëm. E ngjyemja çë zotëroj ish i kuqi: flamuret e kuq të punëtorevet, por ngë ishën të gjithë komunistë o soçalistë: ngë kishën pasur ndarje e gjindja ngjypej te Purtelja sikurse ki' t' vej' e hajën përjashta. E me të vërtetë ndodheshin të gjithë atje: pleq, kopij, burra, gra, fëmijë...

XH. MENJA – U kisha vënë të veshurën e re: kisha vetëm atë, por për mua ish festa më e madhe e vitit, si Pashkët! Kush te Gjinestra qillëj kakoçejt i qillëj për të gjithë, ashtu si bukën e Horës e tjerat shërbise: ish vërtet një ditë e gëzuar përjashta! U isha një thërrime llargu nga Guri i Barbatit, ku ngjypej ai çë ki' t' flisëj. Vëhemi, miq e shoq të vdekjes, te vendi çë kishëm kur ish hera e komicjit, më parë se të zëjën fill e shkrihjën. *(Griz Viktimat e tjera te vëhen aty këtu)*. Kështu në mënd të ju frymësonj mallëngjimi i momentit më parë e ai pranë... *(Jipet skena e filmit kur zë fill komicji)*.

M. KLESHERI – U thomse isha vënë te kjo anë mbajtur mend Gurin e Barbatit e gjegjesha atë çë flisëj...

V. ALOTA – U ki' t' isha këtu te ky vend, nga ana e Picutës. Kur shkrehën, balët vijën nga Picuta.

S. LASKARI – Mua m'u duk se vijën nga Kumeta, por thomse ish të shkrehurit çë kumboj. Ca thëshjën se ishën mashkunët e festës, por e thëshjën ata të horëvet ndanëz, lëtinjtë; përkundra ndonjeri i komitatit ngë dilëj i bindur çë mënd t' ish ata të shkrehur mashkunësh, se mashkunët ngë ishën vënë te kundi ai vetë çë bëj pjesë te komitati i festës ngë dij mosgjë! E pra komicji kish zënë...

F. VIKARI – Edhe u isha nga ana e Picutës: ngë jarrëja te ndëlgoja përçë gjithë ata të shkrehur. I pari shërbes çë më jerdhi te kryet kle se mënd t'ish ndo kaçaturë, se ishën edhe ata çë përfitojën nga festa sa të vej' e gjuajën ndo kunill...

V. ALOTA – Pra dukej se ish e sosëj jeta! Si kur era e shtërgatës merr me furi drithët te xhunji e e bën të përunjet e e rrëzon, ashtu fula u përunj e u nda! Por vetëm këtë pashë... pra m' e zunë.

(Jipet pjesa e filmit të shpëndarjes pas shkrehjes.)

Të Vdekurit vëhen te një anë të skenës, ndërsa, dalë nga tenda, vijën përpara bashkë Kryebanditi e Banditi.

DRAMATURGU, ANXHELA, XHORXHA, MATEU, KRYEBANDITI, BANDITI

KRYEBANDITI – *(Me kapuçin si edhe Banditi, pushkën e gatshme.)* Mënd të kishëm vrarë qindra e qindra tek ata, sa të mbyllëm përpjekjen përgjithmonë, vetëm se i duhej t' i jipjëm po një mësim! Mësimi vret ndonjeri e bënë të butë tjerët! U thëshja "shkrihni, shkrihni, shkrihni" e balët hjidheshin poshtë si breshri...

(Te skenari shihen pjesë nga filmat me banditët çë shkrehjën).

DRAMATURGU – Ngë më pëlqen pe' mosgjë egërsia, edhe ajo te skena e njëi teatri! Atje te Purtelja, ju shkrehët kundra gjindes pa mbrojtje!

KRYEBANDITI – E ajo e tyrja ngë ish egërsi? Fula ë egërsi! Të folurit e tyre, mbjedhjet e tyre ishën egërsi! Po duan, po duan, po duan! Na duam këtë, na duam atë!

DRAMATURGU – Ngë ë i njëjti shërbes: fuqia e idevet çë i vëhet përballë tjeravet ide i jep gjellë demokracisë!

XHORXHA – Jam me tyj mbi faktin se kjo dramë ngë mënd të qillet te një teatër! Sulmuesit mbajën edhe nani kapuçin: çilën ndihmë mënd t'i japënj së vërtetës një dramë çë te protagonistët ka gjinde pështruar me kapuç! *(Kryebanditi e Banditi zhduken dal'e dalë)*.

MATEU – *(Dramaturgut)* Jam e e nxier ka kryet idenë të të bënj të shkruash ndo gjagjë mbi Purtelen! E pra sa Purtele kane klënë te këto pesëdhjetë vjet të historisë italiane! Sa njerëz me kapuçin! Sa maqili me të vrarë më shumë se ata të Purteles klenë bërë te Italia jonë! Kemi një rreshtë çë ngë sos kurrë!

DRAMATURGU – E megjithatë gjaku i të vrarëvet bëri më të fortë demokracinë tënë! Në sot jemi më të qytetëruar ë për ata çë derdhën gjakun e tyre e vdiqën heronj të padashur, gjinde e përdorshme, gjinde me etjen e drejtësisë! Edhe tjerët të vdekur te kërditë e këtyre pesëdhjetë vjetëve na kanë angosur, por thomse se Purterlja e Gjinestrës kle një te të parat e na ndodhi kështu ndanëz, kujtimi i saj ë ngaherë i gjallë e na nget zëmrën!

ANXHELA – "I lumtë ai popull çë ngë ka mbëhi për heronjtë!": tha ndonjeri të të çilit ngë kujtonj emrin.

XHORXHA – Për fat të keq, heronjtë kanë klënë e thomse do të jenë përgjithmonë, ngjera çë burri – më duket sikurse thom fjalë të dërtuara – ngë do t'jetë ulk i burrit – e i lyp ndjesë ulkut!

DRAMATURGU – E thashë: ngë ë çë të bëhet; bam besë se mosnjeri do të vishet edhe për lodër me pethkat e atyre çë klenë vrarë o me pethkat e atyre çë i sulmuan. Më duket se i vetmi shërbes çë mënd të bëjëm, ai më i qetmi, ë të marrjëm pjesë te përkujtimi i përbashkët, çë jos te idealet e heronjvet dhëmbjen e vërtetë, të kurmit si edhe të shpirtit, të atyre çë vdiqën. E ngase di se ngë jam i mirë të vë në skenë atë dhëmbje të vërtetë, ngë dua të marrë grizjen tëj të shkruanj për të vdekurit e Purteles.

ANXHELA – Si e thua e thua, kujtimi i arbëreshëvet tanë e i atyre djemve të Murtilavet ka t'jetë i përjetshëm, i përjetshëm si gurët me përfill njerëzor çë rrinë shtuara atje te arat e Purteles.

XHORXHA – Më shumë se përkujtimet për mua ka rëndësi se shërbise si ato të Purteles të mos ndodhen më!

MATEU – Ka t' jemi të fortë te shpresa.

Aktorët e dramaturgu vëhen më nj'anë. Të Vdekurit e Purteles, bashkë me vajzën e tre djemtë të Murtilavet, vijën përpara tue buzëqeshur, dorë më dorë ngjer te paraskena, ndërsa te skenari del fotografia e pamjes së Purteles si ndodhet sot.

GALICIAN / GALEGA

Ana Romaní

Nós

1
Plantase
no medio da almofada

esa muller abismada
precipitándose
soporta a luz
para iluminar a ferida
abrir en canal
as mantas

Mira ventre inchado
esa dura preñez
de inválida

2
Tensar a corda
tirar do cabo

que esgace

¿quen se colgará do mastro?

3
Esa muller
que se colga do último piso
máis aló do andamio
para limpar coa súa vertixe
os vestixios do medo
as manchas de graxa

4
Atroz espellismo
o deserto que explora
arrinca as entrañas   cava
na terra árida da mudez sen nome
- ¿cal é a súa garganta? -
cava coas mans
no silencio enmarañada   cava

Para si mesma é a aflicción:
cavar e prensar retratos
beber o seu zume de rabia
descubrirse así no engano

5

Os hábitos da nena que calza sandalias en decembro
a que non pregunta nin sabe nin quere saber
a que só lambe con feroz indolencia estalactitas
que os días abandonan no seu álbum de princesa
Debandarse esa muller
e lanzarse ó baleiro
como cando xogaba ás bonecas e medraba e perdía comba
como cando as horas crebaron e se lle saíron de nai
os ríos que lle baixaban dentro.

6

Soñei un día que eu era e estralei os globos
agora desincho a miña preñez de inválida
e deposito gasas nos ocos dos cimentos

Xavier Rodríguez Baixeras

Sen afán

Desde agora os teus labios xa non serán de area
nin o teu seo, nin os penedos olorosos
hanse abrir como puños na baixamar.
O fondal do teu cáliz supura borra negra.

Cataclismo que exalta tenaz acometida
de excrementos, acariñados polos teus príncipes
cando inventan a dirección variábel dos ventos,
cando apalpan, molestos, o esplendor da agonía.

Onda negra, escuma lúgubre, este é o teu futuro
de astro caído no exilio dalgún pozo branco,
voz de ave empezoñada, borrón do que escribimos
con desespero, verso ínfimo e nauseabundo.

En ti varan sombrías as palabras, resoa
a membrana da noite, a aflición e o silencio
vertido sobre as naves lixadas pola tinta
do escrito sen afán, do estéril, do que sobra.

Chus Pato

Desdeñosos cisnes, como icebergs

Co mar as naus, a maré inexplicable, os cetáceos estraños
as cósmicas reflexións dos filósofos no xardín aberto ás Cícladas
as profetisas do océano
os barcos ata Armórica, Cornualla, Gales, Irlanda, Escocia
a epigrafía das Burgas
os mosteiros nestorianos, os cupresos de Salustio
a elegancia dun pórtico nunha paisaxe erma
o negro sangue que avermella no cárcere de Tréveris
a doutrina dos Eons: Eucrocia, Prócula, Urbica, Hipatia, Trahamunda, Exeria
Os miñotos peixes con letras e cifras de presaxio
o imperio do terror, a final desesperanza romántica
o corazón de Bruce, o rei
BE TOM ATRON SAMBIANA, ATRON DE LABRO
o refluxo dun ecuador brasileiro, congolés, indostánico, malaio
a metamorfose de Adonis-Atis
o baile das damas
a política
a ciencia
as Investiduras
a Dieta imperial
a tiara das tres coroas.
Do Gulf-Stream as rápidas correntes
e as feras sirtes e as ásperas rompentes

Así é como eu imaxino o paradiso
o paradiso é un lugar murado
no paradiso éntrase por ósmose
no paradiso están as pombas e a rede que serve para atrapar as pombas
hai vexetación
pode ser un ermo
un libro
un camiño
-nacer, nácese sempre en terra estrana

entón o astro é dous
Terreal
cadrado
catro

ARABIC / AL-ARABIYA

Abdulhadi Sadoun

Sarifat Dababah

عبد الهادي سعدون

سرفات دبابة

هنا الناس مسالمون،
يمنحون خدهم أيسر وأيمن،
ولو بقي الأكثر لتغافلوا عن مصيره،

بينما شفتاك تتعاركان عن لفظ يُذكّر بالأحمر .

الناس ،هنا، لا يدركون الشر
يتقفصون بالملل ـ أقصد طيبتهم ـ
هم لم يسمعوا بحرب،
وكأن سبيلبرغ لم يغزهم بديناصوراته
ولا تمرغوا بستر كوبريك الحديدية،
أقول لهم يا لفطنتكم،
وأحتمي بمظلتهم.

الناس هنا، يضحكون طويلاً
بلا خوف، ويمسحون على لحيتي النامية؛
و يكركرون:
ـ أسرد ما تعرف عن سرفات دبابتك؟
سـ......بـ....فـ....ـات
ثم يجرجرون الكلمات كطول قماش،

الناس هنا
يظنوني حكواتياً
و برفق يضمونني إلى أحضانهم .

Talat Shahin

Al-Najmah Saqatat min Kafak

عذبني لوئُك في عينيها،
طوقني جرحُك
حين تلامسنا،
لزجا كان.
أهربُ منكَ،
ألقاكَ طرياً
في نهديها،
مرسوماً في وشم الليل،
طفلاً يركضُ،
يجمعُ ملحَ الصحراء،
نجمَ البحر وأعرافَ الخيل.
***
الوقتُ شتاء،
جُرحُكَ يَنزف،
يرعشُ،
يرسمُ طفلاً، نهراً،
يكتبُ شعراً، شعباً،
يفتحُ أستارَ الليل،
ويغني للصمت.
***
حين رحلتَ، لم تدر وجهكَ للصمت،
أو تسبحَ في الزمن الموت.
***
لا تنظر للخلف،
النجمة سقطت..
سقطت من كفك
كي تعلو صدره.

طلعت شاهين

النجمة سقطت من كفك

دمُكَ المتخثرُ فوق الصدر
ألمحه في حدقةِ
نجم الليل،
حلماً ودماً في حلق الوادي
مؤودٌ أنتْ،
مقتولٌ في الظهرْ،
تبكيك سواقي النيل،
الشمس،
الأشجار.
أنتَ الوعدُ المنثور
الوقتُ المقهور.
***
لا تنظر للخلف،
فالنجمةُ سقطت،
سقطت من كفك كي تعلو صدره.
***
زوجُكَ كانت تدفئني الليلة،
عذبني لوثُك في عينيها،
أقلقني.
كنتُ نسيتُ الخبزَ الجاف،
الملحَ المترسبَ،
فوق شفاهٍ يبست،
من عطشِ الصحراء.
***

Mahmud Sobh

Ma'sarat al-Kanin

لم يرني قط ولم يسمع حكايتي،

لم أحمل الصليب يوما مثله،

لم أحتمل أوزار مأساتي،

لم أطأ الجيل،

أذ لم أنصهر وتربة الجليل في ذات

طليطله ....

طليطله

على شفا الموت أنا،

طليطله ....

طليطله

هأنذا أرسف في قاعك،

أشرئب علني أراك مقبلة

هأنذا والمهزلة

ناصرتي

جئتك، أين حفرتي؟

ما أضيع الذي أضاع منزاه

طليطله ....

طليطله

طليطله، يوليو، ١٩٧١

حرمت طعم الأرض،

خمر الحب،

دفء البيت،

فارحميني

مثل « رحى المورو » بواديك أنا،

معصرة الحنين

طاحونة في « المنتشا »

من غير أذرع ولا معين

كأنني علامة السؤال،

وجه « الفارس الحزين »

عقم المسألة

كأنني « التاخو »

يخاف أن يغوص

يحضن الأقدام،

يغدو سلسله

طليطله ......

طليطله

حين تركتني أمر تحت أقواسك

صار كل قوس مقصلة

سيفا دمشقيا بلون الحزن في دمشق

كل زاوية

صارت قناديلك ترميني

بنظرات من الكراهية

أنكرني طلي فأعدو خلفه

وهو ورائي مسرعأت

« يد المسيح » أقسمت:

محمود صبح

معصرة الحنين

إلى ابني طارق

طليطله ...
طليطله
هاأنذا أرسف في قاعك،
أشرئب علني أراك مقبلة
فانتشليني من براثن الزمان
من لزوجة الثرى
طال انتظاري في الحضيض
لا يد تمد لي، ولا أرى
الا سواريك تلوح من بعيد
مثل نار في الذرى
جزيرة النور افتحي، ولو هنيهة،
بيوت الرب لي وهيكله
يابن الجليل، مذ ولدت أحمل الصليب
أروي بدمائي الجلجله
طليطله ....
طليطله
ظمئت،
هل من قطرة هناترويني؟
كرمي هناك في الجليل لم يعد كرمي
ودني جف من حين
يا مرفأ التاريخ، تاريخي انتهى
حين نسيت اسمي،
فضميني
لحضنك العائم في الموج
وأويني

AMAZIC / TAMAZIC

Karim Zouhdi i Mahmoudi

Qandica

Deg ijjen djirt tamghar war ghar-s aneggar
Tared dunect ij userham icewwar
Yexdem s tajjest d wacawen n wezghar
Ta`qqayin n yetran d nuqqart n rebhrar
Rebtent tsefsefin d rebhar icexar

Msghemazen rebruq d wajaj itkewwar
Duqzent d jwaru d cenedeg usfar
Tarjij zaynegh tmurt nhezzen idudar
Tban-ed Qandica tneettu xi ij udar
Tjarra snaser icemasen x wa`arur

Cewwaren s yexsan imedran n wadmar
Deg qatwas n yerem di murdas n yeghzar
Takkar-ed dunect s umazyan d umqran
Timgharin tazrent isegman deg wa`arur
Xerqen ice`aren twaherqen rebxur

Arghent tuma`atin x temwant s udar
Sufghent ijen tisrit iyarden rmahdur
Tecemsin n tmdjaht marra deg rbhrur
Tghenaj ijjen yezri tcatteh amen tgur
Ijen rxrir n tmijja ineqcit zemmar

Tenaxra`ar Qandica tandu x ijjen ubeddur
Tsud-ed timessi arrimet tfawwar
Tidarin am tghat abahrur d uhidur
Tittawin ttarjin arcagent deg ghenzur
Ij uqemmum d ameqran yennaqwes am uyur

Acewaf d snaser imud deg uneggar
Munen mcawaren imeqranen n dcar
Nan-as a na`arqeb s tixsi d yezmar
As-necca i Qandica ijen tnayin ibuqar
Yidammen a-tjeghar hadar a-ttuyur

Yinekkar-d ij wa`azri yada`a am umusmar
Igheffed x ighjjen ityyarn s mehjur
Yenna-sen Qandica: d ijj uxarreq yiwsar
Am usinu unebdu war twattin-d wenzar
Am wudem n djrit war ad itri rfjar
Qandica d amarj ij ittaryen-d refwar
War ttetfn idewdan war icarzen isughar

GUN / GUNGBÉ

Agnès Agboton

Edin

Edin, edin taoun
Avo yozoton
kpodo odin débió ayigbamè.

Edin, edin taoun
Sèmè-Podji sin agounkètinlè
kpodó ohoun dé houn alió.

Edin, edin taoun
Oko vèè dé yi mètchélè
bosónoun, yohô sin sin, dèdè
houénoué, afónnou tó fifa drótchélè
bó afochélè, tó sisa
dó ayigbanèlè dé kòmahou

Fitèwè, fitèwè oko vèèlòté?
fitèwè, ohoun mèdjiton mitonlèté?
fitèwè, sodabi sisien vodoun mitonlèté?

Fitèwè, fitèwè oko vèèlòté?

Houagnina sin han sisien

I
Noukounctchélè dé madó ahou to dindin
to caletalè sintomè
fidé noukiko kpakpa nó bioédélè.
Agbaza tohoué dé mado ahou ka wado avó dékpo houédevonuton?
Houédélènou, aló tohouélèosou no bioédélè?

II
Noukountohouélè dé to zèguè-zèguè dji
non yi noukiko do avivimè.

Yénon konou boka só nogó kpodo sin aviviton,
yénon viavi to tchintchinmè noukikoton
bo énonpko tègbè tenmè kpèvi
na obouton.

Noukountohouélè dé to zèguè-zèguè dji
non yi noukiko do avivimè;
yénon ton avivimè bonódjè noukikomè
bo yénon houn yédé na obou.

Noukountohouélè dé to zèguè-zèguè dji.
Vovoun youyou
noukiko kpodó avivi.

CATALAN / CATALÀ

Francesc Parcerisas

Àlbum d'escriptor

Les seves mans, cansades potser de l'existència,
et torben la memòria i els sentits:
escriure només vora el bosc crepuscular
i escoltar, a frec del paper, un vent
que recorda la platja i la infantesa submergides.
També els mots precisos s'esvaeixen i es perden
com la cendra al fons de la tassa del cafè;
i cauen a la pitrera els brins de tabac
mentre el cigarret es consum als llavis.
¿És això el que ha volgut? No el destorba
pensar que pogué ésser diferent.
Sols l'intriguen els errors que ens duen
fins a aquest atzucac blau del laberint
i fan que la pedra sigui pedra, però el roig
sigui robí, sigui somni o sigui crim.
Els mots han anat desdibuixant il·lusió i mentida
potser fins a l'extrem de voler creure
que poden existir déus joves i amor etern.
Ha envellit sense pena, ajagut com un gos,
entre els llibres i els objectes que estima,
i no tem morir de fred. Ajusta els porticons, somriu.
Ja no cal cap resposta. Tu i jo podem deixar
els circells que fan la bardissa atapeïda;
la tarda n'ha descabdellat ja tot el fil.

Josefa Contijoch

Consell

Pots agafar
el camí de la dreta
el camí de l'esquerra
o bé el camí del mig.
És igual:
arribaràs a un lloc
que no t'agradarà.
T'equivocaràs sempre.

Llaurant la llera del riu vermell

Llaurant la llera del riu vermell
que canta històries de calaveres
seca pel vent i la sequera
cactus hi trobes i fòssils rèptils
i un escorpí que t'esperava
per mossegar-te per fer-te pols
per fer-te llera del riu vermell
que canta històries de calaveres.

Anna Aguilar-Amat

Rebaixes

Lentament m'he tornat a despullar davant
d'aquell altre mirall del provador,
les proporcions perdudes. He vist que uns quants
mots tendres teus s'havien quedat agafadets
als voravius del meu sostenidor. I uns petits
esquiadors han relliscat fent ziga-zagues i
gatzara d'orxata per les meves espatlles: eren
les teves bromes. I allò que sóc difícil i un
parell més de mocs han rebotat al tamboret amb
un soroll de penjarobes. Un sobre l'altre els
tres vestits discrets que he triat amb desmai a la
botiga per si agradar-te fóra una cosa necessària.
Semblen records de noies; de vegades les veig en
passarel·la per la teva mirada bellugant les
caderes i les denes brillants del teu desig. No
els sóc hostil: els seus humors t'han conduït a mi.
I imagino altres dones, a les quals precedeixo i
somric: l'oreig tebi als cabells de la meva cançó.
Veig les veus... "La cremallera domina, els botons
fan bossanyes..." La banalitat sona igual en europant.
N'he triat un que deixaré a l'armari fins el dia que et vegi.
Als altaveus Gardel.
A la caixa un garbuix i xereca d'adolescents de
professió i gent rica i jo com una nena amb un ram
de clavells embolcallat amb paper de diari.
Ja veig que no és poètic. És només una història
vulgar (i tan petita) de com passo les hores que
et segueixen a tu. Com un cristall de sucre girant
a la sínia d'una tassa per la força centrípeta que

algú fa en remenar. Mica en mica em desfaig sense
el perdó que em fes desaparèixer i em transformo en
te amb gel, amb la esperança enterbolida que la set
de la pressa em regali un altre instant, em deixi
la propina d'un matí repetit,
la propina d'un matí repetit
de petons.

ENGLISH

TRANSLATIONS

Gaelic and Welsh

Celtic languages were once spoken throughout Britain. Virtually all speakers in the UK today are bilingual to some degree.

Gàidhlig / Scottish Gaelic is a Celtic language closely related to Irish Gaelic. It was introduced by migrants from Ireland and by the sixth century was spoken virtually throughout Scotland, only to be gradually pushed back by Scots (Scottish English) from the middle ages onwards. Its position today is more vulnerable than that of Welsh. Gaelic speakers represent less than 2% of the Scottish population of 5m. The biggest Gaelic-speaking communities are in the Western Isles (in the 2001 census 72% of the population claimed to understand, speak, read or write Gaelic) and the Highlands (9%), but there are also significant minorities in the major cities (Glasgow 1.8%, Edinburgh 1.4%, Aberdeen 1.2%). The census showed an overall fall of 11% since 1991 to 58,650, partly due to the death of many elderly speakers. However, while the number of mother-tongue speakers still gives cause for alarm, the rate of the language's decline has been slowed and, some argue, potentially reversed by the response to policies to secure its position, many of them implemented relatively recently. These include funding for Gaelic medium education and broadcasting. There are fifty primary and a dozen secondary schools offering Gaelic medium education, plus a growing urban demand outside the Gaelic heartlands. The place of the Gaelic medium higher education college Sabhal Mòr Ostaig on the Isle of Skye is central to plans to secure the language's future, and the annual Gaelic cultural festival, The Royal National Mod / Am Mòd Nàiseanta Rioghail, plays a significant role.

Aonghas Macneacail

the lost tower

swimming in the clangorous mud
between the roots of my two languages
the one that is red
sprinting swift lightnings through my veins
and the other
             alien, indifferent, familiar
wrapped around my skin like prison clothes, as i
stretched out the fingers of my reason, my vision
across wavefurrows
to reach all the bays of the world
to reach all the shores of the world
across broken shellmounds of syllables
to reach the languages of the world

though you should be but
             across a kyle[1]
a sharp blade lies
         between our words

let us hymn the
tongue that stood sweet
let us sing blunting
to the sunderer

[1] *kyle:* a narrow strait

(Translation: the author)

Maoilios Caimbeul

3.3.2000

In Mozambique
terrible floods. A baby
was born in a tree.

We don't know
we're living. We're not
living, perhaps, dry.

From now on
trees will scream at me
when it rains.

Feathers Falling

Beginning to understand
it isn't enough to sing
although the song is beautiful –
that singing isn't much good
when there's a gun to the brain
and the fowler is a spar of the cage
in which we whistle.
Seeing the distant skies
through magnanimous windows;
crying for the heights.
Hearing near and distant reports
and then the messengers –
feathers from far away
falling from space.

(Translations: the author)

Meg Bateman

Elgol: Two Views

I looked at the old post-card,
the houses like a growth from the soil,
the peaks towering above them,
a sign of the majesty of God,
before an amenity was made of the mountains,
or a divide between work and play,
between the sacred and the secular…
and I passed the picture to the old man.

"Does it make you sad, Lachie?" I asked
as he scrutinized it in silence.
"Sad? Bah! Not at all!
I couldn't place her for a moment,"
and he pointed to a cow in the foreground.
"That's the Yellow Lady, the Red Lady's second calf –
I'd know any cow, you see,
that belonged here in my lifetime."

(Translation: the author)

Cymraeg / **Welsh** is a Celtic language closely related to Cornish and Breton. Its precursor, Brythonic, was once spoken throughout Britain. However, the incursions of the Romans and later of Angles, Saxons, Vikings and others resulted in its survival only in the western peninsula which came to be known to the English as Wales. Today it is spoken by 576,000 of the 2.9m people in Wales, and by others where Welsh-speaking people have settled, including Patagonia. The middle ages saw a great flowering of Welsh literature, but one of the key texts in maintaining the language has been the 1588 translation of the Bible. Welsh was suppressed for four centuries, but in the second half of the twentieth century vigorous policies to secure its survival have been implemented, with some success. The 2001 census reveals the first rise in the number of Welsh speakers, halting the steady decline from about a million in 1900. Now 21% of the population of Wales define themselves as speaking at least some Welsh, of whom 16% claim to understand, speak, read and write the language. The highest proportion of population is in Gwynedd (69%), and three other areas show over 50% (Isle of Anglesey, Ceredigion and Carmarthenshire). More alarmingly these Welsh-speaking heartlands of north west and west Wales show an overall decline in speakers of up to 7% since 1991, and the new figure for Wales of a 2% rise probably masks an overall decline in those using Welsh as their first language. However, the increasing demand for Welsh medium education in the urban communities of south Wales is welcomed. One of the facts to emerge from the report *The State of the Welsh Language 2000* is a widespread positive attitude. The use of the language in many cultural contexts, including literature, is clearly a key growth point. A bard is crowned every year at the National Eisteddfod.

Twm Morys

One Cold Morning

One cold morning, in a fragile lace
Of his breath and mine,
We went to see the miracle of the sea,
Like a storybook[1] opening.

The golden child smiled:
In the brushwood and the branches
Were the tiny bones[2] of spring,
And a constant cry from the lambing field.

But there was ice in the foam,
And I could see the far-away places
Of his storybook opening,
As he kept gazing at the sea.

---

[1] In the Welsh the word is *mabinogi* which means "story of events or feats of youth." It is used for the collection of ancient Welsh legends, about Pryderi and Rhiannon and Brân, first written down in the middle ages.
[2] To be "nurturing tiny bones" is a Welsh expression meaning that a girl is pregnant.

On Hearing an Englishman Speak[1]

He asked the company whether anyone knew
Of a gap to look quickly
At the house he was to buy: Hill of the Gold?
The yellow field was in the clouds.

And yellow, yellow, between the clouds,
The green grass rusted over its acres.
They remembered fieldfuls falling,
A man's skin yellow as apples.

And they closed their narrow, monoglot hearts,
Half-spat, stared, and turned away,
Sang badly for a long time, decided
They could forget about the bastard stranger[2]…

When the language is at the end of the headlands,
Where will they go, the gabblers of names,
And at their lips the string of villages,
And all of Wales a song in their mouths?

A few days later, there was a couple tidying the old house,
And then they changed its name:
Where the gold coloured hill and doorstep,
They could see nothing through the gap but bracken.

---

[1] R. S. Thomas, a Welsh poet who wrote in English, has a poem entitled "On Hearing a Welshman Speak."
[2] The Welsh word *anghyfiaith* means "stranger," but in a particular sense. In every day usage it means "non-Welsh-speaking, English."

To My Translator

Now you've received me, doctor,
With my brain and my insides

Removed, with no more blood
Or breath, in ice,

You can go ahead
And operate without nausea.

Perform a tidy transplant
Of yourself into the hole.

And when the needlework is done,
Nobody will see a trace of your hand.

Then you can make up
A name for me.

(Translations: the author)

South Asian Languages in the UK

Not surprisingly the languages of the Indian subcontinent's north, its most populous region, are the most widely represented in the UK. However, all its languages are probably represented in Britain. Several of them are high on the world list of those with the biggest numbers of speakers, giving writers working in them in the UK potentially huge readerships. Ancestral languages tend to remain particularly significant as markers of identity to people of South Asian origin in Britain, many of whom are sensitive to the political status of their language historically. Hindi, the most widely spoken language of India with 275m speakers, became the focus for anti-colonial politics in India from the start of the twentieth century and was chosen at independence in 1947 as the national language, but since it was understood by only a third of the population, English was also soon adopted as an official language. Urdu is very similar to Hindi but uses an Arabic script, and is particularly associated with Islam. After partition it was designated the only state language of Pakistan, thus marginalizing the Bengali spoken by the 120m people of East Pakistan. The status of Bengali / Bangla played a major part in the politics of secession there, leading to the establishment in 1971 of independent Bangladesh. Bengali is also the language of 70m Indians in the neighbouring state of West Bengal. In Sri Lanka the politics of language have also played a key role. The language of the Buddhist majority, Sinhala, was designated the official language in the 1978 constitution, with Tamil, the language of the Hindu and Muslim minorities, also having official status, while English was designated the link language. However, differences of language were conspicuous cultural markers in the long-standing hostilities which have troubled the 17m people and led to emigration.

Immigrants from the subcontinent came to Britain in substantial numbers from the middle of the twentieth century, bringing their languages with them. Those of Indian ancestry remain the single largest group of immigrant origin in the UK, with just over 1m (2001 census). There are 746,000 of Pakistani background, and 283,000 of Bangladeshi origin. All groups are resident principally in England. The Bangladeshis are the most recent to arrive, and therefore the group least assimilated linguistically. Almost 60% live in London, where Bengali is the second most common home language for schoolchildren after English. The overall population of Londoners of subcontinental background is 734,000. For Greater Manchester the equivalent figure is 131,000. Those of Pakistani background are most populous in the north of England, particularly in the towns of Yorkshire and Lancashire where their labour was important in industry. In Bradford, for instance, 85,000 of subcontinental background, of whom 68,000 are of Pakistani origin, form a significant minority in a town of 468,000. However, with the decline of industrial production, this group is suffering economic marginalisation. Throughout the UK those of Indian background tend to be more dispersed than those of Pakistani and Bangladeshi ancestry. Those of Sri Lankan background are also widely dispersed. Estimates suggest 200,000 overall but there are no figures on the proportion whose ancestral language is Sinhala.

Many young British Asians are now the third generation, at home in English and with varying degrees of attachment to their elders' languages. Ease of movement between Asia and Europe will be crucial if these languages are to continue to be used for creative purposes within the UK.

Shamim Azad

Companion

I tried hard to remember
      how this year had been:
each month, the days, the hours.
      Who was with me
and were they, like me, strangers abroad?
      I tried to reflect
on what was in my mind, in the frost-filled night,
      in the valley of daffodils,
in the carnival, in the dense dark
      of the subway tube's bottomless abyss.
      Who came flying
to Trafalgar Square,[1] tiptoeing pigeon-like?

I wander beyond eastern shores.
What is this that Mother tied at the end of my sari?
It always holds me close
      and won't ever let go of me;
      it has never left me,
in happiness, in sorrow and in regret,
in the blazing flames of this foreign land,
it clasps my mind to calm it.
      In my dismal heart
a sure and habitual pendulum seems
to swing above the lips on a sleepless night,
      the night's poetry
is my birthright – it is my Bangla alphabet.

[1] *Trafalgar Square:* in central London, where tourists feed the pigeons.

(Translation: Debjani Chatterjee)

Saleha Chowdhury

A Poem About God

When I go to Divinity Street I cry "God, God!"
In Almighty Lane, "Almighty! Almighty!"
At Allah Rakha Corner I pray "Allah, Allah!"
In Khuda Baksh[1] District, "Baksh!"
One Sunday I went to Christ Church
and to Nazrul's Meat and Bread Mosque.

On the other side of the temple door live the low caste people;
I believe they don't have a bell tied to them now,
yet in Varanasi, Gaya, Vrindavan
I have to keep my purse safe from temple touts.
I am bankrupted in the clutches of the Ajmer religious business lot.
The mosque clique have made millions out of their red carpet trade.
It's useless crying "God, God!" in Divinity Street.

Returning home laden with two heavy bags
a youth of today with pierced ears gives up his seat.
A tattooed man opens the door and helps as I get off.
Returning home in the cold Uncle Karim calls out
"Come and have a cup of tea to get warm!"
A neighbour I scarcely know takes my heavy bags to my door.

God's existence is like a tiny spark –
not in Divinity Street nor at Allah Rakha Corner,
not at Christ Church nor in Meat and Bread Mosque
where one can eat one's fill –
in a cup of tea, in a seat given up on a bus, in the help offered,
in such small things.

[1] *Khuda Baksh:* a standard phrase in Arabic for God; the name of a street in Calcutta.

(Translation: Ranjana S. Ash)

Basir Sultan Kazmi

Ghazal[1]

Those tender shoots, crushed by the hurricane at dawn,
held tomorrow's trees, bushy with leaves and blossom.

In search of new companions I forsook your friendship
and left your city, but nowhere could I meet your equal.

The same customary coldness is here, the same dark night.
What is the point of burning here, O lamps of my city?

I chase new dreams; my seashore lies under water.
What will you gain, my friends, by walking by my side?

In this half-ravaged house, in this flickering heart,
here in this very heart – too many suns have set.

Now through the evening hours someone speaks to my heart:

"Some moon should surely rise, some cup should overflow."

This is what I have observed in my life's journey, Basir:
those who tread with greatest caution are the ones who stumble.

[1] *Ghazal:* a classical lyric poem in strict couplets, not normally given a title. Derived from Arabic and Persian literary tradition, the ghazal (literally "the cry of a stricken deer") has long been the principal genre in Urdu poetry and is popular also in other north Indian languages. Ghazals are often performed, the audience responding to each couplet. Despite the ghazal's metrical unity, each couplet is self-sufficient and may be quoted independently. The last couplet usually includes the poet's name. [P.B.]

(Translation: the author and Debjani Chatterjee)

Saqi Farooqi

The Sweet Smell of Death

Separation is
      a tributary
           of love's river of blood
Faithfulness
      coils around
           the coral branch of memory

Dilaram and her lovers
stand in a circle of fear
in the air, a stale smell of kisses
in their eyes, broken dream-mirrors
in the islands of their hearts,
hidden sapphires of tears
in their veins flows a river of grief

But seeds of pain will keep falling
people will meet and part
All these old griefs
the old times of meeting and parting –
new griefs entwining with old
new bruises on the lips
new knots entangling the heart

In the hostile sky
are whispers of enemy ships
are the burning cities of stars
and on the eyes' radar
only dark shadows

The sharp sweet smell of death has maddened us –
fearful, in the red submarine of hope
we float on the black sea of ruin

Earth, where is the magic of your soil?
From shore to shore thick acrid smoke

(Translation: Frances W. Pritchett)

Padma Rao

The Wait[1]

Didn't say anything.
Just watched
The little stream of the tap
And the two untouched beams.
You held a small sea in your palms.
A face floated
In search of the liquid dreams.
As I baked the islands of bread
Blood melted like mercury
In my warm fingers.

"*I'll come and eat it.*"
The orchestra of the broken gate
And your words
Danced around the fire.

***

Mirrors of silent fear hung on the wall
With countless faces.
The broken gate beat against the wind
And the flames kept burning aimlessly all night.
I hide two millet breads
In my *anchal*[2]
And wait for that familiar knock,
… the crunch of a stray leaf.

---

[1] The poem was inspired by the Iraq war of spring 2003 and depicts a mother who waits for her son.
[2] *anchal*: the draped end of a sari.

(Translation: the author)

Daisy Abey

Woodland Grove

It was where we spent our millennium
Cold winds rolling round Woodland Grove
A house with a white face on a waterlogged land
Isolated, lonely, not even a door knocker,
Abandoned on the edge of birch woods.

From the graveyard beneath derelict walls
Shadowy figures rose from hidden tombs
Muttering and whispering, hazed in night vision
Arms on shoulders, hand in hand, staring
Women cradling their babies in slings.

Numbered in hundreds the mass graves of
Chapel Town's[1] plague, three centuries gone,
Their scattered bodies buried in haste,
Corpses thrown like wind blown leaves.

There was a hush, a hum, rumbles and cracks
In the Mandela Centre's grounds smouldering
The sky burning orange with fireworks, sparks
All night war between storms and stars.

A dream house mute flushed with winter light
The moon had drawn in receding tides
At dawn, a decade and a century
Dust beneath the bones of the drowned.

A magpie glided by, pecking frozen grass.
I boiled the kettle, condensation dripped on the glass.
The day after, we locked the doors for the last time
Our minds on fire, a "Sold" board stapled to the fence.

[1] *Chapel Town*: a district of Leeds.

(Translation: the author)

Picard Language and Literature

... in Francia et Picardia et Burgundia
St. Thomas Aquinas

The days are long gone when, in Lille, an oath had to be taken in Picard. Who now remembers the fables of Gauthier le Leu? Who could complete *The Journey to Sicily* which death prevented Adam de la Halle from finishing? Picard was the language of Philippa of Hainault, wife of King Edward III of England. The *jeux partis* inspired Chaucer, and it is easy to imagine the dinners with poetry as entertainment such as those celebrated by the "Brotherhood of St. Candeille" at Arras. It was also in the Picard language that the great Passion Plays were performed at Mons from 1501, and later at Amiens. With its fertile countryside and prosperous towns, thanks in particular to textiles, the bourgeoisie was to be granted its charters of privilege from the eleventh century onwards.

The golden age of Picard literature seems to reach its peak in the thirteenth century: fables, chronicles, drama, and lyric, epic, didactic and allegorical poetry. At that time the arts faculty of the university of Paris recognised four "nations:" the French, the English, the Norman and the Picard; and Roger Bacon, travelling on the continent, classified the *langues d'oïl* as Frankish, Norman, Picard and Burgundian.

In the fourteenth century, Barthélemy l'Anglois locates Picardy between France, the Rhine and the sea… frontiers fluctuate in response to alliances and battles. We are always "between." On the fringes of the Germanic and Romance worlds, a good number of invasions and conquests have resulted in our *harmonious hybridisation*—I claim the purity of this oxymoron. The scene first of battles then of cosmopolitan festivals, such is the fate of border regions.

Like all the place-names which have disappeared off the map, Picardy dreams of a resurrection. But the Picard language is no longer used in public life (school, army, administration, tribunals). My four grandparents were already bilingual, educated in French. My father knew by heart some of the poetry of Henri Tournelle and some saucy fables by Bosquètia – to our great delight at family reunions. My mother still subscribes to a magazine as slender as it is lively: *El Borain.* I collect vocabulary, lists of proverbs – relics of a language which has not survived its self-censorship. In a book to be published in 2003 I tell how, scarcely twenty years ago, I looked for someone to talk to in Picard at a literary gathering in my native district: I finally found one… an immigrant from Abruzzi!
—*Rose-Marie François*

Rose-Marie François

The Punishment

Rue du Temple, Douvrain, the end of the forties.

—Ta-ra!
—Ta-ra to you too!
—If we don't see each other, we'll write!

—On a cabbage leaf with a cat's feather!

We laugh like mad, as you do at that age: seven, maybe eight… but the sound of a dry knock makes me jump: my mother has rapped on the window pane with a bent finger, which she straightens to show that she's cross and to call me indoors. I mustn't play in the street, I mustn't speak Picard. I know, but it's such fun….

So that's how I come to be going indoors, inspecting my shoes covered with grass and mud. This time she doesn't have anything to say about that.

—Get your slate and your chalk.
Misery! A punishment!
—Write out ten times: *I must not speak patois.*
Ten times! She must be barmy! I'll never get it done today!
—Is there an -s on patois?
—Larousse is behind you.

Larousse, the Larousse… Larousses! There are two dictionaries, very very big, perched right at the top (not of a cherry tree, unfortunately, but) of the bookcase. Usually I'm not allowed to have them. That's why they've been put up so high, as out of reach as the heights of the covered perch.[1] I push a chair over: climbing up I can reach the huge book, just about, but how heavy it is! And I'd better be careful not to open it at the page with the fierce creatures that frighten me so: "reptiles" – a blue boa-constrictor with yellow spots that moves on the page without ever going away.[2] My mother's voice rings in my ears: *You mustn't speak patois. You mustn't speak. You mustn't….* It does have an -s on the end. She might've just told me straight off what I'd guessed anyway! Now I've got to put the mammoth back in its place, or sparks are going to fly.[3] Ten times, and it's such a lovely day outside. My tears, dropping on the slate, transform my writing into nasty scribbles.

I wrote every line of it. But as you see, I didn't submit, on the contrary: I can well believe that my taste for languages dates from that moment. At this point in my life, I have tried to learn about a fifteen. My mother is still alive. I often thank her for that punishment. Certainly it didn't have the desired effect. But it seems to me that when she reads this anecdote, my mother will be saying in that still firm voice of hers, "You see, good always comes out of evil."

---

[1] Perch installed on a building (often in a café courtyard) plated with iron and decorated with wooden birds stuck with dyed feathers, which archers would aim at with their arrows, not only during the annual "king's shoot."
[2] See Rose-Marie François, *La Cendre* (Brussels: Editions des Eperonniers, Coll. Ecrits du Nord, 1985).
[3] Literally "or else there'll be a scattering of clog nails" – an allusion to the days when children got beaten with a clog wielded by the hand of retribution.

(Translation: Paula Burnett)

Walloon

Walloon was "born" between the 8th and 12th centuries from what remained of the Latin language brought into our region by soldiers, merchants and Roman colonisers. In this period, the native speakers referred to their language as "Roman." It was at the beginning of the 16th century that the term "Walloon" spread as a term to denote our language. It is one of the family of Romance languages and belongs to the romano-gallic sub-group of *oïl* languages, of which the most familiar is French.

Walloon is closely related to French but should not be regarded as a dialect of that language, although the mistake is often made. The similarity between Walloon and French is comparable to that between Asturian and Castillian in Spain, or between Luxembourgeois and German in the Grand Duchy of Luxemburg. There are at least three distinct levels of language in Wallonia: ordinary French, Walloon in its different modes, and our own regional French... to a greater or lesser degree influenced by Walloon. (Cited from http://www/wallonie.com/wallang/wal-fra.htm)

The number of Walloon-speakers stayed proportionately stable until the First World War. In fact, the majority of the population spoke the language. Subsequently, as education became more and more widespread, there has been a rapid decline. The percentages given for Walloon-speakers on the website cited above seem unduly optimistic.

—*Paul-Henri Thomsin*

Paul-Henri Thomsin

Youth, you're still with it!

Youth, you're still with it! Stop getting stressed:
The fleeting seasons will make your troubles go.
Don't squander your strength. If life's just a mess
Rake through your soul for its embers' glow.
Drop by drop let fancies gather! Gently, there's no panic!
If you demand all in one go, your pride will evaporate.
Draw a veil over your fears, I know your heart is brave
But if you only do what desire dictates, happiness will suffocate.
Take time to sip your joys from the spring of what you believe,
Without letting yourself be knocked off course by any destructive mind.
Ignore the primrose path when you have to choose your way,
Go straight ahead without faltering: bad dreams will be left behind.

(Translation: Deborah Philips and Paula Burnett)

Meuse

How lovely you are, Meuse![1] I don't know why, but I have always looked on you as a lover sees his sweetheart, or a child its mother!

When I go out with you, riding together,[2] at every stage I pause briefly to listen to your sweet nothings… And my heart loses itself in your tides, and your waters with one lick carry troubles and worries far away… And I, as is only right, I let it happen… And I feel good… How I feel good!

Like a young girl who dons her dress of new silk, that is how Meuse begins to dance… Gently… Very gently… Lightly… Very lightly… On tiptoes… It's a waltz… A waltz which slips into me inch by inch. A waltz which sweeps me up into the arms of its three-beat rhythm. And which swells, with a nonchalant air, until it carries me off into the swirls of its melancholy… A music which giddies me until I lose my head… and there I am, stock still, without speaking, and watching Meuse spin, spin, and spin again… To inhale her warm scents… To believe that she is dancing for no-one but me!… Yes, for no-one but me!… To imagine that she is laughing, for me alone… Yes, for me alone!… To dream that she reveals her woman's body to me… to none but me!… To none but me!… And so I forget that time is running out, as swiftly as these waters… To hell with this boat which comes to drag me away from my dreams!

But Meuse won't let me down… She is still the one who can comfort me at the moment when reality clouds my fancies… And I feel good again! As good as could be! As good as when she takes me on her knee and whispers the words that are needed to bring back a smile to my face… To bring serenity back to my soul… So, like a child, like "her" child, I let myself be consoled by her caresses… I let myself be cajoled… I let myself be mothered… I can tell you: she has never been niggardly when spoiling me.

So – what do you say? She has even given me the loveliest of her treasures… Treasures which no prince on earth could buy! Yes, just for me, before evening falls, she has made her waters sparkle with thousands of tiny glints from a red sun. For me, she has captured an image of the lights of Liège, in the heart of a blue night. For me, she has refreshed the afternoons of a suffocating July. She has sung me lullabies with her warm voice when fevers and torments stopped me closing my eyes. She made the strength of her blood run in my veins. She taught me to speak her tongue, a clear language which has been on her lips for so many years. A fresh language, like water from a spring, which has quenched the thirst of a stream of generations and which tomorrow, God willing, will still sweeten the throats of little children to come… She held out her hand to let me go when I took my first steps on the road to being a writer!

Meuse, where would I be without you? I owe everything to you, and along with me, the entire city of Liège has the good fortune to nestle in your arms.

"Mother" Meuse… Meuse, "my beloved"… I love you!

---

[1] The personification of the river as a woman – the Meuse (Maas in Dutch) on which Liège stands – is a more familiar concept in a gendered language than in English.

[2] *a cabasse avou vos* in the original is, literally, "on horseback with you." Note that Walloon does not use the familiar second-person pronoun, *tu,* except in the coarsest insults. Just as in Argentinian Spanish, it is the *vous* which is used to express intimacy.

(Translation: Deborah Philips and Paula Burnett)

Marcel Slangen

The Treasure Bin

Scene 1

EMILE: What a lovely peach! Fit for a king, mate, it goes down your throat like honey. Shut your eyes and you can see the fruit, the flower, the grass at the foot of the tree and yourself, there you are, reclining, far from the madding crowd…

LAURENT: So that's how you get your kicks, eating a peach the Italian gave you when it was already half rotten… and you, you get a glimpse of paradise…

EMILE: Excuse me, dear sir, but you lie! Don't go and spoil my pleasure, you idiot. He gave me a tray of peaches, some of them a bit too ripe to be sold, that's all. Rotten? Am I to throw this away, because of a little bruise? And the knife? What's a knife for, Laurent? The knife, our everyday partner, which cuts off titbits, which carries the crust of bread to the lips, which frightens, sometimes, when you flourish it like this! at the mad addicts with their shifty eyes, who would stab you for some small change, when their veins cry out for mercy!

LAURENT: What a fuss over a knife… and a peach!

EMILE: You must never miss an opportunity to lick your fingers, my good friend Laurent, nor to think about what we are. Look, there goes a housewife with a bag of peaches in her basket: she's the one who's paid for ours!

LAURENT: Whatever are you on about?

EMILE: OK, listen: Lino, the Italian, sells them at quite a price, knowing that he's going to lose a few, because of the heat or something. Then the woman who's paid a good price for them, with this heat, will be eating hers tomorrow like I eat mine today!

LAURENT: You're always rattling on about something or other…

EMILE: We've got plenty of time for that, haven't we?

LAURENT: Oh sure, we've got tons of time…

EMILE: Look, just one more thing: did you know that in posh houses, people eat peaches with a knife and fork?

LAURENT: A fork? A knife, OK, but a fork… Sure you're not pulling my leg?

EMILE: No, they really do. One day I even saw someone trying to copy the others, he skidded his peach off the plate and it rolled right under the table!

LAURENT: Enough, Emile, now leave me alone. You're wearing me out talking so much this early in the morning. I'm going to have a cigarette. You've no idea how it does you good to have five minutes without a thought in your head and feeling your mind lighten up…

EMILE: Ah, so isn't it light enough already? No, I'm just teasing. But how come you're always smoking, in spite of your morning cough?

LAURENT: Bah, it's all we've got left…

EMILE: All we've got left! You sound like a little old man clearing his conscience only to allow himself a small vice! All we've got left! What about eating, drinking, breathing in the air and the sunshine?

LAURENT: Just don't go on at me for smoking.

EMILE: No, mate, that's the one thing I should do.

LAURENT: Because the other day, as I was begging for some change for a meal from
a couple of women, I hear one of them say as she walks on: "He asks for
money for food, but he's got enough to smoke!" What do you make of that,
the old battleaxe!

EMILE: So what, all excuses, even stupid ones, are good enough for respectable
people whenever they want to save a penny. Lucky for you she didn't tell you
to get a job! That's what I got the other day: "Go and look for a job instead: he
who searches always finds." Ah, madam, I said:

> I'm always thinking, racking my brains
> To find a way to end up rich.
> For me it's clear it's not gonna happen
> That work will pull me out of the ditch.
> In the past perhaps it worked like a dream
> But today you need some other scheme!

You should've seen her face!

LAURENT: I don't know why you ever left your acting career... You did that with
real talent... That's how you could have success, money, women, I'll bet...

EMILE: And then what? For every actor who lives like that, there's a hundred acting
for nothing, in front of three relatives with short back and sides or friends
who're as hard up as us, but they've had all that hassle, all that hard graft. To
grovel for a part! And to perform what? Not every play is by Shakespeare, you
know – patronage plays, cock-and-bull stories, plays that wouldn't even bring
a tear to your grandmother's eye, others that are only put on to please the
playwright, who's made his name doing what, I ask you! Directors who leave
you standing there like a post, on stage, and the other sort who think they've
got ideas but go and massacre the play. Then the worst of all, you see, is when
you bust a gut to cram the part into your brain until you can say "Got it!" and
then the curtain rises on a handful of spectators more embarrassed than you are
that they're so few. While here... Come on, would you like a peach?

Scene 2

A figure crosses the stage without our two men paying any attention. He hides
something under some papers in a bin and goes off.

FIRST POLICEMAN: Come on, you dossers, have you seen anyone go by?

EMILE: I'm sorry, chief, but we're not dossers, we're homeless, as they put it
nowadays: the "of no fixed address." Can't you tell the difference? Today, we
don't have blind people, they're "visually impaired", you're not handicapped
any longer, you're "differently abled"... With us it's the same, once we were
tramps, these days we're the homeless: already it almost sounds as if our
problem's solved!

SECOND POLICEMAN: Right, have you finished going on? – because I didn't get a
word of it. You were asked if you'd seen anyone go by, yes or no.

LAURENT: Well, you know, of course you can see people go by... If you knew how
few of them stop to give us a bit of change, or whatever, like Lino, the Italian,
who gave us a tray of peaches, hardly damaged...

FIRST POLICEMAN: But what are you on about? What weirdos! We'll leave you be,
busy doing nothing, while respectable people complain that you're blocking

the public right of way and setting a bad example to the children… And the one time society needs you, we can't get a straight answer out of you! And the small change you do get only goes on getting drunk, I bet!

EMILE: Oh that, officers of the law, I do drink once in a while,
        But if I have a glass, it's only one at a time.
        If you've seen me pissed, that would indeed be proof
        That I'm telling you nothing but the truth.

SECOND POLICEMAN: But what language! Chief, I think we're dealing with madmen.

FIRST POLICEMAN: Right, for the last time – and leave your nonsense out of it – have you seen anyone?

LAURENT: Yes!

SECOND POLICEMAN: Ah, finally, and who was it?

LAURENT: The woman who bought the peaches from Lino! Do you remember, Emile?

FIRST POLICEMAN: We'll never get anything out of these two idiots. We're talking about a man who's just robbed the bank on the corner, and run off with the loot.

LAURENT: Oh right, you should have said so straight away…

SECOND POLICEMAN: Did you see him?

LAURENT: No.

FIRST POLICEMAN: Right, that's it, we really are wasting our time with this pair of imbeciles.

(Translation: Paula Burnett)

Lingala

Lingala is an African *lingua franca* belonging to the Ngala group in the family of Bantu languages (classed as C36 by Malcolm Guthrie).[1] We read under the name of Elisabeth Farges, responsible for a French foreign language course at the new Sorbonne, Paris: "One of the most important of some 360 Bantu languages used in central and southern Africa, Lingala is today spoken by dozens of millions of speakers in the vast region comprising the Congo basin. By origin Lingala is not the mother tongue of an ethnic group but is a vehicular language, resulting from a linkage between several Bantu languages, and used by merchants and riverside people. It is in consequence of this mode of communication, vital to the region's economy, that the language has spread, from the two banks of the river to the big cities, such as Kisangani or Kinshasa. The first Europeans to arrive in this region… probably contributed to this expansion: the modernisation of the means of communication by river favoured commerce and the displacement of the 'river people' and resulted in contact between the different Bantu languages of the region. Becoming the language of the military and of administration, and a mother tongue once it had expanded over a large territory, Lingala is widely used in the media and in official discourse. Modern Congolese song, extremely creative and popular, also helps to make Lingala a vibrant language, constantly evolving. It is one of the four national languages of Congo-Kinshasa, and is also spoken in Congo-Brazzaville and in Central Africa. This language can also be heard in Europe, in particular in France and Belgium where numerous Congolese live."

It is therefore a question of a sort of double or divided language. On the one hand, there is the official language, written, and to a large extent imposed by the colonial administration—it is also the language of the churches, the language of the one god, revealed, the language of the bible and of the schools, the language associated with the coloniser and his constraints. Elsewhere, Lingala is also, for its speakers, the language of daily life, which cannot quite be translated at the level of the written in a language comprehensible to everyone, and it is under this heading that it forms the principal medium of modern Congolese music, the singers often succeeding in marrying the oral Lingala with the written form disseminated in school; but they are often obliged to outwit the censors by employing metaphors or *double-entendres* in order to convey a message which might be seen as subversive. This situation of confrontation between two levels of Lingala illustrates the language's two official worlds.[2] The two texts presented here belong to a third world which is situated at their point of encounter and at the same time escapes their respective constraints.

—*Boyikasse Buafomo*

Boyikasse Buafomo

Take the Plunge

My dear brothers and sisters, here in the centre of the universe, in the West, in the white people's world, life is nothing but fire and flame, a constant danger. You offer a dog a passport and visa all in good order, the dog says no thanks! Water, the liquid for drinking, transforms, here in these lands, into stone.

Children of water, my dear brothers and sisters, do you really want to know everything?

No problem! Just open wide your two eyes and your two ears. That's the price you have to pay to hear me properly. My topic gets to the heart of the matter: the problems of the asylum seeker and some real-fake papers. No, this isn't only about Africans, other people are involved. (But then, faced with this drama, what are our great big beautiful black Africans to do? Should they consider the situation and search for global solutions, or alternative or parallel ones?)

But above all, to take the plunge, become a political refugee, what is it exactly?

Who set off one day for the West, to find Miguel? (You, you handsome black man.) And everyone recognises you at Porte de Namur metro station in Brussels, in the middle of the Matongé area, or else in Paris in the 18th district. Nice hairstyle, nice shave. And since it's the brand that makes the man, from head to toe you're labelled. By the great designers, Jianni Versatché[3] or Yamamoto or perhaps others.... Do you ask yourself, even for an instant, if your papers are in order? No, that kind of problem isn't for you. You're not the sort to chase after a bone like a dog. Not you, you're carried away with the new philosophers for our time, singers like Werasson, or Kofi Olomidé. The old masters, the greats of Congolese music, Kabassele, Tuambo-Franco, Shungu Wembadio, Simaro Masiya, I don't give a damn about them.

Second question: and how will you find a job?

What an idea. To busy yourself with the ordinary, to take a job washing-up or doing housework to pay the rent and the gas and electricity bills, that's not the sort of occupation for someone of your standing, that won't do, no! You, you're a delicate being, ethereal, how would you cope with such a load on your shoulders? You already have the sun in your eyes, isn't that enough?

Third question: what else is there?

Go back to college, which you gave up so long ago, learn to read and write again? That would be a good path, but will you take it?
If not, what choice is left to you (to permit you to live in the West, in the centre of the Universe)? Only one, iniquitous and unique: throw in your body, become a political refugee. Are you already getting rid of the real-fake papers (which could support your application in this pitiless universe)? As you do not know how to read or write, how will you decipher the laws, procedures and techniques to attain that status. When a boat goes up-stream, does it face the current?

Inside or Outside?

♦ So, are you inside or not?
   □ I'm well inside.
♦ Unfortunately I can't feel you there.
   □ I'm fully inside, like a chicken in a pot.
♦ Are you really sure? You wouldn't be more like soup in water?
   □ Really, how come?
♦ *Impotence is a confirmed fact*
   So, brother, don't act the stud, admit the truth
   The column is shattered, fucked
   So, brother, don't act the stud, admit the truth[4]
   □ No, that's not true, I'm not im-potent. Women in the West, I've got them at
   my feet. No problem.
♦ So are you inside or not?
   □ ....
♦ In the West, are the women as powerless as you or don't they make formidable
   partners? Brother, watch out for sock itch![5] How then will you be able to get a
   shoe on your foot, my poor shagged-out friend?

Note to the reader: These two short texts—"Bwaka Nzoto" ("Take the Plunge") and "Okoti
To Okoti Te" ("Inside or Outside?")—demonstrate a discourse that is specific to Congolese
immigrant societies. In both cases there is dialogue with several voices.
   "Bwaka Nzoto" ("Take the Plunge")[6] was an expression invented by the Congolese
community in Belgium around 1985 to refer to an act heavy with consequences, that of
becoming a political refugee. This act is not only, as politicians and citizens of Europe tend to
think, a means of obtaining papers and of leaving behind poverty in Africa, it is in fact an act
of suicide, both physical and spiritual. The political refugee can never return to the country of
origin. The original text is longer, and is part of a collection of fifteen short stories bearing the
same title. The original version was written on the 19 November 1987.
   "Okoti To Okoti Te" ("Inside or outside?") confronts African eroticism. The text is
one of consummate irony, and is also an illustration of the power that the female sex held in
Kinshasa in the 1970s. It is a woman's confession, derived from a true story, which speaks of
male sexuality with great brutality. Although she is cutting, she has not lost a sense of irony.
The tale has undergone a takeover, in the right and proper way, since from the feminine it has
been appropriated by the masculine. Street talk has conveyed it to the *ambianceurs*,[7] those
men who pass the night between dance halls, parties and music events, etc., who have
transformed it into a great joke. A great joke or a provocation?
   The dialogue in two voices, in its written form here, dates from February 1995. It
should, in the end, be noted that it is the humour, simultaneously delicate and brutal, that the
woman exhibits in the act of accusation which paradoxically demonstrates her power.
   In the two texts, but above all in the first, the frequent use of proverbs or time-
honoured expressions should be noted, such as "Opesi mbwa mbwa aboyi" (You give to a
dog, the dog doesn't want it), "Soki masuwa eza ekonana moto ezalaka liboso to makolo"
(When a boat goes up-stream, does it face the current?), the importance of references to
popular music, and the entirely *kinois*[8] concept of Miguel, "na Miguel," the name of the
Belgian chef of Spanish origin becoming symbolic of the whole concept, not just of
immigration to Belgium, but of the departure for Europe.
   —*Boyikasse Buafomo*

[1] Malcolm Guthrie, a Baptist missionary, became Professor of Bantu at the School of Oriental and African Studies in London. His 1971 study refined the classification of his 1948 work.

[2] These two official universes seem to correspond to two types of group or social class. The first emerged after independence on 30 June 1960 and is composed of political people whose professional language is French, and whose status derives, directly or indirectly, from the possession of diplomas. The second emerged in the 1990s during the national sovereignty conference. It is the civil society. Usage of the national languages, Lingala, Swahili, Chiluba and Kikongo, was authorised there under the same title as the official language, French [B.B.]

[3] The text uses this phoneticised spelling of Versace's name.

[4] These four lines are a well-known *kinois* refrain (see n.8).

[5] This image makes complete sense if the reader knows that in African French, a condom is currently termed a "sock."

[6] The choice of this text was an unhappy one. It is important to recognise that it uncovers a black African universe which is struggling under the weight of western clichés and that Africans themselves do not dare to challenge them, because they lack the words of their own mother tongues [B.B.].

[7] The French-African term *ambianceur* connotes more than just a DJ or promoter, but someone who creates an ambiance, over more than one evening.

[8] *kinois*: of, or from, Kinshasa.

(Translation: Deborah Philips and Paula Burnett)

The Sorbian Minority

The Sorbs are a Slavic people living in the east of Germany whose settlement history dates back a thousand years, when Slavic groups populated vast areas of central and northern Germany. Today one of the settlements of the Sorbs is Niederlausitz in the Federal State of Brandenburg, with the cultural centre in Cottbus/Chośebuz. The dialect spoken here is lower Sorbian. The other settlement is Oberlausitz in the Free State of Saxony with the centre in Bautzen/Budysin, where higher Sorbian is spoken. The Sorbs are the smallest group of West-Slavic people with a population of about 60,000.

The German political attitude towards the Sorbs was for a long time characterised by the desire for assimilation, and attempts were made to integrate them fully. Today the Sorbs have the status of an ethnic minority. Their most important representative body is Domowina, the national organisation of the Lausitzer Sorbs and the umbrella organisation of all Sorbian organisations, which mainly concentrates on the preservation of the Sorbian language and culture.

All Sorbs are bilingual today. Sorbian cultural activities are manifold, especially in literature. There are a number of well-known authors who cover a wide spectrum of topics and literary forms.

(See also: http://www.sorben.de/ and http://www.sorben-wenden.de)

Róža Domašcyna

Influence of outer space on desire

in the year of the invasion of the May-beetles
with their tortoise-shell and metallic wings
the lice took up weapons in free
fall the May-beetles fell onto their backs
gazing into outer space having lost the desire
for the daily battle and so
the victory indisputably belonged to the lice

When I wanted it to be

at the lake it was, you said
nice things. At every
moment I thought: this is mine.
Hour upon hour passed,
instantly I stood
by the water, the unsaid words
standing between us. A movement,
a step backwards was the only thing
I could do. Rigid as I was,
I wanted it to be, thought:
all time challenges

me, accompanies me. Every hour
leafs through me, undresses me.
I waited and wanted, and
you said nice things,
which I was supposed to accept

In the blue house at Bismarck's Tower

for F.P.

almost like origin: camomile and dried dill
in the oven the fire in front of the door the picture: willows
in the meadow the easel turned away
in the post the notches of our growing up
with grown-ups somewhere and gravestone names
as witnesses around the kitchen table we
crack nuts like words
all blue the world and god
white a dog prowls around the house
with steely teeth at the slope
the grass matts uncut
you say we still have paint
and fit a new canvas
the house grows over
the notches crust
the nuts crumble
the canvas ages
only the dog
keeps the scent

(Translations: Christiane and William Leahy)

The dead are being reburied

In memory of the Čelno cemetery

We've draped the cemetery with shrouds.
We've violated our own dead,
with stop-signs blocked up every way –
they end at the brink of the other world.

Around, the screens are high and dense.
In the midst bulldozers bring to light
the bones of the dead, cleansed from sin,
buried in honour, as is certified.

Creatures, the victims of twilight greed,
scrape the heritage into iron pots.
"We take all and more," I hear them shout,
and "not buried, cremated we want to be!"

Who stands aside, lies in wait –
thus bravely we're silent about our grief.
Feeling our ancestors' gaze on our nape,
clutching a mattock, cord, a rope.

The graves become narrower and even deeper.
The square of the sky gets smaller and steeper.
We're growing tumours in the house of screens.
The children play burying and digging us up.

(Translation: Christiane and William Leahy with Paula Burnett)

Kito Lorenc

My short winter's day

You spray amber light
over blueing shadows
under the dun grass
you hide the hair
of animals in the field
the big eyes
rest in the valley

You let mistletoe
fruit in the tree
after the harsh night breathe
secretly in my
numb hands
You put a gleam
on the hazel
tint the willow twigs

That I do not disturb
your course
when I take care
cast off
the track from my sole
snowlight

Great Forest

Dobry the Giant
steps in front of the wooden roof
puts the horse on his shoulders
and trudges

into the pines

His little wife
with the milking stool
under the cow, soon
will ring with a clatter
the milk bells in the village

Above the lamp post
rattles the windmill
along with the stork's beak
behind dusty leaves
twinkles the lake

And around the corner
the scent of wild caraway
awaits. Hello
holidays. Goodbye
childhood

"The pigeon has got two white feet"

and one day I took my lover
home with me introduced her to
my wife My wife brown eyes Hers blue
My wife ginger Her pepper
My wife liked her She liked her too
Is it funny neighed the horse
Nobody cried sadly From then on
we had breakfast together from the three
Little plates Little bowls with the three
Little spoons shared lust and burden cleaning
and dishwashing Soon they gave us
the bigger flat and my wife
brought her lover and my lover
brought her lover and both lovers
brought their lovers with them When
we got the tower block (oh
the lifts went up and down singing
Adam's apples) Heavens above
we were many Then we took over
the city and eventually the country then
we were finished and lived under
new social conditions
Only then did I receive anonymous
letters: You poetic customer, you!
took pigeon ginger pepper horse
back and found myself dying publicly
away Children people bye bye keep loving

And this is the oven

that I gave her
because I had not used it
for two years
I lit it for her
the oven and said
I had not lit it
for two years
and had forgotten completely
how to light it
and she said see
you don't have to die
to forget
and I said you know
you might as well
stay alive

(Translations: Christiane and William Leahy)

Lubina Hajduk-Veljkovićowa

Raphael, the little spirit

Monica lived in the old part of town. The houses there are damp with an attic under the roof. Mothers hang their washing up to dry in the attic and everyone has a small room to store old stuff. Monica's dolls rested there too.

One day Monica wanted to make a new dress for one of her dolls and rushed up to the attic to fetch her little darling. There in the corner, in the twilight, she discovered a ghost. Not a ghost, no, rather a little spirit.

"Who are you?" she asked.

"You can see me?" replied the spirit.

"Sure. Very well indeed. Your hair is curly and chocolate brown."

"Curly, really? I have never seen myself," the little spirit said happily.

"You are wearing a green shirt, and your trousers are brown," Monica described in detail.

"And what colour are my eyes?" asked the little spirit, full of curiosity.

"Kind of green. But tell me now who you are," Monica was also excited.

"I am Raphael and I have been living here for a long, long time."

"And why do you hide here?" Now Monica was curious too.

"Because, oh, well, I'm ashamed to say," mumbled Raphael, the little spirit.

"Don't worry. I'm ashamed because of my scribble, the teacher is always telling me off," admitted Monica.

"As for me, I'm ashamed because I can't fly," confessed Raphael.

"You're a real spirit who can fly?!" wondered Monica.

"No, I cannot fly. That's the problem. That's why I sit here lonely and hide."

"I would be scared up here. Aren't you?"

"Me? What should I be frightened of?" replied Raphael, the little spirit.

"Of humans."

"Ridiculous. As long as the attic is here I can stay. But that doesn't help me."

"Why?"

"Because I don't age. As a spirit you have to return to the place you were born every year. Only then do you grow a year older. My mum always used to take me. But then I became too heavy for her and since then I haven't grown older."

"So what!" said Monica, "what more do you want? You can always stay a little spirit."

"Would you like to be a child forever and ever?" Raphael, the little spirit said sulkily.

"No, not at all!"

"Day in, day out, I watch out of the skylight how birds travel through the air. But when I try to take off nothing happens."

Then Monica said: "But Raphael, you haven't got any wings."

"Spirits don't need wings."

"Ah," Monica had an idea, "you have to really wish for it and you will fly."

Raphael, the little spirit wished to be able to fly until his head hurt. But nothing happened. Little Monica looked at him helplessly.

"Tell me about the place where you were born."

"Ah, that was a splendid old castle. It had been deserted a long time. The walls were thick and cold, beautiful ash-grey, dawn-grey, mouse-grey, sometimes even silver-grey. We hid downstairs in the dungeons, chased one another through the dark passages, the doors creaked marvellously and we could rattle the chains on the walls to frighten ourselves. We flew through a tiny crevice into the courtyard where nettles grew...."

"Oh gosh," Monica cried, "you're flying."

And indeed, Raphael, the little spirit rose a little into the air.

Monica's cry of joy disturbed his beautiful picture and he landed again.

"I don't feel any different."

"As long as you talked you flew a little, then you got scared and you came down again."

"I don't get scared," said Raphael, the little spirit determinedly.

"Don't tell fibs, I've seen it with my own eyes."

Monica insisted on her view of things. "Do carry on with your story."

"Alright then. We played football in the yard, not with a ball of leather but with a ball of dew. I rolled the nicest balls of all of us. Look here," and Raphael, the little spirit wanted to show her how he did it. But he had to look down to see her. Down!

"Damn," slipped out. "I really can fly!"

And then he started soaring through the attic like a whirlwind. "Wowie!" Monica was amazed how suddenly he had changed. Raphael did not sit depressed in a corner, just the opposite, he was fooling around and making a noise like a puppy.

"I have to go downstairs again," Monica said after a while.

"Many thanks for teaching me how to fly," Raphael said from high above her.

"That's too much. You could already fly, only you didn't believe it," replied Monica. She was already on the stairs when she turned around again and saw how Raphael, the little spirit floated away through the skylight.

She remembered her doll, fetched it and left the attic.

(Translation: Christiane and William Leahy)

The Turkish and Greek Minorities in Germany

Because of the "economic miracle" in the Federal Republic of Germany in the 1950s, many West German businesses could not find enough employees to fill vacant jobs. In the mid-fifties, therefore, German business started recruiting so-called "guest-workers" from Southern Europe. In the following years the government drafted legal agreements to regulate immigration and length of stay. In 1960, such an agreement was signed with Greece and in 1961 with Turkey. The employment of foreign workers reached its peak in 1973 at 2.6 million, 155,000 of whom were Greek and 605,000 Turkish. Initially the rotation model was accepted by all sides which specifed that foreign workers would return home after one or two years. In practice this model was uneconomical, because all new workers needed training and those employed could not save enough money in such a short time. Therefore the model was discarded, leading to foreign workers staying longer and allowing for the immigration of family members.

During the recession in the mid-seventies, the government ordered a halt to the recruitment of such workers. Two parallel measures were taken to enforce and support this: either to return to one's home country or to integrate into German society. In 2001 there were 82.4 million people in Germany, 75.1 million of whom have German citizenship; 1.9 million Turkish citizenship and 362,000 Greek citizenship. The Turkish minority is the biggest in Germany, followed by citizens of the former Yugoslavia, then Italy and then Greece.

The Turkish and Greek minorities are culturally very active and represent an important part of contemporary German culture. The literature of these groups dealt initially with the problems of "being foreign." Recently, however, third-generation Turks living in Germany see themselves either as an integral part of today's Germany or, through their writing, attempt to come to terms with their own identity in a foreign country. In Greek literature produced in Germany, one often finds an analysis of Greek political history or, likewise, writing about life in a foreign land.

Michalis Patentalis

The One Opposite

My neighbour
bought a new car
Shares
A wife
A house
Furniture
Viagra
A heart
A grave
Only his God he did not change.
"God bless him."

GILETTE CONTOUR or
The first advert in Afghanistan

"In the name of the Father and of the Son"
        and of the global madness.

The night shaves off its beard
        with a blade out of the chalice.

Smeared with a little peanut butter
        "in His image."

At the foot of the hill the day in fancy dress erroneously counts
        the whisper of silence

While a slave returns his transitoriness
        Uncreased.

And just this once you look in the mirror
        and comb your thick furry tongue.

Descendent of Cain, are you really
        the mountaineer of limping Death?

                (Translations: Christiane and William Leahy)

Giorgos Lillis

The deepest robe of the sea

Outside the city walls
and accompanied by the sound of the wind
I climbed up and reached the point
where I would attend the sacrifice of the sun for the night.
The mermaids played the stone game with a handful of stars
and from afar the moon cycled closer.
Buried in the side of the hill I watch
the deepest robe of the sea.

What sinks is outside my fortress

The sun was a traitor again and threw on us the black net.
Sudden rain,
like a breeze at midday, when you are asleep,
you are cold
and look for the sheet to cover yourself.

My fortress is a window. Even if small,
still big enough to secure the picture of the world for me.
To say no, whatever may happen, today I will sit here
and watch, as I may, the rain and later
the night, as I see it steadily coming galloping
        and out of its basket
         scattering stars and darkness,
          it too is a sower of the sky.
Not to talk about the moon on the left,
that rubs its back against the tower blocks, takes the corner
and becomes the crown of the mountain behind.
Just for a short time.
Then I cannot see it any longer. The tenant next door has nicked it.
The lucky devil could admire it as a king
but I have never seen him look outside.
Funny people. The magic poses in front of their eyes
and they look for it elsewhere.
                 In vain.

The raindrops have dressed the windowpane.
A plant with morning dew
on its glassy leaves.
The room a garden and I a gardener.
The stanza fills up with heavenly scent, many colours,
the soul calms down.

I can see from here the cars and the pedestrians
on the pavement, also the houses stretching into the distance,
the lorry that comes every day and how they unload it
down there in front of the house,
but I do not do it.
I concentrate on the birds that peck at the blue,
they get covered with heavenly dust in their flight,
on the wind, that dances with the trees
on the cup, that pours the violet of the descending sun
on the rain, that fills the gutters and can be heard in the evening
the strange sound of the water like a river.
Don't think that I have a special view, from here, where I live.
Necessity forced me, like you,
to live in these cities that were hastily built,
they have nothing important to offer
but big streets for the cars,
dwellings one after the other.

One day I did decide. To fetch the little table,
to put it next to the window
to place my typewriter here and while writing
to help my thoughts access the devastation of silence.
Later I caught myself getting lost for hours

not in concrete pictures of the world outside
but in things that I cannot describe easily
fissures of memory,
photos of the inner sky
like a cameraman, who films an unknown, far away land.
In those hours my coffee went cold
and I did not hear music or voices.
Nothing.
A strange floating between the hardly perceivable and the real.
The wind blew, I remember, and inside was a white darkness.
And I was on a tightrope. From the window to the other side of the mountain.
Without hurting myself I went through the window
to the far side of the world.

Constantly the neighbours insisted maliciously
that I had gone crazy
but I knew
and I felt sorry for them, that they could not see, the poor souls,
what I could not describe, as I feared
they could not hold out, if they
reached the multitude.

Especially when the typewriter became a time machine
and brought me to the shores
where Odysseus exhausted fell asleep
and dreamed the same dream over and over.

What sinks is outside my fortress.

(Translations: Christiane and William Leahy)

Yüksel Pazarkaya

HORSE CHESTNUTS

You are a Turk

"You're not a German," said Stefan to Ender during lunch break in the school yard. Why didn't he want to play catch with Ender today? Just to give a reason, he simply said, "You're not a German." Ender was surprised and hurt. Stefan was his favourite friend in class, his best playmate. "Why?" was the only question that came to mind.

Stefan didn't understand him. What do you mean "Why?" Does Ender think he's German? "Because you're not German," he said. "You're not a German like me."

Ender's beautiful dark eyes became sad. Something inside him hesitated, as if he had done something wrong. Something in his heart broke. He kept quiet. He let his head hang down. He walked away. All day he did not speak a word to Stefan. He could not follow the lessons. He could not listen to what the teacher said. His head became heavier and heavier.

German Chestnuts

It had happened before, the previous autumn. Where he lives there is a nice little park, full of trees and flowers. In autumn it is really beautiful. At that time of year, all the children from the neighbourhood come for the chestnuts. The children throw stones at the chestnuts to get them down. Whoever collects a lot sells them to the zoo as feed for the elephants and camels. Others take them to school. You can use them in Maths, for example. And the little children, who do not go to school yet, use the chestnuts as marbles.

The teacher said, "Every child has to bring ten chestnuts." There are thirty-four children in the class. If every child brings ten then it will make exactly three hundred and forty chestnuts. And you can use them well for logic and the four basic arithmetical calculations.

In the afternoon Ender went to the park. Two children were throwing stones at the chestnuts. They were not his friends but he knew them. He had often seen them around that area.

Ender walked closer. He bent down for a chestnut which lay on the ground. One of the two children said to him, "Hands off!" "I want to collect chestnuts too," said Ender. The second child said, "You're not allowed, they're German chestnuts." Ender did not understand. The first child added, "You're not a German." Then the other said, "You're a foreigner." They stood provocatively in Ender's way. He stayed bent with his hand stretched out. If he had bent a little further down, he could have touched the chestnut. But he could not reach it. His head lifted, facing the children, he stayed bent for a while. Then he straightened up. Without the chestnut, of course. Silenced. He wanted to say, "The park belongs to everyone and everyone can collect chestnuts," but he couldn't say a word. The other children were getting louder: "You're a foreigner. These are German chestnuts. If you touch them, you're going to be in for it," trying to frighten him.

Ender was totally confused. Should I fight with them, flashed through his mind. He kept looking from one to the other. To fight against two is not clever, he thought. He ran away, without looking at them again.

What am I?

When he came home that day he asked his mother a lot of questions. But his mother did not really respond. She tried to change the subject.

Now Ender was determined to solve the question that had been going around in his head, about what had happened between him and Stefan. As soon as he came through the door he flung his question into his mother's face:

"Mum, what am I?"

This was an unexpected question for his mother. Her answer was just as unexpected:

"You are Ender."

"I know my name is Ender. That wasn't what I asked. What am I?" Ender remained stubborn.

"First of all, come on in. Take off your satchel and your shoes," said his mother.

"Okay," said Ender. "But you have to tell me what I am."

Ender's mother thought that he was joking or giving her a riddle to solve.

"You're a pupil," she said.

Ender became angry.

"You're taking the mickey," he said. "I'm asking you what I am. Am I a German or a Turk, what am I?"

Oh dear! Ender's mother did not like questions like this at all. It made it hard for her to answer. What should she say? It was not really a difficult question. And she knew the right answer. But would Ender be able to understand it? Would he accept it or be able to accept it? Even if he accepted it, would it help him in any way?

His mother and his father are Turks. They were born and grew up in Turkey and went to school there. They only came to Germany in order to get work and earn money. They don't speak German very well. When they speak German Ender has to laugh. For they often make mistakes. They cannot say things correctly.

But it is completely different with Ender. He was born in Germany. He went to nursery in Germany. Now he is in year one in a German school. German children are his friends. There are some other foreign children in his class. But Ender doesn't see a difference between them; he can't say that this one is German and this one is not, because apart from one they all speak good German. There is only Alfonso. Ender feels a bit sorry for Alfonso. His German isn't as good as the other children's. Ender thinks that Alfonso hasn't learned to talk properly. Little children can't speak properly either; Alfonso seems to him like a big baby.

Ender can speak Turkish but not as well as he can speak German. When he speaks Turkish he often uses some German words. He has learned German as his mother tongue. No way different from German children. Sometimes he feels that there is a difference because German children cannot speak Turkish. But when he has a lesson in class or during playtime in the schoolyard this feeling disappears very quickly. Especially when he plays with Stefan, it is impossible to have such a feeling.

That's why he was so surprised about what Stefan said. And what if Stefan never plays with him again? Then he'll be very lonely. And bored.

Ender's father does not know what to do

In the evening Ender's father came home from work. Even before he had opened the door properly Ender asked him, "Dad, am I a Turk or a German?"

His father was speechless.

"Why do you ask?" he said after a while.

"I just want to know," said Ender determinedly.

"What would you prefer to be, a Turk or a German?" asked his father.

"Which is better?" Ender asked in return.

"Both are good, my son," said his father.

"But why didn't Stefan play with me today?"

Finally Ender came out with the problem that had bothered him all day.

"Why didn't he play with you?" asked his father.

"You're not a German, he said. What am I, Dad?"

"You're a Turk, my son, but you were born in Germany," replied his father helplessly.

"But the names of the German children are different from mine."

His father began to stutter.

"Your name is a Turkish name," he said. "Isn't Ender a nice name?"

Ender liked his name.

"Of course! But it isn't like the other children's names," he said.

"That doesn't matter, the only thing that counts is that it's a nice name!" said his father.

"But Stefan won't play with me any more."

This choked Ender's father. He felt as if he were suffocating. "Don't be sad," he said to Ender after a while. "I will talk to Stefan tomorrow. He will play with you again. I'm sure he was only joking."

Ender remained silent.

(Translation: Christiane and William Leahy)

Sicilian

Sicilian dialects belong to the Sicily/Calabria/Salentos branch of Southern Italian dialects. As compared with other dialects of the peninsula, they have a distinct and particularly interesting history and evolution. The main reasons for this particular position are:

a) Sicily's centrality in the Mediterranean region, since ancient times;

b) very early and special relations with the Greek and Latin languages and civilisations; Sicilian is characterised by a particularly developed vocalism, different from that of any other neo-Latin area;

c) the extremely heterogeneous cultural and linguistic influences which have characterised the history of the island: Sicily was in contact not only with ancient Greece and Rome, but also with the Byzantine, Arabic, Norman, Catalan and Spanish civilisations, which has resulted in a wide linguistic variation;

d) the notable ensemble of cultural and linguistic traditions which is still visible in the differences between several Sicilian dialects at present. They can be differentiated in three groups: the Western (to which belong the dialects of Palermo, Trapani, and West Agrigento), Central (the dialects of the Madonie region, East Agrigento and Enna), and Eastern (the dialects of Messina, Catania, Siracusa and Ragusa).

The Sicilian literary and linguistic tradition has been shaped by significant events and personalities: the Sicilian School of Poetry which emerged during the Middle Ages under Frederick II, as well as the dominant figures of Antonio Veneziano (sixteenth century), Giovanni Meli (eighteenth century), and more recently, Domenico Tempio and Ignazio Buttitta. Important authors such as Luigi Capuana and Luigi Pirandello have also written in dialect.

With varying degrees of competence nearly everybody born and bred in Sicily knows Sicilian.

Nino De Vita

Benedettina

At the age of thirteen your heart
falls in love.

Fantasies,
about hugs and kisses
– in the orchard, in the middle of the wild grass,
on the hay of the hayloft –
kept driving me
out of my tiny mind.

Slowly
– oh so slowly –
to avoid my father
("Oh you layabout, layabout,
get on with your studies, layabout!")

I went out.

    I closed
the half-door; and by crawling
along the roof, I left
by the broken door
of the chicken-run.

    The sun,
far away, stroking the church,
was going pale
towards the salt-pans.

II
Deep holes,
dry, in the track;
pebbles and ruts from the wheels
of carts; and turning
from the chicken-run into Michelino's
kitchen garden, with its
rows of peas, courgettes,
     and a fig
tree; papyrus
at the edge of the canals
     and the plume
of the broomrape, sprouting
red from the beans.

Coming in, from behind the tower,
along the narrow path of Bartolomeo
Bbaciacca, a corner of land:
marjoram, chicory,
radishes and parsley,
celery in flower, mallow
and clumps of wild asparagus
from the canal, pulled up,
its roots towards the sun

– the sparrow looked around
with curiosity; the wild duck,
moving rapidly,
frightened, flew away –

    the small garden
of Nicolo Agghiu
and the dungheap of Alberto
Scagghiajazzi with the fresh manure
of pregnant cows.

III

Ah how I walked
hands in my pockets
following a shadow
– a face – a woman's
which churned in my head.

Low stone walls
running down from the heights
of Cutusio: ancient,
mossy, the holes
stuffed with earth, or empty:
mint and thistle, shoots of wild fig,
dry brambles…

     I heard it
– I heard it, yes, I heard it –
that voice like a moan.
Again and again, in the air,
a woman's…

I turned round
to look in the space beyond the
aloe; then, firmly,
passing through the gap, I slipped in,
amongst the ears of wheat: the awns, long,
spiky, scratched
my arms.

IV

It was a young girl, lying
on the wheat: her hands
on her swollen belly,
her dress pulled up to her thighs,
and she threshed
her head from side to side.

I recognised her.
Benedetta her name,
daughter of uncle Carmelo
Alogna, the labourer
who lived at the beginning of the road
with the little votive chapel.
She walked straight
– she had eyes like fire –
whilst crossing the yard:
her hair in plaits
and her prominent bosom.
I had never noticed,
looking at her

– with a cup full of yeast in her hand
or clasping a jug to her side –
graceful, as she expected,
enclosed in her womb,
a child.

        "A baby"
she told me, biting
her lip. "I'm having a baby."
I was stunned;
then, shy,
I got all confused.
I was searching, shifting
my eyes, looking for words: in a flower,
a scarlet poppy,
ears of wheat,
far away, past the olive trees,
          and on her hands,
her closed eyes
and open…

        She sighed,
Benedetta, straightening
her head, exhausted.
"Go to Donna Giulia, my mother's
cousin" she told me
"and bring her to me, but quickly,
run!"

V
She was in the chicken-run,
Donna Giulia, with some bread
and a tomato in her hand.

She was eating.
        The crumbs
she was tossing to the hens.
(What squabbles – what cackling –
pecking and chasing each other…)

A mole with lots of hairs
big and black
was at the corner
of her mouth, small eyes
like sows have, and a scarf tied
round her head.

From the holes in the netting
I spoke to her.
        She dropped

the bread, the tomato,
wiped her hands
on her apron and came out.

VI
We found Benedetta, like an empty
sack, discarded.
Her breath was laboured, moaning.
Her forehead, her cheeks
were wet with sweat and the full length
of her neck; her eyes fading,
pale.

"Move aside" said Donna Giulia.

She was observing,
                              touching her…
                                        She turned
towards me. "The doctor,
run and fetch him, quick"
she said.
"No, not the doctor"
Benedetta burst out.
"Then we'll bring you
home" said Donna Giulia,
sharply.
                    "Not home,
no, not home" begged
the girl, terrified.
                    Donna Giulia
got up. "Go and call
someone" she yelled at me.
                              "Her mother,
her father, anyone,
go!"

VII
I got back to the veranda
sprinting.
                    Two minutes
and pedalling fast
I finally reached the cluster
of houses, at San Leonardo.

I knocked at the door of the white
house where the doctor lived.
Aunt Francesca, aged,
with a smock, her hair
in a bun and her red lips
opened it.

Words whilst the deep blue
sky was turning
grey (a small cart
went by, screeching
in the street: laden with vine branches
and hay, the farmer
with his round hat and small dog
trotting proudly below the shaft).

Powerless, aunt Francesca shook
her head while she spoke.
                    "He's not in" she said
"Later…"
            Arms wide open,
like a cross.

"He's not in. Later, he's not in"
I repeated on the way back,
                slamming
the wheels breathlessly
in the holes of the track.

***

At the noted spot
– there were cicadas,
and singing frogs –
I stopped.

                I threw down
my bike on the
aloes
                and stepping over
clumps of wild oats,
barley, vetch,
I plunged into the wheat.

                No-one was there.
In a corner a damaged patch,
large – a massacre –
of ears of wheat, bruised,
trampled…

VIII
Donna Giulia's house
was silent and showed just a few glimmers of light;
So was Benedetta's: weak
gleams from closed
shutters.

I took the narrow path
along the side
of the tower, and emerged
in the courtyard round the well.
On a bench,
Bartolo Sheep-butcher
held his son Vincenzo
astride his knees,
and was saying to him "Let's go"
holding him by the hands
"Let's go to Palermo, Rome,
my little one, on a trip"
and he bounced his legs up and down.
The boy laughed
with just two teeth…

Aunt Dorotea, a wash-basin
in her hands, full to the brim
leaned out of the front door
and threw in a swirl
the turbid lye
into the yard.

"Oh Nino"
she said "I almost
hit you" laughing
toothless.

I greeted them making my way
along the passage between the dunghill
and the water-tank of my uncle
Gerolamo.
    In a nook
of the straw-stack, in the dark,
on dung and urine,
hay stalks, seedheads
of millet, the nanny-goat
of Paolo Ticchiticchi,
old, with her kids
penned in the half vat.

IX
Suddenly, wide open
shutters, day
filled the room
with light: St. Leonard
on one wall, the crucifix,
    and in a corner
a table, two chairs

beside the bed; a plate
on the chest, empty.

"Is it late?" I murmured
– propped on one elbow
                    raising my hand
against the sunlight – drowsy.
"It's a bad morning"
said my mother "a bad one:
suddenly, last night,
Benedettina died."
"Is she dead?" I almost shouted.
"Dead" said my mother
"dead: she was fifteen…."

X
I saw her. She was no longer swollen,
she was stiff, Benedettina:
flat were her flanks and her
belly: a short dress
over her knees
                    and a rosary
in her hand.

Her mother, aunt Maria,
sitting by her pillows,
fat, double-chinned,
fanning her suffocating
face "I can't
think about it…" she raved.
"This daughter of mine so wise,
this treasure…
                    Oh unlucky one…
And how can I find
comfort…"

Grazia the Cuttlefish and Antonia
Copper-face restrained her,
held her arms.

"Who was it, was it me"
aunt Maria said
"who planted the nails
in the Lord, was it me, me,
tell me?"

Uncle Carmelo Alogna,
crouched in a corner,
hands on his knees

kept repeating "she will never come back, it's no use,
she will not" over and over.

***

Aunt Maria, now calm,
in a whisper
started to tell us the story.
"All day at home
she stayed, busying herself,
this daughter of mine: she did the washing
and the ironing and put
the washing away....
                    Then in the night,
suddenly. A rupture
of the heart?
                    Oh my good
daughter..."
                    They held her tight,
the women who stayed at her side,
and tighter
                    – "That's enough, enough...." –
now that aunt Maria,
shaking her head
cried "Oh my own blood,
blood of my veins, my own breath...."

                    I had not been
wary. Sharply
Donna Giulia's eyes,
as soon as I raised
my glance, met
mine: entreating me,
in silence, warning....
                    I looked away,
rebuffed, and took
my leave.

***

Olive and almond trees,
turtle-doves, skylarks.
                    And in the valley
eucalyptus, pomegranates,
gardens and stone walls,
lemons on the ground
going soft

            (Translation: Emilia Ippolito and Paula Burnett)

The Albanian minority in Italy

Albanian migration to Italy started in the fourteenth century. However, it is only from the second half of the following century that groups of Albanians began to establish permanent settlements in southern Italy. Nowadays these Albanians, fugitives from Giorgio Kastriota Skanerberg, call themselves *arbëresh*, speak *arbërisht* and live in Arbri, thus perpetuating the ancient cultural identity of Albania (replaced today by *shqiptar, shqip* and *Shqipëri*). The Arbëresh language is an autonomous branch of the Tusc dialect which is spoken in southern Albania, and is very different from the Ghego spoken in northern Albania. The areas of Italy where the Italo-Albanian linguistic minority live, and where Arbëresh is still spoken, include fifty centres (forty-one administrative districts and nine part-districts) distributed across seven regions: Abruzzo, Molise, Campania, Puglia, Basilicata, Calabria and Sicily. There are no precise statistics concerning the numbers, at present, of the Albanian-speaking minority resident in Italy, nor are the data drawn from the official census adequate or reliable, since as well as the Albanian-speaking people living in centres of historic settlement there are other groups of Albanian-speaking people in the larger cities and regional capitals. The Albanian-speaking community in Palermo, for instance, is undoubtedly the most substantial, numerically, among those in the province of the Sicilian capital. During the five centuries Albanians have been in Italy, Albanian communities have not only preserved their language, which constitutes a rich and precious heritage documenting medieval Albanian, but have been able to raise it to the level of a literary language, imparting to it a status equal to that which was previously – prior to the establishment (in 1972) of Albanian as a standard literary language – accorded to the other principal dialects. Naturally in the course of so many centuries the influence of other Italian regional dialects has been inescapable. However, this influence undergone by the varieties of spoken Arbëresh has been limited to the lexical side of the language, leaving the phonological, morphological and grammatical structures unaltered. Thanks to the passing of national statute no. 482 on 19 December 1999, the Italo-Albanian minority – along with the other minorities – has at its disposal legislation which protects and favours the teaching of Arbëresh in school, which promotes initiatives to support linguistic research, and which solicits the publication of educational material. In Sicily, where three of the nine administrative districts are Albanian-speaking (Piana degli Albanesi, Contessa Entellina and Santa Cristina Gela), these provisions have gone on to evoke a remarkable level of interest from the general public, who follow with commitment and determination the language classes organised by the Department of Albanian Language and Literature at the University of Palermo.

Giuseppe Schirò Di Maggio

Broom has many flowers

One act drama

Note: The events of 1947 referred to are a part of Sicilian history which is still commemorated annually at Portella della Ginestra ("Ginestra" means "broom").

DRAMATIS PERSONAE: PLAYWRIGHT, ANGELA, GIORGIA, MATTEO, VICTIMS, CHIEF OUTLAW, OUTLAW.

The playwright's studio.

PLAYWRIGHT: (*He sits at his computer, writing. Someone knocks at the door.*) Who is it?
ANGELA: (*Outside*) It's us.
PLAYWRIGHT: (*Gets up to open the door*) Who's us?
GIORGIA: (*Outside*) Surprise!
PLAYWRIGHT: (*Opens the door*) Ah, it's you!
ANGELA: Are you waiting for anybody else?
PLAYWRIGHT: No, I'm not. Come on in, it's always a pleasure to see you.
MATTEO: It's a pleasure to see you too.
PLAYWRIGHT: (*Sitting down at his desk*) Please, take a seat.
GIORGIA: Were you writing something? (*pointing at the computer, still on*)
PLAYWRIGHT: Oh, only an idea, I was getting it down….
ANGELA: We're here to make you a proposal.
PLAYWRIGHT: Tell me about it.
MATTEO: We've already discussed it….
PLAYWRIGHT: That's fine!
GIORGIA: Since we're going to celebrate the fiftieth anniversary of Portella della Ginestra,…
PLAYWRIGHT: I'm with you, but go on….
GIORGIA: …don't you think it would be worth writing something for the stage?
PLAYWRIGHT: Loads of books and acres of newsprint have already been written on Portella, and they're already dramatic enough. There's no need for one more drama.
GIORGIA: It wouldn't be "one more drama." It would be our drama, we'd stage it ourselves.
PLAYWRIGHT: It's not easy to write an original play on Portella! It would be like writing a schoolbook: the facts are known….
ANGELA: You could at least try. You already have three characters here.
GIORGIA: (*To Angela*) You mean three actors. The characters are made up by the playwright.
ANGELA: Yes, I mean three actors: then there's the rest of the group…
PLAYWRIGHT: I appreciate your confidence in me, but I'm still doubtful.
ANGELA: Why are you doubtful!

PLAYWRIGHT: It's a delicate subject. Don't get me wrong, please. It's a delicate subject to adapt for the stage. I mean the Albanians from Piana and our neighbours from San Giuseppe Jato and the other villages have lived the tragedy of Portella in the flesh. They have seen their relatives dying, there were even kids, they've seen the colour of blood, they smelt it. Some of the people who were there on that May Day are still alive, even though they're old: they would be a very attentive and critical audience. It's one thing to celebrate this anniversary with speeches, music and songs, quite a different thing to bring those tragic moments back to life—if you manage it at all.

GIORGIA: You could at least try!

PLAYWRIGHT: I don't know…. The subject has been exposed to too much debate already, I don't mean of a political sort, but literary. The text could turn out to be melodramatic….

MATTEO: I don't think so. Every time you've written dramatic roles they've been a success, besides, they mixed in some humour, with a bitter edge, though, ironic.

ANGELA: Maybe you're afraid of not finding the actors who are up to it….

GIORGIA: Us, for example….

PLAYWRIGHT: Oh no, you're first-rate. Tragedy, however, is more difficult than comedy….

GIORGIA: Yes, it's a matter of definition and interpretation, I get you!

ANGELA: This explains your problem: amateurs aren't made for tragic roles.

PLAYWRIGHT: Let's not exaggerate. If amateurs study their role well, they can do very well on stage.

MATTEO: If you don't think we're up to performing a serious drama, then the case is closed.

PLAYWRIGHT: When you take that serious tone, Matteo, you convince me of the opposite. You're already performing the drama of someone who can't perform dramas….

The VICTIMS *of Portella come in:* MARGHERITA CLESCERI, GIOVANNI MEGNA, SERAFINO LASCARI, FRANCESCO VICARI, VITO ALLOTTA, GORGIO CUSENZA, THREE BOYS, A GIRL. *The woman wears the traditional black dress, the others wear the good clothes of May Day 1947. The* GIRL *is dressed in white. The six* VICTIMS *from Piana come centre-stage. The* THREE BOYS *and the* GIRL *stay a little to the side.*

M. CLESCERI: Here we are, conjured up by your mind, even though you didn't call us by name… We were on your mind, and the mind is the element we can pass through with ease…

ANGELA: I'm scared.

GIORGIA: Who are you?

M. CLESCERI: Can't you see? We are the victims of Portella della Ginestra! Us, from Piana, and the four kids from San Giuseppe Jato…. (*pointing at the* THREE BOYS *and the* GIRL)

PLAYWRIGHT: Why are you here?

G. MEGNA: You were thinking about us, and here we are…

PLAYWRIGHT: You've come too soon, I haven't made a decision yet.

G. MEGNA: Then make it. We don't want to be conjured up for nothing.

PLAYWRIGHT: That's exactly what I was telling my friends. I don't want to summon you for nothing!

M. CLESCERI: Yet now that you have, you should write our drama.

PLAYWRIGHT: That's exactly what I don't want to do; I don't want to make people die on stage, not even in pretence!

G. MEGNA: But we're already dead. We only want our violent death to be remembered.

PLAYWRIGHT: So much has already been written about the massacre of Portella della Ginestra!

S. LASCARI: I'd like to say something, too. So much has been written on the massacre of Portella della Ginestra, but more on the political aspects than on the human dimension, I mean, than on the real, painful death of each and every one of us….

MATTEO: I don't think so. Here in Piana you have been commemorated as single individuals, who died in the slaughter of Portella! Your names are engraved in stone and in people's hearts! And in the books and articles written about you there is emotion and drama.…

S. LASCARI: I know, it's true. Yet I don't think you could ever write enough about us, the defenceless and unwilling victims….

M. CLESCERI: (*To the* PLAYWRIGHT) If you find it difficult, or worse still, to make us die on stage, then try to bring us back to life….

PLAYWRIGHT: It's the same thing. I still need actors….

GIORGIA: That's a good excuse. You already have three here, and the others are ready to take part in the play….

PLAYWRIGHT: It's not that easy. Let me give you an example: which of you three is ready to play the role of those who died in the massacre? (*waiting for an answer*) Aren't you going to answer me? It's straightforward: which of you is ready to pretend to die on stage? How about you, Angela?

ANGELA: Why are you making everything so complicated?

PLAYWRIGHT: I'm not. I'm only asking whether you would be ready to fake death on stage!

M. CLESCERI: I think I've got you. If the actors refuse, they're right to do so. Nobody wants to die, not even in pretence. You can't perform death. Death, in particular a violent one, comes upon you like a mountain, crashing down on you and crushing you…. Myself, for example, I had my life, I had my dreams, I mean my dreams were for my six children, for their future: I could never have imagined becoming the victim of someone else's hatred. (*Film images representing Portella are projected, showing the victims falling.*) I don't even know who killed me. I felt a pang in my chest: I put my hand to it, and touched a warm fluid, my blood…. To say that blood was a red carnation, or like the red of the workers' flag is like making poetry out of it. That was my blood, it was no poetry: the blood of a thirty-seven-year-old woman, a daughter of the people. I was there, in Portella, for the May Day festivities. (*Scenes of the festive beginning of the demonstration are shown.*) I wanted to be there, to take part, show my support by my physical presence…. Instead, I died! I know. My presence is eternal now, there, on the slopes, between Pizzuta and Kumeta; yet will that ever be a consolation for my premature death and for leaving my six kids alone? Do you understand? Six children, six times the bright future I dreamt for them? Instead, I died! And those four children from San Giuseppe Jato (*pointing at them*), they were killed, just like that, at a most tender age, can you see them? I took those poor children with me, like my own children: one of them was nine: do you understand?—nine years old!—the boys were a bit older. What kind of a world did we live in? What kind of world do you still live in, since that happened?

F. VICARI: (*To the* PLAYWRIGHT) I don't know what you would like to write, but couldn't you translate into words what I, and they, felt, when I was shot? The incredible pain of seeing your young body broken, and the even greater pain of having to forcibly, and I mean forcibly, of having to forcibly quit life at the age of twenty-three, when you've everything ahead of you, even though your future is uncertain, even though you'll have to struggle who knows how long, to be able to live from your work in a dignified way? I challenge you to find an actor who can reproduce my sensations when the bullet, or bullets, who counted them! tore into my flesh! (*More images of confusion and death, from the film on Portella*)

PLAYWRIGHT: That's the reason why I think it's impossible to write a drama, or rather, an adequate drama….

V. ALLOTTA: I was twenty years old then. How can it be possible to have to die at the age of twenty! I was always eager to celebrate with my friends and companions—and who isn't, at the age of twenty!—then, celebrating consisted of eating cooked artichokes, the first beans of the season, some pieces of cheese, brought by friends—we didn't produce any cheese of our own. My mother had given me a big loaf that looked like a full moon: a one-kilo loaf! You ask whether I would have managed to eat it all. Can you doubt it? Of course I would have managed! If I'd had some more time! I felt as if the whole mountain was ripping into my flesh! Flesh only twenty years old, my god! A shot doubled me up! Just one thought was on my mind: my mother, where is she? I thought my mother could have tried to stanch the blood, which was flowing out of my body as if from a spring: yes, the spring of "te Kroi i Badeut" actually came to my mind: there, it's water that flows out just the same!

G. CUSENZA: I was forty-two when it happened. I was the oldest of them. If somebody had asked me to give my life for the cause, I might have said no. Instead, I gave my life for real. The fact that my own blood, like that of my friends, has contributed to the workers' cause, is my only comfort for the pain I suffered in losing my life. You want to make a play about our tragedy. I'm not sure what that might be good for. I wouldn't want us to be one of the festivities that are meant to turn Piana into an important tourist attraction. I mean: let's be serious about this. It's one thing to attract tourists at Easter or Epiphany, a different thing to get them to come on May Day. We'd like to be treated not like monuments to be visited, but as people, who still have something to say to the coming generations.

S. LASCARI: I'm curious to see how you would represent me, dead at the age of fifteen! But I was already a man, a worker! To die at the age of fifteen, does that make any sense?

PLAYWRIGHT: That's why I think it's difficult to put your story on stage.

M. CLESCERI: In any case, whether you hold a festival or write, it's still a way of commemorating us, dead up there, in Portella. Even though newspapers will report this fiftieth anniversary, even though books will be written and films made, a symbolic flower, like a drama, is a sign of love. You see, broom—*ginestra*—"our broom," has many flowers: they have blossomed and grown, for the past fifty years, on its green branches. You would be adding one more flower to that broom…. If you don't write anything, a chance to pay homage is missed.

ANGELA: But who can play your role! I'm beginning to agree with the professor: nobody will be willing to play your role, in particular, dying on stage, even though it's just an act.

GIORGIA: Put like that, the problem is hard to resolve. Who can express adequately on a stage the pain of losing your life, I mean not only the physical agony, but the terror of having to leave this life….

MATTEO: Then let's forget about it.

M. CLESCERI: To do nothing is to miss a chance to pay homage, it's a non-event! Why did you actors come here, then?

ANGELA: We didn't think it would be so difficult to speak about you....

GIORGIA: We weren't in your shoes....

M. CLESCERI: You never could be in our shoes: your play is only a fiction, but a fiction can at least serve to conjure us up, even on a theatre stage.

MATTEO: But from now on, no-one could imagine, from the text, that the actors would be up to it....

M. CLESCERI: I don't think even professional actors would be up to representing us on stage....

A curtain opens in the studio; the CHIEF OUTLAW *is seated, the* OUTLAW *standing next to him. Both of them are armed and masked. Everybody else is surprised. The victims of the massacre withdraw towards the back of the stage. There is an embarrassing silence due to the presence of the two* OUTLAWS.

PLAYWRIGHT: Who are you?

CHIEF OUTLAW: Who are we? I don't know. You tell us.

PLAYWRIGHT: Why are you armed and hooded?

CHIEF OUTLAW: If I'm to play my part, I want to remain unknown.

PLAYWRIGHT: I don't want any of my characters to be unknown. Take your hood off.

CHIEF OUTLAW: We can't. We've been commissioned to carry out this deed as a warning. It demands skill and secrecy: we can't take anything off. Because you show the victims, it is vital that the killers be represented too! And we're the ones from the ambush!

PLAYWRIGHT: I can't stage a drama without knowing who I'm dealing with! And anyway, I have no intention of staging anything: I don't want to let you shoot defenceless people even in play!

CHIEF OUTLAW: Defenceless? These people aren't defenceless! These people are dangerous. They are people who think. Who have begun to think, maybe. But think. They have thoughts, ideas, ideals! They are dangerous people! Day by day they grow in numbers; they become a crowd, a populace: a populace that thinks is dangerous! My duty is very simple: to shoot ideas! If I manage to shoot these people in the head, it's even better: that's the centre of their thoughts!

PLAYWRIGHT: But are you actors or characters? From the way you speak, you sound too committed to what you will be doing!

CHIEF OUTLAW: I've learnt my part well. I'm an actor when I act on someone else's behalf, and a character when I act for myself.

PLAYWRIGHT: And in this case?

CHIEF OUTLAW: I've been sent to teach the people of Portella della Ginestra a lesson. They told me to shoot into the air to frighten people. Everyone is scared of shots! Of course an accident could happen and a bullet might hit the crowd, I was told! Shoot into the air! What's the point? If I were to play the part of the actor who shoots into the air: bang! my role's finished! I want to put something of my own into it. This mob doesn't deserve anything else! I will lie in wait beside the Pizzuta mountain face and get them to take good aim! This May Day I'll be the one who calls the shots! (*Footage of the* OUTLAWS *lying in wait is shown.*)

PLAYWRIGHT: Take off your hood!

MATTEO: They can't: evil has no face!

ANGELA: Too easy: evil does have a face, or to put it another way, evil is a real person! Whether he's the one creating evil through his own initiative, or whether he's just an agent sent by someone else, I don't think it makes much difference.

GIORGIA: That's true, but who is more guilty of the evil perpetrated, the agent or the instigator?

MATTEO: It seems logical to me that the instigator is more guilty! He's the one who gives the orders. The other just follows the orders of the instigator! If you only condemn the one who carries out the crime, the instigator can get hold of another agent: the source of evil is the one who gives the orders!

CHIEF OUTLAW: Big things were promised to me: as I said, they asked me to do a job, but I will put something of my own into it. Am I making myself clear?

PLAYWRIGHT: I have no intention of writing a drama with characters who cover their faces, who don't want to take off their masks!

CHIEF OUTLAW: So who are you to ask me to take off my mask! Maybe one day history will be revealed in all its detail: who played this part, who played the other! But things like this are never done in the open! Say you find out who the instigators were after a hundred years! What use will it be! Can it change history? And will they ever find the instigators? Here and now, what counts is the practical consequence of the shooting: a few dead bodies and you stop a whole people! In a hundred years, even if the truth came to light, it would only serve to embellish the history books! If they found out the truth, perhaps, in ten years' time, that could have better results, but in a hundred years it'll be no use!

PLAYWRIGHT: Gentlemen, I have work commitments, I'd like this discussion to end now!

MATTEO: Aren't we going to do anything?

PLAYWRIGHT: Are you prepared to play the part, on stage, of course, to play the part of the outlaw who fires on a festive, defenceless crowd?

MATTEO: Frankly, no!

PLAYWRIGHT: So where am I going to find the actors? Nobody wants to take on the burden—but also the honour—of representing the victims, their agony on stage, the anguish of being on the brink of death, the anguish of not having lived in a just world, of having to leave six young children behind without anyone to look after them! Nobody wants to play the part of the aggressor who fires, with premeditation, on defenceless people. Do you want to tell me how to stage a drama without actors?

The curtain closes, and the CHIEF OUTLAW *and the* OUTLAW *vanish while the* VICTIMS *reappear.*

M. CLESCERI: What are you going to do?

ANGELA: Nothing!

G. MEGNA: We could tell you a few things about the moments leading up to the massacre, surely no one could describe them better than us: as for the moments after the massacre, we don't know. We were already dead...

G. CUSENZA: On May 1st, at dawn, the sky that day was the same as any other day: a patchwork of blue spaces and pure white clouds, but the horizon was clear. I'd scarcely poked my head out, to see what the weather was like, when a woman from the neighbourhood, still half asleep, said good morning to me, but she was upset. She came up to me and told me about the dream she'd just had, and said that dreams dreamt just before dawn come true! But I only realised this afterwards. I'm not the superstitious type, who needs it! But my neighbour insisted on telling me about her dream: she dreamt that the enormous face of mount Pizzuta was enveloped in darkness—you know how dark the Pizzuta looks on nights with no moon—and here and there faint lights were kindled, they seemed to me like candles, she said; small votive candles lit up: it was as if a giant hand had lit them with a match: one moment at the foot of the mountain, then along the sides and then as if virtually at the summit: as if the Pizzuta was a cemetery on the 2nd of November, when women go and light candles to the dead. My neighbour begged me not to go to Ginestra and not to let anyone else go either; she'd already almost convinced her husband and children not to go. But who believes a woman's dreams? Both her husband and her children went to Portella, like all those who'd organised the May Day celebrations. Perhaps someone in Piana knew what was going to happen. But because of the climate of fear and uncertainty caused by the political and social struggles of the time, you might have guessed something was going to happen in Portella. Anyway, I didn't take the woman's dream that seriously. I got ready quickly and went to meet the others....

F. VICARI: It was nice to see all those people going along in such an orderly way, filling the main road all the way from the *Kryqja*[1] down there, some riding on decorated donkeys, others on foot, dressed in their Sunday best, up towards the main square and then along the road that leads to Ginestra. And there, in Portella della Ginestra, all the workers from the nearby villages gathered: they came up from San Giuseppe Jato, San Cipirello, Partinico, and met up with their comrades. Because we all felt like brothers with a common destiny: us lot from Piana, *Arbëreschë*,[2] others from nearby villages, *Lëtinj*,[3] we fought to improve conditions for everyone, because when it came to work and employment none were favoured over others: we were all in the same boat. The predominant colour was red: the workers' red flags; but not everyone was a communist or a socialist, there were no differences yet, and people just came up to Portella for a day out. In fact, everyone was there: young and old, men, women, children....

G. MEGNA: I was wearing my new suit, I only had one, but for me this was the main festival of the year, like Easter! Those who had brought artichokes to Ginestra were sharing them with everyone, just like they were doing with the country loaves and other things: it was a really good-humoured outing! I was only a little way from the Barbato Rock,[4] where those who had to give the speeches were standing. Friends and comrades in death, let's stand in the same positions as we did just at that moment of the gathering before they opened fire. (*He invites the other* VICTIMS *to take up positions round about.*) So you might get some idea of the commotion of the instant, before and after.... (*Film scenes of the beginning of the meeting are projected.*)

M. CLESCERI: I think I was standing just here in relation to the Barbato Rock and was listening to the speaker....

V. ALLOTTA: I must have been here, on the Pizzuta side. When they fired, the shots came from the Pizzuta.

S. LASCARI: It seemed to me that they came from the Kumeta; but perhaps it was the echo of the shots. Some people said it was bangers let off in celebration, but they were from nearby villages, *Lëtinj*. In fact, someone from the organising committee couldn't explain what the fireworks were about, as there had been none planned, and being from the organising committee he didn't know anything about it! And also, the meeting had only just started....

F. VICARI: And I was over on the Pizzuta side; I couldn't explain all the volleys. At first I thought it might be hunters, taking advantage of the holiday by going on a rabbit hunt....

V. ALLOTTA: What happened then was like the end of the world! Like when a squall of wind hits the ripe wheat of June in a fury, making it bend and fall, in the same way the crowd were bent and scattered! But this is all I saw... then I was hit.
(*Film of the confusion following the shooting is shown.*)

The VICTIMS *move to the side of the stage, while the* CHIEF OUTLAW *and the other* OUTLAW *come forward side by side from behind the curtain.*

CHIEF OUTLAW: (*hooded like the* OUTLAW, *his gun aimed*) We could have killed hundreds of them, once and for all, but we just wanted to teach them a lesson! A lesson slaughters some and softens up the rest! I was saying "fire, fire, fire" and the shots were showering down like hailstones....
(*Film images of the* OUTLAWS *shooting are projected.*)
PLAYWRIGHT: I don't like violence at all, not even on a theatre stage! There at Portella, you fired on defenceless people!
OUTLAW CHIEF: Wasn't their action violence? The crowd is violence! Their preaching, their speeches were violence! Demanding, demanding, demanding! We want this, we want that!
PLAYWRIGHT: It's not the same thing: the power of the idea, to set against another idea, is what gives life to democracy!
GIORGIO: I agree, this is a drama that cannot be staged! The aggressors are still hooded: what kind of contribution to the truth can a play like this provide when some of its protagonists wear hoods! (*The* CHIEF OUTLAW *and the* OUTLAW *vanish slowly.*)
MATTEO: (*to the* PLAYWRIGHT) I give up on my idea of asking you to write something about Portella! And anyway, how many Portellas have we had in Italian history in these last fifty years! How many people wearing hoods! How many massacres have there been in Italy with many more dead than in Portella! There's an incredibly long list!
PLAYWRIGHT: Yet the blood of the martyrs has strengthened our democracy! If today we live in a more civilised society, we owe it to the sacrifice of those who died as involuntary heroes, common people, people thirsty for justice! The victims of the other massacres of the last fifty years have also grieved us, but maybe because Portella della Ginestra was one of the first and so close to us, its memory is always alive and tangible!
ANGELA: "Blessed are the people who don't need heroes!"—said someone whose name I don't remember.[5]
GIORGIA: Unfortunately, though, there always have been heroes and perhaps there always will be, because fundamentally—sorry about the cliché—man will be wolf to man,[6] and my apologies to the wolf!
PLAYWRIGHT: Well, we won't do anything about it, then: I don't think anyone feels like putting themselves in the shoes of either the victim or the aggressor, even as an act. The only thing to do, it seems to me, and the most peaceful, is to join the official commemorations, which temper the victims' real pain, both physical and moral, with heroic idealism. Considering I'm not in a position to stage such real suffering, I won't take up your invitation to write about the martyrs of Portella.
ANGELA: In any case, the memory of our fellow citizens and the kids from San Giuseppe Jato will be everlasting, everlasting like the stones with human faces erected in the square at Portella.

GIORGIA: Instead of commemorations, I'd rather events like those at Portella never happen again!
MATTEO: We must be strong in hope.

The ACTORS *and the* PLAYWRIGHT *move towards the side of the stage. The* VICTIMS *of Portella, including the* LITTLE GIRL *and the* THREE BOYS *from San Giuseppe Jato, come forward to the front of the stage, smiling, hand in hand, while on the screen run images of the landscape of Portella della Ginestra as it is today.*

[1] *Kryqja* in Albanian means Cross. As in many Italian villages, in Piana degli Albanesi at the entrance of the village there is a Cross on a pedestal, a symbolic way of protecting the inhabitants. The Cross is positioned to the east of the village, at the beginning of a very long uphill road that leads to the main square.

[2] *Arbëreschë* is the Albanian word used to describe Italo-Albanian people, i.e. those Albanians whose ancestors emigrated to Italy a long time ago and who constitute the Albanian minority in Italy.

[3] The Albanian word *Lëtinj* translates literally as "Latins" and is used by Italo-Albanian people to refer to Sicilian or Italian people, or foreigners in general, as opposed to Albanians. Italians are referred to as "Latins" by the Albanians also within a religious context, given that Latin was the language used in Italian religious rituals. On the other hand, local Sicilian people sometimes refer to Italo-Albanians as Greek, because although Italo-Albanians are also catholic, they use the Greek language in their religious rituals.

[4] The Barbato Rock is in Portella della Ginestra and is named after Nicola Barbato, a socialist deputy who used to stand up on it and speak to the workers from all the nearby villages. Nicola Barbato was one of the organizers of the movement called "Fascio dei Lavoratori," the "Workers' League," which was active in Sicily towards the end of the nineteenth century.

[5] See Bertolt Brecht's play *Leben des Galilei / The Life of Galileo,* sc.13:
    Andrea: Unglücklich das Land, das keine Helden hat!…
    Galileo: Nein, unglücklich das Land, das Helden nötig hat.
    [Andrea: Unhappy the land that has no heroes!…
    Galileo: No, unhappy the land that needs heroes.]

[6] The allusion is to the Latin saying which has remained familiar in Italian culture, usually given as *homo homini lupus,* from Plautus, *Asinaria,* II.iv.88: "Lupus est homo homini, non homo, quom qualis sit non novit" ["Man behaves like a wolf to others, not with humanity, of which he knows nothing"].

(Translation: Emilia Ippolito, Paola Marchionni and Paula Burnett)

Galician in Spain

Galician is the language used by about 2.5 million speakers in the north-western area of the Iberian Peninsula, most of the population of the autonomous region called Galicia. It is a romance language that developed from Latin and was first documented in legal and poetic texts in the 12th century, and it did not become distinct from Portuguese until the 14th century. Between the 16th and 18th centuries it almost totally disappeared from written documents, but in the mid-19th century there was a strong renaissance of Galician language and culture. Although Galician was declared the official language of Galicia in 1936, the Spanish Civil War did not allow the implementation of the law concerned, and it was not until the Spanish Constitution was approved in 1978 that finally Galician was declared joint official language of the region, together with Spanish. According to the figures provided by the Junta, the autonomous government, more than 83% of the total population of Galicia speaks Galician, 46% can read it and 27% can write it. In recent years there has been a sustained effort to raise its prestige and encourage its use, and as a result there has been an increase in the number of publishing houses now editing books and publications in Galician. *O correo Galego,* a newspaper fully published in Galician, was founded in 1994, and there has been a regional Broadcasting Corporation since 1984 with Galician TV and radio programming.

Ana Romaní

Knots

1

She plants herself
in the middle of the pillow

this ruined woman
rashly
holds up a light
to illuminate the wound
slit open in
the blankets

She looks at her swollen belly
her hard, debilitating
pregnancy.

2

Tightening the rope
pulling the cable

let it break

Who will be hanged from the mast?

3

That woman
who is hanging from the furthest floor
beyond the scaffolding
in order to wipe away with her vertigo
the filth marks
the traces of fear

4

Cruel illusion
the desert that is explored
down into its bowels   delving
into the dry earth of muteness without name
– What is your voice? –

she digs deeply with her hands
confused in the silence   delving

for grief itself:
to probe and press likenesses
to drink the dregs of rage
and thus to discover deceit

5

The habits of the young girl who wears sandals in December
she who asks no questions, neither knowing nor wanting to know
who all alone licks stalactites with a fierce apathy
whom the goddesses abandon in her princess's album
That woman winds herself up
and flings herself into space
like when she used to play with dolls and grew up and lost her skipping-rope
as when the tide broke and there rushed from her mother
the rivers that ran inside her

6

I dreamed one day that I used to exist and I punctured balloons
now I deflate my false pregnancy
and secrete gases amongst the cracks in the foundations

(Translation: Claire Tylee)

Xavier Rodríguez Baixeras

Without Zeal

From now on your lips will no longer be sandy
nor your breast, nor will the fragrant crags
open themselves up like fists at low tide.
The depths of your chalice are discharging black dregs.[1]

The cataclysm that excites the stubborn assault
of excrement, is cherished by your princes
when they concoct the variable direction of the winds,
when they grope, irritatingly, at agony's splendour.

Black wave, lugubrious spume, this is the future
of your star, fallen into the exile of some blank well,
bird-voice poisoned, a stain about which we write
with despair the vilest, most nauseating verse.

In you words are stranded, dismally; affliction resounds
from the membrane of the night, and silence
is spilt over vessels sullied by the ink
of what is written without zeal, futile and superfluous.

[1] At the end of 2002 the coast of Galicia suffered from a huge oil-slick.

(Translation: Claire Tylee)

Chus Pato

Disdainful Swans, like Icebergs

Swimming through the sea, the inexplicable tide, strange cetaceans
cosmic reflections of the philosophers in the garden open to the Cyclades
prophets of the ocean
ships bound for Armorica, Cornwall, Ireland, Scotland, Wales
motto of Burgas
Nestorian convents, cypresses from Salustio
the elegance of a portico in a barren landscape
black blood which reddens in the prison of Treveris
the doctrine of the Aeonians: Procule, Urbica, Eucracia, Hypatia, Trahamunda,
          Egeria.
Grimacing fish with the letters and numbers of omens
the reign of terror, the final Romantic despair,
the heart of Bruce, the King
BE TOM ATRON SAMBIANA, ATRON DE LABRO
the ebb-tide of an equator: Brazilian, Congolese, Hindustani, Malayan
the metamorphosis of Adonis-Atis
ladies' dances
politics
science
Investitures
the imperial Diet
the tiara with three coronets.
The rapid currents of the Gulf Stream,
and harsh shoals, and rough breakers

That is how I imagine paradise to myself
paradise is a place walled in
paradise is entered by osmosis
in paradise there are doves and the net for catching doves
there is vegetation
it could be a wasteland
a book
a path
– to be born, emerge forever in a strange land

so the star is two
Earthly
squared
four

(Translation: Claire Tylee)

Arabic in Spain

Arabic is one of the oldest living languages in the world and there are more than 200 million speakers of Arabic throughout the world. It is the official language of many countries in northern Africa and in the East, and while they all share the same written language their spoken dialects are widely different. This Semitic language that reads from right to left appears in written documents as early as the 4th century in Arabia and it has had a long and rich literary tradition since then. Arabic was the language of part of the population in the Iberian Peninsula between the 8th and the 15th centuries and its influence upon contemporary Spanish is quite significant, in many commonly used words as well as in toponyms. At present the speakers of Arabic in Spain are people who came to the country as immigrants quite recently. According to the official figures of the Minister of the Interior for 2001, there are 1,100,000 foreign residents in Spain, a figure representing 2.5% of the overall population of the country. Among foreign residents the largest group is that of Moroccans (234,937), and thus the great majority of the more than 300,000 speakers of Arabic in Spain today come from Morocco, most of them immigrants who arrived in the 1990s (a decade ago the figure for Moroccans was around 20,000) as non-specialised workers. The number of foreign residents from other Arabic-speaking countries such as Algeria, Tunisia, Egypt, Syria, Lebanon or Iraq is significantly smaller.

Abdulhadi Sadoun

Tank Carpets

How pacifist the people here are,
offering both cheeks,
if they had more they would offer them all
to their destiny;
meanwhile, your lips search
for words that recollect.

Here
people do not know evil.
It's better for them to be cooped up in boredom
– I almost prefer their meekness –
since they have known no wars.
It is as if Spielberg had not invaded
with his dinosaurs.
They do not bleed to death over the tunics of Kubrick.

I say to them:
– Whatever shall I do with your bits of intelligence!
And I take cover under their umbrellas.

Here
they grin a lot, without fear,

they touch my growing beard
and burst out laughing:
– Talk to us about what you know, about your carpets.
C...A...R...P...E...T...S.
and they draw the word out like a bale of cloth.

People, here,
mistake me for a story-teller
and they generously carry me
in their arms,
with kindness.

(Translation: Claire Tylee)

Talat Shahin

The Star Fell From Your Hand

To the Poet Amal Dunqul

I see on your breast the blood clotted
in the pupil of the star of the night,
dream and blood in the throat of the valley.
You…, fallen,
   killed at noon.
They cry for you, the canals of the Nile,
  the sun,
    the palms.
You are the scattered promise,
You…, time conquered.

* * *
Do not look back,
the star fell.
It fell from your hand,
  to be pinned to your chest.[1]

* * *
Your wife used to give me warmth in the night,
your colour would grieve me in her eyes,
tormenting me.
I forgot about stale bread,
about the salt-deposit
on lips dried by desert thirst.

* * *
Your colour would grieve me in her eyes

your wound encircled me when we caressed,
          it was infectious.
I shunned you on finding you tender at heart,
          outlined in the tattooing of the night,
I fled on realising you to be a child who runs about
collecting salt from the desert,
the star from the sea, and hairs from horses' manes.

* * *

Now it is winter,
your wound bleeds,
          trembles,
          draws a child,
          writes poems,
                    a nation.
The veil of the night is drawn back
and it sings in the silence.

* * *

When you went,
                    weren't you hiding your face from the silence?
          or were you swimming in dead time?

* * *

Do not look back,
the star fell,
          it fell from your hand,
                    to be pinned to your chest.

---

[1] There are two people speaking in the poem: one is the dead poet. The identity of the second is hidden: it is Sadat, the former President of Egypt, of whom it is said that he embarked on the war of 1973 not in order to liberate the Egyptian territories occupied by Israel, but to decorate himself with a medal. He devised it himself and called it "The Star of Sinai." He was wearing it when he was assassinated in October 1981 after having imprisoned thousands of Egyptian intellectuals, amongst whom was the poet, Amal Dunqul, who died a few months later.

(Translation: Claire Tylee)

Mahmud Sobh

Mill of Longing

To my son, Tarek

Oh, Toledo… Toledo…
Here I am, anchored in your moat,
straining to see you come
to ransom me from the clutches of Time
from the viscous earth.
Still I wait deep down in the ravine,
with no hand stretched out toward me;
seeing only
your masts gleaming from afar,
like a beacon lit on a hill.
Open up for me, Island of Light,
even for an instant,
the Temple
and the houses of the Lord.
Son of Galilee! since I was born
I have carried the cross
and drenched Golgotha with my blood.

Oh, Toledo... Toledo...
I thirst.
Is there no drop to soothe me?
My farm, there in Galilee,
is no longer my farm,
and my pitcher has long been dry.
Oh, gate of History,
my story ended
when I forgot my name.
Take me on your lap
floating among the waves.
Clasp me to you.
They have forbidden me
the taste of my Land,
the wine of love,
the warmth of my hearth.
Take pity on me.
I am like the Mill of the Moor in your vale,
Mill of Longing.
Windmill of La Mancha,
without sails
or flow.
I am a question mark,
the countenance of the Sad Knight.
A futile puzzle.

As if I were the Tagus itself,
which, for fear of being overwhelmed,
winds itself into an anklet around your feet.

Oh Toledo… Toledo…
When you let me cross under your archways
every arch was like a knife blade.
And, like a damascened sword,
coloured by the sadness of Damascus,
every corner.
Your lamps
looked daggers of hate at me.
My shadow denied me
and I pursued him.
But, behind me, he came running.
He swore by the hand of Christ of La Vega
that he had never seen me,
never heard my story;
that I did not carry the Cross, like Him,
for even one day;
that I did not bear the weight of my tragedy
nor walk in Galilee.
And so I did not become the earth
of my native land.

Oh Toledo… Toledo…
I am at the point of death!

Oh Toledo… Toledo…
Here I am, anchored in your moat,
straining to see you come.
Here I am
once more as farce.
I come to you
Nazareth.
Where is my sepulchre?

What is the lost soul called
who loses his Home!

Oh Toledo… Toledo…

(Translation: Claire Tylee)

Amazic

Amazic people (also known as Berbers) lived in northern Africa before the Arabic invasion in the 7th century, in the area from the Canary Islands and the Atlantic Ocean to the western end of Egypt, and from the Mediterranean to the Senegal and Niger rivers and the Tibesti mountains in the south.

The presence of Amazic is still significant in Morocco (more than 50% of the population) and Algeria (almost 25%) with areas of a great concentration of Amazic speakers. The estimated total number of speakers is about 20 million people, although statistics are not fully reliable given its unofficial status. In Amazic the name of the language is really "tamazic" and its speakers "amazighen," which means "free people." It is a Camito-Semitic (or Afro-Asian) language, and it shares certain characteristics with Hebrew and Arabic in its phonology and morphological structure but with great differences in vocabulary. The influence of Arabic is more clearly felt in the north, where the influence of Latin is also important, due to the long years of Roman occupation.

There are several varieties of Amazic: in the north of Morocco *tarifit* (with more than two million speakers) and in the north of Algeria *teqbailit*. In the south we find *tamazight* and *tacelhit* (known to Arabic and French speakers as *chelha*). In the Sahara area we find *tamaceq*, spoken by Tuareg people. *Tacelhit* is the variety with the richest literary tradition in writing, with documents in Arabic script dating back to the 16th century. *Teqbailit* is the variety most widely supported at present, with the publication of books and magazines, and also the most openly defended in society.

Most of the immigrants coming to Europe from North Africa are from the Rif area and speak *tarifit*. At present most writings in Amazic use mainly the Latin alphabet. For symbolic purposes *tifinagh* is increasingly used. Amazic is the official language in Niger and Mali (where Tuareg people live), but it has no official recognition in Morocco, Algeria, Tunisia, Mauritania and Chad, which has given rise to movements in defence of the language. After several events in 1995, a High Commission for Amazic was created in Algeria with the purpose of restoring that culture as an essential part of Algerian life. People connected with Amazic culture have lived in Catalonia, Valencia and other areas of Spain for centuries.

Karim Zouhdi i Mahmoudi

Candixa[1]

On a night that seemed to have no end
The universe dressed itself in marvellous attire
Sewn with threads of half-light and gazelle-horn
Stones made of stars and pure silver
The trees kept silent and the sea had frozen over

Flashes of lightning had blinked and thunder-claps argued
The *jujus* were shouts of joy and a mysterious sound
The ground trembled and the mountains moved
When Candixa appeared galloping on one foot

Dragging chains and carrying from the mountains

A loadful of bones from the next life
Scraps of skin and river corpses
The crowd rose up, the young as well as the old
The women carrying children on their shoulders
The waves flared up on the rocks

And a bride-to-be appeared in her best jewels
With a belt full of salt and unpolished stones
Dancing and singing a fabulous song
In a sweet voice following the melody of a flute
Candixa took fright and fled towards a hill

Mouth spouting fire and body heaving
With goats' feet and woollen fleece
Eyes shining like red-hot coals
Mouth as large as the crescent moon
And hair tied back behind

Like chains in a cat-o'-nine tails
The elders came together
They sacrificed a lamb and a sheep
And a pair of receptacles full of blood
So that those who drank could be healed

A young man stood up and shouted forcefully
As if throwing stones:
Candixa is an old lie
Like a summer-cloud that sheds no rain
Like the face of a night with no dawn
Candixa is a lake from which mist rises
Impalpable, which fingers cannot rake

---

[1] Aixa Candixa is the name of a legendary woman in North Africa. Some of the poem's elements have a traditional meaning, e.g. the goat as symbol of resistance.

(Translation: Claire Tylee)

Gun

The Gun are an ancient people from the Gulf of Guinea who inhabit the south-east area of the Benin Republic (formerly Dahomey). Before French colonisation they founded a kingdom with its capital in Hogbonu ("the great gate"), today Porto-Novo. They are one of approximately thirty socio-cultural groups with a distinct linguistic identity who live in the Benin Republic. The so-called "gungbé" (that is, the language of the Gun) belongs to the same family as Fon, Aja, Yoruba, Xwla, Ayizo, etc, all of them originating in and influenced by the linguistic basis of the cultural grouping known as Aja-Tado (located in the Gulf of Guinea and extending over land belonging to present day Ghana, Togo, Benin and Nigeria), with populations that emigrated in the early 16th century to the green areas of the Gulf and finally settled down in the region they occupy today. 11.6% of the Benin population speak Gun.

Gun is a tonal language like most of the languages in sub-Saharan Africa. Through their oral tradition African peoples have created a literature in their own languages—a total of 1,500 have been classified in the African continent—which has flourished in very varied genres such as heroic stories, legends, ritual songs, etc., that, due to the lack of a writing system, have usually been transcribed using Latin or Arabic scripts. It is, then, a phonetic transcription that attempts to represent languages in which tones play an essential role, since in these African languages the different tonal levels (high, middle, middle-high, low) are crucial for understanding the message they are conveying.

As to the writing of the Gun poems presented here, the author has tried to transcribe them using Spanish phonology, leaving out diacritics and other linguistic marks to avoid as far as possible the problem created by writing down tones, since she has not used the specialised marks of linguists and anthropologists—difficult to understand for non-specialised readers—and she does not think it appropriate to use musical notation on a five-line stave, or at least a three-line one. The reader should therefore be aware that the writing down is only an approximation to the actual reading.

Agnes Agboton

Far Away

Far away, so far away
The warm cloak of the wind
and the sweat that soaks the earth.

Far, far away, so far away
The palm-trees of Seme-Podgi
and the blood that makes tracks.

Far, far away, so far away
The red earth that embraces my people
and slowly drinks the water from the *yoho*.[1]

Meanwhile, morning chills my dreams
and my naked feet drag themselves
along these floors that have no thirst.

Where, where is the red earth,
the blood of generations,
the burning palm-wine of the gods?

Where, where is the red earth?

[1] *Yoho*: family altar.

Song of Difficult Love

I

My eyes search nakedly
in the land of masks
where even the smiles go in disguise.
Are there on your naked body the remnants of distant clothing?
Are your hands, too, sometimes in disguise?

II

Your eyes on the swing
go from smiling to weeping.

Smiles full of tears,
crying between the laughs
and always leaving a little chink
for surprise.

Your eyes on the swing
go from smiling to weeping;
go from weeping to smiling
and open wide in surprise.

Your eyes on the swing.
Black flowers,
laughing and weeping.

(Translations: Claire Tylee)

Catalan

Catalan is a romance language related to the other languages that developed from the Roman occupation of the peninsula. The romance language most remote from Catalan is Romanian and the closest one, Occitaine or *langue d'Oc*, the vernacular language of southern France. From a linguistic point of view, apart from several differences in consonants and graphic system, the major difference between Catalan and Castilian is the phonetic system that consists of eight vowels instead of the five vowels of Castilian.

The first written documents may date back as early as the 7th and 8th centuries, although the language might be older in its spoken forms, since these documents include the kind of elaborate Latin that did not reflect the spoken language. There are numerous documents written entirely in Catalan dating back to the 11th century. In the 12th century we have the first literary text, the *Homilies d'Organyà*, a collection of sermons, followed by many poetic texts. Three periods can be distinguished in the history of Catalan language and literature: the national period until the 15th century, the decline (16th through 18th centuries), and the renaissance (19th and 20th centuries).

In the Middles Ages Catalonia was an independent country within the kingdom of Aragon, and Catalan, then spoken by 85% of the population, had to compete not against Castilian but against the language of Occitaine. One of the most prestigious writers at this time was Ramon Llull (1235-1316), and a wonderful author was Ramon Vidal de Besalú (1160-1230), who wrote the first grammar of the language. Because of the existence of a very old parliament, legal texts are probably the most enduring productions. Once Catalonia was joined to the kingdom of Castile and after the Secession War (1714), a period of decline began. In the 19th century, with the industrial development of the area and the consolidation of the middle classes, the Catalan language flourished again and a rich literary tradition developed in highly refined language. In 1931 Catalan recovered its status as official language, which was lost in 1939, after the Spanish Civil War, and not restored again until the post-Franco transition towards a democratic system that started in 1976.

At present Catalan is spoken by eleven million people and is a language full of vitality and known throughout the world. It has been declared an official language by the Estatutos de Autonomía (Statutes of Autonomy) of Catalonia, the Balearic Islands, and the autonomous community of Valencia (in this case with the name "Valencià"), areas in which both Castilian and Catalan are thus official languages. In 1990 the European Parliament approved a resolution that recognised the existence and use of Catalan in the context of the EEC. Within the framework of the Spanish Constitution and the Estatutos, a set of policies was developed, starting in the 1980s, to encourage its use, and it was introduced into schools, administration and the media. There are several TV channels broadcasting in Catalan, as well as ten newspapers, around thirty weeklies, a hundred magazines and more than two hundred local publications. Catalan publishing houses also have a high turnout, with 7,492 publications in 1999. Despite the extensive use of Catalan, there are still some activities where the language is still not fully used, such as, for instance, in the law-courts.

Francesc Parcerisas

Writer's Album

His hands, perhaps tired of existence,
disturb your memory and feelings:
simply writing near the wood in the twilight
and listening to a wind, flush with the paper,
which recalls the submerged beach of childhood.
Even precise words get lost and vanish from view
like the remains at the bottom of a cup of coffee;
and fragments of tobacco fall on the breast
while the cigarette is being consumed at the lips.
Is that what he wanted? It doesn't stop him from
thinking it could have been otherwise.
He is only intrigued by the errors that bring us
as far as this blind alley, with no way out of the labyrinth,
and that make stone be stone, but red
be ruby, whether it be dream or crime.
Words have blurred the edges between illusion and lies,
perhaps even to the point of his wishing to believe
that there really could be young gods and eternal love.
He has grown old without trouble, stretched out like a dog
among his books and the things he sets value by
and he has no fear of dying from cold. Adjust the shutters and smile.
No need for replies. You and I can leave
the tendrils that make the hedge impenetrable;
this evening already has unravelled all the thread.

(Translation: Claire Tylee)

Josefa Contijoch

Advice

You can take
the way to the right
the way to the left
or go straight ahead.
It's all the same:
you'll arrive at a place
you're not going to like.
It will always be a mistake.

Working the Red River Bed

Working the bed of the red river
which sings tales of skulls
dried up by the wind and the drought
you meet with cactus and reptile-fossils
and a scorpion which was lying in wait
to bite you so you'd become dust
become the bed of the red river
which sings tales of skulls.

(Translations: Claire Tylee)

Anna Aguilar-Amat

At the Sales

Slowly I went back to undressing in front of
that other mirror in the fitting-room,
proportions skewed. I saw that several
kind words of yours had got caught
on the edge of my bra. And some tiny
skiers were zig-zagging all over my
shoulders, larking about: these were your jokes.
The one you said I'm a difficult woman and
another couple of snubs bounced off the stool with
a clang of coat-hangers. One on top of another,
three modest dresses I'd plucked listlessly from
the rail, as though pleasing you were a priority.
They're like memories of girl-friends: sometimes I see them
like a chorus-line in your smile powering your
thighs and the shining teeth of your desire. I don't
bear them any grudge: their moods led you to me.
And I picture other women, the ones I precede,
and I smile: the warm ear among the hair in my song.
I see their voices... "You really notice that zip, the buttons
stick out..." It's just as banal in Euro-speak. I've chosen one
that I'll leave in the wardrobe until the day we meet.
Carlos Gardel laments from the tannoy.
At the till there's a seething mass of eternal
adolescents and the well-heeled, with me like a child
clutching a bunch of carnations wrapped in newspaper.
I can see how unpoetic it is. It's only a common tale
(and a short one at that) of how I spend the hours that
follow in your wake. Like a grain of sugar swirled

by centrifugal force in the whirlpool of a cup
as someone stirs it. Little by little I dissolve with no reprieve
that could make me disappear completely,
and I become cold tea, in the dubious hope that love
of the chase will grant me one more moment, will leave me
the tip of yet another morning,
the tip of yet another morning
filled with kisses.

(Translation: Anna Crowe)

Daisy Abey was born in 1941 in Matara, Sri Lanka, and studied Sinhala at the University of Ceylon. She migrated to Britain in 1965 and since then has divided her time between Leeds and London. She has been writing in Sinhala for many years, translating her own work into English. Several collections of her poetry have been published in English by Sixties Press: *Letter to a Friend: First Poems, City of Leeds* (both 1999), *Under Any Sky* (2000) and *On Pennine Heights* (2003). Her Sinhala novel, *Like the Wind,* is also published in her own English translation by Sixties Press (2003).

Agnès Agboton was born in Porto-Novo, Benin Republic (formerly Dahomey) and completed her primary school education and some of her secondary education in her hometown and in Ivory Coast. In 1978 she moved to Barcelona, where she finished her secondary education and completed a Bachelor's Degree in Spanish Literature at the Universidad Central de Barcelona. In between two cultures, she keeps in touch with her home country, where she has carried out different projects to retrieve oral traditions (songs, tales, legends, praise songs, etc.). In Catalonia she has been working for several years with the centres of Pedagogical Resources of the Departament d'Ensenyament de la Generalitat, primary schools, libraries and other institutions, helping to make the African oral traditions known among Spanish and Catalan young people. Together with articles, lectures and participation in several radio programmes (TVE, TV3, CITY TV), she has published the following books: *La cuina africana* (Barcelona: Columna, 1988); *Contes d'arreu del món* (Barcelona: Columna, 1995); *Àfrica des dels fogons* (Barcelona: Columna, 2001), *Àfrica en los fogones* (Barcelona: Ediciones del Bronce, 2002). She is also co-author of the book *El Libro de las Cocinas del Mundo* (Barcelona: Rba Integral, 2002) / *El Llibre de les Cuines del Món* (Barcelona: La Magrana, 2002). Together with the illustrator Carmen Peris, she was co-finalist for the 1995 *Apelles Mestres* award with the short story "Les llàgrimes de Abenyonhù," and since then she has published her poems in the Gun language in several literary journals (*Poesía, por Ejemplo* 11, Madrid, 1999) and anthologies (*Barcelona poesia*, ed. Gabriel Planella, Barcelona: Ediciones Proa, 1998), while bringing her work to the public through poetry readings**.**

Anna Aguilar-Amat (born Barcelona, 1962) is Senior Lecturer in Terminology Applied to Translation at the Universitat Autònoma de Barcelona, poet and essayist. She has published the following collections of poetry: *Trànsit entre dos vols* (*Tránsito entre dos vuelos*) (Barcelona: Proa, 2001), Carles Riba 2000 Award; *Música i escorbut* (*Música y escorbuto*), (Barcelona 62: 2002), Màrius Torres 2001 Award; *Petrolier* (*Petrolero*), (Valencia: Edicions de la Guerra, 2003) Englantina d'Or Award at the Juegos Florales de Barcelona 2000.

Shamim Azad, born in 1952 in Bangladesh (then East Pakistan), studied Bengali Literature at Dhaka University. In 1990 she came to Britain to teach and now works as a poet in education for the London-based organisation Apples and Snakes. She received the Bichitra Award in 1994 from Bangladesh, and a Year of the Artist 2000 Award from London Arts. Her works include two novels, two plays, a collection of short stories and one of essays, as well as three books of poetry: *Sporsher Aupekhkha / Waiting for a Touch* (1981), *Bhalobashar Kabita / Love Poems* (1982), and *Hey Jubak, Tomar Bhabishat / Young Man, It's Your Future* (1989). "Companion" was first published in the newspaper *Prothom Alo* (Dhaka, 2000), and with its translation in *My Birth Was Not In Vain,* edited by Debjani Chatterjee and Safuran Ara (Sheffield Libraries, 2001). See also www.shamimazad.com

Meg Bateman (b.1959) was born and raised in Edinburgh. She learnt Gaelic, taking a degree and PhD in Celtic Studies at Aberdeen University and spending a year as an auxiliary nurse in South Uist. After working for ten years at the universities of Edinburgh and Aberdeen, she now teaches at Sabhal Mòr Ostaig, a Gaelic-medium college in Skye where she lives with her son. As well as writing her own poems, she has edited and translated Gaelic poetry. Her collection *Aotromachd / Lightness* was shortlisted for the Stakis Prize in 1998 and won a Scottish Arts Council award. Her publications include *Òrain Ghaoil / Amhráin Ghrá*

(Coiscéim, 1989) and *Aotromachd agus Dàin Eile / Lightness and Other Poems* (Polygon, 1997). *Wish I Was Here* (Edinburgh: pocketbooks, 2000) includes her poem "Ealghol: Da Shealladh."

Boyikasse Buafomo: born and brought up a long time ago in Itsike-Isameila, in the central basin of the Congo, formerly Zaïre. By way of engagement, "exiles" himself in the wide world, and in 1978 finds a "Roof" in the centre of the Milky Way, Brussels. There, through defiance or secular tradition, he rediscovers a voice, and promotes, to children of 8 to 8,888 months, the ways of Orality. For this, in Educational establishments and Urban ghettoes (Theatres, businesses, Communities, Television and other places), he takes on the mantle of Travelling Storyteller. Encounters Cobra Films in *Sango Nini / What's New?* and lends it his voice, which in successive encounters tells the story of a predominantly ethnic minority area of Brussels, *de facto* Capital of the European Union: Matongé. The documentary won first prize at the Brussels festival, "Filmer à tout prix," and the prize for the best European documentary at Marseilles. Receives in 1999, at the first "New Year" conference organised by the Catholic University of Louvain (Belgium), the Grand Prix de l'Année Nouvelle and the International France Radio Prize for his adaptation and broadcast of *The Jewish Tradition of Teaching* by Elie Wiesel and *The Sacrifice* by Antoine Tshitungu Kongolo. Invents in 2002 the "Carte Contée—Verhaalkaart," the first South-North multicultural media/logue. Its purpose? To connect the imaginary and the real.

Maoilios Caimbeul (Myles Campbell) was born in 1944 in the Isle of Skye, where he still lives. He teaches Gaelic at Gairloch High School, Ross-shire, and writes part-time. His work has appeared in numerous magazines and anthologies. In 2002 he was crowned bard at the Royal National Mod in Largs. His poetry collections are *Eileanan* (Glasgow University,1980), *Bailtean* (Gairm, Glasgow, 1987), *A' Càradh an Rathaid* (Coiscéim, Dublin, 1988), bilingual in Scottish and Irish Gaelic, in which "Itean A' Tuiteam" appears, and *A' Gabhail Ris* (Gairm, Glasgow, 1994). A fifth collection, *Saoghal Ur*, is due from Diehard Publications, Callander, later in 2003. The anthology *Wish I Was Here* (Edinburgh: pocketbooks, 2000) includes his poem "3.3.2000."

Saleha Chowdhury was born in 1943 in Bangladesh (then East Pakistan). She studied Bengali at Dhaka University, becoming from 1967 a lecturer there. Since 1972 she has lived in London, working as a primary school teacher. She regards her retirement in 2003 as an opportunity to become a full-time writer. In 1996 she won the Best Poet Award from Manchester's Cyclone Poetry Group, and in 2000 she was given an International Poet of Merit Award in America. Her Bengali works include eight novels, five short story collections, a play, three children's books and three books of essays. There are three books of her poetry in Bengali, *Judas Ebong Tritiyo Pokkho / Judas and the Third Party* (Dhaka, 1998), *Dewaley Cactus Phool / The Cactus Flower on the Wall* (Dhaka, 2001), and *Hriday Pendulum Baja / It Rings In My Heart* (Dhaka, 2001) and two in English, *Broad Canvas* (Peterborough, 1997) and *It Grows In My Heart* (Peterborough, 2001).

Josefa Contijoch Pratdesaba was born in Manlleu (Plana de Vic) on 20th January the year of the floods. She comes from a family of publishers and booksellers. She studied accounting and foreign languages with the Carmelite nuns in Manlleu and Philology at the Universidad de Barcelona. She has been an active member of the "Comité de Escritoras del Centro Catalan del PEN Club" since its founding in 1992. She has written poetry: *De la soledad primera* (1964), *Aquello que he visto* (1965), *Quadern de vacances (una lectura d'"El segon sexe")* / *Cuaderno de vacaciones (una lectura del segundo sexo)* (1981), *Ales intactes / Alas intactas* (Salvador Espriu 1993 Poetry Award) (1994), *Les lentes illusions / Las lentas ilusiones* (Màrius Torres 2000 Award) (2001). And she has written fiction: *Potala* (1986), *No em dic Raquel / No me llamo Raquel* (1989), *La dona liquada / La mujer licuada* (Ciutat de Palma 1989 Fiction Award) (1990), *Rímmel* (1994), *Amor congelat / Amor congelado* (1997), *Tòrrida tardor / Otoño tórrido* (1997), *Els dies infinits / Los días infinitos* (2001). She has also published the lectures "Virginia Woolf - Vita Sackville-West: fascinacions transferides" in the anthology *Cartografies del desig, quinze escriptores i el seu món / Cartografías del deseo, quince escritoras y su mundo* (1998) and "Contra l'oblit: Montserrat Roig - Anne Frank" in the anthology *Memòria de l'aigua, onze escriptores i el seu món / Memoria del agua: once escritoras y su mundo* (1999). And recently "Víctor Català - Grazia Deledda: 'Màscares sota la lluna'" at the third edition of *Cartografies del desig*, 11 October 2001, Teatre l'Espai, Barcelona.

Nino De Vita was born in Marsala, where he still lives, in 1950. He is the author of *Fosse Chiti*, published in 1984 by Lunarionuovo-Società di Poesia, and again in 1989 in a new edition, by Amadeus. He has also written several collections of poetry in dialect: *Cutusìu* (Trapani, 1994; Messina: Mesogea, 2001) and *Cuntura* (Alcamo, 1999). De Vita was awarded the Alberto Moravia Prize in 1996 and the Mondello Prize in 2003. The author is in charge of the Leonardo Sciascia foundation, in Racalmuto. Major Italian literary critics have studied his writings with interest.

Róža Domašcyna, born in 1951 in Zerna near Kamenz (Oberlausitz), accountant, business engineer (economist for mining), from 1973-1984 worked in the coal mine Knappenrode, from 1985-1989 studied at the Institute of Literature in Leipzig, lives in Bautzen, since 1990 freelance writer, writes in German and Sorbish-Wendish, mainly poetry, but also plays, translations, essays and editorial work. Róža Domašcyna has received several renowned literature prizes. Publications include (poetry and poetic prose): *Wróćo ja doprědka du* (Bautzen: Domowina-Verlag, 1990), *Zaungucker* (Berlin: Verlag Janus-Press, 1991), *Pře wšě płoty* (Domowina-Verlag, 1994), *Zwischen gangbein und springbein* (Verlag Janus-Press, 1995), *selbstredend selbzweit selbdritt* (Verlag Janus-Press, 1998), *Pobate bobate* (Domowina-Verlag, 1999) *sp* (Domowina Verlag, 2001); also a play, radio plays and features as well as several translations into higher Sorbian and into German.

Saqi Farooqi (Qazi Muhammad Shamshad Nabi Farooqi) was born in 1936 in Uttar Pradesh, northern India. At partition in 1947 he moved with his parents to East Pakistan (now Bangladesh), and to Karachi in 1950. He graduated from Karachi University and came to Britain as a postgraduate student in 1963. He worked as a newsreader with the BBC World Service and as an accountant, and still lives in London. Following Urdu tradition, as a young poet he adopted a pen name, Saqi. He has become internationally known as one of the leading Urdu poets of his generation, sparking controversy by drawing on both Urdu and western traditions. The BBC has made two programmes about his work. His Urdu works include two books of criticism and six poetry collections: *Pyas ka Sehra / The Desert of Thirst* (1967), *Raadar / Radar* (1977), *Razon se Bhara Basta / The Bag of Secrets* (1981), *Bahram ki Wapsi / The Return of Bahram* (1985), *Zinda Pani Sachcha / The Living Waters* (1992), and *Haji Bhai Pani-Wala / The Hydrocele* (2001). In English translation his work is published in *A Listening Game* (Lokamaya, 1987; Highgate Poets, 2001). "The Sweet Smell of Death" was first published in 1964 in a Lahore magazine, *Funoon*.

Rose-Marie François, poet, writer and linguist, performs her own poetry and her translations. Born in 1939, "between the green of Flanders and the black of the Borinage," she spent her childhood in a hamlet where Picard was still spoken. She began to write before she reached school age. She teaches at the University of Liège, Belgium, where she runs workshops on the translation of poetry and short, difficult prose. Among her most recent publications are: *De Source Lointaine, Tālīna strūlaka,* poems, with a Latvian translation by Dagnija Dreika (Riga: Tapals, 2002); *Pieds nus dans l'herbe, Pļavās kailām kājām,* bilingual anthology of Latvian poetry, translated into French by RM François (Amay: L'arbre à paroles, 2002); *Passé la Haine et d'autres fleuves,* novel (Liège: Le Fram, 2001); *Zwischen Petrus und Judas / Entre Pierre et Judas,* bilingual anthology of Austrian poems, 2nd. vol. (double), translated and presented by RM François (Amay: <editions@maisondelapoésie.com>, 2001); *Fresque lunaire,* poems (Montreal: Le Noroît, 2000); *Qui nous dépasse / An uns vorbei,* poems, with a

German translation by Rüdiger Fischer (Rimbach: Editions En Forêt <Verlag_Im_Wald@t-online.de>, 1999).

Lubina Hajduk-Veljkovićowa, née Senec, was born in 1976 in Bautzen and has lived in Leipzig since 1995. She studies Sorbian and history in Leipzig and is currently on maternity leave. She writes predominantly in higher Sorbian, initially poems, now also prose and theatre plays and, for children, fairy tales and radio plays. Publications: *Prěnje jejko* (poems, private print, 1998), *Pjatk haperleje* (poems, Bautzen: Domowina Verlag, 1998). Some poems were published in the journal *Literatur und Kritik* (Themenheft Sorbische Literatur, 1999) and in an anthology entitled *Landschaft mit Leuchtspuren*. New texts from Saxony (Leipzig: Reclam Verlag, 1999), *Wurywanki* (theatre play written with her husband Dusan, 2001); prose: "Wjelča zyma" and Donjebjesspěće in the anthologies *Zadyn happy-end* and *Wobraz ze skibami* (Domowina Verlag, 2001).

Basir Sultan Kazmi was born in 1955 in Lahore, Pakistan, where he took his MA in English Literature at Government College. He began writing Urdu poetry at an early age, encouraged by his father, Nasir Kazmi, a famous poet who died in 1972 at the age of 46. Basir taught literature, drama and criticism at Government College for fourteen years, then came to Britain in 1990 on a British Council Scholarship. In 1991 he was awarded an M.Ed. from Manchester University, and in 2001 an M.Phil. for a study of female literacy in Pakistan. He has worked as Writer in Residence for North West Playwrights Workshops, founding an Asian theatre in Oldham, and since 1992 has worked as a Language Support Teacher, first in Halifax and then in Manchester. His Urdu play was published in Pakistan in 1987, and in translation as *The Chess Board* in 1997. His poetry is published in Urdu (Lahore, 1997), and in translation in *A Little Bridge* (Pennine Pens, Hebden Bridge, 1997), and in the bilingual *Generations of Ghazals* (Redbeck, 2003) which presents his work with that of his father. He still writes drama, and though working mainly in traditional poetic forms, he has recently begun to experiment with free verse.

Giorgos Lillis was born in 1974 in Bielefeld. His poems and articles have been published in several literary journals. Two books of poems have been published: *Die Haut der Nacht* (*The skin of the night*) (Verlag "Odos Panos") and *Das Land der schlafenden Wasser* (*The land of the sleeping waters*) (Verlag "Mandragoras"). Lillis spent a few years in Agrinion and Athens and has lived back in Germany since 1996. He works as a freelance journalist for Greek literary journals. He has presented bi-lingual features (Greek/German) for the local broadcasting station in Bielefeld, where he introduced Greek musicians and authors. He has twice received the first prize in the national literary competition in Greece.

Kito Lorenc was born in 1938 in Schleife-Slepo near Weißwasser. He studied Slavonic studies in Leipzig, worked in literary studies at the Institute for Sorbian Folk Culture, was literary manager at the National Ensemble for Sorbian Folk Culture in Bautzen and has worked as a freelance writer since 1979. He writes poetry in German and Sorbian, children's books and theatre plays. He also does translations and editorial work (since 1973 he has been editing the poetry publication *Serbska poezija*, *Sorbisches Lesebuch*, 1981, *Aus jenseitige Dörfern. Zeitgenössische sorbische Literatur*, 1992). Kito Lorenc has received several renowned literary prizes. Selected publications (poetry): *Nowe časy – nowe kwasy* (Bautzen, 1961); *Struga. Bilder einer Landschaft* (Bautzen, 1967); *Kluče a puće* (Bautzen, 1971); *Serbska poezija: Kito Lorenc* (Bautzen, 1979); *Ty porno mi* (Bautzen, 1988); *Gegen den großen Popanz* (Berlin und Weimar, 1990); *Suki w zakach* (Bautzen, 1998); *die unerheblichkeit berlins* (München, 2002).

Aonghas Macneacail was born in 1942 in Uig on the Isle of Skye, growing up in a Gaelic-speaking environment. He studied at Glasgow University. He has been writer in residence in Argyll, Ross and Cromarty, Glasgow and Skye, and was awarded Scottish Arts Council bursaries in 1983 and 1992. He was Stakis Scottish Writer of the Year in 1997, and won a

Grampian Television Poetry Award. He currently lives south of Edinburgh. One of the most prominent Gaelic writers of his generation, he writes for many media, including theatre, music, radio and screen, and was a principal writer of the Gaelic soap opera *Machair* for Scottish television. There are seven collections of his verse, which has been published internationally. His most recent poetry collection *Oideachadh Ceart / A Proper Schooling* (Polygon, 1996) won the Saltire Prize. The anthology *Wish I Was Here* (pocketbooks, 2000) includes his poem "an tùr caillte."

Twm Morys (born 1961) grew up where he still lives, near Llanystumdwy, Gwynedd, Wales, a Welsh-speaking village near the sea. He graduated in Welsh literature from the University of Wales, Aberystwyth. Since 1988 he has been a free-lance poet, writer and presenter, except for a year as a lecturer in Welsh at the University of Rennes, Brittany. He writes mostly in strict metre (*cerdd dafod*) and is a regular competitor in the *ymrysonau*, popular live contests between teams of poets in vestry, village-hall or pub. He has his own band, Bob Delyn a'r Ebillion (Bob the Harp and the Pegs), who have released four CDs, the latest being *Hyn / This* (Sain, 2003). He writes a column in the poetry magazine, *Barddas,* and has published two volumes of essays. His poetry collections are *Ofn Fy Het / Afraid of my Hat* (Barddas, 1995), *La Ligne Noire des Montagnes* (with essays, in French translation: L'Association Festival de Douarnenez, Brittany, 1998), *Eldorado* with Iwan Llwyd (Gwasg Carreg Gwalch, 1999) and *2* (Barddas, 2002), which includes "Un Bore Oer."

Francesc Parcerisas i Vàzquez was born in Begues, Baix Llobregat, in 1944. Poet, translator and critic, Parcerisas taught Spanish at Bristol University and has an MA in Literary Translation from Essex University and a PhD from Universidad de Barcelona. He lived for seven years in the island of Ibiza working as a free-lance literary translator. Since his first book, *Vint poemes civils* (1966), he has published a number of collections of poetry and literary criticism and has regularly contributed to Catalan newspapers and magazines. His collected poems, *Triomf del present*, include all his poetry up until 1992. *Focs d'octubre* (1992) and *Natura morta amb nens* (2000) are his latest collections. Since 1998 Parcerisas has worked as Director of the literature section at the Catalan Ministry of Culture.

Michalis Patentalis was born in Düsseldorf but grew up in Prossotsani near Drama, Greece. After his A levels he studied music and harmony among other things. He worked in black and white photography and in broadcasting as an editor and presenter. For his prose piece "Zwei Erdbeeren im Sand" ("Two strawberries in the sand") he received the first prize for prose in the competition entitled "Bicycle and Art" in 2000. Further publications: *Die Kurzsichtigkeit einer Stadt* (poems, Greek-German), (Köln: Romiosini, 1998). Some of his poems are included in the anthology *Deutschland, deine Griechen* (*Germany, your Greeks*) (Köln: Romiosini, 1998). Essays and poems were published in the book *Weißer Fleck Griechenland* (*White spot Greece*), edited by Gabriele Kleiner (Berlin: Edition Ost, 2000).

Chus Pato, born in Ourense in 1955, is a history teacher in a secondary school in the Galician hinterland. She has published the following volumes of poetry: *Urania* (Ourense: Calpurnia, 1991), *Heloísa* (A Coruña: Espiral Maior 1994), *Fascinio,* (Santiago de Compostela: Toxosoutos, 1995), *Nínive* (Vigo: Xerais, 1996), *A ponte das poldras* (Santiago de Compostela: Noitarenga 1996), *m-Talá* (Vigo: Xerais, 2000).

Yüksel Pazarkaya was born in 1940 in Izmir, Turkey, and came to the Federal Republic of Germany in 1958. He first studied Chemistry and then German Studies and Philosophy. He received his PhD in German Studies in 1972. Since the early 1960s, Pazarkaya has worked as a translator and journalist in Germany and Turkey. He has also written textbooks in Turkish and German and children's books. He has won numerous prizes: e.g. the Order of the Federal Republic of Germany in 1986 and the Adalbert-von-Chamisso-Prize in 1989, 1990 and 1994. He has been a visiting lecturer at several U.S. universities. He has also discovered and supported new, young authors. He has been published regularly in Turkey and Germany and has been a member of the jury for the Adalbert-von-Chamisso-Prize since 1995. Publications (selection): *Heimat in der Fremde?* (stories, Berlin, 1981); *Ich möchte Freuden schreiben* (poems, Fischerhude, 1983); *Irrwege/Koca Sapmalar* (poems, Turkish/German), (Frankfurt/Main, 1985); *Kemal und sein Widder* (novel for children, Würzburg, 1993).

Padma Rao was born in India, growing up in Bihar. After taking a degree in literature she came to England with her husband in 1982. She has been writing in Hindi and English for the past seventeen years and her work has appeared in several anthologies, including *The Redbeck Anthology of British South Asian Poetry,* edited by Debjani Chatterjee (Bradford: Redbeck Press, 2000). With Brian Lewis she edited the multicultural anthology, *Poetry in Action*. A freelance arts consultant who runs a cultural diversity management and training agency, Diversitywise, she also works for Northeast Arts and the BBC, and has been involved in the *Decibel* programme. A current project is the collection and publication of life-stories of Asians who came to Britain forty years ago. She lives in Sunderland.

Xavier Rodríguez Baixeras was born in Tarragona in 1945 and works as a secondary education teacher in Vigo. Some of his publications are *Anos de viaxe* (Vigo: Xerais, 1987), Crítica Española Award; *Visitantes* (A Coruña: Diputación de A Coruña, 1991), G. Garcés Award of the Diputación de A Coruña; *Nadador* (A Coruña: Espiral Maior, 1995), Crítica Galega Award; *Beira Norte* (Santiago de Compostela: Sotelo Blanco, 1997), Crítica Española Award; y *Eclipse* (A Coruña: Espiral Maior, 2001), Losada Diéguez Award. He is the author of some forty works that have been translated into Galician, Spanish and Catalan. He has also published critical editions of literary works and has written some literary criticism for journals and conferences.

Ana Romaní was born in Noia (A Coruña) in 1962. She is a writer and journalist, and for the past thirteen years she has been in charge of *Radio Cultural*, a cultural news radio programme for Radio Galega (the regional Galician Broadcast Corporation), which has received several awards. She has published several collections of poetry, *Palabra de Mar* (Santiago de Compostela: Ed. de Autor, 1987), *Das ultimas mareas* (A Coruña: Espiral Maior, 1994) and *Arden* (A Coruña: Espiral Maior, 1998), the short story "Marmelada de amoras" (Pontevedra: Biblioteca Nova, 1997) and the anthology *Antología Literaria de Antón Aviles de Taramancos* (Vigo: Galaxia, 2003). She is a member of the Pen Club de Galicia and the Asociación de Escritores en Lingua Galega. She was a founding member of the feminist publication *Festa da Palabra Silenciada* and of the Association Mulleres Galegas na Comunicación. She writes regularly for literary and general information journals. She has been part of different artistic projects: *Son da Pedra* with the folk band Milladoiro; *Son Delas* with individual Galician musicians, *Daquelas que cantan: Rosalía na palabra de once poetas galegas* in the Foundation Rosalía de Castro, and has been in charge of various poetic events such as "O outro extremo do paraiso" (1997) and "Lob*s" (1998) with the writer Anton Lopo, "Catro poetas suicidas: Intervención poetica contra a levidade" (2001), and "Estalactitas" with the women writers Anxos Romeo y Lupe Gomez (2002). Some of her poems have been translated into Spanish, English and Russian, and her work has been published in several collective volumes and anthologies.

Abdulhadi Sadoun was born in Baghdad in 1968 and has been living in Madrid since 1993. He left Iraq after the first Gulf War and came to Spain to pursue his PhD studies in Spanish Language and Literature. Since 1997 he has been co-editor of the literary publications of *Alwah*, the only literary journal in Spain that publishes in Arabic and specializes in diasporic literature. *Alwah* has published over forty works. He is the author of two collections of short stories, *Al yaum yartadi badla mulataja bil ahmar* (*El día lleva traje manchado de rojo*) (Damasco: Al-Majim, 1996) and *Intihalat Ailaa (Plagios familiares)* (Amman, Jordania: Azimnah, 2002), and two collections of poetry, *Tadhir al Dhihk (Encuadrar la risa)* (Madrid: Alwah, 1998) and *Laysa syua Rih (No es más que viento)* (Madrid: Alwah, 2000). Some of his short stories and poems have been translated into German, English, Persian and Kurdish. He has translated Spanish literature into Arabic, such as the poetry of Vicente Aleixandre and Juan Ramón Jiménez, Latin American short stories, modern Spanish poetry and books like *El Lazarillo de Tormes*. His short story "Kunuz Granata" ("Tesoros de Granada") won an award for best children's short story in the United Arab Emirates in 1997.

Giuseppe Schirò (Di Maggio) was born in Piana degli Albanesi, Sicily, in 1944. In order to avoid misunderstandings, he added "Di Maggio," his mother's surname, to his surname. He graduated in classics from the University of Palermo with a dissertation on *Këthimi* by G. Schirò (1865-1927). He taught literature in schools near Turin and subsequently at the Scuola Media Statale "Dh. Kamarda" (secondary school) in Piana degli Albanesi for twenty years. He edited the review *Mondo Albanese (Albanian World)*. He has published two poems in octosyllabics, a number of poetry collections, fourteen theatre plays, and other writings which take their inspiration from: everyday life; individual and collective dramas; emigration to the north of Italy and abroad, historically a double experience for the children of previous immigrants; the defence of language; the poetically indelible memory of the "Bella Morea," from which came the *arbëreshë* (Albanian) ancestors; Albania and the tragic immigrations of the 1990s; and the restless Kosovo. Poetry publications: *Sunata (Sonata 1965-1975*, 1975); *Më para se të ngriset (Before it gets dark*, 1977); *Kopica e ndryshku (The weevil and the rust*, 1981); *Vjeç të tua 500 anni tuoi - Mas Rushi arbëresh (Master Gio' Italo-Albanian*, 1988); *Metaforë (Metaphor*, 1990); *Kosova lule (Kosovo flower*, 1991); *Anije me vela e me motor (Sailing boat and motor boat*, 1992); *Poezi gushtore e tjera (August poems and other poems*, 1995); *Kopshti im me dritare (The orchard and the windows*, 1996); *Gjeometri dhe ikje (Geometry and fugue*, 1998); *Poesie d'amore in tempo di morte. Kosova Martire Secondo Trimestre 1999 (2000) (Love poems in times of death: Kosovo martyr second quarter 1999*, 2000). Plays: *Pethku (The Inheritance*, 1982); *Shumë vizita (Many visits*, 1986); *Orëmira (The lucky amulet*, 1988) in which the three sons of an old couple emigrate to Germany in search for work; *Për tokën fisnike të Horës (About the noble Terra della Piana*, 1989), the story of the first settlement of Albanian refugees in Piana around 1488; *Investime në Jug (Investments in the South*, 1990).

Talat Shahin was born in Kena, Egypt, in 1949 and has been living for more than twenty years in Spain, where he works as a writer, journalist and translator. He holds a degree in Law from the University of Cairo and a PhD in Law from Universidad Complutense in Madrid. As a journalist he works for Cairo TV and radio, and for the Arab journals *Al-Hayat* in London and *Al-Bayan* in Dubai (United Arab Emirates). He has taught at the Faculty of Pedagogy in Ashmon (Egypt) and has taught Arabic at the Instituto Egipcio de Estudios Islámicos (Egyptian Institute of Islamic Studies) in Madrid. He has published a collection of essays, *Gamalyat al-rafd fi l-masrah al-kubi (La estética de la negación en el teatro cubano)* (Cairo: Al-Zaqafa al-Yamahiriyya, 2001) and three collections of poetry, *Aganyat hobb li-l-ard. (Canciones para la tierra)* (Cairo: Al-Dar al-Misriyya, 1973), *Abyadiyat al-hobb. (Abecedario del amor)* (Cairo: Al-Dar al-Misriyya, 1996) and *Kitab al-hobb wa-d-damm (El libro del amor y de la sangre)* (Madrid: Instituto Egipcio de Estudios Islámicos, 2001). He has translated the work of several Spanish writers into Arabic, including Juan Goytisolo and Antonio Buero Vallejo.

Marcel Slangen was born in Liège, Belgium, in 1935. He embarked on a career as a French teacher then changed direction from the early seventies towards the theatre. He has written numerous plays in Walloon, several of which are for puppets; he has adapted plays from the classical repertoire for Walloon, including Molière's *The Miser* and *The Misanthropist*. Marcel Slangen is also a poet and essayist. Since 1984 he has devoted himself totally to the promotion and dissemination of Walloon in teaching and the media. He is president of CRIWE (Research and Information Centre for Walloon in Schools) and editor-in-chief of the review *Djåzans Walon* which is noted for its publication of news features in Walloon.

Mahmud Sobh was born in 1936 in Safad, a location in Galilee close to Nazareth (Palestine), and in 1948 he sought refuge in Damascus after the establishment of the state of Israel. He completed a degree in Arabic Language and Literature in 1961 at the University of Damascus and since 1968 he has been a member of the Arabic Department at the Universidad Complutense in Madrid, where he is now Professor of Arabic and Islamic Studies. He is an Arabist of high renown and both his translations and his original work have received several awards, among them the Premio de Poesía del Consejo Superior de Letras y Artes de Egipto (1958), Premio Vicente Aleixandre (1978) and Premio Nacional de Traducción (1983). Among his books are *El Libro de las Kasidas de Abu Tarek* (Salamanca: Delegación Nacional de Cultura, 1976), *Poseso en Layla* (San Sebastián: Caja de Ahorros Provincial de Guipúzcoa, 1978), *Poesías de Ibn Zaydun* (Madrid: Instituto Hispano-Árabe de Cultura, 1979), *Poetisas arábigo andaluzas* (Granada: Diputación Provincial de Granada, 1994), *Diván: antes, en, después* (Madrid: Instituto Egipcio de Estudios Islámicos, 2001) and *Historia de la literatura árabe clásica* (Madrid: Cátedra, 2002).

Paul-Henri Thomsin was born in Liège in 1948 where he teaches in a primary school. He is Deputy Chairman of the board of the Walloon Cultural Federation for the Province of Liège. He also has a regular column in a local weekly and in a monthly magazine. He has received several literary awards. Publications: Illustrated stories for children: *Li Noyé dè p'tit Colas* (Biblio, 1986); *Mi vî påpa, c'è-st-ine saquî* (Labor, 1987). Adaptations of comic strip stories ('bandes dessinées') into Liège Walloon: *Lètes di m' molin* (Dupuis, 1984, after Alphonse Daudet *Les lettres de mon moulin*); *Li danseûse d'à Gai-Moulin* (Noir Dessin, 1994, after Georges Simenon *La danseuse du Gai-Moulin*); *Tchantchès avå les vôyes* (Noir Dessin, 1996); *Li p'tit bout tchike* (Marsu Production, 1996); *Walon'reye tére di lédjindes* (Noir Dessin, 1998). Collections of weekly columns: *Avå les vôyes* (Editions liégeoises, 1993). Chronicle: *L'amoûr al môde di Lîdje* (Noir Dessin, 2002). Drama: some fifteen plays in Liège Walloon, in collaboration with G. Simonis.

Karim Zouhdi i Mahmoudi was born to Berber parents in Tossa de Mar (Gerona) in 1978. He holds a Bachelor's Degree in Translation and Interpreting and a Degree in International and Intercultural Studies. His languages are Amazic, Arabic, Catalan, Spanish, French, English, Italian and Hebrew.

TRADUCTIONS

FRANÇAISES

LE PROJET EMLIT

Introduction

"…nous sommes des hommes traduits. On dit souvent que dans une traduction, il y a toujours quelque chose qui se perd ; je m'obstine à croire que quelque chose peut aussi se gagner."

Salman Rushdie, "Imaginary Homelands"

LE PROJET EMLIT présente un échantillonnage de littératures minoritaires européennes en traduction — il s'agit de textes littéraires provenant de différents pays de l'Union européenne et rédigés dans deux types de langues minoritaires, soit d'anciennes langues locales, soit des langues d'importation plus récentes liées à la présence de communautés immigrées. Ces textes apparaissent ici à côté de leur traduction dans cinq langues européennes : l'anglais, le français, l'allemand, l'italien et l'espagnol. Les originaux, en dix-neuf langues différentes, constituent la première section de l'ouvrage. Le reste du volume est divisé en sections présentant les traductions de tous ces originaux dans les cinq langues citées ci-dessus. Le premier objectif d'EMLIT est d'apporter un soutien à une série d'auteurs dont l'œuvre jusqu'à présent n'est guère connue au-delà de leur propre communauté linguistique et de leur amener un lectorat plus large. Le projet a également un autre objectif : celui de faire percevoir l'Europe sous un jour peut-être moins familier. Ces textes littéraires nous rappellent la diversité culturelle qui caractérise l'Europe particulièrement aujourd'hui et nous montrent combien les cultures dominantes des langues 'majoritaires' peuvent facilement négliger les richesses artistiques qui se déploient dans des langues autres. Tous les écrivains repris ici redisent, à leur façon, ce que signifie l'Europe, c'est pourquoi la couverture reprend le mot "Europe" dans certaines des langues du projet. Le projet EmLit est mis en œuvre grâce au soutien de la Communauté européenne dans le cadre du programme Culture 2000.

Des universités de cinq pays de l'Union européenne y ont participé, sous la houlette de Brunel Université (Londres). Des textes représentatifs ont été sélectionnés, et des traductions fournies pour chacune des cinq langues représentées. En Espagne, deux universités (l'Université de Málaga et l'Université Autonome de Barcelone) ont proposé des textes en galicien et arabe (Málaga), et en catalan, gun et amazique (une langue naguère appelée berbère) (Barcelone). A côté de différentes régions d'Espagne, cette sélection rassemble des régions aussi diverses que l'Afrique du Nord et de l'Ouest, l'Egypte, la Palestine et l'Irak, ceci par l'intermédiaire de résidents européens entretenant des liens ancestraux ou personnels avec ces lieux. L'Université de Palerme a apporté des textes en sicilien, une ancienne langue encore couramment utilisée et en albanais, qui est non seulement la langue de nombreux immigrés, mais dans certains villages du sud de l'Italie, elle a été utilisée par des communautés de réfugiés albanais qui avaient fui les persécutions turques du XVe siècle. En Allemagne, c'est l'Université de Regensburg qui nous propose des textes en sorabe, une langue slave qui ne se parle plus guère que dans deux petites enclaves orientales autour de Cottbus et de Bautzen, ainsi que des textes en turc et en grec d'auteurs dont l'histoire personnelle reflète la politique de la République fédérale allemande dans l'après-guerre, qui consistait à attirer des travailleurs étrangers. L'Université de Liège en Belgique nous amène des textes dans deux langues régionales qui ont évolué en marge du français : le wallon et le picard, aussi des écrits en lingala, une langue apportée en Europe par des immigrants venus d'Afrique noire, essentiellement du bassin du Congo. La contribution britannique se divise entre, d'une part, des textes rédigés dans deux des langues celtes des îles, le gaélique écossais et le gallois, et d'autre part des textes écrits dans quatre parmi les nombreuses langues du sous-continent indien actuellement utilisées en Grande Bretagne : le hindi, l'urdu, le bengali et le cingalais. Il est évident que l'histoire post-coloniale des anciens empires européens se retrouve dans ces répartitions.

L'Europe n'est manifestement pas un bloc monolithique. L'histoire complexe et fluctuante des mouvements et des échanges entre populations, langues et cultures nous montre qu'elle ne l'a jamais été. Ainsi c'étaient jadis des langues celtes qui étaient parlées partout dans les îles britanniques, mais des nouveaux venus ont imposé de nouvelles langues, dont l'anglais, lui-même un produit bâtard, s'est dégagé. Dans certains cas, il se peut qu'une langue aujourd'hui associée à une vague de migration relativement récente ait en fait été utilisée dans son pays d'arrivée pendant des siècles, ainsi l'arabe en Espagne ou l'albanais en Italie. Et il ne faudrait pas oublier que ce que nous appelons ici une langue minoritaire est également une langue majoritaire — même dans le sens restreint où il s'agit bien de la langue principale d'une communauté donnée, d'un groupe particulier, qu'il soit aussi important que la population de Catalogne ou se limite à une seule famille, quelque part en Europe, isolée des autres locuteurs de sa langue maternelle. Pour nous aider à comprendre les circonstances spécifiques qui président tantôt à sa survie, tantôt à son introduction, chaque langue représentée dans le projet est accompagnée de notes relatives à sa position linguistique et sociale. De même, nous fournissons une brève biographie pour chaque auteur.

Certes, les éléments qui permettent de définir ce qu'est une langue — par exemple si un dialecte est une langue — et ce qu'est un groupe minoritaire sont des sujets de controverse récurrents. Néanmoins, dans le cadre de notre projet, il faut qu'il soit clair que les termes sont interprétés dans un sens large. Toute langue utilisée par une minorité en terme démographique par rapport à l'ensemble de la population d'un pays est ici considérée comme une langue minoritaire. Ceci étant dit, le catalan, par exemple, jouit évidemment d'une position tout à fait différente du gaélique écossais, qu'il s'agisse du nombre de locuteurs ou de son avenir probable. Certaines des langues "minoritaires" du projet, parlées par des communautés minoritaires en Europe, sont par ailleurs la langue principale de populations innombrables. Des auteurs qui écrivent dans des langues comme l'hindi, l'urdu, le bengali et l'arabe ont un énorme lectorat potentiel à l'échelle de la planète. D'autres langues dans ce projet sont au bord de l'extinction. Dans un premier temps, nous avions d'ailleurs prévu d'inclure une langue qui est en fait déjà passée de l'autre côté de cette ligne de partage : le caló en Espagne. On note pourtant aussi des réussites. Ainsi, depuis les années 1960, le sorabe a été ramené à la vie par une politique sociale appuyée par l'Université de Leipzig. La situation d'une langue n'est jamais statique, et il n'a pas encore été possible d'arrêter les meilleures stratégies pour maintenir une langue minoritaire en vie à l'heure de l'assimilation et du bilinguisme.

De façon assez prévisible, certains textes se penchent sur le problème de la langue et sur les difficultés inhérentes à la traduction, qui, par leurs dimensions à la fois pratiques et philosophiques, font l'objet de débats intellectuels sans fin. Le rapport entre langue source et langue cible n'est pas simple et les stratégies de traduction sont multiples. Comme une traduction secondaire — ou traduction de traduction — soulève des difficultés particulières et est source de distorsions, il nous faut souligner que ce projet se devait d'être ouvert à ce qui pouvait aussi résulter comme effets positifs. Nous n'avons négligé aucune occasion de retourner consulter les auteurs — qui sont souvent aussi les premiers traducteurs — et dans beaucoup de cas, la dernière touche à la traduction a été le résultat d'une collaboration.

Les traductions fournies ne prennent pas de liberté avec l'original mais au contraire tentent d'être aussi proches que possible du ton et de la forme du texte de départ, tout en espérant qu'elles n'en ont pas moins de mérite littéraire. Un des défis relevés a été de voir si certaines des traductions dans d'autres langues cibles ne pouvaient pas mieux retrouver les caractéristiques formelles du texte de départ que la première traduction dans une langue majoritaire. Même là où le traducteur ne connaît pas l'alphabet de l'original, il peut repérer des schémas de répétitions. Ainsi les rimes dans le poème en urdu dans la première section sont perceptibles au lecteur qui ne connaît pas l'urdu par la répétition de signes identiques à la fin des vers (en se souvenant bien sûr que l'arabe s'écrit de droite à gauche). Les lecteurs ne doivent pas négliger cette première partie qui contient les originaux dans leur langue : elle leur montre à quoi ils ressemblent sur la page, leur spécificité, la grâce des écritures. Sans doute, une traduction, ce n'est jamais la même chose que l'original. L'œuvre devient en quelque sorte une œuvre nouvelle. Il y aura des pertes, certes, mais aussi des gains. Nous espérons vivement qu'en juxtaposant comme il le fait les textes originaux et un ensemble complet de traductions dans cinq langues, le projet invitera la comparaison entre les versions, qu'il sera ainsi utile aux apprentis linguistes et traducteurs, mais que d'une façon plus générale, il avivera la conscience que tous nous avons de l'importance des langues et de la délicatesse avec laquelle il convient de les traiter.

Sans doute n'y a-t-il jamais eu de recueil de ce type auparavant. Le projet EMLIT rassemble sous la couverture d'un seul volume un ensemble de textes à la fois intéressants et importants relevant de genres divers. Nous trouvons du théâtre, de la prose comique et sérieuse, dont des récits et des souvenirs, et surtout beaucoup de poèmes à nouveau dans des formes diverses, libres ou codifiées, du sonnet au ghazal urdu. Le choix n'a pas toujours été facile, tant étaient nombreux les textes de qualité, et nous avons dû renoncer à certains d'antre eux dans le cadre du volume édité. Une version un peu plus étendue du projet est consultable en ligne à l'adresse de la publication électronique de l'Université de Brunel, *EnterText* ( ). Comme la musique d'une langue en est un élément essentiel, un CD fournit une introduction aux sons de certaines des langues représentées. On peut, après tout, prendre plaisir à écouter la musique d'une langue, que l'on l'a comprenne ou pas.

Pour de nombreux lecteurs du projet, il sera peut-être surprenant de constater la richesse et la diversité des pratiques d'écriture dans un environnement qui n'est donc pas aussi homogénéisant que l'on pourrait le craindre. Les langues sont aussi précieuses que les espèces vivantes. Tout comme elles, elles ont évolué au fil des millénaires et nous devrions donner autant d'importance à leur conservation. Pourtant l'influence des nouvelles technologies de la communication et l'expansion planétaire extrêmement rapide de l'anglais signifie que beaucoup sont menaces et que même une position qui peut sembler sûre aujourd'hui peut s'avérer vulnérable dans une ou deux générations. Si nous sommes conscients de l'importance de la diversité linguistique, il nous faut œuvrer afin de rendre nos minorités linguistiques plus visibles (et audibles !) plutôt que de les laisser disparaître. Parmi ceux qui vont produire la littérature de demain, beaucoup ont des choix difficiles à poser quant à leur langue d'écriture. Nous espérons que le projet EMLIT encouragera certains auteurs bilingues à ne pas abandonner leur langue moins répandue en leur montrant qu'écrire dans une langue minoritaire ne débouche pas nécessairement sur l'isolement. Une des conséquences non programmées a été d'amener un auteur bilingue qui avait cessé d'écrire dans sa langue maternelle à recommencer… C'est un commencement.

Paula Burnett

Londres, juillet 2003

(Traduction : Christine Pagnoulle et Bénédicte Ledent)

Langue et littérature picardes

... in Francia et Picardia et Burgundia
Saint Thomas d'Aquin

Les temps ne sont plus où, à Lille, il fallait prêter serment en picard. Qui connaît encore les fabliaux de Gauthier le Leu ? Qui pourrait achever *Le voyage en Sicile* que la mort empêcha Adam de la Halle d'écrire jusqu'au bout ? Le picard était la langue de Philippa de Hainault, épouse du roi d'Angleterre Edouard III. Les « jeux partis » ont inspiré Chaucer et l'on imagine volontiers les repas-spectacles de poésie tels que fêtés par la « Confrérie de la Sainte Candeille » d'Arras. C'est aussi en picard que l'on joua les grandes Passions à Mons dès 1501, et plus tard à Amiens. Campagnes fertiles, villes prospères grâce (notamment) au textile, la bourgeoisie aura ses chartes de privilèges dès le XIième siècle.

L'âge d'or de la littérature picarde semble culminer au XIIIième siècle : fabliaux, chroniques, théâtre, poésie lyrique, épique, didactique, allégorique. La faculté des arts de l'université de Paris comptait alors quatre « nations »: la française, l'anglaise, la normande, la picarde ; et Roger Bacon, en voyage sur le continent, classifie les langues d'oïl en : francien, normand, picard et bourguignon.

Au XIVième siècle, Barthélemy l'Anglais situe la Picardie entre la France, le Rhin et la mer… les frontières fluctuent au gré des alliances et des batailles. Nous sommes toujours « entre » : aux confins de la Germania et de la Romania, bon nombre d'invasions et de conquêtes nous ont *harmonieusement métissés* — je revendique la pureté de cet *oxymoron*. Champ de bataille puis fête cosmopolite, tel est le sort des marches.

Comme tous les noms de pays disparus de la carte, la Picardie rêve de résurrection. Mais la langue picarde n'est plus utilisée dans la vie publique (école, armée, administration, tribunaux). Mes quatre grands-parents étaient déjà diglosses, scolarisés en français. Mon père connaissait par cœur des vers d'Henri Tournelle et de succulentes fables de Bosquètia — pour la grande joie des réunions de famille. Ma mère est encore abonnée à un périodique aussi mince que vivace : *El Borain*. Je collectionne les lexiques, les recueils de proverbes — reliques d'une langue qui n'a pas survécu à son auto-censure. Dans un livre à paraître en 2003, je raconte comment, il y a vingt ans à peine, j'ai cherché un locuteur picard dans une assemblée littéraire au pays natal : j'ai fini par trouver… un immigré abruzzais !

— *Rose-Marie François*

Rose-Marie François

La punition

Rue du Temple, à Douvrain, vers la fin des années quarante.

- « Au revoir !
- Au revoir à toi !
- Si on ne se voit plus, on s'écrira !
- Sur une feuille de chou avec une plume de chat ! »

Nous rions comme deux petites sottes, comme on peut le faire à cet âge : sept ans, peut-être huit… mais un coup sec me fait sursauter : ma mère a frappé au carreau de son index recourbé, qu'elle redresse pour montrer qu'elle est fâchée et pour me faire rentrer. Je ne peux pas jouer dans la rue, je ne peux pas parler picard. Je le sais, mais c'est si bon…
Donc voilà que je rentre en regardant mes souliers plein d'herbe et de boue. Cette fois, elle n'a rien à redire là-dessus.

—Prends ton ardoise et ta touche.
Misère ! Une punition !
—Ecris dix fois : *Je ne peux pas parler patois.*
Dix fois ! Elle n'y pense pas ! Je n'aurai jamais fini aujourd'hui !
—Il faut -s à *patois*?
—Le Larousse est derrière toi.

Le-La-rousse. Le La ... Les! Il y en a deux, très très grands, perchés tout en haut (non d'un cerisier, hélas, mais) de la bibliothèque. D'habitude, je ne peux pas les prendre. C'est pour cela qu'on les a mis là-haut, autant dire au sommet de la perche couverte.[1] Je pousse une chaise devant moi : en l'escaladant, j'y arrive, tout juste, mais que c'est lourd ! Et il faut bien faire attention de ne pas tomber sur la page des vilaines bêtes qui me font si peur : « reptiles », avec le boa constrictor bleu à taches jaunes qui remue sur la page sans jamais s'en aller.[2] La voix de ma mère résonne dans mes oreilles : *Tu ne peux pas parler patois. Tu ne peux pas parler, pas toi. Tu ne peux pas parler. Tu ne peux pas...* Il faut un –s à la fin. Elle aurait pu me le dire tout de suite, que j'avais bien deviné ! Maintenant, il faut encore remettre le mastodonte à sa place, sinon ça va barder.[3] Dix fois, et il fait si beau dehors. Mes larmes en tombant sur mon ardoise transforment mon écriture en vilains gribouillages.
J'ai été jusqu'au bout. Mais comme vous voyez, je n'ai pas obtempéré, au contraire : je crois bien que ma curiosité pour les langues doit dater de ce temps-là. A l'heure qu'il est, j'en ai bien approché une quinzaine. Ma mère est encore en vie. Souvent, je la remercie pour cette punition. Certes, elle n'a pas atteint son but. Mais il me semble qu'en relisant l'anecdote, ma mère, de sa voix toujours ferme, répétera : « tu vois, à quelque chose malheur est bon ».

---

[1] Perche installée à demeure (souvent dans la cour d'un café) couverte de tôles ondulées garnie d'oiseaux de bois piqués de plumes teintes, que les archers visaient de leurs flèches, pas seulement lors de l'annuel « tir du roi ».
[2] Voir Rose-Marie François, *La Cendre* (Bruxelles : Edit.des Eperonniers, coll. Ecrits du Nord, 1985).
[3] Pour la jouissance du lecteur : littéralement : « sinon il va encore éclabousser des clous de sabots » – allusion au temps où les enfants se faisant battre à coups de sabot empoigné d'une main vengeresse.

(Traduction: l'auteur)

La langue wallonne

Le wallon est « né » entre les 8e et 12e siècles des restes de la langue latine importée dans nos régions par les soldats, les marchands et les colons romains. A cette époque, les autochtones appelaient leur langue « roman ». C'est au début du 16e siècle que se répand le terme « wallon » pour désigner notre langue. Celle-ci est un membre de la famille des langues romanes et du sous-groupe gallo-roman ou des langues « d'oïl », dont le représentant le plus célèbre est le français.

Le wallon est proche parent du français mais ne doit pas être pris pour un dialecte de cette langue, bien que l'on commmette souvent cette erreur. Le rapport entre wallon et français semble comparable au rapport entre asturien et castillan en Espagne ou entre luxembourgeois et allemand au Grand-Duché de Luxembourg. Il faut distinguer au moins trois niveaux de langue en Wallonie: le français commun, le wallon dans ses différentes modalités et notre français régional… plus ou moins fortement influencé par le wallon.
(Cité du site : http://www.wallonie.com/wallang/wal-fra.htm)

Le nombre de locuteurs wallons est resté proportionnellement stable jusqu'à la première guerre mondiale. Il s'agissait en fait de la plus grande partie de la population. Après, suite à la scolarisation de plus en plus avancée, la chute a été rapide. Les pourcentages de locuteurs donnés sur le site pré-cités semblent indûment optimistes.
— *Paul-Henri Thomsin*

Paul-Henri Thomsin

Tu es encore dans le coup, jeunesse !

Tu es encore dans le coup, jeunesse ! Cesse de te ronger les sangs :
Les saisons qui s'encourent chasseront tes tracas.
Ne laisse pas fuir tes forces. Si ta vie n'est que fatras,
Fouille donc ton âme, car des braises couvent là dedans.
Laisse s'égoutter tes caprices ! Tout doux, il n'y a pas le feu !
S'il te faut tout tout de suite, tes fiertés s'envoleront.
Mets un voile sur tes peurs, je sais ton cœur joue le grand jeu
Mais à ne faire que ce que tu veux, tes bonheurs s'étoufferont.
Prends le temps de boire tes joies à la source de ce que tu crois,
Sans te laisser bousculer par des envies de tout casser.
Quand délaissant le 'trop facile' tu auras choisi ta voie,
Va droit devant sans t'arrêter : tes mauvais rêves seront dépassés.

(Traduction: Paul-Henri Thomsin et Christine Pagnoulle)

Meuse

Meuse, que tu es jolie ! Je ne sais pourquoi, mais je t'ai toujours regardée comme un amoureux sa belle, ou parfois comme un enfant sa maman !

Quand je me promène avec toi, coulant mes pas dans ton courant,[1] à chaque coup, je fais une petite halte, pour écouter tes câlins… Alors mon cœur se noie dans tes courants et tes eaux d'une lèche emportent au loin tracas et soucis. … Et moi, comme de juste, moi, je me laisse faire… Et j'ai bon… Qu'est-ce que j'ai bon ![2]

Comme une demoiselle qui a revêtu sa robe de soie neuve, voilà que Meuse se met à danser… Doucement… Tout doucement… Légère… Toute légère… Sur la pointe des pieds… C'est une valse… Une valse qui se glisse en moi peu à peu… Une valse qui me prend dans les bras de ses trois temps… Et qui croît, l'air de rien, jusqu'à m'emporter dans les tourbillons de ses mélancolies… Une musique qui de tournis me fait perdre la tête… A moi qui suis là, sans bouger, sans rien dire, à regarder Meuse tourner, tourner, tourner encore… A humer ses senteurs chaudes… A croire qu'elle danse rien que pour moi… Oui, rien que pour moi !… A m'imaginer qu'elle rit, pour moi tout seul… Oui, pour moi tout seul !… A rêver qu'elle me fait voir son corps de femme, rien qu'à moi… Rien qu'à moi !… Alors, j'oublie que le temps s'encourt, aussi vite que ses eaux… Au diable ce bateau qui vient m'arracher à mes rêves !

Mais Meuse ne me laisse pas tomber… C'est elle encore qui vient me réconforter au moment où le vrai brouille mes lubies… Et j'ai bon, encore une fois ! Bon comme pas possible ! Bon quand elle me prend sur ses genoux et qu'elle me murmure les mots qu'il faut pour faire revenir un sourire dans mes yeux… Pour faire revenir la sérénité dans mon âme… Alors, comme un enfant, comme 'son' enfant, je me laisse consoler par ses caresses… Je me laisse cajoler… Je me laisse materner… Je peux bien vous le dire : elle n'a jamais regardé à ses peines pour me gâter.

Qu'en dites-vous ? Elle m'a même donné les plus beaux de ses trésors… Des trésors que nul prince sur terre ne pourrait se payer ! Oui, pour moi, avant que le soir ne tombe, elle a fait étinceler sur ses eaux des milliers de petites braises d'un soleil rouge. Pour moi, elle a capté le portrait des lumières de Liège, au cœur d'une nuit bleue. Pour moi, elle a rafraîchi les après-midi d'un mois de juillet suffocant. Elle m'a bercé de sa voix chaude quand les fièvres des tourments m'empêchaient de fermer l'œil. Elle a fait courir dans mes veines la force de son sang. Elle m'a appris à parler sa langue, un langage franc qui court sur ses lèvres depuis tant d'années. Un langage frais, pareil à l'eau d'une source, qui a étanché la soif d'une belle kyrielle de générations et qui désaltérera encore demain, s'il plaît à Dieu, le gosier des futurs petits enfants… Elle m'a donné la main pour m'affranchir quand je faisais mes premiers pas sur la voie de l'écriture !

Meuse, que serais-je sans toi ? Je te dois tout, et avec moi, c'est tout Liège qui a une belle chance de pouvoir se blottir dans tes bras !

Meuse "maman"… Meuse "amante"… Je t'aime !

---

[1] *a cabasse avou vos*, c'est littéralement, à cheval avec toi. La métaphore a été transformée ici en une image plus proche d'un fleuve. Remarquons que le wallon ne tutoie pas, ou seulement dans les injures les plus grossières. Tout comme en espagnol d'Argentine, c'est le *vous* qui exprime la tendresse.

[2] *avoir bon* est une tournure régionale qui serait incorrecte en français de France, mais qui est parfaitement explicite : *avoir bon*, comme *avoir froid / chaud / peur…*

(Traduction: Paul-Henri Thomsin avec Christine Pagnoulle)

Marcel Slangen

La Poubelle au trésor

Scène 1

Emile : Quelle bonne pêche ! Un régal, mon pote, ça te coule dans le gosier comme du miel. Tu fermes les yeux et tu revois le fruit, la fleur, les herbes au pied de l'arbre et toi, tu es là, couché, calme...

Laurent : Tu en as, du plaisir, à manger une pêche que l'Italien t'a donnée alors qu'elle était à moitié pourrie... et toi, tu vois le Paradis...

Emile : Excusez-moi, cher Monsieur, mais vous avez menti ! Ne viens pas gâcher mon plaisir, idiot. Il m'a donné une caisse avec quelques pêches un peu trop mûres pour être vendues, c'est tout. Pourries ? Est-ce que je vais jeter celle-ci, pour une petite tache ? Et le couteau ? A quoi i sert, le couteau, Laurent ? Le couteau, notre pote de tous les jours, qui découpe les bons morceaux, qui porte à la bouche la croûte de pain, qui fait peur, parfois, quand tu le montres ainsi ! aux drogués fous avec leurs yeux glauques, qui te saigneraient pour une pièce, quand leurs veines crient miséricorde !

Laurent : Quel foin pour un couteau... et pour une pêche !

Emile : Il ne faut jamais manquer une occasion de se lécher les doigts, mon pote Laurent, ni de penser à ce que nous sommes. Regarde, voilà une bonne femme qui s'en va avec un sachet de pêches dans son panier : c'est elle qui a payé les nôtres !

Laurent : Mais qu'est-ce que tu racontes ?

Emile : Bon, écoute : Lino, l'Italien, les vend un peu plus cher, en pensant qu'il va en perdre quelques-unes, à cause de la chaleur ou d'autre chose. Alors, la femme, qui les a payées un bon prix, avec la chaleur qu'il fait, elle les mangera demain comme je les mange aujourd'hui !

Laurent : Tu en fais, des histoires...

Emile : Est-ce qu'on n'a pas tout le temps pour en faire ?

Laurent : Oh oui, on a tout le temps...

Emile : Regarde, encore une chose : sais-tu que dans les grandes maisons, on doit manger une pêche avec couteau fourchette ?

Laurent : Une fourchette ? Un couteau, d'accord, mais une fourchette... Tu es sûr de ne pas me tirer en bouteille ?

Emile : C'est pourtant ainsi. Un jour, j'en ai même vu un qui, pour bien faire comme tout le monde, a fait sauter la pêche qui a roulé en-dessous de la table !

Laurent : Bon, Emile, laisse-moi tranquille maintenant. Tu vas me fatiguer à tant parler si tôt le matin. Je vais fumer une cigarette. Tu ne peux pas savoir comme cela fait du bien, cinq minutes sans penser à rien et à se sentir le cerveau plus léger...

Emile : Ah bon, il n'est pas encore assez léger ? Mais non, je te taquine. Mais tu fumes toujours, malgré ta toux tous les matins ?

Laurent : Bah, c'est tout ce qu'il nous reste...

Emile : Tout ce qui nous reste ! On dirait un petit vieux qui se donne bonne conscience pour s'offrir un petit péché ! Tout ce qui nous reste ! Et manger, et boire, respirer l'air et le soleil ?

Laurent : Tu ne vas quand même pas me reprocher de fumer ?

Emile : Mais non, copain, il ne manquerait plus que ça.

Laurent : Parce que l'autre jour, comme je demandais une pièce pour dîner à deux bonnes femmes, j'entends une dire en partant : « Il demande pour manger, mais il a pour fumer ! » Qu'est-ce que tu en penses, vieille trique !

Emile : Que veux-tu, tous les prétextes, même idiots, sont bons pour les bourgeois, quand ils veulent épargner un sou ! Heureusement qu'elle ne t'a pas conseillé de travailler ! Comme à moi, l'autre jour : « Cherchez plutôt du travail : celui qui cherche en trouve toujours. »

Ah, Madame, lui dis-je : Je réfléchis parfois, je me casse la tête

Pour trouver le moyen d'enfin devenir riche

Pour moi, ce qui est sûr, c'est que ce ne peut être

En travaillant qu'un jour on sort de la misère

Dans le passé peut-être, cela se faisait

Mais il faut aujourd'hui bien d'autres procédés !

Tu aurais vu sa tête !

Laurent : Je ne comprends pas pourquoi tu as quitté ton métier d'acteur... Tu sors ça avec une facilité... Tu devais pourtant avoir le succès, l'argent, les femmes sans doute...

Emile : Et quoi encore ? Pour un comme tu l'imagines, il y en a cent qui jouent pour rien, devant trois tondus de la famille ou des connaissances qui crèvent la misère comme nous, mais avec tous les tracas, les démarches. Faire des bassesses pour avoir un rôle ! Et pour jouer quoi ? Il n'y a pas que du Molière : des pièces de patronage, des trucs à dormir debout, des pièces qui ne feraient même plus pleurer des grands-mères, des autres qu'on ne joue que pour faire plaisir à l'auteur, qui s'est fait un nom à faire quoi, je te le demande ! Des metteurs en scène qui te laissent planté comme un piquet, là, sur la scène, et d'autres qui pensent avoir des idées et qui massacrent la pièce. Alors, le pis de tout, vois-tu, c'est quand tu t'es fait crever à te pousser le rôle dans le cerveau et que tu te dis « ça y est » ! et qu'on lève le rideau sur quelques spectateurs, plus gênés que toi d'être si peu nombreux. Alors qu'ici... Tiens, tu veux une pêche ?

Scène 2

Un personnage passe sur la scène sans que nos deux hommes y prêtent attention. Il cache quelque chose sous des papiers dans une poubelle et quitte la scène.

Premier agent : Dites donc, vous, les vagabonds, vous n'avez vu passer personne ?

Emile : Excusez-moi, chef, mais nous ne sommes pas des vagabonds, nous sommes des SDF, comme on le dit aujourd'hui : des « sans domicile fixe ». Vous voyez la différence ? Aujourd'hui, on n'est plus aveugle, on est « non-voyant », on n'est plus handicapé, on est « moins-valide »... Nous, c'est la même chose, autrefois, on n'avait pas de domicile, aujourd'hui on est « sans domicile fixe » : c'est déjà un peu comme si l'on en avait un !

Deuxième agent : Alors, tu as fini avec tes histoires auxquelles je ne comprends rien ? On vous a demandé si vous aviez vu passer quelqu'un, oui ou non.

Laurent : Bah, vous savez, des gens, on en voit passer... Si vous saviez comme il en est peu qui s'arrêtent pour nous donner une petite pièce, ou n'importe quoi, comme Lino, l'Italien, qui nous a donné une caisse de pêches, à peine blessées...

Premier agent : Mais qu'est-ce que c'est que ça ? Quels originaux ! On vous laisse tranquilles, à ne rien faire, alors que les braves gens viennent se plaindre que vous encombrez la voie publique et que vous donnez le mauvais exemple aux enfants... Et, pour une fois que la société a besoin de vous, on ne peut rien avoir de sérieux ! Et les quelques petits sous que vous recevez ne servent sans doute qu'à vous saouler !

Emile : Ah ça, Messieurs des forces de l'ordre, il m'arrive de boire,
Mais si je bois un verre, ce n'est qu'un à la fois
Si vous me voyiez saoul, ce serait bien la preuve
De ma bonne foi.

Deuxième agent : Mais quel langage ! Chef, je crois que nous avons affaire à des fous.

Premier agent : Bon, pour la dernière fois, – et cessez un peu vos balivernes –, n'avez-vous vu personne ?

Laurent : Si !

Deuxième agent : Ah, quand même, et qui était-ce ?

Laurent : Le femme qui avait acheté des pêches à Lino ! Tu te souviens, Emile ?

Premier agent : Il n'y a vraiment rien à tirer de ces deux idiots. Nous, on vous parle d'un homme, qui vient de faire un hold-up à la banque du coin, et qui s'est sauvé avec le butin.

Laurent : Ah bon, il fallait le dire tout de suite...

Deuxième agent : Vous l'avez vu ?

Laurent : Non.

Premier agent : Bon, cette fois, nous perdons notre temps avec ces deux imbéciles.

(Traduction: l'auteur)

Le lingala

Le lingala est une lingua franca africaine qui appartient au groupe Ngala dans la famille des langues bantou (classée C36 par Malcolm Guthrie). Nous lisons sous le plume d'Elisabeth Farges, responsable d'un cours de français langue étrangère à la Sorbonne nouvelle : « L'une des plus importantes parmi les quelque 360 langues bantoues utilisées en Afrique centrale et méridionale, le lingala est aujourd'hui parlé par des dizaines de millions de locuteurs dans la vaste région constituée par le bassin du Congo. Le lingala n'est pas à l'origine la langue maternelle d'une ethnie mais une langue véhiculaire issue d'un brassage entre plusieurs langues bantoues et employée par les commerçants et les riverains du fleuve. C'est suivant cette voie de communication essentielle pour l'économie de la région que la langue s'est répandue, des deux rives du fleuve jusqu'aux grandes villes, Kisangani ouis Kinshasa. Les premiers Européens arrivés dans cette région… ont probablement contribué à cette expansion : la modernisation des moyens de communication fluviaux a favorisé le commerce et les déplacements des 'gens du fleuve' et par conséquent les contacts entre les différentes langues bantoues de la région. Devenu langue de l'armée et de l'administration, et langue maternelle depuis qu'il s'est répandu sur un grand territoire, le lingala est largement employé dans les médias et les discours officiels. La chanson congolaise moderne, extrêmement créative et populaire, contribue aussi à faire du lingala une langue vivante en évolution constante. C'est l'une des quatre langues nationales du Congo-Kinshasa, également parlée au Congo-Brazzaville et en Centre Afrique. Cette langue peut aussi être entendue en Europe, en particulier en France et en Belgique où résident de nombreux Congolais. »

Nous avons donc affaire à une langue double ou dédoublée, pour ainsi dire. D'un côté, nous trouvons la langue officielle, écrite, en grande partie imposée par l'administration coloniale – c'est la langue des Eglises aussi, la langue du dieu unique, révélée, la langue de la Bible et des écoles, la langue associée au colonisateur et à ses contraintes. Par ailleurs, le lingala est aussi, pour ses locuteurs, la langue du quotidien, qui n'arrive pas à se traduire au niveau de l'écrit dans un langage par tous compréhensible, et c'est à ce titre qu'elle est la langue principale de la musique congolaise moderne, les chanteurs réussissant souvent, eux, à marier le lingala oral avec la forme écrite dispensée à l'école, mais sont souvent obligés de ruser avec la censure, d'employer des métaphores ou des mots à double sens pour faire passer un message qui pourrait être perçu comme subversif. Cette situation d'affrontement entre deux niveaux de lingala illustre les deux univers officiels de la langue.[1] Les deux textes présentés ici appartiennent à un troisième univers qui se situe à leur point de rencontre et en même temps échappe à leurs contraintes respectives.

—*Boyikasse Buafomo*

Boyikasse Buafomo

Plonge le corps

Mes chers frères et sœurs, ici au centre de l'univers, en occident, dans le monde des blancs, la vie, c'est tout feu tout flamme, un danger permanent. Tu offres à un chien passeport et visa en bonne et due forme, le chien te dit non merci ! L'eau, le liquide qu'on boit, elle se transforme ici, sur ces terres, en pierre.

Enfants de l'eau, mes chers frères et sœurs, désirez-vous vraiment tout savoir ?

Pas de problème ! Ouvrez seulement grand vos deux yeux et vos deux oreilles. C'est le prix à payer pour bien m'entendre. Le sujet touche à l'essentiel : les problèmes du candidat réfugié politique et des vrais-faux papiers. Non, ce sujet ne touche pas seulement les nègres, d'autres hommes sont concernés. (Alors, face à ce drame, que font-ils nos bons, beaux grands négros ? Réfléchissent-ils à la situation et recherchent-ils des solutions globales, alternatives ou parallèles ?)

Mais avant tout, jeter le corps, devenir réfugié politique, c'est quoi ?

Un jour qui débarque en Occident, chez Miguel ? (C'est toi, le beau black.) Et tout le monde te reconnaît à Bruxelles métro Porte de Namur, en plein quartier Matongé ou d'ailleurs à Paris dans le 18ᵉ. Bien coiffé bien rasé. Et comme c'est la griffe qui fait l'homme, tu es de haut en bas signé. Par les grands couturiers Jianni Versatché, ou Yamamoto ou d'autres encore… Te demandes-tu un instant si tes papiers sont en ordre ? Non, ce type de problème, ce n'est pas pour toi. Ce n'est pas toi qui vas courir derrière un os comme un chien. Toi, tu t'emballes pour les nouveaux maîtres de la philosophie du 'temps présent', les Werasson, les Kofi Olomidé. Les anciens, les grands de la musique congolaise, Kabassele, Luambo-Franco, Shungu Wembadio, Simaro Masiya, t'en as rien à cirer.

Deuxième question : et trouver un boulot ?

Quelle idée. T'occuper de l'ordinaire, te mettre à faire la vaisselle ou des ménages pour payer le loyer et les factures de gaz et d'électricité, ce ne sont pas là des occupations à ton échelle, ça va pas non ! Toi, tu es un être léger, aérien, que ferais-tu d'une telle charge sur les épaules ? Tu regardes déjà le soleil dans les yeux, n'est-ce pas assez ?

Troisième question : quoi d'autre encore ?

Reprendre l'école que tu as abandonnée depuis si longtemps, apprendre à nouveau à lire et à écrire ? C'est une belle piste, mais l'accceptcras-tu ?
Sinon quel choix te reste-t-il (pour pouvoir vivre en Occident, au centre de l'Univers) ? Un seul, l'inique et l'unique : jeter le corps, devenir réfugié politique. Disposes-tu déjà des vraix-faux papiers (pouvant soutenir ta candidature dans cet univers impitoyable) ? Comme tu ne sais ni lire ni écrire comment décrypteras-tu lois, procédures et techniques pour obtenir ce statut ? Quand le bateau remonte le courant, se présente-t-il par devant ou par derrière ?

Dedans ou dehors?

➢ Alors tu es dedans ou tu n'y es pas ?
  • Je suis bien dedans.
➢ Hélas, moi je t'y sens pas.
  • Je suis en plein dedans, comme la poule dans le pot.
➢ Tu es bien sûr ? Tu ne serais pas plutôt comme de la soupe à l'eau ?
  • Vraiment, comment ça ?
➢ *L'impuissance c'est un fait avéré*
  Alors mon frère fais pas le roué avoue la vérité
  La colonne est foutue, cassée
  Alors mon frère fais pas le roué avoue la vérité [2]

- Ah non ça c'est pas vrai, je ne suis pas im-puissant. Les femmes en Occident, moi j'en ai à la pelle. Sans problème.

  ➢ Alors tu es dedans ou tu n'y es pas ?

  - ……………………………………

  ➢ En Occident, les femmes sont-elles aussi impuissantes que toi ou ne sont-elles pas des partenaires redoutables ? Mon frère fais attention à la maladie de la chaussette ![3] Comment donc pourras-tu trouver chaussure à ton pied, pauvre ami flagada ?

Notes de lecture: Ces deux textes courts – « Bwaka Nzoto » (« Plonge le corps ») et « Okoti To Okoti Te » (« Dedans ou dehors? ») – illustrent un discours spécifique aux sociétés congolaises immigrées. Dans les deux cas, il s'agit de dialogues à plusieurs voix.

« Bwaka Nzoto[4] » (« Plonge le corps ») est une expression inventée par la communauté congolaise en Belgique vers 1985 pour signifier un acte lourd de conséquences, celui de devenir réfugié politique. Cet acte n'est pas seulement, comme le pensent politiques et citoyens en Europe, un moyen d'obtenir des papiers, de quitter la misère en Afrique, c'est en fait un suicide à la fois physique et spirituel. Le réfugié politique ne peut plus retourner dans son pays d'origine. Le texte original est plus long et fait partie d'un recueil de 15 nouvelles qui portent le même titre. La version originale a été écrite le 19 novembre 1987.

« Okoti to Okoti te » (« Dedans ou dehors? ») aborde l'érotisme négro-africain. Le texte est un summum d'ironie, mais aussi une illustration du pouvoir que la gent féminine détenait à Kinshasa dans les années 1970. C'est une confession de femme, à partir d'une historie vraie, qui parle de la sexualité masculine avec une grande brutalité. Mordante, elle ne perd pas le sens de l'ironie. Le récit a subi une O.P.A. en bonne et due forme puisque de féminin, il est devenu une propriété masculine. La radio trottoir l'a révélé aux ambianceurs,[5] ceux qui vivent la nuit à travers danses, fêtes, musiques, etc., qui l'ont transformé en bonne blague. Bonne blague ou provocation?

Le dialogue à deux voix, sous forme écrite, que nous proposons ici date de février 1995. Notons enfin que c'est l'humour à la fois fin et brutal dont la femme fait preuve dans l'acte d'accusation qui démontre paradoxalement sa puissance.

Dans les deux textes, mais surtout dans le premier, nous notons l'utilisation fréquente de proverbes ou d'expressions consacrées, comme « Opesi mbwa mbwa aboyi » (tu donnes au chien, le chien n'en veut pas), « Soki masuwa eza ekonana moto ezalaka liboso to makolo » (quand le bateau remonte le courant, se présente-il par devant ou par derrière?), l'importance des références à la musique populaire, le concept tout kinois de Miguel, « na Miguel », le nom du cuisinier belge d'origine espagnole devenant le concept même non pas seulement de l'immigration en Belgique, mais du départ pour l'Europe. —*Boyikasse Buafomo*

[1] Ces deux univers officiels semblent correspondre à deux types de groupes ou classes sociales. Le premier a émergé dès l'indépendance du 30 juin 1960 et se constitue d'hommes politiques dont la langue de travail est le français et la légitimité due, directement ou indirectement à la détention de diplômes. Le second est apparu dans les années 90 pendant la conférence nationale souveraine. C'est la société civile. L'usage des langues nationales, lingala, swahili, tshiluba, kikongo, y était autorisé au même titre que la langue officielle, le français.

[2] Ces quatre vers sont un refrain kinois [de Kinshasa] bien connu.

[3] Expression imagée dont le sens apparaît immédiatement si l'on sait qu'en français d'Afrique, un préservatif s'appelle couramment une « chaussette ».

[4] Le choix de ce texte a été douloureux. Il était néanmoins important de le faire connaître car il dévoile un univers négro-africain enfoui sous le poids des clichés occidentaux et que les nègres d'Afrique eux-mêmes n'osent pas aborder, les mots de leurs propres langues maternelles leur manquant.

[5] Le terme français africain « ambianceur » désigne plus qu'un simple animateur ou DJ, c'est celui qui crée l'ambiance, pas seulement à une soirée.

(Traductions: Boyikasse Buafomo et Christine Pagnoulle)

Remarques sur la minorité sorabe

L'histoire des Sorabes, un peuple slave établi à l'Est de l'Allemagne, remonte à plus d'un millénaire lorsque des groupes slaves habitaient dans ce qui est devenu le centre et le Nord de l'Allemagne. La zone d'établissement des Sorabes est d'une part la Basse Lusace (dans l'état du Brandebourg; centre culturel : Cottbus/Chośebuz), où l'on parle bas-sorabe, et d'autre part la Haute Lusace (dans l'état de Saxe, centre : Bautzen/Budyšin), où l'on parle haut-sorabe. Les Sorabes représentent le groupe slave occidental le plus petit en nombre avec environ 60 000 locuteurs.

La politique allemande à leur égard a longtemps été imprégnée du souhait de voir cette population spécifique se fondre dans la majorité allemande. Aujourd'hui pourtant les Sorabes jouissent d'un statut de minorité ethnique ; ils sont représentés par la *Domowina*, l'organisation nationale des Sorabes de Lusace qui regroupe toutes les associations sorabes et se préoccupe essentiellement de la préservation de la langue et de la culture sorabes. De nos jours tous les Sorabes sont bilingues. Les activités culturelles des Sorabes sont très diverses, dans le domaine de la littérature il existe toute une série d'auteurs connus traitant de thèmes multiples dans des formes diverses. (Plus d'information sur les sites http://www.sorben.de/ et http://www.sorben-wenden.de)

Róža Domašcyna

Influence de l'univers sur le goût de vivre

en l'année de l'invasion des hannetons
en carapace et ailes de métal
les poux prirent les armes sans tarder
firent tomber les hannetons à la renverse
à la vue de l'univers ils perdirent le goût
de la petite guerre quotidienne ainsi
les poux remportèrent une victoire totale

(Traduction : Annette Gérard)

Lorsque je voulais que ce fût

au bord du lac tu disais
des gentillesses. A tout
moment je pensais : c'est mon heure.
Heure après heure passait,
tout d'un coup je me tenais
au bord de l'eau, les mots se tenaient
non dits dans l'entre deux. Un mouvement,
un pas en arrière, la seule chose
que je pouvais faire. Figée comme je l'étais,
je voulais que ce fût, pensais :

le temps se couche à
mes côtés, m'accompagne. Chaque heure
me feuilletait, m'effeuillait.
J'attendais, je voulais, et toi
Tu disais des gentillesses,
et je devais m'en contenter

(Traduction : Annette Gérard)

Dans la maison bleue près de la Tour Bismarck

pour F.P.

presque comme à l'origine : camomille et aneth séchés
dans le poêle le feu devant la porte l'image : prairies
dans la pièce carrelée sur le chevalet retourné
la blessure cachée de l'héritage à demi oublié
dans le chambranle les entailles de notre croissance
avec des kystes par endroits et les noms des pierres tombales
comme témoins à la table de la cuisine nous
cassons des noix comme des mots
tout bleu le monde et dieu
sait un chien rôde autour de la maison
avec une mâchoire d'acier sur la pente
se feutre l'herbe non fauchée
il reste des réserves de couleurs dis-tu
et tu tends une nouvelle toile
la maison se ferme sur elle-même
les entailles s'encroûtent
les noix tombent en poussière
la toile vieillit
seul le chien
garde la trace

(Traduction : Annette Gérard et Christine Pagnoulle)

Les morts changent de lit

en souvenir du cimetière de Čelno

Nous avons voilé le cimetière de draps.
Nos morts nous ne les respectons pas,
tous les chemins alentour sont barrés –
ils se terminent juste avant le monde d'à-côté.

Les toiles s'élèvent serrées tout autour.
Au milieu des bulldozers mettent au jour
des ossements lavés de tout péché
honorablement enterrés, c'est attesté.

Saisis d'une cupidité douteuse, des individus
grattent l'héritage dans des récipients de fortune.
« Nous prenons tout et plus », entends-je crier,
et « nous ne voulons pas être enterrés, mais brûlés! »

Qui se tient à l'écart est aux aguets –
Aussi nous taisons vaillamment nos regrets.
Supportons dans la nuque le regard des aïeux,
saisissons un bout de tombe, une corde, un pieu.

Les tombes, elles deviennent profondes et très étroites.
Le rectangle de ciel s'amenuise et s'en va de travers.
Il nous pousse des goitres dans la maison de toile.
Les enfants jouent à recouvrir de terre et nous poussent au grand air.

(Traduction : Annette Gérard et Christine Pagnoulle)

Kito Lorenc

Ma courte journée d'hiver

Tu éclabousses une lumière d'ambre
sur les ombres bleuissantes
sous l'herbe jaunie
tu caches le pelage
des bêtes des champs
les grands yeux
reposent dans la tanière

Tu formes les fruits
du gui dans l'arbre
souffles après le givre de la nuit
en catimini
dans ma main moite de gel
tu lustres
le noisetier
teintes les rameaux du saule

Pour que je ne dérange pas
ton cours
quand je porte du souci
détache de ma semelle
la trace
léger comme neige

(Traduction : Annette Gérard)

Grande forêt

Dobry le Géant
va au toit de bois
prend le cheval sur les épaules
et entre à pas pesants
sous les pins

Sa petite femme
sur le tabouret de traite
sous la vache, aussitôt
fait tintinnabuler
la cloche du lait dans le village

Par-dessus le poteau électrique
claquette la roue du moulin
au bec de cigogne
derrière le feuillage poussiéreux
clignote le lac

Et au tournant
attend le parfum
du carvi. Bonjour
les vacances. Au revoir
l'enfance

(Traduction : Annette Gérard)

« Le colombin a deux pattes blanches »

et un jour j'amenai ma petite amie
à la maison la présentai à ma femme
Ma femme yeux bruns Elle bleus
Ma femme gingembre Elle poivre
Ma femme la trouva gentille Elle elle aussi
Et c'est vrai Gaîment le cheval hennit
Tristement ne pleura personne Dorénavant
nous déjeunâmes ensemble trois petites
assiettes trois petits plats trois petites
cuillères partagèrent plaisir et tracas Vaisselle
sale et propre Bientôt on nous donna
une plus grande maison et ma femme
amena son autre et ma petite amie
amena son autre et les deux autres
amenèrent leurs deux autres Quand
on nous donna tous le pâté (oh là là
montaient et descendaient les ascenseurs

pommes d'Adam chantantes) mes aïeux
étions-nous nombreux Alors nous habitâmes
la ville finalement le pays et alors nous
étions tout le monde et vivions dans
de nouveaux rapports sociaux
Alors seulement je reçus du courrier
anonyme : Espèce d'individu poétique !
colombin reprit poivre gingembre
jument et m'en mourut publiquement
enfants bonnes gens ciao aimez bien

Et ce qu'est le poêle

dont je lui ai fait cadeau
parce que depuis deux ans
je ne m'en étais plus servi
alors j'y ai fait du feu
dans le poêle lui ai dit
deux ans que je n'y
ai plus fait de feu
et ai tout à fait oublié
comment y faire du feu
et elle dit tu vois
pas besoin de d'abord
mourir pour oublier
et j'ai dit tu sais quoi
alors on peut aussi bien
continuer à vivre

(Traductions : Annette Gérard)

Lubina Hajduk-Veljkovićowa

Raphaël, le petit elfe

Monika habitait la vieille ville. Les maisons y sont humides, avec un grenier sous le toit. Les mères y pendent le linge à sécher et chacun a un réduit où ranger ce qui ne sert plus. Les poupées de Monika reposent là aussi.

Un beau jour Monika voulait confectionner une nouvelle robe à une de ses poupées et grimpa au grenier pour en descendre la petite. C'est là qu'elle découvrit dans le coin, dans la pénombre, un elfe. Pas un fantôme, non, plutôt un petit elfe.

—Qui donc es-tu ?, demanda-t-elle.

—Tu peux me voir ?, répondit l'elfe.

—Bien sûr. Très bien même. Tu as des cheveux bouclés, brun chocolat.

—Vraiment bouclés ? Moi, je ne me suis jamais vu, le petit elfe était tout content.

—Tu as une chemise verte et ta culotte est brune, précisa Monika.

—Et quelle est la couleur de mes yeux ?, s'enquit curieux le petit elfe.

—Plutôt vert. Mais dis-moi, qui es-tu à la fin ?, Monika aussi était impatiente de savoir.

—Je suis Raphaël. Et cela fait déjà bien longtemps que j'habite ici.

—Et d'où vient que tu te caches ici ? Monika était aussi curieuse.

—Parce que, oh, j'ai honte de l'avouer, murmura Raphaël.

—Allons bon. Moi j'ai honte de ma vilaine écriture, l'institutrice me gronde toujours, fit Monika.

—Et moi, moi j'ai honte parce que je ne sais pas voler, avoua Raphaël.

—Tu es un elfe vrai de vrai, un qui peut voler ?!, s'étonna Monika.

—Non, je ne sais pas voler. C'est bien là le problème. C'est pour ça que je reste ici tout seul à me cacher.

—Moi, ça fait longtemps que je serais morte de peur. Toi pas ?

—Moi ? de quoi aurais-je peur ? répondit l'elfe Raphaël.

—Des gens.

—Sornettes et balivernes! Tant qu'il y a un grenier, je peux y rester. Mais ça ne m'avance à rien.

—Comment ça ?

—Parce que je ne vieillis pas. Un elfe doit retourner chaque année là où il est venu au monde. C'est seulement ainsi qu'on devient un an plus vieux. Avant maman m'y a toujours emmené. Mais une année je suis devenu trop lourd. Et depuis je ne vieillis plus du tout.

—La belle affaire, dit Monika, que veux-tu de plus. Comme ça tu resteras toujours un petit elfe.

—Toi tu aimerais rester toujours une petite fille ?, demanda Raphaël, contrarié.

—Jamais de la vie.

—Jour après jour après jour je regarde par la lucarne passer les oiseaux dans le ciel. Mais quand j'essaie de quitter le sol, il ne se passe rien.

Là dessus Monika dit: Mais Raphaël, tu n'as même pas d'ailes.

—Les elfes n'ont pas besoin d'ailes.

—Ah bon. Monika eut une idée. Alors tu dois le souhaiter de toutes tes forces, et tu voleras.

Raphaël le petit elfe souhaita de voler si fort que sa tête se mit à fumer. Mais il ne se passa rien du tout. La petite Monika le regardait sans savoir que faire.

—Décris-moi l'endroit où tu es né.

—Oui, c'est un joli vieux château fort. Il n'est plus habité depuis longtemps. Les murs sont épais et froids, gris cendre, gris sombre, gris souris, parfois même gris argenté, magnifiques. Nous, on jouait à cache-cache dans les oubliettes, on se poursuivait dans les couloirs obscurs, les portes grinçaient que c'en était un plaisir et nous pouvions secouer les chaînes scellées dans les murs, que nous en frissonnions parfois. Par une fente minuscule nous voletions dans la cour intérieure toute envahie d'orties...

—Bon dieu, s'exclama Monika, mais tu voles!

Et de fait Raphaël se soulevait un peu de terre. Mais le cri de joie de Monika fit voler en éclats sa belle image et il retomba par terre.

—Je ne remarque rien.

—Pendant que tu racontais, tu t'es un tout petit peu soulevé, et puis tu as pris peur et tu es redescendu.

—Je n'ai pas peur, fit Raphaël d'un ton résolu.

—Ne me raconte pas de sornettes. Je l'ai vu de mes yeux. – Monika maintenait sa vision des choses. – Continue ton histoire.

—Moi je veux bien. Dans la cour nous jouions au football, seulement le ballon n'était pas en cuir mais en rosée. C'est moi qui tournais les plus beaux ballons. Regarde.

Raphaël voulut lui montrer comme il savait y faire. Mais il dut regarder vers le bas pour la voir. Vers le bas!

—Saperlotte, s'écria-t-il, Voilà que je sais voler pour de vrai !

Et alors il se mit à foncer à travers le grenier tel un ouragan. – Bonne mère ! – Monika n'en revenait pas comme il s'était soudain métamorphosé. Raphaël n'était plus assis, morose, dans son coin, loin de là, voilà qu'il volait de tous côtés et faisait le fou comme un jeune chien.

—Il faut que je redescende, dit Monika après un moment.

—Grand merci de l'avoir appris à voler, dit Raphaël de là-haut.

—C'est la meilleure ! Tu as toujours su voler, seulement tu n'y croyais pas, répondit Monika dans l'escalier.

Elle se retourna encore une fois et vit l'elfe Raphaël disparaître par la lucarne.

Elle se rappela sa poupée, alla la chercher et quitta le grenier.

(Traduction : Annette Gérard)

Minorités grecques et turques en Allemagne

Le « miracle économique » de la République fédérale allemande dans les années 50 a amené beaucoup d'entreprises allemandes à recruter des immigrants du Sud de l'Europe (appelés « Gastarbeiter ») pour remplir des postes vacants. Au cours des années suivantes, le gouvernement a élaboré des accords juridiques pour fixer des règles d'immigration ainsi que la durée du séjour. En 1960, un de ces accords a été signé avec la Grèce et en 1961 un autre avec la Turquie. Le recours à de la main d'œuvre étrangère a culminé à 2,6 millions en 1973, dont 155 000 étaient Grecs et 605 000 Turcs. Au départ, toutes les parties contractantes avaient accepté un système de rotation qui spécifiait que les travailleurs étrangers devaient rentrer chez eux après un ou deux ans. En pratique, ce système n'était intéressant ni pour les employeurs (il fallait former les nouveaux venus), ni pour les travailleurs, qui n'arrivaient pas à économiser suffisamment en si peu de temps. Ce modèle fut donc oublié : les travailleurs sont restés de plus en plus longtemps et ont fait venir d'autres membres de leur famille.

Pendant la crise des années 70, le gouvernement a mis le holà au recrutement de ces travailleurs. Deux mesures parallèles furent prises pour soutenir cette décision : les étrangers pouvaient soit retourner chez eux, soit s'intégrer dans la société allemande. En 2001, sur les 82,4 millions d'habitants en Allemagne, 75,1 millions ont la nationalité allemande ; 1,9 million sont de nationalité turque et 362 000 de nationalité grecque. La minorité turque est de loin la plus importante en Allemagne, suivie par des ressortissants de l'ex-Yougoslavie, d'Italie et de Grèce.

Les minorités torques et grecques sont fort actives sur la scène culturelle et représentent un aspect non négligeable de la culture allemande contemporaine. La littérature de ces groupes s'est tout d'abord focalisée sur la problématique de l'étranger. Ces derniers temps, néanmoins, des Turcs de la troisième génération vivant en Allemagne se considèrent comme faisant partie intégrante de leur pays d'accueil ou tentent, par leurs écrits, de définir leur identité propre dans un pays étranger. Dans la littérature grecque écrite en Allemagne, on trouve souvent des analyses de l'histoire politique de la Grèce, ou bien aussi des textes cherchant à définir ce que signifie vivre dans un pays étranger.

Michalis Patentalis

Celui d'en face

Mon voisin
s'est acheté une nouvelle auto
des actions
une femme
une maison
des meubles
du viagra
un cœur
une tombe

Il n'y a que de dieu qu'il n'ait pas changer.
« Dieu le garde ».

(Traduction : Annette Gérard)

GILETE CONTOUR ou
la première pub en Afghanistan

« Au nom du Père et du Fils »
et de la folie mondiale.

La nuit se rase la barbe
avec une lame prise au calice.

Tartinée d'un peu de beurre de cacahuète
« à son image ».

Au pied de la montagne le jour déguisé compte par erreur
le chuchotement du silence

Tandis qu'un serviteur rend sa précarité
bien repassée.

Et tu regardes exceptionnellement dans le miroir
En te peignant la langue poilue.

Descendant de Caïn, serais-tu peut-être
l'alpiniste de la mort boiteuse ?

(Traduction : Annette Gérard)

Giorgos Lillis

La plus profonde robe de la mer

Hors des murs de la ville
accompagné du vent en rafales
je suis monté jusqu'au point
où j'allais assister au sacrifice du soleil pour la nuit.
Les ondines jouaient aux osselets avec une poignée d'étoiles
et de loin à vélo la lune s'approchait.
Enfoui sur la pente je regarde
la plus profonde robe de la mer.

(Traduction : Annette Gérard)

Ce qui sombre est en dehors de mon rempart

Le soleil trahissait une fois de plus et jetait sur nous le filet noir.
Pluie soudaine,
comme le petit vent de midi quand tu dors,
tu as froid
et cherches le drap pour te couvrir.

Mon rempart une fenêtre. Même petite,
mais suffisante pour me livrer l'image du monde.
Pour dire non, ce qui peut aussi arriver, je suis ici aujourd'hui
et regarde, à ma guise, la pluie et plus tard
la nuit, que je vois s'approcher au galop tout uniment
       et de sa corbeille
       répandre étoiles et obscurité,
       elle aussi semeuse du ciel.
Sans parler de la lune du côté gauche,
elle se frotte le dos aux hauts immeubles, puis décrit une courbe
et se pose en couronne sur la montagne au fond.
Pour peu de temps.
Après je ne vois plus rien. Le locataire d'à côté l'a piquée.
Il pourrait ce chançard, l'admirer comme un roi,
mais je le l'ai jamais vu regarder dehors.
Les gens sont drôles. Le merveilleux pose sous leurs yeux
Et ils cherchent ailleurs.
              En vain.

Les gouttes ont jeté un vêtement sur la vitre.
Une plante avec la rosée du matin
sur ses feuilles de verre.
La chambre un jardin et moi le jardinier.
Le vers s'emplit d'un parfum délicieux, de beaucoup de couleurs,
l'âme s'apaise.

D'ici je peux voir les autos et les passants
sur les trottoirs, aussi les maisons jusqu'au loin,
le camion qui vient tous les jours et que l'on décharge
en bas devant la maison,
mais je en le fais pas.
Je m'en tiens aux oiseaux qui picorent le bleu,
Ils se couvrent dans leur vol de poussière de ciel,
au vent qui danse avec les arbres
au broc qui verse le lilas du soleil couchant
à la pluie qui remplit les rigoles et qu'on entend le soir
étonnante sonorité de l'eau comme une rivière.
N'allez pas penser que j'ai ici où j'habite une vue extraordinaire.
Je suis obligé, comme vous d'ailleurs,
D'habiter ces villes construites à la hâte,
elles n'ont rien d'important à montrer
sinon des autoroutes,

des habitations les unes à côté des autres.

A un moment donné j'ai décidé. De prendre la petite table,
de la placer à côté de la fenêtre
de poser ici ma machine à écrire pour en écrivant
aider les pensées à pénétrer le désert du silence.
Plus tard je me suis surpris à me perdre pendant des heures
non pas dans des images concrètes du monde au dehors
mais dans des choses que je ne peux guère expliquer
failles du souvenir,
photos du ciel intérieur
tel un cameraman qui filme un pays lointain et inconnu.
A ces heures-là le café refroidissait souvent
Je n'entendais ni musique ni voix.
                   Rien.
Flottement étrange entre l'à-peine perceptible et le réel.
Il y avait du vent, je me souviens, et à l'intérieur une obscurité blanche.
Et moi un danseur de corde. De la fenêtre à l'autre bout de la montagne.
Sans me blesser en traversant la vitre
jusqu'au bout du monde.

Régulièrement les voisins prétendaient méchamment
que j'étais devenu fou
mais je savais
et je les plaignais de ne pas voir, les pauvres,
ce que je ne pouvais décrire, car je craignais
qu'ils ne puissent le supporter, s'ils
arrivaient au multiple.

Surtout quand la machine à écrire est devenue machine à remonter le temps
Et m'a mené au rivage
où Ulysse fatigué s'endormit
et fit toujours encore le même rêve étrange.

Ce qui sombre est en dehors de mon rempart.

                   (Traduction : Annette Gérard)

Yüksel Pazarkaya

MARRONS

Tu es turc

« Tu n'es pas allemand », dit Stefan à Ender dans la cour pendant la récréation. Pourquoi ne voulait-il pas jouer à chat avec Ender aujourd'hui. Juste pour donner une raison, il dit simplement : « Tu n'es quand même pas allemand. » Ender était interloqué et blessé. Stefan était son meilleur copain, son compagnon de jeu préféré. « Comment ça ? » C'est tout ce qu'il trouva à demander.

Stefan ne le comprit pas. Que signifie « Comment ça ? » Ou Ender se prend-il peut-être pour un allemand ? « Tu n'es simplement pas allemand, » dit-il, « tu n'es pas allemand comme moi. »

Les beaux yeux sombres d'Ender s'attristèrent. Intérieurement, il se rebellait comme s'il s'était rendu coupable de quelque faute. Dans son cœur, quelque chose se brisa. Il se tut. Il baissa la tête. Il s'en alla. Ce jour-là il ne dit plus un mot à Stefan. Il ne pouvait pas suivre la leçon. Il ne pouvait pas écouter l'instituteur. Sa tête devenait de plus en plus lourde.

Marrons allemands

L'automne précédent, il s'était déjà passé quelque chose de semblable. Dans le quartier, il y a un joli petit parc, plein de fleurs et d'arbres. C'est en automne qu'il est le plus beau. Alors les marronniers attirent tous les enfants du voisinage. Les enfants lancent des pierres pour faire tomber les marrons. Celui qui en ramasse beaucoup les vend au zoo pour nourrir les éléphants et les chameaux. D'autres les apportent à l'école. On peut en effet les utiliser pour le calcul. Et les petits qui ne vont pas encore à l'école jouent avec comme avec des billes.

L'instituteur dit : « Chacun apporte dix marrons. » Ils sont 34 dans la classe. Si chacun apporte dix marrons, ça fait tout juste 340. Et avec ça on eput faire bien des exercices sur les nombres élevés et les quatre opérations.

L'après-midi Ender alla au parc. Deux enfants lançaient des pierres aux marrons. Certes, ce n'étaient pas des amis à lui, mais il les connaissait. Il les voyait souvent dans le quartier.

Ender s'approcha d'eux. Il se baissa pour ramasser un marron. Un des deux lui cria : « Pas touche! » « Moi aussi je veux ramasser des marrons », dit Ender. L'autre enfant lui cria : « Tu ne peux pas les ramasser, ce sont des marrons allemands. » Ender ne comprenait pas. Le premier ajouta : « Tu n'es pas allemand ». Et l'autre : « Tu es un étranger ». Ils s'approchèrent près à la bagarre. Ender restait courbé, la main tendue. S'il se penchait encore un peu, il pourrait saisir le marron. Mais il ne pouvait l'atteindre. La tête relevée, tournée vers les enfants, il resta un moment figé, penché vers le sol. Puis il se redressa. Naturellement sans marron. Muet. Il aurait voulu dire : « Le parc est à tout le monde, tout le monde peut ramasser des marrons », mais il ne pouvait dire un mot. Les autres n'en étaient que plus agressifs : « Tu es un étranger. Ce sont des marrons allemands. Si tu y touches, ce sera ta fête », ils voulaient lui faire peur.

Ender était tout désemparé. Il lui passa par la tête, faut-il que je me batte avec eux ? Mais il regarda l'un, puis l'autre. Se battre contre deux, ce n'est pas malin, se dit-il. Et il s'encourut sans plus les regarder.

Qu'est-ce que je suis?

Quand il rentra chez lui ce jour-là, Ender posa quelques questions à sa mère. Mais sa mère fit comme si elle ne comprenait pas.

Maintenant Ender était bien décidé, après ce qui s'était passé avec Stefan, de résoudre enfin la question qui lui avait bourdonné dans la tête toute la journée. Dès qu'il posa le pied sur le seuil, il lança la question à la tête de sa mère :

« Maman, qu'est-ce que je suis ? »

C'était une question à laquelle sa mère ne s'attendait pas. Pas plus qu'il ne s'attendait à la réponse :

« Tu es Ender. »

« Je sais bien que je m'appelle Ender. Ce n'est pas ça que je demande. Mais qu'est-ce que je suis ? » insista Ender.

« Entre d'abord. Pose ton cartable. Enlève tes souliers », dit sa mère.

« Bon, » dit Ender. « Mais toi tu me dit ce que je suis. »

La mère d'Ender pensa qu'il la taquinait ou qu'il lui posait peut-être une devinette.

« Tu es un écolier, » dit-elle.

Ender se fâcha.

« Tu te moques de moi. Je te demande ce que je suis. Je suis allemand ou turc, je suis quoi ? »

Oh là là, des questions pareilles, ça ne plaisait pas du tout à la mère d'Ender. Car répondre était difficile. Que devait-elle dire ? Au fond ce n'était pas une question difficile. Elle connaissait la réponse exacte. Mais Ender pourrait-il la comprendre? L'accepter ? Et s'il l'acceptait, celui l'aiderait-il ?

Sa mère et son père sont turcs. Ils sont nés en Turquie, ils y ont grandi, ils y sont allés à l'école. Ils ne sont venus en Allemagne que pour travailler et gagner leur vie. Ils ne connaissent même pas bien l'allemand. Quand ils parlent allemand, Ender doit rire. Ils disent souvent des mots de travers. Ils ne savant pas dire tout correctement.

Pour Ender, c'est tout différent. Lui est né en Allemagne. C'est ici qu'uil est allé au jardin d'enfants. Maintenant il est en première année primaire dans une école allemande. Il a des amis allemands. Dans sa classe, il y a aussi quelques étrangers. Ender ne fait pas de différence, il ne pourrait pas distinguer, celui-ci est allemand, celui-là pas, car ils parlent tous très bien l'allemand, à une exception près. Il n'y a qu'Alfonso. Alfonso fait de la peine à Ender. Alfonso ne parle aussi bien allemand que les autres. Ender croit qu'Alfonso n'a pas encore bien appris à parler. Les petits non plus ne savent pas bien parler ; Alfonso lui semble être un grand bébé.

Ender parle aussi turc, mais pas aussi bien qu'allemand. Quand il parle turc, il y mêle souvent des mots allemands. C'est l'allemand qu'il a appris comme langue maternelle. Tout comme les petits allemands. Parfois, il a quand même le sentiment qu'il y a une différence, parce que les enfants allemands ne parlent pas turc. Mais quand le cours commence, ou les jeux à la récréation, ce sentiment disparaît aussitôt. Justement quand il joue avec Stefan, il est impossible qu'il le ressente.

Voilà pourquoi il était tellement surpris de la remarque de Stefan. Et si Stefan ne jouait plus jamais avec lui ? Alors il serait bien seul. Il s'ennuierait.

Le père d'Ender est tout perdu

Le soir, le père d'Ender rentra du travail. La porte était à peine ouverte qu'Ender demandait :

« Papa, je suis turc ou allemand ? »

Son père était sans voix.

« Pourquoi poses-tu la question ? » dit-il après un moment de réflexion.

« J'ai envie de savoir, » dit Ender décidé.

« Que préfèrerais-tu être, turc ou allemand ? » demanda son père.

« Qu'est-ce qui est mieux ? » Ender retournait la question.

« Les deux sont bien, mon fils, » dit le père.

« Alors pourquoi Stefan n'a-t-il pas joué avec moi aujourd'hui ? » Ender finissait par dire ce qui l'avait tourmenté toute la journée.

« Pourquoi n'a-t-il pas joué avec toi ? » demanda son père.

« Tu n'es pas allemand, qu'il a dit. Qu'est-ce que je suis, papa ? »

« Tu es turc, mon fils, mais tu es né en Allemagne, » dit son père, tout désemparé.

« Mais les enfants allemands ont des noms différents du mien. »

Son père se mit à bégayer.

« Tu as un nom turc. Ce n'est pas un beau nom, Ender ? »

Ender aimait bien son nom.

« Si! Mais il n'est pas comme les noms des autres. »

« Ça ne fait rien, ce qui compte c'est que c'est un beau nom. »

« Mais Stefan ne joue plus avec moi. »

Le père d'Ender en eut la gorge nouée. Il étouffait. « Ne sois pas triste, dit-il après un long silence. Demain j'irai parler à Stefan. Il recommencera à jouer avec toi. C'était sûrement pour rire. »

Ender se tut.

(Traduction : Annette Gérard)

Le sicilien

Les dialectes siciliens appartiennent à la branche Sicile/Calabre/Salente des dialectes de l'Italie méridionale. Quand on les compare aux autres dialectes de la péninsule, on peut constater que leur histoire et leur évolution sont particulièrement intéressantes et présentent des caractéristiques distinctes. Cette position originale s'explique de plusieurs façons:

a) La position centrale occupée par la Sicile dans la région méditerranéenne depuis l'Antiquité;

b) Les relations entretenues dès le début avec les langues et civilisations grecques et latines. Le sicilien se caractérise par un système vocalique particulièrement développé, différent de celui de toutes les autres régions néo-latines;

c) Les influences culturelles et linguistiques extrêmement hétérogènes qui ont caractérisé l'histoire de l'île: la Sicile a été en contact non seulement avec la Grèce et la Rome antiques, mais aussi avec les civilisations byzantine, arabe, normande, catalane et espagnole, ce qui a abouti à une grande variété linguistique;

d) L'ensemble remarquable de traditions culturelles et linguistiques toujours perceptible dans les différences qui existent entre les divers dialectes siciliens actuels. On peut classer ceux-ci en trois groupes: le groupe occidental (auquel appartiennent les dialectes de Palerme, de Trapani, et d'Agrigente occidental), le groupe central (les dialectes de la région de Madonie, d'Agrigente orientale et d'Enna), et le groupe oriental (les dialectes de Messine, de Catane, de Syracuse et de Ragusa). Les traditions littéraires et linguistiques siciliennes ont été façonnées par des événements déterminants et des personnalités hors du commun : pensons à l'Ecole sicilienne de poésie qui a vu le jour au Moyen Age, sous le règne de Frédéric II, de même que des personnages historiques majeurs tels que Antonio Veneziano (16e siècle), Giovanni Meli (18e siècle), et plus récemment, Domenico Tempio et Ignazio Buttitta. Des auteurs importants comme Luigi Capuana and Luigi Pirandello ont également écrit en dialecte. Le niveau de compétence peut être variable, mais pratiquement tout qui est né et a grandi en Sicile connaît le sicilien.

Nino De Vita

Benoîte

I
A treize ans le cœur
s'enflamme.

Fantasmes insistants
d'étreintes et de baisers
- au potager, dans la luzerne
dans les meules de foin –
tout cela minait mon peu
de raison.

Alors en douce

                          – en douce, en douce –
pour échapper à mon père
(« Fainéant, fainéant,
va étudier, fainéant ! »)
                          je m'suis tiré.

                    J'ai fermé
la demi-porte, j'ai longé
la pergola, j'ai passé
la porte branlante
du poulailler.

                    Le soleil
au loin frôlait l'église
s'en allait, pâlissant,
vers les salines.

II
Des nids de poule
desséchés dans le chemin,
des cailloux, les ornières des roues
de la charrette ; après
le poulailler, le potager
de Michel Petit : des lignes
d'ails, de petits pois, de courgettes
                    un figuier, des papyrus
au long des canaux
                    et le panache
de l'orobranche
qui, roussâtre, se levait
au-dessus des fèves.

En me glissant derrière la tour
par la ruelle de Bartholomé
Lejoufflu, j'ai trouvé un coin de terre :
origan, chicorée,
radis et persil,
céleri monté en fleur
roses trémières, asperges sauvages
en touffes arrachées, jetées au canal
les racines au soleil

– la rousserolle regardait,
la curieuse ! Le hoche-queue
marchait d'un pas agile,
prenait peur, s'envolait –

Longeant le jardinet
de Nicolas des Ails
et le lisier à Babette

Paillasse, fumier frais
de vache gravide,

III

ah ! comme je marchais
les mains dans les poches
en poursuivant une ombre
– un visage – de femme
qui me turlupinait.

Murs bas de pierres sèches
descendant des hauteurs
de Cutusio : tassés
rapetassés, troués,
gorgés de terre :
menthe crépue, chardons,
bourgeons de figuiers sauvages,
ronces desséchées…

J'ai entendu
– si, si, je l'ai entendue –
comme une plainte… sa voix…
Encore et encore, cri du corps
d'une femme…

J'ai tourné
la tête du côté des
agaves ; et j'ai, résolu,
emprunté le passage, me faufilant
parmi les épis : leurs barbes,
longues et acérées, me griffaient
les bras.

IV

C'était une jeune fille, renversée
dans le froment : les mains
sur son ventre enflé,
la robe levée sur ses cuisses
                         elle agitait
la tête.

Je l'ai reconnue tout de suite.
Elle s'appelait Benoîte.
C'était la fille de Carmelo
Alogna, le journalier
qui habitait au début de la rue
à la petite chapelle votive.
Elle marchait, bien droite
                   – les yeux en feu –
traversait la cour :

les cheveux nattés
les seins déjà formés.
Je n'avais pas remarqué,
en la regardant, si gracieuse
      – un bol de levain à la main
        ou un broc porté sur la hanche –
qu'elle attendait un bébé,
là dans son ventre.

« Un enfant »
me dit-elle en se mordant
la lèvre. « J'attends un enfant ».

Je restais là comme pétrifié ;
j'étais gêné,
tout se mêlait dans ma tête.
Les mots, je les cherchais
des yeux : dans l'écarlate
d'un coquelicot,
dans les épis de froment
au loin, jusqu'aux oliviers
          et sur ses mains
à elle, ses yeux fermés
qu'elle rouvrait…

        Elle a soupiré,
Benoîte, a redressé
la tête, épuisée.
«Va chez Julia, la cousine
de ma mère » me dit-elle
« et amène-la-moi, vite,
cours ! »

V
Julia était
au poulailler,
du pain et une tomate à la main.

Elle mangeait.
        Les miettes,
elle les donnait aux poules.
(Quelle bagarre – quel micmac –
caquetages et coups de bec…)

Elle avait une verrue
noire et poilue à la commissure
des lèvres, les yeux tout petits
comme ceux des cochons
et elle portait
un turban sur la tête.

Je lui ai parlé par
les trous de la toile métallique.
              Elle a jeté
le pain, la tomate,
s'est frotté les mains
à son tablier et est sortie.

VI

Nous avons trouvé Benoîte
comme un sac vide, à l'abandon.
Elle haletait, geignait,
le front et les joues ruisselantes,
la sueur coulait
au long de son cou ;
les yeux éteints, le visage exsangue…

« Pousse-toi », me dit Julia.

Elle l'examinait,
              la palpait…

Elle s'est tournée
vers moi. « Le docteur,
cours chercher le docteur, tout de suite »
me dit-elle. Benoîte a bondi :
« Non, pas le docteur »
Julia a tranché :
« Alors nous t'emmenons
chez toi. »
« Pas chez moi, non,
non, pas chez moi » implorait
la fille, épouvantée.
              Julia
s'est levée. « Va appeler
quelqu'un » m'a-t-elle crié.
              « Sa mère,
son père, n'importe qui,
allez, vas-y ! »

VII

J'ai rejoint notre remise
au pas de course.

              Deux minutes après
– je pédalais à toute vitesse –
j'ai atteint le petit groupe
de maisons, à Saint-Léonard.

J'ai frappé à la porte

de la villa blanche du docteur.
Madame Françoise, une vieille
en chemisier, les cheveux relevés
en chignon et les lèvres rouges,
m'a ouvert.

Des paroles, tandis que le ciel
turquoise se faisait
gris (une charrette
grinçante passait
dans la rue,
chargée de sarments
et de foin, le paysan
portait une casquette,
son petit chien altier trottait,
attaché sous l'axe de bois).

Impuissante, Madame Françoise
hochait la tête en parlant.
                    « Il n'est pas là », disait-elle
« Plus tard… »
                    Les bras large ouverts
comme crucifiés.

« Il n'est pas là. Plus tard, il n'est pas là… »
me répétais-je à bout de souffle
sur le chemin du retour
– les roues bondissaient
dans les trous
                    du sentier.

***

A l'endroit marqué,
– où les cigales
et des grenouilles chantaient –
je me suis arrêté.

                    J'ai balancé
mon vélo sur les agaves
et, galopant
par les touffes de folle avoine
d'orge et de gesse,
je suis entré dans le froment.

                    Il n'y avait personne.

Dans un coin, une tache,
large – un massacre –
d'épis écrasés,
piétinés…

VIII

La maison de Julia,
nouée de silence, était peu éclairée ;
de même celle de Benoîte : minces
lueurs par les persiennes
fermées.
J'ai pris le passage étroit
qui donne sur la tour,
j'ai débouché dans la cour
des maisons autour du puits.

Installé dans sa chaise,
Bartholomé Tuechèvres
faisait sauter son fils Vincent
à califourchon sur ses genoux ;
il chantait, le tenant
par les mains: « Partons !
Allons à Palerme! Allons à Rome
à cheval, mon garçon, allons! »
Le petit bondissait
et riait de ses deux
seules quenottes.

Dorothée, tenant sa bassine
pleine à ras bord,
s'est approchée du seuil
et a vidé d'un coup dans la cour
la lessive noire
en éventail.

« Eh ! Toinot !
Encore un peu
et je te lavais » me dit-elle en riant
de sa bouche édentée.

Je les ai salués en enfilant le passage
entre le fumier
et la citerne de mon oncle
Jérôme.
        Dans un coin obscur
du pailler,
sur les crottes et l'urine,
des tiges de foin,
des fleurs de sorgho, et puis
la chèvre de Paul Tiquetique,
une vieille avec ses petits
installés dans une cuvelle.

IX

Tout d'un coup, les persiennes
s'ouvrent, la lumière du jour
emplit la chambre :
Saint Léonard sur le mur,
le crucifix
            et dans un coin
une table, deux chaises
près du lit ; une assiette
sur le coffre, vide.

« Il est tard ? » je marmonne,
endormi – appuyé sur un coude
et la main
en visière.
« La journée a mal commencé »
me dit ma mère « très mal :
cette nuit, subitement, Benoîte est morte. »
« Morte ? », je criais presque.
« Morte », me dit ma mère,
« morte : à quinze ans. »

X

Je l'ai vue. Elle était dégonflée
la petite Benoîte : raide,
les hanches et le ventre plats :
une robe courte
au ras des genoux
            et un chapelet
entre les mains.

Sa mère, la grosse Mariette
assise à son chevet,
éventait son double menton,
son visage bouffi, elle délirait :
« Ce n'est pas vrai ! »
« Ma petite fille si raisonnable,
mon trésor…
            oh ! la malheureuse.
Comment pourrais-je
me consoler… »

Grâce Laseiche et
Antoine Facecuivrée la tiraient
par les bras.
« Qu'ai-je fait, mais qu'ai-je fait ? » disait
la grosse Mariette,
« planté des clous au Seigneur ? Dites-moi,
ai-je fait ça, moi ? »

Et Carmelo Alogna
blotti dans un coin,
les mains aux genoux :
« Elle ne reviendra plus, c'est inutile,
elle ne reviendra pas », répétait-il.

***

La grosse Mariette, calmée,
s'est mise à raconter,
à voix très basse.
« Elle restait toute la journée
à s'occuper à la maison, ma fille,
elle lessivait
repassait et rangeait le linge… »
                En pleine nuit
tout à coup. Un arrêt cardiaque ?
                « O ma bonne petite fille… »
Les femmes qui étaient auprès d'elle
l'ont serrée plus fort dans leurs bras :
– « c'est bon, maintenant, c'est bon comme ça… » –
la grosse Mariette secouait la tête en
criant « mon sang, sang de mes veines,
mon souffle de vie… »

                Je n'y prenais pas garde
mais dès que j'ai tourné la tête
le regard de Julia,
acéré,
a plongé dans mes yeux :
suppliant
        apaisant
                menaçant…

                Moi, je me suis détourné,
indigné, et je suis
sorti.

* * *

Oliviers, amandiers,
tourterelles, cochevis.
                Et dans la vallée
eucalyptus, grenadiers,
jardins, murs de pierres,
les cédrats par terre
sont tout flétris…

(Traduction: Rose-Marie François avec Marianna Zummo)

La minorité albanaise en Italie

L'émigration albanaise en Italie a commencé au XIVe siècle, mais ce n'est qu'à partir de la deuxième moitié du siècle suivant que nous trouvons des communautés albanaises établies dans le sud de l'Italie. Aujourd'hui encore, ces réfugiés de Giorgio Kastriota Skanerbeg se définissent comme des *arbëresh*, qui parlent *arbërisht* et habitent l'*Arbri*, perpétuant ainsi le souvenir de l'ancienne ethnie d'Albanie (on dit aujourd'hui *shqiptar, shqip* et *Shqipëri)*. La langue *arbëreshe* représente une branche autonome du groupe dialectal présent au sud de l'Albanie, qui est nettement différent du *ghego*, parlé au nord. L'aire de l'Italie où nous trouvons cette minorité linguistique italo-albanaise et où se parle encore l'arbëresh compte 50 centres (41 municipalités et 9 parties de municipalités) réparties dans les régions suivantes : les Abruzzes, la Molise, la Campanie, les Pouilles, la Basilicate, la Calabre et la Sicile. Dans l'état actuel des choses, les données statistiques, même celles qui proviennent du recensement officiel, ne permettent pas de déterminer avec exactitude le nombre de locuteurs albanais résidant en Italie : en effet, en plus des albanohones habitant les centres d'immigration historique, on en compte de plus en plus dans les grands centres urbains : ainsi la communauté albanophone de Palerme est la plus importante dans la province. En cinq siècles de présence en Italie, la communauté albanaise a fait plus que préserver sa langue, qui représente une pécieuse source d'information sur l'albanais médiéval, elle l'a élevée au rang de langue littéraire, lui donnant ainsi un statut égal à celui de n'importe quel autre dialecte albanais jusqu'à la reconnaissance d'une langu albanaise littéraire officielle en 1972. Il est évident qu'au fil de tant de siècles elle a subi l'influence inévitable de dialectes italiens, mais celle-ci s'est largement limitée au niveau lexical de variétés orales d'arbëreshe, tandis que les structures phonologiques, grammaticales et morphologiques restaient inchangées. Suite à la loi cadre nationale n° 482 du 19 décembre 1999, la minorité italo-albanaise – au même titre que toute autre minorité – dispose désormais d'une législation qui favourise l'enseignement de l'arbëresh dans les écoles, soutient les initiatives dans le domaine de la recherche linguistique et invite à la publication de matériels didactique. En Sicile, où trois des neufs zones administratives sont albanophones (Piana degli Albanesi, Contessa Entellina et Santa Cristina Gela), ces mesures suscitent un grand intérêt de la part de la population qui suit avec fougue et détermination les cours organisés par le département de langue et littérature albanaises à l'Université de Palerme.

Giuseppe Schirò Di Maggio

Le genêt a beaucoup de fleurs

Drame en un acte

Note: Les événements tragiques dont il est question ici eurent lieu en 1947 et sont toujours commémorés dans la commune sicilienne de Portella della Ginestra (« Ginestra » signifie « genets », et est traduit partout « Portella des Genêts »).

L'étude du dramaturge.

DRAMATURGE, ANGELA, GIORGIA, MATTEO

DRAMATURGE – (*Il tape à l'ordinateur. Quelqu'un frappe à la porte.*) Oui ?
ANGELA – (*à l'extérieur*) C'est nous.
DRAMATURGE – (*il se lève pour ouvrir la porte*) Et qui êtes-vous ?
GIORGIA – (*à l'extérieur*) Surprise !
DRAMATURGE – (*il ouvre la porte*) Tiens, c'est vous !
ANGELA – Tu attendais quelqu'un d'autre ?
DRAMATURGE – Non, non, entrez ! C'est toujours un grand plaisir de vous voir.
MATTEO – Et pour nous de même !
DRAMATURGE – (*il se rassied derrière son bureau*) Asseyez-vous !
GIORGIA – Tu écrivais quelque chose ? (*Elle indique l'ordinateur allumé*)
DRAMATURGE – Ben, oui, une idée à mettre par écrit…
ANGELA – On est ici pour te proposer un projet.
DRAMATURGE – Dites.
MATTEO – On en a déjà parlé entre nous…
DRAMATURGE – Vas-y..
GIORGIA – Puisque c'est le cinquantenaire de Portella des Genêts…
DRAMATURGE – J'ai déjà compris, mais vas-y…
GIORGIA – … Ne serait-ce pas l'occasion de préparer un truc à mettre en scène ?
DRAMATURGE – On a déjà des pages et des pages sur Portella, des pages de livres et de magazines qui sont déjà dramatiques par elles même. Pourquoi encore une pièce ?
GIORGIA – Ce ne serait pas une pièce de plus. Ce sera notre pièce à nous, c'est nous qui allons la mettre en scène.
DRAMATURGE – Ce n'est pas facile d'écrire une pièce originale sur Portella ! C'est un peu comme écrire un texte pour l'école : on connaît déjà l'histoire…
ANGELA – Tu peux essayer quand même. Ici tu as déjà trois personnages.
GIORGIA – (*elle s'adresse à Angela*) Des acteurs, tu veux dire : les personnages sont créés par celui qui écrit.
ANGELA – Oui, je voulais dire des acteurs. Il y a nous trois, et puis le groupe…
DRAMATURGE – Je suis flatté que vous ayez cette confiance en moi, mais je suis perplexe…
ANGELA – Pourquoi « perplexe » ?

DRAMATURGE – Il s'agit d'un sujet délicat. Comprenez-moi bien. C'est un sujet délicat comme thème d'une pièce originale. Vous voyez, les Albanais de Piane – les arbëreshë – et nos voisins de Saint Giuseppe Jato et d'autres villages ont vécu dans leur chair les événements de Portella : ils ont vu des êtres chers mourir, même des enfants, ils ont vu la couleur du sang, ils en ont senti l'odeur. Quelques participants de cette fête du 1er mai sont toujours en vie, même s'ils sont bien vieux : ils seront un public trop attentif et critique. Commémorer l'événement par des discours, de la musique, des chants, c'est une chose ; faire revivre ces moments tragiques – à supposer que l'on en soit capable – c'en est une autre.

GIORGIA – Tu peux quand même essayer !

DRAMATURGE – Je ne sais pas… c'est un sujet trop exposé aux critiques non pas politiques, mais littéraires. Il pourrait en sortir un texte trop emphatique…

MATTEO – Je ne le crois pas. Quand tu as écrit des textes dramatiques, cela t'a réussi, et s'ils sont comiques, c'est d'un comique amère et ironique.

ANGELA – Tu as peur de ne pas trouver des acteurs appropriés…

GIORIA – Nous, par exemple…

DRAMATURGE – Non, non, vous êtes très appropriés. Mais le drame est beaucoup plus difficile que la comédie…

GIORGIA – Oui, j'ai compris : c'est un problème d'organisation et d'interprétation !

ANGELA – Ceci explique ta perplexité : l'acteur débutant n'est pas apte à faire des drames.

DRAMATURGE – N'exagère pas. S'il étudie bien son rôle, l'acteur débutant peut très bien être bon en scène.

MATTEO – Si tu crois qu'on n'est pas à l'hauteur d'interpréter un drame, alors la discussion est close.

DRAMATURGE – Quand tu parles sérieusement comme ça, Matteo, tu me convaincs du contraire : tu es déjà en train d'interpréter le drame de celui qui ne sait pas interpréter les drames…

EUX, MARGHERITA CLESCERI, GIOVANNI MEGNA, SERAFINO LASCRAI, FRANCESCO VICARI, VITO ALLOTTA, GIORGIO CUSENZA, TROIS GARÇONS, UNE PETITE FILLE

Les Victimes de Portella entrent. La femme porte la robe traditionnelle noire, les autres le costume de fête du 1er mai 1947. La petite fille a une robe blanche. Les six Victimes de Piana viennent au milieu de la scène, les trois garçons et la petite fille restent à l'écart.

M. CLESCERI – Nous sommes ici parce que vous nous avez évoqués mentalement, même si vous ne nous avez pas appelés par notre nom… On était dans votre pensée et la pensée est l'élément par lequel il est le plus facile de passer …

ANGELA – J'ai peur.

GIORGIA – Qui êtes-vous ?

M. CLESCERI – Ça ne se voit pas ? Nous sommes les victimes de Portella des Gênets ! Nous, de Piana, et ces quatre enfants, de Saint Giuseppe Jato… (*elle indique de la main les garçons et la petite fille*)

DRAMATURGE – Pourquoi êtes-vous ici ?

G. MEGNA – Vous étiez en train de penser à nous, et alors nous voilà…

DRAMATURGE – Vous êtes arrivés trop vite, je n'ai pas encore pris de décision.

G . MEGNA – Alors décides-toi. Nous ne voulons pas être évoqués pour rien.

DRAMATURGE – C'est exactement ce que j'étais en train de dire à mes amis : je ne veux pas vous évoquer pour rien !

M. CLESCERI – Pourtant, vu qu'on est ici, tu devrais écrire notre drame.

DRAMATURGE – Mais c'est ça que je ne veux pas : ça ne me plaît pas de faire mourir des gens sur la scène, même si ce n'est pas pour du vrai !

G. MEGNA – Mais nous sommes déjà morts! Et nous voulons précisément que se garde le souvenir de cette mort violente.

DRAMATURGE – Il y a déjà beaucoup de textes sur Portella des Genêts !

S. LASCARI – Moi aussi, je veux dire quelque chose. Il y a déjà beaucoup de textes sur Portella, mais plus du côté politique que du côté humain, c'est-à-dire de la mort réelle, la mort douloureuse de tout un chacun…

MATTEO – Je ne crois pas que c'est comme ça. Ici, à Piana, vous êtes honorés comme des individus spécifiques morts dans le massacre de Portella ! Vos noms sont gravés sur la pierre et dans la mémoire des gens ! Et dans les livres ou les articles écrits sur vous il y a de l'émotion et le sens du tragique…

S. LSCARI – Oui, je sais. Mais il semble qu'écrire à propos de nous, victimes sans défense et involontaires, ne suffit jamais…

M. CLESCERI – (*Au dramaturge*) S'il t'est difficile de nous faire mourir en scène, ou plutôt si tu ne le veux pas, tu peux toujours essayer de nous faire vivre…

DRAMATURGE – C'est la même chose. Et j'ai besoin des acteurs…

GIORGIA – Là c'est une belle excuse : tu as les acteurs, tu en a déjà trois ici et les autres sont prêts à jouer …

DRAMATURGE – Ce n'est pas si simple. Je vais m'expliquer : qui parmi vous veut jouer le rôle des morts du massacre ? (*Il attend une réponse*) Vous ne répondez pas ? C'est logique : qui parmi vous veut mourir, même si c'est pour faire semblant ? Toi, Angéla ?

ANGELA – Pourquoi compliquer ainsi le problème ?

DRAMATURGE – Je ne le complique pas. Je demande seulement qui veut faire semblant de mourir dans la scène !

M. CLESCERI – Je crois que j'ai compris. Les acteurs ont raison, s'ils refusent. Personne ne veut mourir, même si c'est pour faire semblant. On ne peut pas jouer la mort. La mort, surtout la mort violente, tombe tout d'un coup sur toi, c'est comme une montagne qui tombe sur toi et t'écrase…moi, par exemple, j'avais ma vie, j'avais mes rêves, tous pour mes six fils, pour leur avenir : je n'aurais jamais imaginé devenir la victime de la haine des autres. (*Des bribes de film sur Portella, qui montrent les victimes tomber, sont projetés à l'écran*) J'ignore même qui m'a tuée. J'ai senti un coup dans ma poitrine : j'y ai posé ma main, j'ai touché un liquide chaud, et c'était mon sang… Si je dis que ce sang était comme un œillet rouge, ou rouge comme le drapeau des travailleurs, je fais de la poésie. C'était mon sang, là, ce n'était pas une poésie : le sang d'une femme de trente-sept ans, fille du peuple. J'étais là, à Portella, pour fêter le 1er Mai. (*Les scènes du début de la manifestation et de la fête sont projetées à l'écran*) Je voulais être là, participer, donner l'appui de ma présence physique… Et voilà qu'au contraire, je suis morte ! Je le sais. Ma présence est maintenant éternelle, là sur la colline entre Pizzuta et Kumeta. Mais cela peut-il me consoler de ma mort prématurée et d'avoir laissés seuls mes six enfants ? Vous comprenez : six enfants, six fois l'avenir lumineux dont je rêvais pour eux ? Et voilà qu'à la place, je suis morte ! Et ces quatre garçons-là de San Giuseppe Jato (*elle les indique*), tués comme ça, dans l'âge le plus tendre, les voyez-vous ? Je les ai pris comme mes enfants : il y en a une de neuf ans, vous comprenez ? – neuf ans ! – et les garçons sont un peu plus âgés. Dans quel monde vivions-nous ? Dans quel monde vivez-vous encore, depuis que cela est arrivé ?

F. VICARI – (*au dramaturge*) Je ne sais pas ce que tu veux écrire, toi, mais peux-tu rendre avec les mots ce que j'ai senti, comme eux, dans l'instant où je fus transpercé ? Le grand chagrin de voir ton jeune corps cassé, et encore plus le chagrin d'être obligé, obligé je dis bien, de mourir à vingt-trois ans, quand tu as tout devant toi, même si l'avenir n'est pas certain et qu'il faut se battre pour on ne sait pas combien de temps pour réussir à vivre dignement de son travail ? Je te mets au défi de trouver un acteur qui soit capable de reproduire mes sensations dans l'instant où la balle ou les balles, qui les a comptées ?, me déchiraient la chair ? (*D'autres images de confusion et de mort prises dans le film de Portella*)

DRAMATURGE – Mais c'est pour ça que je crois que c'est impossible d'écrire un drame, comment dire, approprié…

V. ALLOTTA – Moi, j'avais vingt ans à l'époque. Dites-moi s'il est possible de mourir à vingt ans ! J'avais envie de faire la fête avec mes amis – comme tous les jeunes de vingt ans ! – et la fête, c'était manger des artichauts, les premières fèves, des morceaux de fromage apportés par quelques amis car nous, nous n'en produisions pas. Ma mère m'avait donné un gros pain qui ressemblait à une lune ronde : un pain d'un kilo ! Si je pouvais le manger tout entier ? Vous en doutez ? Si, si, j'aurais réussi ! Si j'avais eu le temps ! J'ai cru que toute la montagne s'engouffrait dans ma chair ! Ma chair de vingt ans, Dieu du ciel ! Un coup de fusil me fit plier en deux! Et dans ma tête je pensais seulement : où est ma mère ? Je croyais que ma mère aurait été capable de tamponner le sang qui sortait de mon corps comme d'une source : oui, j'ai pensé à la source « te Kroi i Badeut » : là-bas l'eau sort comme ça !

G. CUSENZA – Moi, j'avais quarante-deux ans quand c'est arrivé ! J'étais le plus vieux ! Si quelqu'un m'avait demandé de donner ma vie pour la bonne cause, j'aurais refusé. Mais voilà, ma vie je l'ai vraiment donnée. L'idée que mon sang, comme le sang de mes amis, ait servi pour faire progresser la cause des travailleurs, l'humanité, m'a payé de la douleur que j'ai éprouvée en mourant. Vous voulez porter au théâtre cette tragédie. Je ne sais pas à quoi ça peut servir. Je ne voudrais pas que nous aussi figurions parmi les célébrations qu'on organise maintenant pour donner à Piana un statut de centre touristique. Je veux dire : soyons sérieux ! C'est une chose est de faire venir les touristes pour la Pâque ou l'Epiphanie, c'en est une autre de les faire venir pour le 1er Mai. On ne voudrait pas être traités comme des monuments à visiter, mais comme des personnes qui ont des autres choses à dire aux nouvelles générations.

S. LASCARI – Je voudrais savoir comment on peut me représenter, moi, mort à quinze ans ! Mais j'étais déjà un homme, un travailleur ! Mourir à quinze ans, est-ce que ça a un sens ?

DRAMATURGE – C'est pour ça que je pense qu'il est difficile de porter votre histoire à la scène de manière appropriée.

M. CLESCERI – En tout cas, si on fait une fête ou si on écrit, on se rappelle toujours de nous, morts là-bas à Portella. Même si les journaux parlent de ce cinquantenaire, même si on écrit d'autres livres ou tourne d'autres films, une fleur symbolique, comme peut l'être une pièce de théâtre, c'est un signe d'amour. Tu vois, le genêt, « notre genêt », a beaucoup de fleurs : elles sont écloses et elles se sont multipliées depuis cinquante ans sur ses branches ; tu ajouteras une fleur à ce genêt… Si tu n'écris rien, rien, c'est un hommage manqué.

ANGELA – Mais qui peut interpréter votre rôle ! Je commence à penser moi aussi que personne ne voudra interpréter votre rôle, surtout celui de mourir sur scène, même si c'est pour faire semblant.

GIORGIA – Si on l'exprime comme ça, le problème est difficile à résoudre. Qui peut exprimer, de manière appropriée, sur la scène, la douleur d'abandonner la vie, je ne dis pas seulement la douleur physique mais aussi la terreur d'être obligé d'abandonner cette vie…

MATTEO – Donc, on ne fera rien.

M. CLESCERI – Rien, c'est un hommage manqué, c'est rien ! Alors pourquoi vous, les acteurs, êtes-vous venus ici ?

ANGELA – On ne croyait pas qu'il était si difficile de parler de vous…

GIORGIA – On ne s'était pas mis à votre place…

M. CLESCERI – Vous ne pouvez pas vous mettre à notre place : vous ne ferez que faire semblant, mais ça peut servir aussi à perpétuer notre souvenir, même si c'est au théâtre.

MATTEO – Désormais personne ne peut nous convaincre que les acteurs soient appropriés…

M. CLESCERI – Je ne crois pas non plus que des acteurs professionnels puissent nous représenter.

Une tenture est ouverte dans le studio; le Chef des bandits est assis, le Bandit est debout à côté de lui. Tous deux sont armés et encagoulés. Tout le monde est surpris. Les victimes du massacre s'éloignent, vers le décor du fond. Silence embarrassant à cause de la présence de deux bandits.

DRAMATURGE, ANGELA, GIORGIA, MATTEO, CHEF DES BANDITS, BANDIT

DRAMATURGE – Qui êtes-vous ?!

CHEF DE BANDITS – Qui nous sommes ? Je ne le sais pas. Je veux le savoir de vous.

DRAMATURGE – Pourquoi êtes-vous armés et encagoulés ?

CHEF DE BANDITS – Si je dois jouer mon rôle, je veux garder l'incognito.

DRAMATURGE – Je ne veux pas de personnages incognito. Enlevez vos cagoules.

CHEF DE BANDITS – On ne peut pas. Nous avons été chargé d'une mission qui exigence habileté et confidentialité : nous ne pouvons donc rien enlever. Les tueurs ne peuvent être présents avec les tués ! Et nous sommes ceux de l'embuscade !

DRAMATURGE – On ne peut pas mettre une pièce en scène sans savoir avec qui on travaille ! Et d'ailleurs, je ne veux rien mettre en scène du tout : je ne veux pas que vous tiriez sur des personnes sans armes, même pas pour rire !

CHEF DE BANDITS – Sans armes ? mais ils ne sont pas sans armes ! Ce sont des gens dangereux. Des gens qui pensent. Qui commencent à penser, peut-être. Mais qui pensent. Ils ont des idées, des idéaux ! Ce sont des gens dangereux ! Il y en a de plus en plus : ils deviennent une foule, une peuple : le peuple qui pense est dangereux ! Moi, j'ai un devoir tout simple : tirer sur les idées ! Si je tire sur la tête de ces personnes, c'est encore mieux : c'est là le centre des pensées !

DRAMATURGE – Mais êtes-vous des acteurs ou des personnages ? A t'écouter parler, tu me sembles trop convaincu.

CHEF DE BANDITS – J'ai bien appris mon rôle. Je suis acteur quand j'agis pour le compte d'autrui et je suis un personnage quand j'agis pour mon propre compte!

DRAMATURGE – Et dans ce cas là ?

CHEF DE BANDITS – J'ai été invité à donner une leçon au peuple de Portella des Gênets. On m'a dit de tirer en l'air pour les effrayer : tout le monde a peur des coups

de feu ! Certes, il peut arriver que quelques coups partent sur la foule, m'a-t-on dit !
Tirer en l'air ! A quoi ça sert ? Je devrais faire l'acteur qui tire en l'air, boum, boum !
Et j'aurais terminé de jouer ! Moi, je veux y mettre du mien! Cette populace ne mérite
rien d'autre ! Je me mets là sur l'arête de la Pizzuta et je vise bien ! Ça sera une fête
du 1er mai mémorable ! (*La scène de film avec les bandits qui se mettent en position
est projetée*)

DRAMATURGE – Enlevez cette cagoule !

MATTEO – Ils ne peuvent pas : le mal n'a pas de visage !

ANGELA – Trop simple : le mal a un visage, je veux dire, le mal, c'est aussi
quelqu'un, une personne physique ! Qu'il fasse du mal pour lui-même ou qu'il soit un
exécutant, envoyé par d'autres, je ne crois pas que ça fasse une différence !

GIORGIA – C'est vrai; mais est-ce l'exécutant ou le commanditaire le plus coupable?

MATTEO – Le plus coupable, c'est le commanditaire, c'est logique ! C'est lui qui
donne l'ordre, l'autre ne fait qu'exécuter ce qu'on lui ordonne ! Si on condamne
seulement l'exécutant, le commanditaire peut avoir recours à un autre exécutant. La
source du mal c'est celui qui fait l'ordonne !

CHEF DES BANDITS – Ils m'ont promis de grandes choses : je le répète, on m'a
invité à faire une chose, mais j'en ferai davantage. Avez-vous compris ?

DRAMATURGE – Je n'ai pas l'intention d'écrire un drame avec des personnages qui
ont le visage caché, qui ne veulent pas enlever leur masque !

CHEF DES BANDITS – Mais alors ? Qui est-ce qui doit enlever son masque ? Peut-
être qu'un jour on connaîtra le fin mot de l'histoire : qui a joué tel rôle, qui l'autre !
Mais ces choses, on ne les fait jamais à découvert ! Si tu découvres les
commanditaires après cent ans, à quoi cela servira-t-il ? A modifier l'histoire ?
Trouveras-tu jamais les commanditaires ? Ce qui compte, ici et maintenant, c'est le
résultat de la fusillade : quelques morts et l'avancée du peuple qui est bloquée ! Dans
cent ans, si la vérité remonte à la surface, ça servira seulement à faire de belles pages
dans les livres d'histoire ! Si on découvre la vérité dans dix ans, elle pourra déjà
donner des résultats, mais elle ne servira à rien dans cent ans !

DRAMATURGE – Messieurs, j'ai du travail, je voudrais que nous en restions là !

MATTEO – Alors on ne fait rien ?

DRAMATURGE – Es-tu disposé à jouer ce rôle sur scène, tu as bien compris, à jouer
le rôle du bandit qui tire sur la foule sans défense en train de faire la fête ?

MATTEO – Franchement, non !

DRAMATURGE – Alors, où vais-je trouver les acteurs ? Personne ne veut assumer
la charge – mais aussi l'honneur – de représenter les victimes, de représenter leur
tourment, l'angoisse d'être sur le point de perdre la vie, l'angoisse de ne pas avoir
vécu dans un monde juste, de laisser sans soutien six fils en bas âge ! Pourtant,
personne ne veut se charger du rôle de l'agresseur, qui tire avec préméditation sur des
gens sans défense ! Comment peut-on représenter un drame sans acteurs ?

*Le rideau se baisse et le Chef des Bandits et le Bandit disparaissent, tandis que les
Victimes réapparaissent.*

DRAMATURGE, ANGELA, GIORGIA, MATTEO. LES VICTIMES

M. CLESCERI – Que faites-vous ?

ANGELA – Rien !

G. MEGNA – On pourrait vous donner des idées sur les moments qui ont précédé le massacre, personne ne peut mieux vous renseigner, ça c'est sûr; sur les moments qui ont suivi, nous ne pouvons rien dire : nous étions déjà morts…

G. CUSENZA – A l'aube du 1er mai, le ciel était presque comme toujours : un patchwork d'espace et de nuages très blancs, mais l'horizon était vide. Dès que j'ai passé la tête à la fenêtre pour voir quel temps il faisait, une femme du voisinage, encore ensommeillée, m'a dit bonjour, mais elle était troublée, elle s'est approchée et m'a raconté le rêve qu'elle venait de faire : tout le monde sait que les rêve faits avant l'aube sont prémonitoires ! Mais cela je l'ai constaté après. Je ne suis pas superstitieux, il ne manquerait plus que cela ! Mais cette voisine m'a parlé de son rêve : elle avait rêvé de la grande façade de la Pizzuta plongée dans la nuit – vous savez combien la Pizzuta est noire par les nuits sans lune – et de lumières qui s'allumaient de ci et de là, je crois qu'elle disait des bougies ; des petites flammes s'allumaient : c'était comme une grosse main qui les allumait avec une allumette : aux pieds de la montagne, sur les flancs, sur le sommet : la Pizzuta comme un cimetière du 2 novembre, quand les femmes vont allumer des bougies pour les morts ! Ma voisine m'a supplié de ne pas aller à Portella des Genêts et ne pas y entraîner d'autres ; elle avait déjà convaincu son mari et ses fils de ne pas y aller. Mais qui va croire des rêves de bonnes femmes ? Son mari et ses fils sont quand même allés à Portella, comme tous ceux qui avaient organisé la fête du 1er mai. Peut-être quelqu'un à Piana savait-il que quelque chose allait se passer. Mais c'était le climat de peur et d'incertitude engendré par les luttes politiques et sociales des années précédentes qui pouvait le faire supposer. Bref, je n'ai pas pris au sérieux le rêve de ma voisine. Je me suis préparé en hâte et me suis rendu au rendez-vous…

F : VICARI – C'était beau de voir tous ces gens du peuple qui remplissaient toute la rue principale presque depuis la Kryqja[1] là-bas, montant des mules harnachées, à pied, habillés pour la fête, c'était beau de les voir monter d'abord vers la place et poursuivre par la rue qui mène aux Genêts. Et là-bas à Portella arrivaient les travailleurs des villages voisins : ils montaient de San Giuseppe Jato, de San Cipirello, de Partinico, et ils rencontraient les camarades. Car tout le monde se sentait frère de l'autre, uni par le même destin : nous de Piana, les arbëreshë,[2] eux de villages voisins, les letinj,[3] qui luttons pour améliorer les conditions de tous, vu que quand on parlait de travail ou d'occupation il n'y avait pas de privilèges entre un pays et l'autre, on était tous dans la même situation. La couleur dominante était le rouge : les drapeaux rouges des travailleurs, mais certains n'étaient pas communistes ou socialistes : il n'y avait pas encore de division et les gens montaient à Portella comme pour faire une excursion à la campagne. En fait tout le monde était là : les vieux et les jeunes, les femmes et les enfants….

G. MEGNA – Moi, j'avais mis mon beau costume : je n'en avais qu'un, mais pour moi cette fête était une des principales de l'année, comme Pâques ! Celui qui avait apporté des artichauts les mettait à la disposition de tous, ainsi pour le pain du village et tout le reste : c'était vraiment une jolie excursion ! Moi, j'étais un peu loin de la pierre de Barbato,[4] où montaient ceux qui devaient parler au meeting. Mes amis et compagnons de mort, mettons-nous dans la bonne position au moment du meeting, avant qu'ils ne commencent à tirer. (*Il invite les autres victimes à se placer*) Comme ça si la commotion du moment précédent peut vous inspirer… (*La scène du film du début du comice est projetée*)

M . CLESCERI – Moi, peut être que j'étais dans cette position par rapport à la pierre de Barbato et j'écoutais celui qui parlait…

V. ALLOTTA – Moi, je devais être ici, du côté de la Pizzuta. Quand ils tirèrent, les coups venaient de la Pizzuta.

S. LASCARI – A mon avis, ils venaient de la Kumeta mais ça pourrait être l'écho des coups. Certains disaient que c'était les pétards pour la fête, mais c'étaient ceux des villages voisins qui le disaient, les lëtinj[3] ; en fait ceux du comité ne s'expliquaient pas de quel pétard il pouvait s'agir, vu qu'aucun pétard, alors ils n'y comprenaient rien ! Et le meeting était à peine commencé…

F. VICARI – Moi aussi, j'étais du côté de la Pizzuta : je ne comprenais pas tous ces tirs. Au début j'ai cru qu'il s'agissait d'un chasseur, parce que certains en profitaient pour tirer quelque lapin…

V. ALLOTTA – Et après c'était la fin du monde ! Comme quand le vent d'orage investit de sa fureur les blés murs du mois de juin et qu'il les plie et les couche, ainsi la foule se reflue et se disperse ! Mais c'est la seule chose que j'ai vue… après j'étais touchée. (*La scène de confusion qui suit les tirs est projetée*)

Les Victimes se mettent de chaque côté de la scène, sortis de derrière le rideau, ils avancent avec le chef des bandit et le bandit.

DRAMATURGE, ANGELA, GIORGIA, MATTEO, CHEF DES BANDITS, BANDIT.

CHEF DES BANDITS – (*encagoulé comme le bandit, le fusil pointé*) On aurait pu les tuer par centaines, arrêter ce jeu pour toujours, mais il fallait seulement donner une leçon ! La leçon tue les uns et adoucit les autres ! Je disais « tirez, tirez, tirez ! » et les coups descendaient comme la grêle…
(*Sur la toile de fond sont projetées les images des bandits qui font feu sur la foule*)

DRAMATURGE – Je n'aime pas la violence, sur la scène non plus ! A Portella vous avez tiré sur des gens sans défense !

CHEF DES BANDITS – Et ils n'étaient pas violents, eux ? La foule est violente ! Leurs sermons, leurs meetings étaient violents ! Exiger, exiger, exiger encore ! Nous on veut ceci, nous on veut ça!

DRAMATURGE – Ce n'est pas la même chose : la force des idées qui s'opposent aux autres idées donne vie à la démocratie !

GIORGIA – Je reconnais qu'il est impossible de représenter cette pièce ! Les agresseurs ont toujours leurs cagoules : quelle contribution à la vérité peut donner un drame qui compte parmi ses protagonistes des hommes encagoulés ! (*Le chef des bandits et le bandit disparaissent tout doucement*)

MATTEO – (*Au dramaturge*) Je renonce à l'idée de te faire écrire une pièce sur Portella ! D'ailleurs, combien de Portella y a-t-il eu sur ces cinquante années d'histoire de l'Italie ! Combien d'encagoulés ? Combien de massacres avec beaucoup plus de morts qu'à Portella ! Il y en a une longue liste !!

DRAMATURGE – Cependant le sang des martyrs a renforcé notre démocratie ! Si aujourd'hui nous sommes plus civiques, nous le devons au sacrifice de ceux qui sont morts en héros involontaires, des gens ordinaires, des gens assoiffés de justice ! Les autres morts des massacres pendant ces cinquante ans nous ont émus aussi, mais peut-être est-ce parce que Portella des Genêts fut l'une des premières tueries qu'elle nous touche de si près. Son souvenir est toujours vivant et tangible!

ANGELA – « Heureux le peuple qui n'a pas besoin de héros ! » – a dit quelqu'un[5] dont j'ai oublié le nom.

GIORGIA – Malheureusement, il y en a eu, des héros, et il est possible qu'il y en ait toujours, jusqu'à ce que l'homme – je crois qu'ici je cite un lieu commun – ne soit plus un loup pour l'homme[6] – et je m'excuse auprès du loup !

DRAMATURGE – Bon, on ne fera rien : je crois que personne ne voudrait se mettre à la place de l'agresseur même si c'est pour faire semblant. La seule chose à faire, et je crois la plus sereine, c'est de s'associer à la commémoration officielle, qui délaie dans un idéal héroïque la vraie douleur, physique et morale, des victimes. Puisque je ne suis pas capable de mettre en scène cette vraie douleur, je ne suivrai pas votre invitation à écrire sur les martyrs de Portella.

ANGELA – En tout cas le souvenir de nos concitoyens et de ces garçons de San Giuseppe Jato sera éternel, éternel comme les pierres à figures presque humaines qui se dressent sur la place de Portella.

GIORGIA – Au delà de la commémoration, ce qui compte c'est des faits pareils ne se produisent plus jamais!

MATTEO – Il nous faut être forts dans l'espoir.

Les acteurs et le dramaturge se retirent au bord de la scène. Les Victimes de Portella, y compris la petite fille et les trois garçons de San Giuseppe Jato, s'avancent en souriant, unis main dans la main jusqu'à l'avant-scène, pendant que le paysage de Portella des Genêts tel il est aujourd'hui, est projeté sur l'écran.

[1] *Kryqja* signifie « Croix » en albanais. Comme dans beaucoup de villages italiens, une croix se dresse sur un socle à l'entrée du village de Piana degli Albanesi, protégeant ainsi ses habitants. La Croix se situe à l'est du village, au pied d'une longue côte qui mène à la grand-place.

[2] *Arbëreschë* est le mot albanais qui désigne les Italo-Albanais, c'est-à-dire les albanais dont les ancêtres ont émigré en Italie voilà bien longtemps et qui constitue l'ancienne minorité albanaise en Italie.

[3] Le mot albanais *Lëtinj* signifie litéralement « Latins » ; les Italo-albanais l'utilisent pour désigner les Siciliens ou les Italiens, ou des étrangers en général, à la distinction des Albanais. La désignation a également une dimension religieuse dans la mesure où le latin est la langue utilisée dans le rituel catholique des Siciliens de souche. De la même façon, ceux-ci parlent parfois de « Grecs » pour désigner les Italo-Albanais, parce que même s'ils sont également catholiques, ils utilisent la langue grecque dans leurs rituels.

[4] Le Rocher de Barbato se trouve à Portella des Genêts et porte le nom de Nicola Barbato, un député socialiste qui s'en servait comme tribune pour s'adresser aux travailleurs des villages voisins. Nicola Barbato est l'un des fondateurs du mouvement « Fascio dei Lavoratori », la « Ligue des Travailleurs », actif en Sicile à la fin du 19e siècle.

[5] Voir la pièce de Bertold Brecht, *Leben des Galilei / La vie de Galilée*, sc.13 :
   Andrea: Unglücklich das Land, das keine Helden hat!…
   Galileo: Nein, unglücklich das Land, das Helden nötig hat.
   [Andrea: Qu'il est triste le pays qui n'a pas de héros!…
   Galileo: Non, qu'il est triste le pays qui a besoin de héros!]

[6] Allusion au dicton latin resté vivant dans la culture italienne (et au-delà), *homo homini lupus*, tiré d'*Asinaria*, de Plaute (II.iv.88): « Lupus est homo homini, non homo, quom qualis sit non novit » [« L'homme agit comme un loup envers les autres, pas comme un homme, car il ne sait ce qu'est l'humanité »].

(Traduction : Christine Pagnoulle avec Marianna Zummo)

Le galicien en Espagne

Le galicien est la langue parlée par environ 2 millions et demi de personnes dans le nord-est de la péninsule ibérique, la majorité des habitants de la communauté autonome de Galice. C'est une langue romane dérivée du latin qui apparaît dans des textes juridiques et de la poésie au 12e siècle et qui se développe en parallèle avec le portugais jusqu'au 14e. Entre le 16e et le 18e siècles, elle disparaît pratiquement des textes écrits et ce n'est qu'au milieu du 19e siècle que se produit une renaissance de la langue et de la culture galicienne. Bien qu'en 1936 le galicien ait été reconnu comme langue officielle de Galicie, la guerre civile empêcha la mise en œuvre de ce nouveau statut et les conditions permettant la reconnaissance effective du galicien n'ont pas été réunies avant la constitution de 1978. En 1981, il fut déclaré langue co-officielle de la région, avec le castillan. D'après les données de la Xunta, le gouvernement autonome de la région, plus de 83% de la population de Galice le parlent, 46% le lisent et environ 27% l'écrivent. Ces dernières années, de nombreuses campagnes de sensibilisation ont rehaussé son prestige, ce qui a fait augmenter les publications en galicien. Depuis 1994, un quotidien, *O correo Galego,* est publié exclusivement dans cette langue tandis que la radio-télévision autonome existe depuis 1984.

Ana Romaní

Noeuds

1
Elle se cale
au milieu de l'oreiller

cette femme abyssale
se lançant dans l'abîme
porte la lumière
pour illuminer sa blessure
ouvrir un chenal
dans les couvertures

Regarde le ventre gonflé
sa dure grossesse
d'invalide

2
Tirer la corde
tendre le cordage

à le rompre

qui se pendra au mât ?

3

Cette femme
qui se pend du dernier étage
au-delà de l'échafaudage
pour effacer de son vertige
les traces de la peur
les taches de graisses

4

Atroce mirage
ce désert qu'elle explore
lui arrache les entrailles   creuse
dans le sol aride d'un mutisme sans nom
– Quelle est sa gorge ? –
creuse avec les mains
enchevêtrée dans le silence   creuse

Pour elle-même la douleur :
creuser et penser des portraits
boire le jus de sa colère
et découvrir ainsi la tromperie

5

Habits de la fillette qui porte des sandales en décembre
celle qui ne pose pas de questions ne sait rien et ne veut rien savoir
celle qui lèche avec une indolence féroce des stalactites
que les jours abandonnent dans son album de princesse
Se dévider
plonger dans le vide
comme lorsqu'elle jouait à la poupée et grandissait et perdait la main à la corde
comme lorsque les heures se rompirent et que sortirent de leur lit
les fleuves qui la parcouraient

6

j'ai rêvé un jour que c'était moi et j'éclatai les ballons
maintenant je dégonfle ma grossesse d'invalide
et je colmate les crevasses des fondations.

(Traduction: Eloy Romero et Christine Pagnoulle)

Xavier Rodriguez Baixeras

Sans désir

Désormais tes lèvres ne seront plus de sable
ni même ton sein, les rochers odorants ne
s'ouvriront plus comme des poings à marée basse.
Du fond de ton calice suinte un pus noir.

Cataclysme qui exalte un assaut tenace
d'excréments, caressés par tes princes
alors qu'ils inventent des directions changeantes aux vents,
alors qu'ils palpent, gênés, l'éclat de l'agonie.

Vague noire, écume lugubre, tel est ton avenir
d'étoile précipitée dans l'exil de quelque source blanche,
voix d'oiseaux mazoutés, tache d'encre de nous qui écrivons
avec désespoir, des vers insignifiants et nauséabonds.

Des mots sombres s'échouent en toi, résonnent
la membrane de la nuit, la douleur et le silence
qui se déversent sur les bateaux souillés par l'encre
de ce qui est écrit sans désir, du stérile, du superflu.

(Traduction: Eloy Romero et Christine Pagnoulle)

Chus Pato

Cygnes dédaigneux, tels des icebergs

En mer les bateaux, les marées inexplicables, les étranges cétacés
les réflexions cosmiques des philosophes dans le jardin ouvert sur les Cyclades
les pythies de l'océan
les bateaux vers l'Armorique, les Cornouailles, le Pays de Galles, l'Irlande, l'Ecosse
l'inscription de Burgas
les couvents nestoriens, les cyprès de Salluste
l'élégance d'un portique dans un paysage désert
le sang noir qui rougit dans la prison de Trèves
la théorie des Eons : Eucroce, Procule, Urbique, Hipatte, Trahamonde, Egérie
les poissons du Minho aux lettres et chiffres prophétiques
l'empire de la terreur, le désespoir romantique final
Le cœur de Bruce, le roi
BE TOM ATRON SAMBIANA, ATRON DE LABRO
le reflux d'un équateur brésilien, congolais, hindoustani, malais
la métamorphose d'Adonis-Attis
les bals des dames
la politique
la science
les investitures
la Diète impériale
la tiare à trois couronnes
les courants rapides du Gulf Stream
les sables sauvages, les âpres brise-lames

C'est ainsi que je l'imagine moi le paradis
le paradis est un lieu clos
au paradis on entre par osmose
au paradis on trouve des colombes et le filet pour les attraper
il y a de la végétation
cela peut être un désert
un livre
un chemin
– naître, on naît toujours en territoire inconnu

alors l'astre est deux
Terrestre
carré
quatre

(Traduction: Eloy Romero et Christine Pagnoulle)

L'arabe en Espagne

L'arabe est une des langues vivantes les plus anciennes. Il compte plus de 200 millions de locuteurs de par le monde. C'est la langue officielle de nombreux pays du nord de l'Afrique et du Moyen Orient—la langue écrite est la même partout mais les variétés d'arabe parlé peuvent être très différentes. Les premières traces de cette langue sémitique qui s'écrit de droite à gauche remontent au 4e siècle et se trouvent dans la péninsule d'Arabie. Elle peut s'enorgueillir d'une riche tradition littéraire au fil des siècles. L'arabe fut parlé par une partie de la population de la péninsule ibérique entre le 8e et le 15e siècles et il a laissé des marques profondes en castillan, que ce soit dans des toponymes ou dans des mots d'usage quotidien. Aujourd'hui, les locuteurs arabes en Espagne sont des immigrants de fraîche date. D'après les données du Ministère de l'Intérieur pour 2001, on trouve aujourd'hui en Espagne 1.100.000 résidents d'origine étrangère, c'est-à-dire 2,5% de la population totale. Parmi eux, la communauté la plus importante est marocaine (234.937), on peut donc dire qu'une grande partie des quelque 300.000 locuteurs arabes en Espagne sont des immigrants marocains arrivés surtout dans le courant des années 1990 (il y a une décennie, il n'y en avait pas plus de 20.000), en majorité, des travailleurs peu qualifiés. Les chiffres pour les résidents étrangers venant d'autres pays de langue arabe (comme l'Algérie, la Tunisie, l'Egypte, la Syrie, le Liban ou l'Irak) sont beaucoup moins importants.

Abdulhadi Sadoun

Tapis de tanks

Que les gens de chez vous sont pacifiques !
ils tendent les deux joues,
et s'ils le pouvaient en offriraient
davantage à leur destin ;
tandis que tes lèvres cherchent
des mots dont elles se souviennent

Ici
les gens ne connaissent pas la méchanceté.
Mieux vaut qu'ils s'enferment dans leur ennui
– je préfère encore leur douceur –
car eux n'ont jamais connu de guerre.
C'est comme si Spielberg ne les avait pas envahis
avec ses dinosaures.
Ils n'ont pas perdu tout leur sang pour les tuniques de Kubrick.

Je leur dis :
mais que vous êtes intelligents.
et me protège sous leurs parapluies.

Ici
ils rient beaucoup, sans peur,

touchent ma longue barbe
et se moquent :
– Parle-nous de ce que tu connais, de tes tapis
T…A…P…I…S
et ils étirent le mot comme nappe tendue.

Les gens, ici,
me prennent pour un conteur
et me portent, aimablement,
avec bonté,
sur leurs bras.

(Traduction: Eloy Romero et Christine Pagnoulle)

Talat Shahin

L'étoile tomba de ta main[1]

au poète Amal Dunqul

Je vois sur ta poitrine le sang coagulé
dans la pupille de l'étoile de la nuit,
sang et songe dans la gorge de la vallée.
Toi… tombé,
assassiné à midi.
Les canaux d'irrigation du Nil t'ont pleuré,
le soleil,
les arbres,
tu es la promesse disséminée,
toi…, le temps vaincu.

***

ne te retourne pas,
l'étoile est tombée,
elle est tombée de ta main,
pour s'attacher à sa poitrine.

***

Ton épouse me tenait chaud la nuit,
ta couleur me faisait mal dans ses yeux,
elle m'inquiétait.
J'en oubliai le pain rassis,
La couche de sel
sur des lèvres séchées par la soif du désert.

***

Ta couleur me faisait mal dans ses yeux,
ta blessure me saisit alors que nous nous caressions,
elle était collante.
Je te fuis en te sentant, tendre, dans son sein
dessiné dans le tatouage de la nuit,
je te fuis en te sentant enfant qui court
et recueille le sel du désert,
l'étoile de la mer, les crinières des chevaux.

***

Maintenant c'est l'hiver,
ta blessure se vide de son sang,
tremble,
dessine un enfant,
écrit un poème,
un village.
S'ouvre le voile de la nuit
et chante au silence.

***

Quand tu t'en es allé,
ne cachais-tu pas ton visage au silence ?
ou nageais-tu (peut-être) dans le temps mort ?

***

Ne te retourne pas,
l'étoile est tombée,
elle est tombée de ta main,
pour s'attacher à sa poitrine

---

[1] Ce poème parle de deux personnes : le poète mort et une deuxième personne dont l'identité n'est pas explicitement révélée. Il s'agit du Président égyptien Sadat, dont on dit qu'il a déclenché la guerre de 1973 non pas pour libérer les territoires occupés par Israël, mais pour se décerner un médaille. Il l'a inventée tout seul et se fit appeler l' « Etoile du Sinaï ». Il portait cette étoile lorsqu'il s'est fait assassiner en 1981, après avoir envoyé en prison des milliers d'intellectuels égyptiens, parmi lesquels le poète Amal Dunqul, qui est mort quelques mois plus tard.

(Traduction: Eloy Romero et Christine Pagnoulle)

Mahmud Sobh

Moulin de nostalgie

à mon fils Tarek

Ah Tolède… Tolède…
Me voici, ancré dans tes douves,
impatient de te voir venir
me libérer des griffes du Temps,
de la terre visqueuse.
J'espère encore au fond du ravin
sans nulle main secourable
sans rien voir
d'autre que tes mâts qui brillent au loin,
comme un feu au sommet.
Ouvre-moi, Ile de Lumière,
Fût-ce pour un instant,
le Temple
et les maisons du Seigneurs.
Fils de Galilée ! Depuis que je suis né
je porte la croix
et j'arrose de mon sang le Golgotha.

Ah Tolède… Tolède…
J'ai soif.
N'y a-t-il pas une goutte pour étancher ma soif ?
Mon jardin, là-bas, en Galilée,
N'est plus mon jardin,
et il y a longtemps que ma fontaine est tarie.
Oh, port de l'Histoire
mon histoire prit fin
quand j'oubliai mon nom.
Accueille-moi dans ton giron
flottant entre les vagues.
Embrasse-moi.
Ils m'ont privé
de la saveur de ma terre,
du vin de l'amour,
de la chaleur du foyer.
Prends pitié de moi.
Je suis comme le Moulin du Maure dans ta plaine.
Moulin de Nostalgie.
Moulin de la Manche,
sans aile
et sans eau.

Je suis une interrogation,
visage du chevalier à la triste figure.

Un problème absurde.
Comme si le Tage en personne,
par peur de se noyer,
se jetait à tes pieds

Ah Tolède… Tolède…
Lorsque tu me laissas franchir tes arches
chaque arche m'était une lame.
Et une épée damasquinée,
couleur de la tristesse de Damas,
chaque coin de rue.
Tes lustres
me poignardaient
de leurs regards de haine.
Mon ombre me reniait,
je la suivais.
Mais elle me poursuivait.
Elle jura sur la main du Christ de Vega
qu'elle ne m'avait jamais vu,
que jamais elle n'entendit mon histoire ;
que je ne portai pas la Croix, comme lui,
pas même un seul jour ;
que je ne supportai pas le poids de ma tragédie
que jamais je n'avais foulé le sol de Galilée.
Car je ne devins pas terre
dans ma terre.

Ah, Tolède… Tolède…
Je suis au bord de la mort !

Ah, Tolède… Tolède…
Me voici, ancré dans tes douves,
impatient de te voir venir
Me revoici,
à nouveau en comédien.
Je viens à toi
Nazareth.
Où se trouve ma tombe ?

Comme il est perdu
celui qui perd sa terre.

Ah, Tolède… Tolède…

(Traduction: Eloy Romero et Christine Pagnoulle)

Le tamazight, ou langue berbère

Le peuple berbère habitait l'Afrique du Nord avant l'invasion arabe au 7e siècle : des Îles Canaries à l'Egypte, et de la Méditerranée aux fleuves Sénégal et Niger et aux montagnes du Tibesti.

Plus de 50 % de la population marocaine et 25 % de la population algérienne sont d'origine berbère, avec des zones de forte concentration de locuteurs du tamazight. On estime le nombre total de ces locuteurs à environ 20 millions, même si les statistiques ne sont pas entièrement fiables étant donné le statut non officiel de la langue. Comme dans beaucoup de langues, leur nom d'origine signifie « hommes libres ». C'est une langue chamito-sémitique (ou afro-asiatique) qui partage certains traits spécifiques en matière de morphologie et de phonologie avec l'hébreu et l'arabe, mais s'en démarque nettement dans le champ lexical. L'influence de l'arabe se fait davantage sentir dans le nord, où l'influence latine est également forte suite aux longues années d'occupation romaine.

La langue se subdivise en plusieurs variétés : le kabyle ou *teqbailit*, parlé par environ 4 millions de personnes en Kabylie (Algérie), le chaoui, parlé par 300 000 personnes environ dans le massif des Aurès (Algérie), le *tarifit* (nord du Maroc), le *chelha* ou chleuh (sud du Maroc), et le touareg (ou *tamasheq*), parlé par les Touaregs du Sahara. C'est le chleuh qui a la plus riche tradition littéraire écrite, comprenant un alphabet arabe datant du 16e siècle. Le kabyle ou *teqbailit* est la variété la mieux représentée et la mieux défendue aujourd'hui, tant par le nombre de locuteurs, la publication de livres et de magazines, sans parler du rayonnement de la chanson kabyle.

La plupart des immigrants qui arrivent en Europe viennent de la région du Rif et parlent *tarifit*. Aujourd'hui, la plupart des écrits en tamazight sont rédigés en alphabet latin. Dans un contexte symbolique, l'ancien alphabet berbère appelé *tifinagh* est de plus en plus utilisé. Le *tamasheq* jouit d'un statut spécifique au Niger et au Mali (où vit le people des Touaregs). Sinon le tamazight n'est reconnu ni au Maroc, ni en Algérie, ni en Tunisie, ni au Tchad, ce qui a donné lieu à des mouvements de défense de la langue. Après plusieurs incidents graves en 1995, l'Algérie a introduit le tamazight dans l'enseignement en 1995 et en a fait la seconde langue nationale en 2002. Voilà maintenant des siècles que des personnes appartenant à la culture berbère vivent en Catalogne, à Valence et dans d'autres régions d'Espagne.

Kharim Zhoudi i Mahmoudi

Candixa

Par une nuit qui semblait ne pas avoir de fin
L'univers revêtait des habits merveilleux
Cousus de fils de pénombre avec des cornes de gazelle,
Pierres faites d'étoiles et d'argent véritable.
Les arbres se taisaient, et la mer s'était retirée

Les éclairs éblouissaient et le tonnerre se disputait
Les *jujus* sont des cris d'allégresse, et un bruit mystérieux

Le sol trembla, et les montagnes bougèrent
Apparut la *Candixa*, galopant sur un seul pied.
Tirant des chaînes, et portant un fardeau,

Plein d'os d'outre-tombe sortant des montagnes
De peaux en lambeaux, de cadavres de rivières
La foule se leva, les jeunes comme les vieux
Les femmes mirent leurs enfants sur leur dos.
Des chandelles s'allumèrent sur les rochers

Et apparut la fiancée dans ses plus beaux atours,
La ceinture pleine de sel et de pierres précieuses,
Elle dansait et chantait un chant merveilleux
D'une voix douce rythmée par la mélodie de la flûte
La *Candixa* prit peur et s'enfuit vers une colline

Il lui sortait du feu de la bouche, et son corps bouillonnait
Avec des pieds de chèvre et une peau de laine.
Ses yeux brillaient comme des charbons ardents
Sa bouche était grande comme la lune croissante.
Elle avait les cheveux attachés à son cou

Comme des chaînes attachées à son cou.
Les vieux se sont réunis,
Ont sacrifié un bélier et une brebis,
Et quelques récipients pleins de sang
Pour qu'elle se désaltère et s'en aille

Un jeune homme s'est levé, a crié avec force,
Comme s'il lançait des pierres :
La *Candixa* n'est qu'un vieux mensonge,
Comme un nuage d'été qui ne donne pas de pluie,
Comme le visage d'une nuit qui n'aurait pas d'aube,
La *Candixa* est un lac d'où s'élève la vapeur,
Impalpable aux doigts, qu'on ne peut labourer

(Traduction: Christine Pagnoulle)

La langue goun

Les Gouns sont un vieux peuple du Golfe de Guinée, qui se sont installés dans le sud-est de l'actuelle république du Bénin (ex-Dahomey). Avant la colonisation française, ils avaient fondé un royaume dont la capitale était Hogbonou (« La grande porte »), aujourd'hui Porto-Novo.

Il s'agit de l'un des quelque trente groupes socioculturels qui se côtoient dans la République du Bénin et qui peuvent prétendre à une certaine identité homogène du point de vue linguistique. Le « goungbé » (c'est-à-dire la langue des Gouns) appartient à la même famille linguistique que le fon, l'adja, le yorouba, le xwla, l'ayizo, etc.,… toutes ces langues étant marquées par le substrat linguistique des populations de l'aire culturelle « Adja-Tado » (située sur le Golfe de Guinée et recouvrant les territoires du Ghana, du Togo, du Bénin et du Nigeria) ; ces populations ont émigré au début du XVIIᵉ siècle vers les régions boisées du golfe pour aller s'établir là où elles résident actuellement. Des 6 millions d'habitants que compte le Bénin, 11,6% parlent goun. Le goun est une langue tonale tout comme la majorité des langues d'Afrique sub-saharienne. Les peuples africains, de tradition orale, ont créé des littératures dans leur langue respective – on en a répertorié environ 1500 dans toute l'Afrique Noire – littératures qui ont fleuri dans des genres variés comme l'épopée, les légendes, les contes, les chants initiatiques, etc.… Faute d'une écriture ou d'un alphabet approprié, elles ont été transcrites en utilisant généralement des caractères arabes ou latins. Il s'agit d'une transcription phonétique qui tente de rendre compte dans la mesure du possible de la complexité de langues où les tons jouent un rôle phonologique essentiel. Certaines langues africaines où les différentes hauteurs de ton (haut, bas, médian, médian-haut, etc.) sont essentielles à la compréhension du message véhiculé.

Pour ceux qui liront mes poèmes en goun, j'ai essayé de les transcrire en m'adaptant à la phonétique espagnole, sans signes diacritiques et autres graphies proprement linguistiques, afin de m'approcher au plus près du problème que représente l'écriture de ces tons, dans la mesure où je n'ai pas voulu utiliser les signes érudits des linguistes et des anthropologues, qui sont de compréhension ardue pour un public non spécialisé, et où il ne me paraissait pas adéquat de recourir à une transcription musicale en pentagramme ou au moins en "trigramme". Le lecteur doit donc toujours avoir bien conscience que sa lecture ne pourra jamais être qu'approximative. —*A.A.* (Pour le lecteur francophone, entre autres sites utiles, http://www.iuo.it/relaz_int/progetti/TIMEforT/timebook%5C2_langafricaine.htm).

Agnes Agboton

Loin

Loin, déjà si loin
Le chaud manteau du vent
Et la sueur qui imprégne la terre.

Loin, déjà si loin

Les palmeraies de Semè-Podji
Et le sang qui ouvre les chemins.

Loin, déjà si loin
la terre rouge qui étreint les miens
et boit, doucement, l'eau du *yoho*[1]

tandis que le matin glace mes rêves
et que mes pieds nus se traînent
sur ces dalles sans soif.

Où, mais où est la terre rouge?
le sang des générations,
le *sodabi*[2] ardent de nos dieux?

Où, mais où est la terre rouge?

Chanson de l'amour difficile

I
A nu, mes yeux cherchent
au pays des masques
où même les sourires se déguisent.
Reste-t-il dans ton corps nu des lambeaux de lointains habits ?
Est-ce que parfois tes mains aussi se déguisent ?

II
Tes yeux en balancelle
vont des sourires aux pleurs.

Ils sourient pleins de larmes,
pleurent dans les rires
et toujours il reste un interstice
pour la frayeur.
Tes yeux en balancelle
Vont des sourires aux pleurs ;
Vont des pleurs aux sourires
Et s'ouvrent sur la frayeur.
Tes yeux en balancelle.
Fleurs noires,
rires et pleurs.

[1] *yoho* : autel de la famille
[2] *sodabi* : alcool de palme

(Traductions: Christine Pagnoulle)

Le catalan

Le catalan est une langue romane qui ressemble en bien des points aux autres langues issues de l'occupation romaine. La langue romane la plus éloignée du catalan est le roumain et la plus proche est l'occitan ou langue d'oc, la langue parlée dans le sud de la France. Du point de vue linguistique, elle se différencie du castillan (espagnol) essentiellement, sur le plan phonétique, par huit voyelles au lieu de cinq, en plus d'autres caractéristiques consonantiques et graphiques.

Les premiers documents datent des VIIe et VIIIe siècles, mais il est vraisemblable qu'elle se parlait déjà bien avant car les textes étaient alors écrits dans un latin artificiel qui ne reflétait pas la langue parlée. Déjà au XIe siècle, on trouve de nombreux documents rédigés entièrement en catalan. Le premier texte littéraire, les Homélies d'Organyà, un recueil de sermons, date du XIIe siècle et va être suivi de nombreux textes poétiques. On distingue trois périodes dans l'évolution de la langue et de la littérature catalanes : la période nationale jusqu'au XVe siècle, la décadence (XVIe au XVIIIe siècles) et la renaissance ou renouveau (XIXe et XXe siècles).

Au Moyen Âge, la Catalogne était un état indépendant sous la couronne d'Aragon, et le catalan, parlé par environ 85 % de la population, n'avait pas à se défendre du castillan, comme aujourd'hui, mais de l'occitan. Un des auteurs catalans les plus remarquables fut Ramon Llull (1235-1316.) Ramon Vidal de Besalú (1160-1230) est l'auteur de la première grammaire. Vu la très longue tradition parlementaire de la Catalogne, le terrain du droit est celui où les productions sont aussi les plus durables. Une fois consommée l'union avec la couronne de Castille et après la guerre de sécession (1714) commence la période de décadence. Au XIXe siècle, avec l'industrialisation et l'enrichissement de la bourgeoisie, le catalan revient en force et la production littéraire dans une langue raffinée et cultivée se multiplie.

En 1931, le catalan est reconnu langue officielle de Catalogne, jusqu'à la déroute de la République devant la rébellion du général Franco en 1939, après une terrible guerre civile qui aura duré trois ans. Suivent alors quarante années de répression : jusqu'à la mort du dictateur. Lors de la transition politique vers la démocratie, en 1976, commence un processus de récupération.

Actuellement la langue catalane couvre un territoire où vivent onze millions d'habitants. C'est une langue pleine de vitalité qui jouit d'une présence sur la scène internationale. Les Etats autonomes de Catalogne, les îles Baléares et la communauté de Valence reconnaissent le catalan comme langue officielle (pour Valence, sous le nom de « valencià »). Il y existe à côté du castillan, autre langue officielle. En 1990, le Parlement Européen a approuvé une résolution qui reconnaît l'utilisation et la force de loi du catalan dans le contexte de la CEE. Dans les années 80, avec la protection de la Constitution et les Statuts, une politique volontariste de promotion de la langue a mené à son introduction dans les écoles, l'Administration et les médias. Plusieurs chaînes de télévision émettent en catalan, et parmi la presse on trouve, publiés en catalan, dix quotidiens, une trentaine d'hebdomadaires, une centaine de magazines et plus de deux cents journaux locaux. On note également une importante production éditoriale (7 492 titres en 1999). Par rapport au haut degré de compréhension et d'utilisation de la langue, il reste plusieurs secteurs où la présence du catalan n'est pas encore accepté, comme par exemple, dans les tribunaux.

Francesc Parcerisas

Album d'écrivain

Ses mains, peut-être fatiguée de l'existence,
troublent ta mémoire et tes sens :
rien qu'écrire à côté du bois au crépuscule
et écouter, au raz du papier, un vent
qui rappelle la plage et l'enfance submergée.
Les mots précis s'effacent aussi, se perdent
comme la cendre au fond de la tasse de café ;
et sur la poitrine tombent les brins de tabac
tandis qu'aux lèvres se consume la cigarette.
Est-ce là ce qu'il voulait ? Cela ne le gêne pas
de se dire qu'il aurait pu en être autrement.
Ce qui l'intrigue, ce sont les erreurs qui nous amènent
à cette impasse bleue dans le labyrinthe
et font que la pierre est pierre, mais le rouge
est peut-être rubis, ou rêve, ou crime.
Les mots ont peu à peu si bien mélangé
illusion et mensonge qu'ils voudraient croire
que de jeunes dieux et l'amour éternel existent vraiment.
Il a vieilli sans peine, et couché comme un chien
parmi les livres et les objets qu'il aime,
il ne craint pas mourir de froid. Il ferme boutique et sourit.
Pas besoin de réponse. Toi et moi, nous pouvons laisser
les anneaux qui rendent la haie impénétrable ;
déjà la nuit a dévidé tout le fil.

(Traduction : Christine Pagnoulle)

Josefa Contijoch

Conseil

Tu peux prendre
le chemin de droite
le chemin de gauche
le chemin du milieu.
Peu importe :
Tu arriveras dans un endroit
qui ne te plaira pas.
Tu te tromperas toujours.

En nettoyant le lit de la rivière vermeille

En nettoyant le lit de la rivière vermeille
qui chante des histoires d'ossements
asséchée par le vent et la sécheresse
tu trouveras des cactus et des fossiles de reptiles
et un scorpion qui t'attendait
pour te mordre pour te changer en poussière
pour faire de toi le lit de la rivière vermeille
qui chante des histoires d'ossements.

(Traductions : Christine Pagnoulle)

Anna Aguilar-Amat

Soldes

Lentement je me suis déshabillée devant
cet autre miroir de la cabine, perdue
toute proportion. J'ai vu que quelques-uns
de tes mots tendres étaient restés accrochés
aux bords de mon soutien-gorge. Et quelques
petits skieurs ont dévalé mes épaules slalomant
avec des rires de horchata : c'étaient
tes blagues. Et ce qui fait queje suis difficile et quelques
autres injures ont rebondi sur le tabouret avec
un bruit de cintres. L'une après l'autre les
trois robes discrètes que j'ai négligemment choisies dans
la boutique pour si jamais te plaire était chose nécessaire.
Elles ressemblent à des souvenirs de gamines ; je les vois parfois
alignées dans ton regard à se trémousser
des hanches et faire briller l'ivoire de ton désir. Je
ne leur en veux pas : leurs humeurs t'ont mené à moi.
Et j'imagine d'autres femmes, devant qui je passe en
souriant : brise tiède dans les cheveux de ma chanson.
Je vois les voix… «La fermeture éclair l'emporte, les boutons
se bombent. » Les banalités rendent le même son en européanto.
J'en garde une dans l'armoire pour quand tu viendras.
Maintenant un tango de Gardel.
A la caisse, confusion, les piaillements d'adolescentes
de profession et des gens riches et moi comme une gosse
avec un bouquet d'œillets enveloppé dans du papier journal.
Je vois bien que ce n'est pas poétique. C'est seulement une banale
histoire (et si petite) sur les heures qui passent
quand tu es parti. Comme un morceau de sucre qui tourne
dans le tourbillon d'une tasse par la force centrifuge que
quelqu'un a mis en branle. Peu à peu je me dissous sans
le pardon qui me ferait disparaître et me transformerait
en thé glacé, avec l'espérance trouble que la soif
de la course m'offrira encore un moment, me laissera
le cadeau d'un matin répété
le cadeau d'un matin répété
de baisers.

(Traduction : Christine Pagnoulle)

Gaélique et Gallois

Il fut un temps où les langues celtiques étaient utilisées dans toute la Grande-Bretagne. A l'heure actuelle, pratiquement tous les locuteurs du Royaume-Uni sont bilingues à des degrés divers.

Gàidhlig / Le Gaélique écossais est une langue celtique proche du gaélique irlandais. Elle fut introduite pas les immigrés irlandais, et au 6e siècle on la parlait dans pratiquement toute l'Ecosse, mais à partir du Moyen Age elle fut supplantée petit à petit par l'écossais (une forme locale d'anglais). Sa position actuelle est plus vulnérable que celle du gallois. Les locuteurs gaéliques représentent moins de 2% de la population écossaise, qui est de 5 millions d'habitants. La plus grande communauté de locuteurs gaéliques se trouve dans les îles occidentales (où, selon le recensement de 2001, 72% de la population affirmait comprendre, parler, lire et écrire le gaélique) et dans les Highlands (9%), mais il y a également des minorités significatives dans les grandes villes (Glasgow 1,8%, Edinburgh 1,4%, Aberdeen 1,2%). Le recensement fait état de 58.650 locuteurs, ce qui représente une diminution générale de 11% depuis 1991. Cette chute est due en partie à la disparition de nombreux locuteurs âgés. Cependant, alors que le nombre de locuteurs dont le gaélique est la langue maternelle est toujours préoccupant, le taux de déclin de la langue a été ralenti et, selon certains, potentiellement inversé grâce aux mesures déployées ces dernières années, dont le but est d'assurer le maintien de la langue. Celles-ci incluent le financement de l'enseignement en gaélique et la diffusion d'émissions de radio et de télévision dans cette langue. Une cinquantaine d'écoles primaires et une dizaine d'écoles secondaires proposent un enseignement en gaélique, de plus il y a une demande croissante dans les zones urbaines en dehors des Heartlands gaéliques. Un établissement d'enseignement supérieur en gaélique, Sabhal Mòr Ostaig, qui se trouve dans l'île de Skye et le festival gaélique annuel, The Royal National Mod / Am Mòd Nàiseanta Rioghail, jouent un rôle crucial dans les projets qui visent à assurer l'avenir de cette langue.

Aonghas Macneacail

la tour perdue

nageant dans la boue tonitruante
entre les racines de mes deux langues
l'une rouge
lançant des éclairs dans mes veines
et l'autre
                    étrangère, indifférente, familière
me collant à la peau comme un costume carcéral, quand j'
étends les doigts de ma raison, ma vision
au delà des sillons de la mer
pour atteindre toutes les baies du monde
pour atteindre toutes les rives du monde
par delà des monticules de syllabes coquillages cassés
pour atteindre les langues du monde

tu devrais être là juste à côté,
                 par delà le kyle[1]
mais une lame acérée se dresse
              entre nos mots

chantons un hymne à la
langue qui fait la douceur
chantons crûment
à celle qui sépare

[1] *kyle*: un étroit bras de mer

(Traduction : Christine Pagnoulle)

Mailios Caimbeul

3.3.2000

Au Mozambique
terribles inondations. Un bébé
est né dans un arbre.

Nous ne savons pas
que nous vivons. Peut-être
ne vivons-nous pas, au sec.

Désormais
les arbres me hurleront au visage
quand il pleuvra.

Chute de plumes

Commencer à comprendre
qu'il ne suffit pas de chanter
même si le chant est beau –
que chanter n'est guère utile
un fusil braqué sur la tempe
ou si l'oiseleur est un barreau de la cage
dans laquelle nous sifflons.
Voir les cieux lointains
par les fenêtres magnanimes ;
pleurer pour les sommets.
Entendre des coups de feu proches et lointains
Et puis les messagers –

des plumes qui de très loin
nous tombent de l'espace.

(Traductions : Christine Pagnoulle)

Meg Bateman

Elgol : Deux perspectives

Je regardai la vieille carte-vue,
les maisons telles des excroissances du sol,
les pics qui se dressaient par derrière,
signes de la majesté divine,
avant que les montagnes ne soient aménagées,
qu'on ne sépare travail et loisir,
qu'on ne distingue le sacré du profane…
et je tendis l'image à mon vieil ami.

« Est-ce que ça te rend triste, Lachie? » fis-je
tandis qu'il la dévisageait en silence.
« Triste ? quelle idée ! Pas du tout !
Un moment, je ne la remettais pas »,
et il montrait une vache à l'avant-plan.
« C'est la Jaunette, la deuxième génisse de la Rouge –
tu vois, je les connais toutes, les vaches
de par ici, depuis que je suis né. »

(Traduction : Christine Pagnoulle)

Cymraeg / Le Gallois est une langue celtique proche du breton et de la langue des Cornouailles. Son ancêtre, le brythonique, était jadis utilisé dans toute la Grande Bretagne. Cependant, les incursions romaines, et plus tard celles des Angles, Saxons, Vikings et d'autres, se soldèrent par sa disparition sauf dans la péninsule occidentale que les anglais appelèrent le Pays de Galles. Aujourd'hui le Pays de Galles compte 576.000 locuteurs de cette langue sur une population de 2,9 millions ; on la parle également dans d'autres régions où des gallophones se sont installés, par exemple en Patagonie. La littérature galloise a connu une période faste au Moyen Age, mais un des textes qui a contribué de manière majeure à sa survie fut la traduction de la Bible de 1588. Le gallois fut interdit pendant quatre siècles, mais au cours de la seconde moitié du 20e siècle des politiques énergiques ont été mises en place pour assurer sa survie, avec un certain succès. Le recensement de 2001 a révélé la première augmentation du nombre de locuteurs gallois, ce qui signale la fin de la baisse constante du million de locuteurs enregistrés en 1900. Actuellement, 21% de la population du Pays de Galles se définit comme parlant un peu le gallois, et parmi ceux-ci 16% affirment comprendre, parler, lire et écrire cette langue. La plus grande proportion se trouve dans le comté de Gwynedd (69%) et trois autres régions comptent 50% de locuteurs (l'île d'Anglesey, Ceredigion et Carmarthenshire). Il est plus alarmant de constater que les régions traditionnellement gallophones situées au nord-ouest et à l'ouest du Pays de Galles ont enregistré depuis 1991 une diminution générale de locuteurs de 7%, et les nouveaux chiffres qui signalent une augmentation de 2% pour le Pays de Galles masquent probablement une diminution globale du nombre de locuteurs qui utilisent le gallois comme langue première. Cependant, la demande croissante d'un enseignement en gallois dans les communautés urbaines du sud du Pays de Galles est une bonne nouvelle. Un des faits qui ressort du rapport intitulé *L'Etat de la langue galloise en 2000* est une attitude positive généralisée. L'utilisation de la langue dans de nombreux contextes culturels, y compris en littérature, est visiblement un des développements majeurs. Un barde est couronné chaque année au Festival « National Eisteddfod ».

Twm Morys

Un matin froid

Un matin froid, fragile dentelle
De son haleine et de la mienne,
Nous marchions vers le miracle de la mer,
Livre d'histoires[1] qu'il aurait ouvert.

L'enfant tout doré souriait :
Dans les buissons et les bocages,
Les petits os[2] du printemps craquaient,
– appel insistant du champ de l'agnelage.

Mais dans l'écume était la glace,
Et je voyais de blancs ailleurs[3]
Dans son histoire qu'il ouvrait,
Tandis qu'il regardait la mer.

[1] Le mot gallois, c'est *mabinogi*, qui littéralement signifie, récits d'événements ou de prouesses de jeunes gens. Le mot désigne un recueil de légendes galloises consignées au Moyen Age.
[2] 'Nourrir de petits os' est une expression galloise pour 'être enceinte'.
[3] Le lieu blanc (ou bienheureux), le lieu ailleurs est une façon galloise de dire que l'herbe est plus verte dans le pré du voisin.

En écoutant parler un Anglais[1]

Quelqu'un connaissait-t-il, a-t-il alors demandé,
Quelque trouée par où apercevoir
La maison qu'il allait acheter – Colline d'Or ?

Le champ jaune était dans les nuages.

Et jaunes, jaunes, entre le nuages,
Rouillaient des ares de vert herbage.
Ils revoyaient la plénitude des prés fauchés,
Et la peau humaine, jaune comme pomme au fil de l'âge.

Et ils ont fermé leur cœur monoglotte et secret,
Craché un peu, regardé sans voir, se détournaient,
Chantaient faux très longtemps, décidaient
Qu'ils pouvaient oublier cet intrus d'étranger[2]…

Quand la langue sera acculée à la mer,
Où iront-ils, ceux qui des noms font vers,
Ceux qui égrènent des chapelets de villages,
Et tout le Pays de Galles en leur bouche un chant clair?

Un peu plus tard, un couple nettoyait la vieille maison,
Ensuite ils ont changé son nom :
Là où l'or colorait le seuil et la colline,
Eux ne voyaient rien que des ajoncs.

[1] Allusion à un poème de R. S. Thomas intitulé « En écoutant parler un Gallois. »
[2] Le mot *anghyfiaith* signifie étranger, mais dans un sens particulier. Dans l'usage quotidien, nous l'employons pour désigner les anglophones, ceux qui ne parlent pas gallois.

A mon traducteur

Maintenant docteur, que vous m'avez congelé
Et enregistré, cerveau et tripes bien nettoyés,

Sang bien rincé,
Souffle aspiré,

Vous pouvez y aller,
Opérer sans nausée.

Réaliser une greffe bien nette
En vous glissant dans les pertes.

Quand la couture sera finie,
Personne n'y verra mie.

Vous pourrez alors concocter
Un nom pour mon identité.

(Traductions : Christine Pagnoulle)

Les langues du sous continent indien au Royaume Uni

Comme on peut s'y attendre, même si toutes les nombreuses langues du sous-continent indien sont probablement représentées en Grande-Bretagne, ce sont celles du nord, la région la plus peuplée, qui y sont le plus présentes. Certaines de ces langues sont parmi celles qui ont le plus grand nombre de locuteurs, ce qui garantit aux écrivains qui les utilisent, y compris au Royaume Uni, un nombre potentiellement important de lecteurs. Les langues ancestrales restent en général des marqueurs identitaires particulièrement importants pour les Britanniques originaires du sud de l'Asie, et un grand nombre d'entre eux sont sensibles au statut politique que leur langue a acquis au cours de l'histoire. Le hindi, la langue indienne la plus parlée avec 275 millions de locuteurs, devint, à partir du début du 20e siècle, le centre d'attention de la politique anti-colonialiste en Inde et fut choisi au moment de l'indépendance comme langue nationale, mais comme cette langue n'était comprise que par un tiers de la population, l'anglais fut aussi adopté comme langue officielle. En dépit de nombreuses similarités avec le hindi, l'urdu utilise l'alphabet arabe et est lié à l'islam. Après la partition en 1947, il fut désigné comme seule langue officielle du Pakistan, marginalisant ainsi le bengali utilisé par les 120 millions d'habitants de l'est du pays. Le statut du bengali/bangla a joué un rôle majeur dans la politique de sécession, et a conduit à la fondation en 1971 du Bangladesh indépendant. Le bengali est aussi la langue de 70 millions d'Indiens dans l'état voisin du Bengal occidental. Au Sri Lanka la politique linguistique a joué un rôle majeur également. La langue de la majorité bouddhiste, le sinhala, fut désignée comme langue officielle dans la constitution de 1978. Le tamoul, langue des minorités hindoues et musulmanes, reçut également un statut officiel, alors que l'anglais fut conservé comme langue véhiculaire. Cependant les différences linguistiques ont été des marqueurs culturels manifestes dans les conflits qui affectent la vie des 17 millions de Sri Lankais depuis des années et en ont conduit certains à l'exil.

    C'est à partir du milieu du 20e siècle que les immigrés du sous-continent sont arrivés en grands nombres en Grande-Bretagne, emmenant leur langue dans leurs bagages. Le groupe le plus important d'immigrés au Royaume Uni est d'origine indienne; ils sont juste un peu plus d'un million d'après le recensement de 2001. Le Pakistan est le pays d'origine de 746.000 immigrés et le Bangladesh de 283.000. Tous ces groupes résident principalement en Angleterre. Les émigrés originaires du Bangladesh sont les derniers arrivés et pour cette raison le groupe le moins assimilé linguistiquement. Presque 60% d'entre eux vivent à Londres, où le bengali est, après l'anglais, la langue maternelle la plus répandue chez les écoliers. Le nombre total de Londoniens provenant du sous-continent est de 734.000. Le chiffre équivalent pour le grand Manchester est de 131.000. Les immigrés d'origine pakistanaise sont plus nombreux dans le nord de l'Angleterre, particulièrement dans les villes du Yorkshire et du Lancashire où les industries ont eu recours à leur main d'œuvre. A Bradford, par exemple, 85.000 personnes originaires du sous-continent, dont 68.000 du Pakistan, constituent une minorité importante dans une ville de 468.000 habitants. Cependant, avec le déclin de la production industrielle, ce groupe souffre de marginalisation économique. Les immigrés d'origine indienne sont généralement plus dispersés dans le Royaume-Uni que ceux originaires du Pakistan ou du Bangladesh. Ceux provenant du Sri Lanka sont aussi fortement dispersés; on les estime à 200.000, mais sans avoir déterminé dans quelle proportion ils sont de langue sinhala.

    De nombreux jeunes britanniques d'origine asiatique appartiennent à la troisième génération d'immigrés ; ils sont à l'aise en anglais et ne sont attachés à la langue de leurs ancêtres qu'à des degrés divers. L'utilisation de ces langues à des fins créatives dépendra entre autres des facilités de communication entre l'Europe et l'Asie.

Shamim Azad

Compagnon

J'ai essayé très fort de me rappeler
      ce que cette année avait été :
chaque mois, les jours et les heures.
      Qui était avec moi
et si comme moi ils étaient exilés ?
      J'ai essayé de réfléchir
à ce qui pesait sur mon cœur, dans la nuit givrée
      dans la vallée des jonquilles,
au carnaval, dans l'obscurité dense
      de l'abîme sans fond du métro.
      Qui venait à tire d'ailes
à Trafalgar Square, se dandinant comme un pigeon?

Je m'égare au delà de rives de l'Orient.
Qu'est-ce que ma mère a donc noué au bas de mon sari ?
Toujours cela me colle au corps
      jamais il ne me lâche ;
      il ne m'a jamais quittée,
dans le bonheur, la peine ou le regret,
dans les flammes ardentes de cette terre étrangère,
il étreint mon âme pour la calmer.
      Dans mon cœur morne
un pendule sûr et constant semble
osciller au dessus des lèvres par une nuit d'insomnie,
      la poésie de la nuit
m'est un droit inné – c'est mon alphabet bengali.

(Traduction : Christine Pagnoulle)

Saleha Chowdhury

Un poème sur Dieu

Quand je vais rue de la Divinité je m'écrie « Dieu, Dieu! »
Dans la ruelle du Tout Puissant, « Akbar! Akbar! »
Au coin Allah Rakha je prie « Allah, Allah! »
Dans le quartier de Khuda Baksh,[1] « Baksh! »

Un dimanche je suis allée à l'Eglise du Christ
Et à la Mosquée de la Viande et du Pain à Nazrul.
De l'autre côté de la porte du temple, les intouchables ;
Je crois qu'ils ne portent plus de clochette,
Mais à Varanasi, Gaya, Vrindavan
Je dois tenir ma bourse à l'abri des voyous des temples.
Je me ruine dans les rets de la secte Ajmer.
La clique de la mosquée s'est fait des millions dans son trafic de tapis.
Ça ne sert à rien de crier « Dieu, Dieu » rue de la Divinité.

Je rentrais chez moi chargée de deux gros sacs,
Un jeune d'aujourd'hui à l'oreille percée me cède sa place.
Un grand tatoué ouvre la porte et m'aide à descendre.
Je rentrais chez moi dans le froid Oncle Karim m'appelle
« Viens prendre un tasse de thé pour te réchauffer! »
Un voisin que je connais à peine porte mes gros sacs jusqu'à ma porte.

L'existence de Dieu c'est comme une étincelle –
non rue de la Divinité ou au Coin Allah Rakha,
non à l'Eglise du Christ ni à la Mosquée de la Viande et du Pain
où l'on peut manger tout son soul –
dans une tasse de thé, un siège cédé dans le bus, l'aide proposée,
dans ces menus détails de la vie.

[1] *Khuda Baksh:* une référence standard pour Dieu en arabe ; aussi le nom d'une rue à Calcutta.

(Traduction : Christine Pagnoulle)

Basir Sultan Kazmi

Ghazal

Ces tendres pousses qu'à l'aube la tempête a ravagées
c'étaient les arbres de demain leurs fleurs et leurs feuilles déployées.

En quête de nouveaux compagnons j'ai renoncé à ton amitié
et j'ai quitté ta ville, mais nulle part n'ai trouvé si dévoué.

Règnent ici la même froidure habituelle, la même nuit sombre.
A quoi sert que vous y brûliez, o lampes de ma cité ?

Je chasse de nouveaux rêves ; ma rive gît sous les flots.
Que gagnerez-vous, mes amis, à marcher à mes côtés ?

Dans cette maison à demi saccagée, dans ce cœur vacillant,

ici dans ce cœur même – trop de soleils se sont couchés.

Voici qu'aux heures vespérales quelqu'un parle à mon cœur :
« Une lune sûrement va se lever, une coupe déborder. »

Voilà ce que j'ai observé au fil de ma vie, moi Basir :
ceux qui s'avancent avec prudence, ceux-là vont trébucher.

Ghazal: poème lyrique classique en distiques réguliers, généralement sans titre. S'inscrivant dans la tradition littéraire arabe et perse, le ghazal (littéralement, « le brame du cerf ») est depuis longtemps la forme principale dans la poésie urdu et est assez répandu dans d'autres langues d'Inde du Nord. Les ghazals sont souvent lus devant un public, les spectateurs réagissant à chaque distique. Malgré l'unité prosodique du ghazal, chaque distique est autonome et peut être cité séparément. Le dernier comprend souvent le nom du poète.

(Traduction : Christine Pagnoulle)

Saqi Farooqi

L'odeur douce de la mort

La séparation est
      un tributaire
            du fleuve sanglant de l'amour
La fidélité
      se love autour
            de la branche de corail du souvenir

Dilaram et ses amants
se tiennent dans un cercle de peur
dans l'air, une odeur rance de baisers
dans les yeux, miroirs de rêves brisés
dans les îles de leur cœur,
saphirs secrets de larmes
dans leurs veines coule un fleuve de chagrin

Mais des semences de douleur ne cesseront de tomber
l'on se rencontrera, l'on se séparera
Tous ces anciens chagrins –
rencontres et séparations de jadis –
nouveaux chagrins enlaçant les anciens
nouvelles blessures sur les lèvres
nouveaux nœuds enserrant le cœur

Dans le ciel hostile
chuchotent des navires ennemis

brûlent des villes d'étoiles
et sur le radar des yeux
rien que des ombres noires
L'odeur douce et poignante de la mort nous a rendu fous –
apeurés, dans le sous-marin rouge de l'espoir
nous flottons sur la mer noire de la désolation

Terre où est la magie de ton sol ?
D'une rive à l'autre une fumée épaisse et âcre

(Traduction : Christine Pagnoulle)

Padma Rao

L'attente[1]

N'ai rien dit.
Juste observé
Le filet d'eau sous le robinet
Et deux rayons intacts.
Tu tenais une petite mer dans tes palmes.
Un visage flottait
À la recherche de rêves liquides.
En cuisant les îles de pain
Le sang fondait comme mercure
Dans mes doigts chauds.

« Je vais venir en manger. »
L'orchestre de la grille cassée
Et tes mots
Dansaient autour du feu.

***

Des miroirs de peur silencieuse pendaient au mur
Pleins d'innombrables visages.
La grille cassée battait dans le vent
Et les flammes brûlaient en vain toute la nuit.
Je cache deux pains de millet
Dans le bout de mon sari
Et j'attends ce coup connu à la porte,
... le crissement d'une feuille écrasée.

[1] Poème inspiré par la guerre en Irak au printemps 2003, présentant une mère qui attend son fils.

(Traduction : Christine Pagnoulle)

Daisy Abey

Woodland Grove

C'est là que nous avons passé la nuit du millénaire
Rafales de vent froid autour de Woodland Grove
Une maison au front blanc sur un marécage,
Isolée, solitaire, pas même un heurtoir,
Abandonnée à la lisière de bois de bouleaux.

Du cimetière sous les murs en ruine
Des ombres sortent de tombes cachées
Murmurant et chuchotant, embrumées dans la nuit
Bras sur l'épaule, main dans la main, des femmes
Au regard fixe berçant leur enfant.

Par centaines dans les fosses communes
De la peste à Chapel Town,[1] il y a trois cents ans,
Leurs corps dispersés enterrés à la hâte,
Cadavres jetés comme feuilles au vent.

Il y eut un silence, un souffle, grognements et craquements
Sur les terrains du Centre Mandela menaçant
Le ciel brûlait orange de feux d'artifice, étincelles
Toute la nuit guerre entre orages et étoiles.

Une maison rêvée muette baignée de la lumière
Hivernale qu'avait levé la lune en reflux de marées
A l'aube, une décennie et un siècle
de poussière sous les os des noyés.

Une pie passa sur l'aile, picorant l'herbe givrée.
J'ai mis la bouilloire à chauffer, la vapeur dégoulinait sur la vitre.
Le lendemain, nous avons cadenassé les portes pour la dernière fois
Notre âme en feu, un panneau « vendu » cloué sur la barrière.

---

[1] *Chapel Town :* un quartier de Leeds.

(Traduction : Christine Pagnoulle)

Daisy Abey est née en 1941 à Matara (Sri Lanka) et a étudié le cingalais à l'Université de Ceylan. Elle a émigré en Angleterre en 1965 et depuis partage son temps entre Leeds et Londres. Elle écrit en cingalais depuis de nombreuses années et se traduit elle-même en anglais. Plusieurs de ses recueils ont paru en anglais chez Sixties Press, de meme que son roman en cingalais, *Like the Wind* (2003).

Agnes Agboton, née à Porto-Novo, République du Benin (ancien Dahomey), a fait ses études primaires et une partie du secondaire dans sa ville natale et à Costa de Marfil. En 1978, elle est arrivée à Barcelone où elle a terminé l'enseignement secondaire et en 1991, elle a obtenu une licence en philologie hispanique (spécialisation littérature) de la Faculté de Philologie de l'Université Centrale de Barcelone. A cheval sur deux cultures, elle reste en contact avec son pays natal où elle s'est consacré à recueillir la tradition orale (chansons, contes et légendes, chants de louange et d'éloge, etc.). En Catalogne, voilà plusieurs années qu'elle apporte sa contribution à différentes écoles, du primaire au supérieur, à des bibliothèques et à d'autres organismes, s'efforçant toujours de mieux faire connaître la tradition orale africaine parmi les jeunes catalans et espagnols. En plus d'articles et d'interventions sur les ondes (TVE, TV3, CITY TV) ainsi que de conférences, elle a publié les livres suivants : *La cuina africana* (Columna, Barcelona, 1988); *Contes d'arreu del món* (Columna, Barcelona, 1995); *Àfrica des dels fogons* (Columna, Barcelona 2001) *África en los fogones* (Ediciones del Bronce, Barcelona, marzo 2002) et elle est co-auteur de l'ouvrage *El Libro de las Cocinas del Mundo* (Rba, Integral, Barcelona, noviembre 2002); *El Llibre de les Cuines del Món* (La Magrana, Barcelona, marzo 2002). Avec l'illustratrice Carmen Peris, elle a été co-finaliste du prix *Apel.les Mestres* pour l'année 1995 avec le conte *Les llàgrimes de Abenyonhù*. Depuis lors, elle a publié des poèmes en langue *goun* dans plusieurs magazines (*Poesía Por Ejemplo*, nº 11, Madrid 1999) et anthologies (*Barcelona poesia*, *Antología a cargo de Gabriel Planella*, Ediciones Proa 1998) tandis qu'elle se faisait également connaître par des lectures publiques.

Anna Aguilar-Amat (Barcelone, 1962) est professeur de terminologie appliquée à la traduction à l'Université Autonome de Barcelone, poète et essayiste. Elle a publié les recueils de poèmes suivants : *Trànsit entre dos vols* (Transito entre deux vols, Ed. Proa, Barcelone 2001, prix Carles Riba 2000) ; *Música i escorbut* (Musique et scorbut, Ed. 62, Barcelone 2002, prix Màrius Torres 2001) ; *Petrolier* (Pétrolier, Edicions de la Guerra, Valence 2003, prix Englantina d'Or aux jeux floraux de Barcelone 2000).

Shamim Azad, née en 1952 au Bangladesh (alors Pakistan oriental), a étudié la littérature bengali à l'Université de Dhaka. Elle est venue enseigner en Angleterre en 1990 et travaille maintenant en tant que poète dans les écoles pour l'association londonienne, Apples and Snakes. Le Bengladesh lui a décerné le prix Bichitra en 1994 et London Arts le prix Year of the Artist 2000. Son œuvre comprend deux romans, deux pièces, un recueil de nouvelles et un recueil d'essais, ainsi que trois livres de poésie : *Sporsher Aupekhkha / Waiting for a Touch* (1981), *Bhalobashar Kabita / Love Poems* (1982) et *Hey Jubak, Tomar Bhabishat / Young Man, It's Your Future* (1989). 'Companion' a paru d'abord dans le quotidien de Dakha *Prothom Alo* (2000), puis en bilingue dans *My Birth Was Not In Vain*, dirigé par Debjani Chatterjee and Safuran Ara (Sheffield Libraries, 2001). Voir aussi la page http://www.shamimazad.com.

Meg Bateman (née 1959) est née et a grandi à Edimbourg. Elle a étudié le gaélique à l'Université d'Aberdeen où elle a obtenu un doctorat en études celtiques. Elle a passé un an à travailler comme auxiliaire médicale à South Uist. Après dix passes aux universités d'Edimbourg et d'Aberdeen, elle enseigne maintenant à Sabhal Mòr Ostaig, un collège où l'enseignement se fait en grande partie en gaélique. C'est là qu'elle habite avec son fils. En plus d'écrire des poèmes, elle traduit et édite des poèmes en gaélique. Son recueil *Aotromachd / Lightness* avait été retenu pour le prix Stakis en 1998 et a été récompensé par le Scottish Arts Council. Le poème 'Ealghol: Dà Shealladh' est tiré du recueil *Wish I Was Here* (Edinburgh: pocketbooks, 2000).

Boyikasse Buafomo: né et élevé il y a longtemps à Itsike-Isameila, dans la cuvette centrale du Congo ex. Zaïre. Par engagement, « s'exile » dans le vaste monde et en l'an 1978 trouve « Toit » au centre de la Voie lactée, Bruxelles. Là, par défi ou séculaire tradition, il reprend voix et propose aux enfants de 8 à 8 888 mois l'Orature. Pour ce, il revêt dans les Ecoles et Cités (Théâtres, entreprises, Communes, Télés et autres) la toge du Conteur Itinérant. Rencontre Cobra Films dans *Sango Nini / Quoi de neuf ?* et lui prête voix qui en touches successives conte un des quartiers hauts en couleurs de Bruxelles, Capitale de facto de l'Union européenne : Matongé. Le documentaire obtient à Bruxelles le premier Prix du festival « Filmer à tout prix » et à Marseille celui du meilleur documentaire européen. Reçoit en 1999 dans le cadre du premier concours « année nouvelle » organisé à l'Université Catholique de Louvain (Belgique) le grand Prix de l'Année Nouvelle et le Prix de Radio France Internationale pour l'adaptation et la mise en ondes de *La tradition juive de l'enseignement* d'Elie Wiesel et *Le sacrifice* d'Antoine Tshitungu Kongolo. Invente en l'an 2002 la 'Carte Contée – Verhaalkaart,' le premier médiologue multiculturel Sud/Nord. Objectif ? Relier l'imaginaire et le réel.

Maoilios Caimbeul (Myles Campbell) est né en 1944 dans l'île de Skye, où il vit toujours. En plus d'être écrivain, il enseigne le gaélique à la Gairloch High School, Ross-shire. Ses écrits sont publiés dans de nombreux magazines et anthologies. En 2002 il a été reconnu "barde" au Royal National Mod à Largs. Ses recueils de poèmes : *Eileanan* (Glasgow University,1980), *Bailtean* (Gairm, Glasgow, 1987), *A' Càradh an Rathaid* (Coiscéim, Dublin, 1988), bilingue en gaélique écossais et irlandais (dans lequel figure "Itean A' Tuiteam") et *A' Gabhail Ris* (Gairm, Glasgow, 1994). Un cinquième recueil *Saoghal Ur* doit paraître ultérieurement chez Diehard Publications, Callander. L'anthologie *Wish I Was Here* (Edinburgh: pocketbooks, 2000) comprend le poème "3.3.2000."

Saleha Chowdhury est née en 1943 au Bangladesh (alors Pakistan oriental). Elle a étudié le bengali à l'Université de Dhaka, où elle est devenue enseignante en 1967. Elle vit à Londres depuis 1972 où elle travaille comme institutrice. Elle voit sa retraite en 2003 comme l'occasion de se consacrer à temps plein à l'écriture. Elle a gagné différents prix. Ses oeuvres en bengali comprennent huit romans, cinq recueils de nouvelles, une pièce de théâtre, trois livres pour enfants et trois ouvrages d'essais. Elle a publié troisrecueills de poèmes en bengali, *Judas Ebong Tritiyo Pokkho / Judas and the Third Party* (Dakha, 1998), *Dewaley Cactus Phool / The Cactus Flower on the Wall* (Dakha, 2001), and *Hriday Pendulum Baja / It Rings In My Heart* (Dakha, 2001) et deux en anglais, *Broad Canvas* (Peterborough, 1997) et *It Grows In My Heart* (Peterborough, 2001).

Josefa Contijoch Pratdesaba est née à Manlleu (Plana de Vic) le 20 janvier de l'nnée del trombe d'eau dans une famille d'imprimeurs et de libraires. Elle a étudié le commerce et les langues chez les sœurs du Carmel de Manlleu, et la Philologie à l'Université de Barcelone. Depuis sa création en 1992, elle fait partie du "Comité d'Ecrivaines du Centre Catalan du PEN Club" auquel elle collabore activement. Elle a publié de la poésie : *De la soledad primera* (1964), *Aquello que he visto* (1965), *Quadern de vacances* (une lecture du *Deuxième sexe,* 1981), *Ales intactes – Ailes intactes* (Prix de Poésie Salvador Espriu 1993) (1994)*, Les lentes illusions – Les illusions lentes* (Prix Màrius Torres 2000) (2001). Et des romans : *Potala* (1986), *No em dic Raquel – Je ne m'appelle pas Rachel* (1989)*, La dona liquada – La femme liquide* (Prix de la nouvelle Ciutat de Palma 1989) (1990)*, Rímmel* (1994), *Amor congelat – Amour congelé* (1997)*, Tòrrida tardor – Automne torride* (1997)*, Els dies infinits – Les jours infinis* (2001). Elle a également publié des conférences "Virginia Woolf - Vita Sackville-West: fascinacions transferides", dans un ouvrage collectif *Cartografies del desig, quinze escriptores i seu món* (1998) – *Cartographies du désir, quinze écrivains et leur monde,* "Contra l'oblit: Montserrat Roig - Anne Frank",* dans l'ouvrage collectif *Memòria de l'aigua, onze escriptores i el seu món* (1999) – *Mémoire de l'eau : onze écrivains et leur monde.* Enfin, "Víctor Català - Grazia Deledda: "Màscares sota la lluna" 3e cycle "Cartografies del desig", 11 octobre 2001, Teatre l'Espai, Barcelone.

Nino De Vita est né à Marsala, où il vit depuis, en 1950. Il est l'auteur de *Fosse Chiti* – publié en 1984 par Lunarionuovo-Società di poesia et, dans une nouvelle édition, en 1989, par Amadeus - et de recueils de poèmes en dialecte qui, imprimés à compte d'auteur et en tirage limité hors commerce, se retrouvent intégrés dans deux volumes intitulés *Cutusìu* (Trapani, 1994; Messina, Mesogea, 2001) et *Cùntura* (Alcamo, 1999). En 1996 il a reçu le prix "Alberto Moravia" et en 2003 le prix "Mondello". De Vita s'occupe de la "Fondazione Leonardo Sciascia", a Racalmuto. Les plus grands critiques littéraires italiens se sont intéressés à son œuvre.

Róža Domašcyna, née en 1951 à Zerna près de Kamenz (Haute Lusace), exerce d'abord une activité commerciale, Ingénieur des mines, de 1973 à 1984 elle travaille à la mine de Knappenrode, de 1985-1989 étudie à l'institut littéraire de Leipzig, habite Bautzen, auteure indépendante depuis 1990 ; écrit en allemand et en sorabe, surtout des poèmes, aussi du théâtre, des adaptations, des essais. Se consacre également au travail d'édition. Róža Domašcyna a obtenu plusieurs grands prix littéraires. Quelques publications : Lyrik und lyrische Prosa: „Wróćo ja doprědka du" (Domowina-Verlag, Bautzen 1990), „Zaungucker" (Verlag Janus-Press Berlin 1991), „Pře wše płoty" (Domowina-Verlag, Bautzen 1994), „Zwischen gangbein und springbein" (Verlag Janus-Press Berlin 1995), „selbstredend selbzweit selbdritt" (Verlag Janus-Press Berlin 1998), „Pobate bobate" (Domowina-Verlag Bautzen 1999) „sp" (Domowina Verlag, Bautzen 2001); en plus d'une pièce de théâtre, de jeux radiophoniques et de scénarios, elle a publié de nombreuses adaptations en haut sorabe et en allemand.

Saqi Farooqi (Qazi Muhammad Shamshad Nabi Farooqi) est né en 1936 en Uttar Pradesh, Inde du Nord. Lors de la partition en 1947, sa famille s'installa au Pakistan oriental (devenu le Bangladesh), puis à Karachi en 1950. Diplômé de l'université de Karachi, il vint en Angleterre pour un troisième cycle. Il a travaillé au World Service de la BBC et comme comptable. Il habite toujours Londres. Fidèle à la tradition urdu, en tant que poète il a pris un nom de plume : Saqi. Il est aujourd'hui connu internationalement comme l'un des meilleurs poètes urdus de sa génération, et sa façon de combiner traditions urdu et occidentale n'est pas sans susciter des controverses. La BBC a consacré deux programmes à son œuvre. Ses ouvrages en urdu comprennent deux livres de critique et six recueils de poèmes. En traduction anglaise, son œuvre est publiée dans *A Listening Game* (Lokamaya, 1987; Highgate Poets, 2001). 'La douce odeur de la mort' a paru pour la première fois en 1964 dans une revue de Lahore, *Funoon*.

Rose-Marie François, poète, écrivaine, polyglotte, dit sur scène sa propre poésie et celle qu'elle traduit. Née en 1939, *« entre la verte Flandre et le noir Borinage »*, elle vit son enfance dans un hameau où l'on parlait encore picard. Elle a commencé à écrire avant l'âge scolaire. Maître de Conférences à l'Université de Liège, elle anime des ateliers de traduction de poésie et petites proses difficiles. Parmi ses derniers ouvrages parus, citons: *De source lointaine / Tālīna strūklaka,* poèmes, avec traduction lettone de Dagnija Dreika (Riga: édit. Tapals, 2002); *Pieds nus dans l'herbe / Plavās kailām kājām,* anthologie bilingue de poésie lettone, en français par RM François, (Amay: édit. L'arbre à paroles, 2002); *Passé la Haine et d'autres fleuves*, roman (Liège: édit. Le Fram, 2001); *Zwischen Petrus und Judas / Entre Pierre et Judas*, anthologie bilingue de poèmes autrichiens, 2ième vol. (double), traduction et présentation de RMF, (Amay: <editions@maisondelapoésie.com>, 2001); *Fresque lunaire*, poèmes, (Montréal: Le Noroît, 2000); *Qui nous dépasse / An uns vorbei*, poèmes, avec traduction allemande de Rüdiger Fischer (Rimbach: Editions En Forêt <Verlag_Im_Wald@t-online.de>, 1999).

Lubina Hajduk-Veljkovićowa, née Šěnec, naquit en 1976 à Bautzen, elle habite Leipzig depuis 1995 ; elle a étudié l'histoire et la sorabistique à Leipzig et termine actuellement sa formation pédagogique. Elle écrit surtout en haut-sorabe, d'abord des poèmes, maintenant aussi des textes en prose, des pièces de théâtre, des contes et des jeux radiophoniques pour enfants. Publications: „Prěnje jejko" (recueil de poèmes, édition privée 1998); „Pjatk haperleje" (recueil de poèmes, Domowina-Verlag, Bautzen 1998); quelques poèmes dans la revue „Literatur und Kritik" (Themenheft Sorbische Literatur 1999) et dans l'anthologie „Landschaft mit Leuchtspuren". Neue Texte aus Sachsen, (Reclam-Verlag Leipzig 1999); „Wurywanki" (pièce de théâtre, en collaboration avec son époux Dušan; 2001); récits „Wjelča zyma" et „Donjebjesspěće" dans les anthologies „Žadyn happy-end" et „Wobraz ze skibami" (Domowina-Verlag, Bautzen 2001).

Basir Sultan Kazmi est né en 1955 à Lahore (Pakistan) où il a obtenu un diplôme de 3e cycle en littérature anglaise à Government College. Il a commencé très jeune à écrire des poèmes en urdu, encouragé en cela par son père, Nasir Kazmi, un poète célèbre qui est mort en 1972 alors qu'il n'avait que 46 ans. Basir a enseigné la littérature, le théâtre et la critique littéraire à Government College pendant quatorze ans. Il s'est établi en Angleterre en 1990 grâce à une bourse du British Council. En

1991, il a obtenu un diplôme en éducation de l'Université de Manchester et en 2001 un diplôme de 23e cycle en philosophie pour une étude sur l'alphabétisation des femmes au Pakistan. Il a travaillé comme Writer in Residence pour les ateliers de théâtre du Nord Ouest, fondé un théâtre asiatique à Oldham et depuis 1992 il travaille comme professeur de langue et conseiller, à Halifax puis à Manchester. Sa pièce en urdu a été publiée au Pakistan en 1987 puis en traduction en 1997 (sous le titre *The Chess Board, L'échiquier*). Ses poèmes sont publiés en urdu (Lahore, 1997), en traduction anglaise (*A Little Bridge*, Pennine Pens, Hebden Bridge, 1997) et en édition bilingue (*Generations of Ghazals,* Redbeck, 2003), un ouvrage qui reprend également des poèmes de son père. Il écrit encore pour la scène et même s'il cultive surtout les formes traditionnelles, il s'est mis à expérimenter des formes plus libres.

Giorgos Lillis est né en 1974 à Bielefeld. Il a publié des poèmes et des articles dans différentes revues littéraires ; deux de ses recueils viennent de paraître : *Die Haut der Nacht* (Odos Panos) et *Das Land der schlafenden Wasser* (Mandragoras). Lillis a passé quelques années à Agrinion et Athènes ; il vit en Allemagne depuis 1996. Il travaille comme journaliste freelance pour des revues littéraires grecques. Il est responsable d'une émisiion bilingue grec-allemand à la radio locale (Radio Bielefeld), émission où il présente des poètes et musiciens grecs. Il a gagné deux premiers prix nationaux de poésie en Grèce.

Kito Lorenc est né en 1938 à Schleife-Slepo près de Weißwasser. Il a étudié la slavistique à Leipzig, travaillé comme chercheur en littérature à l'Institut d'études sorabes à Bautzen, où il s'occupait aussi de la dramaturgie du Bautzener Staatlichen Ensemble dans le cadre de la culture sorabe. Depuis 1979, il est auteur indépendant. En plus de poèmes en sorabe et en allemand, il écrit des livres pour enfants et des pièces de théâtre, ainsi que des adaptations et des publications scientifiques. Kito Lorenc a obtenu plusieurs prix importants. Quelques publications (recueils de poèmes): Nowe časy – nowe kwasy (Bautzen 1961); Struga. Bilder einer Landschaft (Bautzen 1967); Kluče a puće (Bautzen 1971); Serbska poezija: Kito Lorenc (Bautzen 1979); Ty porno mi (Bautzen 1988); Gegen den großen Popanz (Berlin und Weimar 1990); Suki w zakach (Bautzen 1998); die unerheblichkeit berlins (München 2002).

Aonghas Macneacail est né en 1942 à Uig dans l'île de Skye et a grandi en gaélique. Il a fait des études à l'université de Glasgow. Ecrivain-en-résidence à Argyll, Ross et Cromarty, Glasgow et Skye ; bourses du Scottish Arts Council en 1983 et 1992 ; écrivain écossaise de l'année en 1997 ; Grampian Television Poetry Award. Il habite actuellement au sud d'Edimbourg. C'est un des écrivains en gaélique les plus marquants de sa génération. Il écrit pour plusieurs média, dont le théâtre, la musique, la radio et le cinéma. C'est lui qui est le scénariste principal de la série télévisée en gaélique *Machair*. Il est internationalement connu en tant que poète ; le plus récents de ses sept recueils de poésie s'intitule *Oideachadh Ceart / A Proper Schooling* (Polygon, 1996) et a gagné le Prix Saltire. Le poème 'an tùr caillte' fait partie de l'anthologie *Wish I Was Here* (pocketbooks, 2000).

Twm Morys (né 1961) a grandi là où il habite encore aujourd'hui, près de Llanystumdwy, Gwynedd, un village près de la mer dont les habitants parlent toujours gallois. Il a étudié la littérature galloise à l'Université du Pays de Galles (campus d'Aberystwyth). Il est poète, écrivain et présentateur indépendant depuis 1988, sauf l'année qu'il a passée à l'Université de Rennes (Bretagne) en tant que lecteur de gallois. Il se sert surtout d'une prosodie régulière (*cerdd dafod*) et prend régulièrement part aux *ymrysonau*, ces compétitions en direct qui attirent les foules dans les salles des fêtes, les églises ou les pubs. Il a constitué son propre ensemble, le Bob Delyn a'r Ebillion (Bob la harpe et les Chevilles) et a sorti quatre CDs, dont le plus récent s'intitule *Hyn / This* (Sain, 2003). Il tient une rubrique dans le magazine de poésie *Barddas* et a publié deux volumes d'essais. Ses recueils de poèmes : *Ofn Fy Het / J'ai peur de mon chapeau* (Barddas, 1995), *La Ligne Noire des Montagnes* (avec des essais, en traduction française : L'Association Festival de Douarnenez, Bretagne, 1998), *Eldorado* avec Iwan Llwyd (Gwasg Carreg Gwalch, 1999) et *2* (Barddas, 2002) qui comprend le poème 'Un Bore Oer.'

Francesc Parcerisas: (Barcelone, 1944). Poète, traducteur et critique, Parcerisas a été professeur en Angleterre à la fin des années soixante. Il s'est ensuite retiré quelques années dans l'île d'Ibiza où il s'est consacré à la traduction littéraire. Il est docteur de l'Université autonome de Barcelone où il enseigne depuis 1986. Son premier recueil de poèmes est publié en 1966 (*Vint poemes civils*). Il a reçu depuis plusieurs distinctions et prix littéraires en Catalogne. Il est aussi critique littéraire pour plusieurs journaux et magazines, notamment à *El País*. Ses poèmes complets ont été publiés en 1992 (*Triomf del present*). *Focs d'octubre* (1992) et *Natura morta amb nens* (2000) sont ses derniers titres en date. Depuis 1998 il est directeur de l'Institució de les Lletres Catalanes, l'organisme responsable de la diffusion de la littérature au Ministère Catalan de la Culture.

Michalis Patentalis, né à Düsseldorf, a grandi à Prossotsani près de Drama (Grèce). Après ses études secondaires, il a fait des études d'harmonie et de musicologie. Il s'occupe de photographie en noir et blanc et a travaillé comme rédacteur et modérateur à la radio. En 2000, sa nouvelle *Zwei Erdbeeren auf dem Sand* a reçu le premier prix dans sa catégorie pour le concours ,Zweirad und Kunst'. D'autres publications : Die Kurzsichtigkeit einer Stadt (poèmes, grec-allemand), Romiosini, Köln 1998. Certains de ses poèmes sont repris dans l'anthologie *Deutschland, deine Griechen*, Romiosini, Köln 1998. Des essais et des poèmes sont publiés dans le volume *Weißer Fleck Griechenland* de Gabriele Kleiner (Hg.), Edition Ost, Berlin 2002.

Chus Pato, née à Ourense en 1955, et professeur d'histoire de l'enseignement secondaire dans la campagne de Galice. Elle a publié les recueils de poèmes suivants : *Urania* (Ourense: Calpurnia, 1991), *Heloísa* (A Coruña: Espiral Maior 1994), *Fascinio,* (Santiago de Compostela: Toxosoutos, 1995), *Nínive* (Vigo: Xerais, 1996), *A ponte das poldras* (Santiago de Compostela: Noitarenga 1996), *m-Talá* (Vigo: Xerais, 2000).

Yüksel Pazarkaya, né en 1940 à Izmir (Turquie) est arrivé en République fédérale allemande en 1958. Il y a étudié d'abord la chimie, puis la philologie germanique et la philosophie. Il a obtenu un diplôme de germanique en 1972. Depuis le début des années 60, il est traducteur et journaliste en Allemagne et en Turquie. Il écrit aussi des manuels d'apprentissage et des livres pour enfants. Il a obtenu de nombreux prix. Il a voyagé aux Etats Unis en tant que professeur invité. C'est aussi un grand découvreur de jeunes talents. Il publie régulièrement en République fédérale et en Turquie et est membre du jury du prix Adalbert-von-Chamisso depuis 1995. Quelques publications: *Heimat in der Fremde?* (récits) Berlin 1981; *Ich möchte Freuden schreiben* (poèmes), Fischerhude 1983; *Irrwege/Koca Sapmalar* (poèmes, en bilingue), Frankfurt/Main 1985; *Kemal und sein Widder* (roman pour enfants), Würzburg 1993.

Padma Rao est née en Inde où elle a grandi à Bihar. C'est en 1982, après avoir acquis une licence en littérature, qu'elle est venue en Angleterre avec son mari. Elle écrit en hindi et en anglais depuis dix-sept ans et des textes à elle ont paru dans plusieurs anthologies, dont *The Redbeck Anthology of British South Asian Poetry,* sous la direction de Debjani Chatterjee (Bradford: Redbeck Press, 2000). Avec Brian Lewis, elle a rassemblé les textes de l'anthologie multiculturelle, *Poetry in Action*. Consultante indépendante en matières artistiques, elle gère une agence en formation à la diversité culturelle, Diversitywise, et travaille également pour Northeast Arts et la BBC, et a participé au programme *Decibel*. Actuellement, elle recueille pour publication des récits d'Asiatiques arrivés en Grande Bretagne il y a quarante ans. Elle habite à Sunderland.

Xavier Rodríguez Baixeras est né à Tarragona en 1945 et travaille actuellement comme professeur de l'enseignement secondaire à Vigo. Parmi ses publications : *Anos de viaxe* (Vigo: Xerais, 1987), Prix de la critique espagnole ; *Visitantes* (A Coruña: Diputación de A Coruña, 1991), prix G. Garcés ; *Nadador* (A Coruña: Espiral Maior, 1995), prix Crítica Galega ; *Beira Norte* (Santiago de Compostela: Sotelo Blanco, 1997), Prix de la critique espagnole ; et *Eclipse* (A Coruña: Espiral Maior, 2001), Prix Losada Diéguez. Il est l'auteur de quelque quarante ouvrages traduits en galicien, espagnol et catalan. Il également publié des éditions critiques d'œuvres littéraires et a écrit des textes de critique littéraire pour des revues et des colloques.

Ana Romaní: née à Noia (A Coruña) en 1962. Ecrivaine et journaliste, elle dirige depuis trois ans un programme d'information culturelle (*Diario Cultural*) sur Radio Galega (la radio autonome de Galicie), pour lequel elle a reçu divers prix. Elle est l'auteur d'une série de recueils de poèmes, *Palabra de Mar* (Santiago de Compostela: Ed. de Autor, 1987), *Das ultimas mareas* (A Coruña: Espiral Maior,

1994) et *Arden* (A Coruña: Espiral Maior, 1998); du récit "Marmelada de amoras" (Pontevedra: Biblioteca Nova, 1997) et de l'anthologie *Antología Literaria de Antón Aviles de Taramancos* (Vigo: Galaxia, 2003). Elle est membre du Pen Club de Galicie et de l'Association des auteurs écrivant en galicien. Elle a participé à la création de la revue féministe *Festa da Palabra Silenciada* et de l'Asociación Mulleres Galegas na Comunicación. Elle publie dans diverses revues littéraires et d'information générale. Elle a participé à plusieurs projets artistiques : *Son da Pedra* avec le groupe Milladoiro ; *Son Delas* avec des solistes de la musique galicienne, *Daquelas que cantan. Rosalía na palabra de once poetas galegas* de la Fundación Rosalía de Castro, et elle a réalisé des spectacles poétiques "O outro extremo do paraiso" (1997) et "Lob*s" (1998) avec l'écrivain Anton Lopo, "Catro poetas suicidas. Intervención poetica contra a levidade" (2001), "Estalactitas" avec les écrivaines Anxos Romeo et Lupe Gomez (2002). Son oeuvre poétique est traduite en espagnol, anglais et russe et se retrouve dans des ouvrages collectifs et dans des anthologies.

Abdulhadi Sadoun est né à Bagdad en 1968, et vit à Madrid depuis 1993. Il a quitté l'Irak après la guerre du Golfe et est venu faire un doctorat en Philologie hispanique en Espagne. Depuis 1997, il co-dirige le magazine et la maison d'édition *ALWAH*, le seul magazine culturel en langue arabe sur le territoire espagnol qui soit consacré aux littératures arabes, surtout la littérature de l'exil. *Alwah* a publié plus de quarante titres. Il est l'auteur de deux recueils de récits, *Al yaum yartadi badla mulataja bil ahmar (Le jour porte un habit taché de rouge)* (Damasco: Al-Majim, 1996) et *Intihalat Ailaa (Plagiats familiers)* (Amman, Jordania: Azimnah, 2002), et de recueils de poèmes, *Tadhir al Dhihk (Encadrer le rire)* (Madrid: Alwah, 1998) et *Laysa syua Rih (Ce n'est que le vent)* (Madrid: Alwah, 2000). Certains de ses récits et poèmes ont été traduits en allemand, anglais, perse et kurde. Il a traduit en arabe les poèmes de Vicente Aleixandre, Juan Ramón Jiménez, des récits hispano-américains, de la poésie espagnole moderne et des ouvrages comme le *Lazarillo de Tormes*. Le conte "Kunuz Granata" ("Trésors de Grenade") a eu le prix du meilleur conte pour enfants en 1997 aux Emirats arabes unis.

Giuseppe Schirò Di Maggio (Zef Skjiro Majit) est né à Piana degli Albanesi (Sicile) le 11 janvier 1944. Pour éviter toute confusion par homonymie, il a ajouté le nom de sa mère "Di Maggio" au sien. Il a un diplôme en literature classique de l'Université de Palerme avec une thèse sur *Këthimi* de G. Schirò (1865-1927). Il a enseigné la littérature dans la province de Turin et pendant vingt ans à l'école secondaire "Dh. Kamarda" de Piana degli Albanesi. Il est rédacteur en chef de la revue "Mondo Albanese". Il a à son actif deux poèmes en octosyllabes, de nombreux recueils de poèmes, 14 pièces de théâtre, des écrits divers, qui trouvent leur inspiration dans la vie quotidienne; les drames individuels et collectifs ; l'émigration vers les villes du nord et de l'est de l'Italic, sur les traces d'un mouvement d'émigration bien plus ancien ; la diffusion de la langue ; le souvenir indélébile de la "Bella Morea", d'où descendent les 'arbëreshë' ; la perception de l'Albanie; l'émigration tragique des Albanais dans les années '90; l'épineuse question du Kosovo. Poésie: *Sunata* "Sonate (1965-/1975)" (1975); *Më para se të ngriset* "Avant la nuit" (1977); *Kopica e ndryshku* "La mite et la rouille" (1981); *Vjeç të tua 500 anni tuoi - Mas Rushi arbëresh* "Maestro Gio' italo-albanais" (1988); *Metaforë* "Metaphore" (1990); *Kosova lule* "Fleur du Kosovo" (1991); *Anije me vela e me motor* "Bateaux à voile et à moteur" (1992); *Poezi gushtore e tjera* "Poèmes d'août et autres vers" (1995); *Kopshti im me dritare* "Le jardin et les fenêtres" (1996); *Gjeometri dhe ikje* "Géométries et fugues" (1998); *Poesie d'amore in tempo di morte. Kosova Martire Secondo Trimestre 1999* (2000) (Poésie d'amour en temps de mort. Les martyrs kasovars du second trimestre 1999). Théâtre: *Pethku* "L'héritage" (1982); *Shumë vizita* "Beaucoup de visites" (1986); *Orëmira* "Le porte-bonheur" (1988), les trois fils d'un vieux couple vont chercher du travail en Allemagne; *Për tokën fisnike të Horës* "De la noble Terre de Piana" (1989), l'histoire de l'établissement des premiers réfugiés albanais autour de 1488; *Investime në Jug* "Inversions du Sud" (1990).

Talat Shahin est né en 1949 à Kena (Egypte) et habite l'Espagne depuis plus de vingt ans. Il y travaille comme écrivain, journaliste et traducteur. Il est licencié en Droit de l'Université du Caire et doctor en Droit de l'Universidad Complutense de Madrid. En tant que journaliste, il a collaboré à des programmes de la Radio Télévision du Caire et aux journaux arabes *Al-Hayat* de Londres et *Al-Bayan* de Dubaï (Emirats arabes Unis). Il a été enseignant à la Faculté de Pédagogie d'Ashmon (Egypte) et il a été professeur d'arabe à l'Institut Egyptien d'Etudes islamiques de Madrid. Il a publié un volume d'essais *Gamalyat al-rafd fi l-masrah al-kubi (L'esthétique de la négation dans le théâtre cubain*, Le Caire: Al-Zaqafa al-Yamahiriyya, 2001) et des recueils de poèmes *Aganyat hobb li-l-ard. (Chansons pour la terre*, Le Cairo: Al-Dar al-Misriyya, 1973), *Abyadiyat al-hobb. (Abécédaire de l'amour*, Le Caire: Al-Dar al-Misriyya, 1996) et *Kitab al-hobb wa-d-damm (Le livre de l'amour et du sang*, Madrid: Instituto Egipcio de Estudios Islámicos, 2001). Il a traduit en arabe une série d'auteurs espagnols, dont Juan Goytisolo et Antonio Buero Vallejo.

Marcel Slangen est né à Liège en 1935. Il a commencé sa carrière comme professeur de français pour s'orienter dès le début des années 70 vers le théâtre. Il a écrit de nombreuses pièces en wallon, dont plusieurs pour marionnettes; il a fait des adaptations en wallon de pièces du répertoire classique, entre autres *L'Avare* et *Le Misanthrope* de Molière. Marcel Slangen est également poète et essayiste. Depuis 1984, il se consacre entièrement à la promotion et à la diffusion du wallon dans l'enseignement et les médias. Il est le président du CRIWE (Centre de Recherches et d'Information pour le Wallon à l'Ecole) et rédacteur en chef de la revue *Djåzans Walon* qui publie notamment des articles d'actualité en wallon.

Mahmud Sobh: né en 1936 à Safad, un village de Galilée près de Nazareth (Palestine); en 1948 se réfugie avec sa famille à Damas après la création de l'Etat d'Israël. En 1961, il obtient la licence en Langue et Littérature arabe à l'Université de Damas et depuis 1968 est enseignant au Département d'arabe de l'Université Complutense de Madrid, où il occupe la chaire d'études arabes et islamiques. C'est un arabisant de renommée mondiale et ses traductions comme ses créations littéraires ont reçu de nombreux prix, dont le Prix de Poésie du conseil supérieur des Arts et des Lettres en Egypte (1958), le Prix Vicente Aleixandre (1978) et le Prix National de Traduction (1983). Parmi ses livres nous pouvons mentionner *El Libro de las Kasidas de Abu Tarek* (Salamanca: Delegación Nacional de Cultura, 1976), *Poseso en Layla* (San Sebastián: Caja de Ahorros Provincial de Guipúzcoa, 1978), *Poesías de Ibn Zaydun* (Madrid: Instituto Hispano-Árabe de Cultura, 1979), *Poetisas arábigo andaluzas* (Granada: Diputación Provincial de Granada, 1994), *Diván: antes, en, después* (Madrid: Instituto Egipcio de Estudios Islámicos, 2001) et *Historia de la literatura árabe clásica* (Madrid: Cátedra, 2002).

Paul-Henri Thomsin est né à Liège en 1948 où il est instituteur. Vice-Président du conseil d'administration de la Fédération Culturelle Wallonne de la Province de Liège, il est aussi chroniqueur wallon pour un hebdomadaire local et le mensuel *Liège Magazine*. Il a reçu plusieurs titres littéraires (de la Province et de la Ville de Liège, de l'Union culturelle Wallonne). Publications : Contes illustrés pour enfants : *Li Noyé dè p'tit Colas* (Biblio, 1986); *Mi vî påpa, c'è-st-ine saquî* (Labor, 1987). Adaptations de bandes dessinées en wallon liégeois : *Lètes di m' molin* (Dupuis, 1984, d'après Alphonse Daudet *Les lettres de mon moulin*); *Li danseûse d'å Gai-Moulin* (Noir Dessin, 1994, d'après Georges Simenon *La danseuse du Gai-Moulin)*; *Tchantchès avå les vôyes* (Noir Dessin, 1996); *Li p'tit bout tchike* (Marsu Production, 1996); *Walon'reye tére di lédjindes* (Noir Dessin, 1998). Recueil de billets parus dans l'hebdomadaire *Vlan* : *Avå les vôyes* (Editions liégeoises, 1993). Chronique : *L'amoûr al môde di Lîdje* (Noir Dessin, 2002). Théâtre : une quinzaine de pièces en wallon liégeois, écrites en collaboration avec G. Simonis.

Karim Zouhdi i Mahmoudi, né à Tossa de Mar (Gérone) en 1978 de parents berbères. Licencié en traduction et interprétation, Diplôme supérieur d'Etudes internationales et interculturelles. Langues : amazique, arabe, catalan, espagnol, français, anglais, italien, hébreu.

DEUTSCHE

ÜBERSETZUNGEN

DAS EMLIT-PROJEKT

Einleitung

"...wir sind übersetzte Menschen. Normalerweise wird angenommen, daß bei der Übersetzung etwas verloren geht; ich halte unbeirrbar daran fest, daß dabei auch etwas gewonnen werden kann."

Salman Rushdie, "Imaginary Homelands"

Das EMLIT-PROJEKT präsentiert eine Sammlung von Europäischen Minderheiten-Literaturen in Übersetzung – literarische Texte, die in einer Vielzahl von europäischen Ländern in Minderheitensprachen geschrieben wurden, und zwar sowohl Sprachen alteingesessener Minderheiten in Europa als auch solcher, die mit Migrationen der jüngeren Zeit verbunden sind. Die Texte werden mit Übersetzungen in die fünf meistgesprochenen europäischen Sprachen vorgestellt – Englisch, Französisch, Deutsch, Italienisch und Spanisch. Die originalen literarischen Werke in neunzehn verschiedenen Minderheitensprachen bilden den Auftakt des Buches. Anschließend ist der Band in Abschnitte unterteilt mit den Übersetzungen aller Originale in die fünf Hauptsprachen (in der oben angegebenen Reihenfolge). EMLIT's primäres Ziel ist es eine Reihe von Autoren zu unterstützen, die bisher vor allem innerhalb ihrer eigenen Sprachgemeinschaft bekannt waren und sie einer anderen Leserschaft vorzustellen – möglicherweise einer riesigen Leserschaft weltweit; darüberhinaus wird noch ein anderes Ziel verfolgt, nämlich Europa einen ungewohnten Spiegel vorzuhalten. Diese literarischen Texte sind ein unübersehbarer Hinweis auf die kulturelle Vielfalt, die gerade für das heutige Europa typisch ist und darauf, wie leicht die diversen dominanten Kulturen der Hauptsprachen den künstlerischen Reichtum der Sprachenvielfalt in ihrer Mitte übersehen. Alle Autoren belegen auf ihre Weise, was Europa in einem modernen Sinn bedeutet; deshalb basiert auch das Design der Titelseite auf dem Wort "Europa" in einigen der Projektsprachen. Das Projekt wurde durchgeführt mit Unterstützung der Europäischen Union und ihrem Programm "Culture 2000".

Universitäten in fünf EU-Ländern haben unter der Leitung der Brunel University, London, in diesem Projekt zusammengearbeitet und eine Auswahl von Texten, deren Autoren in ihren jeweiligen Ländern leben, zusammengestellt sowie eine Sammlung von Übersetzungen in die jeweiligen Nationalsprachen angefertigt.

Zwei Universitäten in Spanien, die Universität von Málaga und die Autonome Universität von Barcelona präsentieren in Zusammenarbeit eine Kollektion von Texten auf Galizisch und Arabisch (Málaga) sowie auf Katalanisch, Gun und Amazigh (auch bekannt als Berberisch) (Barcelona). Hier werden sowohl verschiedene Teile Spaniens zusammengebracht als auch so unterschiedliche Regionen wie West- und Nord-Afrika, Ägypten, Palästina und Irak verbunden durch Bewohner Europas mit Herkunfts- oder persönlichen Beziehungen zu diesen Regionen. Die Universität von Palermo steuert Texte auf Sizilianisch bei, einer alten, noch gesprochenen Sprache, und auf Albanisch, das nicht nur die Sprache vieler neuer Migranten ist, sondern auch in einigen Orten Süditaliens überlebt hat als die Sprache albanischer Gemeinschaften, deren Vorfahren im 15. Jhdt. vor der Verfolgung durch die Türken geflohen waren. Aus Deutschland präsentiert die Universität Regensburg Texte auf Sorbisch, einer slavischen Sprache, deren Verbreitung beschränkt ist auf zwei kleine Gebiete im Osten um Cottbus und Bautzen herum, sowie Texte auf Türkisch und Griechisch von Schreibern, deren persönliche Geschichte ein Zeugnis der Politik ist, im Nachkriegs-(West-)Deutschland ausländische Arbeitnehmer anzuwerben. Die Universität von Lüttich (Liège) in Belgien präsentiert Texte in zwei regionalen Sprachen, die sich parallel zu Französisch entwickelt haben – Wallonisch und Pikardisch – und Werke in Lingala, einer Sprache, die von Migranten aus dem Subsaharischen Afrika, besonders der Kongo-Region, nach Europa gebracht wurde. Der Beitrag von Großbritannien besteht einmal aus Texten in zwei alten keltischen Sprachen der Britischen Inseln, nämlich Schottisches Gälisch und Walisisch, zum anderen aus Werken in vier der zahlreichen südasiatischen Sprachen, die heute im Vereinigten Königreich in Gebrauch sind: Hindi, Urdu, Bengali und Singhala. Es ist offensichtlich, daß sich in einigen dieser demographischen Strukturen die postkoloniale Geschichte der europäischen Kolonialreiche spiegelt.

     Europa ist sicher keine monolithische Einheit und ist dies auch nie gewesen mit seiner komplexen und immer wechselvollen Geschichte der Wanderung und Mischung von Menschen, ihrer Kulturen und ihrer Sprachen. Keltische Sprachen etwa wurden einst überall auf den britischen Inseln gesprochen, aber neue Einwanderer brachten neue Sprachen mit, aus denen sich Englisch, selbst eine Mischsprache, entwickelte. In manchen Fällen war eine Sprache, die man heute mit jüngeren und jüngsten Migrationsbewegungen assoziiert, im Gastland in Wirklichkeit schon seit einigen hundert Jahren in Gebrauch, wie etwa das Arabische in Spanien oder das Albanische in Italien. Man sollte sich daran erinnern, daß jede Minderheitensprache in einem gewissen Sinn auch eine Sprache der Mehrheit ist, historisch entstanden als die zentrale Sprache einer abgeschlossenen Gemeinschaft und immer noch als Hauptsprache einer bestimmten Gruppe in Gebrauch, sei sie nun so groß wie die Bevölkerung von Katalonien oder so klein wie eine einzelne Familie irgendwo in Europa, die von anderen Sprechern ihrer Muttersprache abgeschnitten lebt. Um ihren spezifischen Status besser zu verstehen sind allen im Projekt vertretenen Minderheitensprachen Anmerkungen zur gesellschaftlichen und sprachlichen Situation beigefügt, und zu jedem Autor/jeder Autorin gibt es eine kurze Biographie.

     Die definitorischen Fragen, wodurch sich eine Sprache konstituiert – ob ein Dialekt etwa als Sprache zu bewerten ist oder nicht – und was eine Minderheit ausmacht, sind natürlich wiederkehrende Themen in der wissenschaftlichen Diskussion. Für die Zielsetzung unseres Projekts wurden diese Begriffe jedoch selbstverständlich in einem weiten Sinne interpretiert. Jede Sprache, die von einer Minderheit im demographischen Sinn (bezogen auf die Gesamtbevölkerung) verwendet wird, wird hier als Minderheitensprache aufgefaßt. Dabei ist Katalonisch natürlich in einer gesellschaftlich gesehen völlig anderen Position als etwa Schottisches Gälisch, was Sprecherzahl oder Prognosen über die Zukunft der Sprache betrifft. Manche der "Minderheiten"-Sprachen in unserem Projekt, die innerhalb Europas Minderheiten repräsentieren, werden anderswo von riesigen Bevölkerungsgruppen gesprochen. Autoren, die Sprachen wie Hindi, Urdu, Bengali und Arabisch benutzen, haben potentiell eine enorme weltweite Leserschaft. Andere Sprachen des Projekts dagegen sind vom Aussterben bedroht. Frühe Überlegungen zu diesem Projekt enthielten in der Tat eine Sprache, die nachweislich diese Schwelle bereits überschritten hat, nämlich Caló in Spanien. Aber es gibt auch einige Erfolgsgeschichten. Sorbisch, zum Beispiel wurde seit den 60er Jahren des letzten Jahrhunderts durch gesellschaftspolitische Maßnahmen und akademische Unterstützung der Universität Leipzig aus seiner Randexistenz befreit. Die Situation einer Sprache ist niemals statisch und die besten Strategien, um eine Minderheitensprache vollständig am Leben zu halten, wenn Zweisprachigkeit und Assimilation zur Norm werden, sind immer noch in der Diskussion.

Einige der hier veröffentlichen Arbeiten sprechen – nicht weiter überraschend – die Frage der Sprachen selbst und Aspekte im Zusammenhang mit ihrer Übersetzung an, was mit all seinen praktischen und philosophischen Dimensionen ein weiteres Thema wissenschaftlicher Debatten ist. Die Beziehung zwischen Ausgangs- und Zielsprache ist nicht einfach und es gibt viele Übersetzungsstrategien. Angesichts der Tatsache, daß sekundäre Übersetzungen (also die Übersetzung einer Übersetzung) natürlich spezifische Schwierigkeiten und potentielle Verzerrungen bergen, scheint es uns wichtig hervorzuheben, daß dieses Projekt nicht hätte durchgeführt werden können ohne Empfänglichkeit dafür, was auf der anderen Seite auch gewonnen werden kann. Wir haben jede Gelegenheit genutzt, Rücksprache mit den Autoren – die oft selbst die primären Übersetzer sind – zu halten, und der letzte Schliff der endgültigen Übersetzungen war in vielen Fällen ein gemeinschaftliches Unternehmen.

Die Übersetzungen des Projekts sind im allgemeinen nicht die Art von literarischer Übersetzung, die sich frei vom Original löst. Im Gegenteil, wir haben versucht, den Ton und die Form des Originals so getreu wie möglich wiederzugeben in der Hoffnung, daß unsere Übersetzungen eigenen literarischen Wert haben. Es war eine Herausforderung zu erkunden, ob wir vielleicht in manchen der Zielsprachen näher an einige der formalen Charakteristika des Originals kommen würden als es bei der ersten Übersetzung in eine der Hauptsprachen möglich war. Sogar wenn man mit einem Originaltext in einer Sprache konfrontiert ist, deren Schrift der Übersetzer nicht kennt, ist es etwa möglich, sich wiederholende Reimmuster zu "lesen". So ist zum Beispiel der Reim in den Gedichten auf Urdu im ersten Teil auch für Leser ohne Urdu-Kenntnisse sichtbar aufgrund der Wiederholung der Muster am Zeilenende, wenn man berücksichtigt, daß die arabische Schrift von rechts nach links geschrieben wird. Wir laden die Leser dazu ein, den ersten Teil des Buches – die Originaltexte in allen Minderheitensprachen – nicht zu überblättern, sondern genau hinzuschauen, wie die Texte aussehen, ihre Eigentümlichkeiten und ihren unterschiedlichen Reiz auf der Seite zu betrachten. Natürlich kann eine Übersetzung nicht dem Original gleich sein. In gewisser Weise wird das Werk ein neues Werk. Es gibt Verluste, aber es kann auch Gewinne geben. Wir hoffen, daß unser Projekt durch die Gegenüberstellung der Originaltexte mit dem kompletten Set von Übersetzungen in die fünf Zielsprachen auch zu Vergleichen der verschiedenen Versionen einlädt, sei es durch Sprachstudenten oder andere und daß so die Sprachbewußtheit gestärkt wird.

Vermutlich hat es noch nie eine Sammlung wie die hier vorgestellte gegeben. Das EMLIT-Projekt versammelt zwischen zwei Buchdeckeln ein Korpus von Werken mit echtem Gehalt und von großem Interesse, die den unterschiedlichsten Gattungen angehören. Es gibt Dramen, komische und ernste, Prosa, einschließlich Erzählungen und Erinnerungen sowie Gedichte verschiedenster Art inklusive einer so ehrwürdigen Form wie dem Ghasel auf Urdu. Die Auswahl ist uns nicht immer leichtgefallen. Aus Gründen des Gleichgewichts konnten manche Texte nicht in das Buch hineingenommen werden, eine leicht erweiterte Version des Projekts ist jedoch online zugänglich im e-Journal *EnterText* der Brunel-Universität (www.brunel.ac.uk/faculty/arts/EnterText). Da ein wesentlicher Teil der Identität einer Sprache ihre spezifische "Musik" ist, ist eine Einführung in den jeweiligen Klang einiger Sprachen des EMLIT-Projekts auf einer Begleit-CD erhältlich. Der Musik einer Sprache zu lauschen ist generell ein besonderes Vergnügen, ob sie nun verstanden wird oder nicht.

Für viele Leser unserer Sammlung mag es eine Überraschung sein, daß es mitten in unseren gegenwärtigen Gesellschaften, die oft allzu schnell uniform zu werden scheinen, einen derartigen verborgenen Reichtum an verschiedenartigem Schrifttum gibt. Sprachen sind eine genauso wertvolle Ressource wie Lebewesen. Wie diese haben sich Sprachen über viele tausende von Jahren entwickelt, und auf ihren Erhalt sollte das gleiche Gewicht gelegt werden. Die Durchschlagskraft neuer Kommunikationstechnologien und die extrem schnelle globale Expansion des Englischen bedeutet jedoch, daß viele Sprachen bedroht sind und daß sich selbst ein Status, der heute gesichert erscheint, in einer oder zwei Generationen als angreifbar erweisen mag. Wenn wir uns Sorgen über den Verlust von Sprachen machen, dann müssen wir jetzt unsere Aufmerksamkeit auf die Gemeinschaften mit Minderheitensprachen richten und uns darum bemühen, auf diese aufmerksam zu machen, statt sie zu übersehen. Viele von denen, die zukünftig Literatur produzieren, müssen sich mit dem Problem der Wahl der Sprache, in der sie schreiben wollen, auseinandersetzen. Wir hoffen, daß das EMLIT-Projekt zweisprachige Autoren ermutigt, ihre weniger gebräuchliche Sprache nicht aufzugeben, indem wir zeigen, daß die Entscheidung, in einer Minderheitensprache zu schreiben, keine Isolation bedeutet. Eine der nicht vorhersehbaren Folgen des Projekts war es, eine zweisprachige Autorin, die aufgehört hatte, in ihrer Muttersprache zu schreiben, dazu anzuregen, dies wieder zu beginnen ... Ein Anfang ist gemacht.

Paula Burnett

London
Juli 2003

(Übersetzung: Maria Thurmair)

Anmerkungen zur sorbischen Minderheit

Die Sorben sind ein slawisches Volk im Osten Deutschlands, dessen Siedlungsgeschichte weit über 1000 Jahre zurückreicht, als slawische Stämme große Teile Mittel- und Norddeutschlands besiedelten. Die Siedlungsgebiete der Sorben sind einmal die Niederlausitz (im Bundesland Brandenburg; kulturelles Zentrum: Cottbus/Chośebuz), in der Niedersorbisch gesprochen wird, und die Oberlausitz (im Freistaat Sachsen, Zentrum: Bautzen/Budyšin), in der Obersorbisch gesprochen wird. Die Sorben sind das kleinste westslawische Volk mit ca 60.000 Angehörigen.

Die deutsche Politik gegenüber den Sorben war lange Zeit geprägt von Assimilierungsbestrebungen und dem Versuch zur vollständigen Integration. Heute haben die Sorben den Status einer ethnischen Minderheit; wichtigste Vertretung ist die *Domowina*, die nationale Organisation der Lausitzer Sorben und Dachverband aller sorbischen Vereine, die sich unter anderem wesentlich für den Erhalt der sorbischen Sprache und Kultur einsetzt. Heute sind alle Sorben zweisprachig. Die kulturellen Aktivitäten der Sorben sind sehr vielfältig; gerade im Bereich der Literatur gibt es eine Reihe bekannter Autoren mit einer großen Bandbreite an Themen und Formen.

(Weitere Informationen http://www.sorben.de/ und http://www.sorben-wenden.de)

Róža Domašcyna

Einfluß des alls auf die lust

im jahr der invasion der maikäfer
mit schildpatt und metallnem flügel
erhoben die läuse die waffen frei
im fall fielen die maikäfer rücklings
schauend das all verloren sie lust
zum täglichen kleinkrieg so blieb
den läusen unbestritten der sieg

(deutsche Autorversion)

Als ich wollte, daß es sei

am see wars, du sagtest
artigkeiten. Zu jeder
stunde dachte ich: das ist meine.
Stunde um stunde verging,
stehenden fußes stand ich
am wasser, standen die worte
ungesagt dazwischen. Eine bewegung,
ein schritt zurück war das einzige,
das ich tun konnte. Starr, wie ich war,
wollte ich, daß es sei, dachte:

alle zeit legt sich an
mit mir, geht mit. Jede stunde
blätterte, entblätterte mich.
Ich wartete und wollte, und
du sagtest artigkeiten,
die sollte ich nehmen

(deutsche Autorversion)

Im blauen haus am Bismarckturm

für F.P.

fast wie ursprung: kamille und dill getrocknetes
im ofen das feuer vor der tür das bild: weiden
im fließ auf der abgewandten staffelei
des halberinnerten erbes verdeckte wunde
im pfosten die kerben unseres längenwuchses
mit angewachsnem irgendwo und grabsteinnamen
als zeugen am küchentische wir
knacken nüsse wie worte
alles blau die welt und gott
weiß ein hund streicht ums haus
mit stählnem gebiß am hang
filzt das gras unbeschnitten
bleiben uns farbreserven sagst du
und spannst eine neue leinwand ein
das haus wächst zu
die kerben verkrusten
die nüsse zerfallen
die leinwand altert
nur der hund
behält die witterung bei

(deutsche Autorversion)

Die toten werden umgebettet

im andenken an den friedhof Čelno

Wir haben den friedhof mit tüchern verhangen.
Wir haben uns an unsern toten vergangen,
mit stopschildern sämtliche wege verstellt –
die enden jetzt kurz vor der anderen welt.

Rings sind die leinwände hoch und ganz dicht.
Im mittelpunkt fördern die bagger ans licht
totes gebein, das von sünden gereinigt,
in ehren begraben, das ist bescheinigt.

Der zwielichtgen raffgierde opfer, geschöpfe
kratzen das erbe in eiserne töpfe.
„Wir nehmen alles und mehr", hör ich schrein,
und „niemals begraben, verbrannt wolln wir sein!"

Wer abseits sich stellt, der steht auf der lauer –
drum schweigen wir tapfer von unserer trauer.
Ertragen der vorfahren blick im genick,
umklammern das grabscheit, ein halteseil, strick.

Die gräber, sie werden sehr eng und noch tiefer.
Das viereck des himmels wird kleiner und schiefer.
Es wachsen uns kröpfe im leinenen haus.
Die kinder spielen einscharrn und buddeln uns aus.

(deutsche Autorversion)

Kito Lorenc

Mein kurzer Wintertag

Bernsteinlicht sprühst du
über blauende Schatten
unterm Falbgras
birgst du das Haar
der Tiere im Feld
die großen Augen
ruhn in der Sasse

Fruchten läßt du
die Mistel am Baum
hauchst nach der Rauhnacht
heimlich mir
in die frostklamme Hand
Glanz legst du
auf die Hasel
tönst das Weidengezweig

Daß ich nicht störe
deinen Verlauf
wenn ich Sorge trag
lös mir
die Spur von der Sohle
schneeleicht

(deutsche Autorversion)

Großer Wald

Dobry der Riese
tritt vors Holzdach
schultert das Pferd
und stapft
in die Föhren

Sein Frauchen
mit dem Melkschemel
unter der Kuh, gleich
läutet sie scheppernd
die Milchglocke im Dorf

Überm Lichtmast
klappert das Mühlrad
mit dem Storchschnabel
hinterm staubigen Laub
zwinkert der See

Und um die Ecke
wartet der Duft
des Feldkümmels. Guten Tag
Ferien. Auf Wiedersehn
Kindheit

(deutsche Autorversion)

„Der Täuber hat zwei weiße Füße"

und eines Tages nahm ich meine Liebste
mit nach Hause stellte sie meiner Frau
vor Meine Frau braune Augen Sie blaue
Meine Frau Ingwer Sie Pfeffer
Meine Frau fand sie nett Sie sie auch
Ist es auch Lustig wieherte das Pferd
Traurig weinte niemand Fortan früh-
stückten wir gemeinsam von den drei
Tellerchen Schüsselchen mit den drei
Löffelchen teilten so Lust und Last Auf-
und Abwasch Bald gab man uns
die größere Wohnung und meine Frau
brachte ihren Andern und meine Liebste
brachte ihren Andern und beide Andern
brachten ihre beiden Andern mit Als
wir den Wohnblock kriegten (hach auf
und ab fuhrn da die Lifte singende
Adamsäpfel) Menschenskinder
warn wir schon viele Dann bewohnten

wir die Stadt zuletzt das Land da
waren wir alle und lebten nun unter
neuen, gesellschaftlichen Verhältnissen
Jetzt erst erhielt ich anonyme
Post: Sie dichterisches Subjekt Sie!
nahm Täuber Ingwer Pfeffer Pferd
zurück und starb mich öffentlich
davon Kinder Leute tschüs liebt schön

(deutsche Autorversion)

Und was der Ofen ist

den ich ihr schenkte
weil ich ihn zwei Jahre
nicht mehr gebraucht hatte
da heizte ich ihn
ihr an den Ofen sagte
zwei Jahre hab ich
ihn schon nicht geheizt
und hab ganz vergessen
wie man den anheizt
und sie sagte siehst du
man muß nicht erst
sterben um zu vergessen
und ich sagte weißt du
da kann man auch
gleich leben bleiben

(deutsche Autorversion)

Lubina Hajduk-Veljkovićowa

Raphael, der kleine Geist

Monika lebte in der Altstadt. Die Häuser dort sind feucht und mit einem Speicher unter dem Dach. Mütter hängen ihre Wäsche auf dem Dachboden zum Trocknen auf und jeder hat ein Kämmerchen, um alten Krempel aufzubewahren. Auch Monikas Puppen ruhten dort.

Eines Tages wollte Monika einer ihrer Puppen ein neues Kleid schneidern und eilte auf den Dachboden, um ihre Kleine runterzubringen. Dort entdeckte sie in der Ecke, im Dämmerlicht, einen Geist. Kein Gespenst, nein, eher einen kleinen Geist.

„Wer bist denn du", fragte sie.

„Du kannst mich sehen?", erwiderte der Geist.

„Na klar. Sehr gut sogar. Dein Haar ist lockig und schokoladenbraun."

„Echt lockig? Ich habe mich selber noch nie gesehen", freute sich der kleine Geist.

„Ein grünes Hemd hast du an, und deine Hose ist braun", beschrieb ihn Monika haarklein.

„Und welche Farbe haben meine Augen", fragte der kleine Geist voller Neugier.

„Grünlich. Nun sag mir aber endlich, wer du bist", war auch Monika gespannt.

„Ich bin Raphael. Und weile hier schon ganz, ganz lange."

„Und wieso versteckst du dich hier", war auch Monika neugierig.

„Weil, weil, ach, ich schäme mich, das zuzugeben", murmelte Raphael, der Geist.

„Na gut. Ich schäme mich wegen meiner Sauklaue, die Lehrerin schimpft immer mit mir", gab Monika zu.

„Und ich, ich schäme mich, weil ich nicht fliegen kann", gestand nun Raphael.

„Du bist ein waschechter Geist, der fliegen kann?!", staunte Monika.

„Nein, fliegen kann ich nicht. Das ist ja der Haken. Deshalb sitze ich hier einsam und verkrieche mich."

„Mir wäre hier schon längst angst und bange. Dir nicht?"

„Mir!? Wovor soll ich mich noch fürchten?", sagte darauf Raphael, der Geist.

„Vor den Menschen."

„Ja Pustekuchen! Solange der Speicher hier steht, kann ich bleiben. Aber das bringt mich nicht weiter."

„Wieso?"

„Weil ich nicht altere. Als Geist muss man jedes Jahr dahin zurückkehren, wo man zur Welt kam. Erst dann wird man um ein Jahr älter. Früher hat mich Mama immer mitgenommen. Einmal war ich ihr dann aber doch zu schwer. Und seither werde ich kein Jährchen älter."

„Na wennschon", meinte Monika, „was willst du mehr. Dann bleibst du immer ein kleiner Geist."

„Möchtest du denn für immer und ewig ein Kind bleiben?", fragte nun Raphael, der kleine Geist, verdrossen.

„Nie und nimmer."

„Tagaus, tagein schaue ich aus der Dachluke zu, wie die Vögel am Himmel entlangziehen. Aber wenn ich selbst versuche, abzuheben, rührt sich gar nichts."

Darauf sagte Monika: „Du, Raphael, du hast doch überhaupt keine Flügel."
„Geister brauchen keine Flügel."

„Aha", hatte Monika eine Idee, „dann solltest du dir das ganz fest wünschen und dann wirst du auch fliegen."

Raphael, der kleine Geist, wünschte sich, fliegen zu können, bis sein Kopf rauchte. Es geschah jedoch nicht das Geringste. Die kleine Monika schaute ihn ratlos an.

„Beschreibe mir den Ort, wo du geboren bist!"

„Jaaa, das ist eine alte, prächtige Burg. Seit langem steht sie menschenleer. Die Mauern sind dick und kalt, wunderschön aschgrau, dämmergrau, mausgrau, manchmal sogar silbergrau. Wir versteckten uns unten im Verlies, jagten einander durch die dunklen Gänge, die Türen quietschten herrlich und wir konnten an den Wandketten rütteln, dass wir uns manchmal selber gruselten. Durch einen winzigen Spalt flatterten wir in den Innenhof, wo Brennnesseln gediehen ... "

„Ojemine", schrie Monika auf, „du fliegst."

Und tatsächlich schwang sich Raphael, der Geist, ein klein wenig in die Luft. Der Freudenschrei von Monika ließ jedoch sein schönes Bild zerplatzen und ihn wieder landen.

„Ich merke nichts."

„Solange du erzählt hast, hast du dich ein Quäntchen erhoben, dann bist du erschrocken und stiegst hinab."

„Ich erschrecke nicht", sagte entschieden Raphael, der Geist.

„Erzähl mir keine Märchen. Ich habe es mit meinen eigenen Augen gesehen", beharrte Monika auf ihrer Sicht der Dinge. „Erzähl weiter."

„Von mir aus. Im Hof haben wir Fußball gespielt, aber nicht mit dem Leder, sondern mit einem Tauball. Ich habe die schönsten Bälle von uns allen gekullert. Schau mal her", wollte Raphael, der Geist, ihr zeigen, wie er es kann. Doch er musste nach unten schauen, um sie zu sehen. Nach unten! „Verflixt nochmal", entfuhr es ihm. „Ich kann tatsächlich fliegen!"

Und dann begann er durch den ganzen Speicher zu flitzen wie ein Brausewind. „Manometer", staunte Monika, wie er sich urplötzlich verändert hatte. Raphael saß nicht mehr trübsinnig in der Ecke, weit entfernt, er tobte herum und machte Radau wie ein junger Hund

„Ich muss wieder runter", meinte Monika nach einer Weile.

„Vielen Dank, dass du mir das Fliegen beigebracht hast", bedankte sich Raphael bei ihr aus der Höhe.

„Das wäre ja noch schöner! Du konntest schon längst fliegen, du hast nur nicht daran geglaubt", antwortete Monika. Als sie schon auf der Treppe war, drehte sie sich noch einmal um und sah, wie Raphael, der Geist, durch die Dachluke entschwebte.

Sie erinnerte sich an ihre Puppe, ging sie holen und verließ den Speicher.

(Übersetzung: Dušan Hajduk-Veljković)

Anmerkungen zur türkischen und griechischen Minderheit in Deutschland

Aufgrund des Wirtschaftswunders in der Bundesrepublik Deutschland in den 50er Jahren konnten in sehr vielen westdeutschen Unternehmen nicht mehr alle Arbeitsplätze besetzt werden. Daher begann die deutsche Wirtschaft Mitte der 50er Jahre sogenannten ‚Gastarbeiter' in Südeuropa anzuwerben. Auf Regierungsebene kam es dann in den nächsten Jahren zu Anwerbeabkommen, die die Modalitäten der Einreise und die Aufenthaltsdauer regeln sollten. Mit Griechenland wurde 1960 ein Anwerbeabkommen unterzeichnet, mit der Türkei 1961. Die Ausländerbeschäftigung in der Bundesrepublik Deutschland erreichte 1973 ihren Höhepunkt mit 2,6 Millionen ausländischen Beschäftigten, darunter 155.000 Griechen und 605.000 Türken. Anfangs wurde das Rotationsmodell, das vorsah, dass der ausländische Arbeitnehmer nach ein bis zwei Jahren wieder in die Heimat zurückkehrte, von allen Seiten akzeptiert. In der Praxis war dies jedoch unwirtschaftlich, da immer neue Arbeitskräfte eingeschult werden mussten und die Arbeitnehmer in dieser kurzen Zeit ihr Sparziel auch nicht erreichen konnten. Deshalb wurde dieses Modell aufgegeben, was zu einer längeren Aufenthaltsdauer und zum Nachzug von Familienangehörigen führte.

Mit der wirtschaftlichen Rezession Mitte der 70er Jahre in Deutschland wurde von der Regierung ein Anwerbestopp für ausländische Arbeitnehmer verordnet. Mit diesem Anwerbestopp waren auch zwei begleitende Maßnahmen verbunden: Entweder die Rückkehr in die Heimat oder die soziale Integration in die deutsche Gesellschaft.

2001 leben in der Bundesrepublik 82,4 Mio. Menschen, davon besitzen 75,1 Mio. die deutsche Staatsangehörigkeit, 1,9 Mio. die türkische Staatsangehörigkeit und 362.000 die griechische Staatsangehörigkeit. Die türkische Minderheit ist die größte in der Bundesrepublik, gefolgt von Angehörigen des ehemaligen Jugoslawien, Italienern und Griechen.

Die türkische und die griechische Minderheit sind künstlerisch sehr produktiv und stellen einen wichtigen Bestandteil der deutschen Gegenwartskultur dar. In der Literatur dieser Gruppen stand am Anfang die Auseinandersetzung mit der Fremde. Inzwischen leben die Türken in der dritten Generation in Deutschland und sie verstehen sich entweder als selbstverständlichen Teil der bundesdeutschen Gegenwart oder es kommt in ihren Texten zum Versuch einer Selbstfindung in der Fremde. In der griechischen Literatur in Deutschland kann man oft eine Auseinandersetzung mit der politischen Vergangenheit Griechenlands oder dem Leben in der Fremde finden.

Michalis Patentalis

Der von gegenüber

Mein Nachbar
kaufte sich ein neues Auto
Aktien
Eine Frau
Ein Haus

Möbel
Viagra
Ein Herz
Ein Grab
Nur seinen Gott wechselte er nicht.
„Gott hab ihn selig".

(Übersetzung: Sophia Georgallidis)

GILETE CONTOUR oder
Die erste Reklame in Afghanistan

„Im Namen des Vaters und des Sohnes"
        und der weltweiten Raserei.

Die Nacht rasiert sich den Bart
        mit einer Klinge aus dem Kommunionskelch.

Beschmiert mit ein wenig Erdnussbutter
        „nach Seinem Bilde".

Am Fuße des Berges zählt der verkleidete Tag irrtümlich
        das Geflüster des Schweigens

Während ein Knecht seine Vergänglichkeit
        faltenfrei zurückgibt.

Und du schaust ausnahmsweise in den Spiegel
        und kämmst dir dabei die dichtbehaarte Zunge.

Nachfahre von Kain, bist du etwa
        der Bergsteiger des hinkenden Todes?

(Übersetzung: Sophia Georgallidis)

Giorgos Lillis

Das tiefste Kleid des Meeres

Außerhalb der Stadtmauer
und in Begleitung vom Windesbrausen
stieg ich hinauf und gelangte an den Punkt
wo ich der Aufopferung der Sonne für die Nacht beiwohnen würde.
Die Nixen spielten das Steinespiel mit einer Handvoll Sternen

und von weitem näherte sich auf dem Fahrrad der Mond.
Vergraben am Hang schaue ich
das tiefste Kleid des Meeres.

(Übersetzung: Niki Eideneier)

Was versinkt ist außerhalb meiner Festung

Die Sonne trieb wieder Verrat und warf auf uns das schwarze Netz.
Plötzlicher Regen,
wie das Mittagslüftchen, wenn du schläfst,
du frierst
und suchst das Laken zum Zudecken.

Meine Festung ein Fenster. Auch wenn klein,
doch genug, um das Bild der Welt für mich zu sichern.
Zu sagen nein, was auch geschehen mag, ich sitze heute hier
und schaue, wie ich will, den Regen und später
die Nacht, wie ich sie ständig kommen sehe galoppierend
und aus ihrem Korb
     Sterne und Dunkel streuend,
      auch sie ein Säer des Himmels.
Um nicht vom Mond zu reden auf der linken Seite,
der reibt sich den Rücken an den Hochhäusern, dann nimmt er die Kurve
und wird zur Krone des hinteren Bergs.
Nur für kurz.
Danach kann ich nicht mehr sehen. Der Mieter nebenan klaut ihn.
Er könnte, dieser Glückspilz, ihn als König bewundern,
doch ich sah ihn nie draußen schauen.
Komische Menschen. Das Wunder posiert vor ihren Augen
und sie suchen es woanders.
            Umsonst.

Die Tropfen haben der Scheibe ein Kleid übergeworfen.
Eine Pflanze mit dem Morgentau
auf ihren gläsernen Blättern.
Das Zimmer ein Garten und ich der Gärtner.
Der Vers füllt sich mit herrlichem Duft, vielen Farben,
die Seele beruhigt sich.

Von hier aus kann ich die Autos und die Passanten sehen
auf den Gehsteigen, auch die Häuser bis in der Ferne,
den Lastwagen jeden Tag kommt und wie sie ihn abladen
unten vor dem Haus,
aber ich tue es nicht.
Ich beharre auf den Vögeln, die an dem Blau picken,
sie werden im Flug mit Himmelsstaub bedeckt,
auf den Wind, der mit den Bäumen tanzt
auf dem Becher, der das Lila der untergehenden Sonne gießt

auf dem Regen, der die Rinnen füllt und der abends ist zu hören
der merkwürdige Schall des Wassers wie ein Fluß.
Meint nicht, ich hätte hier, wo ich lebe, eine besondere Aussicht.
Die Not trieb mich, wie auch euch,
diese Städte mitzubewohnen, die eilig gebaut wurden,
sie haben nichts Wichtiges vorzuweisen
außer großen Autostraßen,
Behausungen eine neben der anderen.

Irgendwann habe ich es beschlossen. Den kleinen Tisch zu holen,
ihn neben das Fenster zu stellen
meine Schreibmaschine hier zu postieren, um schreibend
den Gedanken zu helfen, in die Verwüstung des Schweigens zu dringen.
Später ertappte ich mich, wie ich für Stunden verloren ging
nicht etwa in konkrete Bilder der Welt draußen
sondern in Dinge, die ich nicht so leicht zu erklären vermag
der Erinnerung Risse,
Fotos des Innenhimmels
einem Kameramann gleich, der ein fernes, unbekanntes Land filmt.
In solchen Stunden wurde gewöhnlich der Kaffee kalt
ich hörte weder Musik noch Stimme.
                    Nichts.
Seltsames Schweben zwischen dem kaum Wahrnehmbaren und dem Tatsächlichen.
Es wehte, erinnere ich mich, und drinnen war ein weißes Dunkel.
Und ich ein Seiltänzer. Vom Fenster aus zum anderen Ende des Berges.
Ohne mich zu verletzen durch die Fensterscheibe hindurch
bis zur Weltferne.

Ständig behaupteten die Nachbarn böswillig,
ich sei verrückt geworden
doch ich wußte
und ich bedauerte sie, daß sie nicht vermochten zu sehen, die armen,
was ich nicht beschreiben konnte, da ich fürchtete
sie könnten nicht durchhalten, wenn sie
an das Viele gelangten.

Besonders wenn die Schreibmaschine zur Zeitmaschine wurde
und mich an die Ufer führte
wo Odysseus ermüdet einschlief
und immer wieder denselben seltsamen Traum hatte.

Was versinkt ist außerhalb meiner Festung.

(Übersetzung: Niki Eideneier)

Yüksel Pazarkaya

ROSSKASTANIEN

Du bist Türke

"Du bist kein Deutscher", sagte Stefan zu Ender in der Pause auf dem Schulhof. Weshalb nur wollte er heute mit Ender nicht Fangen spielen. Um eben einen Grund dafür zu nennen, sagte er einfach: "Du bist doch kein Deutscher." Ender war verdutzt und betroffen. Stefan war sein liebster Klassenkamerad, sein bester Spielfreund. "Wieso?" konnte er nur fragen.

Stefan verstand ihn nicht. Was heißt da "wieso"? Oder hält sich Ender wohl für einen Deutschen? "Du bist eben kein Deutscher", sagte er. "Du bist kein Deutscher wie ich."

Enders schöne, dunkle Augen wurden traurig. Sein Inneres sträubte sich, als hätte er sich etwas zuschulden kommen lassen. In seinem Herzen zerbrach etwas. Er schwieg. Er ließ den Kopf hängen. Er ging weg. An diesem Tag sprach er mit Stefan kein Wort mehr. Dem Unterricht konnte er nicht folgen. Dem Lehrer konnte er nicht zuhören. Sein Kopf wurde immer schwerer.

Deutsche Kastanien

Auch im letzten Herbst war es ihm einmal so gegangen. In dem Wohnviertel gibt es einen hübschen, kleinen Park, voll Blumen und Bäume. Im Herbst ist er am schönsten. Dann ziehen die Kastanien alle Kinder in der Umgebung an. Die Kinder werfen die Kastanien mit Steinen herunter. Wer viel sammelt, verkauft sie an den Zoo als Futter für Elefanten und Kamele. Andere bringen sie in die Schule mit. Man kann sie nämlich im Mathematikunterricht brauchen. Und die kleinen, die noch nicht zur Schule gehen, spielen mit den Kastanien wie mit Murmeln.

Der Lehrer sagte: "Jedes Kind bringt zehn Stück mit." Sie sind 34 Kinder in der Klasse. Wenn jedes Kind zehn Kastanien mitbringt, macht es genau 340 Stück. Und damit lassen sich ganz gut Mengenlehre und die vier Rechenarten üben.

Am Nachmittag ging Ender in den Park. Zwei Kinder warfen mit Steinen nach den Kastanien. Sie waren zwar keine Freunde von ihm, aber er kannte sie. Er sah sie öfters in diesem Wohnviertel.

Ender näherte sich ihnen. Er bückte sich nach einer Kastanie, die auf dem Boden lag. Eines von den beiden Kindern sagte zu ihm: "Finger weg!" "Ich will auch Kastanien sammeln", sagte Ender. Das zweite Kind rief: "Du darfst sie nicht sammeln, das sind deutsche Kastanien." Ender verstand nichts. Das erste Kind fügte hinzu: "Du bist kein Deutscher." Dann sagte das andere: "Du bist Ausländer." Sie stellten sich herausfordernd vor Ender hin. Er verharrte gebückt und mit ausgestreckter Hand. Wenn er sich noch ein bißchen bückte, könnte er die Kastanie fassen. Doch er konnte sie nicht erreichen. Den Kopf nach oben, den Kindern zugewandt erstarrte er eine Weile in gebückter Haltung. Dann richtete er sich auf. Natürlich ohne Kastanie. Verstummt. Er wollte zwar sagen: "Der Park gehört allen, jeder kann Kastanien sammeln", doch er brachte kein Wort heraus. Dafür waren die anderen um so lauter: "Du bist Ausländer. Das sind deutsche Kastanien. Wenn du sie anfäßt, kannst du was erleben", wollten sie ihm Angst einjagen.

Ender war völlig durcheinander. Soll ich mit denen kämpfen, schoß es ihm durch den Kopf. Dann sah er mal den einen, mal den anderen an. Gegen zwei zu kämpfen ist unklug, dachte er. Er rannte fort, ohne die beiden noch einmal anzusehen.

Was bin ich?

Als er an jenem Tag nach Hause kam, stellte Ender seiner Mutter einige Fragen. Aber seine Mutter ging nicht darauf ein. Sie lenkte ab.

Nun war Ender entschlossen, nach dem, was heute zwischen Stefan und ihm passiert war, die Frage endlich zu lösen, die den ganzen Tag wieder in seinem Kopf herumschwirrte. Sobald er den Fuß über die Türschwelle setzte, schleuderte er der Mutter seine Frage ins Gesicht:

"Mutti, was bin ich?"

Das war eine unerwartete Frage für seine Mutter. Ebenso unerwartet war ihre Antwort:

"Du bist Ender."

"Ich weiß, ich heiße Ender. Das habe ich nicht gefragt. Aber was bin ich?" blieb Ender hartnäckig.

"Komm erst mal herein. Nimm deinen Ranzen ab, zieh die Schuhe aus", sagte seine Mutter.

"Gut", sagte Ender. "Aber sag du mir auch, was ich bin."

Daraufhin dachte Enders Mutter, daß er mit ihr einen Jux machte oder ihr vielleicht ein Rätsel aufgab.

"Du bist ein Schüler", sagte sie.

Ender ärgerte sich.

"Du nimmst mich auf den Arm", sagte er. "Ich frage dich, was ich bin. Bin ich nun Deutscher oder Türke, was bin ich?"

Hoppla! Solche Fragen gefielen Enders Mutter gar nicht. Denn die Antwort darauf fiel ihr schwer. Was sollte sie da sagen? Im Grunde war das keine schwere Frage. Sie kannte auch die genaue Antwort auf diese Frage. Aber würde Ender sie auch verstehen können? Würde er sie akzeptieren, akzeptieren können? Wenn er sie auch annahm, würde ihm das überhaupt nützen?

Seine Mutter und sein Vater sind Türken. In der Türkei sind sie geboren, aufgewachsen und in die Schule gegangen. Nach Deutschland sind sie nur gekommen, um arbeiten und Geld verdienen zu können. Sie können auch gar nicht gut Deutsch. Wenn sie Deutsch sprechen, muß Ender lachen. Denn sie sprechen oft falsch. Sie können nicht alles richtig sagen.

Bei Ender ist es aber ganz anders. Er ist in Deutschland geboren. Hier ist er in den Kindergarten gegangen. Jetzt geht er in die erste Klasse, in eine deutsche Schule. Deutsche Kinder sind seine Freunde. In seiner Klasse sind auch einige ausländische Kinder. Ender macht aber zwischen ihnen keinen Unterschied, er kann keinen machen, dieser Deutscher, dieser nicht oder so, denn außer einem sprechen sie alle sehr gut Deutsch. Da gibt es nur einen Alfonso. Alfonso tut Ender etwas leid. Alfonso kann nicht so gut Deutsch sprechen wie die anderen Kinder. Ender denkt, daß Alfonso noch gar nicht sprechen gelernt hat. Die kleinen Kinder können doch auch nicht sprechen; so wie ein großes Baby kommt ihm Alfonso vor.

Ender spricht auch Türkisch, aber nicht so gut wie Deutsch. Wenn er Türkisch spricht, mischt er oft deutsche Wörter hinein. Wie eine Muttersprache hat er Deutsch gelernt. Nicht anders als die deutschen Kinder. Manchmal hat er das Gefühl, daß zwischen ihnen doch ein Unterschied ist, weil deutsche Kinder nicht Türkisch können. Doch wenn in der Klasse der Unterricht oder auf dem Schulhof das Spielen beginnt, vergeht dieses Gefühl wieder ganz schnell. Gerade wenn er mit Stefan spielt, ist es unmöglich, daß ihm ein solches Gefühl kommt.

Deshalb war sein Staunen so groß über die Worte Stefans. Und wenn Stefan nie wieder mit ihm spielte? Dann wird er sehr allein sein. Er wird sich langweilen.

Enders Vater weiß nicht mehr ein noch aus

Am Abend kam Enders Vater von der Arbeit nach Hause. Noch bevor die Tür sich richtig öffnete, fragte Ender:

"Vati, bin ich Türke oder Deutscher?"

Sein Vater war sprachlos.

"Warum fragst du?" sagte er nach kurzem Überlegen.

"Ich möchte es wissen", sagte Ender entschlossen.

"Was würdest du lieber sein, ein Türke oder ein Deutscher?" fragte sein Vater.

"Was ist besser?" gab Ender die Frage wieder zurück.

"Beides ist gut, mein Sohn", sagte sein Vater.

"Warum hat dann Stefan heute nicht mit mir gespielt?"

So kam Ender mit seinem Kummer heraus, der ihn den ganzen Tag gequält hatte.

"Warum hat er nicht mit dir gespielt?" fragte sein Vater.

"Du bist kein Deutscher, hat er gesagt. Was bin ich, Vati?"

"Du bist Türke, mein Sohn, aber du bist in Deutschland geboren", sagte darauf sein Vater hilflos.

"Aber die Namen der deutschen Kinder sind anders als mein Name."

Sein Vater begann zu stottern.

"Dein Name ist ein türkischer Name", sagte er. "Ist Ender kein schöner Name?"

Ender mochte seinen Namen.

"Doch! Aber er ist nicht so wie die Namen anderer Kinder", sagte er.

"Macht nichts, Hauptsache, es ist ein schöner Name!" sagte sein Vater.

"Aber Stefan spielt nicht mehr mit mir."

Enders Vater schnürte es den Hals zu. Ihm war, als ob er ersticken müßte. "Sei nicht traurig", sagte er nach längerem Schweigen zu Ender. "Ich werde morgen mit Stefan sprechen. Er wird wieder mit dir spielen. Er hat sicher Spaß gemacht."

Ender schwieg.

(Übersetzung: Yüksel Pazarkaya)

Sizilianisch

Die sizilianischen Dialekte gehören zur Gruppe der siculo-calabro-salentinischen Dialekte. Im Vergleich zu anderen Mundarten Italiens ist ihre Geschichte und Entwicklung von besonderem Interesse.

Die Hauptgründe für diese besondere Stellung sind:

a) die zentrale Lage Siziliens im Mittelmeerbecken seit der Antike;

b) die besonderen und recht frühzeitigen Beziehungen zur griechischen und lateinischen Sprache und Kultur, erkennbar an der besonderen Ausprägung des sizilianischen Vokalismus, der anders ist als der in allen anderen romanischen Gebieten;

c) die zahllosen kulturellen und sprachlichen Einflüsse und Kontakte, die die Geschichte Siziliens geprägt haben: nach den Griechen und Römern kam Sizilien in Kontakt mit Byzantinern, Arabern, Normannen, Katalanen, Kastiliern, was eine große sprachliche Schichtung bewirkt hat;

d) dieses ausgeprägte Geflecht von sprachlichen und kulturellen Traditionen zeigt sich auch in der heutigen Diversifikation der sizilianischen Dialekte, die man unterteilen kann in westliche Dialekte (mit der palermitanischen, trapanesischen und westagrigentinischen Mundart), zentralsizilianische Dialekte (mit der madonitischen, ostagrigentinischen und nisseno-ennesischen Mundart) und östliche Dialekte (mit der messinesischen, catanesisch-sirakusischen und ragusanischen Mundart).

Die sizilianische sprachlich-literarische Tradition ist geprägt von großen und bedeutenden Ereignissen und Persönlichkeiten: von der Sizilianischen Dichterschule, die sich im Mittelalter am Hofe Friedrichs II. entwickelt hat, bis zu den großen Persönlichkeiten wie Antonio Veneziano (16. Jahrhundert), Giovanni Meli (17. Jahrhundert), und, später, Domenico Tempio und Ignazio Buttitta. Schließlich sei hier auch das literarische Schaffen wichtiger Autoren wie Luigi Capuana und Luigi Pirandello erwähnt, die sich des Sizilianischen bedient haben.

Das Sizilianische wird – in unterschiedlichen Kompetenzgraden – von beinahe allen Einwohnern Siziliens beherrscht.

Nino De Vita

Benedettina

I
Mit dreizehn Jahren
verliebt man sich.

Träumereien,
wegen der Umarmungen und Küsse
    – im Garten, inmitten des Süßklees,
auf dem Heu des Schobers –
zerstreuten hartnäckig mein
bißchen Vernunft.

Vorsichtig
   – aufmerksam –
um meinem Vater auszuweichen
(„Du Faulenzer, Faulenzer
geh lernen, Faulenzer, du!")
schlich ich hinaus.

    Ich schloß
die Mitteltür; und beim Vorbeischleichen
an der Laube kam ich an der
aus den Angeln gehobenen Tür des
Hühnerstalls vorbei.

    In der Ferne
strich die Sonne über die Kirche
und zog bleich Richtung
Salinen.

II
Tiefe ausgetrocknete Löcher
auf der Trift:
Kiesel und Abdrücke von Karrenrädern;
und beim Abbiegen vom Hühnerstall in Michelinos Garten
Knoblauch in Reihen, Erbsen, Zucchini
       und ein
Feigenbaum: Papyrus
an den Ufern der Kanäle
      und der Blütenstand
des Sommerwurz, der rötlich
aus den Ackerbohnen herausragte.

Von der Rückseite des Turms
durch die schmale Gasse Bartolomeo
Bbaciacca kommend, ein Stückchen Erde:
Origano, Zichorie,
Radieschen und Petersilie,
Sellerie mit Blütenstand, Malven
und Sträußchen falschen Spargels
im Kanal, entwurzelt,
die Wurzeln im Sonnenlicht

  – der Schilfrohrsänger blickte neugierig
die Bachstelze,
lief schnell
und flog verängstigt davon –
     Nicolò Àgghius
Gärtchen
und von Alberto Scagghiajàzzis
Misthaufen feucht vom frischen
Kuhdung.

III

Ach, wie ging ich so
die Hände in den Taschen
einem Schatten – einem Gesicht –
einer Frau hinterher,
der in meinem Kopf pochte.

Niedrige Steinmauern
herab von der Anhöhe von Cutusio:
verwittert, bemoost, die Löcher
mit Erde verstopft oder leer:
Minze und wilde Karde,
Ableger des wilden Feigenbaumes,
trockene Brombeerranken...

     Da hörte ich sie, die Stimme,
 – ich hörte sie, ja, ich hörte sie –
wie ein Klagen.

Und wieder, wieder, in der Luft,
die einer Frau...

     Ich wand
den Blick nach jenseits der
Agaven; und entschlossen nahm ich den Weg und
schlängelte mich schließlich durch die Ähren: die
langen, spitzen Halme zerkratzten
meine Arme.

IV

Es war ein junges Mädchen, hingeworfen
aufs Korn: die Hände
auf dem dicken Bauch,
das Kleid über die Schenkel hochgezogen,
       den Kopf
hin- und herschlagend.

    Nun erkannte ich sie wieder.
Benedetta hieß sie,
Tochter von Onkel Carmelo
Alogna, dem Tagelöhner,
der am Anfang der Straße wohnte,
wo die kleine Votivkapelle steht.
Sie ging stets aufrecht
 – sie hatte einen feurigen Blick –
wenn sie den Hof durchquerte:
ihre Haare in Zöpfen
und eine große Brust.
Ich hatte, wenn ich sie ansah in ihrer Anmut,

– mit einer Tasse Hefe in der Hand
oder einem Krug auf der Hüfte –,
nie bemerkt, daß sie,
in ihrem Schoß verborgen,
ein Kind erwartete.

                „Ein Junge"
sagte sie zu mir und biß sich
auf die Lippen. „Ich erwarte einen Jungen."
Ich war verblüfft;
und eingeschüchtert
packte mich Verwirrung.
Ich suchte, den Blick umherwandern
lassend, nach Worten: in einer roten
Mohnblüte,
fern die Ähren des Korns,
bis zu den Olivenbäumen
               und auf ihren Händen,
in den offenen und geschlossenen
Augen...

              Benedetta
seufzte und hob dabei den Kopf,
erschöpft.
„Geh zu Donna Giulia, der Cousine
meiner Mutter" sagte sie zu mir
„und bring sie zu mir, aber schnell,
eile!"

V
Sie war im Hühnerstall,
Donna Giulia, mit Brot
und einer Tomate in der Hand.

Sie aß.
           Die Krümelchen,
die warf sie den Hühnern zu.
(Was für ein Schnabelstreit – ein Gegackere –
und was für ein Hinterhergerenne...)

Ein Muttermal, dichtbehaart,
hatte sie, schwarz
und dick in einem Mundwinkel,
kleine Äuglein
wie die Schweine, und einen Turban
auf dem Kopf.

Durch die Löcher des Zaunes
sprach ich zu ihr.
          Sie warf

Brot und Tomate fort,
wischte die Hände
an der Schürze ab und kam heraus.

VI

Wir fanden Benedetta, verlassen,
wie ein leerer Sack.
Sie atmete, jammernd.
Stirn, Wangen und den Nacken hinab
schweißgebadet; die Augen verloschen,
sie bleich.

„Geh zur Seite" sagte Donna Giulia zu mir.

Ich beobachtete sie,
                sie tastete...
                    Dann drehte sie sich
zu mir. „Den Doktor,
lauf und hol ihn, sofort"
sagte sie zu mir.
„Nein, nicht den Doktor"
stieß Benedetta hervor.
„Dann bringen wir dich
nach Hause" sagte Donna Giulia
heftig zu ihr.
                  „Nicht nach Hause,
nein, nach Hause nicht" jammerte das Mädchen
entsetzt.
                    Donna Giulia
richtete sich auf. „Geh und hol
irgendwen" schrie sie mir zu.
                    „Ihre Mutter,
ihren Vater, wen auch immer,
lauf!"

VII

Ich betrat rennend den Vorhof.

                Nach zwei Minuten
und festem Treten
erreichte ich das Grüppchen
Häuser von San Leonardo.

Ich klopfte an die Tür der kleinen
weißen Villa des Doktors.
Tante Francesca, alt,
im Kittel, die Haare
zu einem Knoten, die Lippen rot,
öffnete.

Worte, während der tiefblaue
Himmel langsam grau wurde
(quietschend fuhr ein Karren auf
der Straße vorbei: vollbeladen mit Reben
und Heu, der Bauer
mit Mütze und ein stolzes Hündchen
unter der Achse.)

Ohnmächtig schüttelte sie das Haupt,
Tante Francesca, während sie sprach.
           „Er ist nicht da" sagte sie dabei.
„Später..."
             Die Arme erst offen,
dann überkreuzt.

„Er ist nicht da. Später, er ist nicht da"
wiederholte ich ständig auf dem Rückweg
               und schlug dabei
außer Atem die Reifen
in die Schlaglöcher.

***

Am gekennzeichneten Ort
  – Zikaden gab es,
Frösche, die quakten –
hielt ich an.

              Ich warf
das Rad auf die
Agaven
und drang ins Getreidefeld ein,
Büschel wilden Hafers,
Gerste und Platterbsen zertrampelnd.

Niemand war da.

In einer Ecke ein Fleck,
breit – ein Massaker –
aus zerdrückten, zertrampelten
Ähren...

VIII
Donna Giulias Haus
lag ruhig da, kleine Lichtstrahlen zeigten sich;
genauso bei Benedetta: schwacher Lichtschein
durch die verschlossenen Fensterläden.

Ich ging von der schmalen Gasse aus
an einer Seite des Turmes
entlang und gelangte

auf einen Platz mit Häusern um den Brunnen.
Auf der Bank
Bartolo Scannapècuri,
er hatte seinen Sohn Vincenzo
rittlings auf den Knien
und sagte zu ihm „Los geht's"
dabei hielt er ihn an den Händen
„fahren wir, nach Palermo,
nach Rom, ein Ausflug, mein Kleiner"
und er ließ ihn auf seinen Knien reiten.
Das Kind lachte
mit nur zwei Zähnchen...

Tante Dorotea, mit dem randvollen
Zuber in den Händen,
lehnte sich aus der Tür
und schüttete, weit ausholend,
die Lauge in den Hof.

                „Ah, Nino"
sagte sie mit einem zahnlosen Lachen
„es hätte nicht viel gefehlt,
und ich hätte dich getroffen".

Ich grüßte sie und nahm den Weg
zwischen dem Misthaufen und
dem Wasserreservoir meines Onkels
Gerolamo.

                In einer Ecke
des Heuschobers, im Dunkeln,
auf Kot und Urin,
auf Heustengeln und Hirseblüten,
Paolo Ticchiticchis Ziege,
alt, mit den Zicklein
im halben Bottich.

IX
Plötzlich, die Fensterläden weit geöffnet,
erfüllte Tageslicht
das Zimmer: der Heilige Leonhard
an einer Wand, das Kruzifix,
                        und in einer Ecke
ein Tisch, zwei Stühle
neben dem Bett: ein Teller,
leer, auf der Truhe.

„Ist es spät?" murmelte ich
verschlafen – gestützt auf einen Ellebogen
                        und die Hand

vor den Augen.
„Es ist Morgen"
sagte meine Mutter „ein schrecklicher Morgen:
heute nacht ist plötzlich
Benedetta gestorben."
„Gestorben?" schrie ich fast.
„Gestorben" sagte meine Mutter
„mit fünfzehn Jahren: gestorben..."

X
Ich sah sie. Sie war schlaff,
steif, Benedettina:
flach an den Seiten und auf
dem Bauch: ein kurzes Kleidchen
bis zu den Knien
                    und einen Rosenkranz
in der Hand.

Ihre Mutter, Tante Maria,
saß am Fußende des Bettes,
dick, mit Doppelkinn,
sie fächelte sich Luft in ihr
tränenbenetztes Gesicht
„Ich darf nicht nachdenken..." klagte sie außer sich.
„Meine gute Tochter,
mein Schatz...

                    Ach Unglückselige.
Und wie kann ich
Trost finden...!"

                    Sie hielten sie
an den Armen fest,
Grazia la Siccia und Antonia Facciràma.

„Und ich, war ich es etwa"
sagte Tante Maria in einem fort,
„der den Herrn ans Kreuz genagelt hat,
war ich es etwa,
sagt es mir!"

Und Onkel Carmelo Alògna,
in einer Ecke zusammengekauert,
mit den Händen auf den Knien
 „Sie kommt nicht zurück,
es ist unnütz, sie kommt nicht zurück"
wiederholte er in einem fort.

* * *

Da begann Tante Maria
zu erzählen,
ruhig, etwas gefaßter.
„Den ganzen Tag war sie zu Hause,
meine Tochter, immer beschäftigt:
sie wusch, bügelte und legte die Wäsche zusammen...

          Es geschah nachts,
plötzlich. Ein gebrochenes
Herz?

          Ach meine gute
Tochter...”

          Sie drückten sie
noch fester, die Frauen, die bei ihr waren
          – „Genug, genug...“ –
als jetzt Tante Maria schrie,
den Kopf hin- und herschlagend
„Ach, du mein Blut,
Blut meiner Adern, mein Atem...“

          Ich hatte es nicht
bemerkt. Stechend,
die Augen Donna Giulias,
kaum hob ich den Blick, trafen sie
meine: sie rieten,
beschwichtigend,
          drohten...
           Verärgert
riß ich mich los
und ging hinaus.

* * *

Olivenbäume, Mandelbäume,
Turteltauben und Haubenlerchen.
          Und im Tal
Eukalyptus, Granatapfelbäume,
Gärten und Mauern aus Stein,
Zedrolimonen auf der Erde
faulig geworden...

      (Übersetzung: Susanne Zieglmeier)

Die albanische Minderheit in Italien

Die Emigration von Albanern nach Italien beginnt im 15. Jahrhundert, aber erst ab der 2. Hälfte des folgenden Jahrhunderts siedeln sich beträchtliche Gruppen von Albanern in den süditalienischen Regionen an. Noch heute bezeichnen sich diese Albaner, ausgewandert nach dem Tode Giorgio Kastriota Skanderbergs,[1] als *arberesh*, sprechen *arberesht* und wohnen im *Arbri*, womit sie an den alten Volksstamm Albaniens erinnern (heute ersetzt durch die Begriffe *shqiptar*, *shqip* und *Shqiperi*). Das Arberesh ist ein autonomer Zweig der toskischen Dialektgruppe, die im Süden Albaniens verbreitet ist, und unterscheidet sich stark vom in Nordalbanien verbreiteten Ghego. Die italienischen Gebiete, in denen die italo-albanische Sprachminderheit vertreten ist und in denen noch heute Arberesh gesprochen wird, zählen 50 Zentren (41 Gemeinden und 9 Ortsteile), die auf sieben Regionen verteilt sind: die Abruzzen, das Molise, Kampanien, Apulien, die Basilikata, Kalabrien und Sizilien. Derzeit gibt es keine genauen statistischen Angaben über die Größe der in Italien lebenden albanisch sprechenden Minderheit, und auch die Daten, die man offiziellen Volkszählungen entnehmen kann, sind nicht ausreichend und auch nicht zuverlässig, denn neben den albanisch Sprechenden in den alten Siedlungsgebieten wohnen zahllose albanisch Sprechende in den Hauptzentren und den Hauptstädten der Regionen; die albanische Gemeinschaft in Palermo etwa wäre zahlenmäßig die bedeutendste in der Provinz Palermo. In den fünf Jahrhunderten ihrer Anwesenheit in Italien haben die albanischen Gemeinschaften nicht nur ihre Sprache bewahrt, die ein reiches und wertvolles Erbe darstellt, welches das mittelalterliche Albanisch dokumentiert, sondern sie haben es sogar verstanden, sie in den Rang einer literarischen Sprache zu heben, wodurch sie ihr eine Würde verliehen, die der gleichkommt, die seinerzeit – vor der Bildung der albanischen literarischen Standardsprache (1972) – den anderen bedeutenden Dialekten zuerkannt wurde. Natürlich ist im Laufe so vieler Jahrhunderte ein Einfluß der italienischen Regionaldialekte auf das Arberesh unvermeidlich, doch dieser Einfluß auf die unterschiedlichen Arberesh-Varianten blieb hauptsächlich auf das Lexikalische beschränkt, die phonologischen, grammatikalischen und morphologischen Strukturen blieben unverändert. Dank des Gesetzes „quadro nazionale n. 482“ vom 19. Dezember 1999 verfügt die italo-albanische Minderheit – genauso wie die anderen Minderheiten – über gesetzliche Mittel, mit denen sie den Arberesh- Unterricht in den Schulen schützen und fördern und Initiativen starten kann zur Unterstützung sprachwissenschaftlicher Forschungen, mit denen sie zudem die Veröffentlichung von didaktischem Material vorantreiben kann. In Sizilien, wo drei der neun Gemeinschaften albanisch sprechen (Piana degli Albanesi, Contessa Entellina und Santa Cristina Gela), haben diese Maßnahmen beträchtliches Interesse bei der Bevölkerung geweckt, die mit Begeisterung und Entschlossenheit Kurse zur Alphabetisierung besucht, die von dem an der Universität Palermo eingerichteten Lehrstuhl für albanische Sprache und Literatur organisiert werden.

[1] Giorgio Kastriota (1405-1468) ist einer der bedeutendsten albanischen Volkshelden. Er kämpfte zeit seines Lebens für die Befreiung Albaniens von den Türken.

Giuseppe Schirò Di Maggio

Der Ginster hat viele Blüten[1]

Einakter

Das Arbeitszimmer des Dramaturgen.

DRAMATURG, ANGELA, GIORGIA, MATTEO,

DRAMATURG – (*Sitzt vor dem Computer und schreibt. Es klopft.*) Wer ist da!
ANGELA – (*Von draußen*) Wir.
DRAMATURG – (*Steht auf, um zu öffnen*) Wer wir!
GIORGIA – (*Von draußen*) Überraschung!
DRAMATURG – (*Öffnet*) Ach, ihr!
ANGELA – Hast du jemand anderen erwartet?
DRAMATURG – Nein. Kommt rein, ich freue mich immer, euch zu sehen.
MATTEO – Wir freuen uns auch, dich zu sehen.
DRAMATURG – (*Setzt sich hinter den Schreibtisch*) Setzt euch!
GIORGIA – Hast du gerade etwas geschrieben? (*Sie deutet auf den angeschalteten Computer.*)
DRAMATURG – Nun ja, eine Idee, die ich festhalten wollte…
ANGELA – Wir sind gekommen, um dir einen Vorschlag zu machen.
DRAMATURG – Sprecht.
MATTEO – Wir haben schon untereinander darüber gesprochen…
DRAMATURG – Gut!
GIORGIA – Da sich ja Portella delle Ginestra zum fünfzigsten Mal[2] jährt…
DRAMATURG – Ich habe schon verstanden. Aber fahrt nur fort….
GIORGIA – Wäre es da nicht angebracht, eine Aufführung vorzubereiten?
DRAMATURG – Über Portella sind schon so viele Seiten vollgeschrieben worden, in Büchern, in Zeitungen, die schon für sich dramatisch sind. Was braucht man da noch ein Drama zusätzlich?
GIORGIA – Es ist nicht zusätzlich. Es ist unser Drama, also von uns auf die Bühne gebracht.
DRAMATURG – Es ist nicht leicht, ein Originaldrama über Portella zu verfassen! Das wäre so, als schriebe man einen Schulaufsatz; denn die Fakten sind ja bekannt…
ANGELA – Du könntest es versuchen. Immerhin hast du hier schon drei Personen.
GIORGIA – (*Zu Angela*) Du meinst, Schauspieler. Personen erfindet der, der schreibt.
ANGELA – Ja, ich wollte Schauspieler sagen; außer uns gibt es die Gruppe…
DRAMATURG – Es gefällt mir, daß ihr Vertrauen in mich habt, doch bin ich verwirrt.
ANGELA – Warum verwirrt?
DRAMATURG – Es ist ein heikles Thema. Mißversteht mich nicht. Ein heikles Thema für eine originale dramatische Darstellung. Was ich sagen will: Die Albaner aus Piana und unser Nachbarn in San Giuseppe Jato und den anderen Dörfern haben am eigenen Leib die Tragödie von Portella erlebt: Sie haben ihre Liebsten sterben sehen, sogar Kinder waren dabei, sie haben die Farbe des Blutes gesehen und den

Geruch davon wahrgenommen. Einige der Teilnehmer am damaligen Fest zum 1. Mai sind noch am Leben, wenn sie auch alt sind; wir hätten es also mit einem zu aufmerksamen und kritischen Publikum zu tun. Eine Gedenkfeier zum Jahrestag mit Reden, Musik und Gesang ist eine Sache, die andere, jene tragischen Augenblicke wieder aufleben zu lassen – wenn einem das gelingt, das ist klar.

GIORGIA – Du könntest es zumindest versuchen!

DRAMATURG – Ich weiß nicht… Das Thema steht zu sehr im Mittelpunkt der, ich sage nicht politischen, sondern der literarischen Diskussionen. Es könnte ein emphatischer Text entstehen…

MATTEO – Das glaube ich nicht. Wenn du dramatische Stücke geschrieben hast, sind sie dir immer gelungen, wenn sie auch verschnitten waren mit bitterer und ironischer Komik.

ANGELA – Vielleicht befürchtest du, du könntest nicht die passenden Schauspieler finden…

GIORGIA – Wir, zum Beispiel…

DRAMATURG – Nein, nein, ihr seid sehr gut. Doch Drama ist schwieriger als Komödie…

GIORGIA – Ja, ich habe schon verstanden, es ist eine Frage der Gestaltung und der Interpretation!

ANGELA – Das erklärt deine Verwirrung; ein Laienschauspieler kann keine Dramen spielen.

DRAMATURG – Nun übertribt mal nicht. Wenn er seine Rolle gut einstudiert, kann auch ein Laienschauspieler auf der Bühne gut sein.

MATTEO – Wenn du glaubst, wir seien nicht in der Lage, ein Drama darzustellen, dann beenden wir hier die Diskussion.

DRAMATURG – Wenn du so ernst sprichst, Matteo, dann überzeugst du mich vom Gegenteil: du spielst nämlich gerade das Drama dessen, der keine Dramen darzustellen versteht…

DIESELBEN, MARGHERITA CLESCERI, GIOVANNA MEGNA, SERAFINO LASCARA, FRANCESCO VICARI, VITO ALLOTTA, GIORGIO CUSENZA, DREI BUBEN, EIN KLEINES MÄDCHEN

Die Opfer von Portella treten ein. Die Frau trägt das damals übliche schwarze Gewand, die anderen den schönen Anzug für das Fest zum 1. Mai 1947. Das kleine Mädchen ist weiß gekleidet. Die sechs Opfer von Piana treten in die Mitte der Bühne; die drei Buben und das Mädchen bleiben etwas abseits stehen.

M. CLESCERI – Hier sind wir, geistig wachgerufen, auch wenn ihr uns nicht namentlich gerufen habt… Wir waren in euren Gedanken und der Gedanke ist das Element, durch das wir leichter erscheinen können…

ANGELA – Ich habe Angst.

GIORGIA – Wer seid ihr?

M. CLESCERI – Sieht man das nicht? Wir sind die Opfer von Portella della Ginestra! Wir aus Piana und die vier Kinder dort aus San Giuseppe Jato… (*Zeigt mit der Hand auf die Buben und das Mädchen.*)

DRAMATURG – Weshalb seid ihr hier?

G. MEGNA – Ich habt an uns gedacht, hier sind wir also…

DRAMATURG – Ihr seid zu früh gekommen, ich habe noch keine Entscheidung getroffen.

G. MEGNA – Dann entscheide dich. Wir wollen nicht umsonst wachgerufen worden sein!

DRAMATURG – Genau das habe ich meinen Freunden gerade gesagt: ich will euch nicht umsonst wachrufen!

M. CLESCERI – Jetzt, da wir wachgerufen sind, müßtest du aber unser Drama schreiben.

DRAMATURG – Genau das will ich nicht; es gefällt mir nämlich nicht, Menschen, sei es auch nur zum Schein, auf der Bühne sterben zu lassen!

G. MEGNA – Aber jetzt sind wir nun einmal tot. Uns interessiert nur, daß die Erinnerung an unseren gewaltsamen Tod wach bleibt.

DRAMATURG – Es ist schon so viel über das Massaker von Portella della Ginestra geschrieben worden!

S. LASCARI – Dazu möchte ich gerne auch etwas sagen. Es ist viel über das Massaker von Portella della Ginestra geschrieben worden; aber mehr wegen der politischen Dimension, weniger wegen der menschlichen, ich möchte damit sagen, der des echten, schmerzhaften Todes von jedem von uns…

MATTEO – Ich glaube nicht, daß das stimmt. Hier in Piana seid ihr als Individuen gewürdigt worden, die im Massaker von Portella gestorben sind. Eure Namen sind in den Gedenkstein und in die Herzen der Menschen gemeißelt! Und in den Büchern und Artikeln, die euretwegen geschrieben wurden, schwingen Mitgefühl und Dramatik…

S. LASCARI – Ich weiß, das stimmt. Doch denke ich, es genügt nie, von uns wehrlosen und unfreiwilligen Opfern zu schreiben…

M. CLESCERI – (Zum Dramaturgen) Wenn es dir schwierig scheint, oder besser gesagt, wenn du uns auf der Bühne nicht sterben lassen willst, dann versuche doch, uns wieder aufleben zu lassen…

DRAMATURG – Das ist das gleiche. Doch mir fehlen Schauspieler…

GIORGIA – Das ist eine tolle Entschuldigung, Schauspieler gibt es, hier stehen schon drei, und die anderen sind bereit, bei der Aufführung mitzumachen…

DRAMATURG – Das ist nicht so leicht. Ich erkläre das an einem Beispiel: Wer von euch dreien ist bereit, die Toten des Massakers zu spielen? (Wartet auf eine Antwort.) Ihr antwortet nicht? Das ist doch klar: Wer von euch ist denn bereit, auf der Bühne zu sterben, sei es auch nur zum Schein? Du, Angela?

ANGELA – Warum nur verkomplizierst du das Problem so!

DRAMATURG – Ich verkomplizier es nicht. Ich habe nur nach eurer Bereitschaft gefragt, zum Schein auf der Bühne zu sterben!

M. CLESCERI – Ich glaube, ich habe verstanden. Wenn die Schauspieler sich weigern, dann haben sie Recht. Niemand will sterben, nicht einmal zum Schein. Den Tod kann man nicht spielen. Der Tod, vor allem der gewaltsame, kommt über dich, er ist wie ein Berg, der über dir zusammenbricht und dich erdrückt… Ich zum Beispiel hatte mein Leben, hatte meine Träume, ich will sagen, meine Träume waren die für meine sechs Kinder, für ihre Zukunft; und ich hätte nie gedacht, daß ich Opfer des Hasses eines anderen werden müßte. (Ausschnitte aus Filmen über Portella werden projiziert, die zeigen, wie die Opfer fallen.) Ich weiß nicht einmal, wer mich getötet hat. Ich habe einen stechenden Schmerz in der Brust verspürt, habe dann meine Hand daraufgelegt, eine warme Flüssigkeit gespürt, mein Blut… Zu sagen, jenes Blut sei wie eine rote Nelke oder wie die rote Farbe der Arbeiterfahne gewesen, ist, wie Gedichte zu schreiben. Das da war mein Blut, das war kein Gedicht: Blut einer siebenunddreißigjährigen Frau, Tochter aus dem Volk. Ich war in Portella für das Fest zum 1. Mai. (Szenen vom festlichen Anfang der Kundgebungen werden projiziert.) Ich wollte da sein, teilnehmen, mein persönliches Engagement mit meiner körperlichen

Anwesenheit unterstreichen… Stattdessen bin ich tot! Ja, ja, ich weiß! Meine Anwesenheit ist nun verewigt, dort auf den Hängen zwischen Pizzuta und Kumeta; doch wird mich das je über meinen verfrühten Tod hinwegtrösten und darüber, meine sechs Kinder allein gelassen zu haben? Versteht ihr? Sechs Kinder, sechs Mal eine strahlende Zukunft, die ich mir für sie erträumte? Stattdessen bin ich tot! Und diese vier Kinder aus San Giuseppe dort (*Zeigt auf sie.*), seht ihr sie, getötet, einfach so, im zartesten Alter? Ich habe diese armen Kinder an Kindes Statt angenommen: das Mädchen war neun Jahre alt, versteht ihr? – neun Jahre! – die Buben ein paar Jahre älter. Aber in was für einer Welt haben wir gelebt? In was für einer Welt lebt ihr denn noch, nach all dem, was passiert ist?

F. VICARI – (*Zum Dramaturgen*) Ich weiß nicht, was du dir zu schreiben vorstellst, aber kannst du mit Worten wiedergeben, was ich, genauso wie die anderen, in jenem Moment empfunden habe, als ich durchbohrt wurde? Der so starke Schmerz, wenn du merkst, wie dein junger Körper gebrochen wird, aber noch schlimmer der unendliche Schmerz darüber, gewaltsam, ich sage, gewaltsam, mit dreiundzwanzig das Leben zu lassen, wenn du noch alles vor dir hast, auch wenn die Zukunft ungewiß ist und wenn es wer weiß für wie lange zu kämpfen gilt, um in Würde von deiner Arbeit zu leben? Ich traue dir nicht zu, daß du einen Schauspieler findest, der meine Gefühle in dem Moment darstellen kann, in dem die Kugel oder die Kugeln, wer hat sie gezählt!, mir das Fleisch zerrissen! (*Weitere Bilder von Tumult und Tod aus den Filmen über Portella.*)

DRAMATURG – Aber genau deswegen halte ich es für unmöglich ein Drama zu schreiben, das, wie soll ich sagen, angemessen ist…

V. ALLOTTA – Ich war damals zwanzig. Sagt mir, ob es möglich ist, daß man mit zwanzig sterben muß! Ich hatte so große Lust, mit meinen Freunden und Kameraden zu feiern – und wer hat mit zwanzig nicht Lust zu feiern! – und das Fest bestand darin, gedünstete Artischocken zu essen, die ersten dicken Bohnen, ein paar Scheiben Käse, von einem Freund mitgebracht, weil wir sie nicht aus eigener Herstellung hatten. Meine Mutter hatte mir ein großes Brot gegeben, das wie ein runder Mond aussah: ein Brot, ein Kilo schwer! Ob ich geschafft hätte, es ganz zu essen? Zweifelt ihr? Und ob ich es geschafft hätte! Wenn ich die Zeit dazu gehabt hätte! Es kam mir vor, als würde das gesamte Gebirge in mein Fleisch eindringen! Fleisch eines gerade Zwanzigjährigen, allmächtiger Gott! Ein Flintenschuß ließ mich zusammenklappen! Ein einziger Gedanke kam mir in den Sinn: Wo ist meine Mutter? Ich dachte, meine Mutter würde im Stande sein, das Blut zu stoppen, das aus meinem Körper drang wie aus einer Quelle; ja, ich dachte wirklich an die Quelle „te Kroi i Badeut", denn dort quillt das Wasser so hervor!

G. CUSENZA – Ich war, als das ganze passiert ist, zweiundvierzig! Der älteste von allen, die mit mir hier sind! Wenn sie mich gebeten hätten, mein Leben für die Sache zu opfern, hätte ich wahrscheinlich nein gesagt. Stattdessen habe ich mein Leben wirklich geopfert. Daß mein Blut, so wie das meiner Freunde, dazu gedient hat, die Sache der Arbeiter vorwärts zu bringen, entschädigt mich für den Schmerz, den ich empfunden habe, als ich das Leben ließ. Ihr wollt über unsere Tragödie ein Theaterstück spielen. Ich weiß nicht, wofür das nütze sein soll. Ich möchte nicht, daß auch wir ein Teil der Feierlichkeiten werden, die man veranstaltet, um Piana als einen touristischen Anziehungspunkt auszuweisen. Ich will damit sagen: Wir sind ernst. Die eine Sache ist, Touristen für Ostern oder für Dreikönig kommen zu lassen, die andere, sie für den 1. Mai kommen zu lassen. Wir möchten nicht behandelt werden wie Bauwerke, die man besichtigt, sondern wie Personen, die den neuen Generationen noch etwas zu sagen haben.

S. LASCARI – Ich möchte gerne wissen, wie man mich als einen mit knapp fünfzehn Gestorbenen darstellen will! Aber ich war doch schon ein Mann, ein Arbeiter! Hat es einen Sinn, mit fünfzehn zu sterben?

DRAMATURG – Gerade deshalb denke ich, daß es schwierig ist, eure Geschichte angemessen zu inszenieren.

M. CLESCERI – Jedenfalls bedeutet Feiern oder Schreiben immer ein Sich-Erinnern an uns, die oben in Portella Gestorbenen. Selbst wenn die Zeitungen von diesem 50. Jahrestag sprechen, selbst wenn man weitere Bücher schreibt und weitere Filme darüber dreht, ist eine symbolische Blume, wie es etwa ein Theaterstück sein kann, ein Zeichen der Liebe. Siehst du, der Ginster, „unser Ginster", hat viele Blüten. Sie sind seit fünfzig Jahren auf seinen grünen Zweigen erblüht und mehr geworden; du würdest dem Ginster eine weitere Blüte hinzufügen… Wenn du nichts schreibst, ist das eine verpaßte Huldigung.

ANGELA – Aber wer kann eure Rolle spielen! Langsam denke ich so wie der Professor: Niemand wird bereit sein, eure Rolle zu spielen, vor allem die, auf der Bühne zu sterben, sei es auch nur zum Schein.

GIORGIA – Wenn man es so darstellt, ist das Problem schwer zu lösen. Wer kann denn auf einer Theaterbühne angemessen den Schmerz darstellen, den man darüber empfindet, das Leben lassen zu müssen, ich spreche hier nicht nur vom körperlichen Schmerz, sondern von dem erschreckenden, aus diesem Leben scheiden zu müssen…

MATTEO – Also machen wir nichts.

M. CLESCERI – Nichts, das wäre eine verpaßte Huldigung, nichts! Weshalb seid ihr Schauspieler denn dann gekommen?

ANGELA – Wir dachten nicht, daß es so schwierig sein würde, von euch zu sprechen...

GIORGIA – Wir hatten uns nicht in euch hineinversetzt…

M. CLESCERI – Ihr könntet euch nie in uns hineinversetzen, denn ihr spielt nur, doch dieses fiktive Spiel kann dazu dienen, auch auf einer Theaterbühne an uns zu erinnern.

MATTEO – Doch jetzt kann uns niemand von der Auffassung abbringen, die Schauspieler seien nicht geeignet…

M. CLESCERI – Ich denke, daß nicht einmal professionelle Schauspieler in der Lage wären, uns auf der Bühne darzustellen…

Ein Vorhang im Arbeitszimmer öffnet sich; der Anführer sitzt, neben ihm stehend der Bandit. Beide sind bewaffnet und maskiert. Überraschung bei allen anderen. Die Opfer des Massakers entfernen sich Richtung Hintergrund. Die Anwesenheit der beiden Banditen führt zu peinlichem Schweigen.

DRAMATURG, ANGELA, GIORGIA, MATTEO, ANFÜHRER, BANDIT

DRAMATURG – Wer seid ihr?

ANFÜHRER – Wer wir sind? Ich weiß es nicht. Das will ich von euch wissen.

DRAMATURG – Weshalb bewaffnet und maskiert?

ANFÜHRER – Wenn ich meine Rolle spielen muß, will ich inkognito bleiben.

DRAMATURG – Ich will niemanden inkognito. Zieht euch die Gesichtsmaske aus.

ANFÜHRER – Das können wir nicht. Wir wurden mit einer einmaligen Aufgabe betraut, die Geschick und Geheimhaltung verlangt; daher können wir nichts ausziehen. Neben den Getöteten müssen doch auch die Tötenden anwesend sein. Und wir sind die aus dem Hinterhalt!

DRAMATURG – Man kann kein Drama inszenieren, ohne zu wissen, mit wem man es zu tun hat! Und es ist nicht meine Absicht, auch nur irgendwas zu inszenieren; nicht mal zum Spaß würde ich euch erlauben, auf wehrlose Leute zu schießen!

ANFÜHRER – Wehrlos? Das sind keine wehrlosen Menschen! Das sind gefährliche Menschen. Das sind Menschen, die denken. Die vielleicht anfangen zu denkt. Aber die denken. Sie haben Gedanken, Ideen, Ideale! Das sind gefährliche Menschen! Ihre Zahl nimmt täglich zu, sie werden eine Menge, ein Volk, und ein Volk, das denkt, ist gefährlich! Ich habe eine sehr einfache Aufgabe: auf Ideen schießen! Wenn es mir gelingt, in den Kopf der Menschen zu schießen, ist das noch besser; denn dort sitzt das Zentrum der Gedanken!

DRAMATURG – Wer seid ihr nun, Schauspieler oder Personen? Von deiner Art, wie du sprichst, scheinst du mir zu überzeugt von dem, was du machen wirst!

ANFÜHRER – Ich habe meine Rolle gut gelernt. Ich bin Schauspieler, wenn ich für jemanden anderen agiere, und Person, wenn ich für mich agiere!

DRAMATURG – Und in diesem Fall?

ANFÜHRER – Ich bin eingeladen worden, dem Volk oben in Portella della Ginestra eine Lektion zu erteilen. Sie haben mir geraten, in die Luft zu schießen, um einzuschüchtern, denn Gewehrsalven schüchtern alle ein. Natürlich kann es schon passieren, daß die eine oder andere Kugel die Menge trifft, haben sie mir gesagt. In die Luft schießen! Was hat das für einen Sinn? Ich sollte der Schauspieler sein, der in die Luft schießt: Pif, paf! Und das sollte es gewesen sein? Ich möchte das meinige dazu beitragen! Dieses Pack hat nichts Besseres verdient! Ich postiere mich also auf dem Grat von Pizzuta und lasse gut zielen! Das wird ein 1. Mai nach meinem Geschmack! (*Projiziert wird die Filmszene mit Banditen, die in Position gehen.*)

DRAMATURG – Zieht die Masken ab!

MATTEO – Sie können nicht. Das Böse hat kein Gesicht!

ANGELA – Zu bequem; das Böse hat ein Gesicht, was mit anderen Worten bedeutet: das Böse ist eine reale Person! Ob nun er es ist, der aus eigenem Antrieb das Böse erzeugt, oder ob er nur einer ist, der ausführt, ich denke nicht, daß das viel ändert.

GIORGIA – Das stimmt; doch wer hat nun mehr Schuld am Bösen, das getan wird, der Ausführende oder der Auftraggeber?

MATTEO – Es scheint mir logisch, daß der Auftraggeber mehr Schuld hat! Er ist es, der befiehlt; der andere führt nur aus, was ihm vom Auftraggeber befohlen worden ist! Wenn einer nur den Ausführenden verurteilt, kann der Auftraggeber einen anderen Ausführenden beauftragen; die Wurzel des Bösen ist also der, der befiehlt!

ANFÜHRER – Mir sind große Versprechungen gemacht worden: ich wiederhole, sie haben mich eingeladen, etwas zu machen, aber ich möchte das meinige dazu beitragen. Ist das klar?

DRAMATURG – Ich habe nicht die Absicht ein Drama zu schreiben mit Personen, die sich das Gesicht bedecken, die ihre Gesichtsmaske nicht ausziehen wollen!

ANFÜHRER – Ja und? Wer, meinst du, soll die Gesichtsmaske ausziehen! Vielleicht wird ja die Geschichte eines Tages in allen Einzelheiten aufgeklärt; wer hat diese Rolle gespielt, wer jene! Aber so etwas macht man nie offen! Angenommen, du entdeckst die Auftraggeber nach hundert Jahren! Wofür würde das nützen? Dafür, die Geschichte zu beschönigen? Und wird man denn je die Auftraggeber finden? Was hier und jetzt zählt, ist das faßbare Ergebnis der Schießerei: ein paar Tote, und das Volk ist aufgehalten! Auch wenn die Wahrheit in hundert Jahren ans Tageslicht kommt, nützt sie doch nur dafür, die Geschichtsbücher schön zu machen! Wenn die Wahrheit vielleicht in zehn Jahren aufgedeckt würde, könnte das schon ein gutes Ergebnis bringen, in hundert Jahren nützt sie nichts mehr!

DRAMATURG – Meine Damen und Herren, ich hätte ein paar Aufgaben zu erledigen, ich würde gerne die Diskussion hier beenden!

MATTEO – Machen wir nichts?

DRAMATURG – Bist du bereit, auf der Bühne – wo auch sonst? – auf der Bühne die Rolle des Banditen zu spielen, der auf eine feiernde und wehrlose Menge schießt!

MATTEO – Ehrlich gesagt, nein!

DRAMATURG – Wo finde ich dann die Schauspieler? Niemand will die Bürde – oder auch die Ehre –, die Opfer zu spielen, ihre Qual, ihre Angst darzustellen, kurz davor zu sein, sterben zu müssen, die Angst, nicht in einer gerechten Welt gelebt zu haben, sechs Kinder ohne Halt und in zartem Alter verlassen zu müssen? Niemand will die Rolle des Angreifers übernehmen, der wohlüberlegt auf wehrlose Menschen schießt! Könnt ihr mir etwa sagen, wie man ein Stück ohne Schauspieler aufführen soll?

Der Vorhang schließt sich wieder, der Anführer und der Bandit verschwinden, während die Opfer wieder auftauchen.

DRAMATURG, ANGELA, GIORGIA, MATTEO, DIE OPFER

M.CLESCERI – Was tut ihr?

ANGELA – Nichts!

G. MEGNA – Wir können euch ein paar Ideen zu den Momenten geben, die dem Massaker vorausgingen, und sicher kann das niemand besser illustrieren als wir; von den Momenten danach wissen wir nichts; da waren wir schon tot...

G. CUSENZA – In den Morgenstunden des 1. Mai war der Himmel wie fast immer an jenem Tag: blau mit zarten weißen Wölkchen, nur nicht am Horizont. Als ich gerade meinen Kopf zum Haus hinaus streckte, um zu sehen, wie das Wetter war, grüßt mich verwirrt eine Frau aus der Nachbarschaft, noch ganz verschlafen, und erzählt mir von dem Traum, den sie gerade gehabt hat; man weiß ja, daß die Träume vor dem Morgengrauen wahr werden! Das jedoch erkannte ich erst später. Ich bin kein abergläubischer Mensch, weit gefehlt! Doch die Nachbarin erzählt mir von ihrem Traum: sie hatte vom riesigen Gesicht des Pizzuta geträumt, das ganz eingehüllt war von der Nacht – ihr wißt ja, wie schwarz der Pizzuta in mondlosen Nächten sein kann – und von Lichtchen, die sich da und dort entzündeten, ich glaube, sie sprach von Kerzen; Flämmchen entbrannten, so als ob eine riesige Hand mit einem Feuerzeug sie erst am zerklüfteten Felsen, dann an den Flanken, dann beinahe oben auf dem Gipfel anzünden würde; der Pizzuta als Friedhof also, so wie am 2. November, wenn die Frauen für die Toten Lichter anzünden! Die Nachbarin fleht mich an, nicht nach Ginestra zu gehen und niemanden anderen dorthin gehen zu lassen; sie hatte bereits Mann und Kinder beinahe davon überzeugt zu verzichten. Doch wer glaubt schon an die Träume der Frauen! Auch ihr Mann und die Kinder gingen nach Portella, so wie alle, die das Fest zum 1. Mai organisiert hatten. Vielleicht wußte jemand in Piana, was passieren würde. Die Stimmung von Angst und Unsicherheit, ausgelöst von den politischen und sozialen Kämpfen in jenen Jahren, war es jedoch, die annehmen lassen konnte, daß in Portella etwas passieren würde. Ich nahm den Traum der Frau jedenfalls nicht ernst. Ich beendete schnell die Vorbereitungen und begab mich zur verabredeten Stelle...

F. VICARI – Es war schön, all die Menschen in Aufstellung zu sehen, zu sehen, wie sich die Hauptstraße fast vom Kreuz dort unten füllte, die einen rittlings auf herausgeputzten Maultieren, die anderen zu Fuß, mit Festtagskleidung, zu sehen, wie sie erst Richtung Platz, dann die Straße entlang hochkamen, die nach Ginestra führt. Und dort in Portella della Ginestra kamen die Arbeiter aus den Nachbargemeinden dazu; sie kamen aus San Giuseppe Jato hochgezogen, aus San Cipirello, aus Partinico und trafen dort die anderen Kameraden. Denn wir fühlten uns alle wie Brüder, vereint durch ein gemeinsames Los: wir aus Piana, Albaner, die aus den Nachbardörfern, Slowenen, die dafür kämpften, die Lebensbedingungen aller zu verbessern, da es doch, wenn man von Arbeit und Beschäftigung sprach, keine Privilegien des einen Ortes gegenüber einem anderen gab; wir waren alle in derselben Situation. Die dominierende Farbe war rot, die roten Fahnen der Arbeiter; doch nicht alle waren Kommunisten oder Sozialisten; es gab nämlich noch keine Trennung und die Menschen zogen nach Portella hoch wie für eine Landpartie. Und es waren alle dabei, Alte und Junge, Männer, Frauen, Kinder…

G. MEGNA – Ich hatte meinen neuen Anzug angezogen; ich hatte nur diesen, doch für mich war das das wichtigste Fest des Jahres, so wie Ostern! Wer nach Ginestra Artischocken getragen hatte, stellte sie allen zur Verfügung, so wie das Brot vom Dorf und die anderen Sachen; es war wirklich eine fröhliche Landpartie! Ich war etwas entfernt vom Barbato-Felsen, auf den die hochstiegen, die eine Rede halten sollten. Stellen wir uns, Freunde und Kameraden im Tod, genau so auf wie im Moment der Reden, bevor sie zu schießen begannen. (*Fordert die anderen Opfer auf, sie hier und da aufzustellen.*) Wenn euch also die Ergriffenheit des Moments davor und danach inspiriert… (*Der Film vom Anfang der Reden wird projiziert.*)

M. CLESCERI – Ich stand vielleicht ungefähr so zum Barato-Felsen und hörte dem Sprecher zu…

V. ALLOTTA – Ich muß hier gewesen sein, auf der Seite vom Pizzuta. Als sie schossen, kamen die Schüsse vom Pizzuta.

S. LASCARI – Mir kam es so vor, als kämen sie vom Kumeta; doch vielleicht war das nur das Echo der Schüsse. Einige sagten, es seien wohl fröhliche Böllerschüsse, doch das sagten die aus den Nachbardörfern, die Ladiner. Und jemand vom Festkomitee konnte sich nicht erklären, um was für Böllerschüsse es sich handelte, weil kein einziger Böllerschuß vorgesehen sei und weil er vom Komitee nichts davon wisse! Und zudem hatten die Reden eben erst begonnen…

F. VICARI – Auch ich war auf der Seite vom Pizzuta; ich konnte mir all diese Schüsse nicht erklären. Anfangs dachte ich, es seien ein paar Jäger, wunderte mich darüber, daß es Leute gab, die vom Fest profitierten, um auf die Jagd nach ein paar Kaninchen zu gehen…

V. ALLOTTA – Dann kam der Weltuntergang! So wie der Gewittersturm das reife Korn im Juni wütend packt und es knicken läßt und platt macht, so bog sich die Menge und stob auseinander! Ich sah jedoch nur das… dann wurde ich getroffen. (*Filmszenen vom Tumult nach den Schüssen werden gezeigt.*)

Die Opfer begeben sich an den Rand der Bühne, während der Anführer und der Bandit, die hinter dem Vorhang hervorgetreten sind, nebeneinander auftreten.

DRAMATURG, ANGELA, GIORGIA, MATTEO, ANFÜHRER, BANDIT

ANFÜHRER – (*Maskiert wie der Bandit, das Gewehr schußbereit*) Wir hätten sie zu Hunderten abknallen können, das Spiel für immer beenden, aber wir sollten ja nur eine Lektion erteilen! Diese Lektion tötet ein paar und macht die anderen gefügig! Ich sagte immerzu „schießt, schießt, schießt" und die Schüsse flogen hinab wie Hagel…

(Auf der Leinwand werden Bilder von schießenden Banditen gezeigt, die aus den Filmen stammen.)

DRAMATURG – Ich mag Gewalt überhaupt nicht, auch nicht auf einer Theaterbühne! In Portella habt ihr auf wehrlose Menschen geschossen!

ANFÜHRER – Und war das ihrige keine Gewalt? Die Menge ist Gewalt! Ihre Predigten, ihre Reden waren Gewalt! Fordern, fordern, fordern! Wir wollen das, wir wollen jenes!

DRAMATURG – Das ist nicht das gleiche; die Kraft der Ideen, die man anderen Ideen gegenüberstellen will, stärkt die Demokratie!

GIORGIA – Ich bin auch der Meinung, daß dies ein Drama ist, das man nicht aufführen kann! Die Angreifer sind immer noch maskiert; welchen Beitrag zur Wahrheitsfindung kann ein Drama leisten, bei dem es unter den Protagonisten Maskierte gibt! *(Der Anführer und der Bandit verschwinden langsam.)*

MATTEO – *(Zum Dramaturgen)* Ich verzichte auf meine Idee, etwas über Portella schreiben zu lassen. Und außerdem, wie viele Portellas hat es denn in den letzten fünfzig Jahren italienischer Geschichte gegeben! Wie viele Massaker mit weit mehr Opfern als in Portella sind in Italien verübt worden! Die Liste ist unendlich lang!

DRAMATURG – Und doch hat das Blut der Märtyrer unsere Demokratie gestärkt! Wenn wir heute kultivierter sind, verdanken wir es dem Opfer derer, die als unfreiwillige Helden gestorben sind, Menschen aus dem Volk, nach Gerechtigkeit dürstend! Auch die anderen, die in den Massakern der letzten fünfzig Jahre gestorben sind, haben uns eingeschüchtert, aber vielleicht, weil Portella della Ginestra eines der ersten war und weil es uns so aus nächster Nähe berührte, ist die Erinnerung daran immer noch wach und spürbar!

ANGELA – „Glücklich das Land, das keine Helden nötig hat" – sagte jemand, an dessen Namen ich mich nicht erinnere.

GIORGIA – Doch leider gab es Helden und wird es wohl immer geben, solange der Mensch – mir scheint, ich sage da einen Gemeinplatz – des Menschen Wolf ist, und ich bitte den Wolf um Entschuldigung![3]

DRAMATURG – Also, dann machen wir nichts; ich glaube, keiner möchte, sei es auch nur zum Schein, in die Haut derer schlüpfen, die Opfer waren, oder in die Haut der Angreifer. Mir scheint, das einzige, das heiterste, was wir machen können, ist, uns zu einer offiziellen Gedenkfeier zu versammeln, die in der heroischen Idealisierung den wahren Schmerz der Opfer, sowohl den körperlichen als auch den moralischen, abmildert. In Anbetracht der Tatsache, daß es mir nicht möglich ist, einen derartigen wahren Schmerz auf die Bühne zu bringen, werde ich eurer Aufforderung nicht folgen, über die Martyrien von Portella zu schreiben.

ANGELA – Jedenfalls wird die Erinnerung an unsere Mitbürger und an die Buben aus San Giuseppe Jato ewig sein, ewig fast wie die fast menschlich anmutenden Steine dort auf dem Platz von Portella.

GIORGIA – Mehr als Gedenkfeiern liegt mir am Herzen, daß so etwas wie Portella nie mehr geschieht!

MATTEO – Wir müssen stark sein in der Hoffnung.

Die Schauspieler und der Dramaturg stellen sich an den Rand der Bühne. Die Opfer von Portella sowie das Mädchen und die drei Buben aus San Giuseppe Jato treten lächelnd Hand in Hand bis zum Proszenium vor, während auf der Leinwand die Landschaft um Portella della Ginestra erscheint, so wie sie heute ist.

[1] Der Titel des Einakters lautet im Original „Ha molti fiori la ginestra", ist also doppeldeutig, da damit auch auf den Namen des Ortes angespielt wird, an dem die Ereignisse stattgefunden haben: Portella della Ginestra. (Anm. d. Ü.)

[2] Am 1. Mai 1997 jährte sich zum fünfzigsten Mal der Jahrestag des Massakers von Portella della Ginestra. Fünfzig Jahre zuvor waren bei den Feierlichkeiten zum Tag der Arbeit 11 Personen, darunter Kinder und Frauen, von Unbekannten aus dem Hinterhalt erschossen, 27 Menschen zum Teil schwer verletzt worden. Bis heute besteht keine Klarheit über die Hintergründe der Tat, man vermutet politische Motive. In einigen Quellen wird Salvatore Giuliano als der Bandit genannt, der im Auftrag einer neofaschistischen Bewegung auf die Festgemeinde geschossen haben soll. (Anm. d. Ü.)

[3] Für diese Gleichstellung mit dem Menschen! (Anm. d. Ü.)

(Übersetzung: Susanne Zieglmeier)

Galicisch in Spanien

Galicisch ist die Sprache von ungefähr 2,5 Millionen Menschen im Nordwesten der iberischen Halbinsel. Sie bilden die Mehrheit der Einwohner der autonomen Region Galicien. Es ist eine romanische Sprache, die vom Lateinischen abstammt, und deren erste Zeugnisse juristische und lyrische Texte aus dem 12. Jahrhundert sind. Bis zum 14. Jahrhundert gehören Galicisch und Portugiesisch zusammen. Zwischen dem 16. und dem 18. Jahrhundert verschwindet die galicische Sprache praktisch aus den geschriebenen Texten und erst gegen Mitte des 19. Jahrhunderts kommt es zu einer Wiedergeburt der galicischen Sprache und Kultur. Das Galicische wird zwar 1936 als Amtssprache Galiciens anerkannt, doch verhindert der spanische Bürgerkrieg die Inkraftsetzung des Autonomiestatuts, in dem diese Anerkennung festgeschrieben ist. Erst mit der Verfassung von 1978 werden die Voraussetzungen dafür geschaffen, daß das Galicische, das 1981 zur zweiten Amtssprache der Region neben dem Kastilischen erklärt wird, diesem Status auch in der Praxis gerecht werden kann. Den Zahlen der *Xunta*, der Regierung der autonomen Region, zufolge, sprechen 83% der galicischen Bevölkerung Galicisch, 46% lesen und 27% schreiben in dieser Sprache. In den letzten Jahren wurden zahlreiche Werbekampagnen durchgeführt, um der Verwendung des Galicischen ein größeres Ansehen zu verschaffen, weshalb auch die Zahl der Verlage, die auf Galicisch veröffentlichen, gestiegen ist. Seit 1994 gibt es eine ausschließlich in dieser Sprache verfaßte Tageszeitung, *O Correo Galego*, und seit 1984 einen Radio- und Fernsehsender der autonomen Region.

Ana Romaní

Knoten

1
Es legt sich
mitten auf das Kissen

diese geheimnisvolle Frau
sich hinabstürzend
hält sie das Licht
um die Wunde zu beleuchten
die Decken
in zwei Hälften zu teilen

Schau aufgequollener Bauch
ihre harte Schwangerschaft
einer Versehrten

2
Das Seil spannen
am Tau ziehen

bis es reißt

wer wird sich an den Mast hängen?

3
Diese Frau
die sich aus dem letzten Stockwerk hängt
jenseits des Gerüstes
um mit ihrem Schwindel zu reinigen
die Spuren der Angst
die Flecken des Fetts

4
Grausame Fata Morgana
die Wüste, die sie erkundet.
Sie reißt die Eingeweide aus
gräbt in der trockenen Erde namenloser Stummheit
- welche Kehle ist die ihre? -
sie gräbt mit den Händen
in die Stille verstrickt
sie gräbt

Für sich selbst die Trauer:
graben und Bildnisse keltern
ihren Saft des Zorns trinken
so die Täuschung entdecken

5
Die Gewohnheiten des kleinen Mädchens, das im Dezember Sandalen
anzieht,
die nicht fragt und nicht weiß und nicht wissen will
die nur mit grausamer Gleichgültigkeit an Stalaktiten leckt
welche die Tage in ihrem Prinzessinnenalbum zurücklassen
Das Entwirren dieser Frau
und ihr Sprung ins Leere
wie als sie mit Puppen spielte und wuchs und beim Seilspringen zu spät
sprang
wie als die Stunden zerbrachen und ihr die Flüsse über die Ufer traten
die in ihr floßen

6
Eines Tages träumte ich, ich sei, und ich ließ die Ballons platzen
jetzt lasse ich die Luft aus meiner Versehrtenschwangerschaft
und lege Mull in die Löcher im Fundament

(Übersetzung: Hartmut Nonnenmacher)

Xavier Rodríguez Baixeras

Mit Gelassenheit[1]

Von nun an werden deine Lippen nicht mehr aus Sand sein
und auch nicht deine Brust, und die wohlriechenden Felsen
werden sich bei Ebbe nicht mehr wie Fäuste öffnen.
Aus dem Grund deines Kelchs eitert schwarzer Bodensatz.

Katastrophe, die den hartnäckigen Angriff aufstachelt
der Exkremente, die liebkost werden von deinen Fürsten
wenn sie die veränderbare Windrichtung erfinden,
wenn sie, peinlich berührt, den Glanz des Todeskampfes betasten.

Schwarze Welle, düsterer Schaum, dies ist deine Zukunft
als ins Exil irgendeines weißen Brunnens gestürzter Stern,
Stimme eines vergifteten Vogels, Tintenfleck von uns, die wir schreiben,
mit Verzweiflung, unbedeutender und ekelerregender Vers.

An dir stranden dunkel die Wörter, hallt wieder
die Membrane der Nacht, die Trauer und die Stille
die sich ergossen hat über die Schiffe, welche befleckt sind von der Tinte
des mit Gelassenheit Geschriebenen, des Fruchtlosen, des Überflüssigen.

[1] Ende 2002 suchte eine große Ölpest die Küste Galiciens heim.

(Übersetzung: Hartmut Nonnenmacher)

Chus Pato

Herablassende Schwäne, wie Eisberge

Zu Meer die Schiffe, die unerklärlichen Gezeiten, die seltsamen Wale
das Nachdenken der Philosophen über den Kosmos in dem zu den Kykladen
                          hin offenen Garten
die Prophetinnen des Ozeans
die Schiffe nach Armorika, Cornwall, Wales, Irland, Schottland
die Epigramme der Thermalquellen von Ourense
die nestorianischen Klöster, die Zypressen von Sallust
die Eleganz einer Säulenhalle in einer unbewohnten Landschaft
das schwarze Blut, das rot wird im Kerker zu Trier
die Lehre der Äonen: Eucrocia, Procula, Urbica, Hypatia, Trahamunda,
                          Egeria
Die Fische des Miño mit zukunftsverkündenden Buchstaben und Zahlen
die Schreckensherrschaft, die romantische Verzweiflung am Ende
das Herz von Bruce, dem König
BE TOM ATRON SAMBIANA, ATRON DE LABRO
die Ebbe am brasilianischen, kongolesischen, hindustanischen, malaiischen
                          Äquator
die Verwandlung von Adonis-Atis
die Tänze von Damen
die Politik
die Wissenschaft
die Amtseinführungen
der Reichstag
die Tiara mit drei Kronen
Des Golfstroms rasche Strömungen
die wilden Sandbänke, die rauhe Brandung

So stelle ich mir das Paradies vor
das Paradies ist ein umzäunter Ort
ins Paradies gelangt man durch Osmose
im Paradies sind die Tauben und das Netz, das dazu dient, Tauben zu fangen
es gibt dort Vegetation
es kann eine Einöde sein
ein Buch
ein Weg
  - jedenfalls wird man immer in einem fremden Land geboren

dann ist der Stern zwei
Irdisch
viereckig
vier

(Übersetzung: Hartmut Nonnenmacher)

Arabisch in Spanien

Arabisch ist unter den heute noch lebenden Sprachen eine der ältesten und wird von 200 Millionen Menschen in der ganzen Welt gesprochen. Es ist die Amtssprache vieler Länder im Norden Afrikas und im Orient, in denen die gleiche Schriftsprache verwendet wird, wenngleich sich die Dialekte des gesprochenen Arabisch stark voneinander unterscheiden. Die ersten Zeugnisse dieser semitischen Sprache, die von rechts nach links geschrieben wird, finden sich im vierten Jahrhundert auf der arabischen Halbinsel. Sie hat über die Jahrhunderte hinweg eine reichhaltige literarische Tradition ausgebildet. Das Arabische war vom achten bis zum fünfzehnten Jahrhundert die Sprache eines Teils der Bevölkerung der iberischen Halbinsel und es hat eine tiefe Spur im Spanischen hinterlassen, nicht nur hinsichtlich der Ortsnamen sondern auch im Alltagswortschatz. Heutzutage sind die Arabischsprecher in Spanien in jüngerer Zeit zugewanderte Immigranten. Den Zahlen des Innenministeriums für 2001 zufolge leben in Spanien 1,1 Million gemeldete Ausländer, die 2,5 % der Gesamtbevölkerung darstellen. Die größte Gruppe unter ihnen bilden die Marokkaner (234937). Deshalb sind ein Großteil der geschätzten 300000 Arabischsprecher in Spanien heute Einwanderer aus Marokko, die vor allem seit Anfang der neunziger Jahre nach Spanien gekommen sind (vor einem Jahrzehnt gab es erst 20000) und mehrheitlich wenig qualifizierte Arbeiter sind. Die Zahlen gemeldeter Ausländer aus anderen arabischsprachigen Ländern wie Algerien, Tunesien, Ägypten, Syrien, Libanon oder Irak fallen sehr viel geringer aus.

Abdulhadi Sadoun

Panzermatten

Wie pazifistisch die Leute hier sind,
sie halten einem beide Backen hin,
wenn sie mehr hätten, würden sie sie
ihrem Schicksal hinhalten;
währenddessen suchen deine Lippen
Wörter, an die sie sich erinnern.

Hier
ist den Leuten die Bosheit unbekannt.
Es ist besser, daß sie sich in den Käfig ihrer Langeweile sperren
- mir ist ihre Sanftmut sogar lieber -
denn sie haben keine Erfahrung mit Kriegen.
Es ist, als ob Spielberg nicht mit seinen Dinosauriern
bei ihnen eingefallen wäre.
Sie sind nicht für Kubricks Tuniken verblutet.

Ich sage ihnen:
Ach, wie intelligent Sie sind.
Und ich suche Schutz unter ihren Regenschirmen.

Hier
lacht man viel, ohne Angst,
sie fassen meinen Bart an, der gewachsen ist,
und lachen laut:
- Erzähl uns etwas über das, womit du dich auskennst, über deine Matten
M...A...T...T...E...N.
Und sie ziehen das Wort in die Länge wie ein ausgebreitetes Tuch.

Die Leute hier
verwechseln mich mit einem Schwätzer
und sie tragen mich, freundlich,
gütig,
auf ihren Armen.

(Übersetzung: Hartmut Nonnenmacher)

Talat Shahin

Der Stern fiel aus deiner Hand

Für den Dichter Amal Dunqul

Ich sehe auf deiner Brust das geronnene Blut
in der Pupille des Sterns der Nacht,
Traum und Blut im Hohlweg des Tals.
Du ..., gefallen,
        ermordet am Mittag.
Die Kanäle des Nil weinen um dich,
        die Sonne,
                die Bäume.
Du bist das Versprechen, das sich verbreitet hat,
du..., die besiegte Zeit.

***
Blicke nicht zurück,
der Stern ist gefallen.
Er fiel aus deiner Hand,
        um sich an seine Brust zu heften.[1]
***
Deine Gattin wärmte mich in der Nacht,
deine Farbe schmerzte mich in ihren Augen,
beunruhigte mich.
Ich vergaß das trockene Brot,
die Salzschicht
auf vom Durst der Wüste trockenen Lippen.

***

Deine Farbe schmerzte mich in ihren Augen,
deine Wunde umfing mich, als wir uns liebkosten,
                              sie war klebrig.
Ich fliehe vor dir, da ich dich spüre zart in ihrer Brust
                              gezeichnet in die Tätowierung der Nacht,
Ich fliehe, da ich dich spüre als laufendes Kind,
wie du das Salz der Wüste sammelst,
den Stern des Meers und die Mähnen der Pferde.

***

Nun ist Winter
deine Wunde verblutet,
              zittert,
              zeichnet ein Kind,
              schreibt Verse,
                      ein Volk.
Es öffnet sich der Schleier der Nacht
und singt für die Stille.

***

Als du gingst,
              verbargst du da nicht dein Gesicht vor der Stille?
        oder schwammst du in der toten Zeit?

***

Blicke nicht zurück,
der Stern ist gefallen,
er fiel aus deiner Hand,
        um sich an seine Brust zu heften.

[1] In dem Gedicht treten zwei Personen auf: der tote Dichter und eine zweite Person. Deren Identität bleibt in den Versen verborgen. Es handelt sich um den ehemaligen ägyptischen Präsidenten Sadat, von dem man sagt, er habe den Krieg von 1973 nicht begonnen, um die von Israel besetzten ägyptischen Gebiete zu befreien, sondern um sich einen Orden anzustecken. Er selbst erfand ihn und er wurde damals "Stern des Sinai" genannt. Er trug ihn, als er im Oktober 1981 ermordet wurde, nachdem er Tausende ägyptischer Intellektueller ins Gefängnis hatte werfen lassen, unter denen sich der Dichter Amal Dunqul befand, der einige Monate später starb.

        (Übersetzung: Hartmut Nonnenmacher)

Mahmud Sobh

Mühle der Sehnsucht

Für meinen Sohn Tarek

Ach, Toledo... Toledo...
Hier bin ich: Vor Anker gegangen in deinem Festungsgraben,
gespannt darauf, dich kommen zu sehen
um mich aus den Klauen der Zeit zu retten,
aus der zähflüssigen Erde.
Noch warte ich auf dem Grund der Schlucht,
ohne eine Hand, die sich mir entgegenstreckt;
ohne mehr zu sehen
als deine von fern schimmernden Masten,
wie ein Feuer auf dem Gipfel.
Öffne mir, Insel aus Licht,
und sei es auch nur für einen Augenblick,
den Tempel
und die Häuser des Herrn.
Sohn Galiläas! Seit meiner Geburt
trage ich das Kreuz
und gieße Golgatha mit meinem Blut.

Ach, Toledo... Toledo...
Ich habe Durst.
Gibt es keinen Tropfen, der mich erquickt?
Mein Garten, dort, in Galiläa,
ist nicht mehr mein Garten,
und mein Krug ist seit langem schon trocken.
O Hafen der Geschichte
meine Geschichte endete
als ich meinen Namen vergaß.
Nimm mich auf in deinen Schoß
in den Wogen treibend.
Umarme mich.
Sie haben mir verboten
den Geschmack der Heimat,
den Wein der Liebe,
die Wärme des Heims.
Erbarme dich meiner.
Ich bin wie die Mühle des Mauren in deiner Aue.
Mühle der Sehnsucht.
Mühle von La Mancha,
ohne Flügel
und ohne Wasser.

Ich bin eine Frage,
Antlitz des traurigen Ritters.

Ein sinnloses Problem.
Als ob der Tajo selbst
aus Angst vor dem Ertrinken
zu deinen Füßen zum Armreif würde.

Ach, Toledo... Toledo...
Als du mich unter deinen Bögen hindurchgehen ließt
da war jeder Bogen wie eine Klinge.
Und ein Damaszenerschwert
von der Farbe der Traurigkeit von Damaskus
jede Ecke.
Deine Lampen
erdolchten mich
mit haßerfüllten Blicken.
Mein Schatten ließ mich im Stich,
und ich folgte ihm.
Doch er kam mir hinterhergerannt.
Die Hand des Christus der Aue schwor,
daß er mich nie gesehen hatte,
daß er nie meine Geschichte hörte,
daß ich nicht das Kreuz auf mich nahm wie Er,
nicht einmal einen einzigen Tag,
daß ich die Last meiner Tragödie nicht ertrug
und Galiläa nie betrat.
Denn ich wurde nicht zur Erde
meiner Heimat.

Ach, Toledo... Toledo...
Ich stehe am Rand des Todes!

Ach, Toledo... Toledo...
Hier bin ich: Vor Anker gegangen in deinem Festungsgraben,
gespannt darauf, dich kommen zu sehen.
Hier bin ich,
wieder mit der Komödie.
Ich komme zu dir
Nazareth.
Wo ist mein Grab?

Wie verloren ist der
der sein Heim verlor!

Ach, Toledo... Toledo...

(Übersetzung: Hartmut Nonnenmacher)

Information über Amazigh (oder die Sprache der Berber)

Die *Amazigh* (auf Deutsch meist Berber genannt) sind das Volk, das vor der arabischen Invasion im siebten Jahrhundert Nordafrika bewohnte, in einem Gebiet, das von den kanarischen Inseln und dem Atlantik bis zur Westgrenze Ägyptens und vom Mittelmeer bis zu den Flüssen Senegal und Niger sowie dem Tibesti-Massiv im Süden reichte.

Die *Amazigh*-Sprache wird noch von großen Gruppen in Marokko (mehr als 50 % der Bevölkerung) und in Algerien (ungefähr 25 %) gesprochen. Es gibt hier sogar Gebiete, in denen die gesamte Bevölkerung *Amazigh* spricht.

Die Gesamtzahl der Sprecher beläuft sich auf ungefähr 20 Millionen, wenngleich die Statistiken unzuverlässig sind, weil die Sprache keine offiziell anerkannte Amtsprache ist. Auf *Amazigh* heißt die Sprache "tamazic" (die Bezeichnung für die Sprecher ist "amazighen", was "freies Volk" bedeutet). Es handelt sich um eine hamito-semitische (oder afroasiatische) Sprache, die hinsichtlich der Phonetik und der morphologischen Struktur manche Gemeinsamkeiten mit dem Hebräischen und dem Arabischen aufweist, hinsichtlich des Wortschatzes jedoch diesen Sprachen sehr fern steht.

Der Einfluß des Arabischen ist im Norden stärker spürbar als im Süden. Als Folge einer langen Phase der Romanisierung läßt sich auch ein Einfluß des Lateinischen feststellen.

Es gibt verschiedene Ausprägungen des *Amazigh*: Im Norden Marokkos das Rifkabylische (oder *Tarifit*, mehr als zwei Millionen Sprecher) und das Kabylische (oder *Taqbailit*) im Norden Algeriens. Im Süden finden wir *Tamazight* und *Tachelhit* (das Araber und Franzosen als *Chelha* bezeichnen). Im Saharagebiet finden wir das von den Tuareg gesprochene *Tamaschagh*.

Das *Tachelhit* ist die Sprachform mit der größten schrift- und literatursprachlichen Tradition: Von ihm sind Texte in arabischer Schrift aus dem 16. Jahrhundert erhalten.

Das Kabylische (oder *Taqbailit*) erfährt gegenwärtig durch die Herausgabe von Zeitschriften und Büchern eine stärkere Förderung und kann sich auf auf ein stärkeres gesellschaftliches Engagement zu seiner Verteidigung stützen. Der größte Teil der nordafrikanischen Einwanderer in Europa stammt aus dem Rif-Gebiet und spricht Rifkabylisch (*Tarifit*).

Gegenwärtig wird Amazigh vor allem im lateinischen Alphabet geschrieben. Für symbolische Verwendungen greift man in zunehmendem Maße auf *Tafinagh* zurück. *Amazigh* ist in Niger und Mali (wo die Tuareg leben) eine offiziell anerkannte Sprache. In Marokko, Algerien, Tunesien, Libyen, Mauretanien und im Tschad ist die *Amazigh*-Sprache nicht offiziell anerkannt. Aufgrund dieser Lage ist eine Bewegung zur Verteidigung der Sprache entstanden. Als Folge verschiedener Ereignisse im Jahr 1995 wird in Algerien ein "Hochkommissariat für die *Amazigh*-Kultur" gegründet. Ziel ist es, dieser Kultur zu der ihr gebührenden Anerkennung als einem der wesentlichen Bestandteile der algerischen Kultur zu verhelfen.

In Katalonien, der Gegend um Valencia sowie in anderen Gebieten Spaniens haben über Jahrhunderte hinweg Angehörige der *Amazigh*-Kultur gelebt.

Karim Zouhdi i Mahmoudi

Candixa

In einer endlos scheinenden Nacht
kleidete das Universum sich in wunderbare Gewänder
Genäht waren sie mit Fäden aus Halbdunkel und Gazellenhörnern
aus Sternen gemachten Steinen und echtem Silber.
Die Bäume schwiegen und das Meer zog sich zurück.

Die Blitze zwinkerten und die Donnerschläge stritten
Die *jujus* sind Freudenschreie und auch ein geheimnisvoller Laut.
Der Boden bebte und die Berge bewegten sich
Es erschien *Candixa*, galoppierend auf einem einzigen Fuß
Ketten zog sie hinter sich her und sie trug eine Last,

Voller Jenseitsknochen aus den Bergen war sie
Voller Hautfetzen und Flußleichen.
Die Menge erhob sich, die Jungen wie die Alten
Die Frauen tragen auf ihrem Rücken ihre Kinder.
Angesteckt wurden die Kerzen auf den Felsen

Und es erschien die Braut mit ihren besten Schmuckstücken,
Mit einem Gürtel voller Salz und Rauten.
Tanzend und ein wunderbares Lied singend
Mit sanfter Stimme zum Takt der Flötenmelodie
Candixa erschrak und floh zu einem Hügel

Feuer spie ihr Mund und ihr Leib kochte
Mit Ziegenfüßen und Wollfell
Ihre Augen funkelten wie glühende Kohle
Ihr Mund war so groß wie der zunehmende Mond.
Ihr Haar war an den Schwanz gebunden

Wie an ihren Schwanz gebundene Ketten.
Die Ältesten versammelten sich,
Opferten ein Lamm und ein Schaf,
Und einige Behälter voll Blut
Auf daß sie sie trinke und gehe

Ein junger Mann erhob sich und schrie laut,
Als ob er Steine schleudere:
Candixa ist eine alte Lüge,
Wie eine Sommerwolke, die keinen Regen gibt,
Wie das Antlitz einer Nacht, die kein Morgengrauen kennen wird,
Candixa ist ein See, aus dem der Dampf emporsteigt,
Der nicht zu fassen ist mit den Fingern, der nicht gepflügt werden kann

(Übersetzung: Hartmut Nonnenmacher)

Die Gun-Sprache

Die Gun sind ein altes Volk aus der Gegend des Golfs von Guinea, das im Südosten der heutigen Republik Benin ansässig ist. Vor der französischen Kolonialzeit gründeten sie ein Königreich, dessen Hauptstadt Hogbonu ("das große Tor") war, das heutige Porto-Novo.

Sie sind eine der - ungefähr - dreißig ethnischen Gruppen die in der Republik Benin zusammenleben und die eine gewisse Zahl von in sprachlicher Hinsicht homogenen Identitäten hervorgebracht haben. Das "Gungbé" (das heißt, die Sprache der Gun) gehört zur gleichen Sprachfamilie wie Fon, Aja, Yoruba, Xwla, Ayizo usw.. Sie sind allesamt aus dem sprachlichen Substrat der Bevölkerungsgruppen des als "Aja-Tado" bekannten Kulturraumes (der im Golf von Guinea liegt und Gebiete umfaßt, die zu den heutigen Staaten Ghana, Togo, Benin und Nigeria gehören) hervorgegangen und von ihm beeinflußt worden. Diese Bevölkerungsgruppen wanderten zu Beginn des 17. Jahrhunderts in die waldreichen Gebiete am Golf ein und ließen sich dort wieder, wo sie bis heute ansässig sind. Von den sechs Millionen Einwohnern Benins sprechen 11,6 % Gun.

Wie die meisten Sprachen Schwarzafrikas ist Gun eine Tonsprache.

Die afrikanischen Völker mit ihrer mündlichen Tradition haben in ihren jeweiligen Sprachen - mehr als 1500 wurden in ganz Schwarzafrika gezählt - eine Literatur geschaffen, die sich in so unterschiedlichen Gattungen wie Epen, Legenden, Märchen, Initiationsgesängen, usw. entfaltet und die in Ermangelung einer eigenen Schrift oder eines eigenen Alphabets im allgemeinen in arabischen oder lateinischen Buchstaben transkribiert wurde. Es handelt sich dabei also um eine Lauttranskription, die im Rahmen des Möglichen versucht, Sprachen wiederzugeben, in deren Phonologie die Tonhöhe eine zentrale Rolle spielt. In diesen afrikanischen Sprachen sind die verschiedenen Ebenen der Tonhöhe (hoch, mittel, mittel-hoch, niedrig) ausschlaggebend für das Verständnis der Botschaft, die sie transportieren.

Was die Schreibung meiner Gedichte in Gun angeht, so habe ich versucht, sie in einer der spanischen Phonetik angepaßten Form zu transkribieren. Ich habe daher auf diakritische Zeichen und andere linguistische Schreibweisen verzichtet, um überall da, wo es möglich war, das Problem zu umgehen, welches die Schreibung dieser Tonhöhen darstellt, da ich nicht die - für ein Laienpublikum schwer verständlichen - wissenschaftlichen Zeichen der Linguisten und Anthropologen verwenden wollte und da es mir unangebracht schien, auf die "musikalische" Transkription in Pentagrammen mit fünf Notenlinien oder zumindest in einem "Trigramm" mit drei Notenlinien zurückzugreifen.

Der Leser muß sich also stets bewußt sein, das seine Leseweise die Lautung nur annähernd trifft.

Agnès Agboton

Fern

Fern, so fern schon
der heiße Umhang des Windes
und der Schweiß, der die Erde durchnäßt

Fern, so fern schon
die Palmen von Semè-Podji
und das Blut, das Wege öffnet

Fern, so fern schon
die rote Erde, die die Meinen umarmt
und langsam das Wasser des "yoho"[1] trinkt

Währenddessen erfaßt die Kälte des Morgens meine Träume
und meine nackten Füße schleppen sich
über diese Kacheln ohne Durst.

Wo, wo nur ist die rote Erde,
das Blut der Generationen,
der brennende "sodabi"[2] der Götter?

Wo, wo nur ist die rote Erde?

1 *Yoho*: Familienaltar
2 *Sodabi*: Palmenschnaps

Lied über die schwierige Liebe

I
Nackt suchen meine Augen
im Land der Masken
wo sogar das Lächeln sich verkleidet.
Gibt es an deinem nackten Körper Reste ferner Kleidung?
Verkleiden sich manchmal auch deine Hände?

II
In deinen Augen auf der Schaukel
wird aus dem Lächeln Weinen

Tränenerfüllt lächeln sie,
sie weinen unter lautem Gelächter
und stets bleibt eine schmale Spalte
für den Schrecken.
In deinen Augen auf der Schaukel
wird aus dem Lächeln Weinen
wird aus dem Weinen Lächeln
und sie öffnen sich für den Schrecken.

Deine Augen auf der Schaukel.
Schwarze Blumen,
Lachen und Weinen.

(Übersetzungen: Hartmut Nonnenmacher)

Katalanisch

Katalanisch ist eine romanische Sprache, die mit den anderen aus der römischen Besatzung hervorgegangenen romanischen Sprachen Ähnlichkeiten aufweist. Die dem Katalanischen am fernsten stehende Sprache ist das Rumänische, die ihm am nächsten stehende das Okzitanische, das heißt, die sogenannte "Oc-Sprache", die Volkssprache im Süden von Frankreich. Linguistisch gesehen unterscheidet es sich vom Kastilischen oder Spanischen vor allem in phonetischer Hinsicht, das es anstelle von fünf Vokalen acht aufweist. Dazu kommen andere Eigenarten im Bereich der Konsonanten und der Schreibung.

Die ersten schriftlichen Belege stammen aus dem siebten und achten Jahrhundert, obwohl es gut möglich ist, daß es schon zuvor gesprochen wurde, da die Texte ein künstliches Latein konservierten, das nicht die gesprochene Sprache wiedergab. Schon im 12. Jahrhundert finden sich zahlreiche vollständige Texte auf Katalanisch. Der erste literarische Text, die "Homilies d'Organyà", eine Sammlung von Predigten, taucht im 12. Jahrhundert auf. Auf ihn folgen zahlreiche lyrische Texte. Man teilt die Geschichte der katalanischen Sprache und Literatur in drei Epochen ein: die "nationale Epoche" bis zum 15. Jahrhundert, der Niedergang (16.-18. Jahrhundert) und die "Renaixença" oder Wiedergeburt (19./20. Jahrhundert).

Im Mittelalter war Katalonien ein unanbhängiges Land innerhalb der Krone von Aragon und das Katalanische, das von 85 % der Bevölkerung gesprochen wurde, stand nicht etwa in Konkurrenz zum Kastilischen wie heutzutage, sondern zum Okzitanischen. Einer der herausragendsten Autoren war Ramon Llull (1235-1316). Ramon Vidal de Besalú (1160-1230) war der Verfasser der ersten Grammatik. Aufgrund des seit altersher bestehenden Parlaments war der Bereich der Rechtsliteratur vielleicht derjenige, der die dauerhaftesten Erfolge hervorbrachte. Nach dem Vollzug der Personalunion mit der kastilischen Krone und nach dem Spanischen Erbfolgekrieg (1714) beginnt die Epoche des Niedergangs. Im 19. Jahrhundert erlebt das Katalanische aufgrund des Wachstums der Industrie und des Aufstiegs des Bürgertums eine Wiedergeburt. Es erfährt starke Impulse und die literarische Produktion in einer gebildeten und verfeinerten Sprache ist sehr umfangreich.

1931 erlangt das Katalanische den Status einer offiziellen Sprache in Katalonien zurück. Doch mit der Niederlage der spanischen Republik gegen den General Franco im Jahr 1939 nach einem grausamen dreijährigen Bürgerkrieg beginnt eine vierzig Jahre während Unterdrückung, die erst mit dem Tod des Diktators endet. Mit der politischen Demokratisierung beginnt 1976 auch die Erholung des Katalanischen.

Zur Zeit ist Katalanisch in einem Gebiet mit elf Millionen Einwohnern verbreitet. Es ist eine sehr lebendige und international präsente Sprache. Die Verfassungen der autonomen Regionen Katalonien und Valencia sowie der Balearen erkennen das Katalanische als offizielle Sprache an (in der Region Valencia unter der Bezeichnung "Valencianisch"). Es steht dort folglich als Amtssprache gleichberechtigt neben dem Kastilischen. 1990 verabschiedete das europäische Parlament eine Resolution, in der es die Verwendung und die Gültigkeit des Katalanischen im Rahmen der Europäischen Union anerkannte. Gestützt auf die spanische Verfassung und die Verfassungen der autonomen Regionen beginnt in der achtziger Jahren eine Politik zur Förderung der Sprache, die in den Schulen, der Verwaltung und den Medien Einzug hält. Es gibt mehrere Fernsehsender, die auf Katalanisch senden, zehn Zeitungen, ungefähr dreißig Wochenzeitschriften und hundert Zeitschriften sowie mehr als zweihundert Publikationen im lokalen Bereich. Gleichzeitig ist die

Verlagsproduktion hoch (7492 Titel im Jahr 1999). Trotz des hohen Prozentsatzes von Menschen, die Katalanisch verstehen und verwenden, gibt es noch viele Bereiche, in denen das Katalanische noch nicht regulär Verwendung findet, wie zum Beispiel in der Justiz.

Francesc Parcerisas

Album eines Schriftstellers

Seine Hände, die vielleicht des Daseins müde sind,
trüben dir die Erinnerung und die Sinne:
einfach nur schreiben, neben dem Wald in der Dämmerung
und auf der Oberfläche des Papiers einen Wind hören
der an den Strand und die Kindheit erinnert, die versunken sind.
Die genauen Wörter vergehen auch und verlieren sich
so wie die Asche auf dem Boden einer Kaffeetasse
und auf die Brust fallen die Tabakhalme
während die Zigarette zwischen den Lippen allmählich verglüht.
Hat er das gewollt? Es stört ihn nicht
zu denken, daß es auch anders hätte sein können.
Neugierig machen ihn nur die Irrtümer, die uns
bis zu dieser blauen Sackgasse des Labyrinths geführt haben
und den Stein zum Stein machen, aber das Rot
zum Rubin, zum Traum oder zum Verbrechen machen.
Die Wörter haben allmählich die Umrisse von Hoffnung und Lüge verwischt
vielleicht so sehr, daß sie glauben wollen
es könne junge Götter und ewige Liebe geben.
Ohne Bedauern ist er alt geworden und liegt nun wie ein Hund
zwischen den Büchern und den Gegenständen, die er schätzt
und er fürchtet nicht das Erfrieren. Er schließt die Läden und lächelt.
Es sind keine Antworten nötig. Du und ich, wir können
die Schößlinge stehen lassen, welche die Hecke undurchdringlich machen
der Abend hat schon den ganzen Faden abgewickelt.

(Übersetzung: Hartmut Nonnenmacher)

Josefa Contijoch

Rat

Du kannst
den Weg nach rechts nehmen
den Weg nach links

oder den Weg in der Mitte.
Es ist egal:
Du wirst an einen Ort kommen
der dir nicht gefallen wird.
Immer wirst du dich irren.

(Übersetzung: Hartmut Nonnenmacher)

Beim Pflügen des Bettes des roten Flusses

Beim Pflügen des Bettes des roten Flusses
der Geschichten von Totenschädeln singt
trocken durch den Wind und die Dürre
findest du Kakteen und Fossilien von Kriechtieren
und einen Skorpion der auf dich gewartet hat
um dich zu beißen um dich zu zermalmen
um dich zu machen zum Bett des roten Flusses
der Geschichten von Totenschädeln singt

(Übersetzung: Hartmut Nonnenmacher)

Anna Aguilar-Amat

Sonderangebote

Langsam habe ich mich wieder ausgezogen vor
jenem anderen Spiegel der Anprobierkabine, verloren
waren die Proportionen. Ich habe gesehen, daß einige
zärtliche Wörter von dir hängen geblieben sind
im Saum meines Büstenhalters. Und einige kleine
Skifahrer sind im Zickzack und unter
Mandelmilchfreudengeschrei über meine Schultern herabgerutscht: das waren
deine Scherze. Und die Behauptung, ich sei ein schwieriger Charakter, und noch ein
paar Beschimpfungen mehr sind vom Hocker zurückgeprallt, mit dem Lärm von
Kleiderbügeln. Eines nach dem anderen die
drei diskreten Kleider, die ich träge ausgesucht habe in dem
Laden, für den Fall, daß dir zu gefallen eine Notwendigkeit wäre.
Sie sehen aus wie Erinnerungen an junge Frauen; manchmal sehe ich sie auf
dem Laufsteg durch deinen Blick, wie sie ihre Hüften
bewegen und die glänzenden Perlen deines Begehrens. Ich bin ihnen nicht feindlich
gesinnt: ihre Launen haben dich zu mir geführt.
Und ich stelle mir andere Frauen vor, denen ich vorangehe und
ich lächle: der laue Lufthauch im Haar meines Liedes.
Ich sehe die Stimmen... "Der Reißverschluß dominiert, die Knöpfe

werden größer." Banalitäten klingen auch in Europanto nicht besser.
Ich habe eines ausgesucht, das ich im Schrank lassen werde
bis ich dich zum nächsten Mal sehe.
Jetzt erklingt ein Tango von Gardel.
An der Kasse ein Durcheinander und das Geschrei von
Berufsjugendlichen und reiche Leute und ich wie ein Mädchen mit einem
Nelkenstrauß, der in Zeitungspapier eingewickelt ist.
Ich merke schon, das ist nicht poetisch. Es ist nur eine gewöhnliche
Geschichte (und dazu noch eine winzige) über das Verstreichen der Stunden,

die auf dich folgen. Wie ein Zuckerstück, das sich dreht
im Wirbel einer Tasse, aufgrund der Fliehkraft, die
jemand durch Rühren erzeugt. Nach und nach löse ich mich auf ohne
die Verzeihung, die mich zum Verschwinden brächte, und ich verwandle
mich
in Eistee, mit der trüben Hoffnung, daß der Durst
der Eile mir noch einen Augenblick schenken möge, daß er mir hinterlassen
möge
das Trinkgeld eines wiederholten Morgens
das Trinkgeld eines wiederholten Morgens
von Küssen.

(Übersetzung: Hartmut Nonnenmacher)

Gälisch und Walisisch

Keltische Sprachen wurden einst überall in Großbritannien gesprochen. Praktisch sind alle, die jetzt im Vereinigten Königreich noch eine keltische Sprache sprechen, bis zu einem gewissen Grade zweisprachig.

Gàidhlig / Schottisches Gälisch ist eine keltische Sprache, die eng mit dem irischen Gälisch verwandt ist. Die Sprache wurde von Zuwanderern aus Irland in Schottland eingeführt und im sechsten Jahrhundert praktisch schon überall in Schottland gesprochen, dann aber seit dem Mittelalter allmählich von Scots (der schottischen Variante des Englischen) zurückgedrängt. Die Stellung des Gälischen ist heute viel gefährdeter als die des Walisischen. Gälisch wird von weniger als 2% der 5 Millionen Schotten gesprochen. Die größten gälisch-sprachigen Bevölkerungsgruppen leben auf den Western Isles (bei der Volkszählung von 2001 behaupteten 72% der dortigen Bevölkerung Gälisch zu verstehen, zu sprechen, zu lesen oder zu schreiben) und im schottischen Hochland (9%), aber es gibt auch kleine Minderheitsgruppen in den großen Städten (Glasgow 1,8%, Edinburgh 1,4%, Aberdeen 1,2%). Die Volkszählung zeigte seit 1991 einen Gesamtrückgang von 11% auf 58.650 Sprecher an, zum Teil die Folge des Todes vieler älterer Gälisch-Sprecher. Während die Zahl derjenigen, die Gälisch als Muttersprache sprechen, immer noch besorgniserregend ist, ist die Geschwindigkeit des Niedergangs des Gälischen als Folge von Maßnahmen zur Sicherung seines Bestands verlangsamt worden. Manche sehen sogar schon eine Trendwende. Viele dieser Maßnahmen wurden erst in jüngerer Zeit ergriffen. Sie umfassen die Finanzierung gälisch-sprachiger Schulen und Radio- und Fernsehsendungen. Es gibt fünfzig Grundschulen und ein Dutzend weiterführender Schulen, in denen der Unterricht auf Gälisch erteilt wird. Außerdem steigt die Nachfrage in Städten außerhalb der gälischen Hochburgen. Die gälisch-sprachige Hochschule Sabhal Mòr Ostaig auf der Insel Skye nimmt in den Plänen zur Sicherung der Zukunft des Gälischen eine zentrale Rolle ein und auch das alljährliche gälische Kulturfestival, das Royal National Mod/Am Mòd Nàiseanta Rioghail spielt eine wichtige Rolle.

Aonghas Macneacail

Der verlorene Turm

Ich schwimme in dem hallenden Sumpf
zwischen den Wurzeln meiner beiden Sprachen.
Die eine ist wie mein Blut
und schießt schnelle Blitze durch meine Adern
und die andere
fremd, gleichgültig und doch vertraut
legte sich wie eine Gefängniskleidung um meine Haut
während ich die Finger meines Verstandes ausstreckte.
Mein Blick ging über die Wellentäler
um alle Buchten der Welt zu erreichen,
um alle Strände der Welt zu erreichen.

Mein Blick ging über die Haufen zerbrochener Muscheln von Silben,
um die Sprachen der Welt zu erreichen.
Selbst wenn uns nur ein schmales Wasser trennt,
so liegt doch eine scharfe Schneide zwischen unseren Wörtern.
Laßt uns die Sprache besingen, die uns so süß klingt,
laßt unsere Lieder das stumpf machen, was uns trennt.

(Übersetzung: Karl Thielecke)

Maoillios Caimbeul

3.3.2000

In Mosambik
fürchterliche Überschwemmungen. Ein Baby
wurde auf einem Baum geboren.

Wir wissen gar nicht, daß wir leben. Vielleicht
leben wir überhaupt nicht, so auf dem Trockenen.

Von jetzt an
werden die Bäume mich anschreien
wenn es regnet.

Fallende Federn

Ich fange an zu verstehen,
daß es nicht reicht zu singen,
auch wenn das Lied schön ist –
daß Singen nicht viel Sinn macht,
wenn einem eine Pistole an den Kopf gesetzt ist
und wenn der Jäger ein Stab des Käfigs ist,
in dem wir zwitschern.
Ich sehe den fernen Himmel durch weite Fenster;
Schreie nach den Höhen.
Ich höre nahe und entfernte Schüsse
und dann kommen die Boten –
Federn, die von fern
vom Himmel fallen.

(Übersetzungen: Karl Thielecke)

Meg Bateman

Elgol: Zwei Ansichten

Ich schaute mir die alte Postkarte an,
die Häuser waren wie ein Gewächs der Erde,
die Gipfel, die sich über ihnen türmten,
wie ein Zeichen der Majestät Gottes,
bevor man eine Freizeiteinrichtung aus den Bergen gemacht hatte,
oder eine Kluft zwischen Arbeit und Freizeit,
zwischen dem was heilig, und dem, was weltlich ist ...
und ich reichte dem alten Mann das Bild.

„Macht es dich traurig, Lachie?" fragte ich
während er es still betrachtete.
„Traurig? Ach was! Überhaupt nicht!
Ich konnte sie bloß einen Augenblick lang nicht einordnen,"
und er zeigte auf eine Kuh im Vordergrund.
„Das ist die Gelbe Dame, das zweite Kalb der Roten Dame –
Ich würde nämlich jede Kuh erkennen,
die zu meinen Lebzeiten hierher gehörte."

(Übersetzung: Karl Thielecke)

Cymraeg/Walisisch ist eine keltische Sprache, die eng mit Kornisch und Bretonisch verwandt ist. Ihr Vorläufer, Brythonisch, wurde einst überall in Großbritannien gesprochen. Die Einfälle der Römer und später der Angeln, Sachsen, Wikinger und anderer hatten jedoch zur Folge, daß Walisisch nur auf der westlichen Halbinsel überlebte, die von den Engländern später Wales genannt wurde. Walisisch wird heute von 576.000 der 2,9 Millionen Einwohner von Wales und in den Siedlungsgebieten von walisisch-sprachigen Auswanderern, z.B. in Patagonien, gesprochen. Das Mittelalter erlebte eine große Blüte der walisischen Literatur, aber einer der für den Erhalt der walisischen Sprache wichtigsten Texte war die Bibelübersetzung von 1588. Walisisch wurde vier Jahrhunderte lang von den Engländern unterdrückt, aber in der zweiten Hälfte des 20. Jahrhunderts wurden mit einigem Erfolg energische Anstrengungen unternommen, um das Überleben des Walisischen zu sichern. Die Volkszählung von 2001 zeigt zum erstenmal einen Anstieg in der Zahl der Walisisch-Sprachigen und unterbricht den stetigen Rückgang seit 1900, als noch eine Million Menschen Walisisch sprachen. Derzeit geben 21% der Bevölkerung an, daß sie zumindest rudimentäre walisische Sprachkenntnisse haben, 16% behaupten, daß sie Walisisch verstehen, sprechen, lesen und schreiben. Gwynedd hat den höchsten walisisch-sprachigen Bevölkerungsanteil (69%) und drei weitere Bezirke haben einen walisisch-sprachigen Bevölkerungsanteil von über 50% (die Insel Anglesey, Ceredigion und Carmarthenshire). Beunruhigend ist jedoch, daß diese Hochburgen des Walisischen in Nordwest- und Westwales seit 1991 einen Gesamtrückgang der Walisisch-Sprachigen von bis zu 7% verzeichnen, so daß der in der letzten Volkszählung festgestellte Anstieg um 2% wahrscheinlich in Wirklichkeit einen

Rückgang der Gesamtzahl derjenigen maskiert, die Walisisch als Erstsprache benutzen. Andererseits wird die zunehmende Nachfrage nach walisisch-sprachigen Schulen in den städtischen Bezirken von Südwales sehr begrüßt. Eine der Erkenntnisse aus dem Bericht *Zur Lage der Walisischen Sprache 2000* ist die Tatsache, daß die positive Einstellung der Sprache gegenüber weitverbreitet ist. Der Gebrauch des Walisischen in vielen kulturellen Feldern, einschließlich der Literatur, ist eindeutig ein Schlüsselfaktor für das Wachstum. In jedem Jahr wird beim National Eisteddfod, einem Literatur- und Musikfestival, ein Barde gekrönt.

Twm Morys

An einem kalten Morgen

An einem kalten Morgen, im zarten Dampfhauch
seines Atems und des meinen,
gingen wir um das Wunder der See zu sehen,
so wie sich eine Lebensgeschichte[1] entfaltet.

Das goldene Kind lächelte:
Im Unterholz und in den Zweigen kündigte
sich die Geburt des Frühlings an,
auf dem Feld das Geschrei der Mutterschafe.

Aber es war Eis in der Gischt,
und während er aufs Meer hinausschaute
sah ich die weit entfernten Schauplätze
seiner sich entfaltenden Lebensgeschichte.

[1] Im Walisischen steht das Wort *mabinogi*. Es wird benutzt für die Sammlung von alten walisischen Legenden über Pryderi und Rhiannon und Brân, die bereits im Mittelalter niedergeschrieben wurden.

(Übersetzung: Karl Thielecke)

Wenn man einen Engländer reden hört[1]

Er fragte die Firma, ob jemand eine Lücke kenne,
damit er einen kurzen Blick
auf das Haus werfen könne, das er kaufen würde: Berg des Goldes?
Das gelbe Feld lag in den Wolken.

Und gelb, gelb rostete zwischen den Wolken
das grüne Gras über seinen Flächen.
Sie erinnerten sich an die felderweise fallenden Halme,
an die Haut eines Mannes, gelb wie Äpfel.

Und sie verschlossen ihre engen, einsprachigen Herzen,
spuckten halb aus, starrten vor sich hin und wandten sich ab,
sangen lange Zeit schlecht, beschlossen,
den Bastard zu vergessen, der nicht ihre Sprache sprach …

Wenn sich die Sprache ans Ende der Landzungen zurückzieht,
wohin sollen sie gehen, sie, die Namen plappern,
an ihren Lippen die Kette der Dorfnamen,
und ganz Wales ein Lied aus ihren Mündern?

Einige Tage danach machte ein Paar das alte Haus sauber,
und dann änderten sie seinen Namen:
Dort, wo das Gold Berg und Türschwelle färbte,
konnten sie durch die Lücke nichts sehen als Farnkraut.

[1] R. S. Thomas, ein walisischer Dichter, der auf Englisch schreibt, verfasste ein Gedicht mit
dem Titel "On Hearing a Welshman Speak."
[2] Das walisische Wort *anghyfiaith* bedeutet "Fremder," aber in einem speziellen Sinne. Im
Alltagsgebrauch bedeutet es "nicht walisisch sprechend, englisch."

(Übersetzung: Axel Fisch)

An meinen Übersetzer

Jetzt liege ich vor dir, Doktor.
Mein Hirn und meine Innereien sind entfernt.

Kein Blut ist mehr in mir und auch kein Atem:
Ich bin auf Eis gelegt.

Du kannst anfangen
und operieren ohne dich zu ekeln.

Verpflanze säuberlich dein eignes Ich
in meinen hohlen Körper.

Und wenn die Operation beendet ist,
wird niemand mehr die Spuren deiner Hand seh'n.

Dann kannst du, Doktor,
mich nennen, wie du willst.

(Übersetzung: Karl Thielecke)

Südasiatische Sprachen im Vereinigten Königreich

Es ist nicht erstaunlich, daß die Sprachen des Nordens des indischen Subkontinents, also seines bevölkerungsreichsten Teils, auch im Vereinigten Königreich am weitesten verbreitet sind, jedoch sind vermutlich alle indischen Sprachen in Großbritannien vertreten. Mehrere von ihnen belegen einen der vorderen Plätze in der Weltrangliste der Sprachen mit der größten Sprecherzahl, so daß das Leserpotential der Autoren, die sich im Vereinigten Königreich ihrer bedienen, riesig ist. Die Sprachen der Vorfahren sind gewöhnlich für in Großbritannien lebende Menschen südasiatischer Herkunft als Identitätsmerkmal immer noch besonders bedeutsam und viele dieser Menschen sind sich der politischen Bedeutung ihre Sprache in der jüngeren Geschichte bewußt.

Hindi, mit 275 Millionen Sprechern die am weitesten verbreitete indische Sprache, wurde seit Beginn des 20. Jahrhunderts zum Kristallisationspunkt für anti-koloniale politische Bestrebungen und wurde, als Indien 1947 unabhängig wurde, als Nationalsprache ausgewählt, aber da nur etwa ein Drittel der Bevölkerung Hindi verstand, wurde auch Englisch bald als Amtssprache übernommen.

Urdu ist Hindi sehr ähnlich, benutzt aber eine arabische Schrift und wird besonders mit dem Islam assoziiert. Nach der Aufteilung Indiens wurde es zur alleinigen Staatssprache Pakistans bestimmt und drängte so Bengali, das von den 120 Millionen Einwohnern von Ostpakistan gesprochen wurde, in eine Nebenrolle. Der Status des Bengali, auch Bangla genannt, spielte eine wichtige Rolle in der politischen Auseinandersetzung um die Spaltung Pakistans, die 1971 zur Errichtung eines unabhängigen Bangladesh führte. Bengali wird auch von 70 Millionen Indern im angrenzenden indischen Bundesstaat Westbengalen gesprochen.

In Sri Lanka (Ceylon) hat die Sprachenpolitik ebenfalls eine Schlüsselrolle gespielt. Die Sprache der buddhistischen Mehrheit, Singhala, wurde in der Verfassung von 1978 zur Amtssprache erklärt, wobei Tamil, der Sprache der hinduistischen und moslemischen Minderheiten, ebenfalls der Status einer Amtssprache zuerkannt wurde. Englisch wurde zur verbindenden Verkehrssprache bestimmt. Die Sprachunterschiede erwiesen sich als auffällige kulturelle Unterscheidungsmerkmale in den langjährigen Feindseligkeiten, die die 17 Millionen Einwohner von Sri Lanka geplagt und die viele von ihnen zur Auswanderung bewegt haben.

Einwanderer vom indischen Subkontinent kamen seit der Mitte des 20. Jahrhunderts in großer Zahl nach Großbritannien und brachten ihre Sprachen mit. Mit knapp über einer Million Menschen (Volkszählung 2001) sind diejenigen mit indischer Abstammung immer noch die größte Einzelgruppe unter den Einwanderern im Vereinigten Königreich. 746.000 Personen sind pakistanischer Herkunft, 283.000 stammen aus Bangladesh. All diese Gruppen sind vorwiegend in England ansässig. Die Zuwanderer aus Bangladesh sind als letzte ins Land gekommen; sie sind deshalb die Gruppe, die sprachlich am wenigsten assimiliert ist. Beinahe 60% von ihnen leben in London, wo Bengali, nach Englisch, die zweithäufigste Sprache ist, die Schulkinder zu Hause sprechen.

Die Gesamtzahl der Londoner mit einer Abstammung aus dem indischen Subkontinent beträgt 734.000 Personen. Für Manchester und Umgebung beläuft sich die entsprechende Zahl auf 131.000 Personen. Die Menschen mit pakistanischer Abstammung sind am zahlreichsten im Norden Englands vertreten, vor allem in den Städten von Yorkshire und Lancashire, wo ihre Arbeitskraft für die Industrie wichtig war. In Bradford, zum Beispiel, einer Stadt mit 468.000 Einwohnern, stellen 85.000 Menschen mit Abstammung aus dem indischen Subkontinent, davon 68.000

pakistanischer Herkunft, eine wichtige Minderheit dar. Mit dem Niedergang der industriellen Produktion jedoch erleidet diese Bevölkerungsgruppe einen ökonomischen Bedeutungsverlust. Überall im Vereinigten Königreich leben die Menschen indischer Abstammung eher weiter verstreut als diejenigen, mit einer Herkunft aus Pakistan und Bangladesh. Die Menschen ceylonesischer Herkunft sind ebenfalls weit im Land verteilt. In Schätzungen wird angenommen, daß es sich dabei um insgesamt etwa 200.000 Menschen handelt, aber es gibt keine Zahlen hinsichtlich des Anteils derer, deren Vorfahren Singhala gesprochen haben.

Viele junge Briten asiatischer Abstammung gehören jetzt schon der dritten Generation an, die in Großbritannien lebt. Sie sind völlig mit dem Englischen vertraut und ihre Verbundenheit mit der Sprache ihrer Väter und Großväter ist verschieden stark ausgeprägt. Die Leichtigkeit, mit der man zwischen Asien und Europa hin- und herreisen kann, wird darüber entscheiden, ob diese Sprachen im Vereinigten Königreich auch in Zukunft für literarische Zwecke benutzt werden.

Shamim Azad

Begleiter

Ich versuchte angestrengt mich zu erinnern,
wie dieses Jahr gewesen war:
jeder Monat, die Tage, die Stunden.
Wer hat mich begleitet
und waren sie, wie ich, Fremde in einem fremden Land?
Woran habe ich gedacht,
in der frostigen Nacht,
im Tal der Osterglocken,
beim Volksfest, in der finsteren Dunkelheit
des bodenlosen Abgrunds des U-Bahn-Tunnels.
Wer kam auf den Trafalgar Square[1] geflogen,
auf Zehenspitzen, wie eine Taube trippelnd?

Ich wandere weitab von den Küsten des Ostens,
Was ist das bloß, was Mutter mir an den Saum meines Saris geheftet hat?
Es hält mich immer fest
und wird mich nie loslassen;
es hat mich nie verlassen,
im Glück, in Sorgen und im Bedauern,
in den lodernden Flammen dieses fremden Landes.
Es hält meinen Verstand um ihn zu beruhigen.
In meinem traurigen Herzen
scheint in der schlaflosen Nacht
ein sicheres und gewohntes Pendel über den Lippen zu schwingen.
Die Dichtung der Nacht
ist mein Erbe – es ist mein Bangla-Alphabet.

(Übersetzung: Karl Thielecke)

Saleha Chowdhury

Ein Gedicht über Gott

Wenn ich in die Divinity Street gehe, rufe ich "Gott, Gott!"
In der Almighty Lane "Allmächtiger! Allmächtiger!"
An der Ecke zur Allah Rakha bete ich "Allah, Allah!"
Im Khuda-Baksh-Viertel[1] "Baksh!"
An einem Sonntag ging ich zur Christus-Kirche
und zu Nazruls Fleisch-und-Brot-Moschee.
Auf der anderen Seite des Tempeleingangs leben die Leute der niederen Kasten;
ich glaube, sie haben jetzt keine Glocke umgebunden,
und doch muss ich in Benares, Gaya, Vrindavan
meine Geldbörse vor den aufdringlichen Tempelführern in Sicherheit bringen.
Ich bin in den Fängen des Ajmer-Vereins bankrott gegangen, der mit der Religion
                                                    seine Geschäfte macht.
Die Moschee-Clique hat an dem Handel mit roten Teppichen Millionen verdient.
Es hat keinen Sinn, in der Divinity Street "Gott, Gott" zu rufen.

Wenn ich nach Hause fahre, beladen mit zwei schweren Taschen,
macht ein Jugendlicher von heute mit gepiercten Ohren seinen Sitzplatz frei.
Ein tätowierter Mann öffnet die Tür und hilft mir beim Aussteigen.
Wenn ich in der Kälte nach Hause komme, ruft Onkel Karim:
"Komm' und trinke eine Tasse Tee zum Aufwärmen!"
Ein Nachbar, den ich kaum kenne, bringt meine schweren Taschen bis an meine Türe.

Gottes Existenz ist wie ein winziger Funken –
nicht in der Divinity Street und auch nicht an der Ecke zur Allah Rakha,
nicht bei der Christus-Kirche und auch nicht in der Fleisch-und-Brot-Moschee,
wo man sich satt essen kann –
in einer Tasse Tee, in einem Sitzplatz im Bus, den jemand frei macht, in der Hilfe,
                                                    die jemand anbietet,
in solch kleinen Dingen.

---

[1] *Khuda Baksh:* im Arabischen ein gängiger Ausdruck für Gott; der Name einer Straße in Kalkutta.

(Übersetzung: Axel Fisch)

Basir Sultan Kazmi

Ghasel[1]

Jene zarten Sprossen, beim Anbruch des Tages vom Sturm geknickt,
sie sollten die Bäume von morgen sein, Blätter und Blüten tragen.

Auf der Suche nach neuen Gefährten entsagte ich deiner Freundschaft
und verließ deine Stadt, doch nirgendwo fand ich einen, der dir gleich kam.

Hier herrscht die gleiche, die übliche Kälte, die gleiche finstere Nacht,
welchen Sinn macht es dann, hier zu brennen, oh ihr Lichter meiner Stadt?

Ich laufe neuen Träumen nach, Wasser überflutet meinen Strand,
Was, meine Freunde, werdet ihr davon haben, an meiner Seite zu schreiten?

In diesem halb zerstörten Haus, in diesem schwachen Herzen,
ja hier in diesem Herzen ist die Sonne schon zu oft untergegangen.

Jetzt, in den Stunden des Abends, sagt jemand zu meinem Herzen:
"Ein Mond wird sicher aufgehen, ein Becher überfließen."

Dieses habe ich, Basir, auf meinem Lebensweg beobachtet:
Die, die mit der größten Vorsicht gehen, sind die, die straucheln.

---

[1] *Ghasel*: Das Ghasel ist ein klassisches lyrisches Gedicht in strengen Verspaaren. Es hat gewöhnlich keinen Titel. Das Ghasel (wörtlich: "der Schrei der verwundeten Gazelle") entstammt der literarischen Tradition Arabiens und Persiens und ist seit langem das Hauptgenre in der Urdu-Dichtung. Es ist auch in den anderen nordindischen Sprachen sehr populär. Ghasele werden oft rezitiert und die Zuhörer zeigen ihre Reaktion bei jedem Verspaar. Trotz der metrischen Einheit des Ghasels ist jedes Verspaar in sich abgeschlossen und kann für sich allein zitiert werden. Das letzte Verspaar enthält gewöhnlich den Namen des Dichters.

(Übersetzung: Karl Thielecke)

Saqi Farooqi

Der süße Geruch des Todes

Trennung ist
ein Nebenfluß
des Blutstroms der Liebe

Treue
windet sich
um den Korallenzweig der Erinnerung

Dilaram und ihre Liebhaber
stehen in einem Kreis der Angst in der Luft,
der abgestandene Geruch von Küssen ist in ihren Augen,
zerbrochene Traumspiegel sind in den Inseln ihrer Herzen,
verborgene Saphire aus Tränen,
in ihren Herzen strömt ein Fluß der Kummers.

Aber die Samen des Schmerzes werden immer wieder fallen,
Menschen werden sich treffen und trennen
All dieser alte Kummer
die alten Zeiten des Sich-treffens und Sich-trennens –
neuer Kummer verschlingt sich mit altem
neue Verletzungen auf den Lippen,
neue Knoten, die das Herz umschlingen.

Am feindseligen Himmel
ist das Flüstern feindlicher Schiffe
sind die brennenden Städte aus Sternen
und auf dem Radar unserer Augen
sind nur dunkle Schatten.
Der scharfe süße Geruch des Todes hat uns verrückt gemacht –
in dem roten Unterseeboot der Hoffnung
treiben wir voller Angst auf dem schwarzen Meer des Untergangs.

Erde, wo ist der Zauber deines Bodens?
Von Ufer zu Ufer wallt dicker, beißender Rauch.

(Übersetzung: Karl Thielecke)

Padma Rao

Das Warten[1]

Sie sagte kein Wort.
Beobachtete einfach
den kleinen Strom des Wasserhahns
und die beiden unberührten Strahlen der Augen.
Du hieltest ein kleines Meer in Deinen hohlen Händen.
Ein Gesicht schwebte
auf der Suche nach den flüssigen Träumen.
Während ich die Inseln aus Brot buk,
zerfloss Blut wie Quecksilber
in meinen warmen Fingern.

"Ich werde kommen und es essen."
Das Orchester des geborstenen Tores
und deine Worte
tanzten um das Feuer.

***

Spiegel wortloser Furcht hingen an der Wand
mit zahllosen Gesichtern.
Das geborstene Tor schlug im Wind
und die Flammen brannten die ganze Nacht hindurch ziellos weiter.
Ich verberge zwei Hirsebrote
in meinem Sari
und warte auf jenes vertraute Klopfen,
... das Rascheln des verirrten Laubes.

[1] Dieses Gedicht wurde vom Irak-Krieg im Frühjahr 2003 angeregt und schildert eine Mutter, die auf ihren Sohn wartet.

(Übersetzung: Axel Fisch)

Daisy Abey

Woodland Grove

Es war der Ort, an dem wir die Jahrtausendwende verbrachten.
Kalte Winde wehten um Woodland Grove.
Ein Haus mit einem weißen Gesicht auf durchweichter Erde.
Abgelegen, einsam, nicht einmal ein Klopfer an der Tür.
Verlassen stand cs da am Rande von Birkenwäldern.

Auf dem Friedhof zwischen bröckelnden Mauern
erhoben sich Schattengestalten aus verborgenen Gräbern,
murmelnd und flüsternd, im Nachtlicht verschwommen,
Arme um die Schultern gelegt, Hand in Hand, vor sich hinstarrend,
Frauen, die ihre Säuglinge in Tragetüchern wiegten.

Zu Hunderten die Massengräber
der Pest in Chapel Town,[1] drei Jahrhunderte zurück.
Ihre herumliegenden Körper hastig verscharrt,
Leichen niedergeworfen wie vom Wind verwehte Blätter.

Da war eine Stille und ein Summen, ein Grollen und ein Knallen,
auf dem Gelände des Mandela Centres ein Glimmen.
Der Himmel glühte orange mit Feuerwerk und Funken.
Die ganze Nacht tobte ein Krieg zwischen Stürmen und Sternen.

Ein Traumhaus, stumm, im Winterlicht rötlich leuchtend.
Der Mond hatte im Morgengrauen die zurückweichenden Gezeiten wieder
                                        hereingezogen,
ein Jahrzehnt und ein Jahrhundert
Staub unter den Gebeinen der Ertrunkenen.

Eine Elster glitt vorbei und pickte gefrorenes Gras.
Ich setzte den Wasserkessel auf, die beschlagenen Fenster tropften.
Am nächsten Tag verschlossen wir die Türen zum letzten Mal
mit glühenden Gedanken, "Verkauft" stand auf dem Schild am Zaun.

---

[1] Chapel Town: ein Distrikt von Leeds.

(Übersetzung: Karl Thielecke)

Pikardische Sprache und Literatur

... in Francia et Picardia et Burgundia
Heiliger Thomas von Aquin

Die Zeiten sind vorbei, als man in Lille einen Eid noch auf Pikardisch ablegen mußte. Wer kennt heute noch die Fabliaux, die mittelalterlichen Verserzählungen von Gauthier le Leu? Wer könnte das Buch *Le voyage en Sicile* (Reise nach Sizilien) vollenden, das Adam de la Halle nicht zu Ende schreiben konnte, weil er vorher starb? Pikardisch war die Sprache von Philippa von Hennegau, der Gattin des englischen Königs Eduard III. Von den "jeux partis"[1] hat sich Chaucer inspirieren lassen und man stellt sich gerne die von Gedichtvorträgen begleiteten Gastmähler vor, wie die "Confrérie de la Sainte-Candeille"[2] von Arras sie zu feiern pflegte. Ebenfalls auf Pikardisch wurden ab 1501 große Passionsspiele in Mons – und später auch in Amiens – aufgeführt. In den fruchtbaren Landschaften und den (vor allem) durch die Textilproduktion wohlhabend gewordenen Städten erhielt das Bürgertum schon ab dem 11. Jahrhundert verbriefte Freiheitsrechte.

Das goldene Zeitalter der pikardischen Literatur erreicht im 13. Jahrhundert seinen Höhepunkt: Fabliaux, Chroniken, Theaterstücke, lyrische, epische, didaktische und allegorische Gedichte. Die Fakultät der "freien Künste" an der Pariser Universität umfaßte damals vier "Nationen": die französische, englische, normannische und die pikardische. Und Roger Bacon teilt während einer Reise auf den Kontinent die "langues d'oïl" folgendermaßen ein: Franzisch, Normannisch, Pikardisch und Burgundisch.

Im 14. Jahrhundert siedelt Barthélemy l'Anglais die Pikardie zwischen Frankreich, dem Rhein und dem Meer an – der Grenzverlauf ändert sich mit den wechselnden Bündnissen und dem Schlachtenglück. Immer sind wir "dazwischen": An der Grenze zwischen Germania und Romania gelegen, hat uns eine stattliche Zahl von Invasionen und Eroberungen *auf harmonische Weise vermischt* – ich bekenne mich zur Reinheit dieses Oxymorons. Zuerst Schlachtfeld dann kosmopolitischer Festplatz – das ist das Schicksal der Grenzregionen.

Wie alle von der Karte verschwundenen Ländernamen träumt auch die Pikardie von einer Wiederauferstehung. Doch die pikardische Sprache wird in der Öffentlichkeit (Schule, Armee, Verwaltung, Justiz) nicht mehr verwendet. Schon meine vier Großeltern waren zweisprachig, da die Schule in Französisch gehalten wurde. Mein Vater kannte Verse von Henri Tournelle und deftige Fabeln von Bosquètia auswendig – was bei den Familienfesten für große Freude sorgte. Meine Mutter hat noch immer eine ebenso dünne wie zählebige Zeitschrift namens *El Borain* abonniert. Ich sammle Wörterbücher und Sprichwortsammlungen, Reliquien einer Sprache, die ihre Selbstzensur nicht überlebt hat. In einem Buch, das 2003 erscheinen wird, erzähle ich, wie ich vor kaum 20 Jahren bei einem literarischen Treffen in der Heimat einen Sprecher des Pikardischen gesucht habe: Gefunden habe ich dabei schließlich – einen Einwanderer aus den Abruzzen!
    —*Rose-Marie François*

Rose-Marie François

Die Strafaufgabe

Douvrain, Rue du Temple, gegen Ende der vierziger Jahre.

"Tschüss!"
"Auf Wiedersehen!"
"Wenn wir uns nicht mehr sehen, schreiben wir uns!"
"Auf einem Kohlblatt mit einer Katzenfeder!"

Herrlich verrückt sind wir beide, wie es eben bei Sieben-, Achtjährigen üblich ist. Wie kichern uns krumm. Doch plötzlich zucke ich zusammen: Meine Mutter hat an die Fensterscheibe geklopft, mit ihrem gekrümmten Zeigefinger, den sie jetzt ausstreckt, um zu zeigen, daß sie böse ist und daß ich hereinkommen soll. Ich darf nicht auf der Straße spielen, ich darf nicht pikardisch sprechen. Ich weiß es ja, doch es ist so schön...
Ich gehe also hinein und schaue auf meine Schuhe, die voller Gras und Schlamm sind. Doch diesmal hat sie daran nichts auszusetzen.

"Nimm deine Tafel und deinen Griffel!"
Oje! Eine Strafaufgabe!
"Schreib zehn Mal: Ich darf nicht *patois* sprechen."
Zehn Mal! Sie muß verrückt geworden sein! Damit werde ich heute ja nie fertig!
"Schreibt man *patois* mit einem -s?"
"Der Larousse steht hinter dir."

Der-La-rousse. Der-La ... Die-La! Es gibt nämlich zwei davon, ungeheuer groß sind sie, und ganz oben (leider nicht auf einem Kirschbaum, sondern) auf dem Bücherschrank stehen sie. Normalerweise darf ich sie nicht nehmen. Deshalb sind sie da hochgestellt worden, praktisch auf die Spitze der Schützenstange.[3] Ich schiebe einen Stuhl vor mich hin: Wenn ich darauf steige und mich strecke, komme ich gerade dran, aber die sind vielleicht schwer! Und ich muß aufpassen, daß ich nicht zufällig die Seite aufschlage mit den gräßlichen Tieren, die mir so Angst einjagen: "Reptilien", die blaue Boa Constrictor mit gelben Punkten, die sich auf der Seite schlängelt, ohne jemals vom Fleck zu kommen. Die Stimme meiner Mutter klingt mir in den Ohren: *Du darfst nicht patois sprechen. Du darfst nicht sprechen. Du darfst nicht...* Man schreibt Patois mit "s" am Ende. Sie hätte es mir gleich sagen können, daß ich es richtig erraten hatte! Jetzt muß ich das Ungetüm noch zurück an seinen Platz stellen, sonst gibt es Ärger. Zehn Mal und draußen ist so schönes Wetter. Meine Tränen fallen auf meine Tafel und machen aus dem, was ich schreibe, häßliches Geschmiere.
Ich habe bis zum Ende durchgehalten. Doch wie Sie sehen, habe ich nicht gehorcht, ganz im Gegenteil: Ich bin überzeugt, daß meine Neugier für Fremdsprachen aus dieser Zeit stammt. Inzwischen habe ich ungefähr fünfzehn kennengelernt. Meine Mutter lebt noch. Oft danke ich ihr für diese Strafaufgabe. Sie hat zwar ihr Ziel nicht erreicht, doch ich glaube, daß meine Mutter, wenn sie diese Anekdote liest, mit ihrer immer noch festen Stimme wieder sagen wird: "Siehst du, jedes Unglück bringt auch Glück."

[1] Streitgespräch in Gedichtform von zwei – auch fiktiven – Dichtern über ein beliebiges Thema.

[2] Bruderschaft der Heiligen Kerze.

[3] Eine mit bemalten und buntbefederten Holzvögeln versehene und mit Wellblech abgedeckte Schützenstange, die meistens im Innenhof einer Wirtschaft stand. Am Kirmessonntag wurde ein Schützenkönig "gekrönt".

(Übersetzung: Hartmut Nonnenmacher)

Vorstellung der wallonischen Sprache

Das Wallonische ist zwischen dem 8. und 12. Jahrhundert aus den Überbleibseln der in unser Gebiet von den römischen Soldaten, Händlern und Siedlern eingeführten lateinischen Sprache entstanden. Damals nannten die Einheimischen ihre Sprache "roman" (Romanisch). Erst zu Beginn des 16. Jahrhunderts verbreitet sich der Begriff "Wallonisch", um unsere Sprache zu bezeichnen. Sie gehört zur romanischen Sprachenfamilie sowie zu der als Galloromanisch oder als "langues d'oïl" bezeichneten Untergruppe, deren berühmtester Vertreter das Französische ist.

Wallonisch ist eng mit dem Französischen verwandt, darf jedoch nicht als Dialekt dieser Sprache angesehen werden, obwohl dieser Fehler häufig begangen wird. Das Verhältnis zwischen Wallonisch und Französisch kann wohl mit dem Verhältnis zwischen Schottisch und Englisch in Großbritannien, zwischen Asturisch und Kastilisch in Spanien oder zwischen Luxemburgisch und Deutsch im Großherzogtum Luxemburg verglichen werden. Man muß in Wallonien zumindest drei Sprachebenen unterscheiden: Standardfranzösisch, Wallonisch mit seinen verschiedenen Ausprägungen und unser Regionalfranzösisch, das mehr oder weniger stark vom Wallonischen beeinflußt ist.

(Zitiert aus der Internetseite: http://www.wallonie.com/wallang/wal-fra.htm)

Der Anteil von Wallonischsprechern ist bis zum ersten Weltkrieg stabil geblieben. Er umfaßte zweifellos den größten Teil der Bevölkerung. Danach ist es als Folge der sich immer weiter ausbreitenden und immer längeren Schulbildung zu einem raschen Niedergang gekommen. Die auf der oben genannten Internetseite angegebenen Prozentsätze von Sprechern scheinen unangebracht optimistisch.

—*Paul-Henri Thomsin*

Paul-Henri Thomsin

Mitten im Leben stehst du, Jugend!

Mitten im Leben stehst du, Jugend! Hör auf, dir böses Blut zu machen:
Die verrinnenden Jahreszeiten werden deine Sorgen vertreiben
Laß deine Kräfte nicht entweichen. Ist dein Leben nur Plunder,
so such in deiner Seele, denn darin schwelt noch Glut.
Laß deine Launen abtropfen! Ganz sachte, es brennt ja nicht!
Wenn du alles sofort willst, wird deine Kraft davonfliegen.
Verhülle deine Ängste mit einem Schleier, ich weiß, dein Herz spielt das
                                        große Spiel
Doch wenn du nur das tust, was du willst, wird dein Glück ersticken.
Nimm dir die Zeit, deine Freuden an der Quelle dessen, was du glaubst, zu
                                        trinken
Ohne dich von der Lust, alles kaputtzumachen, bedrängen zu lassen.
Wenn du das "allzu Einfache" aufgegeben und deinen Weg gewählt hast,
dann geh geradeaus ohne anzuhalten: deine bösen Träume sind vorüber.

(Übersetzung: Hartmut Nonnenmacher)

Maas

Maas, wie hübsch bist du! Ich weiß nicht warum, doch immer schon habe ich dich betrachtet wie ein Verliebter seine Liebste oder auch manchmal wie ein Kind seine Mutter! Wenn ich mit dir spazierengehe und meine Schritte in deiner Strömung fließen, dann mache ich ständig kurze Pausen, um deinem zärtlichen Murmeln zu lauschen... Dann ertrinkt mein Herz in deinem Strom und dein Wasser trägt mit einer kleinen Welle Unruhe und Sorgen in die Ferne hinweg... Und ich, ich lasse es selbstverständlich mit mir geschehen... Und ich hab es gut... Wie gut hab ich es da[1]!

Wie ein Fräulein, das sein neues Seidenkleid angelegt hat, fängt die Maas an zu tanzen... Langsam... Ganz langsam... Leicht... Ganz leicht... Auf den Zehenspitzen... Es ist ein Walzer... Ein Walzer, der allmählich in mich hineingleitet... Ein Walzer der mich in die Arme seines Dreivierteltaktes nimmt. Und der anschwillt, einfach so, bis er mich in den Wirbeln seiner Melancholie davonträgt... Eine Musik, die mich vor lauter Schwindel um den Verstand bringt... Mich, der ich hier stehe, bewegungslos, stumm, und zusehe, wie die Maas sich dreht und dreht und wieder dreht... Und ihre heißen Gerüche einsauge... Glaube, sie tanze nur für mich... Ja, nur für mich!... Mir vorstelle, sie lache, für mich ganz allein... Ja, für mich ganz allein!... Träume, sie zeige mir ihren Frauenkörper, nur mir... Nur mir!... Dann vergesse ich, daß die Zeit so schnell verrinnt wie ihr Wasser... Zum Teufel mit diesem Boot, das mich da aus meinen Träumen reißt!

Doch die Maas läßt mich nicht im Stich... Sie gibt mir neue Kraft, wenn die Wirklichkeit meine Tagträume durcheinanderbringt... Und wieder habe ich es gut! Ganz unglaublich gut! Gut, wenn sie mich auf ihren Knien sitzen läßt und mir die passenden Worte zumurmelt, um ein Lächeln in meine Augen zurückkehren zu lassen... Um die Heiterkeit in meine Seele zurückkehren zu lassen... Dann lasse ich mich, wie ein Kind, wie "ihr" Kind, von ihren Liebkosungen trösten... Ich lasse mich hätscheln... Ich lasse mich bemuttern... Ich kann es Ihnen ja sagen: Nie hat sie auf ihre Sorgen geschaut, wenn es galt, mich zu verwöhnen.

Was halten Sie davon? Sie hat mir sogar ihre schönsten Schätze geschenkt... Schätze, die kein Fürst auf Erden bezahlen könnte! Ja, für mich hat sie am Abend auf ihrem Wasser Tausende kleiner Funken mit rotem Sonnenlicht zum Schillern gebracht. Für mich hat sie das Bild der Lichter von Lüttich aufgenommen, mitten in einer blauen Nacht. Für mich hat sie in die Nachmittage eines schwülen Juli Erfrischung gebracht. Sie hat mir mit ihrer warmen Stimme ein Wiegenlied gesungen, als das Fieber der Qualen mich kein Auge schließen ließ. Sie hat in meinen Adern die Kraft ihres Blutes fließen lassen. Sie hat mich gelehrt, ihre Sprache zu sprechen, eine offenherzige Sprache, die seit so vielen Jahren schon über ihre Lippen fließt. Eine Sprache, so frisch wie das Wasser einer Quelle, die den Durst einer stattlichen Reihe von Generationen gestillt hat und die auch morgen noch, so es Gott gefällt, die Kehlen der kleinen Kinder der Zukunft erquicken wird... Sie hat mir ihre Hand gereicht, um mich zur Freiheit zu führen, als ich meine ersten Schritte auf dem Weg des Schreibens tat!

Maas, was wäre ich ohne dich? Alles verdanke ich dir und zusammen mit mir hat ganz Lüttich das große Glück, sich in deine Arme schmiegen zu können!

"Mutter" Maas... "Geliebte" Maas... Ich liebe dich!

---

[1] Mit "guthaben" wird hier das nicht standardsprachliche "avoir bon" der französischen Version wiedergegeben. (Anm. des Übersetzers H.N.) Dazu bemerkt der Autor P.-H. T., der seinen Text selbst aus dem Wallonischen ins Französische übertragen hat: "'avoir bon' ist eine

regionale Wendung,, die nicht der Norm des in Frankreich gesprochenen Französisch entspricht, jedoch völlig durchsichtig ist: 'avoir bon' wie 'avoir froid / chaud / peur' (jemandem ist es kalt / jemandem ist es warm / Angst haben)".

(Übersetzung: Hartmut Nonnenmacher)

Marcel Slangen

Der Schatz im Mülleimer

Szene 1

Emile: Was für ein prima Pfirsich! Ein echter Genuß, Kumpel, das läuft dir die Gurgel runter wie Honig. Du brauchst nur die Augen zuzumachen und schon siehst du die Frucht vor dir, die Blüte, das Gras unter dem Baum und dich selbst, wie du da in aller Ruhe liegst...

Laurent: Das macht dir also Freude, einen Pfirsich zu essen, den der Italiener dir gegeben hat, weil er halb verfault war – und du, du siehst gleich das Paradies vor dir...

Emile: Verzeihung, mein Herr, aber da haben Sie gelogen! Mach mir doch meine Freude nicht kaputt, du Idiot. Er hat mir eine Kiste mit ein paar Pfirsichen gegeben, die zum Verkaufen zu reif waren. Das ist alles. Verfault? Soll ich den da etwa wegwerfen, nur wegen dem kleinen Fleck? Und das Messer? Wozu ist denn das Messer da, Laurent? Das Messer, unser treuer Kumpel, der uns jeden Tag begleitet, das Messer, das die schönen Stücke abschneidet, das uns das Stück Brot zum Mund führt, das manchmal auch Angst einjagt, wenn du es so hinhältst! Den verrückten Junkies mir ihren grünen Augen, die dich wegen einem Geldstück abstechen würden, wenn ihre Adern nach Nachschub schreien!

Laurent: Ein Theater machst du da wegen einem Messer – und wegen einem Pfirsich!

Emile: Man darf nie eine Gelegenheit zum Schlemmen auslassen, mein lieber Laurent, und auch keine Gelegenheit, daran zu denken, was wir sind. Schau, da geht gerade eine Frau mit einer Tüte voll Pfirsichen in ihrem Korb weg: Die hat unsere mitbezahlt!

Laurent: Was erzählst du denn da wieder?

Emile: Na, paß mal auf: Lino, der Italiener, verkauft sie ein bißchen teurer, weil er sich schon denkt, daß er ein paar verlieren wird, wegen der Hitze oder aus sonstigen Gründen. Da wird die Frau, die einen stolzen Preis für sie bezahlt hat, sie bei der Hitze morgen im gleichen Zustand essen wie ich heute!

Laurent: Du erzählst vielleicht Geschichten...

Emile: Haben wir etwa nicht alle Zeit der Welt, um welche zu erzählen?

Laurent: Das schon, alle Zeit der Welt haben wir...

Emile: Paß auf, noch etwas: Weißt du, daß man in den besseren Häusern, einen Pfirsich mit Messer und Gabel essen muß?

Laurent: Mit einer Gabel? Ein Messer, okay, aber eine Gabel... Bist du dir sicher, daß du mir da keinen Blödsinn erzählst?

Emile: Das ist ganz sicher so. Ich habe sogar mal einen gesehen, dem ist, weil er es
genauso machen wollte wie die anderen, der Pfirsich weggerutscht und unter
den Tisch gefallen!

Laurent: Na, Emile, jetzt laß mich aber mal in Ruhe. Du machst mich sonst noch ganz
müde, wenn du so früh am Morgen schon so viel redest. Du kannst dir gar
nicht vorstellen, wie gut das tut, fünf Minuten, ohne an irgendetwas zu denken
und man spürt, wie einem das Gehirn leichter wird...

Emile: Na, ist das etwa nicht schon leicht genug? Aber nein, das war ein Witz. Aber
rauchst du wirklich immer noch, trotz den Hustenanfällen, die du jeden
Morgen kriegst?

Laurent: Ach was. Das ist doch das einzige, was uns noch bleibt...

Emile: Das einzige, was uns noch bleibt! Du tust ja wie ein armer Alter, der sich ein
gutes Gewissen macht, bevor er sich eine kleine Sünde gönnt. Das einzige,
was uns noch bleibt! Und was ist mit dem Essen, dem Trinken, dem Luft und
Sonne Einatmen?

Laurent: Du wirst mir doch nicht etwa einen Vorwurf daraus machen wollen, daß ich
rauche?

Emile: Aber nicht doch, mein Guter, das würde ja gerade noch fehlen...

Laurent: Na, weil da kürzlich, als ich zwei Frauen um ein Geldstück fürs Abendessen
gebeten habe, da hör ich doch tatsächlich, wie die eine beim Weggehen sagt:
"Ums Essen bettelt er, aber zum Rauchen hat er!" Was hältst du davon, alte
Bohnenstange!

Emile: Was will man da machen, wenn sie was sparen wollen, sind den braven
Bürgern alle Vorwände recht, und seien sie auch noch so bescheuert! Sei froh,
daß sie dir nicht geraten hat, arbeiten zu gehen. Wie mir kürzlich: "Suchen Sie
doch Arbeit: Wer welche sucht, der findet immer welche!" Ach, hochverehrte
Dame, habe ich da zu ihr gesagt:

> Mitunter denk ich nach, zerbreche mir darob den Kopf
> auf welche Weise endlich reich ich werden kann
> Für mich ist soviel sicher nur: Geschehen kann es nicht
> Durch Arbeit, daß man dem Elend sich entringt
> In lang vergangner Zeit war dies vielleicht noch möglich
> Doch heut bedarf es hierzu anderer Verfahrensweisen!
> Da hättest du mal ihr Gesicht sehen sollen!

Laurent: Also, ich versteh ja nicht, warum du deinen Beruf als Schauspieler
aufgegeben hast. Du läßt sowas mit einer Leichtigkeit vom Stapel... Du hast da
doch sicher Erfolg gehabt, Geld, bestimmt auch Frauen...

Emile: Na und was sonst nicht noch alles? Auf einen, wie du ihn dir vorstellt,
kommen hundert andere, die umsonst spielen, vor ein paar Hanseln, mit denen
sie verwandt oder bekannt sind. Die stecken genauso in der Scheiße wie wir,
müssen sich aber auch noch abrackern und sich zu verkaufen versuchen. Sich
erniedrigen, bloß um eine Rolle zu kriegen! Und was spielen sie dann? Es gibt
ja nicht nur Molière: da gibt es erbauliche Stücke, zum Schreien schlechtes
Zeug, Stücke, die nicht mal mehr Omis zum Weinen bringen würden, dann
wieder andere, die man nur spielt, um dem Autor eine Freude zu machen, der
sich auf was weiß ich für eine Weise einen Namen gemacht hat. Regisseure,
die dich wie einen Stock da oben auf der Bühne herumstehen lassen, und
andere, die glauben, sie hätten gute Ideen, und dem Stück den Garaus machen.
Aber weißt du, das Schlimmste ist, wenn du so richtig geschuftet hast, um dir
die Rolle ins Hirn zu pressen und sagst: "Jetzt ist es soweit!" und dann geht

der Vorhang auf und da sitzen ein paar Zuschauer, denen es noch peinlicher ist als dir, daß sie so wenige sind. Hier dagegen... Na, was ist, willst du einen Pfirsich?

Szene 2

Eine Figur geht über die Bühne, ohne daß die beiden auf sie aufmerksam werden. Sie versteckt etwas unter einigen Blättern Papier in einem Mülleimer und geht ab.

Erster Polizist: Hört mal, ihr Landstreicher, habt ihr niemand vorbeigehen sehen?

Emile: Ich bitte um Entschuldigung, Chef, aber wir sind keine Landstreicher, sondern Wohnsitzlose, wie man heute so schön sagt. Ist Ihnen der Unterschied klar? Heutzutage ist man nicht mehr blind, man ist "sehunfähig". Man ist nicht mehr "behindert", sondern "beeinträchtigt". Und für uns gilt das Gleiche: Früher hatten wir keine Wohnung, jetzt sind wir wohnsitzlos: Das ist schon fast so ein bißchen, als ob wir doch eine hätten!

Zweiter Polizist: Bist du bald fertig mit deinen Geschichten? Ich versteh kein Wort von dem, was du sagst. Wir haben euch gefragt, ob ihr jemand habt vorbeigehen sehen. Also: Ja oder nein?

Laurent: Na wissen Sie, hier gehen ganz schön viele Leute vorbei. Wenn Sie wüßten, wie wenige stehenbleiben, um uns ein Geldstück zu geben oder sonstwas, wie Lino, der Italiener, zum Beispiel, der hat uns eine Kiste mit Pfirsichen gegeben, die noch kaum Schrammen hatten...

Erster Polizist: Na was ist denn das? Zwei richtige Originale! Da läßt man euch in Ruhe hier rumfaulenzen, obwohl die anständigen Bürger sich beklagen kommen, daß ihr den Verkehr aufhaltet und ein schlechtes Beispiel für die Kinder seid... Und wenn die Gesellschaft euch dann einmal braucht, ist aus euch nichts Ernstzunehmendes herauszukriegen! Und das bißchen Geld, das ihr kriegt, geht bestimmt nur fürs Besaufen drauf!

Emile: Ach nun, geehrte Herren Ordnungskräfte, manchmal trink ich wohl
Doch wenn ich trink ein Glas, so immer eins auf einmal nur
Wenn Sie mich trunken sähen, wäre dieses ohne Frag Beweis
für meine Ehrlichkeit.

Zweiter Polizist: Wie der redet! Chef, ich glaube, wir haben es hier mit Verrückten zu tun.

Erster Polizist: Also, jetzt zum letzten Mal – und hört mir bloß mit eurem Geschwätz auf – habt ihr niemand gesehen?

Laurent: Doch!

Zweiter Polizist: Na endlich! Und wer war das?

Laurent: Die Frau, die bei Lino Pfirsiche gekauft hat. Erinnerst du dich, Emile?

Erster Polizist: Aus den beiden Idioten ist ja wirklich nichts rauszukriegen. Wir reden von einem Mann, der in der Bank um die Ecke einen Überfall gemacht hat und mit der Beute abgehauen ist.

Laurent: Ach so. Na, das hätten Sie gleich sagen müssen...

Zweiter Polizist: Habt ihr ihn gesehen?

Laurent: Nein.

Erster Polizist: Das ist wirklich verlorene Liebesmüh mit diesen beiden Schwachköpfen.

(Übersetzung: Hartmut Nonnenmacher)

Zum Lingala

Lingala ist eine afrikanische Verkehrssprache, die zur Ngala-Gruppe innerhalb der Familie der Bantu-Sprachen gehört (C36 nach der Klassifikation von Malcolm Guthrie). Elisabeth Farges, die an der Pariser Universität "Sorbonne nouvelle" einen Kurs in Französisch als Fremdsprache erteilt, schreibt dazu:

"Eine der wichtigsten der ungefähr 360 in Zentral- und Südafrika verwendeten Bantu-Sprachen ist Lingala, das heute von mehreren Dutzend Millionen Sprechern in der riesigen Region, die das Kongo-Becken bildet, gesprochen wird. Lingala ist ursprünglich keine Muttersprache einer ethnischen Gruppe, sondern eine Verkehrssprache, die aus der Vermischung mehrerer Bantu-Sprachen hervorgegangen ist und von Händlern und Anwohnern des Flusses verwendet wird. Entlang dieses Verkehrsweges, der für die Wirtschaft der Region von zentraler Bedeutung ist, hat die Sprache sich ausgebreitet, von den beiden Ufern des Flusses bis in die großen Städte Kisangani und Kinshasa. Die ersten Europäer, die in dieses Gebiet kamen… haben wahrscheinlich zu dieser Verbreitung beigetragen: Die Modernisierung der Verkehrsmittel auf dem Fluß hat den Handel und die Mobilität der Fluß-Anwohner gefördert und dadurch auch den Kontakt zwischen den verschiedenen Bantu-Sprachen in der Region. Nachdem Lingala zur Sprache der Armee und der Verwaltung und seit seiner Verbreitung über ein großes Gebiet auch zu einer Muttersprache geworden ist, wird es heute häufig in den Medien und in öffentlichen Reden verwendet. Das moderne kongolesische Lied, das höchst kreativ und populär ist, trägt auch dazu bei, aus Lingala eine lebendige Sprache zu machen, die sich ständig weiterentwickelt. Es ist eine der vier Nationalsprachen in der Demokratischen Republik Kongo und wird auch in der Republik Kongo und in Zentralafrika gesprochen. Man kann diese Sprache auch in Europa hören, besonders in Frankreich und Belgien, wo viele Kongolesen leben."

Wir haben es also sozusagen mit einer doppelten oder verdoppelten Sprache zu tun. Auf der einen Seite haben wir die offizielle, geschriebene Sprache, die hauptsächlich von der Kolonialverwaltung durchgesetzt worden ist – das ist auch die Sprache der Kirchen, die Sprache des Gottes der monotheistischen Offenbarungsreligion, die Sprache der Bibel und der Schulen, die Sprache, die mit den Kolonisatoren und deren Zwangsherrschaft in Verbindung gebracht wird. Andererseits ist das Lingala für seine Sprecher auch die Alltagssprache, die nicht in einer für alle verständlichen Weise auf die schriftliche Ebene übertragen werden kann. Eben deshalb ist es die wichtigste Sprache der kongolesischen Musik, wobei es den Sängern ihrerseits oft gelingt, das mündliche Lingala mit der in den Schulen unterrichteten schriftlichen Form zu verbinden. Oft sind sie aber gezwungen, die Zensur zu überlisten, Metaphern oder Wörter mit einer Doppelbedeutung zu verwenden, um eine Botschaft zu vermitteln, die als aufrührerisch empfunden werden könnte. Diese Konfrontation zwischen zwei verschiedenen Ebenen des Lingala spiegelt die zwei verschiedenen offiziellen Bereiche der Sprache wider.[1] Die beiden hier vorgestellten Texte gehören einem dritten Bereich an, der am Berührungspunkt der beiden anderen angesiedelt ist und sich gleichzeitig von deren jeweiligen Zwängen freimachen kann.

  —Boyikasse Buafomo

Boyikasse Buafomo

Versenke deinen Leib

Meine lieben Brüder und Schwestern, hier im Mittelpunkt des Universums, im Westen, in der Welt der Weißen, ist das Leben Feuer und Flamme, eine ständige Gefahr. Da bietest du einem Hund Paß und Visum an, die allen Vorschriften entsprechen, und der Hund sagt: Nein danke! Das Wasser, die Flüssigkeit, die man trinkt, verwandelt sich hier, auf dieser Erde, in Stein.

Kinder des Wassers, meine lieben Brüder und Schwestern, wollt ihr wirklich alles wissen?

Kein Problem! Öffnet nur weit eure beiden Augen und eure beiden Ohren. Den Preis müßt ihr entrichten, wenn ihr mich richtig verstehen wollt. Es wird ein ganz zentrales Thema angeschnitten: Die Probleme des Anwärters auf den Status eines politischen Flüchtlings und der echten falschen Papiere. Nein, nein, dieses Thema geht nicht nur die Neger an, auch andere Menschen sind betroffen. (Was machen denn nun angesichts dieses Dramas unsere guten, schönen, großen Schwarzen? Denken sie über die Lage nach und suchen sie globale, alternative oder parallele Lösungen?)

Doch zunächst einmal, den Leib wegwerfen, politischer Flüchtling werden, was heißt das?

Wer kommt denn da eines Tages im Westen an, bei Miguel? (Du bist es, schöner Afro.) Und alle erkennen dich in Brüssel an der Metrostation Porte de Namur, mitten im Matongé-Viertel oder vielleicht auch in Paris im 18. Arrondissement. Schön frisiert und glattrasiert. Und da nun mal die Markennamen den Mann ausmachen, bist du von Kopf bis Fuß markiert. Von den großen Designern Jianni Versatché[2] oder Yamamoto oder noch anderen... Fragst du dich auch nur einen Augenblick, ob deine Papiere in Ordnung sind? Nein, diese Art von Problemen, das ist nichts für dich. Du wirst doch nicht einem Knochen hinterherrennen wie ein Hund. Dich begeistern die neuen Meister der Philosophie der "Gegenwart", die Werasson und Kofi Olomidé. Die Alten, die Größen der kongolesischen Musik, Kabassele, Luambo-Franco, Shungu Wembadio, Simaro Masiya, die können dir gestohlen bleiben.

Zweite Frage: eine Arbeit finden?

Was für eine Idee. Dich um gewöhnliches Zeug zu kümmern, Geschirr spülen oder putzen gehen, um die Miete und die Gas- und Stromrechnungen zu bezahlen, das sind Beschäftigungen, die unter deiner Würde sind, kommt nicht in Frage, klar! Du bist doch ein leichtes Luftwesen, was würdest du mit so einer Last auf deinen Schultern anfangen? Du schaust doch schon der Sonne in die Augen, ist das etwa nicht genug?

Dritte Frage: was sonst noch?

Wieder mit der Schule anfangen, mit der du vor so langer Zeit schon aufgehört hast? Noch einmal lesen und schreiben lernen? Das ist eine schöne Idee, doch wirst du sie akzeptieren?

Welche Wahl bleibt dir ansonsten (um im Westen leben zu können, im Mittelpunkt des Universums) ? Nur diese, die zugleich die einzige und eine ungerechte ist: den Leib wegwerfen, politischer Flüchtling werden. Sind die echten falschen Papiere schon in deinem Besitz (um deine Anwartschaft in diesem unbarmherzigen Universum stützen zu können)? Da du weder lesen noch schreiben kannst, wie wirst du da Gesetze, Verfahrenswege und Techniken zur Erlangung dieses Status entschlüsseln können? Wenn das Boot den Fluß gegen die Strömung hochfährt, fährt es da mit dem Bug oder dem Heck voran?

Drinnen oder draußen?

- Was ist, bist du drinnen oder nicht?
  - Natürlich bin ich drinnen.
- Na sowas, ich spüre dich gar nicht.
  - Ich bin voll und ganz drinnen, wie das Huhn im Topf.
- Bist du dir wirklich sicher? Bist du da nicht vielleicht eher wie die Suppe im Wasser?
  - Wirklich, warum das denn?
- *Die Impotenz ist nachgewiesen*
  Darum Bruder, tu nicht so gerissen, gib die Wahrheit zu
  Die Säule ist kaputt und zerbrochen
  Darum Bruder, tu nicht so gerissen, gib die Wahrheit zu[2]
  - Aber nein, das stimmt nicht, ich bin nicht impotent. Im Westen hab ich haufenweise Frauen. Ohne Probleme.
- Was ist, bist du drinnen oder nicht?
  - ....
- Sind die Frauen im Westen genauso impotent wie du oder sind sie keine ernstzunehmenden Partnerinnen? Mein Bruder, paß auf mit der Sockenkrankheit![3] Wie wirst du noch einen Schuh für deinen Fuß finden können, armer schlapper Freund?

Anmerkung für den Leser: Diese beiden kurzen Texte – "Bwaka Nzoto" ("Versenke deinen Leib") und Okoti To Okoti Te ("Drinnen oder draußen?") – zeigen eine Unterhaltung, die typisch ist für kongolesische Einwanderergesellschaften. In beiden Fällen handelt es sich um einen Dialog mit verschiedenen Stimmen.

"Bwaka Nzoto" ("Versenke deinen Leib")[5] ist ein von der kongolesischen Gemeinschaft in Belgien um 1985 erfundener Ausdruck, um sich auf einen folgenschweren Akt zu beziehen, nämlich den, ein politischer Flüchtling zu werden. Dieser Akt ist nicht nur, wie Europas Politiker und Bürger meist annehmen, ein Mittel, Papiere zu bekommen und die Armut in Afrika hinter sich zu lassen, es ist vielmehr ein Akt des Selbstmords, sowohl physisch als auch geistig. Der politische Flüchtling kann nie mehr in sein Herkunftsland zurückkehren. Der Originaltext ist länger und ist Teil einer Sammlung von 15 Kurzgeschichten mit dem selben Titel. Die Originalversion wurde am 19. November 1987 geschrieben.

Okoti To Okoti Te ("Drinnen oder draußen?") thematisiert schwarzafrikanische Erotik. Der Text ist der Gipfel an Ironie, aber auch ein Beispiel für die Macht, die das weibliche Geschlecht in Kinshasa in den 70er Jahren hatte. Er stellt das Bekenntnis einer Frau dar, basierend auf einer wahren Geschichte, die mit großer Brutalität von der männlichen Sexualität spricht. Obwohl scharf im Ton, hat sie ihren Sinn für Humor nicht verloren. Die ursprünglich weibliche Geschichte ist sozusagen gekapert worden und zum Eigentum der

Männer geworden. Das Straßengeschwätz hat sie den *ambianceurs*[6] zugetragen, jenen Männern, die die Nacht zwischen Tanzhallen, Parties, Konzerten etc. verbringen, die sie in einen guten Witz verwandelt haben. Ein guter Witz oder eine Provokation?

Der Dialog mit zwei Stimmen, der hier in geschriebener Form vorliegt, datiert vom Februar 1995. Man sollte auch darauf hinweisen, daß es der gleichzeitig delikate und brutale Humor ist, den die Frau in ihrer Anschuldigung ausdrückt, der paradoxerweise ihre Macht demonstriert.

In beiden Texten, aber vor allem im ersten, ist auch der häufige Gebrauch von Sprichwörtern oder altehrwürdigen Ausdrücken bemerkenswert, so z.B. "Opesi mbwa mbwa aboyi" (Du bietest einem Hund etwas an, und der Hund sagt: Nein, danke!), "Soki masuwa eza ekonana moto ezalaka liboso to makolo" (Wenn das Boot den Fluß gegen die Strömung hochfährt, fährt es da mit dem Bug oder dem Heck voran?), daneben die Bedeutung der Hinweise auf populäre Musik sowie die für Leute aus Kinshasa typische Gestalt von Miguel ("na Miguel"), dem belgischen Küchenchef spanischer Abstammung, der nicht nur für die Einwanderung nach Belgien, sondern für den Aufbruch nach Europa steht.

—*Boyikasse Buafomo*

[1] Diese beiden offiziellen Bereiche scheinen zwei verschiedenen Arten von Gruppen oder sozialen Schichten zu entsprechen. Die erste ist mit der Unabhängigkeit vom 30.6.1960 in Erscheinung getreten und setzt sich aus Politikern zusammen, deren Arbeitssprache Französisch ist und die ihre Legitimität direkt oder indirekt von ihren Studienabschlüssen herleiten. Die zweite, die Zivilgesellschaft, ist in den neunziger Jahren während der Souveränen Nationalkonferenz entstanden. Dort war nämlich die Verwendung der Nationalsprachen Lingala, Kisuaheli, Chiluba und Kikongo zugelassen und der Amtssprache Französisch gleichgestellt.

[2] Im Text wird diese phonetisierende Schreibweise benutzt.

[3] Diese vier Verse sind der Refrain eines in Kinshasa sehr bekannten Liedes.

[4] Bildhafter Ausdruck, den man sofort versteht, wenn man weiß, daß im afrikanischen Französisch ein Präservativ oft "chaussette" (Socke) genannt wird.

[5] Die Wahl dieses Textes ist schmerzhaft gewesen. Es ist wichtig zu erkennen, daß er ein schwarzafrikanisches Universum enthüllt, das mit der Bürde der westlichen Klischees kämpft und gegen das die Schwarzafrikaner selbst nicht anzugehen wagen, weil ihnen die passenden Worte in ihrer Muttersprache fehlen.

[6] Der Begriff *ambianceur* des afrikanischen Französisch bezeichnet nicht einfach einen DJ oder Promoter, sondern jemanden, der über mehr als einen Abend einen Rahmen schafft .

(Anm. des Autors B.B.)

(Übersetzung: Hartmut Nonnenmacher)

Daisy Abey wurde 1941 in Matara, Sri Lanka, geboren und studierte Singhala an der Universität von Ceylon. Sie siedelte 1965 nach Großbritannien über und lebt seitdem abwechselnd in Leeds und London. Sie schreibt schon seit vielen Jahren auf Singhala und übersetzt ihre eigenen Arbeiten ins Englische. Mehrere Sammlungen ihrer Gedichte sind auf Englisch von Sixties Press veröffentlicht worden: *Letter to a Friend: First Poems, City of Leeds* (beide 1999), *Under Any Sky* (2000) und *On Pennine Heights* (2003). Ihr ursprünglich singhalesischer Roman wurde in ihrer eigenen Übersetzung unter dem Titel *Like the Wind* ebenfalls von Sixties Press herausgebracht (2003).

Agnès Agboton wird in Porto-Novo in der Republik Benin (ehemaliges Dahomey) geboren. Sie besucht die Grundschule und einige Klassen der Sekundarstufe in ihrer Heimatstadt und in der Elfenbeinküste. 1978 kommt sie nach Barcelona, wo sie ihre Sekundarschulbildung abschließt und 1991 an der Fakultät für Philologie der Universidad Central von Barcelona den Studienabschluß in spanischer Philologie (Schwerpunkt Literaturwissenschaft) erlangt. Sie lebt zwischen zwei Kulturen und hält ständigen Kontakt zu ihrem Heimatland, wo sie verschiedene Arbeiten zur Erfassung und Wiederbelebung der mündlichen Überlieferung (Lieder, Märchen und Legenden, Familienlobrieder, usw.) durchgeführt hat. In Katalonien arbeitet sie seit mehreren Jahren mit den pädagogischen Förderzentren des Unterrichtsministeriums der katalanischen Autonomieregierung, mit Grundschulen, Bibliotheken und anderen Einrichtungen zusammen, um zur Verbreitung der afrikanischen mündlichen Überlieferung unter den katalanischen und spanischen Jugendlichen beizutragen. Neben Artikeln und verschiedenen Beiträgen zu Rundfunksendungen (in TVE, dem staatlichen spanischen Fernsehen, und TV-3, dem staatlichen katalanischen Fernsehen und in CITY TV) sowie Vorträgen hat sie folgende Bücher veröffentlicht: *La cuina africana* (Barcelona: Columna, 1988); *Contes d'arreu del món* (Columna, 1995); *Àfrica des dels fogons* (Columna, 2001); *África en los fogones* [*Afrika auf dem Herd*] (Barcelona: Ediciones del Bronce, 2002) und sie ist Ko-Autorin des Buchs *El libro de las Cocinas del Mundo* [*Das Buch der Küchen der Welt*] (Barcelona: Rba Integral, 2002); *El llibre de les Cuines del Món* (Barcelona: La Magrana, 2002). Zusammen mit der Illustratorin Carmen Peris kam sie mit der Erzählung *Les llàgrimes de Abenyonhù* in die Endrunde des *Apel.les Mestres*-Preises des Jahres 1995. Seither hat sie ihre Gedichte in der Gun-Sprache in verschiedenen Zeitschriften (*Poesía Por Ejemplo*, Nummer 11, Madrid, 1999) und Anthologien (*Barcelona poesia*, zusammengestellt und herausgegeben von Gabriel Planelle, Ediciones Proa, 1998) veröffentlicht und stellte sie vor allem durch Dichterlesungen der Öffentlichkeit vor.

Anna Aguilar-Amat (Barcelona, 1962) ist Dozentin für Terminologie im Bereich der Übersetzung an der *Universitat Autònoma* in Barcelona. Sie ist Dichterin und Essayistin. Sie veröffentlichte die folgenden Gedichtbände: *Trànsit entre dos vols* [*Umsteigen zwischen zwei Flügen*], (Barcelona: Ed. Proa, 2001), mit dem Carles Riba-Preis 2000 ausgezeichnet, *Música i escorbut* [*Musik und Skorbut*], (Barcelona: Ed. 62, 2002), mit dem Màrius Torres-Preis 2001 ausgezeichnet, *Petrolier* [*Öltanker*], (Valencia: Edicions de la Guerra, 2003), beim Gedichtwettbewerb 2000 in Barcelona mit dem Englantina d'Or-Preis ausgezeichnet.

Shamim Azad wurde 1952 in Bangladesh (dem damaligen Ostpakistan) geboren und studierte Bengali Literatur an der Universität Dhaka. 1990 kam sie als Lehrerin nach Großbritannien und unterrichtet jetzt als Dichterin für die Londoner Organisation "Apples and Snakes". Sie wurde 1994 von Bangladesh mit dem Bichitra Preis und 2000 von London Arts mit einem Preis zum Jahr des Künstlers ausgezeichnet. Ihre Werke umfassen zwei Romane, zwei Schauspiele, eine Sammlung von Kurzgeschichten und eine von Essays, sowie drei Gedichtbände: *Sporsher Aupekkha/Waiting for a Touch* (1981), *Bhalobashar Kabita/Love Poems* (1982), und *Hey Jubak, Tomar Bhabishat/Young Man, It's Your Future* (1989). Das vorliegende Gedicht wurde erstmals in der Zeitung *Prothom Alo* (Dhaka, 2000) veröffentlicht und erschien dann mit einer Übersetzung in *My Birth Was Not In Vain*, herausgegeben von Debjani Chatterjee und Safuran Ara (Sheffield Libraries, 2001). Siehe auch www.shamimazad.com

Meg Bateman (geb. 1959) wurde in Edinburgh geboren und wuchs dort auf. Sie lernte Gälisch und studierte und promovierte in Celtic Studies an der Universität Aberdeen. Sie lebte ein Jahr als Hilfsschwester in South Uist. Nachdem sie zehn Jahre lang an den Universitäten von Edinburgh und Aberdeen arbeitete, unterrichtet sie jetzt am Sabhal Mòr Ostaig, einem gälisch-sprachigen College in Skye, wo sie auch mit ihrem Sohn lebt. Sie schreibt nicht nur selbst, sondern ediert und übersetzt keltische Gedichte. Ihre Sammlung *Aotromachd/Lightness* kam 1998 in die engere Wahl für den Stakis Preis und wurde mit einem Preis des Scottish Arts Council ausgezeichnet. Zu ihren Veröffentlichungen gehören *Òrain Ghaoil/Amhràin Ghrà* (Coiscéim, 1989) und *Aotromachd agus Dàin Eile*/Lightness and Other Poems (Polygon, 1997). Die Anthologie *Wish I Was Here* (Edinburgh: pocketbooks, 2000) enthält das vorliegende Gedicht "Ealghol: Dà Shealladh."

Boyikasse Buafomo: vor langer Zeit geboren und aufgewachsen in Itsike-Isameila, in der Ebene im Zentrum des Kongo (ehemaliges Zaïre). Aus Engagement geht er ins "Exil" in die weite Welt hinaus und findet im Jahr 1978 ein "Obdach" im Zentrum der Milchstraßc in Brüssel. Sei es nun aus Trotz oder aufgrund jahrhundertealter Überlieferung, jedenfalls findet er dort seine Stimme wieder und bietet Kindern zwischen 8 und 888 Monaten seine "Oratur" an. Zu diesem Behuf legt er in den Schulen und Stadtvierteln (Theatern, Unternehmen, Kommunen, Fernsehsendern und anderen) die Toga des Wandernden Geschichtenerzählers an. Er arbeitet in *Sango Nini / Quoi de neuf?* [*Was gibt es Neues?*] mit Cobra Films zusammen und stellt seine Stimme zur Verfügung, um aus verschiedenen Blickwinkeln von Matongé zu erzählen, einem farbenprächtigen Viertel Brüssels, der faktischen Hauptstadt der Europäischen Union. Dieser Dokumentarfilm erhält in Brüssel den ersten Preis des Festivals "Filmer à tout prix" [*Um jeden Preis Filme drehen*] und in Marseille den Preis für den besten europäischen Dokumentarfilm. Im Rahmen des ersten an der Katholischen Universität Löwen (Belgien) organisierten "Neujahrs"-Wettbewerbs erhält er den großen Neujahrs-Preis sowie den Preis des internationalen französischen Rundfunksenders *Radio France Internationale* für die Bearbeitung und Ausstrahlung von *La tradition juive de l'enseignement* [*Die jüdische Unterrichtstradition*] von Elie Wiesel und *Le sacrifice* (Das Opfer) von Antoine Tshitungu Kongolo. Im Jahr 2002 erfindet er die "Carte Contée – Verhaalkaart" (Erzählkarte), den ersten multikulturellen "Mediolog" zwischen Nord und Süd. Ihr Ziel? Wirklichkeit und Fiktion miteinander zu verbinden.

Maoilios Caimbeul (Myles Campbell) wurde 1944 auf der Isle of Skye geboren und lebt noch immer dort. Er unterrichtet Gälisch an der Gairloch High School, Ross-shire, und schreibt nebenher. Seine Arbeiten sind in zahlreichen Zeitschriften und Anthologien erschienen. Im Jahr 2002 wurde er beim Royal National Mod, dem großen gälischen Musik- und Literaturwettbewerb, in Largs, zum 'Barden' gekrönt. Seine Gedichtsammlungen sind *Eileanan* (Universität Glasgow, 1980), *Bailtean* (Gairm, Glasgow, 1987), die zweisprachige Sammlung *A'Càradh an Rathaid* (Coiscéim, Dublin, 1988) in schottischem und irischem Gälisch, in der das vorliegende Gedicht *'Itean A'Tuiteam'* erscheint, und *A' Gabhail Ris* (Gairm, Glasgow, 1994). Eine fünfte Sammlung, *Saoghal Ur*, soll noch im Jahr 2003 bei Diehard Publications, Callander, erscheinen. Die Anthologie *Wish I Was Here* (Edinburgh: pocketbooks, 2000) enthält sein Gedicht "3. 3. 2000."

Saleha Chowdhury wurde 1943 in Bangladesh (damals noch Ostpakistan) geboren. Sie studierte Bengali an der Universität Dhaka und arbeitete ab 1967 dort als Dozentin. Seit 1972 lebt sie in London, wo sie als Grundschullehrerin arbeitete. Sie betrachtet ihren Eintritt in den Ruhestand im Jahr 2003 als eine Gelegenheit, hauptberufliche Schriftstellerin zu werden. 1996 gewann sie den von der Cyclone Poetry Group aus Manchester ausgesetzten Preis für den besten Dichter und im Jahr 2000 wurde sie in Amerika mit einem internationalen Preis für verdienstvolle Dichter ausgezeichnet. Ihre in Bengali verfassten Werke umfassen acht Romane, fünf Sammlungen von Kurzgeschichten, ein Schauspiel, drei Kinderbücher und drei Essaysammlungen. Neben drei Gedichtbände in Bengali, nämlich *Judas Ebong Tritiyo Pokkho/Judas and the Third Party* (Dhaka, 1998), *Dewaley Cactus Phool/The Cactus Flower on the Wall* (Dhaka, 2001), und *Hriday Pendulum Baja/It Rings In My Heart* (Dhaka, 2001), veröffentlichte sie auch zwei englische Gedichtsammlungen: *Broad Canvas* (Peterborough, 1997) und *It Grows In My Heart* (Peterborough, 2001).

Josefa Contijoch Pratdesaba wird im Jahr des Wolkenbruchs am 20. Januar in Manlleu (Plana de Vic) geboren. Sie kommt aus einer Familie von Druckern und Buchhändlern. Sie macht eine Ausbildung in Wirtschaft und Sprachen bei den Karmeliterinnen von Manlleu. Studium der Philologie an der Universität von Barcelona. Seit dem Jahr der Gründung (1992) gehört sie dem Schriftstellerinnenkomitee des katalanischen PEN-Club-Zentrums an und arbeitet darin aktiv mit. Sie hat Gedichte veröffentlicht: *De la soledad primera* [*Über die anfängliche Einsamkeit*], (1964); *Aquello que he visto* [*Was ich gesehen habe*], (1965); *Quadern de vacances (una lectura d'"El segon sexe")* [*Ferientagebuch (Eine Lektüre von "Das zweite Geschlecht")*], (1981); *Ales intactes* [*Die* *intakten Flügel*], Salvador Espriu-Gedichtpreis 1993, (1994); *Les lentes il.lusions* [*Die langsamen Hoffnungen*], Màrius Torres-Preis 2000, (2001). Sowie Romane: *Potala* (1986); *No em dic Raquel* [*Ich heiße nicht Raquel*] (1989); *La dona liquada* [*Die verflüssigte Frau*], Romanpreis der Stadt Palma 1989, (1990); *Rímmel* [*Wimperntusche*], (1994); *Amor congelat* [*Gefrorene Liebe*], (1997); *Tòrrida Tardor* [*Glühender Herbst*], (1997); *Els dies infinits* [*Die unendlichen Tage*], (2001). Sie hat auch die folgenden Vorträge veröffentlicht: *Virginia Woolf - vita Sackville-West: fascinacions transferides* in dem Gemeinschaftswerk *Cartografies del desig, quinze escriptores i el seu món* [*Kartographien der Sehnsucht, fünfzehn Schriftstellerinnen und ihre Welt*], (1998); *Contra l'oblit: Montserrat Roig - Anne Frank* in dem Gemeinschaftswerk *Memòria de l'aigua, onze escriptores i el seu món* [*Gedächtnis des Wassers: elf Schriftstellerinnen und ihre Welt*], (1999). Sowie zuletzt *Víctor Català - Grazi Deledda: Màscares sota la lluna*, Dritter Zyklus von *Cartogafies del desig* am 11.10.2001 im *Teatre l'Espai* in Barcelona.

Nino De Vita lebt in Marsala, wo er 1950 geboren wurde. Er ist Verfasser der Gedichtsammlung *Fosse Chiti*, die 1984 von Lunarionuovo, Gesellschaft für Dichtung, und in einer Neuauflage 1989 bei Amadeus veröffentlicht wurde – sowie von Dialektgedichtbänden, die jetzt, nachdem sie zuerst im Eigenverlag oder in begrenzter Auflagenzahl erschienen waren und nicht mehr im Handel sind, in den beiden Bänden mit den Titeln *Cutusìu* (Trapani 1994; Messina, Mesogea 2001) und *Cùntura* (Alcamo 1999) zusammengefasst sind. 1996 wurde De Vita mit dem „Alberto Moravia"- und 2003 mit dem „Mondello"-Preis ausgezeichnet. De Vita betreut die „Leonardo Sciascia"-Stiftung in Racalmuto. Alle großen italienischen Literaturkritiker haben sein Werk gewürdigt.

Róža Domašcyna, 1951 in Zerna bei Kamenz (Oberlausitz) geboren, Wirtschaftskauffrau, Ingenieur (Ökonom des Bergbaus), von 1973-1984 Arbeit im Braunkohlenwerk Knappenrode, von 1985-1989 Studium am Literaturinstitut in Leipzig, lebt in Bautzen, ab 1990 freie Autorin; schreibt in deutscher und sorbisch-wendischer Sprache, vor allem Lyrik, daneben Dramen, Nachdichtungen, Essays und Herausgebertätigkeit. Róža Domašcyna hat mehrere angesehene Literaturpreise erhalten. Veröffentlichungen (Auswahl): Lyrik und lyrische Prosa: *Wróćo ja doprědka du* (Bautzen: Domowina-Verlag, 1990) darin zuerst veröffentlicht: „Hdyž chcych, zo by było"; *Zaungucker* (Berlin: Verlag Janus-Press, 1991) darin zuerst: „Einfluß des alls auf die lust", „Als ich wollte, daß es sei"; *Pře wšě płoty* (Domowina-Verlag, 1994) darin zuerst: „Njeje dosć (za kěrchowom w Čelnom)", „W módrym domskim pod Bismarckowej wěžu"; „Wliw swětnišća na lóšt"; *Zwischen gangbein und springbein* (Verlag Janus-Press, 1995) darin zuerst: „Die toten werden umgebettet (im andenken an den Friedhof Celno)", „Im blauen haus am Bismarckturm"; *selbstredend selbzweit selbdritt* (Verlag Janus-Press, 1998); *Pobate bobate* (Domowina-Verlag, 1999); *sp* (Domowina-Verlag, 2001); neben einem Drama, Hörspielen und Features auch zahlreiche Nachdichtungen ins Obersorbische und ins Deutsche.

Saqi Farooqi (Qazi Muhammad Shamshad Nabi Farooqi) wurde 1936 in Uttar Pradesh, Nordindien, geboren. Nach der Teilung Indiens im Jahr 1947 zog er mit seinen Eltern nach Ostpakistan (dem heutigen Bangladesch), und 1950 nach Karachi. Er studierte an der Universität Karachi und kam 1963 zu weiterführenden Studien nach Großbritannien. Er arbeitete als Nachrichtensprecher beim BBC World Service und als Wirtschaftsprüfer, und lebt immer noch in London. Er folgte der Urdu-Tradition und nahm als junger Dichter einen Künstlernamen an, Saqi. Er ist international als einer der führenden Urdu-Dichter seiner Generation bekannt geworden. Er ist jedoch nicht unumstritten, da er sich sowohl auf die Urdu- wie auf die westliche Tradition stützt. Die BBC hat zwei Sendungen über seine Arbeiten ausgestrahlt. Seine Werke auf Urdu umfassen zwei Bände mit Beiträgen zur Literaturwissenschaft und sechs Gedichtsammlungen: *Pyas ka Sehra/The Desert of Thirst* (1967), *Raadar/Radar* (1977), *Razon se Bhara Basta/The Bag of Secrets* (1981), *Bahram ki Wapsi/The Return of Bahram* (1985), *Zinda Pani Sachcha/The Living Waters* (1992), und *Haji Bhai Pani-Wala/The Hydrocele* (2001). In englischer Übersetzung sind seine Werke in *A Listening Game* (Lokamaya, 1987; Highgate Poets, 2001) veröffentlicht. Das vorliegende Gedicht 'The Sweet Smell of Death' erschien erstmals 1964 in der Zeitschrift *Funoon* in Lahore.

Rose-Marie François, Dichterin und Schriftstellerin, spricht zahlreiche Sprachen. Sie trägt auf der Bühne ihre eigenen und von ihr übersetzten Gedichte vor. Sie wurde am 31.10.1939 "zwischen dem grünen Flandern und dem schwarzen Borinage" [belgische Landschaft südlich der Stadt Mons] geboren und verbrachte ihre Kindheit in einem kleinen Dorf, in dem noch Pikardisch gesprochen wurde. Sie begann schon zu schreiben, bevor sie zur Schule ging. Sie hat promoviert, ist Dozentin an der Universität Lüttich und veranstaltet Übersetzungsseminare für schwierige Gedichte und Kurzprosa. Von ihren zuletzt erschienenen Werken seien hier genannt: *De source lointaine* (*Tālīna strūklaka*) [*Aus ferner Quelle*], Gedichte, mit lettischer Übersetzung von Dagnija Dreika (Riga: Tapals, 2002); *Pieds nus dans l'herbe* (*Plavās kailām kājām*) [*Barfuß im Gras*], zweisprachige Anthologie lettischer Gedichte, auf Französisch übersetzt von Rose-Marie François; *L'arbre à paroles* (Amay, 2002); *Passé la haine et d'autres fleuves* [*Vorbei der Haß und andere Flüsse*], Roman (Lüttich: Le Fram, 2001); *Zwischen Petrus und Judas / Entre Pierre et Judas*, zweisprachige Anthologie österreichischer Gedichte, Band 2 (doppelt), Übersetzt und präsentiert von Rose-Marie François, editions@maisondelapoésie.com (Amay, Dez. 2001); *Fresque lunaire* [*Mondfresko*], Gedichte (Montréal: Le Noroît, 2000) ; *Qui nous dépasse / An uns vorbei*, Gedichte mit deutscher Übersetzung von Rüdiger Fischer (Rimbach: Verlag_Im_Wald@t-online.de, 1999).

Lubina Hajduk-Veljkovićowa, geb. Šěnec, geboren 1976 in Bautzen, lebt seit 1995 in Leipzig; sie studierte Sorabistik und Geschichte in Leipzig und ist zur Zeit im Erziehungsjahr. Sie schreibt vor allem in obersorbisch, anfangs Gedichte, nun Prosa und Theaterstücke und für Kinder Märchen und Hörspiele. Veröffentlichungen: *Prěnje jejko* (Gedichtsammlung, Privatauflage, 1998); *Pjatk haperleje* (Gedichtsammlung, Bautzen: Domowina-Verlag, 1998); Einige Gedichte in der Zeitschrift *Literatur und Kritik* (Themenheft Sorbische Literatur, 1999) und in der Anthologie *Landschaft mit Leuchtspuren*; *Neue Texte aus Sachsen* (Leipzig: Reclam-Verlag, 1999); *Wurywanki* (Theaterstück; zusammen mit ihrem Ehemann Dušan; 2001); Erzählungen „Wjelča zyma" und „Donjebjesspěče" in den Anthologien *Žadyn happy-end* und *Wobraz ze skibami* (Domowina-Verlag, 2001).

Basir Sultan Kazmi wurde 1955 in Lahore, Pakistan, geboren. Dort erwarb er den akademischen Grad eines MA in Englischer Literatur am Government College. Sein Vater Nasir Kazmi, der 1972 im Alter von 46 Jahren starb, war ein berühmter Dichter und ermutigte seinen Sohn schon in früher Jugend, Gedichte auf Urdu zu verfassen. Basir unterrichtete vierzehn Jahre lang am Government College Literatur, Drama und Literaturwissenschaft und kam dann im Jahr 1990 mit einem Begabtenstipendium des British Council nach Großbritannien. Die Universität Manchester verlieh ihm 1991 den erziehungswissenschaftlichen Grad eines M.Ed. und 2001 für eine Untersuchung über die Schreib-/Lesefähigkeit von Frauen in Pakistan den Grad eines M.Phil. Er hat als 'Writer in Residence' für North West Playwrights Workshops gearbeitet und in Oldham ein asiatisches Theater gegründet. Seit 1992 arbeitet er als Sprachförderlehrer, zunächst in Halifax und jetzt in Manchester. Sein 1997 erschienenes Schauspiel *The Chess Board* war die Übersetzung eines 1987 in Pakistan veröffentlichten Urdustückes. Seine Gedichte wurden auf Urdu (Lahore, 1997) und in Übersetzung in *A Little Bridge* (Pennine Pens, Hebden Bridge, 1997) veröffentlicht. In dem zweisprachigen Band *Generations of Ghazals* (Redbeck, 2003) werden seine Arbeiten und die seines Vaters vorgestellt. Er schreibt immer noch Schauspiele und hat, obwohl er sich hauptsächlich traditioneller poetischer Formen bedient, in der letzten Zeit angefangen mit freien Versen zu experimentieren.

Giorgos Lillis wurde 1974 in Bielefeld geboren. Seine Gedichte und Artikel sind in verschiedenen Literaturzeitschriften veröffentlicht worden, zwei Gedichtbände sind bereits erschienen: *Die Haut der Nacht* (Verlag „Odos Panos") und *Das Land der schlafenden Wasser* (Verlag „Mandragoras"). Lillis hat einige Jahre in Agrinion und Athen verbracht und lebt seit 1996 in Deutschland. Er arbeitet als freier Journalist für griechische Literaturzeitschriften. Im lokalen Radiofunk (Radio Bielefeld) hat er eine zweisprachige Sendung moderiert (griechisch-deutsch), in der er griechische Musiker und Dichter vorstellte. Zwei Mal bekam er in Griechenland den ersten Preis in nationalen Wettbewerben für Dichtung.

Kito Lorenc wurde 1938 in Schleife-Slepo bei Weißwasser geboren. Er studierte Slawistik in Leipzig, arbeitete als Literaturwissenschaftler am Institut für sorbische Volksforschung in Bautzen, war er Dramaturg am Bautzener Staatlichen Ensemble für sorbische Volkskultur und lebt seit 1979 als freiberuflicher Autor. Neben Lyrik in Sorbisch und Deutsch verfasst er Kinderbücher und Theaterstücke, daneben auch Nachdichtungen und Editionen (seit 1973 die Lyrikreihe „Serbska poezija", „Sorbisches Lesebuch" 1981, „Aus jenseitigen Dörfern. Zeitgenössische sorbische Literatur" 1992). Kito Lorenc hat mehrere angesehene Literaturpreise erhalten. Ausgewählte Veröffentlichungen

(Gedichtbände): *Nowe časy – nowe kwasy* (Bautzen, 1961); *Struga. Bilder einer Landschaft* (Bautzen, 1967); *Kluče a puće* (Bautzen, 1971); *Serbska poezija: Kito Lorenc* (Bautzen, 1979); *Ty porno mi* (Bautzen, 1988) darin zuerst veröffentlicht: „Hołbik dwě bělej nóžce ma", „Štož su te kachle"; *Gegen den großen Popanz* (Berlin und Weimar, 1990) darin zuerst: „Und was der Ofen ist"; *Suki w zakach* (Bautzen, 1998) darin zuerst „Mój krótki zymski dźeń", „Szeroki Bor"; *die unerheblichkeit berlins* (München, 2002) darin zuerst: „Mein kurzer Wintertag", „Großer Wald (Szeroki Bor)".

Aonghas Macneacail wurde 1942 in Uig auf der Isle of Skye geboren und wuchs in einer gälisch-sprachigen Umgebung auf. Er studierte an der Universität Glasgow. Er war 'Writer in Residence', d.h. er hatte Stipendien mit Wohnberechtigung, in Argyll, in Ross and Cromarty, in Glasgow und in Skye und wurde vom Scottish Arts Council 1983 und 1992 mit Stipendien ausgezeichnet. Er gewann den Stakis Preis als Schottischer Schriftsteller des Jahres 1997 und einen Grampian Television Dichtungspreis. Derzeit lebt er südlich von Edinburgh. Er ist einer der wichtigsten gälischen Schriftsteller seiner Generation und schreibt für viele Medien, wie Theater, Musik, Radio, Film und Fernsehen, und er war ein Hauptautor der gälischen Fernsehserie *Machair* für das Schottische Fernsehen. Seine Gedichte, die auch im Ausland veröffentlicht wurden, sind in sieben Sammlungen erschienen. Seine zuletzt erschienene Gedichtsammlung *Oideachadh Ceart/A Proper Schooling* (Polygon, 1996) wurde mit dem Saltire Preis ausgezeichnet. Das vorliegende Gedicht *'an tùr caillte'* wurde in die Anthologie *Wish I Was Here* (pocketbooks, 2000) aufgenommen.

Twm Morys (geboren 1961) wuchs dort auf, wo er noch immer lebt, in der Nähe von Llanystumdwy, Gwynedd, einem walisisch-sprachigen Dorf an der Küste. Er studierte an der Universität von Wales in Aberystwyth Walisische Literatur. Abgesehen von einem Jahr als Dozent für Walisisch an der Universität Rennes in der Bretagne, arbeitet er seit 1988 als freiberuflicher Dichter und Schriftsteller und moderiert Radio- und Fernsehsendungen. Er schreibt hauptsächlich im strikten Metrum (*cerdd dafod*) und nimmt regelmäßig an *ymrysonau* teil, das sind populäre Stegreifwettbewerbe zwischen Dichtermannschaften in Gemeindesälen, Dorfgemeinschaftshäusern oder Wirtshäusern. Er hat eine eigene Musikgruppe mit dem Namen *Bob Delyn a'r Ebillion* (Bob, (gen.) 'die Harfe', und die Harfenwirbel), mit der er vier CDs herausgebracht hat, die letzte hieß *Hyn/This* (Sain, 2003). Er schreibt eine Kolumne in der Dichtungszeitschrift *Barddas* und hat zwei Essaybände veröffentlicht. Seine Gedichtsammlungen heißen *Ofn Fy Het/Afraid of my Hat* (Barddas, 1995), *La Ligne Noire des Montagnes* (mit Aufsätzen in französischer Übersetzung: L`Association Festival de Douarnenez, Bretagne, 1998), *Eldorado* in Zusammenarbeit mit Iwan Llwyd (Gwasg Carreg Gwalch, 1999) und *2* (Barddas, 2002), in der auch 'Un Bore Oer' erscheint.

Francesc Parcerisas i Vàzquez (1944 geboren in Begues, Baix Llobregat). Dichter, Übersetzer und Kritiker. Er erwarb einen Studienabschluß an der Universität Barcelona sowie einen MA an der Universität von Essex in Großbritannien und promovierte an der Universidad Autónoma in Barcelona. Nach einer Zeit als Lektor in England lebte er viele Jahre als literarischer Übersetzer auf Ibiza. Er hat mehr als 50 Bücher sowohl auf Spanisch als auch auf Katalanisch übersetzt und war häufig als Literaturkritiker für die Presse tätig. Er arbeitete im Verlagsbereich und Bildungswesen und spielte eine herausragende Rolle im Bereich der Literaturverbände. Er ist Dozent an der *Universidad Autònoma* von Barcelona und war Vorsitzender des Verbandes katalanischsprachiger Schriftsteller. Seit 1998 ist er Leiter der *Institució de les Lletres Catalanes* (Institut für katalanische Literatur). Sein Gesamtwerk liegt in dem Band *Trionf del present* (Triumph der Gegenwart, 1991) vor. Danach veröffentlichte er *Focs d'octubre* [Oktoberfeuer], (1992) und *Natura morta amb nens* [Stilleben mit Kindern], (2000). Seine Gedichte wurden auf Spanisch, Französisch, Italienisch, Englisch, Schwedisch, Portugiesisch und Ungarisch übersetzt.

Michalis Patentalis: geboren in Düsseldorf, wuchs Michalis Patentalis in Prossotsani bei Drama/Griechenland auf. Nach dem Abitur studierte er unter anderem Musiktheorie und -harmonie. Neben der Beschäftigung mit der Schwarz-Weiß-Photographie war er als Redakteur und Moderator beim Rundfunk tätig. Für seine Erzählung *Zwei Erdbeeren auf dem Sand* wurde er im Jahr 2000 mit dem ersten Preis für Erzählungen im Wettbewerb ‚Zweirad und Kunst' ausgezeichnet. Weitere Veröffentlichungen: *Gilete Contour – 18 Gedichte und eine Kuh* (Köln: Romiosini [Verlag für zeitgenössische griechische Literatur], 2002) darin zuerst: „GILETE CONTOUR ή Πρώτη διαφημίση στο Αφγανιστάν" und „Ο ΑΠΕΝΑΝΤΙ"; *Die Kurzsichtigkeit einer Stadt*

(Gedichte, griechisch-deutsch), (Köln: Romiosini, 1998). Einige seiner Gedichte sind in der Anthologie *Deutschland, deine Griechen* (Romiosini, 1998) enthalten. Daneben wurden Essays und Gedichte von ihm im Band *Weißer Fleck Griechenland* von Gabriele Kleiner (Hg.), (Berlin: Edition Ost, 2002) veröffentlicht.

Chus Pato ist 1955 in Ourense geboren. Sie gibt Geschichtsunterricht an einem Gymnasium im Inneren Galiciens. Sie hat die folgenden Gedichtbände veröffentlicht: *Urania* (Ourense: Calpurnia, 1991), *Heloísa* (A Coruña: Espiral Maior, 1994), *Fascinio* (Santiago de Compostela: Toxosoutos, 1995), *Nínive* (Vigo: Xerais, 1996), *A ponte das poldras* [*Die Brücke der Stege*] (Santiago de Compostela: Noitarenga 1996), *m-Talá* (Vigo: Xerais, 2000).

Yüksel Pazarkaya, geboren 1940 in Izmir (Türkei), kam 1958 in die Bundesrepublik Deutschland. Hier studierte er erst Chemie, danach Germanistik und Philosophie. 1972 promovierte er im Bereich der Germanistik. Seit Anfang der 60er Jahre ist Pazarkaya als Übersetzer und Journalist in Deutschland und in der Türkei tätig. Er ist auch Verfasser von Lehrwerken für Türkisch und Deutsch und Autor von Kinderbüchern. Für seine Werke hat er zahlreiche Preise erhalten u.a. die Verleihung des Bundesverdienstkreuzes (1986), Adalbert-von-Chamisso-Chamisso-Preis 1989-90 und 1994. Er übernahm Gastprofessuren an Universitäten in den USA, er ist auch ein Entdecker und Förderer junger Nachwuchsautoren; er veröffentlicht regelmäßig in der Bundesrepublik und in der Türkei und ist seit 1995 Mitglied in der Jury des Adalbert-von-Chamisso-Preises. Werke (Auswahl): *Heimat in der Fremde?* (Geschichten) (Berlin, 1981); *Ich möchte Freuden schreiben* (Gedichte), (Fischerhude, 1983); *Irrwege/Koca Sapmalar* (Gedichte türk./dt.), (Frankfurt/Main, 1985); *Kemal und sein Widder* (Kinderroman), (Würzburg, 1993). Die Erzählung „Atkestanesi" wurde zuerst veröffentlicht in *Oturma Izni* (Istanbul: Derinlik Yayinlari, 1977)

Padma Rao wurde in Indien geboren und wuchs in Bihar auf. Nach einem Literaturstudium kam sie 1982 mit ihrem Mann nach England. Sie hat in den letzten siebzehn Jahren auf Hindi und Englisch geschrieben und ihre Arbeiten sind in verschiedenen Anthologien erschienen, unter anderen in *The Redbeck Anthology of British South Asian Poetry*, herausgegeben von Debjani Chatterjee (Bradford, Redbeck Press, 2000). Zusammen mit Brian Lewis gab sie die multikulturelle Anthologie *Poetry in Action* heraus. Sie ist freiberuflich als Beraterin für Kunstfragen tätig und betreibt unter dem Firmennamen 'Diversitywise' eine Agentur zur Organisation von multikulturellen Veranstaltungs- und Ausbildungsprojekten; sie arbeitet auch für Northeast Arts und die BBC und hat an dem *Decibel -* Programm mitgewirkt. Ein laufendes Projekt ist die Sammlung und Veröffentlichung der Lebensläufe von Asiaten, die vor vierzig Jahren nach Großbritannien kamen. Sie wohnt in Sunderland.

Xavier Rodríguez Baixeras wurde 1945 in Tarragona geboren und arbeitet als Sekundarstufenlehrer in Vigo. Einige seiner Veröffentlichungen sind: *Anos de viaxe* (Vigo: Xerais, 1987) (Preis der Crítica Española); *Visitantes* (A Coruña: Diputación de A Coruña, 1991), (G. Garcés-Preis); *Nadador* (A Coruña: Espiral Maior, 1995), (Preis der Crítica Galega); *Beira Norte* (Santiago de Compostela: Sotelo Blanco, 1997) (Preis der Crítica Española) und *Eclipse* (A Coruña: Espiral Maior, 2001) (Losada Diéguez-Preis). Er ist der Autor von gut vierzig Werken, die ins Galizische, Kastilische (Spanisch) und ins Katalanische übersetzt wurden. Er hat auch kritische Editionen literarischer Werke veröffentlicht und hat gelegentlich einige Rezensionen für Kongresse und Zeitschriften verfasst.

Ana Romaní wurde 1962 in Noia in der Provinz A Coruña geboren. Sie ist Schrifstellerin und Journalistin und leitet seit dreizehn Jahren die tägliche Kulturinformationssendung *Diario Cultural* von *Radio Galega* (Rundfunksender der autonomen Region Galicien), für die sie verschiedene Preise erhalten hat. Sie ist die Autorin der Gedichtsammlungen *Palabra de Mar* [*Meereswort*] (Santiago de Compostela: im Selbstverlag, 1987), *Das ultimas mareas* [*Über die letzten Fluten*] (A Coruña: Espiral Maior, 1994) und *Arden* [*Sie brennen*] (A Coruña: Espiral Maior, 1998), der Erzählung *Marmelada de Amoras* [*Brombeermarmelade*] (Pontevedra: Biblioteca Nova, 1997), sowie der *Antología Literaria de Antón Aviles de Taramancos* [*Literarische Anthologie von Antón Aviles de Taramancos*] (Vigo: Galaxia, 2003). Sie ist Mitglied des Pen-Club Galicien und des Verbandes galicischsprachiger Schriftsteller. Sie war an der Gründung der feministischen Zeitschrift *Festa da Palabra Silenciada* [*Fest des zum Schweigen gebrachten Wortes*] und des Verbands galicischer Frauen in Medienberufen beteiligt. Sie veröffentlicht Artikel in verschiedenen Literatur- und sonstigen Zeitschriften. Sie war an verschiedenen Kunstprojekten beteiligt: *Son da Pedra* (Klang des Steins) mit der Musikgruppe Milladoiro, *Son Delas* [*Klang der Frauen*] mit Solisten galicischer Musik, *Daquelas que cantan. Rosalía na palabra de once poetas galegas* [*Singende Frauen. Rosalía in den Versen von elf galicischen Dichterinnen*] der Rosalia de Castro-Stiftung, und sie veranstaltet die Lyrik-Happenings *O outro extremo do paraiso* [*Das andere Ende des Paradieses*] (1997) und *Lob*s* (1998) zusammen mit dem Schriftsteller Anton Lopo, *Catro poetas suicidas. Intervención poetica contra a levidade* [*Vier selbstmörderische Dichter. Poetische Intervention gegen die Leichtigkeit*] (2001) und *Estalactitas* [*Stalaktiten*] zusammen mit den Schriftstellerinnen Anxos Romeo und Lupe Gomez (2002). Ihr lyrisches Werk wurde ins Spanische, Englische und Russische übersetzt und erschien in verschiedenen Sammlungen und Anthologien.

Abdulhadi Sadoun wurde 1968 in Bagdad geboren und lebt seit 1993 in Madrid. Nach dem ersten Golfkrieg verließ er den Irak und kam nach Spanien, um in spanischer Philologie zu promovieren. Seit 1997 wirkt er an der Herausgabe der Zeitschrift und anderer Veröffentlichungen von ALWAH mit, der einzigen Kulturzeitschrift in arabischer Sprache in Spanien, die sich mit arabischer Literatur und besonders mit Exilliteratur beschäftigt. ALWAH hat schon mehr als 40 Titel veröffentlicht. Er ist Autor der Erzählbände *Al yaum yartadi badla mulataja bil ahmar* [*Der Tag trägt einen Anzug mit roten Flecken*] (Damaskus: Al-Majim, 1996) und *Intihalat Ailaa* [*Vertraute Plagiate*] (Amman, Jordanien: Azimnah, 2002) sowie der Gedichtbände *Tadhir al Dhihk* [*Das Lachen einrahmen*] (Madrid: Alwah, 1998) und *Laysa syua Rih* [*Es ist nur Wind*] (Madrid: Alwah, 2000). Einige seiner Erzählungen und Gedichte wurden auf Deutsch, Englisch, Persisch und Kurdisch übersetzt. Er hat Gedichte von Vicente Aleixandre und Juan Ramón Jiménez, hispanoamerikanische Erzählungen und Bücher wie *El Lazarillo de Tormes* aus dem Spanischen ins Arabische übersetzt. Seine Erzählung *Kunuz Granata* [*Schätze Granadas*] wurde 1997 in den Vereinigten Arabischen Emiraten als beste Erzählung für Kinder ausgezeichnet.

Giuseppe Schirò Di Maggio (Zef Skjiro Majit) wurde 1944 in Piana degli Albanesi (Sizilien) geboren. Um eine Verwechslung mit Dichtern des gleichen Namens zu vermeiden, fügte er seinem Nachnamen den seiner Mutter hinzu, „Di Maggio". Schirò schloss sein Studium der Klassischen Philologie in Palermo mit einer Arbeit über *Kethimi* von G. Schirò (1865-1927) ab. Er unterrichtete Philologie in der Provinz Turin und zwanzig Jahre lang in der Staatlichen Mittelschule „Dh. Kamarda" in Piana degli Albanesi. Er leitete die Zeitschrift "Mondo Albanese". Zu seinen Werken zählen zwei Gedichte (Achtsilber), zahlreiche Gedichtsammlungen, 14 Theaterstücke und weitere Schriften zu den Themen: Alltagsleben; Einzel- und Kollektivdramen; Emigration in die Städte Norditaliens und ins Ausland, bei den Kindern der früheren Emigranten historisch gesehen eine zweifache Emigration; Pflege der Sprache; die dichterisch bleibende Erinnerung an die „Bella Morea"[1], aus der die albanischen Vorfahren stammen; Albanien; die tragischen albanischen Emigrationsbewegungen der 90er Jahre; Unruheherd Kosovo. Lyrik: *Sunata* „Sonate (1965-/1975)"; *Më para se të ngriset* "Bevor es dunkelt" (1977); *Kopica e ndryshku* "Die Motte und der Rost" (1981); *Vjeç të tua 500 anni tuoi – mas Rushi arbëresh* „Herr Gio', Italo-Albaner" (1988); *Metaforë* „Metapher" (1990); *Kosova lule* „Blume Kosovo" (1991); *Anije me vela e me motor* „Segel- und Motorboote" (1992); *Poezi gushtore e tjera* „August- und andere Gedichte" (1995); *Kopshti im me dritare* „Der Garten und die Fenster" (1996); *Gjeometri dhe ikje* „Geometrien und Fugen" (1998); „Liebesgedichte in Zeiten des Todes. Märtyerin Kosovoa Zweites Trimester 1999" (2000). Theater: *Pethku* „Das Erbe" (1982); *Shumë vizita* „Viele Besuche" (1986); *Orëmira* „Der Glücksbringer" (1988), die drei Söhne eines alten Ehepaares suchen in Deutschland Arbeit; *Për tokën fisnike të Horës* (1989); *Investime në Jug* „Investitionen im Süden" (1990).

[1] Die Albaner in Piana degli Albanesi pflegen noch heute intensiv die Erinnerung an ihre Heimat, die sie liebevoll „Bella Morea" nennen und im „Canto dell'esule", der Klage der Auswanderer, besingen. (Anm. d. Ü.)

Talat Shahin wurde 1949 in Kena (Ägypten) geboren und lebt seit über zwanzig Jahren in Spanien, wo er als Schriftsteller, Journalist und Übersetzer arbeitet. Er studierte an der Universität Kairo Jura und promovierte an der Universidad Complutense in Madrid in Jura. Als Journalist arbeitet er für einen Rundfunk- und Fernsehsender in Kairo (Ägypten) sowie für die arabischen Tageszeitungen *Al-Hayat* in London und *Al-Bayan* in Dubai (Vereinigte Arabische Emirate). Er hat an der Fakultät für Pädagogik in Ashmon (Ägypten) unterrichtet und war Arabischlehrer am Ägyptischen Institut für

Islamische Studien in Madrid. Er veröffentlichte den Essayband *Gamalyat al-rafd fi l-masrah al-kubi* [*Die Ästhetik der Negation im kubanischen Theater*] (Kairo: Al-Zaqafa al-Yamahiriyya, 2001) sowie die Gedichtbände *Aganyat hobb li-l-ard* [*Lieder für die Erde*] (Kairo: Al-Dar al-Misriyya, 1973), *Abyadiyat al-hobb* [*ABC der Liebe*] (Kairo: Al-Dar al-Misriyya, 1996) und *Kitab al-hobb wa-d-damm* [*Das Buch der Liebe und des Blutes*] (Madrid: Instituto Egipcio de Estudios Islámicos, 2001). Er hat mehrere spanische Autoren ins Arabische übersetzt, darunter Juan Goytisolo und Antonio Buero Vallejo.

Marcel Slangen wurde 1935 in Lüttich geboren. Er war zunächst Französischlehrer, bevor er sich seit Anfang der siebziger Jahre dem Theater zuwandte. Er schrieb zahlreiche Theaterstücke auf Wallonisch, einige davon für das Marionettentheater. Außerdem bearbeitete er Stücke des klassischen Repertoires für Aufführungen auf Wallonisch, unter anderem *Der Geizhals* und *Der Menschenfeind* von Molière. Marcel Slangen schreibt auch Gedichte und Essays. Seit 1984 widmet er sich ganz der Förderung und Verbreitung des Wallonischen im Bildungswesen und in den Medien. Er ist Präsident des CRIWE (Centre de Recherches et d'Information pour le Wallon à l'Ecole – Forschungs- und Informationszentrum für Wallonisch im Schulunterricht) und Chefredakteur der Zeitschrift *Djazans Walon*, die vor allem in Wallonisch geschriebene Artikel zum Zeitgeschehen veröffentlicht.

Mahmud Sobh wird 1936 in Safad, einem Ort in Galiläa in der Nähe von Nazareth (Palästina), geboren und flieht 1948 nach der Gründung des Staates Israel mit seiner Familie nach Damaskus. 1961 schließt er an der Universität Damaskus das Studium der arabischen Sprache und Literatur ab und seit 1968 gehört er dem Institut für Arabisch der Universidad Complutense in Madrid an, an dem er heute einen Lehrstuhl für Arabisch- und Islamstudien innehat. Er ist ein hochangesehener Arabist und sowohl seine Übersetzungen wie auch sein literarisches Schaffen sind mit verschiedenen Preisen ausgezeichnet worden, unter anderem mit dem Lyrikpreis des ägyptischen Zentralrats für Literatur und Kunst (1958), dem Vicente Aleixandre-Preis (1978) und dem nationalen Übersetzungspreis (1983). Von seinen Büchern seien genannt: *El Libro de las Kasidas de Abu Tarek* [*Das Buch der Kassiden von Abu Tarek*] (Salamanca: Delegación Nacional de Cultura, 1976), *Poseso en Layla* [*Besessen in Layla*] (San Sebastián: Caja de Ahorros Provincial de Guipúzcoa, 1978), *Poesías de Ibn Zaydun* [*Gedichte des Ibn Zaydun*] (Madrid: Instituto Hispano-Árabe de Cultura, 1979), *Poetisas arábigo andaluzas* [*Arabisch-andalusische Dichterinnen*] (Granada: Diputación Provincial de Granada, 1994), *Diván: antes, en, después* [*Diwan: vorher, darin, danach*] (Madrid: Instituto Egipcio de Estudios Islámicos, 2001) sowie *Historia de la literatura árabe clásica* [*Geschichte der klassischen arabischen Literatur*] (Madrid: Cátedra, 2002).

Paul-Henri Thomsin wurde 1948 in Lüttich (Liège) geboren, wo er als Grundschullehrer arbeitet. Er ist Vize-Präsident des Verwaltungsrates der wallonischen Kulturvereinigung der Provinz Lüttich; er schreibt außerdem wallonische Kolumnen in einer lokalen wöchentlichen Zeitschrift und dem monatlichen *Liège Magazine*. Er hat verschiedene Literaturpreise erhalten (der Provinz und der Statt Lüttich, der wallonischen Kulturvereinigung). Veröffentlichungen: Illustrierte Geschichten für Kinder: *Li Noyé dè p'tit Colas* (Biblio, 1986), *Mi vî pâpa, c'è-st-ine saquî* (Labor, 1987). Adaptionen von Comics in das Lütticher Wallonisch: *Lètes di m' molin* (Dupuis, 1984, nach Alphonse Daudet *Les lettres de mon moulin*), *Li danseûse d'â Gai-Moulin* (Noir Dessin, 1994, nach Georges Simenon *La danseuse du Gai-Moulin*), *Tchantchès avâ les vôyes* (Noir Dessin, 1996), *Li p'tit bout tchike* (Marsu Production, 1996), *Walon'reye tére di lédjindes* (Noir Dessin, 1998). Sammlung der wöchentlichen Kolumnen in *Vlan: Avâ les vôyes* (Editions liégeoises, 1993). Chronik: *L'amoûr al môde di Lîdje* (Noir Dessin, 2002). Theaterstücke: ungefähr fünfzehn Stücke im Lütticher Wallonisch in Zusammenarbeit mit G. Simonis.

Karim Zouhdi i Mahmoudi, Girona, 1978. Studienabschluß in Übersetzung und Dolmetschen, Aufbaustudium in Internationalen und Interkulturellen Studien. Sprachen: Amazigh (Berberisch), Arabisch, Katalanisch, Spanisch, Französisch, Englisch, Italienisch, Hebräisch. Er ist in Tossa de Mar (Provinz Girona) als Sohn einer Berberfamilie geboren.

TRADUZIONI

ITALIANI

Il Progetto EmLit

Introduzione

> "… siamo uomini tradotti. Normalmente si suppone che in una traduzione qualcosa vada sempre perduto; io mi ostino a credere che si possa anche guadagnare qualcosa."
>
> Salman Rushdie, "Imaginary Homelands"

Il Progetto EmLit presenta un campione di Letterature Europee Minoritarie in Traduzione — testi letterari scritti in un certo numero di paesi della comunità europea, in lingue minoritarie di due tipi, quelle di origine antica all'interno dell'Europa e quelle associate con migrazioni più recenti. I testi sono qui presenti assieme alle traduzioni nelle cinque lingue europee più diffuse: inglese, francese, tedesco, italiano e spagnolo. La sezione di apertura del libro è costituita dai testi letterari originari, scritti in diciannove lingue minoritarie diverse. Il resto del volume è diviso in sezioni che offrono la traduzione degli originali nelle cinque lingue principali secondo l'ordine succitato. L'obbiettivo principale di EmLit è quello di sostenere una scelta di scrittori, fino a questo momento noti soprattutto all'interno della loro comunità linguistica, e renderla accessibile a un pubblico diverso — potenzialmente un immenso numero di lettori in tutto il mondo — ma c'è anche un altro obbiettivo: porgere all'Europa uno specchio insolito in cui riflettersi. Questi testi letterari ci ricordano con forza la diversità culturale, tipica dell'Europa odierna, e con quanta facilità le varie culture dominanti delle lingue maggioritarie sottovalutino i tesori artistici che si rivelano al loro interno in varie lingue. Sostanzialmente tutti gli scrittori definiscono in modo nuovo che cosa l'Europa significhi oggi; ecco perché la copertina del libro presenta la parola Europa in alcune delle lingue del progetto. Questo progetto è stato realizzato grazie al sostegno della Comunità Europea, nell'ambito del programma Cultura 2000.

Al progetto hanno partecipato le università di cinque stati dell'Unione Europea, sotto la guida della Brunel University di Londra, che hanno selezionato testi di scrittori residenti nei loro paesi ed hanno fornito le traduzioni nelle loro rispettive lingue nazionali. Due università in Spagna, la Università di Málaga e l'Università Autonoma di Barcellona hanno collaborato nel fornire un corpo di testi in galiziano e arabo (Malaga), e in catalano, gun e amazic (un tempo noto come berbero) (Barcellona). Oltre a varie regioni della Spagna la selezione introduce nel quadro aree che vanno dall'Africa occidentale e settentrionale, all'Egitto, alla Palestina, all'Irak, attraverso residenti in Europa che hanno legami personali o ancestrali con quei luoghi. L'Università di Palermo contribuisce con testi in siciliano, un antico idioma ancor oggi in uso, e in albanese, che non solo è la lingua di molti nuovi immigrati ma è sopravvissuto in alcuni paesi dell'Italia meridionale presso comunità di profughi albanesi fuggiti dalle persecuzioni turche nel XV secolo. Dalla Germania l'Università di Ratisbona fornisce testi in serbo, una lingua slava attualmente confinata a due piccole zone dell'est, vicino a Cottbus e Bautzen, ed anche testi in turco e greco, di scrittori la cui storia personale è un manifesto della politica successiva alla Seconda Guerra Mondiale, di attirare lavoratori nella ex Germania Occidentale. L'Università di Liège in Belgio presenta testi in due lingue regionali che si sono sviluppate parallelamente al francese, il vallone e il picard, ed anche testi in lingala, linguaggio introdotto in Europa da immigrati provenienti dall'Africa subsahariana, in particolare dalla regione del Congo. Il contributo della Gran Bretagna si divide tra testi in due delle antiche lingue celtiche delle isole britanniche, il gaelico scozzese e il gallese e testi in quattro delle molte lingue dell'Asia meridionale oggi parlate nel Regno Unito: indi, urdu, bengali e sinhala. Ovviamente, in alcuni di questi schemi demografici si delinea in maniera evidente la storia postcoloniale degli imperi europei.

Chiaramente l'Europa non ha un'unica fisionomia e non l'ha mai avuta, con la sua storia complessa e sempre mutevole dello spostarsi e mescolarsi di popoli, culture e linguaggi. Le lingue celtiche, per esempio, un tempo erano parlate in tutte le isole britanniche, ma nuovi arrivati imposero nuove lingue da cui emerse l'inglese, un ibrido esso stesso. In alcuni casi una lingua oggi associata con migrazioni relativamente recenti, può in realtà essere in uso da parecchi secoli nel paese d'arrivo come accade con l'arabo in Spagna e con l'albanese in Italia. Va ricordato che ogni lingua minoritaria in un certo senso è anche una lingua maggioritaria, che si sviluppa storicamente come la lingua principale di una comunità ben distinta e che ancora funge da lingua principale di un gruppo particolare, sia esso vasto come la popolazione della Catalogna o piccolo come una sola famiglia, in qualche parte d'Europa, isolato dagli altri parlanti della sua lingua madre. Per agevolare la comprensione delle *specifiche circostanze*, ogni lingua minoritaria europea rappresentata nel progetto è accompagnata da note sulla sua condizione sociale e linguistica, e una breve biografia introduce i singoli autori.

Chiaramente le definizioni di cosa costituisca una lingua — se per esempio un dialetto sia una lingua — e di cosa costituisca un gruppo minoritario sono argomenti ricorrenti nella discussione accademica. Tuttavia, ai fini di questo progetto, è evidente che i termini vanno interpretati in senso lato. Qualsiasi lingua usata da una minoranza in termini demografici (stimata in rapporto alla popolazione autoctona) è qui considerata come lingua minoritaria. Detto questo, il catalano ha chiaramente una posizione molto diversa, da un punto di vista sociale, da, per esempio, il gaelico scozzese, sia per il numero di parlanti che per le future prospettive della lingua. Alcune delle lingue "minoritarie" del progetto, che qui rappresentano comunità minoritarie all'interno dell'Europa, altrove sono parlate da popolazioni numerosissime. Gli scrittori che usano lingue come l'indi, l'urdu, il bengali e l'arabo hanno un pubblico di lettori globale potenzialmente enorme. Altre lingue del progetto rischiano l'estinzione. In effetti il progetto iniziale comprendeva una lingua, il Calò in Spagna, che ha dimostrato di avere già oltrepassato questo grande spartiacque. Tuttavia ci sono anche delle storie più felici. La lingua soraba, ad esempio, è stata salvata in extremis, fin dagli anni Sessanta grazie a una politica sociale, con il sostegno accademico dell'Università di Leipzig. La condizione di una lingua non è mai statica e si discute ancora su quali siano le strategie migliori per tenere viva la lingua di una minoranza, man mano che il bilinguismo e l'assimilazione diventano la norma.

Non c'è da stupirsi se alcuni dei lavori affrontano la stessa questione della lingua e i problemi sollevati dalla traduzione, che con i loro aspetti pratici e filosofici sono ulteriore argomento di dibattito accademico. Il rapporto tra la lingua di partenza e la lingua d'arrivo non è semplice e le strategie di traduzione sono molte. Poiché la traduzione secondaria — cioè la traduzione di una traduzione di una traduzione — naturalmente crea particolari difficoltà e potenziali distorsioni, va sottolineato che questo progetto non avrebbe potuto realizzarsi senza una apertura verso un potenziale arricchimento. Ci siamo serviti di ogni possibilità di consultare gli autori — che spesso sono i traduttori primari — e l'armonioso risultato finale delle traduzioni è stato in molti casi frutto di collaborazione.

Le traduzioni del progetto non sono in genere il tipo di traduzione letteraria che interpreta liberamente l'originale. Al contrario, abbiamo cercato di essere il più fedeli possibile al tono e alla forma delle opere originali, sperando al tempo stesso che le nostre traduzioni abbiano meriti letterari propri. E' stato stimolante vedere se in alcune delle lingue di arrivo potevamo avvicinarci ad alcune delle caratteristiche formali dell'originale più di quanto fosse possibile nella prima traduzione in lingua maggioritaria. Persino di fronte a un testo originale in una lingua il cui sistema di scrittura un traduttore non comprende, è possibile "leggere", per esempio, le strutture ripetute che indicano la rima. Il lettore che non conosce l'urdu, ad esempio, riesce a vedere la rima delle poesie in urdu, nella sezione iniziale del volume, attraverso la ripetizione della parte finale del verso, una volta che si comprende che la scrittura araba va da destra a sinistra. Si suggerisce ai lettori di non trascurare la prima sezione del libro — gli originali in tutte le lingue minoritarie — ma di osservare come si presentano, le loro caratteristiche specifiche e la loro diversa eleganza sulla pagina. Naturalmente la traduzione non può essere uguale all'originale. Il testo diventa in un certo senso un testo nuovo. Si perderà qualcosa ma si potrà anche guadagnare qualcosa. Si spera che il progetto possa, affiancando ai testi originali una serie completa di traduzioni nelle cinque lingue d'arrivo, stimolare studenti di lingua ed altri lettori al confronto tra le varie versioni, rafforzando la consapevolezza linguistica.

Probabilmente non c'è mai stata una raccolta come questa prima d'ora. Il progetto EMLIT raccoglie in un unico volume un insieme di testi di reale valore e grande interesse che copre un'ampia gamma di generi. Vi sono testi drammatici, comici e seri, prosa, tra cui racconti e memorie, e poesie di molti generi, tra i quali una forma assai stimata quale il ghazal in urdu. Non è stato sempre facile scegliere. Per ragioni di lunghezza si è dovuto escludere del materiale dal libro, ma una versione leggermente più ampia del progetto è consultabile online sulla rivista online di accesso gratuito dell'Università di Brunel, *EnterText* (www.brunel.ac.uk/faculty/arts/EnterText). Dal momento che una parte integrante dell'identità di una lingua è la sua musicalità particolare, nel CD che accompagna il volume si fornisce un'introduzione al suono di alcune delle lingue di EMLIT. Dopotutto, si può ricavare un certo piacere ascoltando la musica di una lingua, sia che la si comprenda o no.

Per molti lettori del progetto, può riuscire sorprendente scoprire che tra le nostre comunità contemporanee, che sembrano omologarsi fin troppo rapidamente, vi sia una tale ricchezza nascosta di testi diversi. Le lingue sono risorse preziose come le specie viventi. Come queste, si sono evolute per molte migliaia di anni, e alla loro conservazione dovrebbe essere data uguale importanza. Tuttavia, l'impatto delle nuove tecnologie di comunicazione e la rapidissima espansione globale dell'inglese fanno sì che molte lingue siano a rischio di estinzione, e che   persino una posizione che appare salda oggi, possa rivelarsi vulnerabile tra una o due generazioni. Se ci sta a cuore la perdita delle lingue, dobbiamo accrescere la nostra consapevolezza delle comunità di lingue minoritarie adesso, e operare per renderle più visibili. Molti di coloro che creeranno la letteratura del futuro, devono operare scelte difficili in relazione alla lingua in cui scrivere. Si spera che il progetto EMLIT, dimostrando che lo scegliere di scrivere in una lingua minoritaria non implica necessariamente l'isolamento, possa incoraggiare alcuni degli scrittori bilingui a non abbandonare il loro linguaggio più raro. Una delle conseguenze impreviste del progetto è stata quella di ispirare una scrittrice bilingue, che aveva cessato di scrivere nella sua lingua madre, a riprendere… E' un inizio.

Paula Burnett

Londra, luglio 2003

(Traduzione: Eleonora Chiavetta e Maria Carla Martino)

Il siciliano

I dialetti siciliani fanno parte della sezione siculo-calabro-salentina dei dialetti italiani meridionali. Rispetto alle altre varietà della penisola, presentano una storia e una evoluzione diversa e di particolare interesse.

Le principali ragioni di questa particolare posizione sono:

a) la centralità della Sicilia nel bacino mediterraneo, sin dall'antichità;

b) gli speciali e assai precoci rapporti con le lingue e le civiltà greca e latina. Ciò è ravvisabile nel particolare vocalismo siciliano, diverso rispetto a tutte le altre aree neolatine;

c) i variegati influssi e contatti culturali e linguistici che hanno caratterizzato la storia della Sicilia: dopo i greci e i latini, la Sicilia è entrata in contatto con bizantini, arabi, normanni, catalani, casigliani, e ciò ha determinato una grande stratificazione linguistica;

d) questo marcato intreccio di tradizioni linguistiche e culturali, si ravvisa anche nella diversificazione attuale dei dialetti siciliani, che possono distinguersi in occidentali (con le varietà palermitana, trapanese e agrigentina occidentale), centrali (con le varietà madonita, agrigentina orientale e nisseno-ennese), orientali (con le varietà messinese, catanese-siracusana e ragusana).

La tradizione linguistico-letteraria siciliana è contrassegnata da grandi e importanti fatti e personalità: dalla Scuola poetica siciliana sviluppatasi in epoca medievale attorno a Federico II, sino alle grandi figure di Antonio Veneziano (XVI secolo), Giovanni Meli (XVIII secolo), e più recentemente, Domenico Tempio e Ignazio Buttitta. Va infine ricordata la produzione dialettale di importanti autori in lingua come Luigi Capuana e Luigi Pirandello.

Il siciliano è conosciuto da pressoché tutti gli abitanti della Sicilia, con vari livelli di competenza e conoscenza.

Nino De Vita

Benedettina

I

A tredici anni il cuore
si innamora.

Le fantasie,
per gli abbracci e i baci
- nell'orto, in mezzo alla sulla,
sul fieno della pagliera -
insistenti mi distraevano
quel poco di ragione.

Adagio
- con attenzione -
per evitare mio padre

(«O fannullone, fannullone,
vai a studiare, fannullone!»)
me ne uscii.

       Chiusi
la mezza porta; e a strisciare
la pergola passai
per la porta sgangherata
del pollaio.

       Il sole,
lontano, a sfiorare la chiesa,
andava impallidito
verso le saline.

II
Buche profonde,
asciutte, nella trazzera:
ciottoli e solchi di ruote
di carretto; e svoltando
dal pollaio nell'orto
di Michelino, agli
in filari, piselli, zucchine
               e un albero
di fico: papiro
sui bordi dei canali
          e il pennacchio
dell'orobanche che spuntava
rossiccia dalle fave.

Entrando, dal retro della torre,
per la strettoia di Bartolomeo
Bbaciacca, un angolo di terra:
origano, cicoria,
ravanelli e prezzemolo,
sedano con l'infiorescenza, malve
e ciuffi di asparago bastardo
nel canale, sradicato,
con le radici al sole

- guardava il forapaglie
curioso; il codone,
camminando lesto,
impaurito, volò -
         il giardinetto
di Nicolò Àgghiu
e la concimaia di Alberto
Scagghiajàzzi con il letame
fresco di vacca pregna.

III

Ah come camminavo
con le mani nelle tasche
rincorrendo un'ombra
- un volto - di donna
che nella testa mi bussava.

Muri di pietra bassi
scendendo dall'altura
di Cutusio: invecchiati,
con il muschio, i buchi
intasati di terra, o svuotati:
mentastro e tirinno,
polloni di fico selvatico,
rovi secchi...

       La sentii
- la sentii, sì, la sentii -
come un lamento la voce.

E ancora, ancora, nell'aria,
di donna...

       Girai
lo sguardo nello spazio oltre
le agavi; e, deciso,
passando per il varco, mi infilai,
nel mezzo delle spighe: le reste, lunghe,
puntute, mi graffiavano
le braccia.

IV

Era una giovinetta, buttata
sul frumento: le mani
sopra la pancia gonfia,
la veste sollevata sulle cosce
                e dibatteva
la testa.

       La riconobbi.
Benedetta di nome,
figlia dello zio Carmelo
Alogna, il giornaliero
che abitava all'inizio della strada
dov'è posta la cappelletta votiva.
Camminava diritta
- aveva gli occhi di fuoco -
mentre attraversava il baglio:
i capelli con le trecce

e il petto prominente.
Non me ne ero accorto
mai, a guardarla
- con la tazza del lievito in mano
o una brocca stretta al fianco -,
graziosa, che aspettava,
racchiuso dentro il grembo,
un bambino.

          «Un figlio»
mi disse, mordendosi
un labbro. «Aspetto un figlio».
Restai sbalordito;
e, intimidito,
mi venne la confusione.
Le cercavo, spostando
gli occhi, le parole: in un fiore
rosso di papavero,
le spighe di frumento
lontane, fino agli ulivi
                              e sulle mani
di lei, negli occhi chiusi
e aperti...

          Sospirò
Benedetta, raddrizzando
la testa, sfinita.
«Vai da donna Giulia, la cugina
di mia madre» mi disse
«e portala da me, ma presto,
corri!»

V
Era dentro il pollaio
donna Giulia, con il pane
e un pomodoro in mano.

Mangiava.
          Le mollichine
le scrollava alle galline.
(Che zuffe - uno schiamazzo -
di beccate e rincorrersi...)

Un neo con tanti peli
aveva nero
e grosso ad un angolo
della bocca, gli occhi piccoli
come i maiali, e un turbante
in testa.

Dai buchi della rete
le parlai.
                    Buttò
il pane, il pomodoro,
strofinò le mani
sopra il grembiule e uscì.

VI

Trovammo Benedetta, come un sacco
vuoto, abbandonata.
Respirava, lamentosa.
Sulla fronte, sulle guance
sudata e lungo tutto
il collo; gli occhi appassiti
e pallida.

«Scostati» mi disse donna Giulia.

La osservava,
                    toccava...
                              Si girò
verso di me. «Il dottore,
corri a chiamare, subito»
mi disse.
«No, il dottore no»
scattò Benedetta.
«Allora ti portiamo
a casa» le disse donna Giulia,
tagliente.
          «A casa no,
no, a casa no» implorò,
spaventata, la ragazza.
                    Donna Giulia
si alzò. «Vai a chiamare
qualcuno» mi gridò.
                    «Sua madre,
suo padre, chiunque,
vai!»

VII

Entrai nel casolare
di corsa.

                    Due minuti
e pedalando forte
giunsi fino al gruppetto
di case, a San Leonardo.

Bussai alla porta del villino
bianco del dottore.

La zia Francesca, anziana,
con il camice, i capelli
a crocchia e le labbra rosse
aprì.

Parole mentre il cielo
turchino si faceva
grigio (un carretto
passava cigolante
dalla strada: carico di sarmenti
e fieno, il contadino
con la coppola e un cagnolino
altero sotto l'asse).

Scuoteva, impotente, la testa
la zia Francesca, mentre parlava.
                          «Non c'è» diceva.
«Più tardi...»
              Le braccia aperte,
in croce.

«Non c'è. Più tardi, non c'è»
ripetevo tornando
                      e sbattendo
col fiatone le ruote
nelle buche del sentiero.

* * *

Nel posto segnato
- c'erano cicale,
rane che cantavano -
mi fermai.

          Rovesciai
la bicicletta sopra
le agavi
              e scavalcando
ciuffi d'avena selvatica,
orzo, cicerchia,
mi addentrai nel frumento.

              Non c'era nessuno.

In un angolo una chiazza,
larga - un massacro -
di spighe ammaccate,
calpestate...

VIII

La casa di donna Giulia
era nel silenzio e aveva qualche barlume di luce;
così da Benedetta: spiragli
deboli dalle persiane
chiuse.

Passai dalla strettoia
lungo un fianco
della torre, e sbucai
nello spazio di case attorno al pozzo.
Sul sedile,
Bartolo Scannapècuri
teneva suo figlio Vincenzo
sulle ginocchia, a cavalcioni,
e gli diceva «Partiamo»
tenendolo per le mani
«andiamo a Palermo, a Roma,
piccolo mio, a spasso»
e faceva rimbalzare le gambe.
Rideva il bambino
con due soli dentini...

La zia Dorotea, col bacile
nelle mani, ricolmo,
si sporse dall'uscio
e buttò, a ventaglio,
scura la liscivia
nel cortile.

      «O Nino»
mi disse «un poco
e ti colpivo» ridendo
sdentata.

Li salutai infilando
il passaggio tra la concimaia
e la gebbia di mio zio
Girolamo.   In un cantuccio
della pagliera, al buio,
sopra sterco e urina,
steli di fieno, infiorescenze
di sorgo, la capra
di Paolo Ticchiticchi,
vecchia, con i capretti
chiusi nel mezzo tino.

IX
D'improvviso, spalancate
le persiane, di luce
il giorno riempì
la camera: San Leonardo
a una parete, il Crocifisso,

      e in un angolo
un tavolo, due sedie
accanto al letto; un piatto
sulla cassapanca, vuoto.

«È tardi?» assonnato
- appoggiato su di un gomito

      e la mano
a solecchio - mormorai.
«È mattinata brutta»
disse mia madre «brutta:
di colpo, questa notte,
è morta Benedetta».
«Morta?» quasi gridai.
«Morta» disse mia madre
«morta: a quindici anni...»

X
La vidi. Era sgonfia,
rigida Benedettina:
piatta nei fianchi e sulla
pancia: un vestitino
corto sulle ginocchia

      e una corona
in mano.

Sua madre, la zia Maria,
seduta al capezzale,
grassa, con la pappagorgia,
sventolandosi la faccia
soffocata «Non posso
pensarci...» delirava.
«Questa figlia mia assennata,
questo tesoro...
    O sventurata.
E come posso avere
conforto...»

   La trattenevano
Grazia la Siccia e Antonia
Facciràma, per le braccia.

«E che sono stata, io, sono stata»

diceva la zia Maria
a piantare i chiodi
al Signore, che sono stata,
ditemelo, io?»

E lo zio Carmelo Alògna,
in un angolo, rannicchiato,
con le mani sulle ginocchia
«Non torna più, è inutile,
non torna» ripeteva.

* * *

La zia Maria, calma,
con un poco di fiato
cominciò a raccontare.
«Tutto il giorno in casa
rimase, affaccendata,
questa figlia mia: lavò
stirò e sistemò
la biancheria...
            Fu di notte,
all'improvviso. Una rottura
del cuore?
       O figlia mia
buona...»
       Se la strinsero,
le donne che le stavano accanto,
più forte
         - «E basta, basta...» -
adesso che la zia Maria,
scuotendo la testa
gridava «O sangue mio,
sangue delle mie vene, fiato...»

                   Non me ne ero

accorto. Pungenti,
gli occhi di donna Giulia,
appena alzai
lo sguardo, si incontrarono
con i miei: raccomandavano,
quietando,
           minacciavano...

              Li staccai,

sdegnato, e me ne andai
fuori.

* * *

Ulivi e mandorleti,
tortore, cappellacci.

        E nella valle
eucalyptus, melograni,
giardini e muri in pietra,
i cedri sulla terra
rammolliti...

        (Traduzione: Nino De Vita e Giovanni Ruffino)

La minoranza albanese in Italia

L'emigrazione albanese in Italia data a partire dal secolo XIV, ma è soltanto a partire dalla seconda metà del secolo successivo che consistenti nuclei di albanesi si insediano nelle regioni dell'Italia meridionale. Ancora oggi questi albanesi, profughi di Giorgio Kastriota Skanerbeg, si definiscono *arbëresh*, parlano *arbërisht* e abitano nell'*Arbri*, ricordando così l'antico etnico dell'Albania (oggi sostituito da *shqiptar, shqip* e *Shqipëri)*. La lingua arbëreshe costituisce un ramo autonomo del gruppo dialettale tosco, diffuso nel sud dell'Albania, e si differenzia notevolmente dal ghego, diffuso nel nord dell'Albania. Le aree italiane in cui è presente la minoranza linguistica italo-albanese e dove tutt'oggi si parla l'arbëresh conta 50 centri (41 Comuni e 9 Frazioni di Comuni) distribuiti in sette regioni: Abruzzo, Molise, Campania, Puglia, Basilicata, Calabria e Sicilia. Non esistono, alla stato attuale, dati statistici precisi sulla consistenza numerica della minoranza di lingua albanese residente in Italia, né sono sufficienti e attendibili i dati ricavabili dai censimenti ufficiali perché, oltre agli albanofoni residenti nei centri di storico insediamento, folti gruppi di albanofoni risiedono nei centri maggiori e nelle capitali regionali: la comunità albanofona di Palermo, addirittura, risulterebbe numericamente la più consistente tra quelle della provincia del capoluogo siciliano. Nei cinque secoli di permanenza in Italia, le comunità albanesi non solo hanno mantenuto la lingua, che costituisce un ricco e prezioso patrimonio che documenta l'albanese medievale, ma hanno saputo elevarla al rango di lingua letteraria, attribuendola una dignità pari a quella che un tempo – prima della formazione della lingua letteraria standard albanese (1972) - si riconosceva agli altri principali dialetti. Naturalmente nel corso di tanti secoli è stato inevitabile l'influsso dei dialetti regionali italiani, ma questo condizionamento subìto dalle varie parlate arbëreshe si è soprattutto concentrato a livello lessicale, mentre permangono inalterate le strutture fonologiche, grammaticali e morfologiche. Grazie all'approvazione della legge quadro nazionale n. 482 del 19 dicembre 1999, la minoranza italo-albanese – al pari delle altre minoranze – dispone di strumenti legislativi che tutelano e favoriscono l'insegnamento dell'arbëresh nelle scuole, che promuovono iniziative a sostegno delle ricerche linguistiche, che sollecitano la pubblicazione di materiali didattici. In Sicilia, dove tre delle nove comunità sono albanofone (Piana degli Albanesi, Contessa Entellina e Santa Cristina Gela), questo provvedimenti sono stati attuati riscuotendo un notevole interesse da parte della popolazione, che con passione e determinazione segue i corsi di alfabetizzazione organizzati dalla Cattedra di Lingua e Letteratura Albanese istituita presso l'Università di Palermo.

Giuseppe Schirò Di Maggio

Ha molti fiori la ginestra

atto unico

Lo studio del drammaturgo.

DRAMMATURGO, ANGELA, GIORGIA, MATTEO,

DRAMMATURGO - (*E' al computer e scrive. Bussano.*) Chi è!
ANGELA - (*Da fuori*) Noi.
DRAMMATURGO - (*Si alza per aprire.*) Noi chi!
GIORGIA - (*Da fuori*) Sorpresa!
DRAMMATURGO - (*Apre*) Ah, voi!
ANGELA - Aspettavi altra gente!?
DRAMMATURGO - No. Entrate, mi fa sempre piacere vedervi.
MATTEO - Anche a noi vedere te!
DRAMMATURGO - (*Prende posto dietro la scrivania.*) Accomodatevi!
GIORGIA - Scrivevi qualcosa? (*Accenna al computer acceso.*)
DRAMMATURGO - Mah, così, un'idea da mettere per iscritto...
ANGELA - Siamo venuti per farti una proposta.
DRAMMATURGO - Ditemi.
MATTEO - Ne abbiamo già parlato tra noi...
DRAMMATURGO - Va bene!
GIORGIA - Dato che ricorre il cinquantenario di Portella della Ginestra...
DRAMMATURGO - Ho già capito. Ma continuate...
GIORGIA - ... Non sarebbe il caso di preparare qualcosa da mettere in scena?
DRAMMATURGO - Su Portella sono state scritte pagine e pagine di libri, di giornali, che già sono di per sé drammatiche. Che bisogno c'è di un dramma in più.
GIORGIA - Non è in più. E' il dramma nostro, cioè portato in scena da noi.
DRAMMATURGO - Non è facile comporre un dramma originale su Portella! Sarebbe come scrivere un testo scolastico: le vicende sono note...
ANGELA - Potresti provare. Già qui hai tre personaggi.
GIORGIA - (*Ad Angela*) Attori vuoi dire. I personaggi li inventa chi scrive.
ANGELA - Sì, volevo dire attori: oltre a noi tre, c'è il gruppo...
DRAMMATURGO - Mi piace che abbiate fiducia in me, però sono perplesso.
ANGELA - Perché perplesso!
DRAMMATURGO - E' un argomento delicato. Non fraintendetemi. E' un argomento delicato come resa originale drammatica. Voglio dire: gli arbëreshë di Piana e i nostri vicini di San Giuseppe Jato e di altri paesi, hanno vissuto sulla loro pelle la tragedia di Portella: hanno visto morire i loro cari, c'erano perfino bambini, hanno visto il colore del sangue, ne hanno sentito l'odore. Alcuni dei partecipanti alla festa del 1° Maggio di allora sono ancora vivi, anche se anziani: sarebbe un pubblico troppo attento e critico. Un conto è la celebrazione della ricorrenza con discorsi, musiche e canti, un altro conto far rivivere - se uno ci riesce, è chiaro - quei momenti tragici.
GIORGIA - Potresti almeno provare!

DRAMMATURGO - Non so... E' un argomento troppo esposto alle opinioni non dico politiche, ma letterarie. Potrebbe venir fuori un testo enfatico...

MATTEO - Non credo. Quando hai scritto parti drammatiche, ti sono riuscite, anche se inframmezzate alla comicità, quella amara, però, e ironica.

ANGELA - Temi forse di non trovare attori adeguati...

GIORGIA - Noi, per esempio...

DRAMMATURGO - No, no, voi siete bravissimi. Il dramma è, però, più difficile della commedia...

GIORGIA - Sì, è un problema di impostazione e di interpretazione, ho capito!

ANGELA - Questo spiega la tua perplessità: l'attore dilettante non è fatto per interpretare i drammi.

DRAMMATURGO - Non esageriamo. Se studia bene la parte, l'attore dilettante può riuscire a far bene sulla scena.

MATTEO - Se tu pensi che non siamo all'altezza di interpretare un dramma, allora il discorso è chiuso.

DRAMMATURGO - Quando parli così serio, Matteo, mi convinci del contrario: stai già interpretando il dramma di chi non sa interpretare i drammi...

ESSI, MARGHERITA CLESCERI, GIOVANNI MEGNA, SERAFINO LASCARI, FRANCESCO VICARI, VITO ALLOTTA, GIORGIO CUSENZA, TRE RAGAZZI, UNA BAMBINA

Entrano le Vittime di Portella. La donna indossa l'abito nero della tradizione, gli altri il vestito buono della festa del 1° Maggio 1947. La bambina è vestita di bianco. Le sei vittime di Piana vengono al centro della scena; i tre ragazzi e la bambina restano un po' in disparte.

M. CLESCERI - Siamo qui, evocati mentalmente, anche se non ci avete chiamato per nome... Eravamo nei vostri pensieri e il pensiero è l'elemento attraverso cui possiamo passare più facilmente...

ANGELA - Ho paura.

GIORGIA - Chi siete?

M. CLESCERI - Non si vede? Siamo le vittime di Portella della Ginestra! Noi di Piana e quei quattro bambini di San Giuseppe Jato... (*Indica con la mano i ragazzi e la bambina.*)

DRAMMATURGO - Perché siete qui?

G. MEGNA - Pensavate a noi ed eccoci ...

DRAMMATURGO - Siete arrivati troppo presto, non ho ancora preso una decisione.

G. MEGNA - E allora deciditi. Non vogliamo essere evocati inutilmente.

DRAMMATURGO - Proprio quel che stavo dicendo ai miei amici: non voglio evocarvi inutilmente!

M. CLESCERI - Però, ormai che siamo stati evocati, dovresti scrivere il nostro dramma.

DRAMMATURGO - E' proprio questo che non voglio: non mi piace far morire la gente sulla scena nemmeno per finta!

G. MEGNA - Ma ormai noi siamo morti. A noi interessa soltanto che resti memoria della nostra morte violenta.

DRAMMATURGO - E' stato scritto moltissimo sulla strage di Portella della Ginestra!

S. LASCARI - Vorrei intervenire anch'io. Molto è stato scritto sulla strage di Portella della Ginestra; ma di più per gli aspetti politici del fatto che per l'aspetto umano, voglio dire della morte reale, dolorosa di ciascuno di noi...

MATTEO - Non credo sia così. Qui a Piana siete stati onorati come singole individualità morte nella strage di Portella! I vostri nomi sono scolpiti sulla pietra e nei cuori della gente! E nei libri o negli articoli scritti per voi c'è commozione e drammaticità...

S. LASCARI - Lo so, è vero. Però, mi sembra che non basti mai scrivere di noi vittime inermi e involontarie...

M. CLESCERI - (*Al Drammaturgo*) Se ti viene difficile o meglio se non vuoi farci morire sulla scena, allora prova a farci rivivere...

DRAMMATURGO - E' la stessa cosa. Mi mancano, però, gli attori...

GIORGIA - Questa è una bella scusa: gli attori ci sono, qui ne hai già tre e gli altri sono pronti a prendere parte alla rappresentazione...

DRAMMATURGO - Non è così facile. Mi spiego con un esempio: chi di voi tre è disposto a interpretare i morti nella strage? (*Attende risposta.*) Non rispondete? E' logico: chi di voi è disposto a morire sia pure per finta sulla scena? Tu, Angela?

ANGELA - Perché lo complichi così il problema!

DRAMMATURGO - Non lo sto complicando. Ho chiesto solo la vostra disponibilità a morire per finta sulla scena!

M. CLESCERI - Credo di aver capito. Se gli attori rifiutano hanno ragione. Nessuno vuole morire, nemmeno per finta. La morte non si può interpretare. La morte, soprattutto quella violenta, ti viene addosso, è come una montagna che ti crolla sopra e ti schiaccia... Io, per esempio, avevo la mia vita, avevo i miei sogni, voglio dire i miei sogni erano per i miei sei figli, per il loro avvenire: non avrei mai immaginato di dover diventare vittima dell'odio altrui. (*Vengono proiettati spezzoni di film su Portella, che mostrano le vittime cadere.*) Non so nemmeno chi mi abbia ucciso. Ho sentito una fitta al petto: ho messo la mano, ho toccato un liquido caldo, il mio sangue... Dire che quel sangue era come un garofano rosso o come il colore rosso della bandiera dei lavoratori è come fare poesie. Era il mio sangue quello, non era poesia: il sangue di una donna di trentasette anni, figlia del popolo. Ero lì a Portella per la festa del 1° Maggio. (*Vengono proiettate le scene dell'inizio festante della manifestazione.*) Volevo essere presente, partecipare, dare il mio appoggio proprio con la mia presenza fisica... E invece sono morta! Lo so. La mia presenza è ormai eterna, lì sulle pendici tra Pizzuta e Kumeta; ma questo mi consolerà mai della mia morte prematura e di aver lasciato soli i miei sei figli? Capite: sei figli, sei volte l'avvenire luminoso che sognavo per loro? E invece sono morta! E quei quattro ragazzi lì di San Giuseppe Jato (*Li indica*), uccisi così, nell'età più tenera, li vedete? Mi sono preso come figli quei poveri ragazzi: una aveva nove anni, capite? - nove anni! - i ragazzi qualche anno in più. Ma in che mondo siamo vissuti? In che mondo vivete ancora voi, dopo quanto è accaduto?

F. VICARI - (*Al Drammaturgo*) Non so cos'hai in mente di scrivere tu, ma puoi rendere a parole quel che ho provato io, come loro, in quell'istante in cui sono stato trafitto? Il dolore fortissimo di vederti infrangere il corpo giovanile, ma ancor di più il dolore immenso di dover lasciare per forza, dico per forza, di dover lasciare per forza la vita a ventitré anni, quando tutto è davanti a te, anche se l'avvenire è incerto e c'è da lottare chissà quanto per arrivare a vivere dignitosamente con il tuo lavoro? Ti sfido a trovare un attore che riproduca le mie sensazioni nell'istante in cui la pallottola o le pallottole, chi le ha contate!, mi laceravano la carne! (*Altre immagini di confusione e di morte tratte dai film su Portella.*)

DRAMMATURGO - Ma è per questo che ritengo impossibile scrivere un dramma, come dire, adeguato...

V. ALLOTTA - Io allora avevo vent'anni. Ditemi se è possibile dover morire a vent'anni! Avevo una gran voglia di far festa con i miei amici e compagni - e chi non ce l'ha a vent'anni la voglia di fare festa! - che poi la festa era mangiare carciofi lessi, le prime fave, qualche fetta di formaggio portata da qualche amico, ché noi non ne avevamo di produzione propria. Mia madre mi aveva dato un gran pane che sembrava una luna tonda: un pane da un chilo! Se ce l'avrei fatta a mangiarlo tutto? Avete dubbi? Sì che ce l'avrei fatta! Se ne avessi avuto il tempo! Mi sembrò che tutta la montagna mi si infilasse nella carne! Carne di vent'anni appena, Dio santo! Una schiopettata mi fece piegare in due! Mi venne un unico pensiero in testa: mia madre dov'è? Pensavo che mia madre sarebbe stata in grado di tamponarmi il sangue, che usciva fuori del mio corpo come da una sorgiva: sì, mi venne in mente porprio la sorgiva "te Kroi i Badeut": lì è l'acqua che sgorga così!

G. CUSENZA - Io, quand'è successo il fatto avevo quarantadue anni! Il più anziano di questi, che sono con me! Se mi avessero chiesto di dare la vita per la causa, forse avrei detto di no. Invece la vita l'ho data sul serio. Che il mio sangue, come quello dei miei amici, sia servito a far progredire la causa dei lavoratori, l'umanità, mi ripaga del dolore provato nel lasciare la vita. Voi volete fare teatro sulla nostra tragedia. Non so a cosa possa servire. Non vorrei che anche noi fossimo tra le celebrazioni che ora si fanno per dare a Piana una patente di importante centro turistico. Voglio dire: siamo seri. Un conto è far venire i turisti per la Pasqua e per l'Epifania, un altro conto è farli venire per il 1º Maggio. Noi vorremmo essere trattati non come monumenti da visitare, ma come persone che hanno da dire ancora qualcosa alle nuove generazioni.

S. LASCARI - Sono curioso di sapere come rappresentare me morto ad appena quindici anni! Ma ero già un uomo, un lavoratore! Morire a quindici anni ha senso?

DRAMMATURGO - E' per questo che penso sia difficile portare sulla scena adeguatamente la vostra storia.

M. CLESCERI - In ogni caso, far festa o scrivere, è sempre un ricordarsi di noi, morti lassù a Portella. Anche se i giornali parleranno di questo cinquantenario, anche se si scriveranno altri libri o si gireranno altri film, un fiore simbolico, come può essere un dramma teatrale, è un segno d'amore. Vedi, la ginestra, la "nostra ginestra", ha molti fiori: sono sbocciati e si sono accresciuti da cinquant'anni sui suoi rami verdi; aggiungeresti un fiore alla ginestra... Se tu non scrivi niente, niente è un omaggio mancato.

ANGELA - Ma chi può interpretare il vostro ruolo! Comincio a pensarla come il professore: nessuno sarà disposto a interpretare il vostro ruolo, soprattutto quello di morire sulla scena, anche se per finta.

GIORGIA - Posto così, il problema è difficile da risolvere. Chi può adeguatamente esprimere su una scena teatrale il dolore di lasciare la vita, non dico solo per il dolore fisico, ma quello terrificante di dover uscire da questa vita....

MATTEO - E allora non se ne fa niente.

M. CLESCERI - Niente è un omaggio mancato, è niente! E allora perché voi attori siete venuti qui?

ANGELA - Pensavamo che non fosse così difficile parlare di voi...

GIORGIA - Non ci eravamo messi nei vostri panni...

M. CLESCERI - Non potreste mai mettervi nei nostri panni: la vostra è tutta una finzione, ma la finzione può servire a farci ricordare anche su una scena teatrale.

MATTEO - Ma ormai nessuno ci leva dalla testa che gli attori sarebbero inadeguati...

M. CLESCERI - Penso che nemmeno degli attori professionisti potrebbero essere adeguati a rappresentarci sulla scena...

Viene aperta una tenda dello studio; il Capobanda è seduto, il Bandito, accanto a lui, in piedi. Tutt'e due sono armati e incappucciati. Sorpresa da parte di tutti gli altri. Le vittime della strage si allontano verso lo scenario di fondo. C'è un silenzio imbarazzante per la presenza dei due banditi.

DRAMMATURGO, ANGELA, GIORGIA, MATTEO, CAPOBANDA, BANDITO

DRAMMATURGO - Chi siete?!
CAPOBANDA - Chi siamo? Non lo so. Lo voglio sapere da voi.
DRAMMATURGO - Perché armati e incappucciati?
CAPOBANDA - Se devo svolgere il mio ruolo, voglio mantenere l'incognito.
DRAMMATURGO - Non voglio personaggi in incognito. Toglietevi il cappuccio.
CAPOBANDA - Non possiamo. A noi è stata commissionata un'azione dimostrativa, che richiede abilità e segretezza: non possiamo toglierci niente. Oltre agli uccisi, non possono non essere presenti anche gli uccisori! E noi siamo quelli dell'agguato!
DRAMMATURGO - Non si può mettere in scena un dramma senza sapere con chi si ha a che fare! E poi non è mia intenzione mettere in scena alcunché: non voglio nemmeno per ischerzo permettervi di sparare a della gente inerme!
CAPOBANDA - Inerme? Quella non è gente inerme! E' gente pericolosa. E' gente che pensa. Che incomincia a pensare, magari. Ma pensa. Ha i pensieri, le idee gli ideali! E' gente pericolosa! Crescono di numero ogni giorno di più: diventano folla, popolo: il popolo che pensa è pericoloso! Io ho un incarico molto semplice: sparare alle idee! Se riesco a sparare in testa a quella gente è ancora meglio: è lì il centro dei pensieri!
DRAMMATURGO - Ma sieti attori voi o personaggi? Da come parli mi sembri troppo convinto di quel che farai!
CAPOBANDA - Ho imparato bene la parte. Sono attore quando agisco per conto di altri e sono personaggio quando agisco per conto mio!
DRAMMATURGO - E in questo caso?
CAPOBANDA - Sono stato invitato a dare una lezione al popolo lì a Portella della Ginestra. Mi hanno consigliato di sparare in aria, per intimorire: le schioppettate fanno paura a tutti! Certo può succedere la disgrazia che qualche pallottola colpisca nel mucchio, mi hanno detto! Sparare in aria! Che senso ha? Dovrei fare l'attore che spara in aria: bum, bum! E avrei finito di recitare! Io ci voglio aggiungere del mio! Questa marmaglia non merita altro! Mi apposto lì sul costone della Pizzuta e faccio mirare bene! Sarà una festa del 1° Maggio come dico io! (*Viene proiettata la scena da film dei banditi che si appostano.*)
DRAMMATURGO - Toglietevi il cappuccio!
MATTEO - Non possono: il male non ha volto!
ANGELA - Troppo comodo: il male ha un volto, che in altre parole vuol dire: il male è una persona fisica! Che poi sia lui, di sua iniziativa, che produca il male, o sia soltanto un esecutore materiale, mandato da altri, non credo che cambi molto!
GIORGIA - E' vero; però è più colpevole del male fatto l'esecutore materiale o il mandante?
MATTEO - Mi pare logico che sia più colpevole il mandante! E' lui che ordina; l'altro esegue quanto ordinato dal mandante! Se uno condanna solo l'esecutore del male, il mandante può ricorrere ad un altro esecutore: la fonte del male è chi ordina!

CAPOBANDA - A me sono state fatte grandi promesse: ripeto, mi hanno invitato a fare una cosa, ma io ci metterò del mio. Mi sono spiegato?

DRAMMATURGO - Non ho intenzione di scrivere un dramma con personaggi che si coprono la faccia, che non vogliono togliersi la maschera!

CAPOBANDA - E allora! Chi vuoi che si tolga la maschera! Forse un giorno la storia sarà svelata in ogni sua parte: chi ha avuto questo ruolo, chi ha avuto quell'altro ruolo! Ma queste cose non si fanno mai allo scoperto! Metti caso che scopri i mandanti dopo cent'anni! A che servirà! A modificare la storia? E si troveranno mai i mandanti? Qui e ora, quel che conta è il risultato pratico della sparatoria: un po' di morti e si blocca il popolo! Fra cent'anni, anche se la verità verrà a galla, servirà solo a far belli i libri di storia! Se la verità venisse scoperta, magari, fra dieci anni, già potrebbe dare un buon risultato: ma fra cent'anni non servirà!

DRAMMATURGO - Signori, io avrei degli impegni di lavoro, vorrei che la discussione si chiudesse qui!

MATTEO - Non facciamo niente?

DRAMMATURGO - Sei tu disposto a svolgere il ruolo, in scena - si capisce -, di svolgere il ruolo del bandito che spara a una folla festante e inerme?

MATTEO - Francamente no!

DRAMMATURGO - E allora dove li trovo gli attori? Nessuno vuole assumersi l'onere - ma anche l'onore - di rappresentare le vittime, di rendere in scena il loro strazio, l'angoscia di essere sul punto di dover perdere la vita, l'angoscia di non essere vissuti in un mondo giusto, di dover lasciare senza sostegno sei figli in tenera età! Nessuno vuole assumersi la parte dell'aggressore, che con premeditazione spara a della gente inerme! Mi volete dire come si può rappresentare un dramma senza attori?

Si richiude la tenda e il Capobanda e il Bandito svaniscono, mentre ricompaiono le Vittime.

DRAMMATURGO, ANGELA, GIORGIA, MATTEO, LE VITTIME

M. CLESCERI - Che fate?

ANGELA - Niente!

G. MEGNA - Vi potremo dare noi delle idee sui momenti precedenti la strage, e sicuramente meglio di noi non ve li potrà illustrare nessuno; sui momenti seguenti non sappiamo: eravamo già morti...

G. CUSENZA - All'alba del 1° Maggio, il cielo era come quasi sempre quel giorno: rappezzato di spazi celesti e di nuvole bianchissime, ma l'orizzonte era sgombro. Appena misi la testa fuori di casa per vedere che tempo faceva, una donna del vicinato, ancora insonnolita, mi dà il buongiorno turbata, si avvicina e mi racconta il sogno appena fatto: si sa che i sogni fatti prima dell'alba si avverano! Ma questo lo constatai dopo. Io non sono tipo superstizioso, ci mancherebbe! Ma la vicina di casa mi dice del sogno: aveva sognato l'enorme faccia della Pizzuta investita dalla notte - sapete quant'è nera la Pizzuta nelle notti senza luna - e qua e là accendersi lumini, candele mi pare che dicesse; si accendevano fiammelle: era come se una mano enorme con un fiammifero le accendesse ora alle falde ora ai costoni ora quasi in cima: una Pizzuta cimitero come al 2 di novembre, quando le donne vanno ad accendere i lumini ai morti! La vicina di casa mi supplica di non andare alla Ginestra e di non far andare nessun altro; lei aveva già quasi convinto marito e figli a rinunciare. Ma chi crede ai sogni delle donne! Anche il marito e anche i figli andarono lì a Portella, come tutti quelli che avevano organizzato la festa del 1° Maggio. Forse qualcuno a Piana sapeva quel che sarebbe successo. Ma era il clima di paura e di incertezza, per le lotte politiche e sociali di quegli anni, che poteva far supporre che lì a Portella sarebbe successo qualcosa. Insomma, non presi sul serio il sogno della donna. Affrettai i preparativi e mi trovai all'appuntamento...

F. VICARI - Era bello vedere tutta quella gente ordinata, riempire tutto lo stradone principale quasi dalla Croce laggiù, chi a cavallo dei muli bardati, chi a piedi, col vestito della festa, salire verso la piazza prima e poi lungo la strada che porta alla Ginestra. E lì a Portella della Ginestra confluivano i lavoratori dei comuni vicini: salivano da San Giuseppe Jato, da San Cipirello, da Partinico e si incontravano con gli altri compagni. Perché tutti ci sentivamo fratelli, accomunati dallo stesso destino: noi di Piana, arbëreshë, loro dai paesi vicini, lëtinj, che lottavamo per migliorare le condizioni di tutti, dato che quando si parlava di lavoro e di occupazione non c'erano privilegi di un paese rispetto ad un altro; eravamo tutti nella stessa situazione. Il colore dominante era il rosso: le bandiere rosse dei lavoratori; ma non tutti erano comunisti o socialisti: non c'era ancora divisione e la gente saliva a Portella come per fare una scampagnata. Infatti c'erano tutti: vecchi e giovani, uomini, donne, bambini...

G. MEGNA - Io mi ero messo il vestito nuovo: avevo solo quello, ma per me era la festa principale dell'anno, come Pasqua! Chi alla Ginestra aveva portato i carciofi li metteva a disposizione di tutti, così come il pane del paese e le altre cose: era proprio scampagnata allegra! Io ero un po' distante dalla pietra di Barbato, dove saliva chi aveva il compito di fare il comizio. Mettiamoci, amici e compagni di morte, nella posizione giusta al momento del comizio, prima che incominciassero a sparare. (*Invita le altre Vittime a disclocarsi qua e là.*) Così se vi può ispirare la commozione dell'attimo prima e dopo... (*Viene proiettata la scena filmica dell'inizio del comizio.*)

M. CLESCERI - Io forse ero in questa posizione rispetto alla pietra di Barbato e ascoltavo il parlatore...

V. ALLOTTA - Io dovevo essere qui, dalla parte della Pizzuta. Quando spararono, i colpi venivano dalla Pizzuta.

S. LASCARI - A me sembrò che venissero dalla Kumeta; ma forse era l'eco dei colpi. Alcuni dicevano che erano mortaretti per festeggiare, ma lo dicevano quelli dei paesi vicini, i latini; infatti qualcuno del comitato non si spiegava di che sparo di mortaretti si trattasse, visto che non era previsto nessuno sparo di mortaretti e lui stesso che era del comitato della festa non ne sapeva niente! E poi il comizio era appena incominciato...

F. VICARI - Anch'io ero dalla parte della Pizzuta: non mi spiegavo tutti quegli spari. All'inizio pensai che fosse qualche cacciatore, ché c'erano pure quelli che approfittavano della festa per andare a caccia di qualche coniglio...

V. ALLOTTA - Poi successe il finimondo! Come quando il vento della bufera prende di furia il grano maturo di giugno e lo fa piegare e lo abbatte, così la folla si piegò e si sparpagliò! Ma vidi solo questo... poi fui colpito.

(*Vengono proiettate le scene filmiche della confusione seguita agli spari.*)

Le Vittime si pongono ai lati della scena, mentre, usciti da dietro la tenda, avanzano affiancati il Capobanda e il Bandito.

DRAMMATURGO, ANGELA, GIORGIA, MATTEO, CAPOBANDA, BANDITO

CAPOBANDA - (*Incappucciato come il Bandito, il fucile puntato*) Avremmo potuto ammazzarli a centinaia, chiudere per sempre la partita, ma bisognava dare solo una

lezione! La lezione ammazza qualcuno e ammorbidisce gli altri! Io dicevo "sparate, sparate, sparate" e i colpi andavano giù come grandine...
(*Sullo scenario vengono proietatte immagini di banditi che sparano tratte da film.*)
DRAMMATURGO - Non mi piace per niente la violenza, nemmeno sulla scena di un teatro! Lì a Portella, voi avete sparato a della gente inerme!
CAPOBANDA - E la loro non era violenza? La folla è violenza! Le loro prediche, i loro comizi erano violenza! Pretendere, pretendere, pretendere! Noi vogliamo questo, noi vogliamo quello!
DRAMMATURGO - Non è la stessa cosa: la forza delle idee da contrapporre ad altre idee dà vita alla democrazia!
GIORGIA - Sono d'accordo sul fatto che questo è un dramma che non si può rappresentare! Gli aggressori sono ancora incappucciati: quale contributo alla verità può offrire un dramma che ha tra i portagonisti gente incappucciata! (*Il Capobanda e il Bandito svaniscono piano piano.*)
MATTEO - (*Al Drammaturgo*) Rinuncio alla mia idea di farti scrivere qualcosa su Portella! E poi quante Portelle ci sono state in questi cinquant'anni di storia italiana! Quanti incappucciati! Quante stragi con molti più morti di Portella sono state fatte in Italia! C'è un elenco lunghissimo!
DRAMMATURGO - Eppure il sangue dei martiri ha rafforzato la nostra democrazia! Se oggi siamo più civili lo dobbiamo al sacrificio di chi è morto eroe involontario, gente comune, gente assetata di giustizia! Anche gli altri morti nelle stragi di questi cinquant'anni ci hanno angosciato, ma forse perché Portella della Ginestra fu una delle prime e ci toccò così da vicino, il ricordo di essa è sempre vivo e tangibile!
ANGELA - "Beato quel popolo che non ha bisogno di eroi!" - disse qualcuno di cui non ricordo il nome.
GIORGIA - Purtroppo, però, gli eroi ci sono stati e forse ci saranno sempre, fino a quando l'uomo - mi sembra di dire una frase fatta - non sarà lupo dell'uomo - e chiedo scusa al lupo!
DRAMMATURGO - Beh, non se ne fa niente: credo che nessuno voglia mettersi anche per finta nei panni di chi fu vittima o nei panni di chi fu aggressore. L'unica cosa da fare, mi sembra, la più serena, è quella di associarsi alla commemorazione ufficiale, che stempera nell'idealità eroica il dolore vero, fisico e morale insieme, delle vittime. Considerato che non sono capace di mettere in scena tale vero dolore, non seguirò il vostro invito a scrivere sui martiri di Portella.
ANGELA - In ogni caso sarà eterno il ricordo dei nostri concittadini e di quei ragazzi di San Giuseppe Jato, eterno come le pietre a figura quasi umana che stanno ritte lì sul piazzale di Portella.
GIORGIA - Più delle commemorazioni a me interessa che fatti del genere come quello di Portella non accadano più!
MATTEO - Dobbiamo essere forti nella speranza.

Gli attori e il drammaturgo si spostano ai margini della scena. Le Vittime di Portella, compresi la bambina e i tre ragazzi di San Giuseppe Jato, avanzano sorridendo, uniti mano nella mano fino al proscenio, mentre viene proiettato sullo schermo il paesaggio di Portella della Ginestra com'è oggi.

Il gallego in Spagna

Il gallego è la lingua di circa 2,5 milioni di persone del Nordovest della penisola iberica, della maggior parte degli abitanti della Galizia. È una lingua neolatina che appare nei testi legali e nella poesia del XII secolo e che si evolve come il portoghese fino al XV secolo. Tra il XVI e il XVIII secolo scompare totalmente dai testi scritti e verso la metà del secolo XIX ha luogo una rinascita della lingua e della cultura galiziane. Anche se il gallego, nel 1936, è riconosciuto come lingua ufficiale della Galizia, la guerra civile impedisce l'applicazione dello statuto e fino alla Costituzione del 1978 non si verificano le condizioni per la normalizzazione del gallego che, nel 1981 è dichiarato lingua co-ufficiale della regione insieme al castigliano. Secondo i dati della Xunta, il governo autonomo della Galizia, più dell'83% della popolazione della regione lo parla, un 46% lo legge e un 27% lo scrive. Negli ultimi anni si sono realizzate numerose campagne di sensibilizzazione per dare prestigio al suo uso, grazie alle quali sono aumentate le case editrici che pubblicano in gallego. Dal 1994 esiste un quotidiano, *O correo Galego*, esclusivamente in questa lingua, e dal 1984 una radio e un'emittente televisiva autonome.

Ana Romaní

Nudi

1
Piantata
in mezzo al cuscino

questa donna sprofondata
precipitandosi
sopporta la luce
per illuminare la ferita
aprire in canali
le coperte

Guarda ventre gonfio
la sua dura gestazione
di invalida

2
Tendere la corda
tirare il capo

che rompa

chi penderà dall'albero?

3

Questa donna
che si appende dall'ultimo piano
oltre l'impalcatura
per pulire con le sue vertigini
i resti di paura
le macchie di unto

4

Atroce miraggio
il deserto che esplora
strappa le viscere   scava
nell'arida terra di mutezza senza nome
-qual è la sua gola?-
scava con le mani
nel silenzio arruffata   scava

Per lei la pena:
scavare e comprimere ritratti
bere il suo succo di rabbia
scoprire così l'inganno

5

Gli abiti della bimba che calza sandali a dicembre
colei che non domanda né sa né vuole sapere
colei che solamente lambisce con ferocia indolenza stalattiti
che i giorni abbandonano nel suo album di principessa
si dipana questa donna
e si lancia nel vuoto
come quando giocava con le bambole e cresceva e incespicava nella corda
come quando le ore si ruppero e strariparono
i fiumi che le scorrevano dentro

6

Ho sognato un giorno che io ero e ho scoppiato i palloncini
adesso sgonfio la mia gestazione di invalida
e deposito garze nei buchi dei cementi

(Traduzione: Daniela Tomaselli)

Xavier Rodríguez Baixeras

Senza affanno

Da ora le tue labbra non saranno più di sabbia
né il tuo seno, né i macigni profumati
si apriranno come pugni nella bassa marea.
Il fondo del tuo calice suppura posa nera.

Cataclisma che esalta tenace assalto
di escrementi, accarezzati dai tuoi principi
quando inventano la direzione variabile dei venti,
quando palpano, fastidiosi, lo splendore dell'agonia.

Onda nera, schiuma lugubre, questo è il tuo futuro
di astro caduto nell'esilio di qualche pozzo bianco,
voce di uccello avvelenato, scarabocchio di quelli che scriviamo
con disperazione, verso infimo e nauseabondo.

In te si incagliano oscure le parole, risuona
la membrana della notte, la pena e il silenzio
versato sulle navi macchiate dall'inchiostro
di quanto scritto senza affanno, dello sterile, di quanto resta

(Traduzione: Daniela Tomaselli)

Chus Pato

Superbi cigni, come iceberg

Per mare le navi, la marea inspiegabile, i cetacei estranei
le comiche riflessioni dei filosofi nel giardino aperto alle Cicladi
le profetesse dell'oceano
le navi fino all'Armorica, la Cornovaglia, il Galles, l'Irlanda, la Scozia
l'epigrafia delle Burghe
i conventi nestoriani, i cipressi di Sallustio
l'eleganza di un portico in un paesaggio spoglio
il nero sangue che arrossisce nella prigione di Treviri
la dottrina degli Eoni: Eucrocia, Procula, Urbica, Ipazia, Trahamunda,
Egeria.
I *miñotos* pesci con lettere e cifre di presagio
l'impero del terrore, la finale disperazione romantica
il cuore di Bruce, il re
BE TOM ATRON SAMBIANA, ATRON DE LABRO
il riflusso di un equatore brasiliano, congolese, indostanico, malese
la metamorfosi di Adone-Attis
i balli di dame
la politica
la scienza
le Investiture
la Dieta Imperiale
la tiara di tre corone.
Del Gulf-Stream le rapide correnti,
la fiere sirti, le aspre scogliere.

Cosí immagino io il paradiso

Il paradiso è un luogo recintato
in paradiso si entra per osmosi
in paradiso ci sono le colombe e la rete che serve a catturare le colombe
c'è vegetazione
può essere un eremo
un libro
uno cammíno
– nascere, si nasce sempre in terra estranea

quindi l'astro è due
Terreno
quadrato
quattro

(Traduzione: Daniela Tomaselli)

L'Arabo in Spagna

L'arabo è una delle lingue vive più antiche e conta più di 200 milioni di parlanti in tutto il mondo. È la lingua ufficiale di molti paesi del Nord Africa e dell'Oriente, che condividono la stessa lingua scritta, anche se i dialetti dell'arabo parlato sono molto diversi tra di loro. Questa lingua semitica, che si scrive da sinistra verso destra, presenta le prime testimonianze scritte nella penisola arabica nel secolo IV ed ha una ricca tradizione letteraria. L'arabo è stato la lingua di una parte della popolazione della penisola iberica tra i secoli VIII e XV ed ha lasciato un segno profondo nella lingua castigliana, in numerosi toponimi e parole di uso quotidiano. Attualmente in Spagna è la lingua degli immigranti arrivati da poco. Secondo i dati del Ministero degli Interni, nel 2001 in Spagna vivevano 1.100.000 residenti stranieri che rappresentano il 2,5% della popolazione totale. La comunità più numerosa è quella marocchina (234.937). Gran parte delle 300.000 persone che presumibilmente parlano arabo in Spagna sono quindi immigrati marocchini, in genere lavoratori poco specializzati, giunti soprattutto dagli inizi degli anni 90 (prima non erano più di 20.000). Le cifre dei residenti stranieri di altri paesi di lingua araba come Algeria, Tunisia, Egitto, Siria, Libano o Iraq sono di molto inferiori.

Abdulhadi Sadoun

Stuoie di carri armati

Che pacifista la gente di qui,
offre entrambe le guance,
se ne avesse di più le offrirebbe
al loro destino;
mentre le tue labbra cercano
parole che ricordino.

Qui
la gente non conosce la malvagità.
Meglio che si ingabbino nella loro noia
– preferisco perfino la loro mansuetudine –
poiché loro non conoscono guerre.
È come se Spielberg non li avesse invasi
con i suoi dinosauri.
Non si sono dissanguati per le tuniche di Kubrick.

Dico loro:
– Povere vostre intelligenze.
E mi riparo sotto i loro stessi ombrelli.

Qui
Ridono molto, senza timore,
toccano la mia barba cresciuta
e sghignazzano:

– Parlaci di quello che sai, delle tue stuoie.
S...T...U...O...I...E.
E trascinano la parola come un telo steso.

La gente, qui,
mi scambia per un narratore
e mi porta, gentilmente,
con bontà,
tra le sue braccia.

(Traduzione: Carla Prestigiacomo)

Talat Shahin

La stella cadde dalla tua mano

Al poeta Amal Dunqul

Vedo sul tuo petto il sangue rappreso
nella pupilla della stella della notte,
sogno e sangue nella gola della valle.
Tu..., caduto,
      assassinato a mezzogiorno.
Ti piangono i canali del Nilo,
    il sole,
          gli alberi.
Tu sei la promessa disseminata,
tu..., il tempo vinto.

***

Non guardare indietro,
cadde la stella.
Cadde dalla tua mano,
    per accendersi nel suo petto.[1]

***

La tua sposa mi dava calore nella notte,
il tuo colore mi doleva nei suoi occhi,
mi inquietava.
Dimenticai il pane duro,
il sedimento di sale
su labbra secche per la sete del deserto.

***

Il tuo colore mi doleva nei suoi occhi,
la tua ferita mi circondò quando ci accarezzammo,
               era appiccicosa.
Fuggo da te al sentirti tenero nel suo seno
       disegnato il tatuaggio della notte,
fuggo al sentirti bambino che corre
raccogliendo il sale del deserto,
la stella marina e i crini dei cavalli.

***

Adesso è inverno,
la tua ferita sanguina
         trema,
       disegna un bambino,
       scrive versi,
         un popolo.
Si apre il velo della notte
e canta in silenzio.

***

Quando te ne andasti,
       non occultavi il tuo viso al silenzio?
     o nuotavi nel tempo morto?

***

Non guardare indietro,
cadde la stella,
       cadde dalla tua mano,
         per accendersi nel suo petto.

[1] Nel poema sono presenti due persone: il poeta morto e una seconda persona. La sua identità si nasconde nei versi; si tratta dell'ex-presidente egiziano Sadat, del quale si dice che abbia partecipato alla guerra del 1973 non per liberare i territori egiziani occupati da Israele, bensì per guadagnare una medaglia. La inventò lui stesso e si chiamò "La stella del Sinai". L'aveva sul petto quando fu ucciso nel 1981, dopo aver fatto incarcerare migliaia di intellettuali egiziani, tra i quali si trovava il poeta Amal Dunqul che sarebbe morto alcuni mesi dopo.

(Traduzione: Carla Prestigiacomo)

Mahmud Sobh

Mulino di nostalgia

A mio figlio Tarek

Ah, Toledo... Toledo...
Sono qui, ancorato al tuo fossato,
teso al vederti venire
a riscattarmi dagli artigli del Tempo,
dalla terra viscosa.
Aspetto ancora in fondo al precipizio,
senza che una mano si tenda su di me;
non vedendo che
i tuoi alberi che brillano da lontano,
come un fuoco sulla vetta.
Aprimi, Isola di Luce,
anche solo per un istante,
il Tempio
e le Case del Signore.
Figlio di Galilea!, da quando sono nato
Porto la croce
E irrigo con il mio sangue il Golgota.

Ah, Toledo… Toledo…
Ho sete.
Non c'è una goccia che mi plachi?
Il mio orto, là, in Galilea,
non è più il mio orto,
e il mio orcio da tempo è asciutto.
Oh, porto della Storia
La mia storia è finita
Quando ho dimenticato il mio nome.
Accoglimi nel tuo grembo
Galleggiando tra le onde.
Abbracciami.
Mi hanno proibito
Il sapore della Terra,
il vino dell'amore,
il calore di casa.
Abbi pietà di me.
Sono come il Mulino del Moro della tua terra.
Mulino di Nostalgia.
Mulino della Mancha,
senza pale
né acqua.
Sono un enigma,
Volto del triste Cavaliere.
Un problema sterile.

Come se fossi lo stesso Tago
Che, per timore d'annegare,
si fa cavigliera ai tuoi piedi.

Ah, Toledo… Toledo…
Quando mi facesti passare sotto i tuoi archi
Ogni arco era come una lama.
E una spada damascena,
del colore della tristezza di Damasco,
Ogni angolo.
Le tue lanterne
Mi andavano pugnalando
Con sguardi d'odio.
La mia ombra mi rinnegava,
e la seguivo.
Ma, dietro di me, veniva correndo.
Giurò la mano del Cristo della Vega
Che non mi aveva mai visto,
che giammai aveva sentito la mia storia;
che non caricai la Croce, come Lui,
nemmeno un giorno;
che non sopportai il peso della mia tragedia
né calpestai la Galilea.
Poiché non feci la terra
Della mia terra.

***

Ah, Toledo… Toledo…
Sono sull'orlo della morte!

Ah Toledo… Toledo…
Sono qui, ancorato al tuo fossato,
teso al vederti venire.
Sono qui,
Di nuovo con la commedia.
Vengo da te
Nazaret.
Dov'è il mio sepolcro?

Come si sente sperduto
Chi perde la sua Casa!

Ah, Toledo… Toledo…

[1] Alberi di un'imbarcazione.

(Traduzione: Carla Prestigiacomo)

L'Amazic

L'Amazic è la lingua parlata nel Nord dell'Africa, soprattutto nella parte mediterranea del Marocco e dell'Algeria. Questa lingua ha problemi di funzionalità e standardizzazione, giacché non è stata sostenuta dai governi che hanno dato priorità all'arabo come lingua ufficiale. Alcuni studiosi affermano che l'Amazic è imparentato con l'Ibero, non appartenendo quindi a gruppi semitici, dal quale riceve comunque forti influenze. In realtà, gran parte degli immigranti marocchini in Spagna parlano Amazic o Berbero e non Arabo, come si suole credere ingenuamente. Si suole trascrivere partendo da caratteri latini, dato che si tratta di una lingua parlata, per evitare contaminazioni arabe e permetterne lo sviluppo. Il termine Berbero è in un certo senso dispregiativo, poiché si tratta di un'onomatopeia imitativa, derivata dal francese, di una lingua straniera incomprensibile (come in spagnolo barbaro, da bar-bar, denominazione usata per designare i conquistatori provenienti dell'Europa del Nord nel Medioevo). È quindi preferibile il termine Amazic, che significa "gente libera", perché è quello che usa questo popolo quando si riferisce a se stesso.

Karim Zouhdi i Mahmoudi

Candixa

In una notte che sembrava non avere fine
L'universo si vestì di abiti meravigliosi
Cuciti con fili di penombre e corna di gazzella,
Pietre fatte di stelle e di vero argento.
Gli alberi hanno taciuto e il mare si è contratto

I raggi hanno strizzato l'occhio, e i tuoni hanno discusso
Gli yuh-uh sono grida di allegria, e anche un misterioso suono.
Il suolo tremolò, e le montagne si mossero
Apparve Candixa, galoppando con un solo piede.
Trascinando catene, e portando su di sé un peso,

Piena di ossa dell'oltretomba dei monti
Pezzi di pelle, e cadaveri di fiume.
La moltitudine si alzò, sia i giovani che gli anziani
Le donne portano dietro di sè i propri figli.
Si accesero le candele sulle rocce

E apparve la sposa con i suoi gioielli più preziosi,
Con una cinta piena di sale e di asprezza,
Ballando e cantando una canzone meravigliosa
Con una dolce voce al ritmo della melodia del flauto
Candixa si spaventò e fuggì verso una collina

Lanciava fuoco dalla bocca, e il suo corpo ribolliva
Con piedi di capra, e pelle di lana.

I suoi occhi brillavano come carbone ardente
La sua bocca era così grande come la luna nel quarto crescente.
Aveva i capelli legati alla coda

Come catene legate alla sua coda.
Gli anziani si riunirono,
Sacrificarono un agnello e una pecora,
E un paio di recipienti pieni di sangue
Perché li beva e vada via

Un giovane si alzò e gridò con forza,
Come se lanciasse pietre:
Candixa è una vecchia bugia,
Come una nube estiva che non libera pioggia,
Come il volto di una notte che non avrà alba,
Candixa è un lago da cui sale il vapore,
Impalpabile con le dita, che non si può arare

(Traduzione: Daniela Tomaselli)

Il gun

I Gun sono un'antica popolazione del golfo di Guinea che abita nel Sud-Est dell'attuale Repubblica del Benin (ex Dahomey). Prima dell'occupazione francese, fondarono un regno, la cui capitale fu Hogbonu ("la grande porta"), l'attuale Porto Nuovo.

Sono uno dei circa trenta gruppi socio-culturali che convivono nella Repubblica del Benin ed hanno dato vita, a loro volta, ad un certo numero di identità omogenee dal punto di vista linguistico. Il "gunghé" (la lingua dei gun) appartiene allo stesso ceppo linguistico di fon, aja, yoruba, xwla, ayizo, ecc., che derivano e risentono dell'influenza del substrato linguistico delle popolazioni dell'area culturale denominata Aja-Tado (situata nel Golfo di Guinea e che occupa territori appartenenti agli attuali Gana, Togo, Benin e Nigeria), popolazioni che emigrarono agli inizi del XVII secolo verso le regioni boscose del golfo per stabilirsi dove attualmente vivono. Dei sei milioni di abitanti del Benin, l'11,6% parla il gun.

Il gun è una lingua tonale, come la maggior parte delle lingue dell'Africa subsahariana.

I popoli africani, di tradizioni orale, crearono una letteratura nelle loro rispettive lingue – se ne sono registrate circa 1500 in tutta l'Africa Nera -, che fiorì in vari generi come epopea, leggende, racconti, canti iniziatici, ecc. e che, in assenza di scrittura o alfabeto proprio, si sono trascritte, in generale, usando i caratteri arabi o latini. Si tratta quindi di una trascrizione fonetica che cerca di raccogliere, per quanto sia possibile, lingue in cui i toni svolgono un ruolo fonologico essenziale. Lingue africane nelle quali i diversi livelli tonali (alto, medio, medio-alto, basso) sono fondamentali per comprendere il messaggio che trasmettono.

Per quanto riguarda la scrittura delle mie poesie in gun, ho cercato di trascriverle adattandole alla fonetica spagnola, prescindendo dai segni diacritici e altre grafie linguistiche per aggirare, quando è stato possibile, il problema che rappresenta la scrittura di questi toni, poiché non ho voluto servirmi dei segni eruditi che usano linguisti e antropologi – di difficile comprensione per il pubblico non specializzato – e non ritenevo adeguato ricorrere alla trascrizione musicale in un pentagramma o, per lo meno, in un "trigramma".

Il lettore, quindi, deve sempre tenere presente che la sua lettura potrà solo avvicinarsi al suono reale.

Agnès Agboton

Lontano

Lontano, così lontano ormai
Il manto caldo del vento
E il sudore che impregna la terra.

Lontano, così lontano ormai
la terra rossa che abbraccia i miei
e beve, lentamente, l'acqua del *yoho*[1]

Mentre il mattino raffredda i miei sogni
E i miei piedi nudi si trascinano
su questi mattoni senza sete.

Dove, dove, è la terra rossa,
il sangue delle generazioni,
l'ardente *sodabi*[2] degli dei?

Dove, dov'è la terra rossa?

[1] *yoho*: altare familiare
[2] *sodabi*: distillato di palma

Canzone dell'amore difficile

I

I miei occhi cercano nudi
Nel paese delle maschere
Dove anche i sorrisi si travestono.
Ci sono nel tuo corpo nudo resti di vesti lontane?
A volte, anche le tue mani si travestono?

II

I tuoi occhi sull'altalena
Vanno dal sorriso al pianto.

Sorridono pieni di lacrime,
piangono tra le risate
e rimane sempre un piccolo spazio
per il timore.
I tuoi occhi sull'altalena
vanno dal sorriso al pianto;
vanno dal pianto al sorriso
e si aprono al timore.

I tuoi occhi sull'altalena.
Fiori neri, riso e pianto.

Il catalano

Il catalano è una lingua romanza simile alle altre lingue sviluppatesi in seguito all'occupazione romana. La lingua romanza più lontana del catalano è il rumeno; la più vicina l'Occitano o Lingua d'Oc, lingua popolare del Sud della Francia. Dal punto di vista linguistico si differenzia dal castigliano o spagnolo, soprattutto dal punto di vista fonetico (8 vocali anziché 5) e per alcune caratteristiche consonantiche e grafiche.

I primi documenti risalgono ai secoli VII e VIII, sebbene sia probabile che si parlasse prima perché i testi conservavano un latino artificioso che non rifletteva la lingua parlata. Sono stati rinvenuti numerosi documenti integri in catalano risalenti al secolo XI. Il primo testo letterario, le *Homilies d'Organyà*, una raccolta di sermoni, è del secolo XII. Ad essa seguono numerosi testi poetici.

Si distinguono tre periodi della lingua e della letteratura catalane: il periodo nazionale (fino al secolo XV), la decadenza (secoli XVI-XVIII) e la *renaixença* o rinascimento (secoli XIX-XX).

Nel Medio Evo la Catalogna era un paese indipendente in seno alla Corona d'Aragona e il catalano, parlato da un 85% della popolazione non competeva con il castigliano come oggi, bensì con l'occitano. Uno degli autori più notevoli fu Ramon Llull (1235-1316).

Ramon Vidal de Besalú (1160-1230) è autore della prima grammatica. Con un Parlamento antichissimo, il campo del Diritto è forse quello che ha prodotto i risultati più duraturi. Una volta consumata l'unione personale con la corona di Castiglia, e dopo la guerra di secessione (1714), inizia l'epoca della decadenza. Nel XIX secolo, con lo sviluppo industriale e l'affermarsi della borghesia, il catalano rinasce con grande forza e la produzione letteraria in lingua colta e raffinata è abbondante.

Nel 1931 il catalano recupera la condizione di lingua ufficiale della Catalogna. Alla caduta della Repubblica per mano del generale Franco nel 1939, dopo una cruenta guerra civile durata tre anni, segue una repressione lunga quaranta anni. Il ritorno alla democrazia, nel 1976, segna l'inizio della ripresa.

La lingua catalana, oggi, si parla in un territorio con undici milioni di abitanti. È una lingua vitale di portata internazionale. Gli Statuti d'Autonomia di Catalogna, Isole Baleari e della Comunità Valenziana riconoscono il catalano come lingua ufficiale (nell'ultimo caso con il nome di 'valencià'). Coesiste quindi con il castigliano. Nel 1990 il Parlamento Europeo ha approvato una risoluzione che riconosceva l'uso e la vigenza del catalano nell'ambito della CEE. Grazie al sostegno della Costituzione e degli Statuti, negli anni 80 ha inizio una politica di potenziamento che introduce la lingua nella scuola, nell'Amministrazione pubblica e nei mezzi di comunicazione. Esistono vari canali televisivi che trasmettono in catalano, dieci testate giornalistiche, circa trenta settimanali, un centinaio di riviste e più di duecento pubblicazioni locali. Allo stesso tempo esiste una gran produzione editoriale (7.492 titoli nel 1999). Nonostante l'alto indice di comprensione e d'uso della lingua, esistono molti settori in cui il catalano non è di norma presente, come, per esempio, i tribunali.

Francesc Parcerisas

Album di scrittore

Le sue mani, affaticate forse dall'esistenza,
ti turbano la memoria e i sensi:
solamente scrivere accanto al bosco al crepuscolo
e ascoltare, all'altezza del foglio, un vento
che ricorda il mare e l'infanzia sommersa.
Anche le parole precise svaniscono e si perdono
come la cenere sul fondo della tazza di caffè;
e sulla pettorina cadono i fili di tabacco
mentre la sigaretta si consuma tra le labbra.
Questo è quello che ha voluto? Non gli impedisce di
pensare che sarebbe potuto essere diverso.
Lo intrigano solamente gli errori che ci portano
fino a questa stradina senza uscita azzurra dal labirinto
e fanno sì che la pietra sia pietra, ma il rosso
sia rubino, sia sogno o sia crimine.
Le parole hanno a poco a poco confuso illusioni e bugie
forse fino all'estremo di voler credere
che possano esistere giovani dee e amore eterno.
Senza pena è invecchiato, steso come un cane,
tra i libri e gli oggetti che apprezza
e non teme di morire di freddo. Sistema le imposte e sorride.
Non c'è bisogno di risposte. Io e te possiamo lasciare
i viticci che rendono fitta la siepe;
la sera ha già dipanato tutto il filo.

(Traduzione: Daniela Tomaselli)

Josefa Contijoch

Consiglio

Puoi imboccare
la strada a destra
la strada a sinistra
o la strada centrale.
È la stessa cosa:
arriverai in un luogo
che non ti piacerà.
Ti sbaglierai sempre.

Coltivando il letto del fiume rosso

Coltivando il letto del fiume rosso
che canta storie di teschi
secco per il vento e la siccità
cactus trovi e rettili fossili
e uno scorpione che ti aspettava
per morderti per farti diventare polvere
per farti diventare letto del fiume rosso
che canta storie di teschi.

(Traduzioni: Daniela Tomaselli)

Anna Aguilar-Amat

Sconti

Mi sono spogliata lentamente davanti
a quell'altro specchio del camerino, perdute
le proporzioni. Ho visto che alcune
tue parole tenere sono rimaste prigioniere
tra le pieghe del mio reggiseno. E alcuni piccoli
sciatori sono scivolati facendo zig-zag
e confusione d'orzata sulle mie spalle: erano
i tuoi scherzi. E che sono difficile e un altro
paio d'improperi sono rimbalzati sullo sgabello con
un rumore di grucce. Uno dopo l'altro
i tre vestiti discreti che ho scelto pigramente nel
negozio come se piacerti fosse necessario.
Sembrano ricordi di fanciulle; a volte le vedo in
passerella attraverso il tuo sguardo muovendo
i fianchi e i conti brillanti del tuo desiderio. Non
gli sono ostile: i loro umori ti hanno condotto a me.
E immagino altre donne, che precedo e
sorrido: il soffio tiepido tra i capelli della mia canzone.
Vedo le voci… "La cerniera domina, i bottoni
si curvano". La banalità suona uguale in europanto.
Ne ho uno nell'armadio per quando ti vedrò.
Adesso suona Gardel
nella scatola un intreccio e frastuono di adolescenti di
professione e gente ricca ed io come una bimba con un mazzo
di garofani avvolto in carta di giornale.
Lo so che non è poetico. È solo una volgare
storia (e così piccola) del passare delle ore
che ti seguono. Come un cristallo di zucchero che gira
nella giostra di una tazza per la forza centripeta che
qualcuno fa muovere. A poco a poco mi disfaccio senza
il perdono che mi farebbe sparire e mi trasformo
in tè con ghiaccio, con la torbida speranza che la sete
della premura mi regali un altro istante, che mi lasci
la mancia di una mattina ripetuta,
la mancia di una mattina ripetuta
di baci.

(Traduzione: Daniela Tomaselli)

Gaelico e Gallese

Le lingue celtiche un tempo erano parlate per tutta la Britannia. Virtualmente tutti i parlanti del Regno Unito sono oggi in qualche misura bilingui.

Gàidhlig/Gaelico scozzese è una lingua celtica strettamente apparentata al gaelico irlandese. Fu introdotto da immigrati dall'Irlanda e nel sesto secolo era parlato virtualmente per tutta la Scozia, per essere gradualmente soppiantato dall'inglese scozzese soltanto dal Medioevo in poi. La sua posizione odierna è più vulnerabile di quella del gallese. I parlanti gaelico rappresentano meno del 2% della popolazione totale di 5 milioni di scozzesi. Le principali comunità di parlanti gaelico sono nelle Isole Occidentali (nel censimento del 2001 il 72% della popolazione affermò di comprendere, parlare, leggere e scrivere il gaelico) e nelle Highlands (9%), ma vi sono anche minoranze significative nelle principali città (Glasgow 1.8%, Edinburgo 1.4%, Aberdeen 1.2 %). Il censimento ha mostrato una diminuzione generale dell'11% dal 1991, per un totale di 58,650, in parte dovuta alla morte di molti parlanti anziani. Tuttavia, se il numero di parlanti di madre lingua dà ancora motivo di preoccupazione, il ritmo del declino della lingua è stato rallentato e, sostengono alcuni, potenzialmente invertito dalla risposta alle politiche volte ad assicurare la sua posizione, molte delle quali messe in atto relativamente di recente. Esse includono sovvenzioni per l'istruzione e le trasmissioni in gaelico. Esistono cinquanta scuole elementari e una dozzina di scuole secondarie che offrono istruzione in gaelico, oltre a una crescente domanda urbana al di fuori del centro delle terre gaeliche. La posizione del College di istruzione universitaria in Gaelico Sabhal Mòr Ostaig sull'isola di Skye è centrale per assicurare il futuro della lingua, e l'annuale festival di cultura in gaelico, The Royal National Mod/ Am Mòd Nàiseanta Rìoghail, gioca un ruolo significativo.

Aonghas Macneacail

la torre perduta

Nuotando nel fango fragoroso
tra le radici delle mie due lingue
quella rossa
che mi saetta rapidi lampi per le vene
e l'altra
aliena, indifferente, familiare,
che avvolge la mia pelle come l'uniforme di un carcerato, mentre
tendevo le dita della ragione, la mia visione
oltre i solchi di onde
per raggiungere tutte le baie del mondo
per raggiungere tutte le sponde del mondo
oltre mucchi di sillabe, frammenti di conchiglie,
per raggiungere le lingue del mondo

anche tu fossi soltanto
al di là di uno stretto canale

una lama affilata
separa le nostre parole

leviamo un inno
alla lingua che restò dolce
smussiamo col canto
quella che separa.

(Traduzione: Maria Carla Martino)

Maoilios Caimbeul

3.3.2000

Terribili alluvioni
in Mozambico. Un bimbo
È nato su un albero.

Non sappiamo
di vivere. Forse
non viviamo, all'asciutto.

D'ora innanzi
gli alberi mi lanceranno grida
quando piove.

Piume cadenti

Si comincia a comprendere
che non basta cantare
anche se il canto è bello
che cantare non serve a molto
se un fucile è puntato alla testa

e l'uccellatore è una sbarra della gabbia
in cui fischiamo.
Si scorgono i cieli lontani,
attraverso magnanime finestre;
si anela alle vette.
Mentre echeggiano spari da vicino e lontano
e poi i messaggeri
piume da distanze remote
che cadono dall'alto.

(Traduzioni: Maria Carla Martino)

Meg Bateman

Elgol: due punti di vista

Guardai la vecchia cartolina,
le case come escrescenze del suolo,
le cime incombenti
segno della maestà di Dio,
prima che le montagne divenissero un'attrazione
o uno spartiacque tra lavoro e svago
tra sacro e profano…
e porsi l'immagine al vecchio.

"Ti rende triste, Lachie?" chiesi
mentre l'osservava in silenzio.
"Triste? Bah! Per niente!
Per un momento non riuscivo a collocarla,"
e indicò una mucca in primo piano.
"E' la Gialla, la seconda vitella della Rossa.
Sai, riconoscerei ogni mucca
nata qui durante la mia vita."

(Traduzione: Maria Carla Martino)

Cymraeg/ Gallese, è una lingua celtica strettamente connessa a quella parlata in Cornovaglia e in Bretagna. Il suo precursore, il Brythonic, un tempo era parlato in tutta la Britannia. Tuttavia le invasioni dei Romani e più tardi degli Angli, Sassoni, Vikinghi ed altri limitarono la sua sopravvivenza alla parte orientale della penisola, che divenne nota agli inglesi come Galles. Oggi viene parlato da 576.000 dei 2.9 milioni di abitanti del Galles, e da altri là dove si sono stabiliti parlanti gallese, inclusa la Patagonia. Il Medioevo vide una grande fioritura di letteratura gallese, ma uno dei testi chiave nella preservazione della lingua è stata la traduzione della Bibbia del 1588.

Il gallese fu soppresso per quattro secoli, ma nella seconda metà del ventesimo secolo, una politica efficace per assicurarne la sopravvivenza è stata messa in atto con un certo successo. Il censimento del 2001 mostra il primo aumento del numero di parlanti gallese che pone un freno al costante declino dal milione circa di parlanti nel 1900. Oggi il 21% della popolazione del Galles si definisce come parlante almeno un po' di gallese, e il 16% di loro sostiene di capire, parlare, leggere e scrivere la lingua. La proporzione più alta è a Gwynedd (69%), mentre altre tre aree mostrano una percentuale superiore al 50% (l'isola di Anglesey, Ceredigion e Carmarthenshire). Più allarmante appare il declino in quei nuclei territoriali di lingua gallese del nord-ovest e dell'ovest del Galles, i quali mostrano una diminuzione totale dei parlanti fino al 7% dal 1991, e l'aumento recente per tutto il Galles di un 2% probabilmente nasconde una diminuzione complessiva di coloro che usano il gallese come prima lingua. Comunque la crescente richiesta di istruzione in gallese nelle comunità urbane del sud del Galles è ben accolta. Uno dei dati che emerge dal rapporto sullo *Stato della lingua gallese 2000*, è un diffuso atteggiamento positivo. L'uso della lingua in molti contesti culturali, inclusa la letteratura, è chiaramente un elemento chiave di crescita. Ogni anno al National Eisteddfod viene proclamato un bardo.

Twm Morys

Un freddo mattino

Un freddo mattino, nella fragile trina
del suo e del mio respiro,
andammo a vedere il miracolo del mare,
come un libro di storie[1] che si apriva.

Sorrideva il fanciullo d'oro:
nella macchia e le fronde
le ossa minute[2] della primavera,
e un belato continuo dal prato degli agnelli.

Ma nella spuma c'era ghiaccio,
ed io scorgevo i luoghi lontani
del libro di sua vita che si apriva,
mentre fissava il mare.

[1] *mabinogi* vuol dire "storia di eventi o imprese di giovani." E' usato per una collezione di antiche leggende gallesi, su Pryderi, Rhiannon e Brân, trascritta per la prima volta nel Medioevo.
[2] "nutrire ossa minute" è una espressione gallese che vuol dire che una ragazza è incinta.

(Traduzione: Maria Carla Martino)

Sentendo parlare un inglese[1]

Chiese alla compagnia se qualcuno sapesse
di un varco per dare un'occhiata
alla casa che doveva acquistare: Collina dell'Oro?
Il prato giallo era tra le nubi.

E gialli, gialli, tra le nubi,
acri di erba verde arrugginivano.
Ricordarono ricchi raccolti falciati,
la pelle degli uomini gialla come un pomo.

E chiusero i loro cuori gretti e monoglotti,
quasi sputarono, lo sguardo fisso, e volsero le spalle,
a lungo cantarono stonati, decisero
di lasciar perdere lo sporco forestiero[2] …

Quando la lingua è giunta in fondo ai promontori,
Dove andranno costoro che farfugliano nomi,
con sulle labbra sfilze di villaggi,
e tutto il Galles in bocca loro un canto?

Qualche giorno dopo, una coppia puliva la vecchia casa,
poi le cambiarono nome:
dove l'oro tingeva collina e soglia,
dal varco non videro che felci.

[1] C'è una poesia di R. S. Thomas intitolata "Sentendo parlare un inglese."
[2] La parola *anghyfiaith* vuol dire "forestiero," ma in un senso particolare. Nell'uso comune significa "non parlante gallese, inglese."

(Traduzione: Maria Carla Martino)

Al mio traduttore

Ora che mi hai ricevuto, dottore,
con viscere e cervello

asportati, senza più sangue
né respiro, in ghiaccio,

puoi procedere
ed operare senza nausea.

Effettua nella cavità
un trapianto pulito di te stesso.

E a sutura finita,
nessuno vedrà traccia della tua mano.

Potrai trovare allora
un nome per me.

(Traduzione: Maria Carla Martino)

La minoranza del subcontinente indiano in Gran Bretagna

Non sorprende che le lingue della parte settentrionale del subcontinente indiano, la regione più densamente popolata, siano quelle più rappresentate nel Regno Unito. Probabilmente, tuttavia, tutte le sue lingue sono rappresentate in Gran Bretagna. Parecchie di queste sono, su scala mondiale, tra quelle con il maggior numero di parlanti e questo fatto offre agli scrittori che vivono in Gran Bretagna e scrivono in queste lingue, un pubblico di lettori potenzialmente vastissimo. Le lingue avite tendono a rimanere particolarmente significative come indicatori di identità per la popolazione britannica di origine sud asiatica e molti sono sensibili al ruolo politico delle loro lingue storicamente. L'indi, la lingua più ampiamente parlata in India con 275 milioni di parlanti, è diventata il fulcro della politica anticoloniale in India sia dall'inizio del XX secolo e fu scelta dopo l'indipendenza nel 1947 come lingua nazionale, ma dal momento che era compresa solo da un terzo della popolazione, anche l'inglese fu ben presto adottato come lingua ufficiale. L'urdu è molto simile all'indi, ma usa la scrittura araba ed particolarmente collegata con l'Islam. Dopo la separazione fu designata unica lingua di stato del Pakistan, rendendo in tal modo marginale il bengalese parlato dai 120 milioni che vivono del Pakistan orientale. Il valore del bengalese/bangla ha avuto un ruolo importante nella politica della secessione, portando alla creazione del Bangladesh indipendente nel 1971. Il bengalese è anche la lingua parlata da 70 milioni di indiani nel vicino stato del Bengala occidentale. Anche a Sri Lanka la politica linguistica ha avuto un ruolo molto importante. Il sinhala, la lingua della maggioranza buddista, è stata dichiarata la lingua ufficiale nella costituzione del 1978, con il Tamil, lingua della minoranza indù e buddista, che ha anch'esso un ruolo ufficiale, mentre l'inglese è stato indicato come lingua di collegamento. Tuttavia, le differenze linguistiche sono state notevoli indicatori culturali nelle ostilità di lunga durata che hanno turbato la vita di 17 milioni di persone e che hanno portato all'emigrazione.

Gli immigrati del subcontinente indiano sono giunti in Gran Bretagna in grandi quantità dalla metà del XX secolo portando con sé le proprie lingue. Gli immigrati d'origine indiana rimangono il gruppo più cospicuo, con poco più di un milione (censimento del 2001). Vi sono 747.000 immigrati provenienti dal Pakistan e 283.000 dal Bangladesh. Tutti i gruppi risiedono principalmente in Inghilterra. Gli ultimi ad arrivare sono stati quelli provenienti dal Bangladesh e per questo sono il gruppo meno assimilato dal punto di vista linguistico. Circa il 60% vive a Londra, mentre il bengalese è la seconda lingua madre più comune fra gli scolari dopo l'inglese. La popolazione complessiva di londinesi provenienti dal subcontinente indiano è di 734.000. Il numero equivalente a Manchester è di 131.000. Gli immigranti d'origine pachistana sono più presenti al nord dell'Inghilterra, in particolare nello Yorkshire e nel Lancashire dove la loro manodopera è stata preziosa per l'industria. A Bradford, per esempio, 85.000 abitanti provenienti dal subcontinente indiano, 68.000 dei quali originari del Pakistan, costituiscono una minoranza significativa in una città di 468.000 abitanti. Con il declino, tuttavia, della produzione industriale, questo gruppo è stato economicamente marginalizzato. In tutta la Gran Bretagna gli abitanti di discendenza indiana tendono ad essere più dispersi di coloro che provengono dal Pakistan o dal Bangladesh. Ugualmente dispersi sono anche coloro che provengono da Sri Lanka. Le stime suggeriscono 200.000 come numero complessivo, ma non esistono dati sulla proporzione di chi parla il sinhala come lingua madre.

Molti giovani britannici di origine asiatica rappresentano adesso la terza generazione, che parlano tranquillamente l'inglese e sono variamente legati alla lingua dei loro antenati. La facilità di movimento fra Asia e Europa sarà fondamentale se queste lingue devono continuare ad essere usate creativamente in Gran Bretagna.

Shamim Azad

Compagno

Ho cercato a lungo di ricordare
        com'è andato quest'anno:
ogni mese, i giorni, le ore.
        Chi era con me
ed erano anche loro, come me, estranei in quella terra?
        Ho cercato di riflettere
su ciò che mi passava per la mente, nelle notte gelata,
        nella valle dei narcisi,
durante il carnevale, nel buio fitto
        dell'abisso senza fondo della metropolitana.
        Chi giunse in volo
a Trafalgar Square, in punta di piedi come un piccione?

Vagabonda mi spingo oltre coste d'oriente.
Cos'è che mia madre mi legò all'estremità del sari?
Mi tiene stretta, sempre,
        senza lasciarmi andare;
        non mi ha mai lasciata,
nella gioia, nel dolore e nel rimpianto,
nelle fiamme accecanti di questa terra straniera,
m' afferra la mente per calmarla.
        Nel mio cuore sconfortato
un pendolo consueto e fidato sembra
oscillare sulle labbra in una notte insonne,
        la poesia della notte
è ciò che per nascita m' appartiene – il mio alfabeto bangla.

(Traduzione: Eleonora Chiavetta)

Saleha Chowdhury

Una poesia su Dio

Quando vado nella Strada del Divino, invoco "Dio, Dio!"
Nella Strada dell'Onnipotente, "Onnipotente!Onnipotente!"
Nell'Angolo di Allah Sereno, prego "Allah, Allah!"
Nel quartiere di Khuda Baksh,[1] dico "Signore!"

Una domenica sono andata alla Chiesa di Cristo
e alla Moschea del Pane e della Carne di Nazrul.
Dall'altra parte del tempio vivono le caste basse;
credo che ora non abbiano più la campanella legata addosso,
però a Benares, Gaya, Vrindavan
devo difendere il borsellino dai traffichini del tempio.
Ho fatto fallimento nelle grinfie degli affaristi religiosi Ajmer.
La combriccola della moschea s'è fatta d'oro con i tappeti rossi.
Non serve invocare "Dio, Dio!" nella Strada del Divino.

Tornando a casa, carica di due borse pesanti
un giovane d'oggi con i buchi alle orecchie mi cede il posto.
Un uomo tatuato m'apre la porta e m'aiuta a scendere.
Tornando a casa, nel freddo, Zio Karim mi grida
"Vieni a bere una tazza di tè per riscaldarti!"
Un vicino che conosco appena mi porta le borse fino alla soglia di casa mia.

L'esistenza di Dio è come una piccola scintilla –
non nella Strada del Divino né nell'Angolo di Allah Sereno,
non nella Chiesa di Cristo né nella Moschea del Pane e della Carne
dove si può mangiare a sazietà –
ma in una tazza di tè, in un posto ceduto sull'autobus, nell'aiuto che ti viene offerto,
in cose piccole così.

[1]*Khuda Baksh*: frase standardizzata che in arabo indica Dio; il nome di una strada di Calcutta.

(Traduzione: Eleonora Chiavetta)

Basir Sultan Kazmi

Ghazal[1]

Quei teneri germogli, schiacciati all'alba dall'uragano,
racchiudevano gli alberi, ricchi di foglie e bocci, del domani.

Alla ricerca di nuovi compagni ho abbandonato la tua amicizia
e lasciato la tua città, ma in nessun luogo riuscii mai a trovare un tuo eguale.

Qui c'è la stessa solita freddezza, la stessa notte buia.
A che scopo bruciate qui, O lampade della mia città?

Inseguo sogni nuovi; la riva del mio mare è sotto l'acqua.
A che vi serve, amici, camminarmi al fianco?

In questa casa per metà devastata, in questo cuore che guizza,
proprio in questo cuore, troppi tramonti si sono avvicendati.

Nelle ore della sera ora qualcuno parla al mio cuore:
"Sorgerà qualche luna per certo, qualche coppa dovrà traboccare"

Questo è quanto ho osservato nel cammino della mia vita, Basir:
quei che si muovono con più cautela sono quelli che inciamperanno.

---

[1] *Ghazal*: lirica classica, in distici, solitamente senza titolo. Deriva dalla tradizione letteraria araba e persiana. Ghazal (letteralmente "grido del cervo ferito") è il più noto genere della poesia urdu dal sedicesimo secolo, ma è diffuso anche in altre lingue dell'India del nord. I ghazal vengono spesso recitati e il pubblico risponde ad ogni distico.Nonostante l'unità metrica del ghazal, ogni distico è autosufficiente e può essere citato da solo. L'ultimo distico di solito presenta il nome del poeta.

(Traduzione: Eleonora Chiavetta)

Saqi Farooqi

Il dolce odore della morte

La separazione è
        un affluente
                del fiume di sangue dell'amore
La fedeltà
        s'attorciglia
                attorno al ramo corallino del ricordo

Dilaram e i suoi amanti
stanno in un cerchio di paura
nell'aria, l'odore stantio dei baci
nei loro occhi, specchi-sogni frantumati
nelle isole del loro cuore,
zaffiri nascosti di lacrime
nelle loro vene scorre un fiume di dolore

Ma i semi della sofferenza continuano a cadere
la gente si incontra e poi si lascia
Tutti questi antichi dolori
il tempo antico dell'incontro e del distacco –
nuovi dolori s'intrecciano agli antichi
lividi nuovi sulle labbra
nodi nuovi ad avvinghiare il cuore

Nel cielo ostile
i sussurri delle navi nemiche
le città brucianti delle stelle

e sul radar degli occhi
ombre buie solamente
L'odore acuto e dolce della morte ci ha fatto impazzire –
impauriti, dentro il rosso sottomarino della speranza
galleggiamo su un mare nero di rovine

Terra, dov'è la magia del tuo suolo?
Da una riva all'altra l'acre fumo s'addensa

(Traduzione: Eleonora Chiavetta)

Padma Rao

L'attesa

Senza una parola.
Solo lo sguardo verso
il filo d'acqua dal rubinetto
e i due raggi inviolati.
Dentro il palmo delle mani
racchiudevi un mare in miniatura.
Un volto galleggiava
alla ricerca di liquidi sogni.
Mentre cuocevo le isole di pane
il sangue si fondeva come mercurio
sulle mie dita calde.

"Tornerò a mangiarlo."
L'orchestra del cancello spezzato
e le tue parole
danzavano attorno al fuoco.

***
Specchi di paura silente pendevano dal muro
con volti innumerevoli.
Il cancello spezzato sbatteva contro il vento
e le fiamme continuarono a bruciare tutta la notte, invano.
Nascondo due pagnotte di miglio
nel mio anchal[1]
e attendo quel bussare così familiare
…lo scricchiolio della foglia dispersa.

[1] *anchal*: l'estremità drappeggiata del sari.
Nota dell' autrice: l'ispirazione per questa poesia nasce dalla guerra in Irak del 2003 e
raffigura lo stato d'animo di una madre che attende il proprio figlio.

(Traduzione: Eleonora Chiavetta)

Daisy Abey

Woodland Grove

Fu dove trascorremmo il nostro millennio
venti freddi rotolavano attorno a Woodland Grove
una casa dalla facciata bianca su un terreno intriso d'acqua
isolata, solitaria, senza neanche il battente,
abbandonata al margine di boschi di betulle.

Dal cimitero sotto le mura derelitte
figure d'ombra sorsero da tombe nascoste
borbottando e sussurrando, offuscate nella visibilità notturna
le braccia sulle spalle, la mano nella mano,
donne a occhi sgranati che cullavano i piccoli nelle fasce.

Contate a centinaia le fosse comuni della peste
di Chapel Town,[1] tre secoli fa,
i corpi dispersi sepolti in tutta fretta,
cadaveri gettati come foglie soffiate via dal vento.

C'era silenzio, un brusio, rimbombi e schianti
nei campi del Mandela Centre che senza fiamma bruciavano
il cielo d'arancio brillante di fuochi d'artificio, scintille
tutta la notte guerra fra stelle e tempeste.

Una casa da sogno muta inondata di luce invernale
la luna aveva richiamato le maree che si ritiravano
all'alba, un decennio e un secolo
polvere sotto le ossa degli annegati.

Una gazza scivolò via, beccando l'erba ghiacciata.
Misi a bollire il bricco, la condensa gocciolava sul vetro.
Il giorno dopo, serrammo le porte per l'ultima volta
la mente in fiamme, il cartello "Venduta" fissato allo steccato.

---

[1] *Chapel Town*: un distretto di Leeds.

(Traduzione: Eleonora Chiavetta)

Lingua e Letterature piccarde

...in Francia e Piccardia e Burgundia
San Tommaso d'Aquino

Non è più l'epoca in cui, a Lilla, era necessario prestare giuramento in piccardo. Chi conosce ancora i favolelli di Gauthier Le Leu ? Chi avrebbe potuto finire "Il viaggio in Sicilia" che la morte impedì Adam de la Halle di scrivere fino alla fine? Il Piccardo era la lingua di Philippa de Hainault, sposa del re d'Inghilterra Eduardo III. I *jeux partis* hanno ispirato Chaucer e immaginiamo volentieri i pranzi-spettacolo di poesie così come erano festeggiati dalla confraternita della Santa Candeille di Arras. È ancora in piccardo vennero rappresentate le grandi Passioni a Mons fin dal 1501 e più tardi ad Amiens. Campagne fertili, città prospere grazie (particolarmente) all'industria tessile, la borghesia avrà le sue carte di privilegi sin dall'XI° secolo. L'età d'oro della letteratura piccarda sembra arrivare al culmine nel XVIII° secolo: favolelli, cronache, teatro, poesia lirica, epica, didattica, allegorica. La Facoltà delle arti dell'Università di Parigi annoverava allora "quattro nazioni", quella francese, quella inglese, quella Normanna, quella piccarda; e Roger Bacon, in viaggio sul continente ,classifica le lingue d'oil in: franciano. normanno, piccardo e borgognone.

Nel XIV° secolo, Barthélemy l'Inglese situa la Piccardia fra la Francia, il Reno e il mare… le frontiere fluttuano secondo le alleanze e le battaglie. Noi siamo sempre "fra": ai confini della Germania e della Romania, molte invasioni e conquiste ci hanno armoniosamente meticciati – rivendico la purezza di questo ossimoro.Campo di battaglia poi festa cosmopolita, questa è la sorte delle frontiere.

Come tutti i nomi di paesi scomparsi dalla carta geografica, la Piccardia sogna di risorgere. Ma la lingua piccarda non è più usata nella vita pubblica (scuola, esercito, amministrazione, tribunali). I miei quattro nonni erano già diglossici, scolarizzati in Francese. Mio padre conosceva a memoria dei versi di Henri de Tornelle e deliziose favole di Bosquétia – per il grande piacere delle riunioni familiari. Mia madre è ancora abbonata ad un periodico tanto di scarso rilievo quanto vivace: *El Borain*. Io colleziono i lessici, le raccolte di proverbi – reliquie di una lingua che non è sopravvissuta alla propria autocensura. Nello libro che sarà pubblicato nel 2003 racconto come, appena venti anni fa, io abbia cercato un locutore piccardo in una riunione letteraria nel paese natio: ho finito col trovare… un immigrato abruzzese!

—*Rose-Marie François*

Rose-Marie François

La punizione

Via del Tempio, a Douvrain, verso la fine degli anni quaranta.

—Arrivederci!
—Arrivederci a te!
—Se non ci si vede più, ci scriveremo!
—Su una foglia di cavolo con una penna di gatto!

Noi ridiamo come due sciocchine, come lo si può fare a questa età: sette anni, forse otto... ma un rumore improvviso mi fa sobbalzare: mia madre ha bussato sul vetro con il suo indice ricurvo, che raddrizza per mostrare che è arrabbiata e per farmi rientrare. Non posso giocare in strada; non posso parlare piccardo. Lo so, ma è così bello....

Dunque ecco che rientro guardando le mie scarpe piene di erba e di fango. Questa volta, non ha nulla da ridire a questo proposito.

—Prendi la lavagna e il gesso.
Che sfortuna! Una punizione.
—Scrivi dieci volte: *Non posso parlare patois*.
Dieci volte! Lei non ci pensa! Non arriverò mai a terminare oggi.
—Serve la -s a *patois*?
—Il Larousse è dietro di te.

Il La-rousse. Il la... le! Ce ne sono due, molto, molto grandi. Messi in cima (non ad un ciliegio, ahimé, ma...) alla biblioteca. Di solito, non posso prenderli. È per questo che li hanno messi lì in alto tanto vale dire in cima ad una pertica coperta.

Spingo una sedia davanti a me: arrampicandomi, ci arrivo, appena appena, ma quanto è pesante! Bisogna fare attenzione a non imbattersi nella pagina delle bestie brutte che mi fanno così paura: "rettili" con il boa costrittore blu a macchie gialle che si muove sulla pagina senza andarsene mai. La voce di mia madre risuona nelle mie orecchie: *Tu non puoi parlare patois. Tu non puoi parlare, non tu... Tu non puoi parlare...* Occorre una -s alla fine. Avrebbe potuto dirmelo, subito, che avevo indovinato! Adesso occorre ancora rimettere il mastodonte a posto, se no finirà male. Dieci volte e c'è un tempo così bello fuori. Le mie lagrime cadendo sulla lavagna trasformano la mia scrittura in brutti scarabocchi.

Ho continuato fino alla fine. Ma come vedete, non ho ottemperato all'ordine di mia madre, al contrario: credo che la mia curiosità per le lingue debba risalire a quel tempo. Attualmente ne ho studiate una quindicina. Mia madre è ancora viva. Spesso la ringrazio per questa punizione. Certo, non ha raggiunto il suo scopo. Ma mi sembra che rileggendo l'aneddoto, mia madre, con la sua voce sempre ferma, ripeta: "vedi, non tutto il male vien per nuocere."

(Traduzione: Rosaria Lo Monaco)

La lingua vallona

Il vallone è "nato" fra l'ottavo e il dodicesimo secolo dai resti della lingua latina importata nelle nostre regioni, dai mercanti e dai coloni romani. In quel periodo, gli autoctoni chiamavano la loro lingua "romanza". È all'inizio del 16° secolo che si diffonde il termine "vallone" per designare la nostra lingua. Quest'ultima è un ramo del ceppo delle lingue romanze e del sottogruppo galloromanzo o delle lingue "d'oil", il cui rappresentante più celebre è il francese.

Il vallone è parente prossimo del francese ma non deve essere considerato un dialetto di questa lingua, sebbene si commetta spesso questo errore. Il rapporto tra vallone e francese sembra paragonabile al rapporto tra asturiano e Castigliano in Spagna o tra lussemburghese e tedesco nel Gran-Ducato di Lussemburgo. Bisogna distinguere almeno tre limiti d'uso in Vallonia: il francese comune, il vallone nelle sue diverse forme e il nostro francese regionale...più o meno molto influenzato dal vallone. (Città del sito: http://www.wallonie.com/wallang/wal-fra.htm)

Il numero di locutori valloni è rimasto proporzionalmente stabile fino alla prima guerra mondiale. Si trattava in realtà della maggior parte della popolazione. Dopo, in seguito alla scolarizzazione sempre più avanzata il calo è stato rapido. Le percentuali di locutori dati sul sito precitato sembrano indebitamente ottimisti.

—*Paul-Henri Thomsin*

Paul-Henri Thomsin

Tu sei ancora della partita, giovinezza !

Tu sei ancora della partita, giovinezza! Smettila di fare bile.
Le stagioni che fuggono scacceranno i tormenti.
 Non lasciare sfuggire le tue forze. Se la tua vita è solo tormento,
scava dunque nella tua anima, perché delle braci covano lì dentro.
Lascia che i tuoi capricci decantino!Piano, non c'è il fuoco!
Se ti serve tutto e subito, il tuo orgoglio volerà via.
Stendi un velo sulle tue paure, lo so il tuo cuore ama le sfide
Se fai però solo quello che tu desideri, la tua felicità sarà soffocata
Concediti il tempo di bere le gioie alla fonte di quello in cui credi,
senza lasciarti travolgere dalla voglia di rompere tutto.
Quando abbandonando il ' troppo facile' tu avrai scelto la tua via,
Vai dritto davanti a te senza fermarti: i brutti sogni , li lascerai alle spalle

(Traduzione: Rosaria Lo Monaco)

Mosa

Mosa, come sei graziosa! Io non so perché, ma ti ho sempre guardata come un innamorato guarda la sua bella, o talora come un bimbo la sua mamma!

Quando passeggio con te, avanzando nella tua corrente, ad ogni passo, mi concedo una piccola pausa, per sentire le tue carezze…. Allora il mio cuore si perde nelle tue correnti e le tue acque sfiorandomi portano con sé lontano tormenti e crucci … Ed io, come al solito, mi lascio convincere … Ed è bello … Quanto è bello!

Come una signorina che ha indossato un abito nuovo di seta, ecco che Mosa si mette a dansare … piano … pian pianino … lieve … molto lieve … Sulla punta dei piedi …È un valzer … un valzer che si insinua in me a poco a poco. Un valzer che mi prende fra le braccia con i suoi tre tempi. E che cresce, indifferente, fino a travolgermi nel vortice delle sue melanconie … Una musica che di vertigine mi fa perdere la testa … A me che sono lì senza muovermi, senza dire nulla, a guardare Mosa che gira, che gira, che gira ancora … A respirarne i caldi sentori … Credendo che lei dansi solo per me … Si, solo per me! … Immaginando che essa rida, per me tutto solo … Si, per me solo! … Sognando che mostra il suo corpo di donna solo a me … Solo a me! … allora dimentico che il tempo fugge così in fretta come le sue acque … Al diavolo questo battello che mi strappa ai sogni!

Ma Mosa non mi lascia perdere … È ancora lei che viene a confortarmi quando il vero confonde i miei capricci … Che bello, ancora una volta! Bello, come non è immaginabile. Bello quando mi prende sulle sue ginocchia e mi mormora le parole che sono necessarie perché un sorriso torni nei miei occhi … Perché la mia anima si rassereni … Allora come un bambino, come il suo bambino, mi lascio consolare dalle sue carezze … mi lascio coccolare … mi lascio trattare maternamente … posso ben dirvelo: lei non ha mai badato alle sue pene per viziarmi.

Cosa (ne) dite? Mi ha persino dato i suoi tesori più belli … Dei tesori che nessun principe sulla terra avrebbe potuto offrirsi! Si, per me, prima che la sera declini, ha fatto scintillare sulle sue acque migliaia di piccole braci di un sole rosso. Per me ha captato il ritratto delle luci di Liegi. Durante una notte blu. Per me ha rinfrescato i pomeriggi di un mese di luglio soffocante. Mi ha cullato con la sua calda voce quando la febbre dei tormenti m'impediva di chiudere occhio. Ha fatto scorrere nelle mie vene la forza del suo sangue. Mi ha insegnato a parlare la sua lingua, un linguaggio sincero che corre sulle sue labbra da tanti anni. Un linguaggio vivo, simile all'acqua di una sorgente, che ha placato la sete di una bella sfilza di generazioni e che disseterà ancora domani, se Dio vuole, la gola dei futuri bambini … Mi ha dato la mano per affrancarmi quando muovevo i primi passi sulla via della scrittura!

Mosa, cosa sarei stato senza di te? Ti devo tutto, e con me, è tutta Liegi che ha veramente la fortuna di potersi rannicchiare fra le tue braccia!

Mosa "mamma"… Mosa "amante" … Ti amo!

(Traduzione: Rosaria Lo Monaco)

Marcel Slangen

Il tesoro nella pattumiera

Scena 1

Emilio: Che bella pesca! Una delizia, amico mio, ti scivola in gola come miele. Chiudi gli occhi e vedi il frutto, il fiore, l'erba ai piedi dell'albero e tu, tu sei lì, sdraiato, tranquillo….

Lorenzo: Ne provi, di piacere, a mangiare una pesca che ti ha dato l'italiano, mentre è mezza marcia…. E vedi il Paradiso…

Emilio: Mi scusi, caro signore, ma sta mentendo! Non venire a guastarmi la festa, idiota. Mi ha dato una cassetta con qualche pesca un po' troppo matura per essere venduta, questo è quanto. Marce? La vado a buttare per un piccolo difetto? E il coltello? A che serve il coltello, Lorenzo? Il coltello, amico caro, che taglia i pezzi buoni, che porta alla bocca la crosta di pane, che fa paura a volte, quando lo fai vedere, così! ai drogati pazzi con gli occhi glauchi, che ti caverebbero il sangue per uno spicciolo, quando le loro vene gridano misericordia.

Lorenzo: Quanto chiasso per un coltello… e per una pesca!

Emilio: Non bisogna mai perdere l'occasione di leccarsi le dita, amico mio Lorenzo, né di pensare a quello che siamo. Guarda, ecco una brava donna che se ne va con un sacchetto di pesche nel paniere: è lei che ha pagato le nostre!

Lorenzo: Ma che stai a raccontare?

Emilio: Bene, ascolta: Lino, l'Italiano, le vende un po' più care, pensando che ne perderà qualcuna, a causa del caldo o di qualunque altra cosa. Allora, la donna che le ha pagate a un buon prezzo, con il caldo che fa, le mangerà domani come io le mangio oggi!

Lorenzo: Ne fai di storie…

Emilio: Forse che non abbiamo tutto il tempo per farne?

Lorenzo: Oh si, abbiamo tutto il tempo…

Emilio: Guarda, ancora una cosa: lo sai che nelle case importanti, si devono mangiare le pesche con coltello e forchetta?

Lorenzo: Forchetta? Coltello, d'accordo, ma forchetta…. Sei sicuro di non prendermi in giro?

Emilio: E invece è così. Un giorno, ne ho persino visto uno che, per fare come tutti gli altri, ha fatto saltare la pesca che è andata a finire sotto la tavola!

Lorenzo: Va bene, Emilio, adesso lasciami in pace. Mi stanchi a parlare tanto così presto la mattina. Mi vado a fumare una sigaretta. Non puoi sapere come fa bene rimanere cinque minuti senza pensare a niente e sentirsi il cervello più leggero….

Emilio: Non è ancora abbastanza leggero? Dai, sto scherzando. Fumi ancora, nonostante la tosse ogni mattina?

Lorenzo: Beh, è tutto quello che ci resta….

Emilio: Tutto quello che ci resta! Si direbbe un vecchietto che si mette la coscienza in pace per concedersi un peccatuccio! Tutto quello che ci resta! E mangiare, e bere, respirare l'aria e il sole?

Lorenzo: Non mi rimprovererai di fumare?

Emilio: Ma no, amico mio, ci mancherebbe altro.

Lorenzo: Perché l'altro giorno, mentre chiedevo una moneta per cenare a due brave donne, sento che, andandosene via, una dice: "Chiede i soldi per mangiare, ma ne ha per fumare". Che ne pensi, vecchio stecco!

Emilio: Che vuoi, tutti i pretesti, anche i più idioti, sono buoni per i borghesi per risparmiare un soldo! Per fortuna che non ti ha consigliato di andare a lavorare! Come è successo a me, l'altro giorno: "Vada piuttosto a cercare un lavoro: chi cerca lo trova sempre".

Signora, le dico: A volte rifletto, mi rompo la testa
Per trovare un modo per diventare ricco
Per me, quel che è sicuro, è che non può essere
Che un giorno si esce dalla miseria lavorando
In passato forse, poteva succedere
Ma oggi ci vogliono altri mezzi!

Avessi visto la sua faccia!

Lorenzo: Non capisco perché hai lasciato il mestiere di attore…. Ti vengono con una facilità…Avresti avuto successo, soldi, donne….

Emilio: E ancora cosa? Per uno come tu te l'immagini, ce ne sono cento che recitano per niente, davanti a quattro gatti di parenti o amici che crepano di fame come noi, ma con tutte le seccature, i passi da fare. Abbassarsi per avere una parte . E che parte? Non c'è solo Molière: recite parrocchiali, delle cose da dormire in piedi, lavori che non farebbero più piangere neanche mia nonna, altri che si mettono in scena solo per far piacere all'autore, che si è fatto un nome per fare cosa, mi domando! Registi che ti lasciano impalato sulla scena, e altri che pensano di avere delle idee e massacrano la commedia. Quel che è peggio, vedi, è quando ti sei ammazzato a farti entrare la parte in testa e ti dici "ci siamo", e si alza il sipario davanti a qualche raro spettatore, più imbarazzato di te per il fatto di essere così pochi. Mentre qui….

La vuoi una pesca?

Scena 2

Un personaggio passa sulla scena senza che i nostri due uomini vi facciano caso. Nasconde qualcosa sotto delle carte nella spazzatura e va via.

Primo poliziotto: Dico a voi, vagabondi, non avete visto passare nessuno?

Emilio: Mi scusi, capo, ma non siamo vagabondi, siamo degli SFD, come si dice oggi, dei " senza fissa dimora". La vede la differenza? Oggi, non si è più ciechi, ma "non-vedenti", non si è più handicappati, ma "disabili"…. No, non è la stessa cosa, prima non avevamo casa, ora siamo "senza fissa dimora": già è un po' come se ne avessimo una!

Secondo poliziotto: Allora, hai finito con tutte queste storie che non ci si capisce nulla? Vi è stato chiesto se avete visto passare qualcuno, si o no.

Lorenzo: Beh, di gente, sapete, ne vediamo passare…. Se sapeste come sono pochi quelli che si fermano a darci qualche soldo, o qualunque altra cosa, come Lino, l'Italiano,che ci ha regalato una cassetta di pesche appena appena toccate…

Primo poliziotto: Che significa tutto questo? Che originali! Vi lasciamo in pace, a non fare nulla, mentre le persone per bene vengono a lamentarsi che occupate il suolo pubblico e che date il cattivo esempio ai bambini…. E, per una volta che la società ha bisogno di voi, vi mettete a fare dello spirito! E quegli spiccioli che ricevete vi serviranno sicuramente ad ubriacarvi!

Emilio: Beh si, signori delle forze dell'ordine, mi capita di bere

        Ma se bevo un bicchierino, è uno alla volta

        Se mi vedete brillo, sarebbe proprio la prova

        Della mia buona fede.

Secondo poliziotto: Che linguaggio! Capo, credo proprio che abbiamo a che fare con dei pazzi.

Primo poliziotto: Va bene, per l'ultima volta, –e smettetela con queste sciocchezze–, non avete visto nessuno?

Lorenzo: Si.

Secondo poliziotto: Finalmente! e chi era?

Lorenzo: La donna che aveva comprato le pesche da Lino! Te lo ricordi, Emilio?

Primo poliziotto: Veramente non c'è nulla da fare con questi due idioti. Noi vi parliamo di un uomo, che ha appena fatto una rapina alla banca del quartiere, e che è scappato con il bottino.

Lorenzo: Lo dovevate dire subito….

Secondo poliziotto: L'avete visto?

Lorenzo: No.

Primo poliziotto: Va be', questi imbecilli ci fanno soltanto perdere tempo.

        (Traduzione: Luciana Grasso)

Il lingala

Il lingala è una lingua africana che appartiene al gruppo Ngala nelle famiglie delle lingue bantu (classificata C36 da Malcolm Guthrie). Ci rifacciamo alle parole di Elisabeth Farges, responsabile di un corso di francese lingua straniera alla Sorbonne Nouvelle: "Una delle più importanti fra le circa 360 lingue bantu usate in Africa centrale e meridionale, il lingala oggi è parlato da decine di milioni di parlanti nella vasta regione costituita dal bacino del Congo. All'origine il lingala non è la madrelingua di una etnia ma lingua veicolare, risultato di una mescolanza fra diverse lingue bantu e usata dai commercianti e dagli abitanti delle rive del fiume. Seguendo questa via di comunicazione essenziale per l'economia della regione, la lingua si è diffusa dalle due rive del fiume fino alle grandi città, Kisangani o Kinshasa. I primi europei che sono arrivati in questa regione… hanno probabilmente contribuito alla sua espansione: la modernizzazione dei mezzi di comunicazione fluviale ha favorito il commercio e gli spostamenti della "gente del fiume", e di conseguenza i contatti fra le varie lingue bantu della regione. Diventata lingua dell'esercito e dell' amministrazione, e inoltre madrelingua una volta diffusa su un vasto territorio, il lingala è largamente utilizzato nei media e nei discorsi ufficiali. La moderna canzone congolese, estremamente creativa e popolare, contribuisce a fare del lingala una lingua viva in evoluzione costante. E' una delle quattro lingue nazionali del Congo-Kinshasa, ugualmente parlata nel Congo-Braziville e in Centro Africa. E' una lingua che possiamo sentire anche in Europa, in particolare in Francia e in Belgio, dove risiedono numerosi congolesi."

Abbiamo a che fare dunque con una lingua doppia o per così dire sdoppiata. Da un canto troviamo la lingua ufficiale, la lingua scritta, in gran parte imposta dall'amministrazione coloniale, che è anche la lingua delle Chiese, la lingua del dio unico, rivelata, la lingua della Bibbia e delle scuole, la lingua associata ai colonizzatori e alle sue imposizioni. D'altro canto, il lingala è anche, per i suoi parlanti, la lingua del quotidiano, che non arriva a tradursi a livello dello scritto in un linguaggio comprensibile a tutti, ed è a questo titolo che è diventata la lingua principale della musica moderna congolese, dal momento che i cantanti riescono spesso a coniugare il lingala orale con la forma scritta insegnata a scuola; sono tuttavia spesso costretti ad aggirare la censura, a utilizzare metafore o parole a doppio senso per far passare un messaggio che potrebbe essere percepito come sovversivo. Questa situazione di conflitto fra i due livelli di lingua illustra i due universi ufficiali del lingala.[1] I due testi che qui presentiamo appartengono a un terzo universo che si situa al loro incrocio, sfuggendo nello stesso tempo ai loro obblighi rispettivi.

Boyikasse Buafomo

Affonda il corpo

Miei cari fratelli e sorelle, qui al centro dell'universo, in occidente, nel mondo dei bianchi, la vita, è tutta fuoco e fiamme, un pericolo costante. Offri ad un cane passaporto e visto nella debita forma, il cane ti dice no grazie! L'acqua, il liquido che si beve, qui, in queste terre, si trasforma in pietra.

Figli dell'acqua, miei cari fratelli e sorelle, veramente desiderate sapere tutto?

Non c'è problema. Spalancate soltanto occhi e orecchie. E' il prezzo da pagare per capirmi bene. L'argomento è della massima importanza: i problemi del candidato a rifugiato politico e dei veri documenti falsi. No, non è problema che riguarda solo i negri, altri uomini vi sono coinvolti. (Allora, davanti a questo dramma, che fanno i nostri buoni, belli e grandi negri? Riflettono forse sulla situazione e cercano soluzioni globali, alternative o parallele?)

Ma prima di tutto, gettare il corpo, diventare rifugiato politico, che vuol dire?

Un bel giorno, chi sbarca in Occidente, da Miguel? (Tu, il bel black.) Tutti ti riconoscono a Bruxelles, metrò Porte de Namur, in pieno quartiere Matongé o altrove a Parigi nel 18°. Ben pettinato, ben sbarbato. E siccome è la griffe che fa l'uomo, sei firmato da capo a piedi. Dai grandi sarti Gianni Versace, o Yamamoto o altri ancora… Ti chiedi per un momento se i documenti sono a posto? No, questo genere di problemi non fa per te. Non sarai tu a correre dietro un osso come un cane. Tu ti entusiasmi per i nuovi maestri di filosofia del "tempo presente", i Werasson, i Kofi Olomidé. I vecchi, i grandi della musica congolese, Kabassele, Luambo-Franco, Shungu Wembadio, Simaro Masiya non ti dicono nulla.

Seconda domanda: e trovare un lavoro?

Che idea! Occuparti dell'ordinario, metterti a lavare i piatti o a fare le pulizie per pagare l'affitto e le bollette del gas e della luce, non sono occupazioni alla tua altezza, non va proprio, no! Tu, un essere leggero, aereo, che ne faresti di un tal peso sulle spalle? Guardi già il sole negli occhi, non è forse abbastanza?

Terza domanda: che c'è ancora?

Riprendere la scuola che hai lasciato da così tanto tempo, imparare di nuovo a leggere e a scrivere? Sei sulla buona strada, ma l'accetterai? Altrimenti, che scelta ti rimane (per poter vivere in Occidente, al centro dell'Universo)? Una sola, l'iniqua e l'unica: gettare il corpo, diventare rifugiato politico. Sei già in possesso di veri documenti falsi (che possano sostenere la tua candidatura in questo universo spietato)? Poiché non sai né leggere né scrivere come farai a decifrare leggi, procedure e tecniche per ottenere questo status? Quando il battello rimonta la corrente, si presenta di davanti o di dietro?

Dentro o fuori?

- Allora, sei dentro o non ci sei?
  * Sono proprio dentro.
- Ahimè, non ti sento.
  * Sono proprio dentro, come la gallina nel suo brodo.
- Ne sei sicuro? Non si tratta piuttosto di un brodo d'acqua?
  * Davvero? E come mai?
- *L'impotenza, è cosa ormai accertata*
  Allora fratello non fare il furbo confessa la verità
  L'asta è fottuta, spossata
  Allora fratello non fare il furbo confessa la verità[2]
  * Questo non è proprio vero, non sono impotente. Di donne occidentali, ne ho a palate. Senza problemi.
- Allora sei dentro o non ci sei?
  * - - - - - - - - - - - - - - - -
- In Occidente, le donne sono impotenti come te o non sono dei temibili partner? Fratello, stai attento alla malattia del calzino![3] Come farai a trovare la donna che fa per te, povero amico mio spompato?

Note di lettura: Questi due brevi testi– "Bwaka Nzoto" ("Getta il corpo") e "Okoti To Okoti Te" ("Dentro o fuori?")– illustrano un discorso specifico delle società congolesi immigrate. In entrambi i casi, si tratta di dialoghi a più voci.

"Bwaka Nzoto"[4] è una espressione inventata dalla comunità congolese del Belgio verso il 1985 per indicare un atto gravido di conseguenze, quello cioè di diventare un rifugiato politico. E' un atto che non solamente, come pensano politici e cittadini europei, consente di ottenere dei documenti, di abbandonare la miseria in Africa, ma in effetti è un vero e proprio suicidio fisico e spirituale al contempo. Il rifugiato politico non può più far ritorno nel suo paese d'origine. Il testo originale è più lungo e fa parte di una raccolta di 15 novelle che hanno lo stesso titolo. La versione originale è stata scritta il 19 novembre 1987.

"Okoti To Okoti Te" affronta il tema dell'erotismo negro-africano. Il testo è una summa di ironia, ma anche un'illustrazione del potere detenuto dalle donne a Kinshasa negli anni 1970. Si tratta di una confessione femminile, a partire da una storia vera, che parla della sessualità maschile con grande brutalità. Mordace, senza perdere il senso dell'ironia. Il testo ha subito un'O.P.A in senso vero e proprio, perché da femminile, è diventato proprietà maschile. La radio di strada l'a rivelato agli animatori,[5] quelli che passano le notti fra feste, balli, musica ecc…, i quali l'hanno trasformato in una storiella divertente. Storiella divertente o provocazione?

Il dialogo a due voci, in forma scritta, che qui proponiamo, data del febbraio 1995. Da notare infine che l'umorismo sottile e brutale a un tempo di cui fa prova la donna nell'atto d'accusa dimostra paradossalmente il suo potere.

In entrambi i testi, ma soprattutto nel primo, si può notare l'uso frequente di proverbi o di espressioni d'uso come "opesi mbwa aboyi" (dai al cane, il cane non ne vuole), "Soki masuwa eza ekonana moto ezalaka limoso to makolo" (quando il battello rimonta la corrente, si presenta di davanti o di dietro?), l'importanza dei riferimenti alla musica popolare, il concetto tipicamente Kinshasa di Miguel, "na Miguel", il nome del cuoco belga d'origine spagnola essendo divenuto il concetto stesso non soltanto dell'immigrazione in Belgio, ma della partenza per l'Europa.

—*Boyikasse Buafomo*

[1] Questi due universi ufficiali sembrano corrispondere a due tipi di gruppi o classi sociali. Il primo viene fuori dall'indipendenza del 30 giugno 1960 ed è composto da uomini politici la cui lingua di lavoro è il francese e la cui legittimità è dovuta, direttamente o indirettamente, al possesso di diplomi. Il secondo fa la sua comparsa negli anni '90 durante la conferenza nazionale sovrana. Si tratta della società civile. L'uso delle lingue nazionali, lingala, tshiluba, swahili, kikongo, vi era autorizzato allo stesso titolo della lingua ufficiale, il francese.

[2] Questi quattro versi sono un ritornello Kinshasa molto famoso.

[3] Espressione figurata il cui senso è immediatamente percepibile se si sa che in francese d'Africa, un preservativo si chiama correntemente "calzino" (chaussette).

[4] La scelta di questo testo non è stata indolore. Tuttavia era importante farlo conoscere poiché svela un universo negro-africano sepolto sotto il peso dei cliché occidentali e che gli stessi negri d'Africa non osano affrontare, mancando loro le parole delle proprie lingue madri.

[5] Il termine francese africano *ambianceur* designa più di un semplice animatore o DJ; è colui che è capace di creare un'atmosfera, e non soltanto di una serata. [Note: B.B.]

(Traduzioni: Luciana Grasso)

Note sulla minoranza soraba

I Sorabi sono un popolo slavo della Germania orientale il cui insediamento risale a più di 1000 anni fa, quando tribù slave si stabilirono in alcune zone della Germania centrale e settentrionale. Le aree sorabe sono il Niederlausitz (nel Brandeburgo con centro culturale a Cottbus/Chosebuz) dove viene parlato il basso sorabo, e l'Oberlausitz (nello Stato Libero di Sassonia con centro a Bautzen/Budysin) dove viene parlato l'alto sorabo. I Sorabi - con circa 60.000 appartenenti - rappresentano la più piccola popolazione slava-occidentale.

A lungo la politica tedesca verso i Sorabi fu caratterizzata da uno sforzo teso all'assimilazione e al tentativo di una integrazione completa. Oggi i Sorabi godono dello statuto di minoranza etnica. Il più importante organo di rappresentanza è la "Domowina"- organizzazione nazionale dei Sorabi del Lausitz nonchè federazione di tutte le associazioni sorabe il cui impegno è rivolto, tra le altre cose, alla conservazione della lingua e della cultura soraba. Oggi tutti i sorabi sono bilingui. Le attività culturali dei Sorabi sono molto varie e proprio nel campo letterario si distingue un gruppo di autori noti per l'ampio spettro di temi e di forme.

Róža Domašcyna

Influsso del cosmo sulla voglia

nell'anno dell'invasione delle coccinelle
con carapace e ala di metallo
alzarono i pidocchi le armi libere
nella caduta caddero le coccinelle sul dorso
guardando il cosmo persero la voglia
di fare la guerriglia quotidiana così rimase
alle pulci indiscussa la vittoria

(Traduzione: Grazia D'Ina)

Quando volevo che accadesse

è stato al mare, tu eri
cortese. Ad ogni
ora pensavo: è mio.
ora dopo ora passò,
stando dritta sul piede stavo
in acqua, stavano parole
non dette in mezzo. Un movimento,
un passo indietro fu la sola cosa
che potei fare. Rigida com'ero
volevo che accadesse, pensai:
il tempo si attacca
su di me, mi segue. Ogni ora

si sfaldava, mi sfogliava.
Aspettavo e volevo e tu
eri cortese,
questo dovevo accettare.

(Traduzione: Grazia D'Ina)

Nella casa blu presso la Torre di Bismarck

a F.P.

quasi origine: camomilla e aneto essiccato
nella stufa il fuoco davanti la porta l'immagine: salici
nel ruscello sul cavalletto voltato
dell'eredità mezza ricordata ferita nascosta
nello stipite le tacche della nostra crescita
con accresciuti in qualche posto e nomi di pietre tombali
come testimoni al tavolo da cucina noi
schiacciamo noci come parole
tutto blu il mondo e dio
bianco un cane si aggira intorno alla casa
con denti d'acciaio sul pendio
fruga l'erba non tagliata
ci restano riserve di colori dici
e tendi una nuova tela
la casa si copre di vegetazione
le tacche s'incrostano
le noci s'imputridiscono
la tela invecchia
solo il cane
conserva il fiuto

(Traduzione: Grazia D'Ina)

I morti vengono traslati

in ricordo del cimitero di Čelno

Abbiamo coperto il cimitero con teli.
Abbiamo profanato i nostri morti,
spostate con segnali di stop tutte le vie –
che finiscono ora ad un passo dall'altro mondo.

Attorno i teli sono alti e molto fitti.
Al centro gli escavatori portano alla luce
ossa morte purificate dal peccato
seppellite negli onori, ciò è certificato.

Dell'ambigua avidità vittime, creature

raschiano l'eredità in vasi di ferro.
"Prendiamo tutto e di più", sento gridare
e "mai più seppelliti, cremati vogliamo essere!"

Chi si mette in disparte, sta in agguato –
perciò tacciamo con coraggio il nostro dolore.
Sopportiamo degli avi lo sguardo sulla nuca
stringiamo la vanga, una corda d'appiglio, fune.

Le fosse, esse diventano molto strette e ancora più fonde.
Il quadrato del cielo diventa più piccolo e storto.
Ci spuntano i gozzi nella casa di lino.
I bambini giocano a sotterrare e ci dissotterrano

(Traduzione: Grazia D'Ina)

Kito Lorenc

Il mio breve giorno d'inverno

Tu sprizzi luce d'ambra
su ombre azzurrine
sotto l'erba falba
nascondi il pelo
degli animali sul campo
gli occhi grandi
riposano nella tana

Lasci maturare
il vischio sull'albero
profumi di notti natalizie
di nascosto
nella mano irrigidita dal gelo
mi metti splendore
sul nocciolo
tingi i rami di salice

Che io non disturbi
il tuo corso
se me ne prendo cura
toglimi
l'orma dalla suola
leggera come neve

(Traduzione: Grazia D'Ina)

Bosco grande

Dobry il gigante
cammina davanti il tetto di legno
carica il cavallo
e pesta
i pini silvestri

La sua sposina
con lo sgabello
sotto la mucca, rapida
suona tintinnante
la campana del latte nel villaggio

Sopra il palo della luce
sbatte la ruota del mulino
con il geranio
dietro il fogliame polveroso
ammicca il lago

E dietro l'angolo
attende il profumo
del cumino selvatico. Buon giorno
vacanze. Arrivederci
infanzia.

(Traduzione: Grazia D'Ina)

"Il piccione ha due piedi bianchi"

e un giorno portai la mia amata
a casa la presentai a mia moglie
Mia moglie occhi castani lei blu
Mia moglie zenzero lei pepe
Mia moglie l'ha trovata simpatica lei pure
E' pure divertente nitrì il cavallo
nessuno pianse triste In seguito
insieme facemmo colazione con i tre
piattini scodelline con tre
cucchiaini dividemmo così gioie e dolori
e stoviglie sporche Presto ci dettero
l'appartamento più grande e mia moglie
portò con sé il suo Altro e la mia amata
portò il suo Altro e tutt'e due gli Altri
portarono le rispettive Altre Quando
avemmo l'isolato (ah su e giù
andavano gli ascensori cantanti
pomi d'Adamo) ragazzi miei
eravamo già molti. Allora popolammo

la città alla fine la campagna lì
eravamo noi tutti e vivemmo dunque in
relazioni sociali nuove
Solo ora ricevetti posta
anonima: Lei soggetto poetico Lei!
ripresi piccioni zenzero pepe cavallo
e mi detti pubblicamente per morto
bambini gente ciao voletevi bene

(Traduzione: Grazia D'Ina)

E che cos'è la stufa

che le ho regalato
perchè non mi serviva
da due anni
allora gliel'accendo
e le dissi vicino alla stufa
due anni non l'ho accesa
e ho dimenticato del tutto
come la si accende
e lei disse vedi
non si deve morire
prima per dimenticare
e io dissi sai
allora si può anche
restare a vivere lo stesso

(Traduzione: Grazia D'Ina)

Lubina Hajduk-Veljkovićowa

Raphael, il piccolo spirito

Monika viveva nella città vecchia. Lì le case sono umide e hanno un solaio sotto il tetto. Le madri vi mettono ad asciugare i panni e tutti hanno uno stanzino per conservarvi vecchie cianfrusaglie. Anche le bambole di Monika riposano là.

Un giorno Monika volendo cucire un vestito nuovo ad una delle sue bambole, corse su in soffitta per portare giù la sua piccola. Là, in un angolo, nel chiarore, scoprì uno spirito. Non un fantasma, no, piuttosto un piccolo spirito.

"E tu chi sei?", chiese.

"Tu, tu mi vedi?", rispose lo spirito.

"Ma certo. E per giunta benissimo. I tuoi capelli sono ricci e marroni come il cioccolato".

"Ricci davvero? Io finora non mi sono mai visto", si rallegrò il piccolo spirito.

"Indossi una camicia verde, e i tuoi pantaloni sono marroni", descrisse Monika meticolosamente.

"E di che colore sono i miei occhi?, chiese il piccolo spirito pieno di curiosità.

"Verdini. Ora però dimmi chi sei", anche Monika era eccitata.

"Sono Raphael. E sono qui già da tanto, tanto tempo".

"E perchè mai ti nascondi qui?", anche Monika era curiosa.

"Perchè, perchè, ohi ... mi vergogno ad ammetterlo", mormorò Raphael, lo spirito.

"E va bene. Io mi vergogno per la mia brutta scrittura, la maestra mi sgrida sempre", ammise Monika.

"E io, io mi vergogno perchè non so volare", confessò allora Raphael.

"Tu sei uno spirito vero e proprio che sa volare?!" si stupì Monika.

"No, non so volare. E' proprio questo il guaio. Me ne sto qui solo e rintanato per questo motivo".

"Io tremerei dalla paura già da tempo. Tu no?"

"Io? Di chi dovrei ancora aver paura?", replicò Raphael lo spirito.

"Degli uomini".

"Macché!! Finché il solaio sta qui, posso restare. Ma questo non mi cambia nulla".

"Come mai?"

"Perché non cresco. Come spiriti si deve ritornare ogni anno la dove si è venuti al mondo. Solo allora si cresce di un anno. Prima la mia mamma mi portava sempre con sè. Poi però sono diventato troppo pesante per lei. E da allora non cresco più nemmeno di un annetto".

"Che importa", sostenne Monika, "cosa vuoi di più. Allora resterai per sempre un piccolo spirito".

"Tu vorresti rimanere per sempre ed in eterno una bambina?", chiese infastidito Raphael, il piccolo spirito.

"Mai e poi mai".

"Giorno per giorno guardo dall'abbaino il volo degli uccelli nel cielo. Ma se tento io stesso di sollevarmi, non mi muovo per niente".

Al che Monika disse: "Ehi Raphael, ma tu non hai affatto ali".

"Gli spiriti non hanno bisogno di ali";

"Ah!", Monika ebbe un'idea, "allora lo devi desiderare forte forte e anche tu volerai".

Raphael, il piccolo spirito, desiderò di poter volare fino a che gli fumò la testa. E tuttavia non successe proprio nulla. La piccola Monika lo guardò perplessa.

"Descrivimi il posto dove sei nato!"

"Siii…, era un castello vecchio e meraviglioso. Da tanto tempo è deserto. Le mura sono spesse e fredde, di un bel grigio cenere, crepuscolare, di un grigio-topo e qualche volta persino grigio argentato. Ci nascondevamo giù nel sotterraneo, ci davamo la caccia nei corridoi bui, le porte cigolavano meravigliosamente e potevamo scuotere le catene alla parete tanto che qualche volta rabbrividivamo noi stessi. Attraverso una fessura minuscola svolazzavamo nel cortile interno dove cresceva l'ortica…"

"Santo cielo" esclamò Monika, "stai volando".

Ed era proprio vero: Raphael si era librato un pò in aria. Il grido di gioia di Monika fece tuttavia finire in una bolla di sapone la sua bella immagine facendolo atterrare di nuovo.

"Non noto niente".

"Finchè raccontavi ti sei sollevato di un pochino, poi ti sei spaventato e sei sceso giù".

"Io non mi spavento", disse deciso Raphael, lo spirito.

"Non raccontarmi favole. L'ho visto con i miei occhi" – insistette Monika sicura del fatto suo – "Racconta ancora".

"Per me. Nel cortile giocavamo a calcio, ma non con il pallone di pelle, con quello di rugiada. Io ho tirato le più belle palle di noi tutti. Guarda un pò", Raphael, lo spirito, voleva mostrarle come lo faceva. E così dovette guardare verso il basso per vederla.
Verso il basso?! "Accidenti!, gli scappò. "Riesco veramente a volare!"

E allora incominciò a sfrecciare in lungo e in largo in soffitta come un vento impetuoso.

"Accipicchia!", si stupì Monika di come all'improvviso fosse cambiato. Raphael non sedeva più cupo in un angolo lontano ma si agitava tutt'intorno facendo chiasso come un cagnolino.

"Devo scendere di nuovo giù", disse Monika dopo un pò.

"Grazie mille per avermi insegnato a volare", ringranziò Raphael dall'alto.

"Questo sì che sarebbe proprio bello! Tu sapevi volare già da tanto tempo, solo che non ci credevi", rispose Monika. Quando fu già nella scala, si girò e vide Raphael, lo spirito, allontanarsi dall'abbaino librandosi in aria.

Si ricordò della sua bambola, andò a prenderla e lasciò la soffitta.

(Traduzione: Grazia D'Ina)

Note sulle minoranze turche e greche in Germania

In seguito al miracolo economico nella Repubblica Federale Tedesca degli anni cinquanta, molte imprese si trovarono nell'impossibilità di coprire il proprio fabbisogno di manodopera. A metà degli anni '50 l'economia tedesca cominciò ad assorbire i cosiddetti "Gastarbeiter" [lavoratori stranieri] del sud Europa. A livello governativo si giunse, negli anni successivi, ad un accordo che doveva stabilire le modalità d'ingresso e di soggiorno dei lavoratori stranieri. Con la Grecia l'accordo venne firmato nel 1960, con la Turchia nel 1961. Il lavoro degli immigrati nella RFT raggiunse il record nel 1973 con una punta di 2,6 milioni di occupati stranieri, di cui 155.000 erano Greci e 605.000 Turchi.

Da tutte le parti venne accettato all'inizio un modello a rotazione che prevedeva il rientro in patria del lavoratore straniero dopo uno o due anni. Nella pratica ciò si rivelò antieconomico visto che le forze lavorative sempre nuove dovevano essere formate e i lavoratori non potevano risparmiare in così poco tempo le somme desiderate. Pertanto questo modello venne sospeso: si ebbero dei soggiorni più lunghi permettendo il ricongiungimento dei familiari in Germania.

Con la recessione economica della metà degli anni '70, il governo della RFT bloccò le assunzioni dei lavoratori stranieri. Questo blocco si accompagnava a due provvedimenti: il rientro in patria o l'integrazione nella società tedesca.

Nel 2001 vivono in Germania 82,4 milioni di persone, di cui 75,1 milioni hanno la cittadinanza tedesca, 1,9 milioni la cittadinanza turca e 362.000 la cittadinanza greca. Nella RFT la minoranza turca è la più numerosa, seguita da quella ex jugoslava, italiana e greca.

La minoranza turca e quella greca sono molto produttive dal punto di vista artistico e rappresentano una parte importante della cultura tedesca contemporanea. La riflessione sull'essere stranieri ha caratterizzato, all'inizio, la letteratura di questi gruppi. Intanto, i turchi, che vivono in Germania per la terza generazione, o si considerano parte ovvia della realtà tedesca oppure lasciano emergere nei loro testi la ricerca di se stessi all'estero. Nella letteratura greca in Germania si può trovare spesso una riflessione sul passato della Grecia o sulla vita all'estero.

Michalis Patentalis

Quello di fronte

Il mio vicino
si è comprato una macchina nuova
azioni
una donna
una casa
mobili
viagra
un cuore
una tomba
Non ha cambiato solo il suo Dio.
"Dio l'abbia in gloria".

GILLETE CONTOUR ovvero
La prima réclame in Afganistan

"In nome del Padre, del Figlio"
     e della follia mondiale.

La notte si fa la barba
     con la lama del calice della comunione.

Spalmata con un pò di burro di arachidi
     "a sua immagine".

Ai piedi della montagna il giorno travestito conta sbagliando
     il mormorio del silenzio

Mentre un servo restituisce
     la sua caducità senza rughe.

E tu guardi in via eccezionale nello specchio
     pettinandoti la lingua irsa di peli.

Discendente di Caino, sei forse tu
     lo scalatore della morte claudicante?

(Traduzioni: Grazia D'Ina)

Giorgos Lillis

Il più profondo abito del mare

Fuori dalle mura cittadine
ed in compagnia del mormorio del vento
salii e raggiunsi il punto
dove avrei assistito al sacrificio del sole per la notte.
Le ninfe giocavano al gioco dei sassi con un pugno di stelle
e da lontano si avvicinava in bici la luna.
Nascosto sul pendio guardo
il più profondo abito del mare.

(Traduzione: Grazia D'Ina)

Ciò che sprofonda è fuori dalla mia fortezza

Il sole tradì ancora e gettò su di noi la nera rete.
Pioggia improvvisa,
come l'arietta di mezzogiorno quando dormi,
hai freddo
e cerchi il lenzuolo per coprirti.

La mia fortezza è una finestra. E seppur piccola
basta ad assicurarmi il quadro del mondo.
Dir di no, a qualunque costo, oggi seggo qui
e guardo, come voglio, la pioggia e più tardi
la notte, come sempre la vedo arrivare al galoppo
      e dal suo cesto
        spargere stelle ed oscurità,
        anche lei un seminatore del cielo.
Per non parlare della luna sul lato sinistro
che strofina la schiena contro i grattacieli, allora prende la curva
e diventa corona della montagna di dietro.
Solo per poco.
Poi non riesco più a vedere. L'inquilino accanto la ruba.
Baciato dalla fortuna, egli potrebbe ammirarla come una regina,
eppure non l'ho mai visto guardare fuori.
Gente strana. La meraviglia sta davanti ai loro occhi
e loro la cercano altrove.
           Invano.

Le gocce hanno gettato sul vetro una veste.
Una pianta con la rugiada mattutina
sulle sue foglie vitree.
La stanza un giardino ed io il giardiniere.
Il verso si colma di profumo squisito, di molti colori,
l'animo si placa.

Da qui posso vedere le macchine e i passanti
sui marciapiedi, le case anche in lontananza,
il camion che viene ogni giorno e come viene scaricato
giù davanti casa,
ma io non lo faccio.
Io continuo a guardare gli uccelli beccare nel blu,
essi vengono cosparsi nel volo di polvere del cielo,
il vento danzare con gli alberi
il calice versare il lilla del sole al tramonto
la pioggia riempiere le grondaie e di sera si ode
lo strano scroscio dell'acqua come un fiume.
Non pensiate che qui, dove vivo, io abbia una vista particolare.
Il bisogno spinse me come voi
ad abitare in queste città costruite in fretta
che non hanno nulla di importante da mostrare
oltre grandi autostrade,
alloggi uno accanto all'altro.

Non so quando l'ho deciso. Di prendere il tavolinetto,
metterlo accanto alla finestra,
sistemarvi la mia macchina da scrivere per aiutare
i miei pensieri scrivendo, per penetrare nella desolazione del silenzio.
Poi mi sorpresi a perdermi per ore
non in immagini concrete del mondo esterno
ma in cose che non riesco a spiegare facilmente,
crepe della memoria,
foto del cielo interiore
simile ad un cameraman che filma una terra lontana e sconosciuta.
In questi momenti di solito il caffè si raffreddava
non udivo né musica né voci.
                Niente.
Strana sospensione tra l'appena percettibile e il concreto.
C'era vento, mi ricordo, e dentro c'era una bianca oscurità.
Ed io un funambolo. Dalla finestra fino all'altro capo della montagna.
Senza ferirmi attraverso i vetri della finestra
verso le lontananze del mondo.

I vicini maligni affermavano sempre
che io fossi diventato pazzo
ma io sapevo
e li compativo perché non riuscivano a vedere, poverini,
quello che non sapevo descrivere, poichè temevo
non avrebbero resistito se
fossero giunti al Molto.

In particolare quando la macchina da scrivere divenne una macchina del tempo
e mi condusse sulla sponda
dove Ulisse si addormentò stanco
e continuava ad avere sempre lo stesso strano sogno.

Ciò che sprofonda è fuori dalla mia fortezza.

                (Traduzione: Grazia D'Ina)

Yüksel Pazarkaya

IPPOCASTANI

Tu sei turco

"Tu non sei tedesco", disse Stefan a Ender durante la pausa nel cortile della scuola. Per questo motivo oggi non voleva giocare ad acchiapparello con Ender. E per darne una ragione, disse solo: "ma tu non sei tedesco". Ender era stupito e colpito. Stefan era il suo compagno di classe preferito, il suo amico di giochi migliore. Riuscì solo a domandare: "e perchè?",

Stefan non lo capiva. Che significa "e perchè?". Forse che Ender si considera un tedesco? "Appunto, tu non sei un tedesco", disse. "Tu non sei tedesco come me".

I begli occhi scuri di Ender s'intristirono. Il suo intimo ricalcitrava come se si fosse reso colpevole di qualcosa. Nel suo cuore qualcosa si spezzò. Tacque. Chinò la testa. Andò via. In quel giorno non rivolse più la parola a Stefan. Non riuscì a seguire la lezione. Non riuscì ad ascoltare l'insegnante. La testa gli pesava sempre più.

Castagne tedesche

Anche lo scorso autunno gli era capitato lo stesso. Nel quartiere c'è un parco piccolo, carino, pieno di fiori e di alberi. E' più bello in autunno. Allora i castagni attirano tutti i bambini dei dintorni. I bambini buttano giù a sassate le castagne. Chi ne raccoglie molte le vende allo zoo come cibo per gli elefanti e i cammelli. Altri se le portano a scuola. Le si può infatti utilizzare nell'ora di matematica. E i più piccoli, che non vanno ancora a scuola, giocano con le castagne come a biglie.

L'insegnante aveva detto: "ciascun bambino ne porti dieci". Ci sono 34 bambini nella classe. Se ogni bambino ne porta dieci, fanno esattamente 340 castagne. E con queste ci si può esercitare molto bene sugli insiemi e sulle quattro operazioni.

Nel pomeriggio Ender andò nel parco. Due bambini cercavano di colpire le castagne con i sassi. Non erano suoi amici ma li conosceva. Li aveva visti spesso in quel quartiere.

Ender si avvicinò. Si chinò per raccogliere una castagna da terra. Uno dei due gli disse: "giù le dita!". "Anch'io voglio raccogliere castagne", disse Ender. Il secondo bambino gridò: "tu non le puoi raccogliere! Queste castagne sono tedesche". Ender non capiva. Il primo bambino aggiunse: "tu non sei tedesco". E l'altro: "tu sei uno straniero". Si misero davanti a lui in modo provocatorio. Rimase fermo, chino e con la mano tesa. Se si fosse chinato un pò di più avrebbe potuto afferrare la castagna. Ma non poteva raggiungerla. Con la testa rivolta in su, verso i bambini, rimase irrigidito in quella posizione per un pò. Poi si alzò. Senza la castagna, naturalmente. Ammutolito. Sì che voleva dire: "il parco è di tutti e tutti possono raccogliere castagne", ma non tirò fuori una parola. Gli altri, invece, alzarono ancor più la voce: "Tu sei uno straniero. E queste castagne sono tedesche. Se le prendi, vedrai quello che ti succederà". Volevano incutergli paura.

Ender era confuso. "Devo farmela con loro", gli balenò per la testa. Allora guardò prima l'uno, poi l'altro. "Farsela a botte contro due è da stupidi", pensò. Si allontanò di corsa senza guardare ancora i due.

Cosa sono io?

Quando Ender quel giorno ritornò a casa, fece alla madre alcune domande. Ma sua madre non gli prestò attenzione. Cercava di divagare.

Dopo quello che era accaduto oggi tra Stefan e lui, Ender era ora deciso ad avere finalmente delle risposte a quelle domande che gli frullavano di nuovo per la testa da tutto il giorno. Non appena messo il piede sulla soglia di casa, investì la madre con le sue domande:

"Mamma cosa sono io?"

Per sua madre era una domanda inattesa. Così come inattesa fu la sua risposta:

"Tu sei Ender"

"Lo so, mi chiamo Ender. Non ho domandato questo. Ma cosa sono io?", insistette ostinato.

"Prima entra. Poi togliti lo zaino e levati le scarpe", disse la madre.

"Va bene" - disse Ender. - "tu mi dici però cosa sono?"

A questo punto la madre di Ender pensò che volesse farle uno scherzo o porle un indovinello.

"Sei uno scolaro", disse lei.

Ender si arrabbiò.

"Tu mi prendi in giro", disse. "Ti sto chiedendo, che cosa sono. Allora, io sono tedesco o turco, cosa sono?"

Opplà! Certe domande non piacevano affatto alla madre di Ender. Infatti la risposta le veniva difficile. Cosa doveva dire? In fondo non era una domanda difficile. Conosceva anche la risposta esatta a questa domanda. Ma Ender avrebbe potuto anche capirla? L'avrebbe accettata, avrebbe potuto accettarla? E se anche l'avesse accettata, a cosa poi gli sarebbe servita?

Sua madre e suo padre sono turchi. In Turchia sono nati, cresciuti e sono andati a scuola. Sono venuti in Germania solo per poter lavorare e guadagnare dei soldi. Non parlano neanche bene il tedesco. Quando parlano tedesco Ender ride sempre. Infatti sbagliano spesso. Non sanno dire tutto nel modo giusto.

Per Ender però tutto è diverso. E' nato in Germania. Qui è andato all'asilo. Ora fa la prima in una scuola tedesca. I bambini tedeschi sono i suoi amici. Nella sua classe ci sono anche alcuni bambini stranieri. Ma Ender non fa nessuna differenza tra di loro, non può farne alcuna: questo tedesco, questo no, visto che, tranne uno, tutti parlano molto bene il tedesco. C'è solo Alfonso. Alfonso gli fa un pò pena. Alfonso non parla bene il tedesco come gli altri bambini. Ender pensa che Alfonso non abbia affatto imparato a parlare. Neanche i bambini piccoli sanno parlare. E Alfonso gli sembra proprio un bambinone.

Ender parla anche il turco ma non tanto bene quanto il tedesco. Quando parla turco vi mischia parole tedesche. Il tedesco l'ha imparato come la sua madrelingua. Non diversamente dai bambini tedeschi. Eppure, a volte, ha la sensazione che tra di loro ci sia una differenza visto che i bambini tedeschi non sanno parlare il turco.

Tuttavia quando incomincia la lezione in classe o si comincia a giocare nel cortile della scuola, questa sensazione va di nuovo via, veloce. Proprio quando gioca con Stefan non è possibile che gli venga una sensazione simile.

Per questo il suo stupore per le parole di Stefan era stato tanto grande. E se Stefan non giocasse mai più con lui? Allora sarà molto solo. Si annoierà.

Il padre di Ender non sa cosa dire

La sera il padre di Ender ritornò a casa dal lavoro. Ancor prima che la porta si aprisse del tutto, Ender chiese:

"Papi, sono turco o tedesco?"

Suo padre era senza parole.

"Perchè me lo chiedi?", disse dopo una breve riflessione.

"Lo voglio sapere", disse Ender deciso.

"Cosa preferiresti essere, un turco o un tedesco?", chiese suo padre.

"Cos'è meglio?", replicò Ender con una nuova domanda.

"Entrambi vanno bene, figlio mio", disse il padre.

"Allora oggi perchè Stefan non ha giocato con me?"

Così sputò fuori il cruccio che l'aveva tormentato tutto il giorno.

"Perchè non ha giocato con te?", chiese il padre.

"Tu non sei tedesco, ha detto. Che cosa sono io, papi?"

"Sei turco, figlio mio, ma sei nato in Germania", rispose il padre perplesso.

"Ma i nomi dei bambini tedeschi sono diversi dal mio".

Il padre cominciò a balbettare.

"Il tuo nome è un nome turco", disse. "Ender non è forse un bel nome?"

A Ender piace il suo nome.

"Certo! Ma non è come i nomi degli altri bambini", disse.

"Non fa niente. Quello che conta è che sia un bel nome!" disse il padre.

"Stefan però non gioca più con me".

Al padre di Ender gli si strinse la gola. Gli sembrava di soffocare. "Non essere triste", disse ad Ender dopo un silenzio un pò più lungo. "Domani parlerò con Stefan. Giocherà di nuovo con te. Di sicuro è stato uno scherzo.

Ender tacque.

(Traduzione: Grazia D'Ina)

Daisy Abey è nata a Matara, Sri Lanka, nel 1941 e ha studiato sinhala all'Università di Ceylon. Si è trasferita in Gran Bretagna nel 1965 e da allora ha trascorso la sua vita tra Leeds e Londra. Ha scritto in sinhala per parecchi anni, traducendo da sé in inglese le proprie poesie. In inglese sono state pubblicate svariate raccolte da Sixties Press: *Letter to a Friend: First Poems*, City of Leeds (entrambe nel 1999), *Under Any Sky* (2000) e *On Pennine Heights* (2003). Il suo romanzo in sinhala, *Like the Wind*, è stato pubblicato in inglese con traduzione della stessa autrice, dalla Sixties Press (2003).

Agnès Agboton nasce a Porto-Novo, Repubblica del Benin (antico Dahomey). Ha frequentato la scuola di primo grado e parte della secondaria nella sua città natale e in Costa d'Avorio. Nel 1978 arriva a Barcellona dove termina la scuola secondaria e nel 1991 si laurea in Filologia ispanica (si specializza in letteratura) alla Facoltà di Filologia dell'Università Centrale di Barcellona. In bilico tra due culture, si mantiene costantemente in contatto con il suo paese natale, in cui ha realizzato diversi lavori di recupero della tradizione orale (canti, racconti e leggende, lodi familiari…). In Catalogna collabora da diversi anni con i centri di Recursos Pedagógicos de Departament d'Ensenyament de la Generalitat, scuole primarie, biblioteche ed altri enti, contribuendo alla diffusione della tradizione orale africana tra i giovani catalani e spagnoli. Oltre ad una serie di articoli ed interventi in programmi radiofonici (TVE, TV3, CITY TV), e conferenze, ha pubblicato i seguenti libri: *La cuina africana* (Columna, Barcelona, 1988); *Contes d'arreu del món* (Columna, Barcelona, 1995); *Àfrica des dels fogons* (Columna, Barcelona 2001) *África en los fogones* (Ediciones del Bronce, Barcelona, marzo 2002)ed è coautrice del volume *El Libro de las Cocinas del Mundo* (Rba, Integral, Barcelona, novembre 2002); *El Llibre de les Cuines del Món* (La Magrana, Barcelona, marzo 2002). È finalista, insieme alla illustratrice Carmen Peris, del premio Apel.les Mestres del 1995 con il racconto *Les llàgrimes de Abenyonhù* e, da allora ha pubblicato le sue poesie in lingua gun, in diverse riviste (*Poesía Por Ejemplo*, nº 11, Madrid 1999) e antologie (*Barcelona poesia*, Antología a cura di Gabriel Planella, Ediciones Proa 1998), facendole conoscere, soprattutto, in recital poetici.

Anna Aguilar-Amat (Barcellona, 1962), docente di Terminologia applicata alla Traduzione presso l'Università Autonoma di Barcellona, poeta e saggista. Ha pubblicato i seguenti libri di poesia: *Trànsit entre dos vols* [*Transito tra due voli*] (Barcellona: Ed. Proa, 2001), premio Carles Riba 2000; *Música i escorbut* [*Musica e scorbuto*], (Barcellona: Ed. 62, 2002), premio Màrius Torres 2001; *Petrolier* [*Petroliera*], (Valenza: Edicions de la Guerra, 2003), premio Englantina d'Or nei Juegos Florales di Barcellona 2000.

Shamim Azad è nata in Bangladesh (a quell'epoca ancora Pakistan orientale) nel 1952. Ha studiato letteratura bengalese alla Dhaka University. Nel 1990 si trasferita in Gran Bretagna per insegnare e attualmente lavora come poeta nel progetto per l'istruzione organizzato a Londra da Apples e Snakes. Ha ricevuto dal Bangladesh il Bichitra Award nel 1994 e il Year of the Artist 2000 da parte de London Arts. Tra le sue opere figurano due romanzi, due opere teatrali, una raccolta di racconti e una di saggi, oltre a tre raccolte di poesie: *Sporsher Aupekhkha/Waiting for a Touch* (1981), *Bhalobashar Kabita /Love Poems* (1982) e *Hey Jubak, Tomar Bhabishat/Young Man, It's your future* (1989). La poesia 'Compagno' è apparsa per la prima volta sul giornale *Prothom Ala* (Dhaka, 2000) e con la sua traduzione in *My Birth Was Not In Vain*, a cura di Debjani Chatterjee e Safuran Ara (Sheffield Libraries, 2001).

Meg Bateman (1959) è nata e cresciuta ad Edinburgo. Ha imparato il gaelico, conseguendo una laurea e un dottorato in Studi Celtici all'Università di Aberdeen e passando un anno come infermiera ausiliaria nel Sud Uist. Dopo aver lavorato per dieci anni alle università di Edinburgo e di Aberdeen, attualmente insegna al Sabhal Mòr Ostaig, un college di lingua gaelica a Skye dove vive col figlio. Oltre a scrivere poesie, ha curato e tradotto poesia gaelica. La sua raccolta *Aotromachd/Leggerezza* è stata finalista del Premio Stakis nel 1998 ed ha vinto un premio del Consiglio Scozzese delle Arti. Tra le sue pubblicazioni si annoverano

Òrain Ghaoil/Amhráin Ghrá (Coiscéim, 1989) e *Aotromachd augus Dàin Eile/Leggerezza e altre poesie* (Polygon, 1977). La sua poesia "Ealgho/Due punti di vista" è inclusa in *Wish I Was Here/Vorrei essere qui* (Edinburgh: pocketbooks, 2000).

Boyikasse Buafomo nato e cresciuto molto tempo fa a Itsike-Isameila, nel bacino centrale del Congo ex Zaire. Per impegno, "si esilia" nel vasto mondo e nell'anno 1978 trova "un tetto" al centro della Via Lattea, Bruxelles. Qui, per sfida o tradizione secolare, riprende la parola e propone ai bambini da 8 a 8.888 mesi l'Orature. Per far questo, veste la toga del Narratore Itinerante. Incontra Cobra Films in *Sango Nini/ Che c'è di nuovo?* e gli presta la sua voce che per tocchi successivi racconta uno dei quartieri più variopinti di Bruxelles: Matongé, capitale de facto dell'Unione Europea. Il documentario ottiene il primo Premio del festival di Bruxelles "Filmare ad ogni costo" e a Marsiglia quello del migliore documentario europeo. Nel 1999, nell'ambito del primo concorso "anno nuovo" organizzato dall'Università Cattolica di Lovanio (Belgio) riceve il Gran Premio dell' Anno Nuovo e il Premio di Radio France Internazionale per l'adattamento e la messa in onda della *Tradizione ebrea dell'insegnamento* di Elie Wiesel e *Il Sacrificio* di Antoine Tshitungu Kongolo. Nell'anno 2002 inventa la "Carta raccontata—Verhaalkaart, il primo mediologo multicultuale Sud-Nord. Obiettivo? Collegare immaginario e reale.

Maoilios Caimbeul (Myles Campbell) è nato nel 1944, nell'isola di Skye dove vive ancora oggi. Insegna gaelico alla Scuola superiore di Gairloch, nel Ross-shire, e fa lo scrittore part-time. Suoi lavori sono apparsi in numerose antologie e riviste. Nel 2002 è stato proclamato bardo al Royal National Mod di Largs. Tra le sue raccolte di poesie si annoverano *Eileanan* (Glasgow University, 1980), *Bailtean* (Glasgow: Gairm, 1987), *A' Càradh an Rathaid* (Dublino: Coiscéim,1988), bilingue in gaelico scozzese e irlandese, in cui è inclusa "Itean A' Tuiteam," e *A' Gabhail Ris* (Gairm, 1994). Una quinta raccolta, *Saoghal Ur*, uscirà a fine 2003 per i tipi della Diehard Publications, Callander. La sua poesia "3.3.2000" è inclusa nella antologia *Wish I Was Here/Vorrei essere qui* (Edinburgh: pocketbooks, 2000).

Saleha Chowdhury è nata in Bangladesh (a quell'epoca ancora Pakistan orientale) nel 1943. Ha studiato bengalese alla Dhaka University, dove ha poi insegnato dal 1967. Vive a Londra dal 1972 dove lavora come maestra di scuola elementare. Ha deciso di mettersi in pensione per essere scrittrice a tempo pieno. Nel 1996 ha vinto il Best Poet Award del Ciclone Poetry Group di Manchester e nel 2000 le hanno conferito un International Poet of Merit Award in America. Le sue opere in bengalese comprendono otto romanzi, cinque raccolte di racconti, un'opera teatrale, tre libri per l'infanzia e tre raccolte di saggi. In bengalese ha pubblicato tre raccolte poetiche, *Judas Ebong Tritiyo Pokkho/ Judas and the Third Party* (Dhaka, 1998), *Dewaley Cactus Phool/The Cactus Flower on the Wall* (Dhaka, 2001), e *Hriday Pendulum Baja/It Rings In My Heart* (Dhaka, 2001) e due in inglese, *Broad Canvas* (Peterborough, 1997) e *It Grows in My Heart* (Peterborough, 2001).

Josefa Contijoch Pratdesaba nasce a Manlleu (Plana de Vic) il 20 gennaio dell' anno della tromba d' acqua. Figlia di una famiglia di editori e librai. Studia Economia e Lingue presso le Carmelitane di Manlleu. Studia Filologia all' Università di Barcellona. Dall'anno della sua creazione (1992) fa parte del "Comité de Escritoras del Centro Catalan del PEN Club" al quale collabora attivamente. Ha pubblicato raccolte di poesia: *De la soledad primera* (1964), *Aquello que he visto* (1965), *Quadern de vacances* (una lectura d'"El segon sexe")—(Quaderno di vacanze—una lectura de "Il secondo sesso") (1981), *Ales intactes*—(Ali intatte), (Premi de Poesia Salvador Espriu 1993) (1994), *Les lentes il.lusions*—(Le lenti illusioni), (Premi Màrius Torres 2000) (2001). E romanzi: *Potala* (1986), *No em dic Raquel*—(Non mi chiamo Raquel) (1989), *La dona liquada* – (La donna liquefatta), (Premi de Novel.la Ciutat de Palma 1989) (1990), *Rímmel* (1994), *Amor congelat*—(Amore congelato), (1997), *Tòrrida tardor* (1997)—(Autunno torrido), *Els dies infinits* (2001)—(I giorni infiniti). Ha pubblicato anche i saggi "Virginia Woolf - Vita Sackville-West: fascinacions transferides," nella miscellania *Cartografies del desig, quinze* *escriptores i el seu món* (1998)—(Cartografie del desiderio, quindici scrittrici e il loro mondo), "Contra l'oblit: Montserrat Roig - Anne Frank," nella miscellanea *Memòria de l'aigua, onze escriptores i el seu món* (1999)—(Memoria dell' acqua: undici scrittrici e il loro mondo). Ultimamente "Víctor Català - Grazia Deledda: Màscares sota la lluna" 3er. cicle *Cartografies del desig*, 11 octubre 2001, Teatre l'Espai, Barcelona.

Nino De Vita è nato a Marsala, dove vive, nel 1950. E' autore di *Fosse Chiti*—pubblicato nel 1984 da Lunarionuovo-Società di poesia e, in una nuova edizione, nel 1989, da *Amadeus*—e di volumi di versi in dialetto che, stampati in proprio o a tiratura limitata e fuori commercio, sono poi confluiti nei due volumi che portano il titolo di *Cutusìu* (Trapani, 1994; Messina, Mesogea, 2001) e *Cùntura* (Alcamo, 1999). Nel 1996 gli è stato assegnato il Premio "Alberto Moravia" e nel 2003 il Premio "Mondello." De Vita si occupa della "Fondazione Leonardo Sciascia," a Racalmuto. Della sua opera si sono interessati i maggiori critici italiani.

Róža Domašcyna nasce a Zerna presso Kamenz (Oberlausitz) nel 1951, dopo il diploma segue un corso di manager per il commercio, si laurea in Economia Mineraria, dal 1973 al 1984 lavora presso lo stabilimento di lignite a Knappenrode, dal 1985 al 1989 studia presso l'Istituto di Lettere di Lipsia, vive a Bautzen, dal 1990 è libera scrittrice; scrive in lingua tedesca e in sorabo-vendico soprattutto liriche, oltre a ciò drammi, rifacimenti, saggi e svolge attività di editore. Roza Domascyna è stata insignita di prestigiosi premi letterari. Scelta delle pubblicazioni: Lirica e prosa lirica: *Wróco ja dopredka du* (Bautzen: Domowina-Verlag, 1990); *Zaungucker* (Verlag Januss-Press, Berlin 1991)*; Pře wše ploty* (Domowina-Verlag, 1994), *Zwischen gangbein und springbein* (Berlin: Verlag Januss-Press, 1995**)**, *selbstredend selbzweit selbdritt* (Verlag Januss-Press, 1998**); *Pobate bobate* (Domowina-Verlag,1999); *sp* (Domowina-Verlag, 2001); inoltre: un dramma, drammi radiofonici, features e numerosi adattamenti in altosorabo e in tedesco.

Saqi Farooqi (Qazi Muhammad Shamshad Nabi Farooqi) è nato a Uttar Pradesh, nell'India del nord nel 1936. Dopo la divisione del Pakistan si è trasferito con i genitori nel Pakistan orientale, oggi Bangladesh, e a Karachi nel 1950. Laureatosi presso l'Università di Karachi, si è trasferito in Gran Bretagna nel 1963. Ha lavorato come telecronista per la BBC World Service e come ragioniere. Vive tuttora a Londra. Seguendo la tradizione urdu si è scelto uno pseudonimo come poeta Saqi. E' diventato uno dei più significativi poeti in urdu della sua generazione, suscitando polemiche poiché le sue poesie si ispirano alla tradizione sia urdu sia occidentale. La BBC ha prodotto due documentari sulla sua opera poetica. Fra le sue opere in urdu, due volumi di critica letteraria e sei raccolte di poesie: *Pyas ka Sehra/ The Desert of Thirst* (1967), *Raadar/Radar* (1977), *Razon se Bhara Basta/The Bag of Secrets* (1981), *Bahram ki Wapsi/The Return of Bahra* (1985), *Zinda Pani Sachcha/The Living Waters* (1992), e *Haji Bhai Pani-Wala/The Hydrocele* (2001). La traduzione inglese della sua poesia è pubblicata in *A Listening Game* (Lokamaya, 1987; Highgate Poets, 2001). La poesia 'Il dolce odore della morte' è stato pubblicata per la prima volta sulla rivista di Lahore, *Funoon*, nel 1964.

Rose-Marie François, poetessa, scrittrice, poliglotta, recita le proprie poesie e quelle che traduce. Nata nel 1939, "tra le verdi Fiandre e il nero Borinage," vive la sua infanzia in una frazione (di comune), dove si parlava ancora piccardo. Ha iniziato a scrivere prima dell'età scolastica. Professoressa incaricata presso l'Università di Liegi, anima dei seminari di traduzione di poesie e di piccole prose difficili. Fra le sue ultime opere pubblicate, citiamo: *Tälina strüklaka/Di sorgente lontana*, poemi con traduzione lettone di Dagnija Dreika (Riga: ediz.Tapals, 2002); *A piedi nudi sull'erba*, antologia bilingue di poesia lettone, tradotto in francese da Rose-Marie François, con una introduzione e una notizia biografica su ogni autore (Amay: ediz. L'Albero dalle parole, 2002); *Zwischen petrus und Judas/Fra Pietro e Giuda*, antologia bilingue di poemi austriaci, II° volume (doppio), traduzione e presentazione a cura di Rose-Marie François (Amay: Edizioni <@ casa della poesia com>, dicembre 2001); Affreschi lunari, poemi (Montréal: Le Noroît, 2000); *An uns vorbei /Chi ci supera*, poemi con traduzione tedesca di Rüdiger Fischer (Rimbach: edizioni in Foresta <Verlag_im_Wald@t-online.de>, 1999).

Lubina Hajduk-Veljkovićowa, da nubile Šěnc, è nata nel 1976 a Bautzen e vive dal 1995 a Lipsia, dove ha anche studiato sorabistica e storia. Al momento è in maternità. Scrive soprattutto in alto-sorabo: all'inizio poesie, ora prosa, pezzi teatrali, favole per bambini e drammi radiofonici. Pubblicazioni: *Prěnje jejko* (Raccolta di poesie, pubblicazione privata, 1998); *Pjatk haperleje* (Raccolta di poesie; Bautzen: Domowina-Verlag, 1998); Alcune poesie sono state pubblicate nella rivista *Literatur und Kritik* [*Letteratura e critica*] (Numero speciale dedicato alla letteratura soraba 1999) e nell'antologia *Landschaft mit Leuchtspuren. Neue Texten aus Sachsen* [*Paesaggio con tracce luminose. Nuovi testi dalla Sassonia*], (Lipsia: Reclam-Verlag, 1999); *Wurywanki* (pezzo teatrale scritto insieme al marito Dušan; 2001). I racconti "Wjelča zyma e Donjebjesspeće" nelle antologie: *Žadyn happy-end* e *Wobraz ze skibami* (Domowina-Verlag, 2001).

Basir Sultan Kazmi è nato a Lahore, nel Pakistan, nel 1955. Qui ha conseguito il suo Master of Arts in Letteratura Inglese presso il Government College.Ha iniziato a scrivere poesia in urdu in tenera età, incoraggiato dal padre, Nasir Kazmi, celebre poeta morto nel 1972 all'età di 46 anni. Basir ha insegnato letteratura e critica letteraria al Government College per quattordici anni e si è poi trasferito in Gran Bretagna nel 1990 con una borsa di studio del British Council. Nel 1991 gli è stato conferito il Master of Education dalla Manchester University e nel 2001 un Master of Philosophy per la sua ricerca sull'alfabetismo delle donne in Pakistan. Ha lavorato come Writer in Residence per i North West Playwrights Workshops, e ha fondato un teatro asiatico a Oldham. Dal 1992 lavora come insegnante di sostegno linguistico, a Halifax prima e successivamente a Manchester. La sua commedia in urdu, tradotta nel 1997 con il titolo di *The Chess Board*, è stata pubblicata nel Pakistan nel 1987.La sua opera poetica è pubblicata sia in urdu (Lahore, 1997) sia in traduzione inglese, con il titolo di *A Little Bridge* (Pennine Pens, Hebden Bridge, 1997) e nel testo bilingue, *Generations of Ghazals* (Redbeck, 2003), in cui la sua poesia è presentata assieme a quella del padre. Ancora oggi si occupa di teatro e anche se scrive soprattutto nelle forme poetiche tradizionali, ha iniziato di recente a cimentarsi con il verso libero.

Giorgos Lillis è nato nel 1974 a Bielefeld. Le sue poesie e i suoi articoli sono stati pubblicati in diverse riviste letterarie. Di recente sono apparsi due volumi di poesie: *Die Haut der Nacht* [*La pelle della notte*] (Casa Editrice "Odos Panos") e *Das Land der schlafenden Wasser* [*La terra dell'acqua addormentata*] (Casa Editrice "Mandragoras"). Lillis ha trascorso alcuni anni ad Agrinion e ad Atene e vive in Germania dal 1996. Lavora come libero giornalista per riviste letterarie greche. Ha condotto una trasmissione bilingue (greco e tedesco) per la radio locale (Radio Bielefeld) in cui presentava musicisti e poeti greci. Per due volte è stato insignito in Grecia del primo premio per la poesia in concorsi letterari.

Kito Lorenc è nato nel 1938 a Schleife-Slepo presso Weißwasser. Ha studiato slavistica a Lipsia e lavorato come esperto di letteratura presso l'Istituto per la Ricerca sul Popolo Sorabo di Bautzen, è stato drammaturgo presso la "Bautzner Staatlichen Ensemble" per la cultura popolare soraba e vive dal 1979 come libero scrittore. Oltre alle liriche in tedesco e in sorbo ha scritto libri per bambini e pezzi teatrali e ha curato rifacimenti ed edizioni di collane (dal 1973 la collana di poesie "Serbska pozjia," "Sorbisches Lesebuch" nel 1981 [Libro di letture sorabe], "Aus jenseitigen Dörfern. Zeitgenossische sorbisce Literatur" nel 1992 [Dai villaggi dell'aldilà. Letteratura soraba contemporanea]. Kito Lorenc è stato insignito di numerosi e prestigiosi premi letterari. Scelta delle pubblicazioni (volumi di poesie): *Nowe časy - nowe kwasy* (Bautzen, 1961); *Struga; Bilder einer Landschaft* (Bautzen, 1967) [*Immagini di un paesaggio*]; *Kluče a puće* (Bautzen, 1971); *Serbska poezija:* Kito Lorenc (Bautzen, 1979); *Ty porno mi* (Bautzen, 1988); *Gegen den großen Popanz* [*Contro il grande fantoccio*] (Berlin und Weimar, 1990); *Suki w zakach* (Bautzen, 1998); *die unerheblichkeit berlins* (München, 2002) [*l'irrelevanza di berlino*].

Aonghas Macneacail è nato nel 1942 a Uig nell'isola di Skye, crescendo in un ambiente di parlanti gaelico. Ha studiato all'Università di Glasgow. E' stato 'scrittore residente' a Argyll, Ross e Cromarty, Glasgow e Skye, e gli sono state conferite borse di studio nel 1983 e ne l992 dal Consiglio Scozzese delle Arti. E' stato Scrittore dell'Anno Stakis nel 1997 ed ha vinto un Premio di Poesia della Grampian Television. Attualmente vive a sud di Edinburgo. Scrittore tra i più importanti della sua generazione, compone per molti mezzi, tra cui il teatro, la musica, la radio e lo schermo, ed è stato uno dei principali sceneggiatori della soap opera in gaelico *Machair*, per la televisione scozzese. Esistono sette raccolte di sue poesie, che sono state pubblicate internazionalmente. La sua più recente raccolta di poesie *Oideachadh Ceart/Un' istruzione appropriata* (Polygon, 1996) ha vinto il Premio Saltire. La sua poesia "an tùr caillte/La torre perduta" è inclusa nell'antologia *Wish I Was Here/ Vorrei essere qui* (pocketbooks, 2000).

Twm Morys (nato nel 1961), è cresciuto dove vive ancora oggi, vicino a Llanystumdwy, Gwynedd, un villaggio di lingua madre gallese, vicino al mare. Si è laureato in letteratura gallese all'Università del Galles di Aberystwyth. Dal 1988 è poeta, scrittore e lettore free-lance, tranne per un anno passato all'Università di Rennes, Bretagna, come professore di gallese. Compone per lo più in una forma metrica regolare (*cerdd dafod*) e partecipa regolarmente alle *ymrysonau*, gare popolari di poesia estemporanea tra squadre di poeti, che si tengono nelle sagrestie, municipi o pub dei villaggi. Ha un suo gruppo musicale, Bob Delyn a'r Ebillion (Bob l'Arpa e i Bischeri), che ha inciso quattro CD, l'ultimo dei quali è *Hyn/Questo* (Sain 2003). Morys tiene una rubrica sulla rivista di poesia, *Barddas*, ed ha pubblicato due volumi di saggi. Le sue raccolte di poesie sono *Ofn Fy Het/Paura del mio cappello* (Barddas, 1995), *La Ligne Noire des Montagnes/ La linea nera delle montagne* (con saggi, in traduzione francese: L'Association Festival de Douarnenez, Bretagna, 1998), *Eldorado*, insieme a Iwan Llwyd (Gwasg Carreg Gwalch, 1999) e *2* (Barddas, 2002) che contiene "One Cold Morning/Un freddo mattino."

Francesc Parcerisas i Vàzquez è nato a Begues, Baix Llobregat, nel 1944. Poeta, traduttore e ciritico, Parcerisas ha insegnato spagnolo alla Bristol University e ha conseguito un MA in traduzione letteraria presso la Essex University e un PhD presso l'Università di Barcellona. Ha vissuto per sette anni sull'isola di Ibiza lavorando come traduttore letterario indipendente. Dal suo primo libro, *Vint poemes civils* (1966), ha pubblicato un certo numero di raccolte di poesie e critica letteraria e ha contribuito regolarmente a giornali e riviste catalane. La raccolta di poesie, *Triomf del present*, comprende tutta la sua opera poetica fino al 1992. *Focs d'octubre* (1992) e *Natura morta amb nens* (2000) sono le sue raccolte più recenti. Dal 1998 Parcerisas lavora come direttore della sezione letteraria al Ministero della Cultura Catalana.

Michalis Patentalis nasce a Düsseldorf e cresce a Prossotsani, vicino a Drama in Grecia. Dopo il diploma ha studiato—tra l'altro—armonia e teoria musicale. Oltre ad occuparsi di fotografia in bianco e nero, ha lavorato come redattore e presentatore per la radiodiffusione. Per il suo racconto *Zwei Erdbeeren auf dem Sand* [*Due fragole sulla sabbia*] riceve nel 2000 il primo premio del concorso "Zweirad und Kunst". Pubblicazioni: *Die Kurzsichtigkeit einer Stadt* [*Miopia di una città*] (poesie in greco e in tedesco), (Köln: Romiosini, 1998). Alcune poesie sono raccolte nell'antologia *Deutschland, deine Griechen* [*Germania, i tuoi Greci*], (Romiosini, 1998). Inoltre sono stati pubblicati alcuni saggi e poesie nel volume edito da Gabriele Kleiner: *Weißer Fleck Griechenland* [*Macchia bianca Grecia*], (Berlin: Edition Ost, 2002).

Chus Pato è nata ad Orense nel 1955. Insegno Storia in un istituto superiore dell'interno della Galizia. Ha pubblicato le seguenti raccolte di poesie: *Urania* (Ourense: Calpurnia, 1991), *Heloísa* (A Coruña: Espiral Maior 1994), *Fascinio*, (Santiago de Compostela: Toxosoutos, 1995), *Nínive* (Vigo: Xerais, 1996), *A ponte das poldras* (Santiago de Compostela: Noitarenga 1996), *m-Talá* (Vigo: Xerais, 2000).

Yüksel Pazarkaya nasce nel 1940 a Izmir in Turchia. Nel 1958 si reca nella Repubblica Federale Tedesca dove studia prima Chimica, poi Germanistica e Filosofia. Nel 1972 diventa Dottore di Ricerca in Germanistica. Dall'inizio degli anni '60 Pazarkaja lavora come traduttore e giornalista in Germania ed in Turchia. Ha scritto libri per l'insegnamento del turco e del tedesco, ed è inoltre autore di libri per bambini.Gli sono stati conferiti numerosi premi, tra gli altri: nel 1986 il "Bundesverdienstkreuz" (La croce al merito della RFT), nel 1989-90 e nel 1994 il "Premio Adalbert von Chamisso". Ha accettato incarichi come *Gastprofessor* in varie università degli Stati Uniti, ed è, inoltre, alla ricerca di giovani autori di cui si fa promotore. Pubblica con regolarità nella RFT e in Turchia ed è membro della giuria del "Premio Adalbert von Chamisso". Scelta delle opere: *Heimat in der Fremde*? [Patria all'estero?] (Racconti), (Berlino, 1981); *Ich möchte Freuden schreiben* [*Vorrei scrivere gioie*] (Poesie), (Fischerhude, 1983); *Irrwege/Koca Sapmalar* [*Strade sbagliate*] (Poesie in turco e tedesco), (Frankfurt sul Meno, 1985); *Kemal und sein Widder* [*Kemal e il suo ariete*] (romanzo per bambini), (Würzburg, 1993).

Padma Rao è nata in India ed è cresciuta in Bihar. Dopo essersi laureata in letterata, si è trasferita in Inghilterra con il marito nel 1982. Negli ultimi diciassette anni ha scritto in indi e inglese e la sua opera è apparsa su parecchie antologie, tra cui *The Redbeck Anthology of British South Asia Poetry*, a cura di Debjani Chatterjee (Bradford: Redbeck Press, 2000). Con Brian Lewis ha curato l'antologia multiculturale, *Poetry in Action*. E' consulente artistica indipendente e dirige un'agenzia di gestione e formazione professionale della diversità culturale, Diversitywise; lavora inoltre per Northeast Arts e per la BBC e ha collaborato al programma *Decibel*. Attualmente sta lavorando ad un progetto di raccolta e pubblicazione di storie di vita di asiatici giunti in Gran Bretagna quarant'anni fa. Vive a Sunderland.

Xavier Rodríguez Baixeras nato a Tarragona nel 1945, è professore di scuola superiore (Enseñanza Secundaria) a Vigo. Tra le sue opere vanno segnalate: *Anos de viaxe* (Vigo: Xerais, 1987) (Premio della Critica Spagnola), *Visitantes* (A Coruña: Diputación de A Coruña, 1991) (Premio G. Garcés de la Diputación de A Coruña), *Nadador* (A Coruña: Espiral Maior, 1995) (Premio da Crítica Galega), *Beira Norte* (Santiago de Compostela: Sotelo Blanco, 1997) (Premio della Crítica Española) e *Eclipse* (A Coruña: Espiral Maior, 2001) (Premio Losada Diéguez). É autore di circa quaranta opere tradotte al galiziano, castigliano e catalan. Si è dedicato anche all'edizione critica e, occasionalmente, alla critica in convegni e giornali.

Ana Romaní è nata a Noia (La Coruña) nel 1962. E' scrittrice e giornalista e dirige da tredici anni il programma quotidiano di informazione culturale Diario Cultural de la Radio Galega (radio autonoma di Galizia) per il quale ha ricevuto diversi premi. E' autrice delle raccolte di poesie *Palabras de Mar* (Santiago de Compostela: Ed. de Autor,1987), *Das ultimas mareas* (A Coruña: Espiral Maior, 1994) y *Arden* (A Coruña: Espiral Maior, 1998); del racconto *Marmelada de amoras* (Pontevedra: Biblioteca Nova, 1997) e dell' *Antología Literaria de Antón Aviles de Taramancos* (Vigo: Galaxia, 2003). E' membro del Pen Club di Galizia e dell' Asociación de Escritores en Lingua Galega. Ha partecipato alla creazione della pubblicazione femminista *Festa da Palabra Silenciada* e della *Asociación Mulleres Galegas na Comunicación*. Collabora come articolista a diverse pubblicazioni letterarie e di informazione generale. Ha partecipato a diversi progetti artistici: "Son da Pedra" con il gruppo musicale Milladoiro; "Son Delas" con solisti di musica galiziana, "Daquelas que cantan. Rosalía na palabra de once poetas galegas" della Fundación Rosalía de Castro, e ha realizzato gli spettacoli poetici "O outro extremo do paraiso" (1997) e "Lob*s" (1998) con lo scrittore Anton Lopo, "Catro poetas suicidas. Intervención poetica contra a levidade" (2001), "Estalactitas" con le scrittrici Anxos Romeo e Lupe Gomez (2002). La sua opera poetica è tradotta in spagnolo, inglese e russo, il suo nome compare in diverse miscellanee e antologie.

Abdulhadi Sadoun: nato a Bagdad nel 1968, vive a Madrid dal 1983. Ha lasciato l'Iraq dopo la guerra del Golfo ed è arrivato in Spagna per compiere gli studi di dottorato in *Filología hispánica*. Dal 1997 co-dirige la rivista e le pubblicazioni di *ALWAH*, l'unica rivista culturale in lingua araba, in territorio spagnolo, dedicata alle lettere arabe e, soprattutto, alla letteratura dell'esilio. *Alwah* ha pubblicato più di quaranta libri. È autore dei volumi di racconti, *Al yaum yartadi badla mulataja bil ahmar* (*Il giorno porta il mio vestito macchiato di rosso*) (Damasco: Al-Majim, 1996) e *Intihalat Ailaa* (*Plagi familiari*) (Amman, Giordania: Azimnah, 2002), e di poesia, *Tadhir al Dhikr (Inquadrare il riso)* (Madrid: Alwah, 1998) e *Laysa syua Rih (Non è che vento)* (Madrid: Alwah, 2000). Alcuni racconti e poesie sono stati tradotti in tedesco, inglese, persiano e curdo. Ha tradotto dallo spagnolo in arabo poesie di Vicente Aleixandre, Juan Ramón Jiménez, racconti sudamericani, poesia spagnola moderna e libri come *El Lazarillo de Tormes*. Il suo racconto "Kunuz Granata" ("Tesori di Granada") è stato premiato nel 1997 negli Emirati Arabi Uniti come miglior racconto per ragazzi.

Giuseppe Schirò Di Maggio (Zef Skjiro Majit) è nato a Piana degli Albanesi en 1944. Per evitare omonimie, ha aggiunto al proprio il cognome materno "Di Maggio." Si è laureato in lettere classiche a Palermo con una tesi sul *Këthimi* di G. Schirò (1865-1927). Ha insegnato lettere in provincia di Torino e per vent'anni nella Scuola Media Statale "Dh. Kamarda" di Piana degli Albanesi. Ha diretto la rivista "Mondo Albanese." Al suo attivo due poemi in ottonari, numerose raccolte di poesie, 14 opere teatrali, scritti vari, che traggono ispirazione da la vita quotidiana; i drammi individuali e quelli collettivi; l'emigrazione nelle città del Norditalia e all'estero, storicamente doppia per i figli di antichi emigrati; la difesa della lingua; il ricordo poeticamente indelebile della "Bella Morea," da cui provenivano i progenitori arbëreshë; la visione dell'Albania; le tragiche emigrazioni albanesi degli anni '90; l'inquieta Kosova. Poesia: *Sunata* [*Sonata (1965-/1975)*] (1975); *Më para se të ngriset* [*Prima che si faccia buio*] (1977); *Kopica e ndryshku* [*La tignola e la ruggine*] (1981); *Vjeç të tua 500 anni tuoi - Mas Rushi arbëresh* [*Mastro Gio' italo-albanese*] (1988); *Metaforë* [*Metafora*] (1990); *Kosova lule* [*Fiore Kosovo*] (1991); *Anije me vela e me motor* [*Navi a vela e a motore*] (1992); *Poezi gushtore e tjera* [*Poesie agostane e alter*] (1995); *Kopshti im me dritare* [*L'orto e le finestre*] (1996); *Gjeometri dhe ikje* [*Geometrie e fughe*] (1998); *Poesie d'amore in tempo di morte. Kosova Martire Secondo Trimestre 1999* (2000). Teatro: *Pethku* [*L'eredità*] (1982); *Shumë vizita* [*Molte visite*] (1986); *Orëmira* [*Il portafortuna*] (1988), i tre figli di una coppia anziana cercano lavoro in Germania; *Për tokën fisnike të Horës* [*Della nobile Terra della Piana*] (1989), la storia del primo insediamento, intorno al 1488, dei profughi venuti dall'Albania; *Investime në Jug* "Investimenti al sud" (1990).

Talat Shahin è nato a Kena (Egitto) nel 1949 e vive da più di venti anni in Spagna, dove lavora come scrittore, giornalista e traduttore. È laureato in Giurisprudenza presso l'Università del Cairo ed è Dottore in Diritto dell'Università Complutense de Madrid. Come giornalista collabora con la *Radio Televisione* del Cairo (Egitto) e con i giornali arabi *Al-Hayat* di Londra e *Al-Bayan* di Dubai (Emirati Arabi Uniti). Ha impartito lezioni alla Facoltà di Pedagogia di Ashmon (Egitto) ed è stato professore di arabo presso l'Instituto Egipcio de Estudios Islámicos di Madrid. Ha pubblicato il volume di saggi *Gamalyat al-rafd fi l-masrah al-kubi* (*L'estetica della negazione nel teatro cubano*) (Il Cairo: Al-Zaqafa al-Yamahiriyya, 2001) ed i volumi di poesia *Aganyat hobb li-l-ard.* (*Canzoni per la terra*) (Il Cairo: Al-Dar al-Misriyya, 1973), *Abyadiyat al-hobb* (*Abbecedario dell'amore*) (Il Cairo: Al-Dar al-Misriyya, 1996) e *Kitab al-hobb wa-d-damm* (*Il libro dell' amore e del sangue*) (Madrid: Instituto Egipcio de Estudios Islámicos, 2001). Ha tradotto in arabo vari autori spagnoli, come Juan Goytisolo e Antonio Buero Vallejo.

Marcel Slangen è nato a Liegi nel 1935. Ha iniziato la sua carriera come professore di francese per poi indirizzarzi agli inizi degli anni '70 verso il teatro. Ha scritto numerosi lavori teatrali in vallone, fra cui diversi per marionette; ha adattato in vallone opere teatrali del repertorio classico, fra le altre *L'Avaro* e *Il Misantropo* di Molière. Marcel Slangen è inoltre poeta e saggista. Dal 1984 si dedica esclusivamente alla promozione e alla diffusione del vallone nell'insegnamento e nei media. E' presidente del CRIWE (Centro di Ricerche e di Informazione per il Vallone nelle Scuole) e redattore capo della rivista *Djåzans* Walon che pubblica specialmente articoli d'attualità in vallone.

Mahmoud Sobh: nasce nel 1936 a Safad, località della Galilea nei pressi di Nazaret (Palestina). Nel 1948, dopo la creazione dello stato d'Israele, si rifugia con la sua famiglia a Damasco. Nel 1961 si laurea in Lingua e letteratura araba all'Università di Damasco e, dal 1968, fa parte del Dipartimento di Arabo della Universidad Complutense di Madrid, nel quale è ordinario di Studi Arabi e Islamici. È un arabista di riconosciuto prestigio e, sia alle sue traduzioni, che alle sue creazioni letterarie, sono stati assegnati diversi premi, tra cui il Premio di Poesia del Consejo Superior de Letras y Artes d'Egitto (1958), il Premio Vicente Aleixandre (1978) e il Premio Nacional de Traducción (1983). Tra i suoi libri bisogna ricordare *El Libro de las Kasidas de Abu Tarek* (Salamanca: Delegación Nacional de Cultura, 1976), *Poseso en Layla* (San Sebastián: Caja de Ahorros Provincial de Guipúzcoa, 1978), *Poesías de Ibn Zaydun* (Madrid: Instituto Hispano-Árabe de Cultura, 1979), *Poetisas arábigo andaluzas* (Granada: Diputación Provincial de Granada, 1994), *Diván: antes, en, después* (Madrid: Instituto Egipcio de Estudios Islámicos, 2001) e *Historia de la literatura árabe clásica* (Madrid: Cátedra, 2002).

Paul-Henri Thomsin è nato nel 1948 a Liège dove insegna in una scuola elementare. E' vicepresidente del consiglio della "Fédération Culturelle Wallone" per la Provincia di Liège. Scrive regolarmente una rubrica su un settimanale locale e su una rivista mensile. Ha ricevuto parecchi premi letterari. Pubblicazioni: Storie illustrate per l'infanza: *Li Noyé dè p'tit Colas* (Biblio, 1986); *Mi vî påpa, c'è-st-ine saquî* (Labor, 1987). Adattamento di funetti in vallone in Liège: *Lètes di m' molin* (Dupuis, 1984, d'après Alphonse Daudet *Les lettres de mon moulin*); *Li danseûse d'å Gai-Moulin* (Noir Dessin, 1994, d'après Georges Simenon *La danseuse du Gai-Moulin)*; *Tchantchès avå les vôyes* (Noir Dessin, 1996); *Li p'tit bout tchike* (Marsu Production, 1996); *Walon'reye tére di lédjindes* (Noir Dessin, 1998). Raccolte di rubriche settimanali *Vlan*: *Avå les vôyes* (Editions liégeoises, 1993). Cronoca: *L'amoûr al môde di Lîdje* (Noir Dessin, 2002). Opere teatrali: una quindicina di drammi in vallone di Liège, in collaborazione con G. Simonis.

Karim Zouhdi i Mahmoudi, Girona, 1978. Laureato in Traduzione e Interpretariato, Master in Estudi Internazionali e Interculturali. Lingue straniere: Amazic, Arabo, Catalano, Spagnolo, Francese, Inglese, Italiano, Ebreo. Nato a Tossa de Mar (Gerona), figlio di genitori berberi.

TRADUCCIÓNES

ESPAGNOLE

EL PROYECTO EMLIT

Introducción

> "…somos personas traducidas. Se suele dar por descontado que en una traducción siempre se pierde algo; yo me aferro, con obstinación, a la idea de que también se puede ganar algo."
>
> Salman Rushdie, "Imaginary Homelands"

EL PROYECTO EMLIT recoge una selección de Literaturas Europeas Minoritarias en Traducción: textos literarios escritos en diversos países de la Unión Europea en lenguas minoritarias de dos tipos, unas de origen antiguo dentro de Europa y otras asociadas a migraciones más recientes. Estos textos aparecen en el presente volumen con sus traducciones a las cinco lenguas europeas más extendidas—inglés, francés, alemán, italiano y español—. La primera sección del libro la constituyen los textos literarios originales, en diecinueve lenguas minoritarias diferentes. El resto del volumen se divide en secciones que presentan las traducciones de los originales a las cinco lenguas mayoritarias en el orden mencionado anteriormente. El objetivo primordial de EMLIT es ofrecer apoyo a una variedad de escritores hasta ahora conocidos principalmente dentro de su comunidad lingüística y acercarlos a un público lector distinto—en potencia un público muy amplio de todo el mundo—pero también hay otro objetivo: ofrecer a Europa la oportunidad de mirarse en un espejo diferente. Estos textos son un poderoso recordatorio de la diversidad cultural que caracteriza hoy a Europa y de cómo puede pasar desapercibida para las distintas culturas predominantes de las lenguas mayoritarias la riqueza artística que se desarrolla dentro de ellas en diversas otras lenguas. Todos estos autores en cierta medida están articulando, de una forma nueva, lo que es Europa razón por la que el diseño de la portada del libro se basa en la palabra "Europa" escrita en algunas de las lenguas del proyecto. Este proyecto se ha llevado a cabo con la ayuda de la Comunidad Europea dentro del programa Cultura 2000.

Universidades de cinco países de la Unión Europea, lideradas por Brunel University de Londres, han colaborado en el proyecto, realizando una selección de textos de escritores que viven en cada uno de sus países y traduciéndolos a sus respectivas lenguas nacionales. Dos universidades de España, la Universidad de Málaga y la Universidad Autónoma de Barcelona, han colaborado para seleccionar un conjunto de textos en gallego y árabe (Málaga), y en catalán, gun y lengua amaziga (conocida anteriormente como bereber) (Barcelona) con los que se representan en el proyecto no sólo diversas áreas de España sino otras tan variadas como el norte y oeste de África, Egipto, Palestina e Irak a través de residentes europeos con vínculos ancestrales o personales con esos lugares. La Universidad de Palermo contribuye textos en siciliano, una lengua antigua todavía en uso hoy, y en albanés, que no sólo es la lengua de muchos inmigrantes recientes sino que se ha mantenido en algunos pueblos del sur de Italia como el idioma de varias comunidades cuyos antepasados huyeron de la persecución turca en el siglo XV. La Universidad alemana de Regensburgo ofrece textos en sorbio, una lengua eslava ahora restringida a dos pequeñas zonas al este del país, en los alrededores de Cottbus y Bautzen, y también textos en turco y griego de escritores cuya historia personal manifiesta la política alemana desde finales de la Segunda Guerra Mundial de atraer a trabajadores a la antigua Alemania Occidental. La Universidad de Lieja en Bélgica contribuye textos en dos lenguas regionales que evolucionaron en paralelo al francés—valón y picardo—y también en lingala, una lengua que ha llegado a Europa con los inmigrantes del África subsahariana, especialmente la región del Congo. La contribución del Reino Unido combina textos en dos antiguas lenguas celtas del país, el gaélico escocés y el galés, y escritos en cuatro de las muchas lenguas del sureste asiático que se utilizan en el país en la actualidad: hindi, urdu, bengalí y sinhala. Es obvio que la historia postcolonial de los imperios europeos se manifiesta en algunos de estos patrones demográficos.

Está claro que Europa no es una única cosa y que nunca lo ha sido, dada la compleja historia del continuo movimiento y cruce de gentes, sus idiomas y culturas. Las lenguas celtas se hablaban en el pasado por todo el territorio de las Islas Británicas, por ejemplo, pero en un momento llegaron nuevas gentes que impusieron otras lenguas, a partir de las cuales surgió el inglés, en sí misma una lengua híbrida. En algunos casos, un idioma ahora asociado a comunidades de inmigrantes relativamente recientes puede haber sido usado durante siglos pasados en el país, como ocurre con el árabe en España o el albanés en Italia. Conviene también recordar que cada idioma minoritario es de alguna forma también lengua mayoritaria—desarrollándose como la lengua principal de una determinada comunidad y sirviendo de vehículo de comunicación de un grupo particular, ya sea tan grande como la población de Cataluña o tan reducido como una familia que pueda usarla, en algún lugar de Europa, alejada de otros hablantes de su lengua materna—. Como ayuda para comprender las distintas situaciones de las lenguas minoritarias representadas en este proyecto, se incluyen notas sobre la situación social y lingüística de cada una, al igual que una pequeña nota biográfica de cada uno de los autores.

Obviamente, decidir qué constituye una lengua (o cuándo tenemos una lengua o un dialecto) y qué podemos considerar una lengua minoritaria sigue siendo objeto de discusión académica. Es evidente, sin embargo, que dentro de los objetivos marcados para el presente proyecto, los términos se han usado con un significado amplio. Una lengua usada por una minoría en términos demográficos (frente a la población nacional) se considera en este contexto lengua minoritaria. Dicho esto, está claro que la posición social del catalán, por ejemplo, es muy distinta de la del gaélico escocés, tanto en el número de hablantes como en su posible desarrollo en el futuro. Algunas de las lenguas "minoritarias" de este proyecto, que aquí representan a comunidades minoritarias dentro de la Unión Europea, son usadas por comunidades de muchísimos hablantes en otros lugares del mundo. Escritores en lenguas como el hindi, el urdu, el bengalí o el árabe cuentan con un número elevadísimo de posibles lectores en el mundo. Otras de las lenguas incluidas en el proyecto están en peligro de extinción. En el plan original, de hecho, se pensó incluir la lengua caló en el caso de España, de la que ha sido imposible encontrar material por encontrarse efectivamente extinguida. Hay sin embargo otros casos de lenguas rescatadas, como es el caso del sorbio, que a partir de los años sesenta se ha ido recuperando de una situación crítica gracias a políticas sociales y con la ayuda académica de la Universidad de Leipzig. La situación de una lengua nunca es estática y se siguen debatiendo cuáles son las mejores estrategias para mantener vivo un idioma minoritario cuando predominan el bilingüismo y la asimilación.

No ha de sorprender, pues, que algunos de los textos del presente volumen traten la cuestión misma de la lengua y la traducción que, con su dimensión filosófica y práctica, constituye otro tema de debate académico. La relación entre lengua origen y lengua término no es ni mucho menos simple y hay muchas posibles estrategias de traducción. Dado que la traducción secundaria, es decir la traducción de una traducción, plantea claramente dificultades añadidas y posibles distorsiones, este proyecto no se habría podido realizar sin una actitud abierta sobre los logros posibles. Se ha intentado consultar a los autores—que han sido con frecuencia los traductores de sus obras a la primera lengua mayoritaria—y los matices de las traducciones finales han sido a menudo resultado de una labor colectiva.

Las traducciones del proyecto no son en general traducciones literarias libres alejadas del original. Hemos intentado por el contrario ser lo más fieles posible al tono y a la forma de los textos originales, cuidando al mismo tiempo que los textos traducidos tengan también su valor literario. Se ha tratado de captar en algunas de las lenguas término las cualidades formales del original que quizá fue imposible trasladar a la primera lengua mayoritaria. Incluso en los casos en los que los textos primarios están en un alfabeto que el traductor no puede comprender, es posible "leer" ciertos patrones, como por ejemplo la repetición que indica una rima. Ese es el caso de los poemas en urdu de la primera sección, en los que el lector sin conocimiento de la lengua puede constatar la rima, una vez que interpreta los signos de derecha a izquierda de la página. Se invita a los lectores a que no dejen a un lado la primera sección del volumen—los originales de todos los textos en sus lenguas minoritarias—sino que abran los ojos a su particular apariencia, su especificidad y su gracia particular en la página. Es evidente que una traducción no puede ser lo mismo que el original. El texto se convierte de alguna forma en un texto nuevo. Se pierde algo pero también se puede ganar algo. Esperamos que, al combinar los textos originales con sus traducciones a las cinco lenguas término, el proyecto ofrezca a estudiantes de lenguas y otras personas interesadas la oportunidad de comparar entre las versiones y enriquecer su conciencia lingüística.

Posiblemente éste es el primer volumen de estas características. El proyecto EMLIT reúne en un solo libro un conjunto de textos de gran sustancia e interés y en un amplio abanico de géneros. Hay drama serio y cómico, prosa en forma de relatos, memorias y otros, y poemas de gran diversidad, entre ellos por ejemplo una forma tan admirada como el ghazal urdu. No ha sido siempre fácil elegir, y la selección para el libro ha dejado fuera textos que se podrán encontrar en la versión ampliada del proyecto disponible en la revista electrónica de libre acceso de la Universidad de Brunel *EnterText* (www.brunel.ac.uk/faculty/arts/EnterText). Dado que una parte fundamental de la identidad individual de una lengua es su música distintiva, se ofrece una introducción al sonido específico de algunas de las lenguas del proyecto en el CD que acompaña al libro. Tanto si se entiende como si no, se puede disfrutar al oír la música particular de una lengua.

A muchos de los lectores de este volumen les puede resultar sorprendente que en medio de nuestras sociedades contemporáneas, que a menudo parecen homogeneizar todo con gran rapidez, haya escondida una riqueza tan variada de textos. Las lenguas son un bien tan precioso como las especies vivas y, al igual que éstas, han evolucionado a lo largo de muchos años y su conservación debería ser tan importante como la de aquéllas. El impacto de las nuevas tecnologías de la comunicación y la expansión global extremadamente rápida del inglés hace que muchas lenguas se encuentren amenazadas, e incluso una lengua que parezca tener una situación segura en este momento puede pasar a ser vulnerable en una o dos generaciones. Si nos preocupa la desaparición de las lenguas, debemos prestar atención a las comunidades con lenguas minoritarias ahora e intentar hacerlas más (y no menos) visibles. Muchos de los que escriban la literatura del futuro tendrán que tomar la difícil decisión de qué lengua utilizar. Esperamos que el proyecto EMLIT sirva de ayuda para que algunos de esos escritores bilingües no abandonen la lengua menos conocida, al demostrar que escribir en una lengua minoritaria no implica necesariamente aislamiento. Una de las consecuencias no previstas del proyecto ha sido alentar a una escritora bilingüe, que ya no escribía en su lengua materna, a volver a hacerlo…. Es un comienzo.

Paula Burnett

Londres
Julio 2003

(Traducción: Sofía Muñoz Valdivieso)

Gallego en España

El gallego es el idioma de unos 2'5 millones de personas del noroeste de la península ibérica, la mayoría de los habitantes de la comunidad autónoma de Galicia. Es una lengua romance derivada del latín que aparece documentada en textos legales y poesía en el siglo XII y que sigue el mismo camino que el portugués hasta el siglo XIV. Entre el XVI y el XVIII desaparece prácticamente de los textos escritos y es a mediados del XIX cuando se produce un renacimiento de la lengua y cultura gallega. Aunque en 1936 el gallego se reconoce como lengua oficial de Galicia, la guerra civil impide la aplicación del estatuto que así lo determina y hasta la constitución de 1978 no se ponen en marcha las condiciones para la normalización del gallego, que en el año 1981 fue declarada lengua co-oficial de la región junto con el castellano. Según los datos de la Xunta, el gobierno autonómico de la región, más del 83% de la población de Galicia lo habla, un 46% lo lee y un 27% lo escribe. En los últimos años se han realizado numerosas campañas de sensibilización para prestigiar su uso, por lo que han aumentado las editoriales que publican en gallego. Desde 1994 existe un diario, *O correo Galego,* exclusivamente en esa lengua, y desde 1984 una radio y televisión autonómicas.

Ana Romaní

Nudos

1
Se planta
en medio de la almohada

esa mujer abismada
precipitándose
soporta la luz
para iluminar la herida
abrir en canal
las mantas

Mira vientre hinchado
su dura preñez
de inválida

2
Tensar la cuerda
tirar del cabo

que rompa

¿quién se colgará del mástil?

3

Esa mujer
que se cuelga del último piso
mas allá del andamio
para limpiar con su vértigo
los rastros del miedo
las manchas de grasa

4

Atroz espejismo
el desierto que explora
arranca las entrañas   cava
en la árida tierra de mudez sin nombre
-¿cual es su garganta?-
cava con las manos
en el silencio enmarañada   cava

Para si misma la aflicción:
cavar y prensar retratos
beber su zumo de rabia
descubrir así el engaño

5

Los hábitos de la niña que calza sandalias en diciembre
la que no pregunta ni sabe ni quiere saber
la que tan solo lame con feroz indolencia estalactitas
que los días abandonan en su álbum de princesa
Devanarse esa mujer
y lanzarse al vacío
como cuando jugaba con muñecas y crecía y perdía comba
como cuando las horas se rompieron y se le salieron de madre
los ríos que le corrían por dentro.

6

Soñé un día que yo era y estallé los globos
ahora deshincho mi preñez de invalida
y deposito gasas en los huecos de los cimientos.

(Traducción: la autora)

Xavier Rodríguez Baixeras

Sin afán

Desde ahora tus labios ya no serán de arena
ni tu seno, ni los peñascos olorosos
se abrirán como puños en la bajamar.
El fondo de tu cáliz supura poso negro.

Cataclismo que exalta tenaz acometida
de excrementos, acariciados por tus príncipes
cuando inventan la dirección variable de los vientos,
cuando palpan, molestos, el esplendor de la agonía.

Ola negra, espuma lúgubre, éste es tu futuro
de astro caído en el exilio de algún pozo blanco,
voz de ave emponzoñada, borrón de los que escribimos
con desespero, verso ínfimo y nauseabundo.

En ti varan sombrías las palabras, resuena
la membrana de la noche, la aflicción y el silencio
vertido sobre las naves manchadas por la tinta
de lo escrito sin afán, de lo estéril, de lo que sobra.

(Traducción: el autor)

Chus Pato

Desdeñosos cisnes, como icebergs

Por mar las naos, la marea inexplicable, los cetáceos extraños
las cósmicas reflexiones de los filósofos en el jardín abierto a las Cícladas
las profetas del oceáno
los barcos hasta Armórica, Cornualles, Gales, Irlanda, Escocia
la epigrafía de las Burgas
los conventos nestorianos, los cipreses de Salustio
la elegancia de un pórtico en un paisaje yermo
la negra sangre que enrojece en la prisión de Tréveris
la doctrina de los Eones: Eucrocia, Prócula, Úrbica, Hipatia, Trahamunda, Egeria.
Los miñotos peces con letras y cifras de presagio
el imperio del terror, la final desesperanza romántica
el corazón de Bruce, el rey
BE TOM ATRON SAMBIANA, ATRON DE LABRO
el reflujo de un ecuador brasileño, congolés, indostánico, malayo
la metamorfosis de Adonis-Atis
los bailes de damas
la política
la ciencia
las Investiduras
la Dieta imperial
la tiara de tres coronas.
Del Gulf-Stream las rápidas corrientes,
las fieras sirtes, los ásperos rompientes

Así me imagino yo el paraíso
el paraíso es un lugar cercado
en el paraíso se entra por ósmosis
en el paraíso están las palomas y la red que sirve para atrapar palomas
hay vegetación
puede ser un yermo
un libro
un camino
-nacer, se nace siempre en tierra extraña

entonces el astro es dos
Terrenal
cuadrado
cuatro

(Traducción: Iris Cochón)

Árabe en España

El árabe es uno de los idiomas vivos más antiguos y cuenta con más de 200 millones de hablantes por todo el mundo. Es la lengua oficial de muchos países del norte de África y Oriente, que comparten la misma lengua escrita aunque sus dialectos de árabe hablado sean muy distintos entre sí. Esta lengua semítica que se escribe de izquierda a derecha está documentada en la península de Arabia en el siglo IV y tiene una rica tradición literaria a lo largo de los siglos. El árabe fue la lengua de parte de la población de la península ibérica entre los siglos VIII y XV y ha dejado una profunda huella en la lengua castellana, en numerosos topónimos y palabras de uso cotidiano. En la actualidad los hablantes de árabe en España son inmigrantes de incorporación reciente. Según los datos del Ministerio del Interior para 2001, en España viven 1.100.000 residentes extranjeros que suponen un 2'5% de la población total. Entre ellos la mayor comunidad es la marroquí (234.937), por lo que gran parte de los estimados 300.000 hablantes de árabe en España hoy son inmigrantes de Marruecos que han llegado al país sobre todo desde comienzos de los años noventa (hace una década no había más de 20.000), en su mayoría trabajadores poco especializados. Las cifras residentes extranjeros de otros países de lengua árabe como Argelia, Túnez, Egipto, Siria, Líbano o Irak son mucho menores.

Abdulhadi Sadoun

Esteras de tanques

Qué pacifista la gente de aquí,
ofrecen las dos mejillas,
si más tuvieran las ofrecerían
a su destino;
mientras tus labios buscan
palabras que recuerden.

Aquí
la gente no conoce la maldad.
Más vale que se enjaulen en su aburrimiento
—hasta prefiero su mansedumbre—
pues ellos no han sabido de guerras.
Es como si Spielberg no los hubiese invadido
con sus dinosaurios.
No se desangraron por las túnicas de Kubrick.

Les digo:
—Ay de sus inteligencias.
Y me protejo bajo sus mismos paraguas.

Aquí
ríen mucho, sin miedo,
tocan mi barba crecida

y carcajean:
-Háblanos de lo que sabes, de tus esteras.
E...S...T...E...R...A...S.
Y arrastran la palabra como un paño extendido.

La gente, aquí,
me confunde con un cuentero
y me lleva, amablemente,
con bondad,
en sus brazos.

(Traducción: Luis Rafael)

Talat Shahin

La estrella cayó de tu mano

Al poeta Amal Dunqul

Veo sobre tu pecho la sangre cuajada
en la pupila de la estrella de la noche,
sueño y sangre en la garganta del valle.
Tú..., caído,
            asesinado al mediodía.
Te lloran las acequias del Nilo,
                el sol,
                            los árboles.
Tú eres la promesa diseminada,
tú..., el tiempo vencido.

        * * *
No mires hacia atrás,
se cayó la estrella.
Cayó de tu mano,
        para prenderse en su pecho.[1]

        * * *
Tu esposa me daba calor en la noche,
tu color me dolía en sus ojos,
me inquietaba.
Me olvidé del pan duro,
del poso de sal
sobre unos labios secos por la sed del desierto.

        * * *
Tu color me dolía en sus ojos,

tu herida me rodeó cuando nos acariciamos,
era pegajosa.
Huyo de ti al sentirte tierno en su seno
dibujado en el tatuaje de la noche,
huyo al sentirte niño que corre
recogiendo la sal del desierto,
la estrella del mar y las crines de los caballos.

* * *

Ahora es invierno,
tu herida se desangra,
tiembla,
dibuja un niño,
escribe versos,
un pueblo.
Se descorre el velo de la noche
y canta al silencio.

* * *

Cuando te fuiste,
¿no ocultabas tu cara al silencio?
o ¿nadabas en el tiempo muerto?

* * *

No mires hacia atrás,
se cayó la estrella,
cayó de tu mano,
para prenderse en su pecho.

[1] En el poema hay dos personas: el poeta muerto y una segunda persona. Su identidad está oculta en los versos; es el ex-presidente de Egipto Sr. Sadat, del que se dice que entró en la guerra de 1973 no para liberar los territorios egipcios ocupados por Israel, sino para colgarse una medalla. La inventó él mismo y se llamó entonces ¨La Estrella del Sinai¨. La tenía colgada cuando cayó asesinado en octubre 1981, después de encarcelar millares de intelectuales egipcios, entre los que estaba el poeta Amal Dunqul que murió unos meses después.

(Traducción: Manuela Cortés García)

Mahmud Sobh

Molino de Nostalgia

A mi hijo Tarek

Ay, Toledo… Toledo…
Aquí estoy, anclado en tu foso,
tenso por verte venir
a rescatarme de las garras del Tiempo,
de la tierra viscosa.
Aún espero en el fondo del barranco,
sin mano que se extienda hacia mí;
sin ver
más que tus mástiles brillando desde lejos,
como un fuego en la cumbre.
Ábreme, Isla de Luz,
aunque un instante sea,
el Templo
y las casas del Señor.
¡Hijo de Galilea!, desde que nací
llevo la cruz
y riego con mi sangre el Gólgota.

Ay, Toledo… Toledo…
Tengo sed.
¿No hay una gota que me aplaque?
Mi huerto, allá, en Galilea,
ya no es mi huerto,
y mi cántaro hace tiempo que está seco.
Oh, puerto de la Historia
mi historia terminó
cuando olvidé mi nombre.
Acógeme en tu regazo
flotando entre las olas.
Abrázame.
Me han vedado
el sabor de la Tierra,
el vino del amor,
el calor del hogar.
Apiádate de mí.
Soy como el Molino del Moro de tu vega.
Molino de Nostalgia.
Molino de La Mancha,
sin aspas
ni caudal.
Soy una interrogación,
rostro del triste Caballero.
Un problema estéril.

Como si fuera el mismo Tajo
que, por miedo de ahogarse,
se hace ajorca en tus pies.

Ay, Toledo… Toledo…
Cuando me dejaste cruzar bajo tus arcos
cada arco fue como una cuchilla.
Y una espada damascena,
del color de la tristeza en Damasco,
cada esquina.
Tus candiles
me iban apuñalando
con miradas de odio.
Mi sombra renegaba de mí,
y la seguía.
Pero, detrás de mí, venía corriendo.
Juró la mano del Cristo de la Vega
que nunca me había visto,
que jamás oyó mi historia;
que no cargué con la Cruz, como Él,
ni un solo día;
que no soporté el peso de mi tragedia
ni pisé Galilea.
Pues no me hice la tierra
de mi tierra.

Ay, Toledo… Toledo…
¡Estoy al borde de la muerte!

Ay, Toledo… Toledo…
Aquí estoy, anclado en tu foso,
tenso por verte venir.
Aquí estoy,
otra vez con la comedia.
Vengo a ti
Nazaret.
¿Dónde está mi sepulcro?

¡Qué perdido se halla
el que pierde su Hogar!

Ay, Toledo… Toledo…

(Traducción: el autor)

Lengua amaziga

Los amazig son el pueblo que habitaba el norte de África antes de la invasión árabe del siglo VII, en un territorio que va desde las islas Canarias y el océano Atlántico hasta los límites occidentales de Egipto, y desde el Mediterráneo hasta los ríos Senegal y Níger y el macizo Tibesti, por el sur.

La presencia de la lengua amaziga es todavía importante en Marruecos (más de un 50% de la población) y en Argelia (cerca de un 25%), con zonas de habla amaziga compactas. El total de parlantes es aproximadamente de 20 millones, a pesar de que las estadísticas no son fiables debido al hecho de que es una lengua no oficial. En amazig el nombre de la lengua es "tamazic" (el nombre genérico de sus hablantes es "amazighen", que significa "pueblo libre"). Es una lengua camito-semítica (o afroasiática) con algunas características comunes con el hebreo y el árabe en cuanto a su fonética y estructura morfológica, pero muy alejada en cuanto al léxico. La influencia del árabe se ha hecho notar más en el norte que en el sur, y también puede percibirse la influencia del latín como consecuencia de un largo período de romanización.

Existen diferentes tipos de habla amazic: en el norte de Marruecos, el *rifeño* (*tarifit*, con más de dos millones de hablantes), el *kabila* o *cabilenco* (*teqbailit*) en el norte de Algeria. En el sur encontramos el *tamazight*, el *tacelhit* (conocido por árabes y franceses como *chelha*). En la zona del Sáhara encontramos el *tamaceq* hablado por los tuareg. El *tacelhit* es el habla con mayor tradición literaria escrita: se conservan escritos en grafía árabe del siglo XVI. El *taqbailit* que recibe mayor impulso a través de revistas y libros en la actualidad, y también posee mayor reivindicación social.

La mayor parte de la inmigración norafricana en Europa procede del Rif y habla *tarifit*. Actualmente el amazig se escribe en alfabeto latino principalmente. En usos simbólicos se emplea de manera creciente el *tifinagh*. El amazig es lengua oficial en Níger y Mali (donde habitan los tuareg). En Marruecos, Argelia, Túnez, Libia, Mauritania y el Txad, la lengua amaziga no tiene reconocimiento oficial. Esta situación ha generado un movimiento reivindicativo. A raíz de diversos sucesos en 1995 se crea en Argelia un "Alto Comisariado de l'Amazighidad" con el objetivo de rehabilitar esta cultura como componente esencial de la cultura argelina. Cataluña, Valencia y otras zonas de España han sido habitadas por miembros de la cultura amaziga durante siglos.

Karim Zouhdi i Mahmoudi

Candixa

En una noche que parecía no tener fin
El universo se vistió con unos atuendos maravillosos
Cosidos con hilos de penumbras i cuernos de gacela,
Piedras hechas de estrellas y de plata verdadera.
Los arboles han callado, y el mar se ha encogido

Los rayos han guiñado el ojo, y los truenos han discutido
Los *jujus* son gritos de alegría, y también un misterioso sonido.
El suelo tremoló, y las montañas se movieron
Apareció *Candixa*, galopando a un solo pie.
Arrastrando cadenas, y llevando encima una carga,

Llena de huesos de ultratumba de los montes
Pedazos de piel, y cadáveres de río.
La multitud se levantó, tanto los jóvenes como los ancianos
Las mujeres llevan a sus espaldas sus hijos.
Se encendieron las velas sobre las rocas

Y apareció la novia con sus mejores joyas,
Con un cinturón lleno de sal y de ruda,
Bailando y cantando una canción maravillosa
Con una dulce voz al ritmo de la melodía de la flauta
Candixa se asustó y huyó hacia una colina

Echaba fuego por la boca, y su cuerpo hervía
Con pies de cabra, y piel de lana.
Sus ojos brillaban como carbón candente
Su boca era tan grande como la luna en el cuarto creciente.
Tenía los cabellos atados a la cola

Como cadenas atadas a su cola.
Los ancianos se reunieron,
Sacrificaron un cordero y una oveja,
Y un par de recipientes llenos de sangre
Para que se los beba y marche

Un joven se levantó y gritó con fuerza,
Como si lanzase piedras:
Candixa es una vieja mentira,
Como una nube de verano que no deja lluvia,
Como la cara de una noche que no tendrá alba,
Candixa es un lago por donde sube el vapor,
Impalpable con los dedos, que no se puede arar

(Traducción: el autor)

Lengua gun

Los gun son un viejo pueblo del golfo de Guinea, que puebla el sudeste de la actual República de Benin (ex-Dahomey). Antes de la colonización francesa fundaron un reino cuya capital fue Hogbonu ("la gran puerta"), hoy Porto-Novo. Son uno de los—aproximadamente—treinta grupos socio-culturales que conviven en la República del Benin y que dieron, a su vez, lugar a cierto número de identidades homogéneas desde el punto de vista lingüístico. El "gungbé" (es decir la lengua de los gun) pertenece a la misma familia lingüística que el fon, aja, yoruba, xwla, ayizo etc… procedentes e influidos todos ellos por el sustrato lingüístico de las poblaciones del área cultural conocido como Aja-Tado (situada en el golfo de Guinea y que ocupa territorios pertenecientes a los actuales Ghana, Togo, Benín y Nigeria), con poblaciones que emigraron a principios del siglo XVII hacia las regiones boscosas del golfo hasta asentarse en las que hoy habitan. De los 6 millones de habitantes con los que cuenta Benin, el 11'6% son de habla gun.

El gun es una lengua tonal al igual que la mayoría de las lenguas del África subsahariana. Los pueblos africanos, de tradición oral, crearon una literatura en sus respectivas lenguas—se han catalogado 1.500 en toda la África Negra—que florece en muy variados géneros como epopeyas, leyendas, cuentos, cantos iniciáticos, etc… y que, a falta de una escritura o alfabeto propio, se han transcrito, por lo general, utilizando caracteres árabes o latinos. Se trata pues de una transcripción fonética que intenta recoger en la medida de lo posible, unas lenguas en las que los tonos desempeñan un papel fonológico esencial. Unas lenguas africanas en las que los distintos niveles tonales (alto, medio, medio-alto, bajo) son esenciales para la comprensión del mensaje que vehiculan.

Por lo que se refiere a la escritura de los poemas en gun, la autora ha intentado transcribirlos adaptándose a la fonética española, prescindiendo de los signos diacríticos y otras grafías lingüísticas para soslayar siempre que ha sido posible el problema que representa la escritura de esos tonos, puesto que no ha querido utilizar los signos eruditos de los lingüistas y antropólogos—de difícil comprensión para el público no especializado—y le parecía inadecuado recurrir a la transcripción musical en un pentagrama o, como mínimo, en un "trigrama". El lector debe tener, pues, presente siempre que su lectura sonará de un modo aproximado.

Agnès Agboton

Lejos

Lejos, tan lejos ya
el manto cálido del viento
y el sudor que empapa la tierra.

Lejos, tan lejos ya
las palmeras de Semè-Podji
y la sangre que abre caminos.

Lejos, tan lejos ya

la tierra roja que abraza a los míos
y bebe, despacio, el agua del *yoho*[1]

Mientras la mañana enfría mis sueños
y mis pies desnudos se arrastran
por esas baldosas sin sed.

¿Dónde, dónde, está la tierra roja,
la sangre de las generaciones,
el ardiente *sodabi*[2] de los dioses?

¿Dónde, dónde está la tierra roja?

[1] *yoho*: altar familiar.
[2] *sodabi*: aguardiente de palma.

(Traducción: Manuel Serrat Crespo)

Canción del amor difícil

1
Mis ojos buscan desnudos
en el país de las máscaras
donde incluso las sonrisas se disfrazan.
¿Hay en tu cuerpo desnudo restos de ropa lejana?
¿También, a veces, tus manos se disfrazan?

2
Tus ojos en el columpio
van de la sonrisa al llanto.

Sonríen llenos de lágrimas,
lloran entre carcajadas
y siempre queda un pequeño resquicio
para el espanto.
Tus ojos en el columpio
van de la sonrisa al llanto;
van del llanto a la sonrisa
y se abren al espanto.

Tus ojos en el columpio.
Flores negras,
risa y llanto.

(Traducción: Manuel Serrat Crespo)

El catalán

El catalán es una lengua románica que mantiene semejanzas con las otras lenguas derivadas de la ocupación de los romanos. La lengua románica más alejada del catalán es el romanés, y la más cercana el Occitano o lengua d'Oc, lengua popular del sur de Francia. Desde el punto de vista lingüístico se diferencia del castellano o español, básicamente, en la cuestión fonética, con 8 vocales en lugar de 5, además de otras características consonánticas y gráficas.

Los primeros documentos datan de los siglos VII y VIII, aunque bien podría hablarse anteriormente porque los textos conservaban un latín artificioso que no reflejaba la lengua hablada. Se han hallado numerosos documentos enteros en catalán ya en el siglo XI. El primer texto literario, las *Homilies d'Organyà*, una colección de sermones, aparece en el siglo XII, y va seguida de numerosos textos poéticos. Se distinguen tres períodos de la lengua y la literatura catalana: el período nacional hasta el siglo XV, la decadencia (siglos XVI al XVIII) y la renaixença o renacimiento (siglos XIX y XX).

En la Edad Media Catalunya era un país independiente dentro de la Corona de Aragón, y el catalán, hablado por un 85% de la población, no rivalizaba con el castellano como hoy, sino con el occitano. Uno de los autores más prodigiosos fue Ramon Llull (1235-1316). Ramon Vidal de Besalú (1160-1230) és autor de la primera gramàtica. Con un Parlamento antiquísimo, el terreno del derecho es tal vez el que produjo éxitos más duraderos. Una vez consumada la unión personal con la corona de Castilla y después de la guerra de secesión (1714) se inicia la época de la decadencia. En el siglo XIX, con el crecimiento industrial y el afianzamiento de la clase burguesa, el catalán renace con gran fuerza y la producción literaria en lengua culta y refinada es muy numerosa. En 1931 el catalán recobra la condición de lengua oficial de Catalunya, hasta que a la derrota de la República a manos del general Franco en 1939, después de una cruenta guerra civil de tres años, sucede una represión de cuarenta años, la vida del dictador. Con la transición política a la democracia en 1976 se inicia una recuperación.

Actualmente la lengua catalana se extiende en un territorio de once millones de habitantes. Se trata de una lengua llena de vitalidad y con presencia internacional. Los Estatutos de Autonomía de Catalunya, las Islas Baleares y la Comunidad Valenciana reconocen el catalán como lengua oficial (en el último caso con el nombre de 'valencià'). Coexiste pues en cooficialidad con el castellano. En 1990 el Parlamento Europeo aprobó una resolución que reconocía el uso y la vigencia del catalán en el contexto de la CEE. Al amparo de la Constitución y los Estatutos en los años 80 se inicia una política de fomento de la lengua que la introduce en la escuela, la Administración y los medios de comunicación. Existen varios canales de televisión que emiten en catalán, diez periódicos, unos treinta semanarios, un centenar de revistas y más de doscientas publicaciones de ámbito local. Al mismo tiempo existe una gran producción editorial (7.492 títulos en 1999). A pesar del alto índice de comprensión y de uso de la lengua, existen muchos sectores en los que el catalán no tiene una presencia normalizada, como por ejemplo en los juzgados.

Francesc Parcerisas

Álbum de escritor

Sus manos, fatigadas tal vez de la existencia,
te turban la memoria y los sentidos:
solamente escribir junto al bosque en el crepúsculo
y escuchar, a ras del papel, un viento
que recuerda la playa y la infancia sumergidas.
Las palabras precisas también se desvanecen y se pierden
igual que la ceniza en el fondo de la taza del café;
y a la pechera caen las briznas de tabaco
mientras el cigarrillo se consume en los labios.
¿Esto es lo que ha querido? No le estorba
pensar que pudo ser distinto.
Le intrigan solamente los errores que nos traen
hasta este callejón sin salida azul del laberinto
y hacen que la piedra sea piedra, pero el rojo
sea rubí, sea sueño o sea crimen.
Las palabras han ido desdibujando ilusión y mentira
tal vez hasta el extremo de querer creer
que pueden existir jóvenes dioses y amor eterno.
Sin pena ha envejecido, tumbado como un perro,
entre los libros y los objetos que aprecia
y no teme morir de frío. Ajusta los postigos y sonríe.
No hacen falta respuestas. Tú y yo podemos dejar
los zarcillos que hacen tupido el seto;
la tarde ya ha desovillado todo el hilo.

(Traducción: Ángel Paniagua)

Josefa Contijoch

Consejo

Puedes tomar
el camino a la derecha
el camino a la izquierda
o el camino del medio.
Es igual:
Llegarás a un lugar
que no te va a gustar.
Te equivocarás siempre.

(Traducción: la autora)

Labrando el cauce del río rojo

Labrando el cauce del río rojo
que canta historias de calaveras
seco por el viento y la sequía
cactus encuentras y fósiles reptiles
y un escorpión que te esperaba
para morderte para hacerte polvo
para hacerte cauce del río rojo
que canta historias de calaveras.

(Traducción: la autora)

Anna Aguilar-Amat

Rebajas

He vuelto a desnudarme lentamente ante
aquel otro espejo del probador, perdidas
las proporciones. He visto que unas cuantas
palabras tiernas tuyas se quedaron prendidas
en los dobladillos de mi sujetador. Y unos pequeños
esquiadores han resbalado haciendo zig-zags
y algazara de horchata por mis hombros: eran
tus bromas. Y aquello de que soy difícil y un
par más de improperios han rebotado sobre el taburete con

un ruido de perchas. Uno tras otro los
tres vestidos discretos que he escogido con pereza en la
tienda por si gustarte fuera una cosa necesaria.
Parecen recuerdos de muchachas; a veces las veo en
pasarela por tu mirada moviendo las
caderas y las cuentas brillantes de tu deseo. No
les soy hostil: sus humores te han conducido a mí.
E imagino otras mujeres, a las que precedo y
sonrío: el oreo tibio en los cabellos de mi canción.
Veo las voces... "La cremallera domina, los botones
se abomban." La banalidad suena igual en europanto.
Tengo uno en el armario para cuando te vea.
Ahora suena Gardel
En la caja un embrollo y el jaleo de adolescentes de
profesión y gente rica y yo como una niña con un ramo
de claveles envuelto en papel de periódico.
Ya veo que no es poético. Es sólo una vulgar
historia (y tan pequeña) del pasar de las horas
que te siguen. Como un cristal de azúcar girando
en la noria de una taza por la fuerza centrípeta que
alguien hace al remover. Poco a poco me deshago sin
el perdón que me haría desaparecer y me transformo
en té con hielo, con la turbia esperanza que la sed
de la prisa me regale otro instante, me deje
la propina de una mañana repetida,
la propina de una mañana repetida
de besos.

(Traducción: Jordi Virallonga)

Gaélico escocés y galés

En el pasado las lenguas celtas se hablaban por todo el territorio británico. Hoy casi todos los hablantes de lenguas celtas en el Reino Unido son hasta cierto punto bilingües.

El gaélico escocés (Gàidhlig) es una lengua celta muy relacionada con el irlandés. Lo introdujeron gentes llegadas de Irlanda y para el siglo VI se hablaba prácticamente en toda Escocia, aunque poco a poco fue disminuyendo ante el avance generalizado del Scots (el inglés escocés) a partir de la Edad Media. Su situación actual es mucho más delicada que la del galés. Menos del 2% de los cinco millones de habitantes de Escocia hablan gaélico. Las mayores comunidades de hablantes se encuentran en la zona de Western Isles (según el censo del 2001 un 72% de la población puede comprender, hablar, leer o escribir gaélico) y en la de Highlands (9%), aunque hay también minorías significativas en las principales ciudades (1'8% en Glasgow, 1'4% en Edimburgo y 1'2% en Aberdeen). El censo recogía un descenso total del 11% desde 1991, en parte debido a la desaparición de los hablantes de mayor edad. A pesar de que la reducción del número de hablantes nativos pueda ser causa de alarma, se ha logrado controlar el rápido declive de la lengua y, según algunas estimaciones, las respuestas positivas a políticas recientemente introducidas para su defensa pueden incluso haberle dado la vuelta a la situación. Entre ellas están las ayudas económicas para favorecer el uso del gaélico en educación y en los medios audiovisuales. Se ofrece enseñanza en gaélico en cincuenta centros de primaria y una docena de secundaria y ha crecido la demanda en las comunidades urbanas. El centro de enseñanza superior en gaélico de Sabhal Mòr Ostaig en la isla de Kyle juega un papel fundamental en los planes para asegurar el futuro de la lengua, así como también el festival anual de cultura gaélica denominado The Royal National Mod / Am Mòd Nàiseanta Rìoghail.

Aonghas Macneacail

la torre perdida

nadar en el cieno resonante
entre las raíces de mis dos idiomas
la que es roja
fluye con veloces relámpagos por mis venas
y la otra
                extraña, indiferente, familiar
cubrió mi piel como uniforme carcelario, cuando
extendí los dedos de mi razón, mi visión
por los surcos de las olas
para llegar a todas las bahías del mundo
para llegar a todas las orillas del mundo
entre lomas rotas de conchas hechas con sílabas
para llegar a los idomas del mundo

aunque sólo estés
> al otro lado de un estrecho
se extiende una afilada cuchilla
> entre nuestras palabras

cantemos un himno
a la lengua dulce
cantemos para desafilar
eso que nos separa.

(Traducción: Miguel Ángel González-Campos y Sofía Muñoz Valdivieso)

Maoilios Caimbeul

3.3.2000

En Mozambique
inundaciones terribles. Un niño
nació en un árbol.

No sabemos
que estamos vivos. Quizás,
secos, no estamos vivos.

Desde ahora
los árboles me gritarán
cuando llueva.

Caen plumas

Empezar a comprender
que no basta con cantar
aunque sea hermosa la canción –
que cantar sirve de poco
si un rifle apunta al cerebro
y el cazador es barrote de la jaula
en la que cantamos.
Ver los cielos lejanos
por ventanas magnánimas;
añorar las alturas.
Oír detonaciones cercanas y distantes
y después los mensajeros –
plumas que desde muy lejos
caen por el aire.

(Traducciónes: Miguel Ángel González-Campos y Sofía Muñoz Valdivieso)

Meg Bateman

Elgol: dos perspectivas

Miré la vieja postal,
las casas como nacidas del suelo,
las cimas alzándose al fondo,
signos de la majestuosidad de Dios,
antes de que las montañas se convirtieran en entretenimiento,
se separara el trabajo de la diversión,
o lo sagrado de lo profano...
y le di la foto al anciano.

"Te pone triste, Larchie?" le pregunté
mientras él la contemplaba en silencio.
"¿Triste?, ¡qué va, ni mucho menos!
Es que no la encontraba a primera vista",
y señaló una vaca de la foto.
"Ésa era Dama Amarilla, la segunda ternera de Dama Roja –
ya ves, reconocería a cualquier vaca,
de las que eran de aquí como yo".

(Traducción: Miguel Ángel González-Campos y Sofía Muñoz Valdivieso)

El galés (Cymraeg) es una lengua celta muy relacionada con el córnico y el bretón. Su antepasado el británico fue en un momento de la historia la lengua de todo el país. Con las invasiones de los anglos, los sajones y los vikingos, sin embargo, tan sólo se mantuvo en la península que pasó a llamarse Gales en inglés. Hoy hablan galés 576.000 de los 2'9 millones de la población de Gales y también se habla en lugares donde se han asentado galeses, incluyendo la Patagonia. La literatura galesa tuvo su momento de esplendor durante la Edad Media, aunque el texto más importante para el mantenimiento de la lengua fue la traducción de la Biblia de 1588. El galés fue suprimido durante cuatro siglos pero se han desarrollado con cierto éxito importantes medidas para su recuperación en la segunda mitad del siglo XX. El censo del 2001 revela un primer aumento del número de hablantes que pone fin a la progresiva reducción desde 1900, cuando había un millón. Ahora el 21% de los habitantes de Gales consideran que hablan al menos algo de galés, y de ellos un 16% dice hablar, comprender, leer y escribir la lengua galesa. La mayor proporción se encuentra en Gwynedd (69%), y otras tres zonas tienen más de un 50% (Isle of Anglesey, Ceredigion y Carmarthenshire). Más alarmante es la disminución general de hablantes de galés en las tierras del noroeste y norte de Gales desde 1991 (hasta un 7%) y, aunque hay un incremento total del 2%, posiblemente esa cifra enmascara una reducción del número de hablantes para los que el galés es su primera lengua. Es alentador constatar la gran demanda de educación en lengua galesa que se produce dentro del medio urbano y la actitud favorable generalizada hacia la lengua que además se desprende del informe *The State of the Welsh Language* 2000. Un factor clave para el desarrollo del galés será su uso en variados contextos culturales, entre los que se encuentra la producción literaria. Cada año se elige un bardo nacional en la ceremonia del Nacional Eisteddfod.

Twm Morys

Una mañana fría

Una mañana fría, frágil encaje
de su aliento y el mío,
fuimos a ver el milagro del mar,
como un libro de aventuras[1] que se abría.

Sonreía el niño de oro:
los huesos diminutos[2] de la primavera,
se escondían entre ramas y maleza
y gemía incesante el campo de corderos.

Pero había hielo en la espuma,
y mientras él seguía mirando el mar,
yo podía ver los lugares lejanos
de su libro de aventuras que se abría.

[1] *Mabinogi* en el original galés significa literalmente "historia de hazañas de juventud". Así se denomina la colección de antiguas leyendas galesas sobre Pryderi, Rhiannon y Brân, recogidas de forma escrita en la Edad Media. (Nota del autor.)
[2] "Alimentar pequeños huesos" es una expresión galesa que significa que una mujer está embarazada. (Nota del autor.)

(Traducción: Miguel Ángel González-Campos y Sofía Muñoz Valdivieso)

Al oír hablar a un inglés[1]

Pidió a los parroquianos que le indicaran
un agujero por el que poder ver enseguida
la casa que iba a comprar: ¿la Colina del Oro?
El campo amarillo estaba en las nubes.

Amarilla, amarilla, entre las nubes,
la hierba verde se oxidaba en sus acres.
Recordaron la plenitud de las cosechas,
la piel del hombre amarilla como una manzana.

Y cerraron sus estrechos corazones monolingües,
medio escupiendo lo miraron fijo y le dieron la espalda,
cantaron desafinando largo rato, y decidieron
que podían olvidarse de aquel forastero malnacido.[2]

Cuando el idioma esté al borde del agua,
¿dónde irán los que destrozan los nombres,
los que llevan la lista de pueblos en los labios,
y en la boca todo Gales como una canción?

Días después, una pareja limpiaba la vieja casa,
y luego le cambiaban el nombre:
donde estaban la colina y el tranco dorados
no vieron más que helechos por el portillo.

[1] Hay un poema de R. S. Thomas titulado "On Hearing a Welshman Speak" ("Al oír hablar a un galés"). (Nota del autor.)
[2] La palabra galesa *anghyfiaith* sugiere alguien de fuera, un inglés que no habla galés. (Nota del autor.)

(Traducción: Miguel Ángel González-Campos y Sofía Muñoz Valdivieso)

A mi traductor

Aquí tiene ya, doctor,
mi cerebro y entrañas en hielo

extirpadas, bien limpias y secas
de sangre, de vida, de aliento.

Ya puede empezar a operarme,
proceda sin nausea, sin miedo.

Transplántese aquí con esmero
y llene el vacío de mi hueco.

Cuando al fin cierre la sutura
de su mano no quedará huella.

Sólo entonces podrá decidir
cuál habrá de ser mi nombre.

(Traducción: Miguel Ángel González-Campos y Sofía Muñoz Valdivieso)

Lenguas del sur asiático en Gran Bretaña

Como era de esperar, las lenguas del norte del subcontinente asiático, la zona más poblada, son las que tienen mayor presencia en el Reino Unido. Algunas se encuentran entre las que cuentan con mayor número de hablantes en el mundo, por lo que los autores que escriben en ellas en el Reino Unido cuentan con un número muy elevado de posibles lectores. Las lenguas ancestrales tienden a tener una gran importancia como señas de identidad entre la población de Gran Bretaña con orígenes en el sureste asiático, y muchos de ellos son plenamente conscientes del estatus político de sus lenguas a lo largo de la historia. El hindi, la lengua con más hablantes de la India, 275 millones, fue el foco de políticas anticoloniales en la India desde comienzos del siglo XX y fue elegida lengua nacional tras la independencia en 1947, pero dado que sólo un tercio de la población la entendía, el inglés fue pronto adoptado también como lengua oficial. El urdu es muy parecido al hindi pero hace uso del alfabeto árabe y se asocia particularmente con el Islam. Después de la división de la India fue designada única lengua estatal de Pakistán, relegando pues a la lengua bengalí que hablan 120 millones de habitantes en Pakistán oriental. El estatus del bengalí fue parte muy importante de las políticas de secesión en la zona, que llevaron al establecimiento en 1971 del estado independiente de Bangla Desh. El bengalí es también la lengua de 70 millones de habitantes del vecino Bengal occidental. En Sri Lanka las políticas lingüísticas también han tenido gran relevancia. La lengua de la mayoría budista, el sinhala, fue designada lengua oficial en la constitución de 1978; también se le confirió estatus oficial al tamil, la lengua de las minorías hindú y musulmana, mientras que el inglés fue designada lengua de conexión. Con todo, las diferencias lingüísticas han sido marcadores culturales muy evidentes en las largas hostilidades que han afectado a 17 millones de hablantes y que han sido causa de emigración.

Desde mediados del siglo XX empezaron a llegar a Gran Bretaña numerosos emigrantes procedentes del sur de Asia que traían sus lenguas. Los que tienen sus orígenes en la India siguen siendo hoy el grupo más numeroso dentro del Reino Unido, con algo más de 1 millón (censo del 2001), seguidos de los originarios de Pakistán (746.000) y de Bangla Desh (283.000). Residen principalmente en Inglaterra. Los que han llegado más recientemente y por lo tanto están menos integrados lingüísticamente son los de Bangla Desh. Casi el 60% viven en Londres, donde el bengalí es después del inglés la lengua materna de más niños en edad escolar. En Londres vive un total de 734.00 personas con orígenes en el sur de Asia; en Manchester y alrededores, 131.000. Los de origen pakistaní se concentran más en el norte de Inglaterra, especialmente en ciudades de los condados de Yorkshire y Lancashire donde trabajaban con frecuencia en la industria. En Bradford, por ejemplo, una ciudad de 468.000 habitantes, hay una gran minoría del sur de Asia (85.000, de los que 68.000 son pakistaníes). Estos grupos han sufrido la marginalidad económica producida por el declive de la producción industrial. Los habitantes con raíces en la India no tienden a agruparse en zonas específicas tanto como los que vienen de Pakistán y Bangla Desh. También están muy diseminados los habitantes con origen en Sri Lanka. Aunque no hay cifras seguras, se calcula que en torno a 200.000 tienen como lengua ancestral el sinhala.

Muchos jóvenes británicos de origen asiático son ya la tercera generación en el país y su idioma es el inglés, pero mantienen un grado muy variable de conexión con las lenguas de sus mayores. Será crucial que haya una cierta facilidad en el movimiento entre Asia y Europa para que estas lenguas se sigan usando para la creación literaria dentro de Gran Bretaña.

Shamim Azad

Compañero

Me esforcé por recordar
      cómo había pasado el año:
cada mes, los días, las horas.
      ¿Quién estaba conmigo?
¿eran como yo extranjeros en otra tierra?
      Traté de repasar
mis pensamientos, en la noche escarchada,
      en el valle de los narcisos,
en el carnaval, en la densa oscuridad
      del abismo sin fondo del paso subterráneo.
      ¿Quiénes llegaban huyendo
hasta Trafalgar Square,[1] de puntillas como las palomas?

Voy vagando lejos de las playas del este,
¿qué será lo que ató mi madre en el extremo de mi sari?
Siempre me envuelve con cariño
      y nunca me abandona,
      no me ha dejado jamás,
en la felicidad, en la tristeza y en el pesar,
en las llamas refulgentes de esta tierra extraña,
arropa mi pensamiento y le da sosiego.
      En mi corazón desconsolado
siempre hay un péndulo familiar
que en la noche sin sueño se mece sobre los labios,
      la poesía de la noche
es mi derecho natural—el alfabeto de mi lengua bengalí.

[1] En el centro de Londres, donde los turistas dan de comer a las palomas.

(Traducción: Miguel Ángel González-Campos y Sofía Muñoz Valdivieso)

Saleha Chowdhury

Un poema sobre Dios

Cuando voy a Divinity Street grito "¡Dios! ¡Dios!"
en Almighty Lane, "¡Señor Todopoderoso!"
en la esquina de Allah Rakha rezo "¡Alá! ¡Alá!"
en el barrio de Khuda Baksh,[1] "¡Baksh!"
Un domingo fui a Christ Church
y a la Mezquita del Pan y la Carne de Nazrul.
En la parte de atrás del templo viven las castas más bajas;
creo que ya no llevan colgada una campanilla,
pero en Varanasi, en Gaya, y en Vrindavan
tengo que proteger mi bolsa de los mendigos del templo.
El negocio de los devotos de Ajmer me deja sin un céntimo.
La camarilla de la mezquita gana millones con el comercio de la alfombra roja.
No vale la pena gritar "¡Dios! ¡Dios!" en Divinity Street.

Al volver a casa cargada con dos bolsas pesadas
un chico con piercing en la oreja me cede el asiento.
Un hombre con tatuajes me abre la puerta y me ayuda a bajar.
Al volver a casa cuando hace frío tío Karim me dice:
"¡Ven a tomarte una taza de té para entrar en calor!"
Un vecino que apenas conozco me lleva las bolsas hasta la puerta.

La existencia de Dios es como una pequeña chispa—
ni en Divinity Street ni en la esquina de Allah Rakha,
ni en Christ Church ni en la Mezquita del Pan y la Carne
donde se puede comer hasta quedar satisfecho—
sino en una taza de té, un asiento cedido en el autobús, un gesto de ayuda,
en esas cosas pequeñas.

[1] El nombre de una calle de Calcuta, que significa Dios; "Almighty" significa "Todopoderoso" en inglés.

(Traducción: Miguel Ángel González-Campos y Sofía Muñoz Valdivieso)

Basir Sultan Kazmi

Ghazal

En esos brotes tiernos que aplastó el huracán al amanecer,
crecían llenos de hojas y retoños los árboles de mañana.

Por buscar compañeros nuevos renuncié a vuestra amistad,
y dejé la ciudad, pero a nadie como vosotros pude encontrar.

Aquí siento la frialdad habitual, en la noche la misma oscuridad.
¿Para qué intentáis alumbrar aquí, farolas de mi ciudad?

Persigo nuevos sueños; mi orilla está sumergida bajo el agua.
¿Qué vais a conseguir, amigos, por andar a mi lado?

En esta casa medio derruida, en este corazón palpitante,
aquí, en este corazón— se han puesto demasiados soles.

En las últimas horas del día alguien le habla a mi corazón:
"Alguna luna tendrá que salir, alguna copa rebosará".

En el viaje de mi vida, Basir, esto he observado:
acaban por tropezar los que pisan con más cuidado.

---

[1] El ghazal es un poema lírico clásico en pareados que suele ir sin título. Derivado de las tradiciones literarias árabe y persa, el ghazal (literalmente "grito del ciervo herido") es desde hace tiempo el género principal de la poesía en urdu y también es popular en otras lenguas del norte de la India. El ghazal con frecuencia se recita en público y los asistentes responden a cada pareado. Aunque el ghazal forma una unidad métrica, cada pareado es independiente y puede citarse por separado. El último suele incluir el nombre del autor.

(Traducción: Miguel Ángel González-Campos y Sofía Muñoz Valdivieso)

Saqi Farooqi

El dulce olor de la muerte

La separación es
        afluente
                del río sangrante del amor

La fidelidad
        serpentea sobre
                la rama coralina de la memoria

Dilaram y sus amantes
forman un círculo de miedo
en el aire, un rancio olor a besos
en los ojos, espejos rotos de sueños
en las islas de sus corazones,
zafiros de lágrimas escondidos
por sus venas fluye un río de tristeza

Pero seguirán cayendo las semillas del dolor
nos encontraremos y separaremos
Todas estas viejas tristezas
los encuentros y separaciones del ayer—
tristezas nuevas entrelazadas con las antiguas
heridas nuevas en los labios
nudos nuevos que enmarañan el corazón

En el cielo hostil
susurran los barcos enemigos
arden ciudades de estrellas
y en el radar de los ojos
sólo oscuras sombras
El penetrante olor dulce de la muerte nos ha enloquecido—
temerosos en el rojo submarino de la esperanza
flotamos sobre el mar negro de la desolación

Tierra, ¿cuál es la magia de tu suelo?
Humo acre y espeso de costa a costa

(Traducción: Miguel Ángel González-Campos y Sofía Muñoz Valdivieso)

Padma Rao

La espera[1]

No dije nada.
Sólo observé
el agua caer poco a poco
y dos rayos de sol intactos.
Sostenías un pequeño mar en tus manos.
Flotaba un rostro
en busca de sueños líquidos.
Mientras horneaba las islas de pan
se fundía la sangre como mercurio
en mis dedos calientes

"Volveré para comer".
La orquesta de la cancela rota
y tus palabras
bailaban alrededor del fuego.

***

Colgaban de la pared espejos de miedo callado
repletos de rostros distintos.
La cancela rota se batió en el viento
y el fuego ardió toda la noche en vano.
Escondo dos panes de mijo
en el extremo de mi sari
y espero volver a oír esa llamada a la puerta,
... los pasos sobre las hojas dispersas.

[1] Poema escrito durante la Guerra de Irak de 2003. Una madre hace pan mientras espera que vuelva su hijo.

(Traducción: Miguel Ángel González-Campos y Sofía Muñoz Valdivieso)

Daisy Abey

Woodland Grove

Fue el lugar donde pasamos nuestro milenio
vientos fríos recorrían Woodland Grove
una casa de fachada blanca en tierra anegada
aislada, solitaria, sin tan siquiera una aldaba,
abandonada en el borde de unos bosques de abedules.

Bajo las paredes derruidas del cementerio
surgían figuras tenebrosas de tumbas escondidas
mascullando entre susurros, aturdidas en la visión nocturna
iban de la mano, brazo sobre hombro, miradas atentas
de mujeres que acunaban a sus hijos colgados del cuello.

Se contaban por cientos las fosas comunes
de la plaga de Chapel Town[1] hace tres siglos,
se enterraron con prisa sus cuerpos dispersos,
los cadáveres arrojados como hojas que arrastra el viento.

Hubo un silencio, luego un zumbido, estrépito y chasquidos
en los terrenos del Mandela Centre ascuas candentes
el cielo naranja ardía con fuegos artificiales, chispas
durante toda la noche guerra entre tormenta y estrellas.

Casa de sueños muda y sonrojada con luz de invierno
la luna se había retirado como la marea
al amanecer, una década y un siglo
polvo bajo los huesos de los ahogados.

Se deslizó una urraca picoteando la hierba helada.
Puse a hervir la tetera, gotas de vapor resbalaban por el cristal.
Al día siguiente echamos la llave a la puerta por última vez
pensamientos en llamas y el cartel de "vendido" en la valla.

---

[1] Distrito de Leeds.

(Traducción: Miguel Ángel González-Campos y Sofía Muñoz Valdivieso)

Lengua y literatura picardas

...in Francia et Picardia et Burgundia
Santo Tomás de Aquino

Quedan lejos los tiempos en los que, en Lille, había que prestar juramento en picardo. ¿Quién se sabe aún los "fabliaux" de Gauthier le Leu? ¿Quién podría acabar *El viaje a Sicilia* que la muerte le impidió escribir hasta el final a Adam de la Halle? El picardo era la lengua de Philippa de Hainault, esposa del rey de Inglaterra Eduardo III. Los "jeux partis" (representaciones) inspiraron a Chaucer y nos imaginamos fácilmente los banquetes-espectáculos de poesía como los celebrados por "Hermandad de la Santa Candela" de Arrás. También fue en picardo como se interpretaron las Pasiones en Mons a partir de 1501, y más tarde en Amiens. En medio de campiñas fértiles y de ciudades prósperas gracias (sobre todo) a los tejidos, la burguesía conseguirá sus cartas de privilegios a partir del siglo XI.

La edad de oro de la literatura picarda parece culminar en el siglo XIII: "fabliaux", crónicas, teatro, poesía lírica, épica, didáctica, alegórica. La facultad de artes de la universidad de París computaba entonces cuatro "naciones": la francesa, la inglesa, la normanda, la picarda; y Roger Bacon, de viaje por el continente clasifica las lenguas de "oïl" en: franco, normando, picardo y borgoñón.

En el siglo XVI, Barthélemy l'Anglais sitúa la Picardía entre Francia, el Rhin y el mar... las fronteras fluctúan a merced de las alianzas y de las batallas. Siempre estamos "entre": en los confines de la Germania y de la Romania, un buen número de invasiones y conquistas nos *mestizaron armoniosamente* –reivindico la pureza de este *oxímoron*. Primero campo de batalla, luego fiesta cosmopolita, ese es el destino de las marcas.

Como todos los nombres de países borrados del mapa, Picardía sueña con una resurrección. Pero la lengua picarda ya no se utiliza en la vida pública (escuela, ejército, administración, tribunales). Mis cuatro abuelos eran ya diglósicos, escolarizados en francés. Mi padre se sabía de memoria versos de Henri Tournelle y suculentas fábulas de Bosquetia –para regocijo de las reuniones familiares. Mi madre está todavía suscrita a un periódico tan escueto como vigoroso: *El Borain*. Yo colecciono los léxicos, las relaciones de proverbios –reliquias de una lengua que no sobrevivió a su autocensura. En el libro que se publicará en 2003 cuento cómo, hace apenas veinte años, busqué un hablante picardo en una asamblea literaria en nuestra propia tierra: acabé encontrando ... un inmigrante de los Abruzzos.
—*Rose-Marie François*

Rose-Marie François

El castigo

En Douvrain, en la rue du Temple, a finales de los años cuarenta.

—¡Adiós! ¡Adiós!
—Hasta dentro de un rato.

—Si no nos vemos ya, nos escribimos.
—En una hoja de col con una pluma de gato.

Reímos como dos tontuelas, como puede hacerse a esa edad: siete, quizá ocho años... pero un golpe seco me sobresalta: mi madre ha dado en el cristal con el nudillo del índice que endereza para mostrar que está enfadada y para hacerme entrar. No puedo jugar en la calle, no puedo hablar picardo. Lo sé, pero es tan bueno...

Entro, pues, mirándome los zapatos llenos de hierba y de barro. Esta vez no me va a decir lo de siempre.

—Coge la pizarra y la tiza.
¡Dios mío! ¡Un castigo!
—Escribe diez veces: *No puedo hablar "patois"*.
¡Diez veces! ¡No sabe lo que está diciendo! ¡No terminaré en todo el día!
—Es con -s *patois*?
—El Larousse está detrás de ti.

El-La-rousse. El La... Los Las. Son dos, grandísimos, encaramados en lo alto (no de un cerezo, por desgracia, sino) de la biblioteca. Normalmente, no puedo cogerlos. Por eso los han puesto arriba, que es como decir en la cumbre de la estantería. Empujo una silla delante de mí: escalándola llego justito. Pero ¡cómo pesa! Hay que tener cuidado para no caer en la página de los bichos malos que me dan tanto miedo: "reptiles", con la boa constrictor azul de manchas amarillas que se mueve por la página sin irse nunca. La voz de mi madre resuena en mis oídos: *No puedes hablar "patois". No puedes hablar. No puedes[1]*... Es con -s al final. Me lo podía haber dicho enseguida, que había acertado... Ahora hay que volver a colocar el mastodonte en su sitio, si no, se va a liar una... Diez veces, ¡y hace tan bueno afuera! Al caérseme las lágrimas en la pizarra transforman mi escritura en horribles garabatos.

Llegué hasta el final. Pero, como veis, no he capitulado, al contrario: estoy segura de que mi curiosidad por las lenguas data de entonces. Hasta el día de hoy, me habré acercado a una quincena. Mi madre vive aún. Con frecuencia le doy las gracias por aquel castigo. Es verdad que no consiguió su objetivo. Pero me parece que, al leer la anécdota, mi madre me volverá a decir con su todavía enérgica voz: "¿Ves? No hay mal que por bien no venga".

---

[1] Nota del traductor: Se ha perdido una de las frases que resuenan en los oídos de la niña, al ser inviable el juego de palabras en la traducción : "patois" suena igual que "pas toi" (tú no).

(Traducción: Felipe Montero Díaz)

Presentación de la lengua walona

El walón "nació" entre los siglos octavo y doce de restos de la lengua latina que trajeron a esta zona soldados, mercaderes y colonos romanos. En aquella época, los autóctonos llamaban a su lengua "roman". A comienzos del siglo dieciséis es cuando se extiende el término "wallon" para designar a nuestra lengua, que es un miembro de la familia de las lenguas románicas y del subgrupo galo-románico o de lenguas "d'oïl", cuyo representante más célebre es el francés.

El walón es pariente cercano del francés, pero no debe ser considerado como un dialecto de esa lengua, aunque con frecuencia se cometa ese error. La relación entre walón y francés parece comparable a la relación entre scots e inglés en el Reino Unido, entre asturiano y castellano en España o entre luxemburgués y alemán en el Gran Ducado de Luxemburgo. Hay que distinguir al menos tres niveles de lengua en Walonia: el francés común, el walón en sus diferentes modalidades y nuestro francés regional... influido con más o menos fuerza por el walón.

(Tomado de: http://www.wallonie.com/wallang/wal-fra.htm)

El número de hablantes walones permaneció proporcionalmente estable hasta la primera guerra mundial. Se trataba, de hecho, de la mayoría de la población. Luego, tras una escolarización cada vez más generalizada, la caída es rápida. Los porcentajes de hablantes dados en la dirección citada parecen innecesariamente optimistas.

—*Paul-Henri Thomsin*

Paul-Henri Thomsin

¡Aún estás en onda, juventud!

¡Aún estás en onda, juventud! Deja de recomerte la sangre:
las estaciones que pasan alejarán tus penas.
No dejes escapar tus fuerzas. Si toda tu vida es un embrollo
busca en tu alma, verás que hay brasas dentro.
¡Deja que tus caprichos se consuman! ¡Despacio, nada te apremia!
Si lo exiges todo al punto, tu dignidad se pierde.
Pon un velo a tus miedos, sé que tu corazón se implica a fondo
pero haciendo sólo tus antojos, se ahogará tu dicha.
Tómate el tiempo de beber tu gozo en el manantial de tus ideas,
sin dejarte arrollar por las ganas de acabar con todo.
Cuando, dejando de lado lo "demasiado fácil", escojas tu camino,
ve adelante sin parar: atrás se quedarán tus malos sueños.

(Traducción: Felipe Montero Díaz)

Mosa[1]

Mosa, ¡qué hermosa eres! No sé por qué, pero siempre te he mirado con los ojos de un enamorado por su amada, o a veces con los ojos de un niño por su madre.

Cuando me paseo contigo, chapoteando en ti, siempre hago un alto para escuchar tu arrullo... Mi corazón se anega entonces en tu corriente y de un lamido tus aguas se llevan lejos inquietudes y penas... Y yo, como tiene que ser, me dejo hacer... Y ¡qué bien!.... ¡Qué bien estoy!

Como una doncella que se ha puesto el vestido de seda nuevo, Mosa se pone a bailar... Suavito... Muy suavito... Ligera... Ligerísima... De puntillas... Es un vals... Un vals que se desliza en mí pasito a paso. Un vals que me toma en los brazos de sus tres tiempos. Y que crece, como si nada, hasta llevarme dentro de los torbellinos de su melancolía... Una música que me hace perder la cabeza de mareo... A mí, que estoy ahí, sin moverme, sin decir nada, viendo girar a Mosa, girar, girar y girar... Aspirando sus olores cálidos... Creyendo que sólo baila para mí... Sí, sólo para mí... Imaginando que ríe, para mí solo... Sí, para mí solo... Soñando que me deja ver su cuerpo de mujer, nada más que a mí... Nada más que a mí... Olvido entonces que el tiempo vuela, tan veloz como sus aguas... ¡Al diablo ese barco que viene a sacarme de mi ensoñación!

Pero Mosa no me abandona... También es ella quien viene a confortarme cuando la verdad se estrella con mis ilusiones... Y me siento bien de nuevo... ¡Mejor imposible! ¡Qué bien cuando me pone en sus rodillas y me susurra las palabras precisas para que la sonrisa vuelva a mis ojos... Para hacer que vuelva la serenidad a mi alma... Entonces, como un niño, como "su" hijo, me dejo consolar por sus caricias... Me dejo mimar... Me dejo acariciar... Os lo aseguro: nunca ha escatimado esfuerzos para consentirme.

¿Qué os parece? Me ha dado incluso sus tesoros más hermosos... Tesoros que no podría permitirse príncipe alguno de este mundo. Sí, para mí, antes de anochecer, hizo brillar en sus aguas miles de brasas de un rojo sol. Para mí, captó la imagen de las luces de Lieja, en pleno corazón de una noche azul. Para mí, refrescó las tardes de un mes de julio sofocante. Me acunó con su cálida voz cuando la fiebre del tormento me impedía pegar ojo. Hizo correr por mis venas la fuerza de su sangre. Me enseñó a hablar su lengua, un lenguaje franco que corre por sus labios desde hace tantos años. Un lenguaje fresco, igual que el agua de un manantial, que ha aplacado la sed de un sinnúmero de generaciones y que, si Dios quiere, quitará la sed también mañana de la garganta de niños venideros... Me dio la mano para emanciparme cuando daba mis primeros pasos por el camino de la escritura.

Mosa, ¿qué sería yo sin ti? Te debo todo, y conmigo es toda Lieja quien tiene la hermosa suerte de poder acurrucarse en tus brazos.

Mosa "mamá"... Mosa "amante"... ¡Te quiero de verdad!

---

[1] El nombre del río es femenino en el original. Mantenemos ese género en beneficio de imágenes del río como mujer, madre, amante. (Nota del traductor)

(Traducción: Felipe Montero Díaz)

Marcel Slangen

El cubo de la basura del tesoro

Escena 1

Emilio: ¡Vaya melocotón! Para chuparse los dedos, tío. Se te va por el gaznate como la miel. Sólo con cerrar los ojos ves el fruto, la flor, las hierbas al pie del árbol y tú allí tumbado, tan tranquilo....

Lorenzo: ¡Ya te vale! Te da el italiano un melocotón medio podrido, y tú te pones a comerlo y ves el Paraíso....

Emilio: ¡Usted perdone, caballero, pero no da pie con bola! No vengas a echarme a perder este placer, imbécil. Me dio una caja de melocotones con algunos demasiado maduros como para venderlos, eso es todo. ¿Podridos? ¿Voy a tirar yo éste por una manchita? ¿Y el cuchillo? ¿Para qué quieres tú el cuchillo, Lorenzo? El cuchillo, nuestro colega de siempre, que corta las tajadas, que lleva el pedazo de pan a la boca, que asusta, a veces, cuando se lo sacas así a los drogatas locos, de ojos siniestros, que te darían una puñalada por nada, cuando sus venas llaman a rebato.

Lorenzo: ¡Qué follón por un cuchillo ... y por un melocotón!

Emilio: Nunca hay que perder la ocasión de chuparse los dedos, amigo mio, ni de pensar en lo que somos. Mira, ahí tienes a esa buena mujer que lleva una bolsa de melocotones en su cesto: ella es la que ha pagado los nuestros.

Lorenzo: ¿Qué me dices ahora?

Emilio: Pues sí, oye: Lino, el italiano, los vende algo más caros pensando que algunos se le echan a perder por el calor o cosas así. Y esos son los que a nosotros no nos cuestan nada. Así que la mujer, que los ha pagado a buen precio, con el calor que hace, se los comerá mañana como yo me los como hoy....

Lorenzo: ¡Qué rollos me largas!

Emilio: ¿No tenemos todo el tiempo para largar?

Lorenzo: Desde luego. Todo el tiempo del mundo.

Emilio: Mira, otra cosa: ¿A que no sabes que en las casas importantes se comen los melocotones con cuchillo y tenedor?

Lorenzo: ¿Con tenedor? Con cuchillo, vale; pero con tenedor... ¿No te estarás quedando conmigo?

Emilio: Pues, sin embargo, así es. Un día vi a uno que, como quiso hacer lo que todo el mundo, se le escapó el melocotón y fue rodando por debajo de la mesa....

Lorenzo: Bueno, Emilio, déjame ya tranquilo. Me vas a cansar hablando tanto tan temprano. Me voy a fumar un pito. No te puedes ni imaginar lo bien que cae cinco minutos sin pensar en nada, mirando el humo y sintiéndose el cerebro más ligero....

Emilio: Pero... ¿todavía no es lo bastante ligero? Bueno, déjalo, tío. Era por chincharte... Pero, ¿no dejas de fumar a pesar de la tos que te da todas las mañanas?

Lorenzo: Oye, si eso es todo lo que nos queda....

Emilio: ¡Todo lo que nos queda! Pareces un vejete que tranquiliza su conciencia para permitirse una cana al aire... ¡Lo que nos queda! ¿Y comer, y beber, y respirar el aire y el sol?

Lorenzo: ¿No irás a reprocharme que fume ahora, no?

Emilio: ¡Qué va, colega! ¡Faltaría más!

Lorenzo: Porque el otro día, estaba yo pidiendo a dos tías una moneda para cenar, cuando oigo a una que dice al irse: "Pide para comer, pero tiene para fumar". ¿Qué te parece, viejo pendón?

Emilio: ¡Qué quieres, tío! Todos los pretextos, aunque sean estúpidos, son buenos para los burgueses, cuando quieren ahorrarse un chavo. Menos mal que no te dijo que te pusieras a trabajar... Como a mí, el otro día: "Búsquese un trabajo: el que busca siempre encuentra". ¡Ah!, señora, le dije:

> A veces pienso en ello y me estrujo los sesos
> para encontrar el modo de ser un rico de esos.
> Para mí, y eso es cierto, es que no puede ser
> que trabajando sólo me pueda enriquecer.
> Cuando Maricastaña, tal vez podía ocurrir,
> Pero hoy hace falta más... para dejar de pedir.

¡Tenías que haber visto la cara que puso!

Lorenzo: No me explico cómo dejaste tu trabajo de actor.... Te sale como si nada... Tuviste que tener tu éxito, tu dinerito y seguro que las mujeres....

Emilio: ¿Y qué más? Por uno que te imaginas así, hay cien que actúan por nada, delante de cuatro pelaos de la familia o de conocencias que se mueren de hambre como nosotros, pero con más problemas y preocupaciones. ¡Lo que hay que hacer por tener un papel! ¿Y para interpretar qué cosa? Que no todo es Calderón, oye: obras de colegio de párvulos, cosas infumables, obras que ni siquiera harían llorar a las abuelas, y otras que se montan por dar gusto al autor, que se ha hecho un nombre... dime tú a mí cómo se lo ha hecho! Directores que te dejan plantado como un palo, allí en el escenario, y otros que creen tener ideas y que destrozan la obra. Pero lo peor de todo es que, cuando te has matado para meterte el papel en el cerebro y te dices "ya está", abren el telón delante de unos pocos espectadores más cohibidos que tú por ser tan pocos.... Mientras que aquí....

Toma, ¿quieres un melocotón?

Escena 2

Un personaje pasa por el escenario sin que nuestros dos hombres le presten atención. Oculta algo bajo unos papeles en un cubo de basura y abandona el escenario.

Guardia primero: ¡Eh!, vosotros, vagabundos, ¿no habéis visto pasar a nadie?

Emilio: Perdone, jefe, pero nosotros no somos vagabundos, somos transeúntes. Hoy se dice transeúntes. ¿Ve usted la diferencia? Hoy día ya no se está ciego, se es "invidente", ya no se está tullido, se es "minusválido".... Nosotros, lo mismo. Antes "vagábamos", hoy "transitamos": así que por poco somos turistas....

Guardia segundo: Pero bueno, ¿quieres dejar ese rollo incomprensible? Os han preguntado si habíais visto pasar a alguien, sí o no.

Lorenzo: ¡Bah!, pues claro que se ve pasar gente... Pero si usted supiera la poca que se para aquí para darnos una monedita o cualquier otra cosa, como Lino, el italiano, que nos ha dado una caja de melocotones apenas macados...

Guardia primero: ¿Pero esto qué es? ¡Qué caraduras!

    Se os deja tranquilos, sin dar clavo, mientras la gente honrada viene a quejarse de que ocupáis la vía pública y de que dais mal ejemplo a los niños... Y para una vez que la sociedad os necesita, no conseguimos nada que merezca la pena. Y las cuatro perras que os dan no sirven mas que para emborracharos...

Emilio: Eso... Señores de las fuerzas del orden, me acontece beber,

        pero si bebo un vaso, sólo es uno a la vez.

        Si me viesen borracho, la prueba sería

        de mi buena fe.

Guardia segundo: ¡Pero qué lenguaje se gasta éste! Jefe, creo que hemos dado con dos chalaos.

Guardia primero: Bueno, por última vez, - y dejad de una vez tanta mandanga-, ¿no habéis visto a nadie?

Lorenzo: ¡Sí!

Guardia segundo: ¡Ah!, bueno... Y ¿quién era?

Lorenzo: ¡La mujer que le compró los melocotones a Lino! ¿Te acuerdas, Emilio?

Guardia primero: No hay nada que sacarles a estos dos idiotas, la verdad. Nosotros os estamos hablando de un hombre que acaba de cometer un atraco en el banco de la esquina y que se ha largado con el botín.

Lorenzo: ¡Ah, bueno! Haber empezado por ahí...

Guardia segundo: ¿Lo habéis visto?

Lorenzo: No.

Guardia primero: Bueno, ahora nos toca perder el tiempo con estos dos imbéciles.

        (Traducción: Felipe Montero Díaz)

Notas sobre el lingala

El lingala es una lengua franca africana que pertenece al grupo Ngala en la familia de las lenguas bantúes (clasificada C36 por Malcom Guthrie). De la pluma de Elisabeth Farges, responsable de un curso de francés lengua extranjera en la Sorbonne nouvelle, leemos lo siguiente: "Una de las más importantes entre unas trescientas sesenta lenguas bantúes utilizadas en África central y meridional, el lingala lo hablan hoy decenas de millones de hablantes en la amplia región que constituye la depresión del Congo. Originalmente, el lingala no es la lengua materna de una etnia sino una lengua de comunicación procedente de la mezcla entre varias lenguas bantúes y empleada por los comerciantes y los ribereños del río. Siguiendo esa vía de comunicación esencial para la economía de la región, es como se ha propagado la lengua, desde las dos orillas del río hasta las grandes ciudades, Kisangani o Kinsasa. Los primeros europeos que llegaron a aquella región, probablemente contribuyeron a su expansión: la modernización de los medios de comunicación fluviales favoreció el comercio y los desplazamientos de la "gente del río" y, por consiguiente, los contactos entre las diferentes lenguas bantúes de la región. Convertida en lengua del ejército y de la administración, y en lengua materna una vez que se extendió en un vasto territorio, el lingala lo emplean con profusión los medios audiovisuales y los discursos oficiales. La canción congoleña moderna, extremadamente creativa y popular, contribuye también a hacer del lingala una lengua viva, en constante evolución. Es una de las cuatro lenguas nacionales del Congo-Kinsasa, hablada igualmente en el Congo-Brazzaville y en Centro África. También puede oírse esta lengua en Europa, principalmente en Francia y en Bélgica donde residen numerosos congoleses."

Nos encontramos, pues, ante una lengua doble o desdoblada, por decirlo así. Por un lado, encontramos la lengua oficial, escrita, en buena medida impuesta por la administración colonial— también es la lengua de las Iglesias, la lengua del dios único, revelado, la lengua de la Biblia y de las escuelas, la lengua asociada al colonizador y a sus imposiciones. Por lo demás, el lingala es, de igual modo, para sus hablantes la lengua de la cotidianidad, que no llega a traducirse al nivel de la escritura en un lenguaje que todos entienden, y a ello se debe que sea la lengua principal de la música congolesa moderna, ya que son los cantantes quienes logran casar el lingala oral con la forma escrita enseñada en las escuelas, pero que al mismo tiempo tienen que valerse de artimañas por mor de la censura y emplear metáforas o palabras de doble sentido para transmitir un mensaje que podría interpretarse como subversivo. Esa situación de enfrentamiento entre dos niveles de lingala ilustra los dos universos oficiales de la lengua. Los dos textos que aquí se presentan pertenecen a un tercer universo que se sitúa en su punto de encuentro y que, al mismo tiempo, se sustrae a sus tensiones respectivas.

—*Boyikasse Buafomo*

Boyikasse Buafomo

Hunde el cuerpo

Mis queridos hermanos y hermanas, aquí, en el centro del universo, en occidente, en el mundo de los blancos, la vida, gloria bendita, es un peligro permanente. Le regalas a un perro un pasaporte y un visado como Dios manda y el perro te dice ¡no, gracias! El agua, ese líquido que bebemos, se transforma aquí, en estas tierras, en dura piedra.

Hijos del agua, mis queridos hermanos y hermanas, ¿de verdad queréis enteraros de todo?

¡Ninguna pega! Abrid bien vuestros ojos y oídos. Es el precio que hay que pagar por oírme. El tema se refiere a lo esencial: los problemas del candidato a refugiado político y de los verdaderos-falsos papeles. No, ese asunto no atañe sólo a los negros, concierne igualmente a otros hombres. (Bueno, frente a este drama, ¿qué hacen nuestros buenos, nuestros hermosos y grandotes negros? ¿Reflexionan sobre la situación y buscan soluciones globales, alternativas o paralelas?)

Pero ante todo, tirar el cuerpo, convertirse en refugiado político ¿qué es?

¿Quién desembarca en Occidente, donde Miguel? (Eres tú, lindo negro.) Y todo el mundo te reconoce en Bruselas, metro Porte de Namur, en pleno barrio Matongé o en París en el 18. Bien peinado, bien afeitado. Y, como la marca es la que hace al hombre, estás firmado de arriba abajo. Por los grandes modistos Yani Versache, o Yamamoto o cualquier otro... ¿Te preguntas por un momento si tus papeles están en regla? No, ese tipo de problemas no es para ti. No vas a ser tú quien corra detrás de un hueso como un perro. No, a ti sólo te interesan los nuevos maestros de la filosofía del "tiempo presente", los Werasson, los Kofi Olomidé. A ti los antiguos, los grandes de la música congolesa, Kabassele, Luambo-Franco, Shungu Wembadio, Simaro Masiya, te la traen floja.

Segunda pregunta: ¿y encontrar un curro?

¡Vaya idea! Ocuparte de las cosas corrientes, ponerte a fregar platos o escaleras para pagar el alquiler o las facturas del gas y de la electricidad, no son ocupaciones a tu medida, ¿pero estamos locos? Tú eres un ser ligero, aéreo, ¿qué ibas a hacer tú con semejante carga sobre tus hombros? Tú ya miras al sol cara a cara. ¿No es suficiente?

Tercera pregunta: ¿y qué más?

¿Volver a la escuela que dejaste hace tantísimo tiempo? ¿Aprender de nuevo a leer y a escribir? No es mala idea, pero ¿la vas a aceptar? Y si no ¿qué opción te queda (para vivir en Occidente, en el centro del Universo)? Sólo una, inicua y única: tirar el cuerpo, hacerte refugiado político. ¿Dispones ya de verdaderos-falsos papeles (que puedan sostener tu candidatura en ese universo despiadado)? Como no sabes leer ni escribir ¿como descifrarás tú leyes, procedimientos y técnicas para obtener ese estatuto? Cuando el barco va río arriba ¿se presenta por delante o por detrás?

¿Dentro o fuera?

- Entonces, ¿estás dentro o no lo estás?

+ Desde luego que estoy dentro.

- Pues yo no te siento.

+ Estoy dentro de lleno, como la gallina en el cesto.

- ¿Estás seguro? ¿No será más bien como sopa en el agua?

+ ¿De verdad? ¿Y eso cómo?

- *La impotencia es un hecho probado,*

Así que, amigo mío, no te hagas la víctima y declara la verdad.

La columna está jodida, rota.

Así, pues, amigo mío, no te hagas la víctima y declara la verdad.

+¡Ah, no! ¡Eso no es cierto! Yo no soy im-potente. Las mujeres en Occidente, las tengo así... Sin problemas.

- Pero bueno, ¿estás dentro o no lo estás?

+ ....

- En Occidente, ¿son las mujeres tan impotentes como tú o acaso no son unas parejas temibles? Hermano, ¡ten cuidado con la enfermedad del calcetín! Pues ¿cómo vas a encontrar zapato para tu pie, mi pobre amigo pendulón?

Notas de lectura: Estos dos textos breves – "Bwaka Nzoto" ("Hunde el cuerpo") y "Okoti To Okoti Te" ("Dentro o fuera") – ilustran un discurso específico de grupos congoleses de la inmigración. En los dos casos, se trata de diálogos a varias voces.

"Bwaka Nzoto" ("Hunde el cuerpo") es una expresión inventada por la comunidad congolesa en Bélgica hacia 1985 para referirse a un acto cargado de consecuencias, el de convertirse en refugiado político. Ese acto no es sólo, como lo piensan políticos y ciudadanos en Europa, un medio de conseguir unos papeles, de huir de la miseria de África; en realidad se trata de un suicidio a la vez físico y espiritual. El refugiado político ya no puede regresar a su tierra de origen. El texto original es más largo y forma parte de una colección de quince relatos que llevan el mismo título. La versión original se escribió el 19 de noviembre de 1987.

"Okoti To Okoti Te" ("Dentro o fuera") aborda el erotismo negro-africano. El texto constituye un dechado de ironía, pero es también una ilustración del poder que detentaba la mujer en Kinsasa en los años setenta. Es una confesión de mujer, a partir de una historia verdadera, que habla de la sexualidad masculina con una gran brutalidad. Corrosiva, no pierde el sentido irónico. El relato ha sufrido una OPA como Dios manda puesto que de ser femenino ha pasado a ser propiedad masculina. La radio golfa la trasmitió a los animadores..., esos que viven la noche a través de bailes, fiestas, músicas etc., que la transformaron en un buen chiste. ¿Buen chiste o provocación?

El diálogo a dos voces, en forma escrita, que aquí proponemos data de febrero de 1995. Señalemos por último que el humor, fino y brutal a la vez, de que hace gala la mujer en el acto de acusación, es el que demuestra paradójicamente su potencia.

En los dos textos, pero sobre todo en el primero, observamos el empleo frecuente de proverbios o expresiones consagradas, como "Opesi mbwa mbwa aboyi" ("se lo das al perro y el perro no quiere"), "Soki maswa eza ekonana moto ezalaka liboso to manolo", la importancia de las referencias a la música popular, el concepto "kinois" de Miguel, "na Miguel", nombre del cocinero belga de origen español convertido en el concepto mismo no sólo de la inmigración a Bélgica, sino de la marcha hacia Europa. —*Boyikasse Buafomo*

(Traducciónes: Felipe Montero Díaz)

> ## Consideraciónes acerca de la minoría sorbia
>
> Los sorbios son un pueblo eslavo en el este de Alemania cuyo asentamiento se remonta a más de 1000 años cuando las tribus eslavas poblaron grandes zonas del centro y norte de Alemania. Las regiones habitadas por los sorbios son por un lado la Baja Lusacia (en el Land de Brandemburgo; centro cultural: Cottbus/*Chosebuz*), donde se habla bajo sorbio, y por otro lado, la Alta Lusacia (en el Estado Libre de Sajonia; centro cultural: Bautzen/*Budyšin*), donde se habla alto sorbio. La comunidad sorbia, con aproximadamente 60.000 miembros, es el pueblo eslavo occidental más pequeño.
>
> La política alemana frente al pueblo sorbio se caracterizó durante mucho tiempo por los esfuerzos por lograr una integración plena. Hoy día los sorbios gozan del estatus de una minoría étnica. Una importante representación de esta minoría es la *Domowina*, la organización nacional de los sorbios de Lusacia y centro de todas las asociaciones sorbias. La Domowina se ocupa entre otras muchas cosas de fomentar y defender la lengua sorbia. En la actualidad, todos los sorbios son bilingües. Las actividades culturales de los sorbios son muy variadas; precisamente en el ámbito literario existe una serie de conocidos autores que escribe sobre diversos temas y en una gran variedad de formas.
>
> (para más información http://www.sorben.de y http://www.sorben-wenden.de)

Róža Domašcyna

La influencia del Universo sobre las ganas de vivir

En el año de la invasión de las mariquitas
de concha y alas plateadas
los piojos alzaron sus armas a los cuatro vientos.
En la lucha las mariquitas quedaron boca arriba
y al deslumbrarles el Universo
perdieron las ganas de disputar
la pequeña guerra cotidiana.
De este modo, la victoria se decantó del lado de los piojos.

(Traducción: Ariane Cappus y Alexis Garcia)

Cuando deseaba que ocurriera

Cerca del lago me lanzabas piropos.
Cada hora pensaba: es el momento.
Las horas desvanecían y me erguía al pie del agua,
las palabras aún por pronunciar yacían entre nosotros.
Un movimiento, un paso hacia atrás
fue lo único que fui capaz de hacer.
Embriagado como estaba
deseaba que ocurriera y pensé:

todo tiempo se encara conmigo, va conmigo.
Cada hora me envolvía, me desnudaba.
Yo esperaba y deseaba,
tú ofrecías piropos que yo debía aceptar.

(Traducción: Ariane Cappus y Alexis Garcia)

En la casa azul junto a la Torre Bismarck

para F.P.

Casi como al principio: en el horno la camomila y el eneldo están secos,
el fuego ante la puerta, la imagen:
los prados del lienzo que, apoyado sobre el caballete, nos da la espalda.
El olvido desteñido del acervo deja la herida oculta,
las grietas del poste desdibujan nuestro camino,
estamos arraigados en un lugar aún por conocer
y los nombres de las lápidas son nuestros testigos.
En la mesa de la cocina estamos sentados
cascando nueces como palabras.
Todo es azul, dios y el mundo,
blanco el perro que husmea por las esquinas de la casa
con colmillos de acero,
en la ladera se quema la hierba alta
y me dices que tenemos colores guardados,
colocas un nuevo lienzo.
La casa se sella
las grietas cicatrizan
las nueces caen
el lienzo envejece,
sólo el perro no abandona su acecho.

(Traducción: Ariane Cappus y Alexis Garcia)

La nueva sepultura

en memoria del cementerio de Čelno

Nosotros hemos cubierto el cementerio con paños.
Nosotros hemos pecado contra nuestros muertos
trazando sendas sin salida alguna
que desembocan todas a las puertas del otro mundo.

Estamos cercados por altas y opacas paredes de paños.
En el centro, las excavadoras de luz dejan inerte lo humano,
despojado de pecados, enterrado con honra; está constatado.
Por la translúcida avidez de las víctimas,

aquellos seres que inmortalizan el acervo en pucheros de hierro.
"Nosotros tomamos todo y más"
—gritos que llegan a mis oídos—,
"¡jamás queremos ser enterrados, sino incinerados!".

Quién se planta al margen está al acecho,
por ello valientes enmudecemos sobre nuestro duelo.
Soportamos la mirada de nuestros antepasados clavada en la sien,
nos agarramos a la pala que excava la fosa como un punto de apoyo.

Las tumbas se tornan más estrechas y profundas.
El cuadrado del cielo se presenta minúsculo e irregular.
En la casa de los paños restamos asfixiándonos.
Los niños con sus juegos van cavando y nos desentierran.

(Traducción: Ariane Cappus y Alexis Garcia)

Kito Lorenc

Mi corto día de invierno

Esparces luz de ámbar
sobre sombras azuladas,
bajo las hierbas grisáceas
ocultas la piel de los animales,
los ojos grandes
descansan en la madriguera.

Dejas florecer
al muérdago en el árbol,
tras la noche de invierno
envías un delicado suspiro
hacia mi mano humedecida por el hielo.
Vistes de brillo
al avellano
y coloreas a los prados.

No dejes que entorpezca
tu curso,
si albergo preocupaciones
desprende las huellas de mi suela
con la delicadeza de las primeras nieves.

(Traducción: Ariane Cappus y Alexis Garcia)

Gran Bosque

Dobry el gigante
se planta ante la casa de madera,
pone la montura a su caballo
y se adentra
en el pinar.

Su mujercita
con el cubo de ordeñar
bajo la vaca
pronto hará sonar por el pueblo la campanilla
que anuncia leche fresca.

Tras el poste de luz
chirrían las aspas del molino,
el pico de la cigüeña se hace notar
y tras el follaje envejecido
parpadean las sombras del lago.

Y al doblar la esquina
viene al encuentro el olor del comino.
Buenos días, vacaciones
hasta siempre, mi niñez.

(Traducción: Ariane Cappus y Alexis Garcia)

«El palomo tiene dos patas blancas»

...y un día traje a mi amante a casa,
se la presenté a mi mujer,
mi mujer con ojos marrones; ella, azules
mi mujer, jengibre; ella, pimienta
a mi mujer le agradó; a ella también.
¡Acaso no es divertido! relinchó el caballo
Ya nadie derramó tristes lágrimas.
Así unidos tomábamos el desayuno en tres platitos,
con las tres cucharitas en sus correspondientes cuencos.
Así compartimos alegría y pena; placer y trabajo.
Pronto nos dieron un habitáculo más grande
y mi mujer trajo a su otro y mi amante al suyo
y éstos a sus respectivos.
Al concedernos un edificio entero,
¡cómo subían y bajaban los ascensores con los llantos!
¡Madre mía, cuántos éramos ya!
Después habitamos la ciudad entera,
finalmente el país,
allí estábamos todos ahora, bajo un nuevo orden social.
Fue entonces cuando recibí una carta

anónima: ¡Usted, sujeto poético, usted!
me retiré con palomo, jengibre, pimienta, caballo
y abiertamente me dejé morir.
A los niños y a las gentes un adiós; que os améis.

(Traducción: Ariane Cappus y Alexis Garcia)

Y lo que simboliza el horno...

que yo le regalé
porque llevaba dos años sin utilizar,
se lo calenté
Dos años llevo sin calentar nada
y he olvidado por completo
cómo hacerlo;
y ella me dijo:
no hay que esperar
a morir para olvidar
y yo le dije:
sabes, para eso es preferible seguir viviendo.

(Traducción: Ariane Cappus y Alexis Garcia)

Lubina Hajduk-Veljkovićowa

El duendecillo Rafael

Mónica vivía en el casco antiguo donde las casas eran húmedas y tenían buhardillas. Las madres colgaban allí la ropa y cada inquilino tenía un desván para guardar los trastos. También las muñecas de Mónica descansaban allí.

Un buen día a Mónica se le ocurrió hacer un vestido nuevo para una de sus muñecas y subió corriendo al trastero a buscar su muñequita. Una vez allí, vislumbró en la penumbra la sombra de alguien sentado en un rincón. No era un fantasma, sino más bien un duendecillo.

—¿Y tú quién eres? —le preguntó.

—¿Puedes verme? —le replicó el duende.

—¡Claro... perfectamente! Tienes unos ricitos color chocolate.

—¿De verdad tengo ricitos? Nunca he conseguido verme —le respondió con alegría el duendecillo.

—Llevas una camisa verde y pantalones oscuros —le detalló Mónica.

—¿Y de qué color son mis ojos? —le preguntó el duendecillo curioso.

—Son verdosos. ¡Pero ahora dime quién eres! —insistió Mónica impaciente.

—Me llamo Rafael y llevo aquí ya mucho, mucho tiempo.

—¿Y por qué te escondes aquí arriba? —ahora era ella quien preguntaba con curiosidad.

—Pues... no sé..., me da vergüenza decírtelo —dijo entre dientes el duende Rafael.

—Bueno. Yo me avergüenzo de mi pésima caligrafía. Mi maestra está siempre regañándome —confesó Mónica.

—Yo me avergüenzo de no saber volar —reconoció por fin Rafael.

—¿De verdad eres uno de esos duendecillos que vuelan? —dijo Mónica sin salir de su asombro.

—No. No sé volar. Ésa es la cuestión. Por eso me escondo aquí arriba, solito.

—¡Yo hace tiempo que estaría muerta de miedo si tuviera que estar aquí! ¿Tú no tienes miedo?

—¿Yo? ¿Qué más puedo temer? —replicó el duende Rafael.

—¿De las personas?

—¡Anda ya! Mientras exista este trastero, me puedo quedar aquí. Aunque eso tampoco arregla nada.

—¿Por qué?

—Porque no envejezco. Si eres un duende debes regresar al lugar donde naciste una vez al año. Sólo así puedes cumplir años. Antes me llevaba mi mamá. Pero crecí y llegó un día en el que ya no podía conmigo. Y desde entonces ya no he cumplido años.

—¿Y eso qué más da? —opinó Mónica— ¡Qué más quieres! Así siempre serás un duendecillo.

—¿Y tú querrías ser una niña toda la vida? —preguntó disgustado el duende Rafael.

—¡De ninguna manera!

—Llevo tanto tiempo mirando día tras día por este ventanuco como los pájaros vuelan por el cielo. Pero cuando intento echar a volar... ¡nada, no hay manera!

—Pero Rafael, si tú no tienes alas —observó Mónica al rato.

—Pero los duendes no necesitamos alas.

—Mira —a Mónica se le había iluminado la cara—; entonces debes desear con todas tus fuerzas volar y lo conseguirás.

El duende Rafael lo deseó con todas sus fuerzas hasta que pareció que iba a estallarle la cabeza. Pero no sucedió absolutamente nada. Mónica le miraba un poco desconcertada.

—¡Descríbeme el lugar donde naciste!

—¡Claro! Mira, es un antiguo e imponente castillo. Desde hace años que nadie habita en él. Los muros son gruesos y fríos, teñidos de un gris tan intenso que recucrda a las cenizas; aunque algunas veces son gris perla y otras gris pizarra. Solíamos escondernos en las mazmorras y jugábamos a pillarnos por los oscuros pasillos, las puertas emitían formidables crujidos y movíamos de tal forma las cadenas que a veces hasta nosotros mismos nos asustábamos. A través de un estrecho hueco se accedía al patio interior donde crecían ortigas...

—¡Caramba! —espetó Mónica—, ¡estás volando!

En efecto, el duende Rafael se elevó ligeramente sobre el suelo. Sin embargo, el grito de júbilo de Mónica rompió aquel momento y el duende tocó de nuevo el suelo con los pies.

—No he notado nada.

—Mientras contabas la historia te has elevado un poquito, pero entonces te has asustado y has vuelto a pisar el suelo.

—Yo nunca me asusto — aseveró el duende Rafael.

—¡No digas tonterías! Lo he visto con mis propios ojos —insistió Mónica — ¡Sigue contando!

—Si tú lo dices... En el patio jugábamos al fútbol, pero el balón no era de piel, sino de rocío. Yo era todo un genio haciendo semejantes balones. Mira... — el duendecillo le iba a enseñar cómo pero para ello debió mirar hacia abajo...

—¡Madre mía! —se le escapó —, ¡puedo volar!

Entonces empezó a volar de un lado a otro del trastero como si le estuviera persiguiendo el demonio.

—¡Cáspita! —exclamó Mónica, boquiabierta, al ver el repentino cambio que había experimentado Rafael. Ya no estaba allí, sentado en el rincón, melancólico, sino dando volteretas por los aires como un niño!».

—Tengo que bajar —anunció Mónica al rato.

—Gracias por haberme enseñado a volar —le gritó desde el techo Rafael.

—¡Sólo faltaba! Ya sabías volar desde hace tiempo, sencillamente no te lo acababas de creer —respondió Mónica.

Cuando ya estaba bajando las escaleras se volvió y comprobó cómo el duendecillo se deslizaba por el ventanuco.

De repente, se acordó de su muñeca, fue a por ella y abandonó el trastero.

(Traducción: Ariane Cappus y Alexis Garcia)

Consideraciónes acerca de las minorías turca y griega en Alemania

Debido al "milagro económico" en la Alemania Federal de los años 50, el mercado de trabajo se mostraba insuficiente para satisfacer las necesidades de muchas empresas de la Alemania occidental. Es entonces, a mediados de los 50, cuando se contrata a los llamados "Gastarbeiter" (literalmente, "trabajadores invitados") del sur de Europa. En el plano gubernamental se alcanzaron una serie de acuerdos de contratación que pretendían regular las modalidades de entrada al país y la durada de las estancias. En 1960 se firmó con Grecia un acuerdo de contratación; con Turquía, al año siguiente, en 1961. La ocupación de extranjeros en la República Federal de Alemania llegó a su punto más álgido en 1973 con más de 2,6 millones de trabajadores extranjeros, entre ellos 155.000 griegos y 605.000 turcos. En un primer momento todas las partes estuvieron de acuerdo en implantar un modelo rotativo cuya pretensión era que, tras un periodo de estancia de entre 1 y 2 años, los trabajadores volvieran a su país. En la práctica este modelo resultó ser poco rentable, ya que cada vez que venía mano de obra nueva, ésta tenía que ser instruída y además los trabajadores, en tan corto espacio de tiempo, no podían alcanzar su objetivo principal, ahorrar. Por este motivo se acabó descartando este modelo. Este hecho conllevó una prolongación de las estancias y la consiguiente entrada al país de los familiares de los trabajadores.

Con la recesión económica de mediados de los 70 el gobierno ordenó detener la entrada de trabajadores extranjeros. Este decreto llevaba implícitas otras dos medidas: la vuelta al país de origen, o la plena integración a la sociedad alemana. En 2001 Alemania tenía 82,4 millones de habitantes, de los cuales 75,1 millones poseían la nacionalidad alemana; 1,9 millones eran turcos y 362.000, griegos. La minoría turca es la que mayor representación tiene en Alemania, seguida por los miembros de la antigua Yugoslavia, los italianos y los griegos.

Las minorías turca y griega son artísticamente muy productivas y representan una parte muy importante de la cultura contemporánea alemana. La literatura de estas minorías se distinguía en sus inicios por el conflicto con la cultura ajena. Entretanto ya son turcos de tercera generación los que viven en Alemania y se consideran, bien parte inherente del presente de Alemania o, tal y como reflejan sus textos, individuos en busca de una identidad en una cultura ajena. La literatura griega, por su parte, refleja tanto el conflicto con el pasado político de Grecia, como con la vida lejos del país de origen.

Michalis Patentalis

El de enfrente

Mi vecino
se compró un coche
 acciones
una mujer
una casa
 muebles
Viagra

un corazón
una tumba.
Lo único que no cambió fue su Dios.
"Que Dios lo bendiga".

GILLETTE CONTOUR o
el Primer Anuncio en Afganistán

"En nombre del Padre y del Hijo"
      y del frenesí mundial.

La noche se rasura la barba
      con la cuchilla de la pila.

Ligeramente untado con crema de cacahuete
      "a su imagen".

Al pie de la montaña el día camuflado contabiliza equivocadamente
      el susurro del silencio.

Mientras un vasallo devuelve su vanidad
      sin remordimientos.

Y para variar te miras en el espejo
      y peinas los pelos de tu lengua.

Sucesor de Caín, ¿acaso eres tú
      el montañero de las cimas mortuorias?

(Traducciónes: Ariane Cappus y Alexis Garcia)

Giorgos Lillis

El vestido más profundo del mar

Al exterior de las murallas de la ciudad
acompañado por los vientos
me elevé hasta el palco
para presenciar al anochecer el sacrificio del Sol.
Las ondinas jugaban a los dados con un puñado de estrellas
y a lo lejos se acercaba la Luna en bicicleta.
en el firmamento enterrado contemplo
el vestido más profundo del mar.

(Traducción: Ariane Cappus y Alexis Garcia)

Aquello que desapareció ante las puertas de mi fortaleza

El Sol volvía a sus engaños y nos envió el gris al cielo.
De repente llovía,
tal aire fresco acariciándote en sueños,
tiemblas
y vas en busca de la sábana que te cobija.

Mi fortaleza, una ventana,
aunque minúscula, suficiente para ofrecerme la vista al mundo.
Para decir no, arda Troya, estoy sentado aquí
y a mi antojo observo la lluvia y tras ella
la noche a la que veo acercarse de forma vertiginosa
        y de su cesto esparce
        oscuridad y estrellas;
        así decora el cielo.

Sin olvidar la Luna, a la izquierda,
que roza sus espaldas por los rascacielos, toma la curva
y se convierte en corona de la montaña en el horizonte.
Por poco tiempo.
Después desaparece ante mi vista. El vecino me la roba.
El muy afortunado, ¡la puede admirar cual rey desde el trono!
Pero nunca le vi gozar de semejante espectáculo.
Gente extraña. El milagro yace ante sus ojos
y van en su busca a lugares lejanos.
En vano.

Las gotas visten el cristal.
El rocío cubre
las transparentes hojas de una planta.
La habitación, un jardín y yo su jardinero.
El verso repleto de agradables perfumes, rico en colores,
el alma se sosiega.

Desde aquí podría ver coches y transeúntes en las aceras,
también las casas que se pierden en el infinito,
un camión que a diario es descargado
bajo mi casa,
pero no lo hago.

Me aferro a los pájaros que picotean el azul del cielo
y son cubiertos de polvo en su vuelo,
me aferro al viento que juguetea con los árboles,
me aferro al vaso que baña el lila del sol poniente
me aferro a la lluvia, que llena pozos y, de noche, murmura
el insólito eco del agua como de un río se tratara.
No creáis que aquí, en mi hogar, gozo de fabulosas vistas.
El apuro me empujó, como a vosotros,
a formar parte de estas ciudades erigidas apresuradamente,

poco tienen que ofrecer
sólo largas carreteras,
casas, una tras otra.

Un buen día tomé la decisión: recuperar la mesita,
ponerla junto a la ventana
y colocar allí mi máquina de escribir para poder aliviar el pensamiento
con la escritura; ahondar en el caos del silencio.
Me sorprendí permaneciendo extraviado durante horas,
no en imágenes concretas del mundo exterior,
sino en cosas que no me atrevo a explicar con ruda simpleza
por las lagunas de los recuerdos,
fotos de un cielo interior
como un fotógrafo que recoge imágenes de un país lejano, desconocido.
En esas horas, el café solía enfriarse,
no oía música ni voces.
       Nada.

Extraño tambalearse entre ficción y realidad.
el aire corría, recuerdo, y dentro había una oscuridad blanca.
Y yo soy un trapecista. Desde la ventana hasta los confines de la montaña.
Sin lastimarme a través del cristal de la ventana
hasta la lejanía del mundo.

De los vecinos provenían constantes declaraciones de mala fe
atribuyéndome locura,
pero yo lo sabía,
y me compadecía de ellos por no atreverse a ver, los pobres,
aquello que yo no podía describir, ya que temía
que el golpe sería demasiado fuerte si
tuvieran acceso a la inmensidad.

En especial cuando la máquina de escribir se convirtió en máquina del tiempo
y me condujo a la orilla
donde Ulises cansado cerró definitivamente los ojos
y fue prisionero de un mismo y extraño sueño.

Aquello que desapareció ante las puertas de mi fortaleza.

(Traducción: Ariane Cappus y Alexis Garcia)

Yüksel Pazarkaya

CASTAÑAS

Eres turco

«Tú no eres alemán», le dijo Stefan a Ender en el recreo. ¿Por qué hoy no quería jugar al pilla-pilla con Ender? Para darle un motivo, simplemente le dijo: «Pero si tú no eres alemán». Ender se quedó perplejo y muy afectado. Stefan era el compañero de clase que más apreciaba, su mejor amigo. Ante lo ocurrido, sólo pudo pronunciar un *¿por qué?* Stefan no lo entendió. Stefan pensó que qué significaba este *¿por qué?* ¿Es que acaso cree que es alemán? «No eres alemán», le contestó. «No eres alemán como yo». A Ender se le entristecieron sus preciosos ojos oscuros. Tuvo una extraña sensación en el estómago, como si tuviese que sentirse culpable por algo. Algo se quebró en su corazón. Ender enmudeció y se esfumó cabizbajo. Aquel día no intercambió ni una palabra más con Stefan. No fue capaz de seguir la clase. No podía prestar atención al maestro. Su cabeza cada vez le pesaba más.

Castañas alemanas

El otoño pasado ya le había ocurrido algo parecido. En su barrio hay un pequeño parque muy bonito, lleno de flores y de árboles. En otoño resulta encantador, los niños de los alrededores se sienten atraídos por los castaños. Intentan hacer caer las castañas de lo alto de los árboles tirándoles piedras. Quien consigue reunir suficientes las vende en el zoo para los elefantes y los camellos. Otros las llevan a clase, ya que para las matemáticas pueden resultar muy útiles. Los del parvulario juegan a canicas con ellas.

El maestro había dicho: «Para el próximo día traed 10 castañas cada uno». Al haber 34 alumnos en clase si cada uno traía 10 habría exactamente 340 castañas. Era una buena manera de aprender la teoría de los conjuntos y las cuatro operaciones aritméticas.

Por la tarde Ender decidió ir al parque. Había dos niños que intentaban hacer caer las castañas con piedras. No eran amigos suyos pero los conocía de vista, de haberlos visto alguna vez por el barrio.

Ender se acercó a ellos. Se agachó para coger una castaña del suelo. De repente, uno de los dos le advirtió: «¡Es mía!». Ender respondió: «Yo también quiero coger castañas». El segundo de ellos gritó: «No puedes cogerlas, son castañas alemanas». Ender no entendía nada. El primer niño añadió: «Tú no eres alemán» y el segundo afirmó: «Eres un inmigrante» mientras se acercaban con gestos provocativos. Ender permanecía en cuclillas y con el brazo alargado. Si se agachaba un poco más alcanzaría la castaña. Pero se quedó inmóvil unos instantes con la cabeza hacia atrás y la mirada clavada en los niños. Al instante, se incorporó. Sin la castaña, por supuesto. Se quedó mudo. En realidad querría haber dicho: «El parque es de todos, todos podemos coger castañas», pero no pudo pronunciar ni una sola palabra. En cambio, los otros aún gritaron más fuerte: «Eres un inmigrante. Estas castañas son alemanas. ¡Si las tocas, verás!», dijeron en tono amenazador.

Ender estaba completamente confuso. Le rondó la idea de pegarse con ellos. Entonces miró a uno, luego al otro. Pensó que sería imprudente luchar contra los dos. Y salió corriendo sin volver siquiera la cabeza hacia atrás.

Y yo... ¿Qué soy?

Cuando aquel día regresó a su casa, le hizo algunas preguntas a su madre. Pero su madre hizo oídos sordos intentando desviar la conversación.

Pero ahora Ender, tras lo ocurrido hoy con Stefan y después de haberle dado tantas vueltas al asunto, estaba decidido a llegar al fondo de la cuestión. En cuanto cruzó la puerta de su casa se dirigió a su madre con una pregunta:

—Mamá, ¿yo qué soy?

Fue una pregunta inesperada para su madre pero igualmente sorprendido se quedó Ender con la respuesta de su madre:

—Yú eres Ender.

—Ya sé que me llamo Ender. No te he preguntado eso, sino ¿qué soy? —inquirió tercamente.

—Primero entra, deja tu mochila y quítate los zapatos —le insistió su madre.

—Vale —, dijo Ender— pero tú dime qué soy.

Entonces la madre de Ender pensó que probablemente le estaría gastando una broma o se trataría simplemente de una adivinanza.

—Eres un colegial— respondió su madre.

Ender estaba empezando a enfadarse.

—¡Me estás tomando el pelo! Te pregunto que qué soy. ¿Soy alemán o soy turco? ¿Qué soy?

¡Vaya! Esta clase de preguntas no le agradaban mucho a su madre, ya que le resultaba difícil responderlas. ¿Qué podría contestarle? En realidad no era una pregunta difícil. Y ella sabía también la respuesta concreta a semejante pregunta. ¿Pero llegaría Ender a entenderla? ¿La aceptaría; sería capaz de aceptarla? Y si la entendiera, ¿le serviría de algo?

Su madre y su padre son turcos. Ambos han nacido y crecido en Turquía y también han ido allí al colegio. Simplemente han venido a Alemania a trabajar y a ganarse la vida. Tampoco hablan muy bien alemán. Cuando hablan alemán, a Ender le entra la risa. A menudo se equivocan; a veces no saben cómo decir las cosas.

Pero con Ender todo es diferente. Ha nacido en Alemania y ha ido a parvulario. Ahora cursa primero en un colegio alemán. Los niños alemanes son sus amigos. En su clase también hay niños extranjeros. Pero Ender no hace ninguna distinción entre ellos, no podría hacerla; este alemán este no, o algo por el estilo, ya que todos ellos excepto uno hablan muy bien el alemán. Se llama Alfonso. Y a Ender le da un poco de pena. No habla alemán tan bien como el resto. Ender piensa que Alfonso todavía no ha aprendido a hablar. Los niños pequeños tampoco saben hablar; Ender ve a Alfonso como a un bebé grande.

Ender también habla turco aunque no tan bien como el alemán. Cuando habla turco a menudo utiliza palabras alemanas. Ha aprendido a hablar el alemán como si fuera su lengua materna. Como los niños alemanes. Pero a veces sí cree que existe alguna diferencia entre ellos, ya que los niños alemanes no hablan turco. Pero en el momento de empezar la clase o de jugar en el patio este sentimiento desaparece inmediatamente. Precisamente cuando juega con Stefan es imposible que dicho sentimiento reaparezca. Por ello su asombro fue aún más grande al oír a Stefan pronunciar aquellas palabras. ¿Y si Stefan nunca más quisiera volver a jugar con él? Entonces estaría muy sólo. Se aburriría.

El padre de Ender no encuentra respuestas

Por la noche el padre de Ender volvió de trabajar. Antes de que cerrara la puerta ya estaba Ender preguntándole:

—Papa, ¿soy turco o alemán?

Su padre se quedó boquiabierto.

—¿A qué viene esa pregunta? —le pidió tras reflexionar un instante.

—Simplemente quiero saberlo —le respondió Ender con decisión.

—¿Qué preferirías ser: turco o alemán? —le preguntó el padre.

—¿Qué es mejor? —volvió a preguntar Ender.

—Ambas cosas son buenas, hijo.

—Entonces, ¿por qué Stefan no ha querido jugar conmigo hoy?

Y así destapó la preocupación que llevaba todo el día torturándole.

—¿Por qué no ha querido jugar contigo? —preguntó el padre.

—Me ha dicho *no eres alemán*. ¿Qué soy, papa?

—Eres turco pero has nacido en Alemania, hijo —le dijo su padre sin saber muy bien que responder.

—Pero los nombres de los niños alemanes son diferentes al mío.

El padre empezó a titubear.

—Tu nombre es un nombre turco, —le explicó— ¿acaso Ender no es bonito?

A Ender le gustaba su nombre.

—¡Sí! Pero no es como el de otros niños —contestó.

—Eso no importa, ¡lo importante es que sea un nombre bonito! —afirmó el padre.

—Pero Stefan ya no juega conmigo.

El padre de Ender creyó quedarse sin aliento; con un nudo en la garganta, tras un largo silencio, acabó por decirle: "No estés triste. Mañana hablaré con Stefan y volverá a jugar contigo. Seguro que sólo estaba bromeando".

Ender permaneció en silencio.

(Traducción: Ariane Cappus y Alexis Garcia)

El siciliano

Dentro del mapa lingüístico de la Italia meridional, los dialectos sicilianos forman parte del grupo sículo-calabro-salentino. Frente a las demás variedades de la Península Itálica, presentan una historia y una evolución peculiares y especialmente interesantes.

Los motivos principales de su fuerte identidad son:

a)   la posición central que, desde la antigüedad, ocupa Sicilia dentro de la cuenca mediterránea;

b)   las intensas y muy precoces relaciones con las lenguas y civilizaciones griega y romana, perceptibles en el peculiar vocalismo siciliano, distinto al del resto de áreas neolatinas;

c)   las muy variadas influencias y contactos culturales y lingüísticos que han caracterizado la historia de Sicilia: después de los griegos y romanos, Sicilia entró en contacto con bizantinos, árabes, normandos, catalanes, castellanos, lo que ha determinado una rica estratificación lingüística;

d)   este acentuado cruce de tradiciones lingüísticas y culturales también se aprecia en la diversidad de los propios dialectos sicilianos, que se pueden clasificar en occidentales (con las variedades palermitana, trapanesa y agrigentina occidental), centrales (con las variedades madonita, agrigentina oriental y niseno-etnesa) y orientales (con las variedades mesinesa, catano-siracusana y ragusana).

La tradición lingüístico-literaria siciliana está marcada por importantes hitos y personalidades: desde la Escuela Poética Siciliana que se desarrolló en la época medieval en torno al emperador Federico II, hasta las grandes figuras de Antonio Veneziano (siglo XVI), Giovanni Meli (siglo XVIII) y, más recientemente, Domenico Tempio e Ignazio Buttitta. No hay que olvidar, además, la producción dialectal de destacados autores que escribieron la mayor parte de su obra en italiano, como Luigi Capuana o Luigi Pirandello.

Casi todas las personas nacidas en Sicilia conocen el siciliano en mayor o menor medida.

Nino De Vita

Benedettina

I

A los trece años el corazón
se enamora.

       Los pensamientos,
puestos en los abrazos y besos
—en el huerto, por entre la sulla,
sobre el heno del pajar—,
con insidia me distraían
y descentraban.

Despacio
          —con sigilo—
para eludir a mi padre
(«¡Gandul, más que gandul,
ve a estudiar, gandul!»)
salí de casa.

          Cerré
el batiente; y tras rozar
la parra pasé por
la puerta desvencijada
del gallinero.

          El sol,
al fondo, pegado a la iglesia,
ajado se encaminaba
hacia las salinas.

II
Hoyos profundos,
secos, en la vereda;
guijarros y surcos de ruedas
de carro; y al doblar
del gallinero al huerto
de Michelino, ajos
en hileras, guisantes, calabacines
y una higuera; papiro
en las balsas
          y el penacho
de la orobanca que despuntaba
rojizo entre las habas.

Tomando, pasada la torre,
por la calleja de Bartolomeo
Bbaciacca, un terreno:
orégano, achicoria,
rábanos y perejil,
apio espigado, malvas
y matas de espinardo
en el canal, arrancadas,
con las raíces al sol

—curioseaba el carricerín;
el pato rabudo,
con su andar airoso,
asustado, revoloteó—;
          el jardincito
de Nicolò Àgghiu
y el estercolero de Alberto
Scagghiajàzzi con abono

fresco de vaca preñada.

III
Ah, así es como andaba,
con las manos en los bolsillos
persiguiendo una sombra
—un rostro— de mujer
que me golpeaba la cabeza.

Bajas tapias de piedra
por la ladera del cerro
de Cutusio, con malas hierbas
y musgo, con agujeros
llenos de tierra o vacíos;
mentastro y cardencha,
retoños de cabrahígo,
zarzas secas...

    La oí
—la oí, sí, la oí—,
una voz como un lamento.

Una y otra vez, en el aire,
una voz de mujer.

      Volví los ojos
hasta donde terminan
las pitas; y, sin dudarlo,
campo a través, me metí
entre las espigas: las aristas, largas,
puntiagudas, me arañaban
los brazos.

IV
Una jovencita estaba tumbada
sobre el trigo, con las manos
en la barriga abombada,
el vestido remangado,
       dando sacudidas
con la cabeza.

    La reconocí.
Era Benedetta,
la hija del tío Carmelo
Alogna, el jornalero
que vivía al principio
de la calle con la capilla votiva.
Caminaba erguida
—tenía ojos de fuego—
cuando cruzaba el patio,

con el pelo recogido
y el pecho ya turgente.
No me había percatado,
mientras miraba como,
con garbo, llevaba
la levadura, o una jarra
al costado, de que esperaba,
dentro de su vientre,
una criatura.

       «Un hijo»,
me dijo, mordiéndose
el labio. «Voy a tener un hijo.»
Me quedé de piedra,
acobardado, presa
del desconcierto. No encontraba
las palabras, que buscaba,
apartando la vista, en una
flor roja de amapola,
en las espigas de trigo
allá hasta los olivos,
          y en las manos
de ella, en sus ojos cerrados
y abiertos...

      Benedetta
se desgañitó, levantando
la cabeza, rendida:
«Ve a por doña Giulia, la prima
de mi madre», me dijo,
«tráela, enseguida,
¡corre!»

V
Doña Giulia estaba
en el gallinero, con pan
y un tomate en las manos.

Comía.
     Las migas
las echaba a las gallinas.
(Qué peleas —qué guirigay—
de picotazos a la carrera...)

Tenía un lunar
muy peludo, grande
y negro en la comisura
de los labios, ojos pequeños
como los de los cerdos,
y todo un turbante en la cabeza.

Le hablé por los orificios
de la rejilla.
          Tiró
el pan, el tomate,
se limpió las manos
con el delantal y salió.

VI

 Encontramos a Benedetta
tendida como si fuera
un saco de patatas.
Resollaba, quejumbrosa,
con sudor en la frente,
las mejillas y por todo
el cuello; los ojos apagados
y la cara pálida.

«Apártate», me dijo doña Giulia.

Examinaba,
        palpaba...
             Se volvió
hacia mí: «Ve a llamar
al médico, vamos»,
me dijo.
«¡No, al médico no!»,
exclamó Benedetta.
«Pues entonces te llevamos
a casa», le dijo doña Giulia,
tajante.
       «¡A casa no,
no, a casa no!», suplicó,
asustada, la muchacha.
             Doña Giulia
se levantó. «Ve a llamar
a alguien», me gritó.
           «A su madre,
a su padre, a quien sea,
pero ¡ve!»

VII

Entré en el cobertizo
corriendo.

       En dos minutos,
pedaleando rápido,
llegué al puñado
de casas de San Leonardo.

Llamé a la blanca
y ajardinada del médico.
La tía Francesca, anciana,
en bata, con moño
y los labios rojos,
abrió.

Palabras mientras el cielo
turquí se volvía
ceniciento (un carro
pasaba traqueteando
por la calle: sarmientos
y heno, el campesino
con su *coppola*[1] y un perrito
animoso debajo del eje).

Hablando, la tía Francesca
meneaba, desolada,
la cabeza.
       «No está», decía.
«Más tarde...»,
          con los brazos abiertos,
en cruz.

«No está. Más tarde, no está»,
repetía yo en el viaje de vuelta,
              hundiendo
con mi jadeo las ruedas
en los baches del camino.

***

En el lugar marcado
—había cigarras,
ranas cantando—
me detuve.

      Eché
la bicicleta sobre
las pitas
       y, saltando por encima
de matas de avena loca,
cebada, muelas de almorta,
me adentré en el trigal.

         No había nadie.

En una punta un claro,
amplio, una masacre
de espigas machucadas,
pisoteadas...

VIII

Envuelta en el silencio y la penumbra
la casa de doña Giulia;
lo mismo la de Benedetta: tenue
resplandor entre las persianas
cerradas.

Pasé por la calleja
que flanquea la torre
hasta desembocar
en las casas que dan al pozo.
Sentado en su silla,
Bartolo Scannapècuri[2]
tenía a su hijo Vincenzo
sobre las rodillas, a caballo,
y le decía: «Arre»,
aguantándolo por las manos,
«vámonos a Palermo, a Roma,
pequeño, a dar una vuelta»,
y hacía como si trotara.
El chiquillo carcajeaba
con los dos dientes que tenía...

La tía Dorotea, con la palangana
llena a rebosar,
salió al portal
y arrojó en abanico
las lavazas oscuras
al patio.

          «Ay, Nino»,
me dijo, «por poco
te las echo encima»,
riéndose desdentada.

Les saludé enfilando
por entre el estercolero
y la alberca de mi tío
Girolamo.
            En un recoveco
del pajar, a oscuras,
encima de excrementos y orina,
tallos de heno, espigas
de sorgo, la cabra
de Paolo Ticchiticchi,
vieja, con sus cabritos
metidos en la tina.

IX

De repente, al abrir
de par en par las persianas,
el día inundió de luz
mi cuarto: San Leonardo
en la pared, el Crucifijo,
                                y en un rincón
una mesa, dos sillas
junto a la cama; un plato
vacío en el arquibanco.

«¿Es tarde?», murmuré
adormilado, apoyando
                        el codo
y protegiéndome los ojos.
«Mal empieza el día»,
dijo mi madre, «muy mal:
anoche se murió
Benedetta, de repente.»
«¿Muerta?», casi grité.
«Muerta», dijo mi madre,
«muerta: tenía quince años...»

X

La vi. Estaba, Benedettina,
deshinchada, tiesa,
con las caderas y la barriga
lisas, un vestidito
que le llegaba a las rodillas
y un rosario entre las manos.

Su madre, la tía María,
sentada en el cabezal,
gruesa, con papada,
abanicándose el rostro
sofocado, «No puedo
creerlo», deliraba.
«Mi hija, tan juiciosa, ella,
mi tesoro...
                ¡Ah, desventurada!
¿Qué consuelo voy
a tener?»

          La sujetaban
Grazia la Sepia y Antonia
Faccirama, por los brazos.

«¿Pero qué he hecho yo?»,
decía la tía María,
«¿acaso le clavé los clavos

a Nuestro Señor?, ¿qué?,
¿qué he hecho?, decídmelo.»

Y el tío Carmelo Alogna,
en un rincón, encogido,
con las manos en las rodillas:
«No volverá, es inútil,
no volverá», reiteraba.

***

Serena, con un hilo
de aliento, la tía María
empezó a contar:
«Estuvo todo el día
por casa, atareada,
pobre hija mía: lavó,
planchó y guardó
la ropa...
       Ocurrió por la noche,
de repente. ¿Un ataque
al corazón?
       ¡Pobre hija mía,
tan buena...!»
       La abrazaron,
las mujeres que tenía al lado,
más fuerte
       —«Vamos, vamos»—,
mientras la tía María,
con las manos en la cabeza,
gritaba: «Oh, sangre mío,
sangre de mis venas, vida...»

No me había percatado.
       Hirientes,
los ojos de doña Giulia,
en cuanto moví
la cabeza, se clavaron
en los míos: avisaban,
calmosos,
       amenazaban...

       Desvié
la mirada con desdén
y salí afuera.

***

Olivos y almendros,
tórtolas, bardanas.

              Y en el valle
eucaliptos, granados,
jardines y tapias de piedra,
cidras por el suelo
reblandecidas...

[1] Gorra con visera, típica de Sicilia (*N. del T.*).
[2] Apodo, o apellido derivado de apodo, que significa, literalmente, "degollaovejas" (*N. del T.*).

          (Traducción: Miquel Edo)

La lengua albanesa en Italia

La inmigración albanesa en Italia se remonta al siglo XIV, aunque es tan sólo en la segunda mitad del siglo XV cuando empiezan a establecerse núcleos definitivos de población albanesa en el sur de Italia. En la actualidad estos albaneses que originariamente escaparon de Giorgio Kastriota Skanerberg viven en Arbri y se denominan a sí mismos *arbëresh* y a su lengua *arbërisht*, y han mantenido pues la ancestral cultura de Albania (sustituida hoy por *shqiptar, shqip* y *Shqipëri*). La lengua arbëresh es una rama separada del grupo tosco de dialectos que se hablan en el sur de Albania, muy diferentes del gheco hablado en el norte de Albania. Las zonas de Italia donde vive la minoría italiano-albanesa, donde se mantiene aún el arbëresh, incluyen cincuenta centros (cuarenta y un distritos administrativos y nueve distritos parciales) distribuidos en siete regiones: Abruzzo, Molise, Campania, Puglia, Basilicata, Calabria y Sicilia. No existen estadísticas precisas del número total de hablantes de albanés residentes en Italia y los datos del censo oficial no son suficientes ni fiables ya que, aparte de los hablantes de albanés que viven en lugares con una larga tradición de asentamiento, hay grupos de hablantes en grandes ciudades y capitales de región. La comunidad albanesa de Palermo, por ejemplo, es la más numerosa de la provincia siciliana. A lo largo de los cinco siglos que llevan viviendo en Italia, las comunidades albanesas no se han limitado a conservar su lengua, que constituye un patrimonio cultural de gran valor que documenta el albanés medieval, sino que la han elevado a la categoría de lengua literaria, dándole pues el estatus que tuvieron con anterioridad otros dialectos (antes de que el albanés se convirtiera en lengua literaria estándar en 1972). A lo largo de todos estos siglos, obviamente, la influencia de otros dialectos regionales italianos ha sido inevitable, pero se ha limitado al vocabulario, mientras que estructuras fonológicas, morfológicas y gramaticales no se han visto afectadas. Gracias a la aprobación del estatuto 482 el 19 de diciembre de 1999, la minoría italiano-albanesa (junto con otras minorías) ha contado con legislación que protege y favorece la enseñanza del arbëresh en la escuela, impulsa proyectos de investigación lingüística y promueve la publicación de material educativo. En Sicilia, donde tres de los distritos administrativos son albanés-parlantes (Piana degli Albanesi, Contessa Entellina y Santa Cristina Gela), estas medidas han producido gran interés entre la población, que sigue con afán y determinación los cursos de alfabetización organizados por el Departamento de Lengua y Literatura Albanesa de la Universidad de Palermo.

Giuseppe Schirò Di Maggio

Muchas flores tiene la retama

acto único

Nota: Los sucesos mencionados de 1947 son una parte de la historia siciliana que se conmemora anualmente en Portella della Ginestra ("ginestra" significa "retama").

El estudio de un dramaturgo.

DRAMATURGO, ANGELA, GIORGIA, MATTEO

DRAMATURGO. — *(Está escribiendo con el ordenador. Llaman a la puerta.)* ¿Quién es?
ANGELA. — *(Desde fuera.)* Nosotros.
DRAMATURGO. — *(Se levanta y va hacia la puerta.)* ¿Quién es nosotros?
GIORGIA. — *(Desde fuera.)* ¡Sorpresa!
DRAMATURGO. — *(Abre.)* ¡Ah, vosotros!
ANGELA. — ¿Esperabas a alguien más?
DRAMATURGO. — No, no, adelante, me alegro de veros.
MATTEO. — ¡Y nosotros de verte a ti!
DRAMATURGO. — *(Se coloca detrás del escritorio.)* Sentaos.
GIORGIA. — ¿Escribías algo? *(Indica el ordenador encendido.)*
DRAMATURGO. — Más o menos..., estaba poniendo por escrito una idea...
ANGELA. — Hemos venido a hacerte una proposición.
DRAMATURGO. — A ver.
MATTEO. — Antes ya lo hemos hablado entre nosotros.
DRAMATURGO. — Muy bien.
GIORGIA. — En vista de que se cumple el cincuenta aniversario de Portella della Ginestra...
DRAMATURGO. — Ya veo por donde vais. Pero sigue, sigue...
GIORGIA. — ¿No habría que preparar algo, digo para representar?
DRAMATURGO. — Sobre Portella se han escrito ríos de tinta, ya de por sí lo bastante dramáticos. ¿Para qué queréis un drama más?
GIORGIA. — No es uno más. Es nuestro drama, el que nosotros llevaremos a escena.
DRAMATURGO. — ¡No es fácil escribir algo original sobre Portella! Sería como escribir un libro de texto: el guión es el de siempre...
ANGELA. — Por lo menos podrías intentarlo. Aquí ya tienes a tres personajes.
GIORGIA. — *(A Angela.)* A tres actores, querrás decir. Los personajes los inventa el escritor.
ANGELA. — Eso, actores quería decir; y además de nosotros tres, está el grupo...
DRAMATURGO. — Me halaga que confiéis en mí, pero no lo veo claro.
ANGELA. — ¿Cómo que no lo ves claro?
DRAMATURGO. — Es un tema delicado. Me explico. Es un tema delicado desde el punto de vista de la originalidad de la recreación teatral. Quiero decir que los

arbëreshë de Piana y nuestros vecinos de San Giuseppe Jato y de otros pueblos vivieron en su propia piel la tragedia de Portella: vieron morir a sus seres queridos, incluso había niños, vieron el color de la sangre, la olieron. Algunos de los que participaron en aquel uno de mayo serán muy ancianos, pero todavía están vivos: sería un público demasiado atento, demasiado crítico. Una cosa es celebrar el aniversario con discursos, música y canciones; y otra muy distinta hacer revivir —caso de conseguirlo, desde luego— aquellos instantes trágicos.

GIORGIA. — Inténtalo, ¡por favor!

DRAMATURGO. — No sé... Es un tema que se presta demasiado a críticas no ya políticas, sino literarias. Podría salir un texto demasiado enfático...

MATTEO. — No lo creo. Siempre que has escrito papeles dramáticos, has sabido dar, con mezclas de comicidad, la nota amarga, e irónica.

ANGELA. — ¿Temes acaso no encontrar actores apropiados?

GIORGIA. — Que no te valgamos nosotros, vamos...

DRAMATURGO. — No, no, vosotros sois muy buenos. Pero es que el drama es más difícil que la comedia...

GIORGIA. — Vaya, que el problema es cómo plantearlo y cómo interpretarlo. Entiendo...

ANGELA. — Por eso no lo ves claro: el actor aficionado no está hecho para interpretar dramas.

DRAMATURGO. — Tampoco hay que exagerar. Si se estudia bien su papel, un actor aficionado puede hacer un buen trabajo encima del escenario.

MATTEO. — Bueno, si tú opinas que no estamos a la altura y que no podemos interpretar un drama, entonces no hace falta que sigamos hablando...

DRAMATURGO. — Cuando te pones tan serio, Matteo, me convences de todo lo contrario: ya estás interpretando el drama de quien no sabe interpretar dramas...

LOS MISMOS, MARGHERITA CLESCERI, GIOVANNI MEGNA, SERAFINO LASCARI, FRANCESCO VICARI, VITO ALLOTTA, GIORGIO CUSENZA, TRES MUCHACHOS, UNA NIÑA

Entran las Víctimas de Portella. La mujer lleva el vestido negro tradicional, los demás la ropa de domingo, la que llevaban el uno de mayo de 1947. La niña va vestida de blanco. Las seis víctimas de Piana avanzan hasta el centro del escenario; los tres muchachos y la niña se quedan algo apartados.

M. CLESCERI. — Puesto que nos habéis invocado mentalmente, aunque no por nuestros nombres, aquí nos tenéis. Estábamos en vuestro pensamiento, y el pensamiento es el medio por el que podemos pasar con mayor facilidad...

ANGELA. — Tengo miedo.

GIORGIA. — ¿Quiénes sois?

M. CLESCERI. — ¿No lo veis? ¡Somos las víctimas de Portella della Ginestra! Nosotros los de Piana y esos cuatro niños de San Giuseppe Jato... *(Señala con la mano a los muchachos y a la niña.)*

DRAMATURGO. — ¿A qué habéis venido?

G. MEGNA. — Pensabais en nosotros, así que aquí estamos...

DRAMATURGO. — Llegáis demasiado pronto; todavía no he tomado una decisión.

G. MEGNA. — Pues vamos, decídete. No nos gusta que nos invoquen para nada.

DRAMATURGO. — Es justo lo que les estaba diciendo a mis amigos: que no me gustaría evocaros, o invocaros, para nada.

M. CLESCERI. — Hombre, ahora que ya hemos sido invocados, podrías escribir nuestro drama, ¿no?

DRAMATURGO. — Eso es justo lo que no quiero hacer: ¡no me gusta hacer morir a la gente en escena, aunque sólo sea una ficción!

G. MEGNA. — Pero si ya estamos muertos. A nosotros sólo nos interesa que perviva la la memoria de nuestra terrible muerte.

DRAMATURGO. — ¡Ya se ha escrito mucho sobre la matanza de Portella della Ginestra!

S. LASCARI. — ¿Puedo decir algo? Se ha escrito mucho sobre la matanza de Portella della Ginestra, pero sobre las circunstancias políticas del caso, no sobre el elemento humano, sobre la muerte real, dolorosa, de cada uno de nosotros...

MATTEO. — No estoy de acuerdo. ¡Aquí en Piana se os ha rendido homenaje en cuanto individuos concretos víctimas de la matanza de Portella! Vuestros nombres están grabados en la piedra y en el corazón de la gente. Y los libros o artículos que se os han dedicado no están faltos de emoción y dramatismo...

S. LASCARI. — Sí, es cierto, pero yo creo que nunca se escribirá demasiado sobre nosotros, víctimas involuntarias e indefensas...

M. CLESCERI. — *(Al dramaturgo.)* Si te resulta difícil, o si es que no nos quieres hacer morir en escena, entonces prueba a hacernos revivir...

DRAMATURGO. — Es lo mismo. Me faltan, de todas formas, los actores...

GIORGIA. — Bonita excusa: los actores los tienes, aquí estamos tres, y los demás se apuntan a participar en la representación...

DRAMATURGO. — No es tan fácil. Vamos a ver: ¿quién de vosotros tres está dispuesto a interpretar a los que murieron en la matanza? *(Aguarda una respuesta.)* ¿No contestáis? Lógico: ¿a quién le gusta morir en escena, aunque sólo sea una ficción? ¿Tú estás dispuesta, Angela?

ANGELA. — ¡Qué modo de complicar las cosas!

DRAMATURGO. — Yo no complico nada. Sólo os estoy preguntando si estáis dispuestos a fingir que os morís.

M. CLESCERI. — Creo que voy entendiendo. Si los actores se niegan, están en su derecho. Nadie quiere morirse, ni siquiera fingir que se muere. La muerte no se puede interpretar. La muerte, especialmente cuando es violenta, te sobreviene, es como una montaña que te cae encima y te aplasta... Yo, sin ir más lejos, tenía mi vida, tenía mis sueños, que eran sueños para mis seis hijos, para su futuro: nunca hubiera podido imaginar que acabaría siendo víctima del odio de los demás. *(Proyéctense secuencias de películas sobre Portella, en las que se vea caer a las víctimas.)* Ni siquiera sé quién me mató. Sentí un pinchazo en el pecho: me toqué, noté un líquido caliente, mi sangre... Decir que aquella sangre era como un clavel rojo, o que tenía el color rojo de la bandera de los trabajadores, es hacer poesía. Era mi sangre, no era poesía: la sangre de una mujer de treinta y siete años, hija del pueblo. Estaba allí, en Portella, para festejar el uno de mayo. *(Proyéctense escenas del principio de la manifestación, festivo.)* Quería estar presente, participar, dar mi apoyo haciendo acto de presencia, sólo eso... ¡Y morí! Sí, ya lo sé, mi presencia permanece eterna, allí en la ladera, entre la Pizzuta y la Kumeta, pero ¿acaso eso me va a consolar de mi muerte prematura y de haber dejado solos a mis seis hijos? ¿Lo habéis oído? ¡Seis hijos, seis futuros luminosos que soñaba para ellos, y me mataron! Y esos cuatro muchachos de San Giuseppe Jato *(les señala)*, muertos a tan temprana edad, ¡miradlos! Los he ahijado, a esos pobres chiquillos, ella tenía nueve años, ¿habéis oído?, ¡nueve años!, ellos poco más. ¿Pero en qué clase de mundo nos tocó vivir? ¿En qué clase de mundo seguís viviendo vosotros, después de todo lo ocurrido?

F. VICARI. — *(Al dramaturgo.)* No sé qué tienes intención de escribir, pero ¿no podrías poner en palabras lo que sentí yo, igual que ellos, en el instante en que me abatieron? El dolor terrible de ver como se quiebra tu cuerpo juvenil, y, aun peor, el dolor inconmensurable de tener que dejar por fuerza, ¡sí!, por fuerza, de tener que dejar por fuerza la vida a los veintitrés años, cuando la tienes toda por delante, por más que el futuro se presente incerto y tengas que luchar quién sabe cuánto para lograr vivir con dignidad de tu trabajo? ¡A ver si eres capaz de encontrar un actor que reproduzca mis sensaciones en el instante en que la bala o las balas —¿quién se molestó en contarlas?— me desgarraban la carne! *(Nuevas imágenes de confusión y de muerte sacadas de las películas sobre Portella.)*

DRAMATURGO. — Por eso mismo considero imposible escribir un drama que sea, por decirlo así, apropiado...

V. ALLOTTA. — Yo contaba por aquel entonces veinte años. ¡Decidme si es justo morir a los veinte años! Tenía ganas de divertirme con los amigos y camaradas —¿y quién no tiene ganas de divertirse a los veinte años?—, que total divertirse era comer alcachofas hervidas, las primeras habas, un pedazo de queso que había traído algún amigo, porque nosotros no producíamos. Mi madre me había dado un pan grande como una luna llena: ¡un pan de quilo! ¿Que si me lo habría podido comer todo? ¿Lo dudáis? ¡Pues claro que habría podido! ¡Si me hubieran dado tiempo! ¡Fue como si la montaña entera se me metiera en la carne! ¡Carne, Dios bendito, de apenas veinte años! ¡Un escopetazo me dobló en dos! Un solo pensamiento acudió a mi cabeza: ¿dónde está mamá? Creía que mi madre sería capaz de taponar la sangre, que parecía que saliera de un manantial: sí, pensé justamente en el manantial *te Kroi i Badeut*, que así es como sale allí el agua.

G. CUSENZA. — Yo, cuando aquello ocurrió, tenía cuarenta y dos años. ¡Soy el más viejo de todos los de este grupo! Si me hubieran pedido que diera la vida por la causa, seguramente hubiera dicho que no. Y la di de veras. Que mi sangre, al igual que la de mis amigos, haya servido para el progreso de la causa de los trabajadores, para el progreso de la humanidad, es toda la recompensa que recibo por el dolor que sentí al perder la vida. Vosotros queréis hacer teatro de nuestra tragedia. No veo qué utilidad pueda tener. No me gustaría que también nosotros figuráramos entre las efemérides que ahora se celebran para darle a Piana patente de centro turístico. ¡Por favor, un poco de seriedad! ¡Una cosa es que los turistas vengan por Pascua y por Reyes, y otra ya es que vengan el uno de mayo! Nosotros quisiéramos que se nos tratara no como monumentos para visitar, sino como personas que siguen teniendo algo que decir a las nuevas generaciones.

S. LASCARI. — ¡Tengo curiosidad por saber cómo se me puede representar muerto con apenas quince años! ¡Y estaba hecho todo un hombre, todo un trabajador! ¿Qué sentido tiene morir a los quince años?

DRAMATURGO. — Precisamente por eso veo difícil llevar a escena vuestra historia como es debido.

M. CLESCERI. — Hombre: conmemorar, escribir, todo son maneras de acordarse de los que morimos allá arriba en Portella. Los periódicos hablarán de este cincuenta aniversario, se escribirán más libros y se filmarán más películas, pero una flor simbólica, como puede ser una obra teatral, es un signo de amor. Mira: la retama, "nuestra retama", tiene muchas flores, vienen abriéndose y multiplicándose desde hace cincuenta años en las ramas verdes; añadirías una flor a la retama... Si no escribes nada, tendremos un homenaje menos.

ANGELA. — ¿Pero quién puede interpretar vuestro papel? Yo ya empiezo a opinar como el profesor: nadie estará dispuesto a interpretar vuestro papel, y sobre todo a morir en escena, o a fingir morir en escena.

GIORGIA. — Planteado así, el problema es de difícil solución. ¿Quién puede expresar apropiadamente encima de un escenario el dolor de perder la vida, y no me refiero sólo al dolor físico, sino al terrible dolor que significa abandonar esta vida?

MATTEO. — Pues entonces nada, lo dejamos.

M. CLESCERI. — Nada es un homenaje echado a perder, ¡es nada! ¿Para eso habéis venido, vosotros que sois actores?

ANGELA. — No suponíamos que fuera tan difícil hablar de vosotros...

GIORGIA. — No nos habíamos puesto en vuestro lugar...

M. CLESCERI. — Jamás podríais poneros en nuestro lugar: lo que vosotros hacéis es ficción, pero la ficción puede servir para que se nos recuerde encima de un escenario.

MATTEO. — Ahora ya no hay quien nos quite de la cabeza que no somos los actores adecuados...

M. CLESCERI. — En mi opinión, tampoco unos actores profesionales resultarían adecuados para representarnos en escena...

Se abre una cortina en el estudio; el Bandido Jefe aparece sentado; junto a él, un segundo Bandido, de pie. Ambos van armados y encapuchados. Reacción de sorpresa por parte de todos los demás. Las víctimas de la matanza se alejan hacia el telón de fondo. Silencio embarazoso ante la presencia de los dos bandidos.

DRAMATURGO, ANGELA, GIORGIA, MATTEO, BANDIDO JEFE, BANDIDO

DRAMATURGO. — ¿Quiénes sois?

BANDIDO JEFE. — ¿Cómo que quiénes somos? No sé. Decídmelo vosotros.

DRAMATURGO. — ¿Por qué vais armados y encapuchados?

BANDIDO JEFE. — Si debo hacer mi papel, prefiero ocultar mi identidad.

DRAMATURGO. — No admito personajes de incógnito. Quitaos la capucha.

BANDIDO JEFE. — No podemos. Nos ha sido encargada una acción intimidatoria que requiere habilidad y la mayor de las reservas. Si han venido las personas que fueron asesinadas, no pueden faltar los asesinos. ¡Somos nosotros quienes les atacamos!

DRAMATURGO. — ¡Uno no puede escribir un drama sin saber con quién está tratando! Además, no tengo la menor intención de escribir nada: ¡ni en broma voy a permitir que disparéis contra gente indefensa!

BANDIDO JEFE. — ¿Indefensa? Ésa no es gente indefensa. Es gente peligrosa. Es gente que piensa. O que está empezando a pensar, pero piensa. ¡Tiene pensamientos, ideas, ideales! ¡Es gente peligrosa! Y cada día son más: acaban siendo multitud, pueblo, y un pueblo que piensa es peligroso. Me ha sido encomendada una tarea bien sencilla: ¡disparar contra las ideas! Si logro darles en la cabeza, a esa gente, mejor que mejor: ¡ahí está el centro de sus pensamientos!

DRAMATURGO. — ¿Pero vosotros sois actores o personajes? Por tu manera de hablar te veo muy convencido de lo que vas a hacer.

BANDIDO JEFE. — Me he aprendido bien mi papel. Soy actor cuando actúo por cuenta de otros y personaje cuando actúo por cuenta propia.

DRAMATURGO. — ¿Y en este caso?

BANDIDO JEFE. — He sido invitado a darle una lección al pueblo en Portella della Ginestra. Me han sugerido que dispare al aire, para intimidar: los escopetazos asustan a todo el mundo. Aunque siempre puede darse la mala suerte de que alguna bala se desvíe hacia la muchedumbre, me han dicho. ¡Disparar al aire! ¿Para qué? ¿Yo, un actor que dispara al aire: ¡bum, bum!, y ya está, se acabó mi actuación? No, hombre, no, yo quiero poner algo de mi cosecha. ¡Esta gentuza se lo merece! Tomo posición allí, en las peñas de la Pizzuta, y les ordeno a mis hombres que apunten bien. ¡Este año la fiesta del uno de mayo se va a celebrar a mi manera! *(Se proyecta la secuencia cinematográfica en la que los bandidos toman posiciones.)*

DRAMATURGO. — Quitaos la capucha.

MATTEO. — No pueden: ¡el mal no tiene rostro!

ANGELA. — Anda, mira qué fácil: nada de eso, el mal sí tiene rostro, el mal es una persona con nombre y apellidos. Que después esa persona lo cometa por iniciativa propia o sea sólo su ejecutor material y esté obedeciendo a otros, eso no creo que tenga demasiada importancia.

GIORGIA. — Cierto, pero ¿quién es mal culpable del daño que se comete, el que lo ejecuta materialmente o el que da la orden?

MATTEO. — Está claro, digo yo, que es más culpable el que da la orden. Es de él de quien sale el encargo; el otro lleva a cabo lo que le ha sido encargado. Si se condena solamente al ejecutor, el que le ha contratado puede recurrir a otro ejecutor: la fuente del mal está en quien lo encarga.

BANDIDO JEFE. — A mí me han prometido que me van a pagar muy bien, y os lo repito, me han invitado a hacer una cosa pero yo no dejaré de poner algo de mi cosecha. ¿Me explico?

DRAMATURGO. — ¡No estoy dispuesto a escribir una obra con personajes que se tapan la cara, que no quieren quitarse la máscara!

BANDIDO JEFE. — Pero bueno, ¿cómo quieres que nos quitemos la máscara? Puede que un día los hechos sean desvelados en todos sus particulares: qué papel tuvo éste, qué papel tuvo aquél; pero en el momento en que se hacen, estas cosas no se hacen nunca al descubierto. Pongamos que se descubre quién dio la orden al cabo de cien años: ¿de qué va a servir?, ¿eso va a cambiar la historia? Además, ¿estamos seguros de que se sabrá algún día quién dio la orden? Aquí y ahora, lo que cuenta es el resultado práctico del tiroteo: ¡unos cuantos muertos y le paramos los pies al pueblo! Dentro de cien años, en el supuesto de que la verdad salga a la luz, no servirá más que para hacer bonito en los libros de historia. Si la verdad se descubriese, por ejemplo, dentro de diez años, aún podría tener alguna consecuencia, pero dentro de cien años ninguna...

DRAMATURGO. — Muy señores míos, yo tengo mucho que hacer, así que me inclinaría por poner fin a la discusión.

MATTEO. — ¿Entonces nada?

DRAMATURGO. — Si tú estás dispuesto a hacer —en escena, claro— el papel del bandido que dispara contra una multitud alegre e indefensa...

MATTEO. — Ni hablar.

DRAMATURGO. — ¿Pues dónde encuentro a los actores? Nadie quiere cargar con la responsabilidad —pero también con la honra— de interpretar a las víctimas, de llevar a escena su suplicio, la pena de verse a un paso de perder la vida, de haber vivido en un mundo injusto, de dejar desamparados a seis hijos de corta edad... Nadie quiere cargar con el papel del agresor que con premeditación dispara contra una gente indefensa. ¿Me queréis decir cómo se puede representar un drama sin actores?

Se cierra la cortina, y, al tiempo que ésta oculta a los dos bandidos, reaparecen las Víctimas.

DRAMATURGO, ANGELA, GIORGIA, MATTEO, LAS VÍCTIMAS

M. CLESCERI. — ¿Qué hacéis?

ANGELA. — ¡Pues nada!

G. MEGNA. — Os podemos dar algunas ideas sobre los momentos previos a la matanza. Sin duda mejor que nosotros no os los podrá ilustrar nadie. De lo que pasó después poco sabemos: ya estábamos muertos...

G. CUSENZA. — Al amanecer del uno de mayo, el cielo estaba como suele estar casi siempre por esas fechas, con retazos de claros y nubes blanquísimas, y el horizonte totalmente despejado. En cuanto saqué la cabeza para ver el tiempo que hacía, una mujer del vecindario, aún adormecida, llena de desasosiego, me da los buenos días, se acerca y me cuenta el sueño que acaba de tener; y ya se sabe que los sueños que se tienen antes de que amanezca se hacen realidad. Pero esto lo comprobé luego. Yo no soy un tipo supersticioso, ¡faltaría más! La vecina me cuenta, pues, que en su sueño ha visto la enorme faz de la Pizzuta envuelta en la noche —ya sabéis lo negra que está la Pizzuta las noches sin luna—, y aquí y allá se encendían lucecitas, velas creo que decía; se encendían pequeñas llamas: era como si una mano enorme con una cerilla las encendiera primero en la falda, después en la ladera, y cerca de la cima: una Pizzuta que parecía un cementerio un dos de noviembre, cuando las mujeres van a encenderles lucecitas a los muertos. La vecina me suplica que no vaya a la Ginestra y que no deje que vaya nadie; ella ya casi había convencido a su marido y a sus hijos. Pero ¡quién cree en los sueños de las mujeres! También su marido y sus hijos fueron a Portella, como todos los que habíamos organizado el festejo del uno de mayo. Puede que en Piana alguien supiera lo que iba a ocurrir. Si acaso, el clima de miedo e incertidumbre, con los conflictos políticos y sociales de aquella época, podía hacer presagiar que allí en Portella sucedería algo. Total, que no me tomé en serio el sueño de la mujer. Aceleré los preparativos y acudí a la cita.

F. VICARI. — Era un espectáculo ver a toda aquella gente, casi desde la *Kryqja*,[1] allá abajo, llenando ordenadamente la calle principal, unos a lomos de los mulos enjaezados, otros a pie, con la ropa de los domingos, subiendo primero hacia la plaza y después por la calle que lleva a la Ginestra. Allí, en Portella della Ginestra, se juntaban los trabajadores de los pueblos vecinos: subían de San Giuseppe Jato, de San Cipirello, de Partinico, se iban encontrando con los demás camaradas. Porque todos nos sentíamos hermanos, unidos por un mismo destino: nosotros de Piana, *arbëreshë*,[2] ellos de los pueblos vecinos, *lëtinj*,[3] luchábamos todos por mejorar las condiciones de todos, que cuando se hablaba de empleo y de condiciones de trabajo ningún pueblo tenía privilegios sobre otro, sino que estábamos todos en la misma situación. El color que dominaba era el rojo: las banderas rojas de los trabajadores, aunque no todos eran comunistas o socialistas; todavía no había divisiones, y la gente subía a Portella como quien sale a comer al campo. De todo, había: ancianos y jóvenes, hombres, mujeres y niños...

G. MEGNA. — Yo me había puesto el traje nuevo: no tenía otro, pero para mí era la fiesta más importante del año, ¡más que la Pascua! Los que habían traído las alcachofas se las ofrecían a todo el mundo, y así se hacía con el pan que venía del pueblo y con todo lo demás: era una comida campestre de lo más agradable. Yo estaba algo apartado de la roca de Barbato,[4] a la que se encaramaba quien debía pronunciar el mitin. Pongámonos, amigos y compañeros de muerte, en la posición exacta en la que estábamos en el momento del mitin, antes de que empezasen a disparar. *(Invita a las demás Víctimas a separarse y a situarse aquí y allá.)* Así os haréis una idea mejor de nuestras emociones, de lo que sentimos justo antes y después... *(Se proyecta la secuencia cinematográfica del inicio del mitin.)*

M. CLESCERI. — Yo estaba más o menos a esta distancia de la roca de Barbato, escuchando al orador...

V. ALLOTTA. — Yo debía de estar aquí, del lado de la Pizzuta. Cuando dispararon, los tiros venían de la Pizzuta.

S. LASCARI. — A mí me pareció que venían de la Kumeta; pero a lo mejor era el eco de los tiros. Hubo quien dijo que eran morteretes para animar la fiesta, pero eso lo decían los de los pueblos vecinos, los latinos; de hecho, uno de la comisión no acertaba a entender de qué morteretes podía tratarse, por cuanto ni estaban previstos ni él, que era de la comisión organizadora, había sido informado de que fueran a tirarse morteretes. Además, el mitin acababa de empezar...

F. VICARI. — También yo estaba del lado de la Pizzuta. No entendía qué eran aquellos disparos. Al principio pensé en algún cazador de esos que aprovechaban el día de fiesta para ir a cazar conejos...

V. ALLOTTA. — ¡Y después fue una hecatombe! Igual que el vendaval arremete contra el trigo maduro de junio y lo doblega y abate, así se doblegó y dispersó la multitud. Fue lo único que vi..., entonces me dieron. *(Se proyectan secuencias cinematográficas en que se aprecia la confusión que siguió a los disparos.)*

Mientras las Víctimas se retiran a ambos lados del escenario, salen de detrás de la cortina el Bandido y el Bandido Jefe, que avanzan juntos.

DRAMATURGO, ANGELA, GIORGIA, MATTEO, BANDIDO JEFE , BANDIDO

BANDIDO JEFE. — *(Encapuchado, al igual que su compañero; apuntando con el fusil.)* Hubiéramos podido matarlos a centenares y asunto resuelto, pero sólo había que dar una lección... La lección mata a algunos y ablanda a los demás. Yo gritaba "fuego, fuego, fuego", y las balas llovían como si fueran granizo. *(En el telón de fondo se proyectan imágenes sacadas de películas que muestran a bandidos disparando.)*

DRAMATURGO. — No me gusta lo más mínimo la violencia, ni siquiera encima de un escenario. ¡Allí, en Portella, disparasteis contra gente indefensa!

BANDIDO JEFE. — ¿Y acaso no era violencia lo que hacían ellos? ¡Las masas son violencia! ¡Sus sermones, sus mítines eran violencia! ¡Exigir, exigir, exigir! Que si queremos esto, que si queremos lo otro...

DRAMATURGO. — No es lo mismo: ¡la fuerza de las ideas, en el contraste con otras ideas, engendra la democracia!

GIORGIA. — Estoy de acuerdo con que éste es un drama que no se puede representar. Los asesinos siguen encapuchados: ¿qué contribución a la verdad puede hacer un drama entre cuyos protagonistas hay gente encapuchada? *(El Bandido y el Bandido Jefe abandonan lentamente el escenario.)*

MATTEO. — *(Al Dramaturgo.)* Desisto de mi idea de hacerte escribir algo sobre Portella. Además, ¡cuántas Portellas ha habido en estos últimos cincuenta años en Italia! ¡Cuántos encapuchados! ¡Cuántas matanzas con muchos más muertos que en Portella! ¡La lista es interminable!

DRAMATURGO. — ¡Pero la sangre de los mártires ha fortalecido nuestra democracia! Si hoy somos más civilizados, lo debemos al sacrificio de quienes dieron su vida: héroes involuntarios, gente sencilla, ¡gente sedienta de justicia! También las víctimas de las demás matanzas de estos cincuenta años nos han conmocionado, pero quizá porque la de Portella della Ginestra fue una de las primeras y nos tocó tan de cerca, su recuerdo sigue vivo y tangible.

ANGELA. — ¡Dichoso el pueblo que no necesita héroes!, dijo alguien,[5] no recuerdo quién.

GIORGIA. — Por desgracia, héroes los ha habido y quizá los habrá siempre, hasta que el hombre —creo que es una frase hecha— deje de ser un lobo para el hombre[6] —y le pido disculpas al lobo.

DRAMATURGO. — Bueno, entonces nada: veo que, aunque sea sólo una ficción, nadie quiere ponerse en la piel ni de las víctimas ni de los asesinos. Lo único que podemos hacer, pues, lo más sensato, es sumarnos a la conmemoración oficial, que difumina en el idealismo heroico el dolor verdadero, a la vez físico y moral, de las víctimas. En vista de que no soy capaz de hacer una obra de teatro sobre ese dolor verdadero, rechazo vuestra propuesta de escribir sobre los mártires de Portella.

ANGELA. — Comoquiera que sea, permanecerá eterno el recuerdo de nuestros paisanos y de esos muchachos de San Giuseppe Jato, eterno como las esculturas de forma casi humana que se levantan en la plaza de Portella.

GIORGIA. — Más que las conmemoraciones a mí lo que me interesa es que hechos como los de Portella no se repitan nunca más.

MATTEO. — No hay que dar tregua a la esperanza.

Los actores y el dramaturgo se apartan a los laterales del escenario. Las Víctimas de Portella —con ellos la niña y los tres muchachos de San Giuseppe Jato— avanzan sonriendo, cogidos de la mano, hasta el proscenio, mientras se proyecta en la pantalla el paisaje de Portella della Ginestra tal como es hoy.

[1] *Kryqja* en albanés significa cruz. Como en muchos pueblos italianos, en la entrada a Piana degli Albanesi hay una cruz en un pedestal, una forma simbólica de proteger a sus habitantes. La cruz se sitúa al este del pueblo, al inicio de una cuesta larga que sube hasta la plaza principal.

[2] *Arbëreschë* es la palabra albanesa que describe a los italiano-albaneses, es decir, los albaneses cuyos antepasados emigraron a Italia hace muchos años y que constituyen la minoría albanesa en Italia.

[3] La palabra albanesa *Lëtinj* significa literalmente "latinos" y la usan los italiano-albaneses para referirse a la gente siciliana o italiana, o extranjeros en general, que no son albaneses. A los italianos los llaman "latinos" también con una implicación religiosa, ya que el latín era la lengua usada en los rituales religiosos. Por otro lado, la gente de Sicilia a veces se refiere a los italiano-albaneses como griegos, porque aunque son también católicos, usan el griego en sus rituales religiosos.

[4] El Monte Barbato está en Portella della Ginestra y su nombre viene de Nicola Barbato, un diputado socialista que solía hablar desde allí a los trabajadores de todos los pueblos vecinos. Nicola Barbato fue uno de los organizadores del movimiento llamado "Fascio dei Lavoratori" ("Liga de los Trabajadores"), que existió en Sicilia a finales del siglo XIX.

[5] Véase la obra de Bertolt Brecht *Leben des Galilei / Vida de Galileo*, esc.13:
    Andrea: Unglücklich das Land, das keine Helden hat!...
    Galileo: Nein, unglücklich das Land, das Helden nötig hat.
    [Andrea: ¡Desgraciada la tierra que no tiene héroes!...
    Galileo: No, desgraciada la tierra que necesita héroes.]

[6] La alusión es al dicho latino que se mantiene en la cultura italiana, normalmente como *homo homini lupus*, de *La Asinaria* de Plauto (II.iv.88): "Lupus est homo homini, non homo, quom qualis sit non novit" ["El hombre es un lobo para el hombre, no un hombre, que no conozco cómo es"].

(Traducción: Miquel Edo)

Daisy Abey nació en 1941 en Matara, Sri Lanka, y estudió la lengua sinhala en la Universidad de Ceilán. Emigró a Gran Bretaña en 1965 y desde entonces ha dividido su tiempo entre Leeds y Londres. Lleva muchos años escribiendo en sinhala y traduciendo sus obras al inglés. Varias colecciones de su poesía han sido publicadas en inglés por Sixties Press: *Letter to a Friend: First Poems* y *City of Leeds* (ambas en 1999), *Under Any Sky* (2000) y *On Pennine Heights* (2003). Sixties Press ha publicado también su novela en sinhala *Like the Wind* (2003).

Agnès Agboton nace en Porto-Novo, República de Benín (antiguo Dahomey), cursó sus estudios primarios y parte de la secundaria en su ciudad natal y en Costa de Marfil. En 1978 llega a Barcelona dónde concluye su enseñanza secundaria y en 1991 se licencia en filología hispánica (especialidad literatura) por la Facultad de Filología de la Universidad Central de Barcelona. A caballo entre dos culturas, mantiene un constante contacto con su país natal, en el que ha realizado distintos trabajos de recuperación de la tradición oral (canciones, cuentos y leyendas, alabanzas familiares, etc.). En Cataluña, colabora desde hace varios años, con los centros de Recursos Pedagógicos de Departament d'Ensenyament de la Generalitat, escuelas de primaria, bibliotecas y otros organismos, contribuyendo a la difusión de la tradición oral africana entre los jóvenes catalanes y españoles. Además de artículos y diversos intervenciones en programas de radio (TVE, TV3, CITY TV), y conferencias, ha publicado los siguientes libros: *La cuina africana* (Columna, Barcelona, 1988); *Contes d'arreu del món* (Columna, Barcelona, 1995); *Àfrica des dels fogons* (Columna, Barcelona 2001) *África en los fogones* (Ediciones del Bronce, Barcelona, marzo 2002) y es co-autora del libro *El Libro de las Cocinas del Mundo* (Rba, Integral, Barcelona, noviembre 2002); *El Llibre de les Cuines del Món* (La Magrana, Barcelona, marzo 2002). Es co-finalista, con la ilustradora Carmen Peris, en el premio *Apel.les Mestres* del año 1995 con el cuento *Les llàgrimes de Abenyonhù* y, desde entonces ha publicado sus poemas en lengua *gun,* en diversas revistas (*Poesía Por Ejemplo*, nº 11, Madrid 1999) y antologías (*Barcelona poesia*, Antología a cargo de Gabriel Planella, Ediciones Proa 1998) dándolos a conocer sobre todo en recitales poéticos.

Anna Aguilar-Amat (Barcelona, 1962), profesora de Terminología aplicada a la Traducción en la Universitat Autònoma de Barcelona, poeta y ensayista. Ha publicado los siguientes libros de poemas: *Trànsit entre dos vols* (Tránsito entre dos vuelos), Ed. Proa, Barcelona 2001, premio Carles Riba 2000; *Música i escorbut* (Música y escorbuto), Ed. 62, Barcelona 2002, premio Màrius Torres 2001; *Petrolier* (Petrolero), Edicions de la Guerra, Valencia 2003, premio Englantina d'Or en los Juegos Florales de Barcelona 2000.

Shamim Azad nació en 1952 en Bangla Desh (antiguo Pakistán Oriental) y estudió literatura bengalí en la Universidad de Dhaka. Llegó a Gran Bretaña en 1990 como profesora y ahora trabaja como poeta para la educación con la organización Apples and Snakes de Londres. Recibió en 1994 el premio *Bichitra* de Bangla Desh y el premio *Year of the Artist* 2000 del *London Arts*. Su producción literaria incluye dos novelas, dos obras de teatro, una colección de ensayos y otra de cuentos, además de varios volúmenes de poesía: *Sporsher Aupekhkha / Waiting for a Touch* (1981), *Bhalobashar Kabita / Love Poems* (1982) y *Hey Jubak, Tomar Bhabishat / Young Man, It's Your Future* (1989). "Compañero" fue publicado por primera vez en el periódico *Prothom Alo* (Dhaka, 2000) y junto con su traducción al inglés en *My Birth Was Not in Vain* (Sheffield Libraries, 2001), editado por Debjani Chatterjee y Safuran Ara. Véase también www.shamimazad.com.

Meg Bateman nació en 1959 y creció en Edimburgo. Ha estudiado gaélico, tiene un doctorado en Estudios Gaélicos por la Universidad de Aberdeen y ha trabajado durante un año como auxiliar de enfermería en South Uist. Después de diez años en la Universidad de Edimburgo y la Universidad de Aberdeen, ahora da clases en el colegio gaélico Sabhal Mòr Ostaig de Syke, donde vive con su hijo. Aparte de escribir poemas ha editado y traducido poesía gaélica. Su colección *Aotromachd / Lightness* fue finalista del *Stakis Prize* en 1998 y fue galardonada con un *Scottish Arts Council Award*. Entre sus publicaciones destacan *Òrain*

Ghaoil / Amhráin Ghrá (Dublin: Coiscéim, 1989) y *Aotromachd agus Dàin Eile / Lightness and Other Poems* (Polygon, 1997). Su poema "Ealghol: Dà Shealladh" pertenece al volumen *Wish I Was Here* (Edinburgh: pocketbooks, 2000).

Boyikasse Buafomo nacido y criado hace mucho tiempo en Itsike-Isameila, en la depresión central del Congo (ex-Zaire). Por compromiso, "se exilia" en el ancho mundo y, en el año 1978, encuentra "Techo" en el centro de la Vía Láctea, Bruselas. Allí, por desafío o por tradición secular, recupera su voz y les propone a los niños de 8 a 8 888 meses la Orature, para lo cual reviste en barrios y escuelas, teatros, empresas, ayuntamientos, televisiones y demás, la toga del Cuentacuentos Ambulante. Trabaja con Cobra Films en *Sango Nini / Quoi de neuf? (¿Qué hay de nuevo?)* y le presta voz que en pinceladas sucesivas cuenta uno de los barrios coloridos de Bruselas, Capital de facto de la Unión Europea: Matongé. El documental obtiene en Bruselas el primer premio del festival "Filmer à tout prix" y en Marsella el del mejor documental europeo. En 1999 recibe, en el marco del primer concurso "año nuevo" organizado en la Universidad Católica de Lovaina (Bélgica), el gran Premio del Año Nuevo y el Premio de Radio France International por la adaptación y la emisión de *La tradición judía en la enseñanza* de Elie Wiesel y *El sacrificio* de Antoine Tshitungu Kongolo. Inventa en el año 2002 la 'Carte Contée (Mapa Contado)—Verhaalkaart,' primer mediólogo multicultural Sur-Norte. ¿Objetivo? Enlazar lo imaginario y lo real.

Maoilios Caimbeul (Myles Campbell) nació en 1944 en la isla de Syke, donde sigue viviendo hasta ahora. Enseña gaélico en la escuela de secundaria Gairloc en Ross-shire y sus composiciones han sido publicadas en numerosas revistas y antologías. Fue nombrado poeta nacional en 2002 en el Royal National Mod de Largs. Sus colecciones de poemas son *Eileanan* (Glasgow University, 1980), *Bailtean* (Glasgow: Gairm, 1987), *A' Càradh an Rathaid* (Dublin: Coiscéim, 1988), una edición bilingüe en gaélico escocés e irlandés, en el que aparece publicado "Itean A' Tuiteam," y *A' Gabhail Ris* (Gairm, 1994). Una quinta colección, *Saoghal Ur*, será publicada en 2003 por Diehard Publications, Callander. Su poema "3.3.2000" ha aparecido en la antología *Wish I Was Here* (Edinburgh: pocketbooks, 2000).

Saleha Chowdhury nació en 1943 en Bangla Desh (antiguo Pakistán Oriental). Estudió bengalí en la Universidad de Dhaka, a la que se incorporó como profesora en 1967. Desde 1972 vive en Londres, donde trabaja como maestra de escuela primaria, y su jubilación en 2003 le brinda la oportunidad de dedicarse por completo a la literatura. Recibió en 1996 el premio de poesía del *Cyclone Poetry Group* de Manchester y en 2000 le otorgaron en Norteamérica el *International Poet of Merit Award*. Ha escrito en bengalí, entre otros, tres libros para niños y tres volúmenes de ensayos. Ha publicado tres colecciones de poesía en bengalí, *Judas Ebong Tritiyo Pokkho / Judas and the Third Party* (Dhaka, 1998), *Dewaley Cactus Phool / Cactus Flower on the Wall* (Dhaka, 2001) y *Hriday Pendulum Baja / It Rings in My Heart* (Dhaka, 2001), y dos en inglés, *Broad Canvas* (Peterborough, 1997) y *It Grows in My Heart* (Peterborough, 2001).

Josefa Contijoch Pratdesaba, nace en Manlleu (Plana de Vic) el 20 de enero del año de la tromba de agua. Hija de una familia de impresores y libreteros. Estudia Comercio y Idiomas con las monjas Carmelitas de Manlleu. Estudios de Filología en la Universidad de Barcelona. Desde el año de su creación (1992) forma parte del "Comité de Escritoras del Centro Catalan del PEN Club" en el que colabora activamente. Ha publicado poesía: *De la soledad primera* (1964), *Aquello que he visto* (1965), *Quadern de vacances (una lectura d'"El segon sexe") – Cuaderno de vacaciones (una lectura del segundo sexo)* (1981), *Ales intactes – Alas intactas* (Premi de Poesia Salvador Espriu 1993) (1994), *Les lentes il.lusions – Las lentas ilusiones* (Premi Màrius Torres 2000) (2001). Y novela: *Potala* (1986), *No em dic Raquel – No me llamo Raquel* (1989), *La dona liquada – La mujer licuada* (Premi de Novel.la Ciutat de Palma 1989) (1990), *Rímmel* (1994), *Amor congelat – Amor congelado* (1997), *Tòrrida tardor* (1997) – *Otoño tórrido, Els dies infinits* (2001) – *Los días infinitos*. También ha publicado las conferencies "Virginia Woolf - Vita Sackville-West: fascinacions transferides", en el libro colectivo *Cartografies del desig, quinze escriptores i el seu món* (1998) – *Cartografías del deseo, quince escritoras y su mundo*, "Contra l'oblit: Montserrat Roig - Anne Frank", en el llibre colectivo *Memòria de l'aigua, onze escriptores i el seu món* (1999) – *Memoria del agua: once escritoras y su mundo.* Últimamente "Víctor Català - Grazia Deledda: "Màscares sota la lluna" 3er. cicle "Cartografies del desig," 11 octubre 2001, Teatre l'Espai, Barcelona.

Nino De Vita nació en Marsala, donde reside, en 1950. Es autor de *Fosse Chiti*—publicado en 1984 por Lunarionuovo-Società di poesia y, en una nueva edición de 1989, por Amadeus—y de libros de versos en siciliano que, editados a sus expensas o en ediciones no venales de tirada reducida, han sido reunidos posteriormente en dos volúmenes titulados *Cutusìu* (Trapani, 1994; Messina, Mesogea, 2001) y *Cùntura* (Alcamo, 1999). En 1996 recibió el Premio "Alberto Moravia" y en 2003 el Premio "Mondello." De Vita tiene a su cargo la "Fondazione Leonardo Sciascia," en Racalmuto. De su obra se han ocupado los más destacados críticos literarios italianos.

Róza Domašcyna nace en 1951 en Zerna, cerca de Kamenz (Alta Lusacia). Representante comercial, ingeniera (economista en el sector minero), entre 1973 y 1984 trabaja en la fábrica de lignito Knappenrode y de 1985 a 1989 cursa sus estudios en la Facultad de Literatura de Leipzig. Reside en Bautzen; a partir de 1990 escritora independiente, escribe en alemán y en sorbio, sobretodo poesía lírica además de teatro, adaptaciones y ensayos. También se dedica a la edición. Róza Domašcyna ha recibido diversos premios prestigiosos de literatura. Publicaciones (selección): Lírica y poesía lírica: *Wróco ja doprêdka du* (Ed. Domowina, Bautzen, 1990), Zaungucker (Ed.Janus-Press, Berlin, 1991), *Pre wšê ploty* (Ed.Domowina, Bautzen, 1994), *Zwischen gangbein und springbein* (Ed. Janus-Press, Berlin, 1995), *selbstredend selbzweit selbdritt* (Ed. Janus-Press, Berlin, 1998), *Pobate bobate* (Ed. Domowina, Bautzen, 2001); además de una obra teatral, guiones radiofónicos y representaciones también ha realizado numerosas adaptaciones al alto sorbio y al alemán.

Saqi Farooqi (Qazi Muhammad Shamshad Nabi Farooqi) nació en 1936 en el norte de la India, en Uttar Pradesh. Tras la división del país en 1947 se trasladó con sus padres a Pakistán Oriental (ahora Bangla Desh) y a Karachi en 1950. Se licenció en la Universidad de Karachi y llegó a Gran Bretaña en 1963 como alumno de postgrado. Vive en Londres y ha trabajado como contable y como locutor para el *BBC World Service*. Siguiendo la tradición del urdu, cuando empezaba como poeta adoptó un pseudónimo literario, Saqi. Se le reconoce internacionalmente como uno de los poetas urdus más destacados de su generación, que ha creado polémica por inspirarse tanto en la tradición urdu como en la occidental. La BBC ha realizado dos programas sobre su trabajo. En urdu ha publicado dos volúmenes de crítica y seis colecciones de poesía: *Pyas ka Sehra / The Desert of Thirst* (1967), *Raadar / Radar* (1977), *Razon se Bhara Basta / The Bag of Secrets* (1981), *Bahram ki Wapsi / The Return of Bahram* (1985), *Zinda Pani Sachcha / The Living Waters* (1992), y *Haji Bhai Pani-Wala / The Hydrocele* (2001). Se ha publicado su obra traducida al inglés en *A Listening Game* (Lokamaya, 1987; Highgate Poets, 2001). "El dulce olor de la muerte" apareció por primera vez en 1964 en la revista de Lahore *Funoon.*

Rose-Marie François, poeta, escritora, políglota, recita en los escenarios su propia poesía y la que ella misma traduce. Nacida en 1939, "entre la verde Flandes y el negro Borinage," vive su infancia en una aldea en la que aún se hablaba picardo. Como Profesora de la Universidad de Lieja, promueve y anima talleres de traducción de poesía y de pequeñas prosas difíciles. Entre sus últimas obras publicadas, citemos: *De source lointain, Tâlîna strûklaka,* poemas, con traducción letona de Dagnija Dreika (edit. Tapals, Riga, 2002); *Pieds nus dans l'herbe, Plavâs kailâm kâjâm,* antología bilingüe de poesía letona, en francés por RM François, con introducción y reseña sobre cada autor (edit. L'arbre à paroles, Amay, 2002); *Passé la Haine et d'autres fleuves,* novela (edit. Le Fram, Lieja, 2001); *Zwischen Petrus und Judas / Entre Pierre et Judas,* antología bilingüe de poemas austríacos, segundo vol. (doble), traducción y presentación de RM François, editions@maisondelapoésie.com (Amay, 2001); *Fresque* *lunaire (Fresco lunar),* poemas (Le Noroît, Montréal 2000); *Qui nous dépasse (Que nos sobrepasa) / An uns vorbei,* poemas, con traducción alemana de Rüdiger Fischer (Ediciones En Forêt Verlag, Im_Wald@-online.de, Rimbach, 1999).

Lubina Hajduk-Veljkovićowa, apellido de soltera Šênec, nacida en 1976 en Bautzen, reside desde 1995 en Leipzig. Cursó Sorabística e Historia en Leipzig y en la actualidad goza de un año de vacaciones por maternidad. Escribe sobretodo en alto sorbio: en un primer momento poesía; actualmente prosa, obras teatrales y cuentos y guiones radiofónicos para niños. Publicaciones: *Prênje jejko* (antología poética, edición privada, 1998); *Pjatk haperleje* (antología poética, Ed.Domowina, Bautzen, 1998); algunos poemas en la revista *Literatur und Kritik* (monográfico sobre literatura sorbia, 1999) y en la antología *Landschaft mit Leuchtspuren*; textos nuevos de Sajonia (Ed.Reclam Leipzig, 1999); *Wurywanki* (obra teatral; junto con su esposo Dušan, 2001); narraciones "Wjelca zyma" y "Donjebjesspêce" en las antologías *žadyn happy-end* y *Wobraz ze skibami* (Ed. Domowina, Bautzen, 2001).

Basir Sultan Kazmi nació en 1955 en Lahore (Pakistán) y estudió allí en el Government College un *Master's Degree* en literatura inglesa. Empezó muy joven a componer en urdu animado por su padre, Nazir Kazmi, un famoso poeta que murió con 46 años en 1972. Basir dio clases de literatura, drama y crítica literaria en el Government College durante catorce años y llegó con una beca del *British Council* a Gran Bretaña en 1990. En 1991 completó un *Master's Degree* en Educación en la Universidad de Manchester y en 2001 uno en Filosofía, realizando un estudio sobre la alfabetización femenina en Pakistán. Ha sido escritor residente en los *North West Playwrights Workshops*, ha fundado un teatro asiático en Oldham y desde 1992 ha trabajado como Profesor Ayudante de Lengua, primero en Halifax y después en Manchester. En 1987 publicó una obra de teatro en Pakistán traducida al inglés en 1997 como *The Chess Board.* Su poesía ha sido publicada en urdu (Lahore, 1997), traducida al inglés en *A Little Bridge* (Pennine Pens, Hebden Bridge, 1997) y en el volumen bilingüe *Generations of Ghazals* (Redbeck, 2003) que reúne su obra junto con la de su padre. Sigue escribiendo teatro y aunque suele trabajar sobre todo con formas poéticas tradicionales, ha empezado recientemente a explorar el verso libre.

Giorgos Lillis nació el 3 de julio de 1974 en Bielefeld (Alemania). Sus poemas y artículos han sido publicados en varias revistas de literatura. Asimismo han aparecido ya dos volúmenes de poesía: *Die Haut der Nacht* (Editorial: Odos Panos) y *Das Land der schlafenden Wasser* (Editorial: Mandragoras). Lillis pasó algunos años en Agrinion y Atenas y vive desde 1996 en Alemania donde trabaja como periodista autónomo para revistas de literatura griega. En la radio local (Radio Bielefeld) fue moderador de una emisión bilingüe (griego-alemán) donde presentaba a músicos y poetas griegos. En Grecia ha obtenido en dos ocasiones el primer premio en el certamen nacional de poesía.

Kito Lorenc nace en 1938 en Schleife-Slepo cerca de Weißwasser. Estudió Eslavística en Leipzig, trabajó como investigador literario en el Instituto de Estudios Sorbios en Bautzen, fue dramaturgo en la *Bautzener Staatliche Ensemble* para la promoción de la cultura popular sorbia. Desde 1979 trabaja como autor independiente. Además de lírica en sorbio y alemán ha escrito libros infantiles, obras de teatro, adaptaciones y publicaciones científicas (desde 1973 la serie lírica "*Serbska poezija*", "Sorbisches Lesebuch" 1981; "Aus jenseitigen Dörfern. Zeitgenössische sorbische Literatur", 1992). Kito Lorenc ha sido galardonado con diversos premios literarios. Publicaciones más célebres (colección de poesía): *Nowe casy - nowe kwasy* (Bautzen, 1961); *Struga.* Bilder einer Landschaft (Bautzen, 1967); *Kluce a puce* (Bautzen, 1971); *Serbska poezija: Kito Lorenc* (Bautzen, 1979); *Ty porno mi* (Bautzen, 1988); *Gegen den großen Popanz* (Berlin y Weimar, 1990); *Suki w zakach* (Bautzen, 1998); *die unerheblichkeit berlins* (Munich, 2002).

Aonghas Macneacail nació en 1942 en Uig en la isla de Syke y creció en un entorno gaélico-parlante. Estudió en la Universidad de Glasgow, ha sido escritor residente invitado en Argyll,

Ross y Cromarty, Glasgow y Skye, y ha recibido becas del *Scottish Arts Council* en 1983 y 1992. Fue nombrado *Stakis Scottish Writer* el año 1997 y ha sido galardonado con un *Grampian Television Poetry Award*. Vive en la actualidad al sur de Edimburgo. Es uno de los autores gaélicos más destacados de su generación y escribe para distintos medios, entre ellos el teatro, la radio y la pantalla y ha colaborado con músicos. Ha sido uno de los guionistas principales de la telenovela gaélica *Machair* para la televisión escocesa. Ha publicado siete libros de poemas y su poesía ha tenido difusión internacional. Su última colección, *Oideachadh Ceart / A Proper Schooling* (Polygon, 1996) ganó el *Saltire Prize*. La antología *Wish I Was Here* (pocketbooks, 2000) incluye el poema "an tùr caillte."

Twyn Morys (1961-) creció en el pueblo galés cercano al mar donde vive todavía, cerca de Llanystumdwy en Gwynedd. Es licenciado en literatura galesa por la Universidad de Gales en Aberystwyth. Desde 1988 es poeta, escritor y presentador, y durante un año dio clase de galés en la Universidad de Rennes en Bretaña. Sus poemas suelen estar escritos en formas métricas regulares (*cerdd dafod*) y participa habitualmente en los *ymrysonau*, festivales populares en los que compiten equipos de poetas en sacristías, salones de actos o pubs. Tiene su propio grupo musical, Bob Delyn a'r Ebillion (El arpa Bob y las clavijas), que ha publicado cuatro discos, el último titulado *Hyn / This* (Sain, 2003). Escribe una columna para la revista de poesía *Barddas* y ha publicado dos volúmenes de ensayos. Sus colecciones de poesía son *Ofn Fy Het / Afraid of my Hat* (Barddas, 1995), *La Ligne Noire des Montagnes* (con ensayos, en traducción francesa: L'Association Festival de Douarnenez, Bretaña, 1998), *Eldorado* con Iwan Llwyd (Gwasg Carreg Gwalch, 1999) y *2* (Barddas, 2002) en la que se incluye "Un Bore Oer."

Francesc Parcerisas i Vàzquez (Begues, Baix Llobregat, 1944). Poeta, traductor i crític. Licenciado por la Universidad de Barcelona, tiene un MA por la de Essex (Gran Bretaña) y es doctor por la Universidad Autónoma de Barcelona. Fue lector en Inglaterra y residió en Ibiza durante largos años, dedicado a la traducción literaria. Ha traducido indistintamente al español y al catalán más de cincuenta libros y ha colaborado a menudo en la prensa como crítico literario. Ha trabajado en el campo editorial, en la enseñanza y ha tenido una actividad destacada en el campo del asociacionismo literario. Es profesor de la Universidad Autònoma de Barcelona y fue presidente de la Asociación de Escritores en Lengua Catalana. Desde 1998 es Director de la Institució de les Lletres Catalanes. Su obra completa está recogida en el volumen *Triomf del present* (1991). Con posterioridad ha publicado *Focs d'octubre* (1992) i *Natura morta amb nens* (2000). Su poesía ha sido traducida al castellano, francés, italiano, inglés, sueco, portugués y húngaro.

Michalis Patentalis nacido en Düsseldorf, creció en Prossotsani cerca de Drama (Grecia). Tras realizar la enseñanza secundaria estudió, entre otras disciplinas, teoría y armonía de la música. Se dedicó a la fotografía en blanco y negro y fue redactor y moderador de un programa radiofónico. Con su relato "Zwei Erdbeeren auf dem Sand" fue galardonado en el año 2000 con el primer premio de relatos en el certamen 'Zweirad und Kunst.' Otras publicaciones: *Die Kurzsichtigkeit einer Stadt* (poemas, griego-alemán), (Romiosini, Köln, 1998); algunos de sus poemas están recogidos en la antología *Deutschland, deine Griechen* (Romiosini, Köln, 1998); además, la editora Gabriele Kleiner ha publicado ensayos y poemas suyos en la serie "Weißer Fleck Griechenland," (Edition Ost, Berlin, 2002).

Chus Pato nació en Ourense en 1955. Da clases de Historia en un Instituto de Enseñanza Secundaria, en el interior de Galicia. Ha publicado los siguientes poemarios: *Urania* (Ourense: Calpurnia, 1991), *Heloísa* (A Coruña: Espiral Maior 1994), *Fascinio,* (Santiago de Compostela: Toxosoutos, 1995), *Nínive* (Vigo: Xerais, 1996), *A ponte das poldras* (Santiago de Compostela: Noitarenga 1996), *m-Talá* (Vigo: Xerais, 2000).

Yüksel Pazarkaya nació en 1940 en Izmir (Turquía) y en 1958 llegó a la República Federal de Alemania. Allí estudió en primer lugar Química, y posteriormente Filología Germánica y Filosofía. En 1972 se doctoró en Filología Germánica. Desde principios de los 60 trabaja como traductor y periodista en Alemania y Turquía. Pazarkaya es autor de material didáctico para las lenguas turca y alemana y ha escrito también libros infantiles. Ha recibido numerosos premios; entre ellos cabe destacar la entrega de la Cruz Federal del Mérito en 1986, y el premio Adalbert-von-Chamisso en 1989-90 y 1994. Pazarkaya ha trabajado como profesor invitado en distintas universidades estadounidenses, y también ha descubierto y fomentado la carrera de jóvenes autores. Pazarkaya publica regularmente en Alemania y en Turquía y desde 1995 forma parte del jurado del premio Adalbert-von-Chamisso. Obras (selección): *Heimat in der Fremde?* (narraciones), Berlin, 1981; *Ich möchte Freuden schreiben* (poemas), Fischerhude, 1983; *Irrwege/Koca Sapmalar* (poemas alemán/turco), Frankfurt am Main, 1985; *Kemal und sein Widder* (novela infantil), Würzburg, 1993.

Padma Rao nació en la India y creció en Bihar. Tras completar una licenciatura en literatura llegó a Inglaterra con su marido en 1982. Lleva escribiendo en hindi desde hace diecisiete años y su poesía ha sido publicada en diversas antologías, entre ellas *The Redbeck Anthology of British South Asian Poetry* (Bradford: Redbeck Press, 2000), editada por Debjani Chatterjee. Ha editado junto con Brian Lewis la antología multicultural *Poetry in Action*. Trabaja como asesora artística por cuenta propia, dirige una agencia de gestión de la diversidad cultural, Diversitywise. Trabaja además en *Northeast Arts* y la BBC y ha participado en el programa *Decibel*. Está realizando un proyecto de recopilación y publicación de las biografías de personas asiáticas llegadas a Gran Bretaña hace cuarenta años. Vive en Sunderland.

Xavier Rodríguez Baixeras, nacido en Tarragona en 1945, es profesor de Enseñanza Secundaria en Vigo. Entre sus obras cabe destacar: *Anos de viaxe* (Vigo: Xerais, 1987) (Premio de la Crítica Española), *Visitantes* (A Coruña: Diputación de A Coruña, 1991) (Premio G. Garcés de la Diputación de A Coruña), *Nadador* (A Coruña: Espiral Maior, 1995) (Premio da Crítica Galega), *Beira Norte* (Santiago de Compostela: Sotelo Blanco, 1997) (Premio de la Crítica Española) y *Eclipse* (A Coruña: Espiral Maior, 2001) (Premio Losada Diéguez). Es autor de unos cuarenta títulos de obras traducidas al gallego, castellano y catalán. Ha cultivado también la edición crítica y, ocasionalmente, la crítica en congresos y periódicos.

Ana Romaní nació en Noia (A Coruña) en 1962. Es escritora y periodista y desde hace trece años dirige el programa diario de información cultural *Diario Cultural* de la Radio Galega (radio autonómica de Galicia), por el que ha recibido diversos premios. Es autora de los poemarios *Palabra de Mar* (Santiago de Compostela: Ed. de Autor, 1987), *Das ultimas mareas* (A Coruña: Espiral Maior, 1994) y *Arden* (A Coruña: Espiral Maior, 1998); del relato "Marmelada de amoras" (Pontevedra: Biblioteca Nova, 1997) y de la *Antología Literaria de Antón Aviles de Taramancos* (Vigo: Galaxia, 2003). Es miembro del Pen Club de Galicia y de la Asociación de Escritores en Lingua Galega. Participó en la creación de la publicación feminista *Festa da Palabra Silenciada* y de la Asociación Mulleres Galegas na Comunicación. Colabora como articulista en diversas publicaciones literarias y de información general. Ha participado en distintos proyectos artísticos: *Son da Pedra* con el grupo musical Milladoiro; *Son Delas* con solistas de la música gallega, *Daquelas que cantan. Rosalía na palabra de once poetas galegas* de la Fundación Rosalía de Castro, y realiza los espectáculos poéticos "O outro extremo do paraiso" (1997) y "Lob*s" (1998) con el escritor Anton Lopo, "Catro poetas suicidas. Intervención poetica contra a levidade" (2001), "Estalactitas" con las escritoras Anxos Romeo y Lupe Gomez (2002). Su obra poética está traducida al español, inglés y ruso figura en diversos libros colectivos y antologías.

Abdulhadi Sadoun nació en Bagdad en 1968 y reside en Madrid desde 1993. Salió de Irak tras la guerra del golfo y llegó a España para estudiar el doctorado en Filología Hispánica.

Desde el año 1997 codirige la revista y publicaciones de *ALWAH*, la única revista cultural en lengua árabe en el territorio español dedicada a las letras árabes, especialmente, la literatura del exilio. *Alwah* lleva publicados más de cuarenta títulos. Es autor de los volúmenes de cuentos, *Al yaum yartadi badla mulataja bil ahmar* (*El día lleva traje manchado de rojo*) (Damasco: Al-Majim, 1996) y *Intihalat Ailaa (Plagios familiares)* (Amman, Jordania: Azimnah, 2002), y de poesía, *Tadhir al Dhihk (Encuadrar la risa)* (Madrid: Alwah, 1998) y *Laysa syua Rih (No es más que viento)* (Madrid: Alwah, 2000). Algunos de sus cuentos y poesías han sido traducidos al alemán, inglés, persa y kurdo. Ha traducido del español al árabe poesía de Vicente Aleixandre, Juan Ramón Jiménez, cuentos hispanoamericanos, poesía española moderna y libros como *El Lazarillo de Tormes*. Su relato "Kunuz   Granata" ("Tesoros de Granada") fue galardonado como mejor cuento infantil en los Emiratos Árabes Unidos en 1997.

Giuseppe Schirò Di Maggio (Zef Skjiro Majit) nació en Piana degli Albanesi (Sicilia) en 1944. Para evitar confusiones, añadió al apellido paterno "Schirò" el materno "Di Maggio." Se licenció en filología clásica en Palermo con una tesina sobre *Këthimi*, de G. Schirò (1865-1927). Ha sido profesor de lengua y literatura en la provincia de Turín y durante veinte años en el instituto de educación secundaria "Dh. Kamarda" de Piana degli Albanesi. Ha dirigido la revista "Mondo Albanese" [Mundo Albanés]. Tiene en su haber dos narraciones en verso octosílabo, numerosos poemarios, 14 piezas teatrales y otros escritos. Sus fuentes de inspiración son: la vida cotidiana; los dramas individuales y los dramas colectivos; la emigración a las ciudades del norte de Italia y al extranjero, la segunda desde la perspectiva histórica de los descendientes de los antiguos emigrantes albaneses al sur de Italia; la defensa de la lengua albanesa; el recuerdo poéticamente imborrable de la "Hermosa Morea," de donde procedían los antepasados *arbëreshë*; la problemática de Albania: los trágicos flujos migratorios de los años noventa; el turbulento Kosovo. Poesía: *Sunata* [Sonata (1965-1975)] (1975); *Më para se të ngriset* [Antes de que anochezca] (1977); *Kopica e ndryshku* [La polilla y el orín] (1981); *Vjeç të tua 500 anni tuoi - Mas Rushi arbëresh* [Maese Giò italoalbanés] (1988); *Metaforë* [Metáfora] (1990); *Kosova lule* [Flor Kosovo] (1991); *Anije me vela e me motor* [Barcos de vela y a motor] (1992); *Poezi gushtore e tjera* [Poemas de agosto y otros versos] (1995); *Kopshti im me dritare* [El huerto y las ventanas] (1996); *Gjeometri dhe ikje* [Geometrías y fugas] (1998); *Poesie d'amore in tempo di morte. Kosova Martire Secondo Trimestre 1999* [Poemas de amor en tiempos de muerte. Kosovo Mártir Segundo Trimestre de 1999] (2000). Teatro: *Pethku* [La herencia] (1982); *Shumë vizita* [Muchas visitas] (1986); *Orëmira* [El amuleto] (1988), (los tres hijos de un matrimonio ya mayor deciden irse a trabajar a Alemania); *Për tokën fisnike të Horës* [Sobre la noble Terra della Piana] (1989), (la historia del primer asentamiento, hacia 1488, de prófugos procedentes de Albania); *Investime në Jug* [Inversiones en el sur] (1990).

Talat Shahin nació en Kena (Egipto) en 1949 y reside desde hace más de veinte años en España, donde trabaja como escritor, periodista y traductor. Es licenciado en Derecho por la Universidad de El Cairo y doctor en Derecho por la Universidad Complutense de Madrid. Como periodista colabora con la *Radio Televisión* de El Cairo (Egipto) y con los diarios árabes *Al-Hayat* de Londres y *Al-Bayan* de Dubai (Emiratos Árabes Unidos). Ha impartido clases en la Facultad de Pedagogía de Ashmon (Egipto) y ha sido profesor de árabe en el Instituto Egipcio de Estudios Islámicos de Madrid. Ha publicado el volumen de ensayos *Gamalyat al-rafd fi l-masrah al-kubi* (*La estética de la negación en el teatro cubano*) (El Cairo: Al-Zaqafa al-Yamahiriyya, 2001) y los volúmenes de poesía *Aganyat hobb li-l-ard* (*Canciones para la tierra*) (El Cairo: Al-Dar al-Misriyya, 1973), *Abyadiyat al-hobb* (*Abecedario del amor*) (El Cairo: Al-Dar al-Misriyya, 1996) y *Kitab al-hobb wa-d-damm* (*El libro del amor y de la sangre*) (Madrid: Instituto Egipcio de Estudios Islámicos, 2001). Ha traducido al árabe a varios autores españoles, entre ellos a Juan Goytisolo y Antonio Buero Vallejo.

Marcel Slangen nació en Lieja en 1935. Comenzó su carrera como profesor de francés para centrarse desde comienzos de los años setenta en el teatro. Ha escrito numerosas obras en walón, muchas de ellas para marionetas. Ha realizado adaptaciones en walón de obras del repertorio clásico, entre otras *El avaro* y *El misántropo* de Molière. Marcel Slangen es igualmente poeta y ensayista. Desde 1984 se ha consagrado por completo a la promoción y difusión del walón en la enseñanza y los medios de comunicación. Es presidente del CRIWE (Centro de Investigación e Información para el Walón en la Escuela) y redactor jefe de la revista *Djåzans Walon* que se destaca por publicar artículos de actualidad en dicha lengua.

Mahmud Sobh nació en 1936 en Safad, lugar de Galilea próximo a Nazaret (Palestina), y en 1948 se refugia con su familia en Damasco tras la creación del estado de Israel. En 1961 obtiene la licenciatura en Lengua y Literatura Árabes por la Universidad de Damasco y desde 1968 forma parte del Departamento de Árabe de la Universidad Complutense de Madrid, en el que es en la actualidad Catedrático de Estudios Árabes e Islámicos. Es un arabista de reconocido prestigio y tanto sus traducciones como sus creaciones literarias han sido premiadas con diversos galardones, entre ellos el Premio de Poesía del Consejo Superior de Letras y Artes de Egipto (1958), el Premio Vicente Aleixandre (1978) y el Premio Nacional de Traducción (1983). Entre sus libros cabe mencionar *El Libro de las Kasidas de Abu Tarek* (Salamanca: Delegación Nacional de Cultura, 1976), *Poseso en Layla* (San Sebastián: Caja de Ahorros Provincial de Guipúzcoa, 1978), *Poesías de Ibn Zaydun* (Madrid: Instituto Hispano-Árabe de Cultura, 1979), *Poetisas arábigo andaluzas* (Granada: Diputación Provincial de Granada, 1994), *Diván: antes, en, después* (Madrid: Instituto Egipcio de Estudios Islámicos, 2001) e *Historia de la literatura árabe clásica* (Madrid: Cátedra, 2002).

Paul-Henri Thomsin nació en 1948 en Lieja y es profesor de enseñanza primaria en esa ciudad. Es Vicepresidente del consejo de administración de la Federación Cultural Walona de la provincia de Lieja. Escribe una columna para un semanario local y para la publicación mensual *Liège Magazine*. Ha recibido varios premios literarios (de la provincia y la ciudad de Lieja, de la Unión Cultural Walona). Publicaciones: Cuentos ilustrados para niños: *Li Noyé dè p'tit Colas* (Biblio, 1986); *Mi vî påpa, c'è-st-ine saquî* (Labor, 1987). Adaptaciones de tiras cómicas al walón de Lieja: *Lètes di m' molin* (Dupuis, 1984, basado en *Les lettres de mon moulin* de Alphonse Daudet); *Li danseûse d'å Gai-Moulin* (Noir Dessin, 1994, basado en *La danseuse du Gai-Moulin* de Georges Simenon); *Tchantchès avå les vôyes* (Noir Dessin, 1996); *Li p'tit bout tchike* (Marsu Production, 1996); *Walon'reye tére di lédjindes* (Noir Dessin, 1998). Colecciones de columnas semanales: *Avå les vôyes* (Editions liégeoises, 1993). Crónica: *L'amoûr al môde di Lîdje* (Noir Dessin, 2002). Teatro: unas quince obras en walón de Lieja, en colaboración con G. Simonis.

Karim Zouhdi i Mahmoudi, Girona, 1978. Licenciado en Traducción i Interpretación, Graduado Superior de Estudios Internacionales I Interculturales. Idiomas: Amazic, Árabe, Catalán, Español, Francés, Inglés, Italiano, Hebreo. Nacido en Tossa de Mar (Gerona), hijo de padres bereberes.

Index of Authors